PIERRE BOURDIEU

SUR L'ÉTAT

论国家

法兰西公学院课程（1989—1992）

［法］皮埃尔·布尔迪厄 著

贾云 译

生活·讀書·新知 三联书店

Sur l'État. Cours au Collège de France (1989-1992)
© Éditions Raisons d'Agir / Éditions du Seuil, 2012
Édition établie par Patrick Champagne, Remi Lenoir, Franck Poupeau et Marie-Christine Rivière.

Simplified Chinese Copyright © 2023 by SDX Joint Publishing Company.
All Rights Reserved.

本作品简体中文版权由生活·读书·新知三联书店所有。
未经许可，不得翻印。

图书在版编目（CIP）数据

论国家：法兰西公学院课程：1989—1992 /（法）皮埃尔·布尔迪厄著；贾云译. —北京：生活·读书·新知三联书店，2023.4
（法兰西思想文化丛书）
ISBN 978-7-108-07486-7

Ⅰ.①论… Ⅱ.①皮… ②贾… Ⅲ.①国家理论－研究 Ⅳ.① D03

中国版本图书馆 CIP 数据核字 (2022) 第 154279 号

责任编辑	吴思博	
装帧设计	刘　洋	
责任校对	曹秋月	
责任印制	李思佳	
出版发行	生活·讀書·新知 三联书店	
	（北京市东城区美术馆东街 22 号 100010）	
网　　址	www.sdxjpc.com	
图　　字	01-2022-0775	
经　　销	新华书店	
印　　刷	河北品睿印刷有限公司	
版　　次	2023 年 4 月北京第 1 版	
	2023 年 4 月北京第 1 次印刷	
开　　本	889 毫米 × 1194 毫米　1/32　印张 19.625	
字　　数	506 千字	
印　　数	0,001－5,000 册	
定　　价	99.00 元	

（印装查询：01064002715；邮购查询：01084010542）

"法兰西思想文化丛书"编委会

王东亮　车槿山　许振洲　杜小真

孟　华　罗　芃　罗　湉　杨国政

段映虹　秦海鹰　高　毅　高　冀　程小牧

Cet ouvrage a bénéficié du soutien des Programmes d'aide à la publication de l'Institut français.

本书获得法国对外文教局版税资助计划的支持。

"法兰西思想文化丛书"总序

20世纪90年代,北京大学法国文化研究中心(前身为北京大学中法文化关系研究中心)与三联书店合作,翻译出版"法兰西思想文化丛书"。丛书自1996年问世,十余年间共出版27种。该书系选题精准,译介严谨,荟萃法国人文社会诸学科大家名著,促进了法兰西文化学术译介的规模化、系统化,在相关研究领域产生广泛而深远的影响。想必当年的读书人大多记得书脊上方有埃菲尔铁塔标志的这套小开本丛书,而他们的书架上也应有三五本这样的收藏。

时隔二十年,阅读环境已发生极大改变。法国人文学术之翻译出版蔚为大观,各种丛书系列不断涌现,令人欣喜。但另一方面,质与量、价值与时效往往难以两全。经典原著的译介仍有不少空白,而填补这些空白正是思想文化交流和学术建设之根本任务之一。北京大学法国文化研究中心决定继续与三联书店合作,充分调动中心的法语专家优势,以敏锐的文化学术眼光,有组织、有计划地继续编辑出版这套丛书。新书系主要包括两方面:一是推出国内从未出版过的经典名著中文首译；二是精选当年丛书中已经绝版的佳作，由译者修订后再版。

如果说法兰西之独特魅力源于她灿烂的文化，那么今天在全球化消费社会和文化趋同的危机中，法兰西更是以她对精神家园的守护和对人类存在的不断反思，成为一种价值的象征。中法两国的思想者进行持久、深入、自由的对话，对于思考当今世界的问题并共同面对人类的未来具有弥足珍贵的意义。

谨为序。

北京大学法国文化研究中心

编者致谢

加布里埃拉·巴拉兹（Gabrielle Balazs）

热罗姆·布尔迪厄（Jérôme Bourdieu）

帕斯卡尔·卡萨诺瓦（Pascale Casanova）

克里斯托夫·夏尔（Christophe Charle）

奥利维耶·克里斯坦（Olivier Christin）

伊薇特·德尔索（Yvette Delsaut）

保罗·拉尼奥－伊莫奈（Paul Lagneau-Ymonet）

吉尔·洛特（Gilles L'Hôte）

皮埃尔·兰贝尔（Pierre Rimbert）

以及吉赛勒·萨皮罗（Gisèle Sapiro）

他们为课程某些章节的梳理提供了宝贵指导，尤其感谢华康德（Loïc Wacquant）仔细审读书稿。

（感谢刘晖、田耕老师在本书中译本审读中提供的宝贵意见）

目　录

出版说明……………………………………………………………7
"论国家"课程在皮埃尔·布尔迪厄著作中的定位……………10

1989—1990 年度

1990 年 1 月 18 日课程……………………………………………3
　　一个无从思考的对象——作为中立场所的国家——马克思主义传统——日历与时间性的结构——国家划定的范畴——国家的行为——个人住宅市场和国家——巴尔住房委员会

1990 年 1 月 25 日课程……………………………………………32
　　理论与经验——国家委员会与场面调度——公共问题的社会建构——国家作为观点之观点——正式婚姻——理论与理论效应——"国家"一词的两个含义——将特殊转化为普遍——顺从——机构作为"有组织的受托人"——国家的生成；此研究之困难——关于社会学研究教学的题外话——国家与社会学家

1990 年 2 月 1 日课程……………………………………………61
　　正式修辞——公共与正式——普遍他者与审查——"艺术家立法者"——公共话语的形成——公共话语和塑形——舆论

1990年2月8日课程 ································· 90
　　象征资源的集中——对弗兰兹·卡夫卡的社会学解读——一个难以为继的研究计划——历史学与社会学——什穆埃尔·诺阿·艾森斯塔特《帝国的政治体系》——佩里·安德森的两本书——巴林顿·摩尔的"三条道路"问题

1990年2月15日课程 ································· 115
　　官方与私人——社会学与历史学：发生结构主义——国家发生史——游戏与场域——年代错误与名称幻觉——国家的两面

1990—1991年度

1991年1月10日课程 ································· 141
　　历史学研究路径与发生学研究路径——研究策略——住房政策——互动与结构关系——制度化效应：理所当然——"正是如此……"效应与可能性的关闭——可能性的空间——正字法的例子

1991年1月17日课程 ································· 164
　　对课程研究方法的提示——"国家"一词的两个含义：国家-行政，国家-领土——构成认识论障碍的历史研究中的学科划分——国家生成模型之一：诺贝特·埃利亚斯——国家生成模型之二：查尔斯·蒂利

1991年1月24日课程 ································· 183
　　对一个问题的回答："受结构约束的发明"这一概念——国家生成模型之三：菲利普·科里根和德雷克·塞耶——英国典范式的

特殊性：经济现代化与文化守旧

1991 年 1 月 31 日课程 ·· 201
　　回答问题——文化守旧与经济转型——文化与民族统一性：日本的情况——官僚制度与文化整合——民族统一与文化统治

1991 年 2 月 7 日课程 ·· 217
　　进行国家权力分析的理论基础——象征权力：力量关系与意义关系——作为分类原则制造者的国家——信仰效果和认知结构——国家象征系统的连贯性效果——国家建构之一：教学时间表——信念的生产者

1991 年 2 月 14 日课程 ··· 236
　　社会学，一门具有通俗外表的深奥科学——内行与外行——国家建构社会秩序——信念、正统观念、异说——私人向公共的嬗变：欧洲现代国家的出现

1991 年 2 月 21 日课程 ··· 255
　　国家生成与突现逻辑：象征资本——资本集中过程的各个步骤——王朝国家——国家：权力之上的权力——各类资本的集中与剥夺：以有形强力资本为例——中央经济资本的建立和独立经济空间的构建

1991 年 3 月 7 日课程 ·· 276
　　答疑：因循守旧与共识——各种资本的集中过程：抵抗——法律市场的统一——建立对普遍性的追求——国家观点与汇总：信息

资本——文化资本的集中与民族的建立——"天生的贵族"与国家精英（贵族）

1991年3月14日课程 ································· 296
题外话：知识分子场中的一次暴力行径——国家的两面：统治与整合——属地法则与血亲法则——象征资产市场的统一——宗教场与文化场的相似性

1991—1992年度

1991年10月3日课程 ································· 315
王朝国家转型模式之一——再生产策略的概念——再生产策略系统的概念——再生产策略指引下的王朝国家——"王室内廷"——王朝国家的法律逻辑与实践逻辑——下一节课的目标

1991年10月10日课程 ································ 334
家宅模型与历史目的论的对立——关于国家的历史研究关键所在——王朝国家的矛盾——三方结构

1991年10月24日课程 ································ 355
课程逻辑概要——家庭再生产与国家再生产——关于政治思想史的题外话——法学家在国家建构过程中所做的历史性工作——权力的分化与结构性腐败：一种经济模型

1991年11月7日课程 372
　　导言：社会科学领域交流的困难——以帝制中国制度性腐败为例（1）：下级官吏暧昧不清的权力——以帝制中国制度性腐败为例（2）："清官"——以帝制中国制度性腐败为例（3）：两面手法与双重的"我"——官僚场的生成与公共的发明

1991年11月14日课程 391
　　共和国的建构与民族的建构——以一本论英国宪法的专著为参照考察公共之形成——王室印章的使用：担保链条

1991年11月21日课程 407
　　就公共/私人的对立问题所做的回答——私人向公共的嬗变：一个非线性过程——权力元场域的诞生：王朝与官僚权力机关的区分与分离——关于法国大革命的研究大纲——王朝原则与法律原则的对立：以御临高等法院为例——有关方法论的题外话：政治理论的厨房——法律斗争是为权力而进行的象征性斗争——法学家的三个矛盾

1991年11月28日课程 430
　　历史作为斗争的关键——对法律场的历史分析——职务与公务员——作为法律拟制的国家——作为语言资本和实践技巧的法律资本——直面教会的法学家：一个行业的自主——宗教改革、冉森主义与法条主义——公共：一种前所未有且仍未确立的现实

1991年12月5日课程 452

政治思想及国家的社会史大纲——从无私中获利——法学家与普遍性——法国大革命的（伪）问题——国家与民族——作为"公民宗教"的国家——国籍与公民身份：法国模式与德国模式的对比——政治讨论中的利益之争与无意识之争

1991年12月12日课程 472

政治空间的建构：议会游戏——题外话：新政治游戏中的电视——从纸上的国家到现实中的国家——驯化被统治者：规训与慈善的辩证关系——国家建构的理论维度——以问题作结

附录 495

读《论国家：法兰西公学院课程（1989—1992）》.. 北京大学社会学系 田耕 497

《法兰西公学院年鉴》上刊登的本课程内容概要 512

人名对照表 518

概念索引 528

参考文献 572

出版说明

确定皮埃尔·布尔迪厄法兰西公学院课程的文本意味着要做出一定数量编辑上的选择。这些课程中交织着书面文本、口头评论、对自身学术方法以及促使他讲授这些学术方法的条件所做的或多或少的即兴思考。课程载体既有手写笔记、研讨会片段,也有书本或者复印材料边缘的旁注。面对法兰西公学院大阶梯教室里人数众多、背景各异的听众,皮埃尔·布尔迪厄对其课程接受情况所做的评述表明[1],他的课无法被化约为他留下的书面记录,因为课程进展会根据听众的反应发生预料之外的变化。

若将整个课程逐字逐句未加工的记录出版,看起来似乎能保证中立且在形式上忠于作者。然而,仅仅复制口头语言并不足以保留口语的特性,即布尔迪厄在每次课上进行的所有教学实践。而通过其中几次课我们可以看出,口述的文本也不同于"出版"的文本,这几次课的转写文本经过了大面积修订甚至改写,以便成文后发表在科学杂志上。其实,课程明确采取的形式更接近科学发现的逻辑,而非对研究结果所做的一份条理清晰的书面报告。

出版者当然无法在作者去世后取代他,替他写他依据自己的课程可能会写出来的书。但出版者可以尝试最大限度保留口语表达的种种特质——这意味着这些特质要能被辨明、感受,反过来说,要尽量弱

---

[1] 参见下文第 182 页、第 198 页、第 281 页和第 441 页(注释中涉及页码均为原书页码)。

化转写文本固有的效果。出版者也应该明白,这份出版物虽不能代替作者本人构思之作,但仍应充分呈现此举的分量和必要性。故转写文本力图避开两个潜在危险,既不能逐字逐句,也不能过分追求文学性。布尔迪厄一直建议听众参考他的著作来理解课程内容[1],但他面对已大部分忠实于他的听众,也充分利用口头陈述和它带来的表达自由,揭晓言外之意,再继续论证与说明。

在《世界的苦难》(La Misère du monde)一书中题为"写作的风险"这一节里,布尔迪厄将口头话语向书面文本的转化当作"真正的翻译甚至是阐释"[2]来分析。他还强调"不经意的停顿、逗号的位置"都可能"左右整个句子的意思"。因此,这次课程的出版致力于化解两种相反但并不矛盾的要求,即准确性和可读性。一切转写(尤其当载体也发生变化时)都带有无法避免的"不忠实"。而在这里,正如在布尔迪厄分析的对话中那样,这种"不忠实"恰是达到"真正的准确性的条件"。

对法兰西公学院课程的转写,遵循布尔迪厄自己修订用于出版的其讲座或者研讨会转写文本的办法:对文体稍作修改,删掉口头表述的冗余(感叹词、重复等)。修正一些不清晰、不准确的表述。当题外话和所论述主题有关时,我们把它放在破折号之间;当题外话打断了论证过程时,我们把它放在括号里;而当题外话过长时,我们会把它们单列为一个章节。章节与段落划分、小标题、停顿、参考文献和附注,以及主题和概念索引,均出自编者之手。脚注中出现的参考书目都是布尔迪厄给的,不够清楚时,编者做了补充。为帮助读者理解

---

[1] 布尔迪厄,《〈社会学问题〉前言》(«Prologue», *Questions de sociologie*, Paris, Minuit, 1984),第7页。

[2] 皮埃尔·布尔迪厄,《理解》(«Comprendre»),收录于皮埃尔·布尔迪厄编,《世界的苦难》,[*La Misère du monde*, Paris, Seuil, «Points», 1998(1993)]第1418—1419页。

课程，编者添加了一些注释，包括解释、附注、间接或直接提到的便于延伸思考的文本。读者可在附录中找到布尔迪厄在整个课程中用到的文章、著作和研究资料的目录，它是根据布尔迪厄的工作札记和大量阅读笔记重新汇编而成的。

部分课程内容已经过布尔迪厄本人整理并以文章或著作章节的形式发表过。每次涉及时均予以说明。《法兰西公学院年鉴》（*L'Annuaire du Collège de France*）上曾刊载过对全部课程的概述。

我们选择"论国家"的三年课程来开启布尔迪厄法兰西公学院课程系列的出版，是因为就像我们在本书最后的"课程定位"[1]中将看到的那样，这是布尔迪厄社会学建构中一个关键但又极少被注意的部件。未来我们还将以主题各自独立的书籍，出版全部课程。

---

[1] 见下文第594—601页。

"论国家"课程在皮埃尔·布尔迪厄著作中的定位

在布尔迪厄领法兰西公学院社会学教席二十年期间所开的课程中,有一些已经他本人审校、修改后发表,尤其是他最后开的"科学之科学[1]"。本书是即将出版的系列丛书的第一本。这个系列将不仅包括他此前从未发表过的法兰西公学院课程,还包括他在20世纪70年代相继在法国高等实验研究应用学院(EPHE)和法国高等社会科学研究院(EHESS)举办的众多研讨班。本册书囊括了横跨三个学年(1989年12月至1990年2月;1991年1月至3月;1991年10月至12月)的"论国家"课程的全部内容,没有删节。

没有迹象表明布尔迪厄曾考虑将此课程集结成册,他没有为出版做准备。他确实发表过若干文章,分别讨论法律场的出现[2]、行政场的运作(以一项对法国住房政策调查为基础)[3]以及官僚场

---

[1]《科学之科学与反思性》(*Science de la science et réflexivité* Paris, Raison d'agir, 2001)。

[2]《法官与国家的发明》(«Les robins et l'invention de l'État»),《国家精英》(*La Noblesse d'État. Grandes écoles et esprit de corps*, Paris, Minuit, 1989),第539—548页。

[3]《国家与市场的建构》(«L'État et la construction du marché»),《经济的社会结构》(*Les Structures sociales de l'économie,* paris Seuil, 2000),第113—153页 [修订自《市场的建构》(«La construction du marché»),《社会科学研究学报》(*Actes de la recherche en sciences sociales*),1990年第81—82期,第65—85页]。

的生成及其结构[1]。此外还有一些零星的口头陈述（演讲、会谈）[2]。在《从王室内廷到国家理由》（1997）一文中，他一上来就写了条注释：在他看来这篇文章只不过是"略加修改后的法兰西公学院全部课程的转写：这份暂时的大纲首先是一种研究工具，（此文）是对不同种类资本集中过程所做分析的延伸，这一集中过程使得一个能控制其他场域的官僚场得以形成[3]"。

因此，在布尔迪厄这里发现一份关于国家的社会学大纲多少有些出人意料。事实上，如果我们把他所有的学术著作考虑在内，"国家"一词直到 20 世纪 80 年代初，他在法兰西公学院上的第一门课[4]里才出现。自 20 世纪 60 年代后半期开始，他的研究在涉及法国时几乎总是和国家相关联——在研究了法国教育制度的功能和结

---

[1]《国家精神：官僚场的生成及其结构》（«Esprits d'État. Genèse et structure du champ bureaucratique»），《社会科学研究学报》（Actes de la recherche en sciences sociales），1993 年 3 月，第 96—97 期，第 49—62 页，后收入《实践理性：关于行为理论》（Raisons pratiques. Sur la théorie de l'action，Paris，Seuil，1994），第 101—133 页；《从王室内廷到国家理由：官僚场诞生的一种模式》（«De la maison du roi à la raison d'État»），《社会科学研究学报》，1997 年第 118 期，第 55—68 页；《再生产策略与统治方式》（«Stratégies de reproduction et modes de domination»），《社会科学研究学报》，1994 年第 105 期，第 3—12 页。

[2] 例如，可参见：《社会空间与象征权力》[«Espace social et pouvoir symbolique»（1986 年 3 月在圣迭戈大学的阅读课）]，《所述之言》（Choses dites，Paris，Minuit，1987），第 147—166 页；《回答：为了一种反思人类学》（Réponses. Pour une anthropologie réflexive，Paris，Seuil，1992），第 86—90 页；《国家与象征资本集中》（«L'État et la concentration en capital symbolique»）（巴黎，1993 年 1 月），收于布鲁诺·特雷（Bruno Théret）编，《国家、财政与社会：民族主权与欧洲的建构》（L'État, la finance et le social. Souveraineté nationale et construction européenne，Paris，La Découverte，1995），第 73—105 页；特别是未发表的 1982 年 10 月在法语社会学家协会做的演说"在国家面前的社会学家"（«Le sociologue devant l'État»）。

[3]《从王室内廷到国家理由：官僚场诞生的一种模式》（«De la maison du roi à la raison d'État»），上文已引，第 55 页，注释 1。

[4]《关于课程的课程》（Leçon sur la leçon，Paris，Minuit，1982）

构后[1]，他进而研究了"统治意识形态""政治代表（制）""政治行动的有效性""执政科学"，还有更笼统的"统治方式[2]"或者"再生产策略[3]"。但即便在这种情况下，他也只取"国家"一词最常见的意思，如"福利国家"或者"民族国家"，而丝毫未做批判分析。而且，他从20世纪70年代末开始在教育与文化社会学中心（Centre de sociologie de l'éducation et de la culture）框架范围内推动的对统治阶级结构的调查，无论是涉及雇方[4]（1978）、主教群体[5]（1982）、高级公务员还是精英学校制度[6]，都着力关注上流阶级各阶层，后者在"权力场"中发挥了建构的和实际的作用[7]。

1982年，《言说意味着什么》一书汇集了对权威话语象征有效

---

[1]《文化遗产的传递》（«La transmission de l'héritage culturel»），收于达拉斯（Darras），《利润分配：法国境内的发展与不平等》[*Le Partage des bénéfices. Expansion et inégalités en France*, Paris, Minuit, 1966, 与阿兰·达尔贝尔（Alain Darbel）合著]，第135—154页，以及《文化再生产与社会再生产》（«Reproduction culturelle et reproduction sociale»），《社会科学情报》（*Informations sur les sciences sociale*），1971年4月，第十（2）期，第45—99页。

[2]《统治方式》（«Les modes de domination»），《社会科学研究学报》（*Actes de la recherche en sciences sociales*），1976年第2—3期，第122—132页。

[3]《再生产策略与统治方式》（«Stratégies de reproduction et modes de domination»），《社会科学研究学报》（*Actes de la recherche en sciences sociales*），1994年第105期，第3—12页。

[4]《雇方》（Le Patronat），《社会科学研究学报》（*Actes de la recheche en sciences sociales*），1978年第20期，第3—82页，[与莫妮克·德·圣马丁（Monique de Saint Martin）合著]，后收入《国家精英》，同前书，第4页。

[5]《圣家庭：权力场中的法国主教团》（«La sainte famille. L'épiscopat français dans le champ du pouvoir»），《社会科学研究学报》，1982年11月，第44—45期，第2—53页（与莫妮克·德·圣马丁合著）。

[6]《聚合与分离：精英学校场与权力场》（«Agrégation et ségrégation. Le champ des grandes écoles et le champ du pouvoir»），《社会科学研究学报》，1987年9月，第69期，第2—50页（与莫妮克·德·圣马丁合著）。

[7]《权力场、知识分子场与阶级习性》（«Champ du pouvoir, champ intellectuel et habitus de classe»），*Scolies*杂志，1971年第1期，第7—26页。他给出了如下定义：权力场是在行动者系统和倾向于维持阶级间既有关系结构的机构之间所建立的关系的客观结构。高等实验研究应用学院研讨会（即将出版）。

性的一系列研究，特别是《描述与规定：政治有效性实现的条件及其局限性》一文[1]。有关民意测验[2]和政治代表（制）[3]的文章对政治场的运作做了研究，但国家从未被等同为政治场。然而，大多数法学家都将二者混为一谈，他们只就国家论国家。与之相对，马克思主义理论家则把国家归结为一种为统治阶级服务的"机器"，但不讨论其历史，尤其是生产它的行动者的历史，以及决定其功能和结构的经济与社会因素。

"国家"一词直到1984年的《学术人》里才被使用，并被简明扼要地定义为"被承认为正当的官方机构，也就是说正当象征暴力垄断权的持有者[4]"。该词接着被大量运用，甚至出现在布尔迪厄1989年出版的以"另类"方式庆祝法国大革命200周年的《国家精英》一

---

[1]《描述与规定：政治有效性实现的条件及其局限性》(«Décrire et prescrire: les conditions de possibilité et les limites de l'efficacité politique»)，《社会科学研究学报》(Actes de la recheche en sciences sociales)，1981年5月，第38期，第65—79页；《言说意味着什么：语言交换的经济》(Ce que parler veut dire, L'économie del échanges linguistiques, Paris, Fayard, 1982)，第71—126页。这本著作于2001年增补再版，并改用一个更明确标明研究对象的标题：《语言与象征权力》(Langage et pouvoir symbolique, Paris, Seuil, 2001)，同上书（前一版本第二节的标题）。

[2]《舆论不存在》(«L'opinion publique n'existe pas»)，《西北风》通报(Bulletin Noroit)，1971年2月，第155期，再版于《社会学问题》(Questions de sociologie)，第222—225页，以及《政治问题》(«Questions de politique»)，《社会科学研究学报》(Actes de la recheche en sciences sociales)，1977年9月，第16期，第55—89页。

[3]《政治代表，政治场理论基本概念》(«La représentation politique. Éléments pour une théorie du champ politique»)，《社会科学研究学报》(Actes de la recheche en sciences sociales)，1981年2—3月，第36—37期；《授权与政治拜物教》(«La délégation et le fétichisme politique»)，《社会科学研究学报》，1984年第52—53期，第49—55页，后收入《所述之言》，同前书，第185页；还有《部委之谜：从个体意志到"公共意志"》(«Le mystère du ministère. Des volontés particulières à la "volonté générale"»)，《社会科学研究学报》，2001年第140期，第7—11页。

[4]《学术人》(Homo academicus, Paris, Minuit, 1984)，第42页。

书的标题里，还出现在了一系列分析"国家科学[1]""国家精神[2]"或"国家巫术[3]"的文章里——这些词组似乎有些高深莫测，实际上，在完成对权力场的研究后，布尔迪厄用"国家"一词来指称一些制度和社会行动者，后者既是国家的生产者，也是国家的产物，且二者不可分割。

在这些用语中，国家的概念在法国指向与国家以同质方式相关联的事物，特别是与官僚体系相关联的事物，即与"公共服务""公共财产""公共利益"以及无私的概念相关联的事物。1986年至1992年间，布尔迪厄在其法兰西公学院的课程中回溯了国家的生成谱系和运作机制[4]。最后，国家概念被更频繁地运用在1990年至1991年间完成、1993年出版的《世界的苦难》一书中。不过，有一期《社会科学研究学报》上已经介绍并刊登了其中一些片段（有一段采访他在课程中提到了两次[5]）。这本书一经出版，便因其公开支持1995

---

[1]《论国家科学》（«Sur la science de l'État»），《社会科学研究学报》（Actes de la recherche en sciences sociales），2000年6月，第133期，第3—9页［与奥利维耶·克里斯坦、魏丕信（Pierre-Étienne Will）合著］。

[2]《国家精神：官僚场的生成及其结构》（«Esprits d'État. Genèse et structure du champ bureaucratique»），上文已引。

[3]《部委之谜：从个体意志到"公共意志"》（«Le mystère du ministère. Des volontés particulières à la "volonté générale"»），上文已引。

[4] 参见《国家权力与支配国家的权力》（«Pouvoir d'État et pouvoir sur l'État»），《国家精英》，同前书，第533—559页，以及布尔迪厄在法兰西公学院开的关于法律场、官僚场和国家的课（1986至1992年间，将出版），有多篇文章对其进行了概述：《法律的力量：法律场社会学基本概念》（«La force du droit. Éléments pour une sociologie du champ juridique»）；《无私的行为是否可能？》（«Un acte désintéressé est-il possible？»）；《国家精神：官僚场的生成及其结构》（«Esprits d'État. Genèse et structure du champ bureaucratique»），上文已引；《从王室内廷到国家理由：官僚场诞生的一种模式》（«De la maison du roi à la raison d'État»），上文已引。

[5]《痛苦》（«La souffrance»），《社会科学研究学报》（Actes de la recherche en sciences sociales），1991年12月，第98期。

年12月反退休改革运动中的罢工者而大获成功。布尔迪厄用和他课程形成呼应的字眼分析新自由主义政策的影响:"推翻公共服务理念""国家后撤与弃职[1]""拆毁公共事物"以及贬低"为集体利益默默奉献[2]"。

我们由此可见,这三年的课程在布尔迪厄社会学中的核心位置,而这点往往被其评论者所忽视。他的研究逐渐聚焦于国家,主要不是源于他在政治领域介入的增加[3],而是源于其在社会空间总体理论视野下对场的生成及其结构相继所做的研究。在1988年的一次访谈中,他表示,从《区分》(1979)开始对文学、艺术、高等教育、知识分子、雇主、宗教、法律和官僚等场域的研究,是其工作所遵循逻辑的自然结果,特别是"寻求理解一个场的生成过程[4]"的结果。国家机构场也是这种情况:国家在各种场构成的系统中占据了这样一个位置,乃至它在很大程度上决定了后者的运转。

不仅如此,国家还可以表现为一个典型的场域,按照他的表述,甚至可称为"元场域",因为"国家是元",这个场中斗争的关键是确定不同的场(经济的、知识分子的、艺术的等)应正当占据的相对位置。我们甚至可以说,国家几乎是一个双重过程的必然产物:一方面,社会分化为相对独立的场域;另一方面,出现一个集中了支配所有这些场域的权力的空间,其中进行的斗争是各种场之间互相展开的

---

[1]《世界的苦难》,同前书,第340—350页。
[2]《国家的左手与右手》(«La main gauche et la main droite de l'État»),与罗杰-波尔·德瓦(Roger-Pol Droit)以及托马斯·费朗奇(Thomas Ferenczi)的对谈,《世界报》(*Le Monde*)1992年1月14日,再版于《遏止野火》(*Contre-feux*, Paris, Raisons d'agir, 1998),第10、12页。
[3]《介入(1961—2001):社会科学与政治行动》[*Interventions (1961-2001). Sciences sociales et actions politiques*, Marseille, Agone, 2002]。
[4]《社会学家与历史学家》(*Le Sociologue et l'Historien*, Marseille, Agone, 2010)[与罗杰·沙尔捷(Roger Chartier)合著],第90页。

斗争，这些均是历史的新行动者。

1982年10月，布尔迪厄在法语社会学家协会的报告中[1]从认识论和社会学两方面明确解释了为何应把国家当作"公共机构场"和"权力场部门"[2]来分析。官僚场，"和所有场域一样，是特定时刻场域内外行动者相悖的利益之间已经过去和正在进行的斗争及对峙的结果。所有行动者皆可在场域中找到位置、支撑和手段，尤其是法律手段，来依据场域特有的逻辑捍卫他们的利益。（……）国家机构场——这正是它在现实和观念中制造的中立效果的基础——倾向于为本身即是各阶级互相让步的产物且至少表面看来部分超越了阶级利益的机构开辟更大空间"。更确切地说，"不同于黑格尔制造的普遍性公务员，国家机构场，通过发生在其内部的斗争，能够产生较之严格而直接符合统治阶级利益的政策而言相对独立的政策：这是因为它提供了一整套专门的、制度化了的权力和手段，如征税的权力、强制推行规章的权力（例如，关税保护、信贷管理），乃至保障直接投资（如我们的补贴）或间接投资（修公路网、铁路网）的纯经济权力[3]"。

布尔迪厄在此提出了他从20世纪80年代后半期开始遵循的研究纲要，而三年明确讨论国家的课程正是其硕果。课程提出的问题以之前进行的三项调查为基础，布尔迪厄不断地回到这些调查上来，以明确课程的历史视野：首先是他在卡比利亚地区所做的研究，在这一过程中，他提出了在其著作中占据核心地位的象征资本的概念；其次，他参考先前对贝阿恩农民婚姻和继承策略所做的研究，理解王朝国家

---

[1]《在国家面前的社会学家》(《Le sociologue devant l'État》)，法语社会学家协会，巴黎，1982年10月。
[2] 对国家概念所做最早的批判性阐释，尤其参见《死者抓住生者：物化历史与内化历史》(《Le mort saisit le vif. Les relations entre l'histoire réitiée et l'histoire incorporée》)，《社会科学研究学报》(Actes de la recherche en sciences sociales)，1980年第32—33期，第3—14页。
[3]《在国家面前的社会学家》(《Le sociologue devant l'État》)，上文已引。

的结构和运作；最后是在他带领下欧洲社会学中心成员对高级公务人员所做的调查，以及他自己和合作者们对20世纪70年代至80年代住房政策（尤其是对个人住宅生产）的调查。

为了建立国家生成的模型，布尔迪厄参考了大量著作，本书最后的参考文献提供了一览：除了历史学家的著作，还包括一些通常不被历史学家"当回事"的作者，而这些作者"提出一些历史学家从不思考的问题[1]"。于是，布尔迪厄从马克斯·韦伯给国家下的定义，即正当有形暴力垄断出发，将国家行为扩展到所有象征活动。他把象征活动视为之前课程中所研究的各种制度的运作及其正当性的本原。这些课程讨论法律、利益和公共利益概念的人类学基础，而公共利益"把无私的义务作为正式法则[2]"。

归根到底，"论国家"课程的重要性在于布尔迪厄对一切统治形式所持的特有的社会学关注。而在各个场的生成及其运作中，国家都在场。他设想的总体理论要求对国家进行一种专门的分析。国家既不能化约为服务于统治阶级的权力机器，也不能化约为消除冲突的中立场所：它是在强烈分化的社会中建构了整个社会生活所依赖的集体信仰形式。这便是这门课程在布尔迪厄著作中的重要性——就像他生前最后做的某一次访谈中说的那样，他希望"这门课能够留下点什么[3]"。

---

[1] 有关布尔迪厄与法国历史学家在20世纪80年代末期与90年代初期的关系，参见《论德国与法国社会学与历史学的关系：与吕茨·拉斐尔的对话》（«Sur les rapports entre la sociologie et l'histoire en Allemagne et en France. Entretien avec Lutz Raphael»），《社会科学研究学报》（Actes de la recherche en sciences sociales），1995年3月，第106—107期，第108—122页。

[2] 《课程与研究概述》，1988—1989年度《法兰西公学院年鉴》（Annuaire du Collège de France, 1988-1989, Paris, 1989），第431页。

[3] 《与伊薇特·德尔索就研究精神进行的对话》（«Entretien sur l'esprit de la recherche, avec Yvette Delsaut»），收于伊薇特·德尔索，玛丽-克里斯蒂娜·里维埃（Marie-Christine Rivière），《布尔迪厄著作书目》（Bibliographie des travaux de Pierre Bourdieu, Pantin, Le Temps des cerises, 2002），第224页。

1989—1990 年度

1989—1999 年

1990年1月18日课程

一个无从思考的对象——作为中立场所的国家——马克思主义传统——日历与时间性的结构——国家划定的范畴——国家的行为——个人住宅市场和国家——巴尔住房委员会

一个无从思考的对象

要想研究国家，我们应该比任何时候都更为警惕涂尔干（Émile Durkheim）所谓的既有观念（prénotions），警惕成见和自发的社会学。在概括我前些年所做的分析，尤其是对社会学与国家之间关系的历史分析时，我指出，我们有将一种国家的思维应用到国家之上的危险。我还强调这样一个事实，即我们建构社会世界和国家这一特殊对象所依赖的思维和知觉结构本身很有可能就是国家的产物。出于方法上的条件反射，出于职业使然，每次我处理一个新的对象时，总感觉自己过去的研究得到了充分证实。我还想说，我对国家的研究越深入，我就越是确信，这个对象特别难思考，是因为它——我在斟酌字句——几乎无法被思考。我们能毫不费力地就这个对象说些轻而易举的话，恰恰是因为我们几乎已被自己本该要研究的对象渗透了。我已经尝试过分析公共空间（espace public），分析公职人员（la fonction publique）的世界，在这一场所中，无私（désintéressement）的重要性得到官方承认，并且在某种程度上，

14 无私对公职人员来说是有好处的[1]。

公共空间和无私这两个问题极为重要，因为在我看来，它们表明，在到达正确的思维之前——假如这是可能的话——我们应该打破一系列屏障、表象（représentations）[2]，而国家——如果它确实存在的话——是制造社会世界、赋予社会世界正当[3]表象所依据的一种原则。如果要我给"国家"一个暂时的定义，我会说，它是权力场领域，我们可以称其为"行政场"（champ administratif）或"公职人员场"（champ de la fonction publique）。我们笼统地谈及国家时，尤其会想到这个领域，它的特征在于拥有正当的实体（physique）及象征（symbolique）暴力[4]的垄断权。好几年前[5]，我就在马克斯·韦伯对国家的著名定义里加了一点。韦伯将国家定义为"对正当暴力

---

[1] "无私"的问题在上一年（1988—1989）的课程里已经讨论过，并在《实践理性：关于行为理论》（Raisons pratiques. Sur la théorie de l'action, Paris, Seuil, 1994）一书第147至173页"无私的行为是否可能？"（«Un acte désintéressé est-il possible ?»）一章中再次讨论；还可参见布尔迪厄，《社会学家的利益》（«L'intérêt du sociologue»），《所述之言》（Choses dites, Paris, Minuit, 1987）第124—131页。

[2] "Représentation"一词通常被译为"表象"或"表征"，该词在法语中可指让事物在人的头脑中显现，进而成为思维对象的行为或结果。引申开来指的是人想象某件事的方式、对其抱有的观念，它还有"展示""代表"之意，本书亦有涉及。——译注

[3] "légitime"一词经常被翻译为"合法的"，本书中统译为"正当的"，而将"légal"统译为"合法的"，即严格意义上符合法律的意思。相应地，"légitimité"统译为"正当性"，"légalité"统译为"合法性"。下文布尔迪厄会借由马克斯·韦伯对这两个概念进行区分。——译注

[4] "physique"意为"物质的、身体的、有形的"等；"symbolique"意为"象征的、符号的"等。后文谈到军队时，还提到"capital physique"（有形资本）、"capital de force physique"（有形强力资本）——译注

[5] 布尔迪厄，《论象征权力》（«Sur le pouvoir symbolique»），《年鉴》（Annales）1977年5—6月，第3期，第405—411页；另见《语言与象征权力》（Langage et pouvoir symbolique, Paris, Seuil, 2001），第201—211页。

的垄断"（monopole de la violence légitime）[1]，我做了添加，改为"对有形暴力及象征暴力的垄断"（monopole de la violence physique et *symbolique*）；我们甚至可以说"对正当象征暴力的垄断"（monopole de la violence symbolique légitime），因为垄断象征暴力是垄断有形暴力的前提。换言之，我认为该定义为韦伯的定义奠定了基础。但它还是很抽象，若你们不了解我下此定义的具体背景，就更抽象了。给出这些暂时的定义，是为了就我讲的东西至少暂时达成一致，因为如果不知所讲为何物，此物也就无从讲起。我们以后可以对这些暂时的定义进行调整和修正。

作为中立场所的国家

国家可以被定义为一种正统性原则（un principe d'orthodoxie），也就是说一种隐秘的原则，只能在公共秩序（ordre public）的表现中被觉察，后者可被理解为实际的秩序（ordre physique），或者混乱、无政府、内战的反面等。这种隐秘的原则可在兼有实际与象征双重意义的公共秩序的表现中被觉察。在《宗教生活的基本形式》中，涂尔干区分了逻辑整合（intégration logique）和道德整合（intégration morale）。[2]通常意义上的国家是社会世界逻辑整合和道德整合的基础。涂尔干所谓的逻辑整合在于这样一个事实，即社会世界的成员有同样的逻辑认知——在拥有相同范畴的思维、知觉和现实性建构的人

---

[1] 马克斯·韦伯，《经济与社会》（*Économie et société*, Paris, Plon, 1971），朱利安·弗勒恩德（Julien Freund）等人译，第59页，再版（«Pocket», 1995）第96至100页；《学术与政治》（*Le Savant et le Politique*, Paris, UGE, «10/18», 1963 [1959; 1919]），朱利安·弗勒恩德译，第29页。
[2] 埃米尔·涂尔干，《宗教生活的基本形式》（*Les Formes élémentaires de la vie religieuse*, Paris, PUF, 1960 [1912]），再版（«Quadrige», 1994）第24页。

们之间立刻就达成的一致。道德整合则是对一定数量价值的认同。在解读涂尔干时，我们一直抓着道德整合不放，却似乎忘了它的基础，即逻辑整合。

这个暂时的定义是想说明，国家奠定了社会逻辑整合和道德整合的基础，并由此，奠定了关于社会世界意义的根本共识，而它本身正是与社会世界相关的冲突发生的条件。换言之，要使关于社会世界的冲突本身成为可能，就需要就分歧的领域和表达分歧的方式达成某种一致。例如，在政治场中，高级公职人员场（le champ de la haute fonction publique）这一社会世界次空间的形成，即可被看作某种正统性和一整套广泛推行的游戏规则的逐渐发展。在此基础上，社会世界内部建立了一种沟通，一种在冲突内部并通过冲突建立的沟通。如果我们将此定义延伸，我们可以说，国家是赞同的组织原则（le principe d'organisation du consentement），这种赞同意味着拥护社会秩序和社会秩序的根本原则。我们可以说国家并不必然是共识的基础，但它是导向分歧的交流本身得以存在的基础。

这种思路有些危险，因为它好像又回到国家的最初定义，也就是国家自己给自己下的定义，而这个定义又在霍布斯（Thomas Hobbes）和洛克（John Locke）等人的经典理论中沿用。根据这种最初的信念，国家是一项为公共利益服务的制度，而政府则为人民谋福祉。国家在某种程度上是一个中立场所，或者更确切地说——借用莱布尼茨（Gottfried Wilhelm Leibniz）将上帝类比成一切对立观点的轨迹的说法——是高高在上的观点之观点，而它已不再是观点，因为它是所有观点得以构成的参照：它可以审视一切观点。这种视国家近乎上帝的看法隐藏在经典理论传统之下，并建立了关于国家的自发社会学，它体现在我们有时所谓的行政科学之中，即国家公职人员生产的关于国家的话语中，是名副其实的公共服务与公共福祉思想体系。

马克思主义传统

我给的定义似乎回到了一种惯常的描述——以后你们会发现它实际上很不一样——而一系列传统,特别是马克思主义传统,给出了与此截然不同的描述,倒置了原初的定义:国家不是指向共同福祉的机器,而是约束的机器,是为了统治者的利益而维护公共秩序的机器。换言之,马克思主义传统并不对国家的存在提出问题,并且一上来就通过定义它所履行的职能解决了这个问题;从葛兰西(Antonio Gramsci),到阿尔都塞(Louis Althusser),他们执着于用国家的所作所为和它所作所为针对的对象来描绘国家的特征,却并不思考被认为造就了国家建立之基础的机制本身是什么结构。诚然,我们可以突出强调国家的经济功能或者意识形态功能;我们谈"霸权"(葛兰西[1])或"意识形态国家机器"(阿尔都塞[2]);但重点都放在国家职能上,而避开被我们指称为"国家"的这个事物的存在和行为问题。

这样一来,难题就出现了。这种对国家持批判态度的观点往往不经讨论便被接受。人们能轻易地就国家发表浅见,是因为出于立场和传统之故〔例如我想到了阿兰(Alain)的名著《对抗权力的公民》[3]〕,论国家的话语生产者和接收者都自愿采取略带无政府倾向的立场,一种建立在社会层面上的反叛权力的倾向。比如说有一类理论,它们控诉纪律和约束,取得了很大成功,甚至会一直成功,因为

---

〔1〕 安东尼奥·葛兰西,《狱中札记》(*Cahiers de prison*)第3卷第10—13章,保罗·福尔西诺尼(Paolo Fulchignoni)等人译法文版〔Paris, Gallimard, 1978(1975)〕。

〔2〕 路易·阿尔都塞,《意识形态与意识形态国家机器(研究笔记)》(«Idéologie et appareils idéologiques d'État. (Notes pour une recherche) »),《思想》(*La Pensée*)杂志,1970年6月,第151期,后收入路易·阿尔都塞文集《立场(1964—1975)》〔*Positions (1964-1975)*, Paris, Éditions sociales, 1976〕,第67—125页。

〔3〕 阿兰,《对抗权力的公民》(*Le Citoyen contre les pouvoirs*, Paris, Sagittaire, 1926)。

它们契合了青春期对约束和纪律的反叛，并恭维面对制度时的原初反应，我称之为反体制情绪[1]，它在某些特定历史时刻及某些社会人群中表现得尤为强烈。于是，这些理论被无条件接受，而实际上，我认为它们只是单纯地将惯常定义做了简单的倒置。它们与这种定义的共同点，是将国家问题化约为职能问题，将神圣的国家置换为恶魔般的国家，将向善的功能主义（fonctionnalisme du meilleur）——国家作为共识工具，作为处理冲突的中立场所——置换为恶魔般的国家，机器里的魔鬼（diabolus in machina），一个始终以或多或少直接且复杂的方式为统治者服务并奉行我称之为"向恶的功能主义"（fonctionnalisme du pire）[2]的国家。

按照霸权逻辑，人们认为国家公职人员并非如他们声称的那样为普遍的公共利益服务，而是为经济统治者和象征统治者服务，同时也为他们自己服务，也就是说国家公职人员服务于经济统治者和象征统治者，并在提供服务的同时服务自身。这仍然还是从国家职能出发来解释国家做什么、是什么。这种谬误，姑且称之为功能主义谬误，甚

---

[1] 关于这一点，参见布尔迪厄，《学术人》（*Homo academicus*, Paris, Minuit, 1984），第229页。

[2] 布尔迪厄经常在其研讨会上提到"向恶的功能主义"，它指的是一种社会世界的悲观目的论。关于这一概念，参见1987年芝加哥研讨会，发表于布尔迪厄[与华康德（Loïc Wacquant）合著]，《回答：为了一种反思人类学》（*Réponses. Pour une anthropologie réflexive*, Paris, Seuil, 1992），第78—79页[该书英文原版题为《反思社会学导引》（*An Invitation to Reflexive Sociology*），芝加哥大学出版社，1992年。——译注]："我相当反感机器这个概念，在我看来它就是向恶的功能主义的特洛伊木马：这个装置是一种恶魔般的机器，为了达到某种目的被编程设计出来。（这种阴谋的幻象，认为一种魔鬼的意志要对社会世界发生的一切负责的观点，萦绕着"批判"思维）。教育制度、国家、教会、政党或工会不是机器，而是场域。在一个场域内，行动者与机构根据这一游戏空间的构建规律和规则互相斗争。……一个特定场域的统治者处在让场域的运转对自己有利的位置，但他们仍然需要考虑被统治者的抵抗、反对、要求、抱负，无论它们是否是'政治的'。"

至在阿尔都塞主义者的前身结构功能主义者那里也能看到,他们其实和向善的结构功能主义者——塔尔科特·帕森斯(Talcott Parsons)及其后继者——很接近。我认为这种谬误在他们的宗教理论中已经存在,他们用职能来描述像宗教这样的制度,却不考虑要履行这些职能应该具备什么样的结构。换言之,如果我们只反思职能,我们将对运作机制一无所知。

(在弄明白我们所谓的国家究竟为何物这一点上,我的困难之一在于,我不得不用陈旧的语言说一个与元语言背道而驰的东西,不得不暂时拖着陈旧的语言以便摧毁它所传递的东西。但如果我每时每刻都使用我尝试建立的词汇——权力场等——你们将听不懂我说什么。我总是问自己,尤其是在上课前问自己,我还能不能说出我想说的东西,还该不该对此抱有信念……这是个很特别的困难,我认为它正是有关社会世界的科学话语的特点。)

暂时概括一下的话,在我看来,正是国家作为一种正统性原则,作为有关世界意义的共识,作为极为自觉的对世界意义的赞同,才使得国家履行了被马克思主义传统所诟病的某些功能。换言之,正是作为正统性,作为集体功能,作为根基牢固的幻觉——我借用了涂尔干给宗教下的定义[1],因为国家与宗教有诸多相似——国家才得以履行其维系社会、维系资本积累条件的职能——正如某些当代马克思主义者所言。

日历与时间性的结构

换言之,如果提前概述一下我要给你们讲的内容,我想说,国家是我们赋予社会秩序同时也是我们赋予实际统治和象征统治以及有形

---

[1] 埃米尔·涂尔干,《宗教生活的基本形式》,同前书,第31至36页。

暴力和象征暴力的隐藏的、不可见的原则的名称——用来指称某种隐藏的上帝（deus absconditus）。为了让你们理解道德整合这一逻辑功能，我简单举个例子，但在我看来，它足以说明我到现在一直讲的内容。没有比日历更平凡的东西了。含有公民节假日的共和历是某种寻常至极而我们（并不加以）注意的东西。我们接受它，视其为理所当然（allant de soi）。我们对时间性的感知是根据公共时间的结构进行组织的。在《记忆的社会框架》[1]里，莫里斯·哈布瓦赫（Maurice Halbwachs）强调，一切记忆唤醒的基础都得在他称之为记忆的社会框架中寻找，也就是说这些纯粹社会意义上的坐标，而我们围绕它们来组织私人生活。这是公共进入私人核心内的一个典型的例子：在我们记忆的中心，我们能找到国家、公民节日、世俗或宗教节日，还能找到不同范畴的专门日历，比如校历或者宗教日历。我们就此找到了一整套被社会坐标和集体活动所标记的社会时间结构，甚至在个人意识的中心也有它们的踪影。

在此，我们可以重拾皮埃尔·让内（Pierre Janet）对叙事行为所做的久远但依然有效的分析[2]：显然，当我们进行暗含时间维度的叙事时，当我们讲历史的时候，我们根据一些本身即是历史产物的划分来自我定位，而这些划分甚至成为讲述历史的原则。哈布瓦赫（注意到），两个人说："哪年哪年，我上初一，我在什么什么地方，我俩曾经是同学……"两个社会主体能够接通他俩经历的时间，即按柏格森的逻辑来说无公度、不相连的时间，是以对时间坐标的认同为基础的。这些时间坐标既以节日时间表、"隆重庆祝"、生日典礼的形式

---

［1］ 莫里斯·哈布瓦赫，《记忆的社会框架》[*Les Cadres sociaux de la mémoire*，Paris，Mouton，1976（1925）]。

［2］ 皮埃尔·让内于1902—1934年间领法兰西公学院实验与比较心理学教席。皮埃尔·布尔迪厄指的应该是他的《记忆与时间概念的演变》一书（*L'Évolution de la mémoire et de la notion du temps*，Paris，Chahine，1928）。

铭刻在客观性当中，又铭刻在意识当中，铭刻在个体行动者的记忆当中。这一切都和国家有关。革命修改官方日历——"官方"（officiel）[1]是在某一特定社会内通行的意思，与"私人"相对。我们可以有私人日历，但后者本身也是相对于通用日历而确定的：它们是在某一个社会内部由通用日历标记出的间隔之上的切口。你们可以做一个有趣的练习，挑出所有欧洲国家的假日：一些国家的失败日恰恰是另外一些国家的胜利日……日历并不能完全重叠，天主教的节日在新教国家分量变轻。

　　时间性有一整套结构，并且我想，如果有一天布鲁塞尔的技术官僚们想做点严肃的事情，他们一定会拿日历开刀。届时，我们将发现在节日之上依附着一些极为深刻的心理习惯，且备受人们珍惜。我们将发现，在这些看似理所当然的日历上依附着社会战果（les conquêtes sociales）：5月1日是许多人不会轻易放弃的日子，圣母升天节则对另一些人来说至关重要。大家可以回想一下因试图取消5月8日庆祝而引发的争论。我们每年购买一本日历，购买理所当然之物，购买一个绝对根本的结构原则，而它正是社会存在的基础之一，比如说，有了它，我们就能敲定约会。我们如是这般对待一天中的各个时段。这是常识，并且我没见过哪个无政府主义者在进入夏令时后不调钟，不把这一整套东西当作理所当然来接受的。而分析到最后，这些东西均指向国家权力，就像我们在不同国家为一个表面上无关痛痒的东西角逐时所看到的那样。

---

[1] "officiel"一词通常译为"正式"或"官方"，本书中交替采取这两种译法。某些情况下，译为"官方"符合汉语的习惯，如"官方人士""官方报纸"等。"官方"一词往往与"政府"的概念密切相关。布尔迪厄已言明"officiel"是在某一特定社会内通行之意，他的讨论既涉及有政府的情况，也涉及不存在政府的情况，后一种情况下译为"官方"便不妥。从该词两种含义/译法中也可见国家推行普遍、定义何为正当。——译注

以上就是我在说国家是公共秩序的原则之一时想到的其中一样东西；公共秩序并非如韦伯的定义暗示的那样，仅仅是警察和军队——有形暴力的垄断。公共秩序建立在同意的基础上：我们按时起床的前提是我们接受时间。萨特（Jean-Paul Sartre）对"我是自由的，我可以不去工作，我有不起床的自由"的分析很美妙，很知识分子，特别诱人，但却是错的。这个分析除了暗示所有人都有不接受的自由之外，在更深一层，它表明，接受时间这个概念已然是件相当不寻常的事情。并非所有国家、所有时刻的所有社会都曾有过公共时间。历史上，当多个城市结盟或者多个部落聚集后，文职机构、文员所做的第一件事就是制定公共时间；国家的建立者——如果我们能通过人类学的比较方法建立尽可能远的谱系的话——遇到的正是这个问题。（当我们研究没有国家或者说没有我们称之为国家的这一事物的社会时——例如那些有部落或部落集群但没有一个垄断了有形暴力的中央机关也没有监狱的分裂社会——会出现诸多问题，比如暴力的问题：当不存在高于卷入仇杀的家族的机构时，暴力的问题该如何解决？）

收集日历是人类学的一项传统：比如农民的耕种历以及妇女、年轻人、儿童等群体的日历。这些日历未必具有像我们的日历那样的一致性。它们大体上一致：儿童游戏日历、小男孩的日历、小女孩的日历、青少年的日历、小牧童的日历、成年男性的日历、成年女性的日历——烹饪或者女事——这些日历大体协调一致。但从没有人拿出一张纸——国家联系着书写——把所有这些日历放到一起，说："看，夏至和……稍微有点距离"。所有活动尚未完全同步。但这种同步却是社会世界良好运转默认的条件；应该做个盘点，看哪些人以维护时间秩序为生，哪些人与维护时间秩序有关，哪些人负责校准时间。

回头再想想一些著名的文本，比如吕西安·费弗尔（Lucien

Febvre）关于拉伯雷的知名论著[1]，你们就会发现，我们所谓的国家，其成型期揭示了一些与时间性的社会用途和对时间的集体调控相关的有趣的东西，我们认为这些东西理所当然，时钟几乎同时敲响，人人都有块手表。但这一切并非那么古老。曾经的世界里，这一公共时间未被建立，未被制度化，未通过客观结构——日历、手表——和心智结构———些人想拥有手表并习惯看表，敲定约会并准时赴约——加以保障。这种时间的会计学需要以公共时间和与时间的公共性关系为前提。它是一项相对晚近的发明，与国家结构的建立有关。

这和葛兰西关于国家和霸权的"拓扑"[2]相去甚远；但并不排除那些校准时钟或者被时钟校准得很好的人可能拥有那些不那么准时准点的人所没有的特权。我们应该从分析这些人类学意义上根本的东西着手，以便真正理解国家的运转。兜了这么一个圈子，也许看上去跟马克思主义传统的批判性暴力概念不相干，但我认为绝对必要。

国家划定的范畴

我们可以用同样的方法看待公共空间，但有别于哈贝马斯（Jürgen Habermas）给出的相当通俗并被大家不断复述的定义[3]。这个在其内部公共与私人、广场与住宅、广场与宫殿均对立的空间，究竟具有什么样的结构？对此有至关重要的分析可做。关于城市空间的区

---

[1] 吕西安·费弗尔，《十六世纪的不信教问题：拉伯雷的宗教》[*Le Problème de l'incroyance au XVI e siècle. La religion de Rabelais*, Paris, Albin Michel, 1968（1947）]。
[2] "Topo"（拓扑）源自"topographie"（地形图）一词的缩写，有传统主题、习惯性说法之意。——译注
[3] 尤尔根·哈贝马斯，《公共空间：作为资产阶级社会构成维度的公共性之考古学》[*L'Espace public. Archéologie de la publicité comme dimension constitutive de la société bourgeoise*, Payot, 1978（1962）]，马克·B. 劳奈（Marc B. de Launay）译。（中译本名为《公共领域的结构转型》，曹卫东等译，学林出版社，1999年。——译注）

分，已有一些研究。换言之，我们所谓的国家，我们想到国家时模模糊糊瞄准的那个东西，实为某种公共秩序的原则，不仅是具有显著实体形式的公共秩序，也是具有无意识象征形式的公共秩序，而后者似乎更为不言而喻。国家最普遍的功能之一，就是制造社会分类并将其神圣化。

国家和统计之间存在联系并非偶然。历史学家称，国家始于为了税收而进行的财产清点和调查，因为要想征税，必须知道人们拥有什么。历史学家以普查（census）——和监察官（censor）的关系为出发点，后者建立正当的划分原则，这些划分原则如此显而易见以至于无须被讨论。我们可能会对社会阶级的划分提出异议，但我们并不对存在划分这个想法提出异议。全国统计及经济研究所（Insee）划分的社会职业类别就是一个典型的国家产物。这不仅是个简单的衡量工具，好让统治者认识被统治者。这也是一些正当的范畴，一种规范（nomos），在一个社会范围内被普遍承认、无须讨论的一项划分原则；我们把它印在身份证上，我们的工资单上写着"第三梯级，指数是多少多少"。国家就此将我们量化、编码；我们拥有一个国家身份。国家的诸多功能中显然包含正当的社会身份生产，也就是说，哪怕我们不同意自己被规定的身份，我们也得带着这身份行事。一部分社会行为，比如反抗，可以由起来反抗的那类人所反抗的对象来限定。这是进行社会学阐释的一大原则：那些与教育制度难以相容的人往往被他们的困难本身所决定，某些知识分子的生涯完全被他们与教育制度之间糟糕的关系所限定，也就是说被一种推翻国家强加的正当身份的努力所限定，尽管他们自己并未意识到。

国家即是这种根基牢固的幻觉，这个场所能存在，根本上是因为我们以为它存在。这种虚幻的但因集体共识而生效的真实，是我们从某些现象——学位、职业头衔或日历——出发进行倒推时所回到的场所。步步倒推，我们就来到了建立所有这一切的场所。这个神秘的现实凭借其效应和对其存在所抱有的集体信仰而存在，而后者正是这些效应的根源。这是某种我们无法触碰的东西，我们也不能像阿尔都塞等人那样对待它，说"国家做这个""国家做那个"。我能给你们列举出几公里长的文本，里面将"国家"一词作为行动和主张的主体。这是一种十分危险的虚构，它阻碍我们思考国家。因此作为开场白，我想说，当心，所有以国家做主语的句子都是神学语句——但这不意味着它们是错的，因为国家就是一个神学实体，即依赖信仰而存在的实体。

国家的行为

为了摆脱神学，彻底批判这种铭刻在我们心智结构中的对国家存在的认同，我们可以将国家替换成一些行为，我们可称之为"国家"行为——"国家"一词要加引号——也就是说意图在社会世界中产生影响的政治行为。有一种政治被视作正当，尽管只是因为没人想过有不这么做的可能，只是因为它未受质疑。这些正当的政治行为的有效性和正当性源于人们相信构建它们的原则是存在的。

我举一个简单的例子：一位小学督学要去访问一所学校。他要完成一项很特别的行为：他要视察。他代表了中央政权。在前工业时代的大帝国里，出现了监察员行业。一个问题随即产生：谁来监察监察员？谁来监督监督员？这是所有国家要面对的一个根本问题。一些人以政权之名去视察，他们有授权。但是谁给予他们授权呢？是国家。访问学校的督学身上自带权威。[社会学家菲利普·科里根（Philip Corrigan）与德雷克·塞耶（Derek Sayer）曾写道]："States state[1]"——（国家发表）

---

[1] 菲利普·科里根、德雷克·塞耶，《大拱门：作为文化革命的英国国家之形成》（*The Great Arch. English State Formation as Cultural Revolution*, Oxford-New York, Blackwell, 1985），第3页。

一些声明（statements），国家做出裁决，督学将发表一个声明。

我已经分析过权威人士发出的侮辱性评价和私下的侮辱之间的区别[1]。在学校手册上，教师罔顾职责范围，做出侮辱性评价；这些评价含有某种罪恶的东西，因为它们是经过授权的、正当的侮辱[2]。如果有人跟你的儿子、兄弟或者男友说："你是个傻瓜！"（"傻瓜"，源于"*idios*"，意为"特殊"）这只是由单个的人对另一单个的人做出的单个的评价，因此是可逆的。而如果一名教师以委婉的形式说"你的儿子是个傻瓜"，那你就得好好掂量掂量了。经过授权的评价携带了整个社会秩序的力量，携带了国家的力量。教育制度的现代功能之一就是颁发社会身份的认证，颁发品质的认证。这种品质，即智力——取该词的社会意义——在今天最能定义社会身份。[3]

以上就是国家行为的例子：这是一些经过授权的行为，具有权威。而正如神之于亚里士多德，这种权威通过一条委派链，一步一步指向那个终极之地：国家。谁给教师做担保？谁给教师的评价做担保？这种倒推在所有其他领域都可见到。如果我们以司法审判为例，则更加不言而喻；同样，一个警察写的笔录、一个委员会制定的或一个部长颁布的规章也是如此。在所有这些情形里，我们面对的都是分类行为；"类别"一词的词源——categorein——即是"公开指控"

---

[1] 布尔迪厄，《言说意味着什么：语言交换的经济》（*Ce que parler veut dire. L'économie des échanges linguistiques*，Paris，Fayard，1982），第71—126页；后收入《语言与象征权力》，同前书，第107—131页，以及第159—186页。

[2] 布尔迪厄和莫妮克·德·圣马丁（Monique de Saint Martin），《教师理解力分类》（«Les catégories de l'entendement professoral»），《社会科学研究学报》（*Actes de la recherche en sciences sociales*）1975年5月第1(3)期，第68—93页。

[3] 关于这一点，参见布尔迪厄，《智力种族主义》（«Le racisme de l'intelligence»），《社会学问题》，同前书，第264—268页；以及《国家精英》（*La Noblesse d'État. Grandes écoles et esprit de corps*，Paris，Minuit，1989）第198—199页。（中译本名为《国家精英：名牌大学与群体精神》，杨亚平译，商务印书馆，2004。——译注）

甚至"侮辱"的意思；国家的"categorein"携公共权威进行公开指控，"我公开指控你有罪"、"我公开证明你被大学录取"、"我将你分类"（控诉可以是正面的也可以是负面的）、"我惩罚你"，带着一种权威，它既授权评价，显然也授权评价所依据的分类。因为被遮蔽的正是聪明/不聪明的对立，我们并不质疑这种对立恰当与否。这就是社会世界在持续生产的、让社会学家的生活变得异常艰难的把戏。

所以说，走出神学框架很难。但还是让我们回到应该达成一致的东西上来。我举的这些例子属于国家行为，这点你们应该同意。它们都是由具有象征性权威的人完成并产生影响的行为。这一象征性权威，一步步指向一种虚幻共同体，指向终极共识。这些行为获得认同，人们之所以服从——即便他们进行反抗，其反抗也暗示着认同——是因为他们归根结底有意无意地参与了某种"虚幻共同体"——这是马克思讨论国家时的表述[1]——即共同从属于一个我们称之为民族或国家的共同体，也就是由承认同样的普遍原则的人们所构成的整体。

我们还应该思考这些国家行为所特有的不同维度：正式/官方（officiel）、公共（public）和普遍（universel）。我刚才将侮辱与（某一区域内、某一具体的司法管辖范围内、某个民族内、国家的某些领域内）经过授权的、普遍的评价对立。这个评价可以被公开发表，有别于侮辱一类的评价，后者既不正式也不光彩，哪怕只是因为它可以调转矛头。因此，经过授权的评价被其实质和形式框定。能够进行公开评价的人受种种限制，其中之一便是必须遵守使正式评价成为正式的那些形式。关于这种官僚形式主义，可说的很多，韦伯将它与巫术

---

[1] 卡尔·马克思，《德意志意识形态》（*L'Idéologie allemande*），勒妮·卡泰尔（Renée Cartelle）与吉尔伯特·巴迪亚（Gilbert Badia）法译版［Paris, Éditions sociales, 1971（1845—1846）］。

的形式主义对立，即我们在神意裁判中说出一个巫术术语（"芝麻，开门！"）时遵守的那种形式主义。在韦伯看来，官僚形式主义与巫术形式主义毫不相干：它并非机械、随意地遵守一个同样随意的要求，而是遵守一种掌握许可权的形式，因为它符合集体默许或明确赞成的规范[1]。在这个意义上，国家也是巫术（我刚才说，涂尔干认为宗教是一种根基牢固的幻觉），但这种巫术和人们通常认为的完全不一样。我想试着从两个方面来拓展研究。

［一旦我们着手研究社会世界中的某物，无须刻意寻找，就会遇到国家和国家的效应（les effets d'État）。比较历史学奠基人之一马克·布洛赫（Marc Bloch）说，想要提出比较历史学问题，必须从现在出发。在关于法国庄园和英国城堡之比较的名著中[2]，他从英国和法国田地形式以及英法两国农民人口比例的统计数据入手，进而提出了一些问题。］

因此，我首先将试着描述我是如何在研究中遭遇国家的，然后描述这一神秘现实的历史起源。通过更好地描述其生成过程，我们便能更好地理解这个谜。我们回溯至中世纪，并以英国、法国和日本为例，看看国家如何形成。我需要向你们解释我接下来要介绍的这种历史研究，这一研究提出了许多极佳的问题，而我不想用幼稚的方式来讨论：方法论的准备相对于实际内容来说要花费更多时间。而你们会说："他向我们提的问题很多，给的回答却很少……"

我举的例子从属于对述行式话语（performatif）[3]这一概念所做的

---

〔1〕 马克斯·韦伯，《经济与社会》，同前书，第3章，第2部分（«Pocket» 1995年版，第291—301页）。

〔2〕 马克·布洛赫，《法国庄园与英国城堡》[Seigneurie française et manoir anglais, Paris, Armand Colin, 1960（1934）]。

〔3〕 "performatif"一词可做名词或形容词。做名词时，它指的是在说出时即告实现的一类动词，如"发誓""保证"等；做形容词时，指的是具有上述属性。——译注

社会语言学或语言学的反思传统。但同时,它们恐怕仍旧只停留在对国家效应背后之物预先建构的表象[1]。为了让你们对制造了国家效应且被我们联系到国家概念之上的这些机制有所了解,我将概述我这几年来对个人住宅市场,对住宅这一具有象征性的经济资产的生产和流通市场所做的一项研究[2]。我想用这个十分具体的例子说明国家以何种形式显影。讲这个例子之前,我颇为犹豫,因为单单这一项调查,我就可以讲上一整年。我即将对这项研究进行的论述在某种程度上有些荒谬,因为它假定你们了解个中细节和曲折。这正是教学的矛盾之处……我不知道该如何兼顾研究本身的节奏、要求和我努力按研究方向来引导的教学。

个人住宅市场和国家

我做这项个人住宅市场调查时,头脑里想的是学者们经常提的再普通不过的问题:为什么人们更多地是业主而不是租客?为什么在某一时刻他们开始买房而不是租房?为什么某些以前不买房的社会类别开始买房,这些社会类别里有什么人?大家只是笼统地说业主数量在增加,却不看在社会空间内不同阶级的差别增长率。首先要做的是观察和测量:统计就是干这个的。我们提出一系列问题:谁买,谁租?谁买什么?谁怎么卖?用什么类型贷款?然后,我们又问:谁生产?

---

[1] 关于述行这个概念,参见布尔迪厄《被授权的语言:仪式演说有效性的条件》(«Le langage autorisé: les conditions d'efficacité du discours rituel»),《社会科学研究学报》(*Actes de la recherche en sciences sociales*) 1975 年第 5—6 期,第 183—190 页,后收入《语言与象征权力》,同前书,第 159—173 页。
[2] 参见《社会科学研究学报》(*Actes de la recherche en sciences sociales*) 1990 年 3 月,第 81—82 期,关于"住宅经济"(«L'économie de la maison»)的内容,后收入布尔迪厄,《经济的社会结构》(*Les Structures sociales de l'économie*, Paris, Seuil, 2000)。

如何生产？如何描述我所谓的个人住宅建造业？是否并行存在一套住宅盖一年的小工匠和一年盖3000套住宅的拥有巨大银行权限的大公司？他们处于同一领域吗？他们之间存在真正的竞争吗？他们之间的力量对比是怎样的？这都是些经典的问题。研究用的方法也各式各样：采访购房者，问问他们为什么买房而不租房；观察；查阅销售和协商记录、买卖双方的合同；研究销售者及其策略；甚至是听购买者面对销售者时做的表述。

有趣的是，出于某种调查逻辑本身所要求的倒推，研究的中心逐渐偏移：一开始研究的是交易行为、交易行为所受的约束、决定选择的经济和文化条件，借此寻找一套解释性因素的系统，弄清人们为何做租客或做业主，为何买这套房子而不买那套房子，为何租这套房子而不租那套房子。但这些疑问慢慢退后，在最终文本里只占了5%也就是十来页的篇幅。研究的兴趣点转向了住宅供求的生产条件。很快，我们发现，要想理解在某一个体售房员和某一个体购房者之间的交易中所发生的事情——表面看几乎是随机情况——我们必须步步倒推，而处在原点的，正是国家。

巴黎个人住宅展上来了一位购房者，他有点难为情，一起来的还有他的妻子和两个孩子；他询问一套房屋的情况。售房员和善地接待他，因为他有妻子和两个孩子，这是个认真的顾客……倘若是一名女子单独前来，售房员知道她会说，我回去跟我丈夫商量一下，所以不会太积极。售房员对这对夫妇说："请过来坐。"我必须叙述具体的细节，好让你们看见国家就在那儿。一开始，我并没有想到要研究国家：但它让我非如此不可。要想弄明白这单次会面中发生了什么，就得做我以下将快速介绍的所有这些事情，而对法国国家的研究至少要一直回溯到中世纪……

两个人在交谈：一个是有点着急的售房员，他首先要评估在他面前的是不是个认真的购房者。他掌握一种自发的但很不错的社会学，他知道最常见的购房者是有两个孩子的家庭。他必须分秒必争，因此需要预判。如果值得的话，并且确定值得的话，他还得加快进程。沟通、交易的结构十分程式化，十分老套；它通常按如下形式进行：在几分钟内，购房者尽可能抛出朋友或岳母借他钱时对他说的话，向售房员提出问题，试图把他拉入和其他潜在卖主的竞争中，套取信息，看看有没有隐藏的缺陷。情况将很快反转，有时候，到第三个问题时，购房者就没招了。售房员发话，并由被问者变为提问者；他依例对潜在购房者的支付能力进行审查。

显然，潜在购房者变成了某种社会评估的客体；这牵涉他作为银行客户的身份。售房员往往有现成的销售说明书；这是我们经常忘记的一个官僚主义情境的特质，尤其是当你不做经验研究时：如果你像尼克斯·普兰查斯（Nicos Poulantzas）[1]那样从国家出发，你就永远看不到这一点。售房员和购房者处于完全不对称的关系中。对售房员来说，购房者只是一个系列中的一个号码，他已经碰到过别的，今后还会继续碰到；他有一些从社会学观点上成立的一般性预期，因此也就有了通用的一般性策略，这些策略已获经验验证因此行之有效。在他的对面，购房者是一个正经历独一无二处境的人，这种处境想必不会复制。一边是重复，一边是独一；处于重复一边的人既享有自己积累的经验也享有别人积累的经验。有时候，他还拥有一种以销售说明书、现成的协议或表格形式出现的官僚式替代经验，也就是说，一种理性的、信息的官僚资本，这已经很了不得了。但是，如果我们止步于此，我们会忘记根本，即他的背后还有一种巨大的力量：他身为以银行名义行事的组织的代理人这一事实赋予他的权利；他是信用机构的代表。表面上，他出售房子；实际上，他出售购房所需的贷款。

---

[1] 尼克斯·普兰查斯（1936—1979），希腊政治社会学家，结构主义马克思主义代表人物之一。——译注

话语分析如果只研究话语，却不研究话语生产的社会条件，那就什么也搞不清（我特别注意生产话语的隐含条件）。表面上这一情景可以定义为：顾客到一个售房员这里来购买一套房屋，而这个售房员和其他售房员处于竞争关系。而真实的定义很快显现出来：购房者来购买一种信贷，以便有能力购买一套房屋。他将获得一套和他的贷款即以银行标准衡量出的他的社会价值相匹配的房屋。"您值多少钱？"——这正是售房员提出的问题，他全副武装，要在最短的时间内以尽可能经济的方式评估顾客的社会价值。在他身后是委派他的银行的权威；在这个意义上，他是一个官僚。官僚的第二个属性：他相对于个体无处不在，由于受到委派而成为代表。他可以说："这好""这不好""您努努力，加把劲儿就能实现"。这让他变身为保护者，变身为给出建议并评估能力的专家。在这个交易关系的结构背后，是经济的和象征的力量对比。

此外，如果我们听听售房员的话，会发现他的力量里还存在第三个层面：他不仅是一个私人银行的私人代理，他也是国家的代理人，因为他说："您可以享有……不，这个您不行……"他是一个操控法律和财政能力的代理人；他拿着一个计算器并且算个不停，这是彰显他权威的方式……这样的情形显然会让顾客很难接受，因为他发现对方衡量的是他的社会价值：他携梦想而来，却背负现实而去。售房员的第四项职能是让顾客撤销投资。顾客来了，说他想要多大面积，想要左侧有光线，等等。售房员跟他说："这是您的商品价值，您值这个价；根据您值的价钱，这是您可以拥有的房屋。如果您想买套200平方米大的，那就得在离市中心200公里的地方；如果您想买套100平方米大的，那就在离市中心100公里的地方。"谈价的两个主要参数是距离和面积。售房员会一直说："您可以享有……您不可以享有……根据您的收入，可以尝试APL（个人住房补助），它是一种帮助购买房产的津贴。"

我们看到情况很复杂，并且不能一刀切地说"银行是为国家服务的"或者"国家是为银行服务的"。售房员（凤凰建筑公司[1]的售房员以前多数是工人）没有国家的明确授权，也没有任何其他正式授权；他并未被具有正当性的国家雇用为具有正当性的房屋的正当销售者，但他以国家公务人员的方式行事，他说："我呢，知道计算表格，我告诉您，您有权获得什么；您有两个孩子，所以您可以领房补。"我们于是被引向住房补贴的产生原则。它是怎么产生的？由谁？在什么条件下？在什么领域？我们于是又被引向信贷管理规定的产生原则。例如，20世纪60年代个人信贷的发明过程中，我们同样发现由销售者来评估购买者的问题。个人信贷的发放所依据的并非个人拥有的可见资本，而是经济学家们所说的稳定收入：要评估的是从一生来看你值多少钱。这很好估算，尤其当你是公务员的时候。如果你有份职业，我们可以算出你的价值，也就是说你一辈子一共能赚多少钱。在这个估值背后，是一整套司法机构，一整套信贷管理规定和决定信贷补贴的制度性规定。

这样的谈判最终将达成也可能不达成一个我称为"受限合同"的合同，因为你只能出那张牌。人们以为自己在商议，实际上，游戏早就结束了，我们可以预见他们未来拥有的房屋的大小。要想弄明白谈判中进行的这个看似自由的游戏，我们得上溯到整套法律结构，是它支撑了所谓的需求生产。没有看得见的财产，没有许多钱付首付的人（比如熟练工人、专业工人，所有我们今天说起超负债时涉及的人）能实现买房梦，是因为一些可归为国家范畴的人已经制造了一系列满足某些条件即可享有的便利。

---

[1] 凤凰建筑公司（Maisons Phénix）成立于1946年，是法国个人住宅建造市场的领头羊之一。20世纪80年代，凤凰建筑公司的品牌一度是造价低廉的住宅的代名词。——译注

巴尔住房委员会

在供给端，我遇到了同样的问题。20世纪70年代出现井喷；一些企业倚重银行为其做担保并提供建设资金，用工业手段成批建造了大量房屋。我们会好奇这些企业如何进入市场并且大获成功，因为出于历史原因，由工匠一座一座徒手建造的房屋才是最受欢迎的……问题要归结到中央部门。1970年至1973年间的一项改革运动中，诞生了一些委员会，其中最重要的是巴尔委员会[1]。主要面向建房者的建筑补助规章变为主要面向购房者的个人补助。

于是我就去研究在这一揽子决定中说得上话的人所形成的空间。我没有考虑传统的问题，诸如：国家是什么？大银行为国家服务，是为了推行一种政策，促进某种可以赊售同时需要借贷进行自我发展的产业吗？谁服务谁？与此相反，我在想，起作用的行动者是些什么样的人，这样才能理解下及普通售房员的这些规章究竟如何生成。我从客观数据即他们的特征出发，建立了一个起作用的行动者的领域（财政部建设司长能产生影响吗？通过国家能够让人们获得贷款的社会事务司长能产生影响吗？），同时也参考章程方面的信息（某个国家公职人员的职责是调解吗？他是否像监察员被授权监察那样被授权决定是否发放贷款？）。比如，省级装备管理局和装备部长显然不能被忘记：我选取了那些一看正式头衔就让人觉得起作用的人，但也将此和消息人士从名声出发所提供的信息相对照（某某先生是否曾是重要一员？）。我找到一些高官、银行家（他们往往在几年前也是高官）。问题来了：边界在哪里？国家和银行或者大企业之间众所周知的联结往

---

[1] 20世纪70年代中叶，政府发布了许多报告，以便实行一项新的住房政策，这一政策最终于1977年1月3日以法令形式推出，它受雷蒙·巴尔（Raymond Barre）领导的委员会的报告启发，确定减少"建筑补助"，增加个人补助。

往通过这些人来完成，但采取的形式却压根儿不是从职能出发的理论所描绘的那些。我于是发现了一些与此问题有关的财政部、桥梁公路工程局、装备部的高级公务员，还有大城市市长和一些协会及廉租房代表。对这些社会行动者来说，兹事体大，值得为其斗争，他们时刻准备为建筑补助拼命。

现在的问题是要弄清楚这个领域依据何种原则运行：是否一边是国家，一边是地方团体？人们正是这么想的。按照所有高级公务员脑中的自发社会学，存在中央与地方之别。这里我们看到了这套社会学的核心范畴：中心/外围、中央/地方……就像邮局里被分门别类的信。中央，即国家。这是他们对自己的看法：他们更关注总体，而不像地方的、个体的人，总有为游说集团说话的嫌疑，比如廉租房系统。这是一些有自身历史和轨迹的个人，他们曾漫步于我正在建立的空间当中，他们陆续占据不同职位，他们在自己的习性（*habitus*）[1]中因此也就在他们的战略中带入了他们之前的所有经历。这个空间，我假定它有一个结构，它不是随随便便形成的。通过统计学分析，我抓取所有相关的行动者和所有相关的属性，试图抽离出这个结构本身的模样。

你们可能会问我：标准是什么？第一，要抓取相关的行动者，因为他们和此问题相关并且能产生影响；他们有专门的权力，使他们能够产生影响，制造效果。第二，要考虑相关的属性，也就是说为了在这个领域产生影响需要具备的属性。我们正处于德国人说得头头是道的"解释学循环"（cercle herméneutique）之中：我们怎么决定这个？这得靠摸索，因为这正是研究的对象，要陆续进行尝试。我们要确定什么样的属性可以产生影响。比方说，身为财政监察员或者矿业工程师或者路桥工程师这一事实很重要。从这些产生实效的属性出发，我

---

[1] 又译"惯习"或"生存心态"。——译注

构建了客观空间，构建了这个空间的结构，我们可以称之为力量平衡或者阵营划分。所以说，存在一个被划分的复杂空间。

接着，我为这些改革做了份年表；我采访了一些消息人士，当然是从在这件事里扮演了一定角色的人里选取的——提供信息的人也是能接收到消息的人，而要能接收到消息，就必须身在其中——一些加入过委员会的人会讲述委员会的成员是如何挑选的，而这至关重要……我们能够从委员会的构成确定其最终会得出什么结果。我像历史学家那样，把在房产销售员那里起效的规章其起草过程中发生的事情做了份年表。我把所有相关事件都讲述一遍，且仅限于这些事件，也就是说要想知其所以然必须了解的事情。换言之，这不是一份正式的汇报，而是一份对能交代清楚情况的事件的汇报。

（这并不意味着，一位历史学家，在做出一份能交代清楚情况的精彩事件汇报时，总能意识到自己挑选事件的原则。马克·布洛赫谈到历史学家这一职业时说：这是一种习性，我们据此做出一些有条理的选择，而这些选择并不建立在明确的方法上[1]。借助历史学大有用处：自称历史学家让我在现场获得了人们可能会拒绝提供给社会学家的信息。）

我已经假设，由于这些结构相对恒定，通过研究二十年前的结构，我也就研究了当前的结构。所以我先进行叙述，然后介绍发生所叙述内容的空间的结构，会有一些专有名词，还有拥有这些专有名词的人们的属性。这便是造就了这段历史的人们所组成的空间的结构[2]。这个结构能让这段历史清晰明了吗？我惊讶地看到，力量场

---

[1] 马克·布洛赫，《历史学家的技艺》（Apologie pour l'histoire, ou Métier d'historien, Paris, Armand Colin, 1997 [1949]）。
[2] 这段指涉布尔迪厄和罗西纳·克里斯坦（Rosine Christin）《市场结构》（«La construction du marché»）一文中的因子分析，《社会科学研究学报》（Actes de la recherche en sciences sociales）1990年第81—82期，第65—85页。

的结构、各种场的布局,竟能如此清晰地说明我所谈到的对立。我们大体上看到这项规章(règlement)——此处"规章"是一个国家用词——产生的场所是一个结构化的空间,在其中有行政场的代表高级公务员,也有经济场和地方政治场的代表市长等。此为第一项对立。

第二项对立:在行政场内部,财政部一方与装备部一方,即技术的一方,存在对立。这个对立相当有趣。一方支持补贴建筑方,即一种偏国家式的对住房的扶持,一种集体的、集体主义的形式(也就是扶持廉租房,扶持集体建设)。另一方则支持相对自由主义的、个人的、个性化的、人格主义的、吉斯卡尔式[1]的扶持方式。对立的关键正在于此。在行政部门方面,我们发现拥护国家和拥护自由主义的人互相对立。我们把国家与自由对立,把国家与市场对立,但如果在国家中发现了市场,情况就更复杂了……我们会问,为什么路桥工程师会站在国家、集体、集体主义一边。他们是巴黎综合工科学校毕业生,按理不该如此……然而他们却站在社会、集体、过去、保守的一边,反对那些想进行自由主义思考、预测未来政治命运的自由主义者。

在各种新马克思主义国家理论中,由德国人希尔施(Joachim Hirsch)发展的一派坚持认为国家是阶级斗争的场所,国家并非充当统治阶级霸权的工具[2]。在国家内部,有一些人更偏向自由主义,有一些人更偏向国家主义。这是斗争的重大关键。如果我们将此翻译为政治划分术语,那么一边是社会党,另一边是自由派。然而我认为要

---

[1] 瓦雷里·吉斯卡尔·德斯坦(Valéry Giscard d'Estaing, 1926—),1974年5月至1981年5月期间担任法国第20任总统,在任内推进了一些自由主义改革,并于1976年任命雷蒙·巴尔为总理。——译注
[2] 约阿希姆·希尔施,《国家机器与资本再生产》(*Staatsapparat und Reproduktion des Kapitals*, Francfort-sur-le-Main, Suhrkamp, 1974)。

想理解这种对立，应该参考各职业团体的历史以及相应的团体（技术工程师和财政监察员）支持一种政策或者另一种政策各有什么好处。为了弄清技术团体从一种我们可称之为"进步主义的"态度中能够获取的好处，就得假设他们具有与进步主义立场相关的团体利益。他们之所以采取进步主义立场，不是因为他们是进步主义者，而是因为他们从属于一个与进步主义规章相关的团体。一旦某项"社会战果"进入国家制度，进入一个其存在与该事物之永续相关联的法定团体（社会事务部），我们可以肯定，在国家公职人员中，这项社会战果会得到捍卫，哪怕受益者已经消失，不再在那里抗议。这里我将悖论又推进了一步，但我认为这很重要。

换言之，国家不是铁板一块，而是一个场。行政场，作为权力场的特殊部门，也是一个场，也就是说按照与特定资本和不同利益相关联的诸项对立关系构成的空间。这些以此空间作为场所而存在的对立，与各相关团体的组织功能的划分有关。进账的部门与花钱的部门或者社会事务部门之间的对立属于高级公务人员自发社会学的一部分；只要存在社会事务部门，就会有某种形式的对社会工作的捍卫。只要存在国民教育部，就会有对教育的捍卫，它将高度独立于占据这些位置的人的属性。

第三项对立：在我的年表中，从一些客观迹象和消息人士的情报中，我看到一些英雄出现了，人们称这些人物是此项官僚革命的发起者。我心想：我研究些什么呢？我研究一场特殊的革命，即一场官僚革命，从一种官僚制度转变为另一种官僚制度。我遇到一些特殊的革命者。通过研究他们是些什么人，我或许可以回答如下问题：要成为什么样的人才能进行官僚革命？然而，神奇的是，第三个因素将这些人孤立开来，并且实际上将所有在客观上和名声上被指认为改革者的人都孤立开来，并且仅仅是这些人。这些人，他们有什么属性？他们十分分散，处于空间各处。他们有一些惊人的共同属性：巨大的官僚遗传性——他们往往是高级公务员的儿子，他们属于大国家精英（贵族）[1]群体，也就是说有多名官僚贵族尊亲。我倾向于认为，要想推行官僚改革，应该充分了解官僚机器才行。

为什么雷蒙·巴尔被任命为委员会主席并在其中发挥决定性作用？我们可以对（社会学意义上建构的）个人及其在十分特殊情况下的所作所为进行社会学分析[2]。这些革命的英雄，这些组成官僚先锋的革新者，拥有一些令人意想不到的属性：他们积聚了这一空间不大可能有的属性。他们是技术领域的人，综合工科学校出身，但都学过计量统计学并上过巴黎政治科学院的课。他们在自身普通官僚资本上叠加了一项技术和理论的资本，他们可以估算不同政治力量的成本和收益。要么就是些财政监察员，越过禁忌，领导了廉租房委员会。罗贝尔·里翁（Robert Lion），现任国家信托局（Caisse des dépôts）主席，曾经做出一个有失身份的行为，业界颇以为粗俗：他曾从国家和官僚空间最高处走向最低处；这是个跨界人物，位置游移不定[3]。

要想理解售房员与购房者之间的对话，理解房产统计的变革，理解房产主头脑中总是装着《区分》里阐释的空间这一事实——社会空间的右翼由掌握经济资本多于文化资本的人组成——这则解释性的故事，这一社会发生学（sociogenèse）就不可或缺[4]。然而，购买房产的巨大推动力却在社会空间左翼那些掌握文化资本多于经济资本的人

---

〔1〕 "Noblesse"一词本意为"贵族"，"Noblesse d'État"国内通行译名为"国家精英"——译注。
〔2〕 关于社会学意义上建构的个人，参见布尔迪厄《学术人》，同前书，第36—39页。
〔3〕 罗贝尔·里翁（1934—　），社会党高级公务员和协会负责人，于1982至1992年间担任法国国家信托局主席。在2010年左右，他作为欧洲生态联盟（Europe Écologie）竞选名单一员当选法兰西岛大区议员。
〔4〕 对《区分：判断力的社会批判》（La Distinction. Critique sociale du jugemen, Paris, Minuit, 1979）中构建的社会空间的概括介绍，见布尔迪厄《新资本》（«Le nouveau capital»）一文，《实践理性：关于行为理论》，同前书，第37—51页。

当中，那才是增长率最高的地方。我可以在政治层面找到一个能启发这项政策负责人的既狡猾又天真的政治说辞："我们将通过房产这一纽带将人民与既定秩序联系起来。"瓦雷里·吉斯卡尔·德斯坦的著述以及所有围绕类似改革展开的著述里都明确提到这一点。在这整个过程中，有一套意在劝服的预言工作，一些人写文章，建数学模型，把所有论证的工具都用上了。在现代社会中，数学已成为政治论证的重要工具。这些人有建立在如下哲学之上的政治意图：对社会秩序的依附通过与房产的联结实现，而让社会空间的左翼加入既有秩序，则相当于实施了一项重大变革。要想理解法国政坛的某些变化，考察住房政策很重要，考察［《新观察家》（Le Nouvel Observateur）的］让·达尼埃尔（Jean Daniel）的言论或者法国共产党的言论同样重要，而后者可能恰恰由这些改变所决定。

我们明白了一套有效的规章如何从一部分人发起的政治计划出发而生成，它左右需求、供给和市场，并从无到有地建立了市场。国家的职能之一正是建立各类市场。这项规章，它接下来如何被应用？身处实地的社会行动者如何在省、市各级具体地实施它？我们又回到我之前谈到的文书、声明：建筑许可、破例优待、特别许可、授权等。某些规定要求屋顶要高出 20 厘米，不能再多。这完全是随意的。所有的建筑师都说："不会吧，为什么不是 25 厘米，不是 23 厘米？"这种随意性是一种特殊形式的官僚利益的发生器：要么先严格执行规定，然后放松，要么就发放特别许可。一种我称之为法规与特权的辩证法[1]，以"生意"过程中的贿赂告终。我们看到了这种权力的受托人对国家的日常管理。

---

［1］布尔迪厄，《法规与特权：地方权力场和规章的执行》（«Droit et passe-droit. Le champ des pouvoirs territoriaux et la mise en œuvre des règlements»），《社会科学研究学报》（Actes de la recherche en sciences sociales），1990 年第 81—82 期，第 86—96 页。

以上我朝最直接的历史原因做了最小限度的倒推。一个历史剖面能解释另外一个历史剖面，要想理解它，倒推是必要的。是什么造就了这段历史？行政场的历史——整个国家的历史还有待研究——难道不也是一系列剖面，与我为国家颁布的每项规章所做的那些剖面同属一类吗？（我们接下来不太敢说"国家……"我不能再说以"国家……"开头的句子。）我刚才举的是住房补贴的例子。对于社会保险，我们也应如是分析。每一个时刻，若想让它清晰明了，皆须了解它之前的所有剖面。为了弄清一个技术团体的复杂性，就必须知道各技术团体在法国创立于哪一年，它们先在地方范围成立，然后扩大至全国范围……遗憾的是，在社会科学领域，我们面临的问题是要做不可能的研究。也许我要做的事情的最大价值恰恰在于从事一项不可能的研究。

1990年1月25日课程

理论与经验——国家委员会与场面调度——公共问题的社会建构——国家作为观点之观点——正式婚姻——理论与理论效应——"国家"一词的两个含义——将特殊转化为普遍——顺从——机构作为"有组织的受托人"——国家的生成；此研究之困难——关于社会学研究教学的题外话——国家与社会学家

理论与经验

我将快速回顾一下上次课的内容，再强调一下上次课两部分之间的反差，你们大概也注意到了这个情况。在第一部分，我力图介绍关于国家的一些一般性主张，而在第二部分，我对自己刚刚完成的对国家行为某个方面的研究做了言简意赅的介绍。关于你们的关注点和接受情况，我注意到了种种迹象，其中有一点很重要，那就是记笔记的比例。据我观察，讲第二部分时，记笔记的比例明显下降了。我大可以归咎于课程的质量，但我想主要还是因为你们觉得我讲的东西不怎么值得记。这是个问题，因为在我看来，第二部分更重要，更值得记笔记。有些内容我讲得快，其实已经事先考虑到你们的接受情况了，否则我可以把这一整年的课都拿来讲这项研究和分析的细节，以及我采用的方法。

我回到这点上来，是因为这提出了一个我自己也要面对的根本问题。在心理上把对我们今天所看到的国家状态的描述、分析与关于国家的一般主张整合在一起是极为困难的。我认为如今一败涂地的国家理论——至少在我看来——还能延续，是因为它漫游在一个独立于现实的世界里。理论家之所以能无休止地讨论下去，而无论他们从属于马克思主义传统还是新功能主义，恰恰因为他们未与现实世界和日常生活中的事物建立关联，并且存在一种如现象学家所说的判断的悬置（*épochè*），一切对正在发生的事情的参考都被悬置了，于是所谓"理论"讨论才成为可能。遗憾的是，理论的这种地位被社会期待强化了。在所有学科当中，理论都被置于经验、感受之上。学者们越出名就越"理论"。风烛残年之际，所有学者都成了哲学家，尤其是得了诺贝尔奖之后……这些十分普遍的看法很要紧，因为它们阻碍了社会科学的进步，尤其阻碍了社会科学中科研成果的交流。

我回到这种二元性上来。我太清楚传达我想传达的东西有多难，以至于我一直在交流策略（应该如何说我想说的东西）和务必保证所传达的东西的严密性之间进退维谷。二者之间的矛盾有时候会让我讲的内容看上去很奇怪，也弄得我和你们一样难受。我思考如何在具体情况下衔接这两个层面，我不确定自己是否有能力完整回答。但我觉得，在请你们注意这个困难的同时，我也就指出了你们自己也面临的困难，如果你们对国家感兴趣，或者正在研究与国家有关的东西的话。

国家委员会与场面调度

为了尝试衔接这两个层面，我将回到我刚才一带而过的一点：委员会（commission）这个概念。我跟你们说过，委员会是某种很奇怪的东西，这个社会组织问题颇多。它是项历史发明，是英国的发明，我们可以回溯它生成的过程。它最初名为"皇家委员会"：一群由国王授权的人，被委任完成一项社会公认的重要任务，通常与一个同样被认为重要的问题相关。一个委员会的组成（这个词很重要，且应当在着重意义上理解）暗含两个行为：首先，指派、任命（既然国家下了文件，那当然就是任命）一群被公认为有资格的人，他们被社会选定去履行某项职能；其次，指定一个值得被有资格处理公共问题的人来处理的问题。公共问题是一个值得被公开、正式处理的问题。我们得思考一下"公共"这个概念，也就是说值得拿到所有人面前的东西。自然，社会批评一直倾向寻找公共背后之物。社会行动者有一种自发的、常常被构建为社会学姿态的视点，我们可以称之为戏剧视点。关于人际互动，戈夫曼阐述了我们持有的这种自发的观念：他们在演戏；一个人演，另一个人看，不管他是好的观众还是坏的观众。[1]这种针对人际互动的戏剧视点，我们可将其应用在典型的戏剧世界，即国家这个舞台上，应用在正式的世界、正式仪式的世界里，比如说，法律仪式。一位知名英国历史学家对英国法律仪式和这种仪式最根本的作用做了大量研究。仪式并非只是简单地止于自身，而是要作为仪式，让自身被承认为正当[2]。

所以，这些公共委员会就属于场面调度，它把一群专事表演一种公共戏剧，一种思考公共问题的戏剧的人放到了舞台上。人们一直提的智者委员会颇值得研究。这种戏剧的、简化的观点会导向这样的说法："所以说有舞台，有后台，而我，社会学家，我很聪明，我将为

---

[1] 欧文·戈夫曼（Erving Goffman），《日常生活中的场面调度》[*La Mise en scène de la vie quotidienne*, Paris, Minuit, 1973 (1959)]第1卷《自我呈现》(*La présentation de soi*)，阿兰·阿卡多（Alain Accardo）译；第2卷《公共场所中的关系》。[上述法文版第1卷译自英文原版 *The Presentation of Self in Everyday Life* (1956)，第2卷译自 *Relations in Public*: *Microstudies of the Public Order* (1971)。该书中文版《日常生活中的自我呈现》亦译自 *The Presentation of Self in Everyday Life*，北京大学出版社，2016年。——译注]

[2] 爱德华·帕尔默·汤普森（Edward Palmer Thompson），《贵族社会，平民文化》（«Patrician society, plebeian culture»），《社会史杂志》(*Journal of Social History*)，第7（4）期，第382—405页。

你们展示后台。"我经常说，对于你们当中的社会学家来说，有一点很重要，即成为社会学家的一大无意识的动力，正是这种发现商店里间、发现后台的快感。这在戈夫曼那里显而易见：这是一个待在杂货店柜台后观察杂货店老板和顾客各自策略的人的视点。看看对饭店里发生之事的绝佳描述吧：服务生穿过那扇门，姿态完全变了，而刚一折返，他们就开始吵吵嚷嚷……这种将社会世界比作戏剧舞台的描述从定义上就充满讽刺；按这个词严格的意义，它是在说："社会世界并非你想象的那样，可别被骗了……"当我们年轻时，当我们喜欢装聪明，特别是自感聪明时，戳穿假象是很令人愉悦的事情。

如果借帕斯卡尔的用词，这种视点可能是半吊子（demi-savant）社会学家的自发社会学。这个半吊子学者说：世界是一个戏剧舞台，而这点完全适用于国家。（我担心你们也这样理解我的分析）我说过：国家是一种法律虚构（fiction juridique），因此它不存在。对社会世界的戏剧视点展示出某些重要的东西：一个委员会，就是一个阴谋；《鸭鸣报》（Cannard enchaîné）（式的）对委员会的看法在某些层面是对的。社会学家的任务是弄清一个委员会如何组成：谁选择谁且为何这么选？为什么让某某担任主席？他有什么属性？如何进行新成员的增补？成员一旦确定的话，游戏不是就结束了吗？这些问题都很好并且是研究的一部分。但以这种方式研究通常很艰难，如果发表，会被参与者公开反驳……

不过，这种做法虽然有其无比正当的一面，却可能忽略了某些重要的东西：委员会是一种组织上的发明——我们可以列出它被发明的时间。它就好比一项技术发明，只不过类型十分特殊。国家也属于这样的发明，这发明将一些人以这样的方式聚集在一起，使得他们在按此方式组织后，可以做一些若不按此方式组织就不会做的事情。但我们自动忘记了这种技术的存在。眼下有人研究计算机办公带来的影响，但我们忘了说通函的发明如何改变了官僚世界；或者在更远古的时期，一项口头习俗进入成文法如何改变了整个官僚世界。与这些组织技术和发明相关联的词极少是专有名词：我们记科学发明家的名字，却不记官僚发明家的名字。例如，个人信贷就是一项十分复杂的组织发明。

委员会是一种正在起作用的历史发明，我们继续使用它——我所谓的最小功能主义——是因为它要履行一些职能。功能主义这个概念被当成一种侮辱，科学上几乎不用。我只是说——我们社会学家可以允许自己这么做——一种被持续使用的机构值得我们做出假设，它具有某种功能，从事某些事情。委员会这一组织上的发明产生了相当大的影响，而机构所采取的戏剧性视角往往被忽视：委员会孕育了象征效果，这些象征效果通过搬演正式、搬演与正式表象的正式一致性而被制造出来。我来解释一下。我上次说的巴尔委员会做了什么？他们为一个被建构为公共问题的问题下了一个新的定义，具体来说，就是居住权利，后者本身应交由历史分析来裁定。当然，我设想的那种社会学，其基本规则之一便是永远不把一个问题想当然，要看到问题产生问题，所以存在问题的历史生成。关于居住权利，我们应该思考，它什么时候出现，如何出现，制定它的慈善家是什么人，他们这么做有什么好处，他们生活在何种空间，等等。

我们于是承认问题存在，并且说：这个委员会公开处理这一公共问题，并给自己下任务，要提供一个可以公开发布的解决办法。一份正式的报告将被正式提交，并带着一种几近正式的权威。报告不是普通话语，而是述行式话语，它被提交给要这份报告的人，而后者在要求时，也就提前赋予它权威。报告起草者书写的是因被授权而拥有了权威的话语，是在要求这一话语并提前给予授权的人眼中的权威话语。这份报告是一份被历史性决定的报告，每一种情形下，都需要依据委托人和受委托人的力量关系进行分析；还要考虑使用报告的两个阵营的能力：受委托人是否有足够的战略力量利用所受之权和所有任务里默许他们的东西，使委员会的结论得到重视？他们是否有此意图并有此能力？我们每次都需要从经验出发做大量工作，但这不等于说模型不再正确。模型摆在那儿，是为了邀请人们研究参数的变动。

公共问题的社会建构

这些人于是就为一个公共问题下了新的正当定义，他们提出一种新方法，给公民钱，满足他们的居住需求，而这种需求是被当作权利赋予他们的。换作毒品或者国籍，我们也可以问同样的问题：谁有权在市政选举中投票？谁理应被惩罚？约瑟夫·古斯菲尔德（Joseph Gusfield）研究了围绕酗酒和交通事故之间的联系所展开的争论[1]。他提问的角度，在美国被称为"构成主义"：他与舒茨（Alfred Schütz）[2]和以米德（George Herbert Mead）[3]为代表的一些美国社会心理学家一脉相承，强调社会行动者并非将社会世界看作既定事实，而是去建构它。简单说，他要还原社会行动者进行的旨在建立人际互动或者诸如学生/老师或者顾客/官僚机构工作人员这类半格式化关系的建构行为。在这本书中，古斯菲尔德强调公共问题的起源，并且

---

[1] 约瑟夫·古斯菲尔德，《公共问题的文化：酒后驾驶与象征秩序》(*The Culture of Public Problems, Drinking-Driving and the Symbolic Order*, University of Chicago Press, 1981)。法文译本晚于本课程出版，由达尼埃尔·塞法伊译（*La Culture des problèmes publics. L'alcool au volant: la production d'un ordre symbolique*, Paris, Economica, 2009）。

[2] 阿尔弗雷德·舒茨，《社会世界的意义构成》（*Der sinnhafte Aufbau der sozialen Welt. Eine Einleitung in der verstehende Soziologie*, Vienne, Springler-Verlag, 1932）。本课程期间，一本由安娜·诺斯西斯－吉里耶洪（Anne Noschis-Gilliéron）译自三卷本《论文集》（*Collected Papers*, La Haye, Martinus Nijhoff, 1962—1966）的法文书刚刚出版：《研究者与日常：社会科学现象学》（*Le Chercheur et le quotidien. Phénoménologie des sciences sociales*, Paris, Klincksieck, 1987）。

[3] 乔治·赫伯特·米德，《意识，自我与社会》[*L'Esprit, le soi et la société*, Paris, PUF, 1963（1934）]，让·卡兹纳夫（Jean Cazeneuve）等译。

指出，统计这一披着科学外衣的工作，无论它是国家行为还是私人行为，本身即是一种社会修辞，统计学者通过它参与一个社会问题的建构。比如，是他们在喝酒这件事与发生事故之间建立一种似乎理所当然的关联；他们以一种被视作科学的话语，也就是说普遍性的话语，对一种在社会世界中分布很不规则的、以伦理为基础的社会表象予以确认。古斯菲尔德指出，制定新规范的官方人士、立法者，以及律师，应用这些规范的法律人士，为一些在我们所谓的"舆论"当中不规则分布的伦理倾向提供了——可能被某些科学论据所允许的——象征强化。

举个例子，假如我们做一项民意测验，会发现，并非所有人都支持打击酒后驾车，并非所有人都赞成废除死刑，甚至绝大部分人很可能是反对的。假如我们针对来自马格里布地区外国人的接待情况做一项民意测验，那么实际情况很可能并不符合中小学老师要求的行为规范，即正式规定的反种族主义话语。这种情况下，代表正式的社会行动者，如持反种族主义言论的老师、给酒驾司机定罪的法官，该怎么做？即便他们的言论受到嘲讽，即便在正式真理的这种表演（performance）中（取该词在英语中的意思）存在极大悖论，这一正式真理也并非就此失效。古斯菲尔德的书意在说明象征具有实实在在的效力，并且即便所有这些象征表现只是虔诚的抑或虚伪的愿望，其本身也在起作用。不严肃看待这些将正式的东西戏剧化的行为是幼稚的——自以为聪明的揭秘者那种表浅的幼稚——因为这种戏剧化行为的效力是实实在在的，尽管正式从来都不仅仅是正式，而是一种注定会在所有社会里被违反的东西。

国家作为观点之观点

我无意对古斯菲尔德这本书发表什么意见，但我想，在他的基础上，我们可以走得更远。他指出了这样一个重要的事实，即社会虚构并非只存在于想象。黑格尔已经说过，幻觉不虚。不因为正式从不仅仅是正式，不因为委员会不是它想让人们以为它所是的东西，它就不产生影响。不管怎么说，它成功地让人们以为它就是它想让人们以为它所是的东西。正式，即便不是它想让人们以为它所是的东西，仍然奏效，这点很重要。它如何且为何奏效？比方说，它如何增援那些为了维持秩序而希望严厉惩罚吸食大麻者的人，并且这种增援是如何作用的？通过这一分析，我们抓住了国家特有的效力的其中一种形式。

我姑且浅显地表述一下，再由简入繁。顺着古斯菲尔德的思路，我们可以说国家在他研究的情况以及更普遍的情况下（关于种族主义、国籍等问题的智者委员会），强化了关于社会世界诸多观点的其中一种，而社会世界正是不同观点斗争的场所。国家说这种观点才是好的观点，它是观点之观点，"所有观点的几何参照"。这是一种神圣化效果。为此，它必须让人们以为它自己不是一种观点。它首先要让人以为它是一种不带观点的观点。因此，委员会应该看上去像智者的委员会，也就是说高于一切偶然、利益和冲突，外在于社会空间，因为我们一旦置身社会空间，就成为一个点，成为一个可被相对化的观点。

为了取得这种去特殊化的效果，这一整套我们称之为"国家"的制度要将正式和普遍戏剧化，要表演出对公共真理的共同尊重，表演出对正式真理的共同尊重，社会全体成员在这当中都能自我指认。它要表演普遍，表演这种所有人归根结底都赞同而不能存在分歧的东西，因为它已在某个时刻被纳入社会秩序之中。

正式婚姻

现在，深入分析隐藏在这种效应背后的东西异常困难。我在几年前研究柏柏尔社会中的婚姻时[1]，就遇到了这个问题。你们会发现，它和国家虽然表面看来截然不同，实则情形十分类似。人类学家经常提到优先婚姻（mariage préférentiel），这是对正式婚姻（mariage officiel）的委婉表述（社会学家和人类学家常常将一些土著概念中立化，以制造一种科学的效果，这使得他们丢掉了我要提出的问题）。他们称优先婚即是平行从表婚：一个男人倾向让自己的儿子与自己兄弟的女儿结为夫妻。人们像民族学家那样看待现实，而后者通常不做统计。作为一个稍有些离经叛道的民族学家，我做了些统计，然后发现所谓优先的、正式的、正当的婚姻在最正式、最符合对正式的正式定义的伊斯兰教徒家庭（的婚姻）中的比例只有3%至6%——而也正是这些家庭在情况不妙时提醒人们正式仍然存在。于是，我们就会提出一些问题。人们会说，这都是错的，没有任何意义，提供消息的人要么是故弄玄虚要么就是受人蒙蔽。人们还会说，他们弄错了或者被骗了，或者他们服从于某种无意识规则，他们的言论只不过是一种理性化——我们就这样摆脱了问题。事实上，更仔细地分析问题之后，我发现存在一定数量符合正式定义的婚姻，并且它们被隆重庆祝。按照与繁荣兴旺相关的神话仪式逻辑，它们被公认为能确保旺盛的生育，并为符合这一规定的人乃至整个群体带来福祉。再进一步分析，我发现，这些婚姻可能表面上符合正式规则，但实则由一些完全与正式规则背道而驰的动机所决定。换言之，即便是这3%纯粹且合规的婚姻也可能是与规则完全对立的利益的产物。我举个例子：一个家庭中有一个略微有些畸形的女儿，很难嫁出去；这时就会有一个表

---

[1] 布尔迪厄在此依据的是他在卡比利亚地区所做的研究。参见《卡比尔民族学研究三种》（«Trois études d'ethnologie kabyle»），《实践理论大纲》（*Esquisse d'une théorie de la pratique*, Genève, Droz, 1972），第9—151页（增订版 Paris, Seuil, «Points», 2000），尤其是《作为表象和意愿的亲缘关系》一章（«La parenté comme représentation et comme volonté»），增订版第83—215页。

兄弟牺牲自己，以免家族"蒙羞"。在这种情况下，这桩婚事会被隆重庆祝——就像我们庆祝一个委员会获得成功——因为它完成了某种极为重要的事情：它在一种极端情形下，也就是说在正式规范岌岌可危之时，实现了正式。换言之，它不仅保全了个人的颜面，也保全了整个群体的颜面。它让人无论如何都还能相信正式真理。

存在一些捍卫正式的英雄。官僚英雄的主要功能就是让群体能够继续相信正式，也就是说，相信在社会秩序受到深刻怀疑的惨境下，群体依然对一定数量不可逾越的价值保有共识。因此它在危机时期，在没人再知道该说什么的时候，扮演先知的角色。寻常的正式（l'officiel ordinaire），是在不出现问题的时候，神甫每天例行公事说的东西——神甫是在危机形势之外解决公众宗教问题的人。而在重大伦理危机或政治危机形势下，连宗教维护的象征秩序的基础本身都遭到质疑，先知便是那些能够重建正式的人。在我们称为前资本主义的社会里，既无国家也无文字，没有正式的正式担保人，没有被正式授权在困难时刻为正式发言的代理人，也没有公务员，因为没有国家，而重要的人物只有诗人。穆鲁·马梅里（Mouloud Mammeri）在《社会科学研究学报》上对掌握知识者（amusnaw）做了十分精彩的分析[1]，后者在大家毫无头绪的时候告诉大家应该做什么……这些人让群体重归其秩序，他们在发生对立的悲剧情况下告诉群体应该做什么。我们可以天真地将这些智者描述为调解争端的和事佬。但并非如此。事实上，他们调解的是那些在对立双方都有理的悲剧情形下无法调解的争端。对立双方依仗的理由是群体不能不承认的价值——生存权、自主权——否则群体将化为乌有。当这些价值处于冲突状态时，

---

[1] 穆鲁·马梅里，布尔迪厄，《关于卡比利亚口头诗歌的对话》（«Dialogue sur la poésie orale en Kabylie»），《社会科学研究学报》（Actes de la recherche en sciences sociales），1978年第23期，第51—66页。

先知式代言人或诗人,就是那些能够用群体的公开信仰宣言和正统真理使群体内部达成和解的人。

理论与理论效应

在刚才的阐述中,我从委员会的概念出发向你们说明,为什么进行到某一个阶段后,那些寻常官僚秩序里最平淡无奇的东西,恰是让我最难把它当作对象来思考的东西,因为,当我们在社会学意义上被建构为知识分子时,去思考一个通报、一个委员会究竟是什么,就显得微不足道;当我们已被塑造好去思考存在或者此在(Dasein)的时候,这样的思考着实需要十分特别的努力,极其困难:国家问题和存在问题同样复杂……我多说这几句,是想让你们明白这样一件事,要努力拒绝将理论主张和经验主张截然对立,只有这样才能真正推进对这些问题的思考。这些问题一直只需要从理论上思考,因为它们是借由理论效应而存在的[1]。国家在很大程度上是理论家的产物。一些哲学家在阅读诺代(Gabriel Naudé)关于政变的著作,或是卢瓦索(Charles Loyseau)关于国家的著作[2],或是所有这些16、17世纪法学家的著作时,把他们当作同行,他们讨论这些同行的理论,却忘了正是后者制造了他们思考的对象。卢瓦索也好,诺代也好,所有这些法学家制造了作为"国家"的法国,并制造了思考他们的人的思想。有一种思想史,其地位十分暧昧,站在我的角度看,须小心谨慎方可使用。那些称国家是法律虚构的法学家也是如此。他们是有道理的,但

---

[1] 关于这个概念,见布尔迪厄,《学究观点》(«Le point de vue scolastique»),《实践理性:关于行为理论》,同前书,第219—236页。

[2] 加布里埃尔·诺代,《对政变的政治思考》[Considérations politiques sur les coups d'État, Paris, 1667(再版于Le Promeneur, 2004)];夏尔·卢瓦索,《论秩序与基本尊严》(Traité des ordres et simples dignités, Châteaudun, 1610)。

同时，他们不具体考虑令这一虚构非但不虚反而有效的社会条件——而这正是社会学家该做的事情。以上就是我对委员会所做附带讨论的教学意图。

我再快速概述一下。表面看来，这是件寻常不过的事。瓦雷里·吉斯卡尔·德斯坦总统指定了一个由雷蒙·巴尔领导的委员会，这个委员会将处理房补问题，并在结束之时，向政府提交一份报告，给出建议——建议（conseil）这个概念十分重要——采取一项补贴个人而非建筑方的政策，实为一种为实现正式化而进行的极为复杂的象征性操作。其目的在于将发明加诸社会全体的强制行为规则这一政治举动戏剧化，在于将这类可以确认并生产社会秩序的命令的制造过程戏剧化，使得此类命令看上去以所涉社会的正式为凭借，因此也就是以所有社会成员都必须赞同的普遍为凭借。这项操作要努力成功地实现这种戏剧化。这项操作可能成功也可能失败。我们可以从社会学角度分析其成功的条件：这一操作将会成功，尤其因为，把正式戏剧化将确确实实强化在19世纪初等教育、共和国教师的行动以及各种各样事物基础上确确实实被社会行动者内化了的正式表象……若非如此，它便只会是一种纯粹的虔诚愿望。这让国家和公民社会（société civile）[1]的区分问题完全消失。

"国家"一词的两个含义

词典里给出了国家一词的两个并列释义：1.管理公共利益的官僚机器；2.此机器的管辖范围，它可在其中行使其权威。当我们说"法国国家"时，我们想到政府、服务机构、国家官僚体系，同时也想到法国这片国土。诸如委员会里进行的这种象征性正式化操

---

[1] 又译"民间社会"。——译注

作，国家1（在政府等意义上）在其中并通过它使自己被理解为国家2以及国家2承认并赋予国家1之物的表述、体现。换言之，委员会的功能就是制造一种被视为正当观点的正式观点，就是让人们接受正式观点，哪怕有人嗤之以鼻，哪怕《鸭鸣报》载文披露委员会运作内幕，等等。我之前为你们分析并非国家公务员的凤凰建筑公司售房员与客户之间的关系时，想说的就是这个。售房员可以自立为由规章授权的正式之化身，说："您有三个孩子，您有权如此。"对话者立刻就理解了他，承认他是能对当下状况给出正当定义的人。但这并非理所当然。显然，对于居住这类问题，在一系列行动者之间存在互相对立的视角、互相冲突的利益——你们可以想想有关房租的法令[1]。由于问题事关重大，所以有为数众多、力量十分不均衡的个人观点参与象征性斗争，以便建立正当的社会世界的观点并使其作为普遍观点被接受。

国家和公民社会的对立指向一种两重性，而这种两重性不过是各个词典共同做出的概念区分的变形。若要延伸对此种对立的分析，从斯宾诺莎学说的角度来看，我们可以说，存在作为生产自然的自然（nature naturante）之国家，以及作为被生产的自然（nature naturée）之国家。根据《罗贝尔词典》的解释，作为主体、作为生产自然的自然之国家是"施于某一民众全体和某一明确领土之上的最高权威：如一个民族的全部一般性公用事业。同义词：公共权力、行政、中央政府"。另一个定义："定居在某一确定的领土之内，服从一个权威并可被视为法人的人类群体。同义词：民族（nation）、国（pays）、政权（puissance）。"拉兰德《哲学词典》按如下排序也收入了两个定义。定义1："一个有组织的社会，拥有一

---

[1] 布尔迪厄这里指涉的是围绕1989年7月6日颁发的有关租赁关系的第89-462号法令，又称梅尔马兹法令（Loi Mermaz），目的是在租客离开时控制房租上涨。

个独立的政府并发挥有别于和它交往的其他相似社会的一个法人的作用。"也就是说，定义2变成了定义1。定义2："一个民族的全部一般性公用事业，政府和全体行政部门。"在这两个定义的等级划分中，有存在于我们所有人头脑中的一种国家哲学，并且在我看来，也暗含国家/公共服务之分的潜在逻辑。认为国家是赋予国家权力的有组织的人们的整体，属于公民社会心照不宣的民主观点。而在糟糕的情况下，国家会和公民社会隔绝（当我们说公民社会时，是为了说国家应该记得公民社会的存在）。按照这种隐含的等级区分，首先存在的是有独立政府的有组织的社会，且这种社会通过被其授予组织权的政府来表达、显现、完善。

这种民主观点完全是错的，而我想说明的是——这已经暗含在我前一课讲的内容里——正是作为"一个民族的全部公用事业"的国家造就了作为"某一边界内全体公民"的国家。这其中有一种属于拜物教典型逻辑的无意识的因果倒置，将国家偶像化，目的是让民族国家，即作为有组织的居民意义上的国家，看上去处于第一位。而我要阐述的论点，我想用两三个传统中的国家生成史来检验的论点，则恰恰相反：一定数量的社会行动者——其中包括法学家——扮演了突出的角色，尤其是掌握了罗马法这一组织资源的资本的人。这些人逐步制造了我们称为国家的东西，也就是说一整套特殊资源。这一整套特殊资源允许其持有者断言究竟什么对社会世界整体有利，允许其持有者陈述官方意见并发表言论，这些言论实际上相当于命令，因为他们背后有官方力量支撑。与这一机构相伴而生的，是作为一定边界之内的居民意义上的国家。换言之，正是通过建立这种史无前例的组织，通过建立国家这种非凡之物，通过建立所有这些被我们联系到国家概念之上的既是物质性也是象征性的组织资源，负责实施这项建设和发明工作的社会行动者建立了作为说同一种语言的统一的居民意义上的国家，而我们通常却将后者视为主因。

将特殊转化为普遍

委员会的逻辑里存在一种偶像化过程，一种名副其实的戏法（这里我又重拾描述商店里间的那种简化语言）。比如我们讨论的这个委员会，它的成员实际上是一些有特殊利益的特殊行动者，而这些利益的普遍化程度十分不均：房产商希望通过有利于某类产品销售的立法，银行家和高级公务员希望捍卫与某一团体或官僚传统相关联的利益，等等。这些特殊的利益按某种逻辑运转，使它们能实现这种炼金术，将特殊化为普遍。事实上，每一个委员会的集结，都在复制这种炼金术，它以国家为产物，同时又使用国家的资源：要想成为一个了不起的委员会主席，需要掌握国家资源，需要知道什么是委员会以及它需要遵从的礼仪、秘而不宣的成员增补法则、无明文规定的选择报告员的法则等，而后者对委员会最终出台的权威论述的形成具有决定作用。人们使用资源资本，复制普遍。这些资源资本在深谙此道的人手中能像炼金术师的蒸馏瓶一样发挥作用。有时，委员会的逻辑会在有白线缝合痕迹的地方自揭其短。（"这个强加给我们的'净白先生'，没人相信他。"）委员会传达的信息会立刻被遗忘。失败是有的，但无论失败还是成功，执行的都是正式化的逻辑。

总结一下我对委员会这个概念的论述，我认为委员会（或者揭幕、命名仪式）是一种典型的国家行为，一种只能由那些与官方保持足够被承认的关系的人来完成的集体行为，只有这样，这些人才有能力使用这种具有普遍性的象征资源，调动整个群体都得同意的东西。并非调动共识，而是调动信念（doxa），将默认为理所当然的东西转化，将某一社会秩序中所有成员赋予这项秩序的东西转化：以此方式调动，使得这个群体发出的主张可以作为命令来起作用，并执行这项非凡的行动，将一种发现变为规范，将实证性话语变为规范性话语。

我曾经花很长时间阐述恩斯特·哈特维希·康托洛维奇（Ernst

Hartwig Kantorowicz）所做的分析，他将国家视作谜[1]。他借用了 12 世纪英国教会法学家拿 ministerium（服务功能）和 mysterium（谜）的相似性做的文字游戏。他谈到"部委之谜"。在部委中，有授权。通过委员会，我尝试描述的是部委之谜的经验形式[2]。当雷蒙·巴尔先生这样一个和大家一样的人做了委员会主席后，被国家神秘地授权，即被社会世界整体授权时，究竟发生了什么？他提出一些东西，获得了普遍承认。这项研究很难，因为要把雷蒙·巴尔先生和理论结合到一起来把握……

【课程中断】

顺　从

我很想重讲一下我说过的内容，以便改正、补充、缓和我的观点，减轻我的内疚和后悔，但无论如何，我还是试着继续向前。不过，为了做进一步论述，我希望你们记住正式委员会的工作和卡比尔[3]农民的行为之间的类比：前者制造一些话语，这些话语的权威性以它对正式的参照为基础；后者可以说通过缔结一门合规的婚姻使自

---

[1] 恩斯特·哈特维希·康托洛维奇，《国家之谜，一个绝对主义概念及其中世纪起源（中世纪后期）》（«Mystères de l'État. Un concept absolutiste et ses origines médiévales（bas Moyen Âge）»），收于《为祖国而死及其他文章》[*Mourir pour la patrie et autres textes*, Paris, PUF, 1984（1961）]，劳伦·马雅利（Laurent Mayali）和安东·舒茨（Anton Schütz）译，第 75—103 页。

[2] 布尔迪厄对这一点更详细的论述，参见《授权与政治拜物教》（«La délégation et le fétichisme politique»），《社会科学研究学报》（*Actes de la recherche en sciences sociales*）1984 年，第 52—53 期，第 49—55 页，后收入《所述之言》，同前书，第 185—202 页；《部委之谜：从个体意志到"公共意志"》（«Le mystère du ministère. Des volontés particulières à la "volonté générale"»），《社会科学研究学报》（*Actes de la recherche en sciences sociales*），2001 年第 140 期，第 7—11 页。

[3] 卡比尔人指聚居在阿尔及利亚北部卡比利亚地区的柏柏尔人。——译注

己合规，并因此获得与正式相关的好处。而我觉得，任何社会里，只要某一行为看上去符合社会普遍认为的善，就会带来这种好处。关于这一看法，斯宾诺莎有一个概念，哲学家甚少论及，却总是能打动我，因其对我个人颇有触动。斯宾诺莎谈到顺从（*Obsequium*）[1]，它并非对某些人、某些形式、某一群人的尊重，而是一样很根本的东西：它是借由所有这一切实现的对国家或社会秩序的尊重。这些卑躬屈膝的行为包含着一种对象征秩序的尊重。一个社会的成员，哪怕是最带批判性、最无政府主义、最具颠覆性的那些人，也会给予既有秩序这种尊重，且在他们浑然不知的时候尤甚。关于此种顺从，我总是拿客套话或者表面上看来无关紧要的仪表规范举例。它们建立在微不足道的事物之上，而它们被严格要求，恰恰正是因为它们具有纯粹的和康德主义的一面。通过尊重它们，我们致敬的并非表面看上去受人尊重的那个人，而是使这个人受到尊重的社会秩序。社会秩序最根本的心照不宣的要求，正在于此。这就是为什么社会学家工作出色的时候往往会陷入困难，因为他们必然会进行揭露，于是就好像在控诉这种秩序里一些关乎神圣———一种滑入琐屑之物的神圣——的东西。

确定委员会的组成时，人员选择极为重要：候选人应该受人尊重，重视礼节，知道如何运用程式，如何按程式办事，遵守规则，遵守游戏规则，会玩游戏；还要知道如何让法律站在他们这一边——这

---

[1] 关于这一概念，参见斯宾诺莎《政治论》（II，4：“最高掌权者所管辖的政务”）[*Traité de l'autorité politique* (II, 4: «Les affaires qui dépendent du gouvernement des pouvoirs souverains»)]，以及布尔迪厄，《实践感》（*Le Sens pratique*，Paris，Minuit，1980），第113页注释2，布尔迪厄在此引用了亚历山大·玛特龙（Alexandre Matheron）的著作《斯宾诺莎学说中的个人与共同体》（*Individu et communauté chez Spinoza*，Paris，Minuit，1969）第349页：“斯宾诺莎用顺从的概念指称这种'恒定的意愿'，它产生于一种规定，借由此，'国家将我们按照它的需要塑形，并使其得以延续'，这个概念可以用来指称每个群体强制其成员所做出的承认的公开见证。”

是个高明的表达方式，它的意思不是"遵守法律"。已经进行了十个世纪且今天仍在继续的官僚炼金术，体现在共和国卫兵和红地毯中，体现在词语之中——比如说"峰会"一词就暗示有高峰也有谷底——体现在熟语里，体现在微不足道的手势里……社会学在这一领域里处境尤为困难，因为它必须就一个主题详细分析一些被视为无关紧要的东西。而因为这个主题特别庄严，所以人们就认为对其论述应该宽泛［比如雷蒙·阿隆（Raymond Aron）的书《国家间的和平与战争》[1]］，应该探讨人们普遍关注的重大事项。这种情形下，理论与经验工作之间的鸿沟最大。这也是我苦恼的原因。

我们还应该深入探讨所谓的正式：什么是正式公报？上面登载些什么？发布结婚预报意味着什么？正式真理是什么？它并非与普遍真理完全对等。市政厅的三角楣上刻着"自由、平等、博爱"：这是个纲领，而事实与法律虚构相去甚远。但即便如此，这种虚构也具有操作性，总能为人们提供参照；批判时用的武器之一就是将一种制度与它的正式真理对质，以便说明它并不符合其所说的东西。

这种正式真理并非放之四海而皆准，也并非所有人每时每刻都承认它。特别是，它并非催生某一相关社会里所有行动者的所有行动的永久性原则。但这不代表它无效，不代表它不存在，因为它被全体一致承认为正式，它未被全体一致地否认。它既存在于某种类型的结构中——例如，在社会部门存在一些均等化或以均等化为意图的客观原则——同时也存在于人们的大脑中，它代表某些人们嘴上说不存在但又承认还是存在为好的东西。正是倚靠这根基本的顺从杠杆，人们制造出了正式效应，实现了炼金术：就像盎格鲁-撒克逊人说的"向正式献礼"；按照伪善是罪恶向道德的献礼这一逻

---

［1］雷蒙·阿隆，《国家间的和平与战争》（*Paix et guerre entre les nations*, Paris, Calmann-Lévy, 1962）。

辑，人们制造了一种比我们想象的大得多的正式效应。我很想详细分析由公务员裁决的资方与工会的谈判；从我掌握的只言片语，我可以肯定，顺从效应、正式效应、"主席先生"效应扮演了重要角色，因为它们作用于铭刻在大脑中的正式。比方说，教育制度就是种了不起的制度，它将正式内化，并置入一些此后可被调动的能力，即我们所谓的"公民精神"。

我们应该反对国家作为政府、公共服务、公共权力，和国家作为此一国家管辖范围内的全体人群这两个定义之间的区分，而应将其替换为一种程度上的区分。莫里斯·哈布瓦赫谈到人们不同程度远离的"文化价值的焦点"[1]：我们也可以说"国家价值的焦点"，并针对与国家价值焦点之间距离的线性等级建立一个十分简单的测算表，例如考察介入事务的能力、取消违章罚款的能力等。我们可以针对不同社会行动者相对于此国家资源中心距离的远近做一个相对严格的累积测算表；我们还可以做一个心智结构中的距离的测算表。我倾向用一个连续体的概念代替简单的国家／公民社会的对立。它涉及对物质性或象征性的集体、公共资源的获取所进行的持续分配，在这些资源之上联系着国家之名。这一分配，正如在所有社会空间进行的所有分配一样，是持续斗争的基础和关键，而政治斗争（多数／反对派）是为颠覆这种分配所进行的斗争的最典型形式。

机构作为"有组织的受托人"

你们看，我说的这些都很简单、很随便。为了精简一下，便于

---

[1] 莫里斯·哈布瓦赫，《工人阶级与生活水平：对当代工业社会需求等级的研究》[*La Classe ouvrière et les niveaux de vie. Recherche sur la hiérarchie des besoins dans les sociétés industrielles contemporaines*, Paris, Gordon & Breach, 1970（1912）]，第 I—XVII 页以及第 387—455 页。

教学，我将引用瓦莱里（Paul Valéry）《笔记》中论及教育的那一章中的一句话。他有一句非常优美的话，又好记，又能一览无余地概括我所讲内容的核心。诗人的幸运在于他们无须做逻辑严密的论证，他们长于用一套话语来表达。我觉得我要引用的这段话比韦伯论暴力垄断的话更加丰富和巧妙。瓦莱里是这么说拿破仑的："这个伟人着实伟大，因为他有机构意识，有组织的受托人的意识，并有自动行为和独立于人的天赋；他还如此有个性，却试图减少个性因素，因他知晓其不规律性；他很快大功告成。"[1] 机构，是什么？它们是有组织的信托、有组织的信任、有组织的信仰，是被信仰承认为真并因此而成真的集体虚构。当然，说某一现实是集体虚构，就等于说它以惊人的方式存在，却不像人们想象的那般存在。有一大堆现实，社会学家要说它们不像人们以为的那样存在，以便证明它们存在却以完全不同的方式存在——这导致人们总是把我的分析听一半，曲解我的本意。

机构属于有组织的受托人并且具有自动性。受托人一旦被组织，就会像机械一样运作。社会学家往往把它描述为文化资本传承的机制。我们发现，父子的职业之间、父子的受教育程度之间存在关联。我们之所以说这是机制，是因为这是些常规的、重复的、持续的、自动的过程，它以一种自动化的方式起作用。这种信托关系独立于相关机构中的人士存在。韦伯特别强调，当出现人职分离时，官僚制就出现了。在我必须快速描述的这一历史起源中，我们会看到一个相当有趣的时期，职位买卖（制造）了一种十分暧昧的情形。一位英国历史学家发现，在英国，直到19世纪，这种人职分离都没有完全实现，公职人员居其位时，仍然（被允许）带着中饱私囊的

---

[1] 保罗·瓦莱里，《笔记》[*Cahiers*, Paris, Gallimard, «Bibliothèque de la Pléiade», 1980（1894-1914）]，第Ⅱ卷，第1558—1559页。

念头[1]。这些机制独立于人而存在。拿破仑是一个悖论，他如此个人化，如此不官僚（他正是那类享有特殊威信的人物），如此出乎寻常，他试图减少个性因素，使个性在职务、自动性、官僚职能的自动逻辑里被抵消。这是韦伯式或康德式的：我们不能在人的情感倾向基础上建立一种秩序，不能在本质上起伏不定的倾向基础上建立一种理性的道德或政治。为了达成规律性、重复性，必须建立一些自动行为、一些官僚职能。

国家的生成；此研究之困难

关于国家一词的两个含义，我已经说过，我认为，作为服从于同一个最高权威的统一的社会行动者整体意义上的国家，是被授权行使这一最高权威的行动者所制造的产物，而非相反。我将尝试证明这样一个观点，即独立于家庭、宗教、经济的自主官僚机构的建立是我们所谓民族-国家得以出现的条件，正是在逐步建构的过程中，国家出现了。这种主要涉及话语、组织方式等的法律虚构是如何建立的呢？

一定数量的行动者造就了国家，并在造就国家的同时将自己造就为国家的代理人。他们必须造就国家以便使自己掌握国家的权力。有一些人自源头便与国家相关联。要采取何种方式描述这一生成过程呢？这点上，我有点像自己文化的受害者。我知道这是一项略显疯狂的企图，在历史的长河中人们曾屡次尝试，屡遭失败。这让我的这项

---

[1] 罗德尼·H. 希尔顿（Rodney H. Hilton），《中世纪英格兰对税收和国家其他征收项目的抵制》（«Resistance to taxation and to other State imposition in medieval England»），收于让-菲利普·热内（Jean-Philippe Genet）和米歇尔·勒梅内（Michel Le Mené）编，《现代国家的生成：预扣与再分配》（*Genèse de l'État moderne. Prélèvement et redistribution*, Paris, Éd. du CNRS, 1987），第167—177页。

研究变得可怕，在给你们讲课之前，我犹豫了很久。为了让你们宽容一些，我将告诉你们那些已经做此尝试的人在我看来是如何失败的，从而让你们知晓此举是何等危险。我将给你们攻击我的武器；但与此同时，通过向你们展示这项工作的困难程度，我也会使你们变得比不知晓困难之巨的情况时更宽容。

我们该如何描述我们称之为国家的这一事物的来龙去脉呢？应该认准哪种方法？如果我们转向所谓比较史学或比较社会学，就会立刻遇到一系列问题：秘鲁军人政权、阿兹特克人的国家、埃及帝国、中华汉帝国以及明治维新后的日本，它们之间有什么共同点呢？摆在我们面前的是一项宏大到令人恐惧的、令人气馁的事业。但仍然有一些人迎战它。我会谈谈一些重要的研究，也是为了遵从我的内心吧……

关于社会学研究教学的题外话

我在这里所扮演角色的正式定义让我有权并有义务介绍我自己的智力产品……它要求我有原创性和预见性，但对教师职能的一般定义却远非如此：它要求教师作为制度的代理人传授既有的、合规的知识，讲述已经完成的研究而非个人的或正在进行中的也就是说不确定的研究。这种二重性在社会学这样的学科里尤为突出。按照各学科在正式程度、普遍承认程度等级上的位置——数学最高，社会学最低——我正在描述的情况有了完全不同的意义。我既已给了你们一些基本概念来分析这种情况，也就给了你们一些概念来将我的所作所为客观化，来更好地理解我体会到的困难，也就促使你们与我共同面对。我讲的内容质疑了关于社会世界的科学性话语其本身的地位。我们之所以很难在一个社会空间范围内给予社会学正式性、普遍性，也是因为它带有一种与国家完全类似的"恶魔般"的企图，它想就社会世界构建比正式更真实的观点。它与国家的正式构建竞争，哪怕它说国家说的话。它说国家说的是正式真理，因此也就处于元－国家的位置，这是国家没有预料到的。社会学家做的事类似国家为掌握社会世界正当表述的独家建构权所发起的武力行为，也就是说心照不宣地剥夺每个社会行动者声称说出社会世界真相、建立国家个人化表述的企图。关于居住问题，国家说，"真相在此"，并将局部的观点划归为特殊的、互相冲突的、地方的利益。

涂尔干有一篇十分精彩的文章，将社会学家与国家视为同一[1]。他说，本质上，社会学家做的是斯宾诺莎所谓第二类知识所做的事：他生产一种真理，摆脱了与特殊性相关联的缺乏。每个行动者都有特殊的真理（斯宾诺莎认为，谬误即是缺乏），社会行动者有一些私人的真理，也就是说谬误。涂尔干说，社会学家是能够站在特殊真理表现出特殊化的那一点上的人，因此也就能够发表关于特殊真理的真理，即纯粹的真理。这样一来，社会学家就接近国家；而涂尔干将社会学家视为国家自发的代理人的观点并非偶然：社会学家让这种去特殊化的知识服务于国家，而国家的职能正是制造正式真理，也就是说的去特殊化的真理。

国家与社会学家

那么，社会学家将以何种具体的方式摆脱这种相对化呢？他如何就一种自称非相对化的观点的生成问题，提出一种本身无法被相对化的观点呢？社会学家如何提出一种意在获得普遍认可的科学理论，揭示一种同样意在成为普遍观点并通常由它来划定各种

---

[1] 埃米尔·涂尔干，《社会学课程》[*Leçons de sociologie*, Paris, PUF, 1990 (1922)]，第79—141页。

普遍性意图正当程度的机构（instance）之形成过程呢？国家设立了法兰西公学院教席，国家为各种诉求划分等级，等等。不同科学的科学性程度问题——是社会科学还是自然科学——（经常）以十分天真的方式被提出。我们应该沿着我正在叙述的这条线索进行思考。

讨论国家问题的一个恰当的方式，是从功能角度给国家一个定义——这个定义有可能是马克思主义式的。另外一种恰当的方式是说："作为中世纪史学家，我认为12世纪的战争引入了罗马法，从而对国家的形成起到了突出作用，等等。"这是一些被社会视为正当的抱负。社会学家因为种种社会与历史的原因，面临一种十分困难的处境：如果他严肃对待自己的角色，他便不能满足于其中任何一个，也就是说，他不能满足于提出一些类似"国家的职能是复制经济资本再生产或利润再生产的条件"这样大而无当的概念，他也不能罔顾自身专业，只记录一些和国家有关的片面的、有限的言论。因此，他不得不选择两种有点疯狂的尝试：他可以试着建立一些当代的经验对象，从而尝试在自己的解剖刀下找到国家，也就是说建立一些可供观察的历史对象，以便在特定情况下，有望找到与国家概念相依附的普遍性机制——比如古斯菲尔德研究一件看上去毫不起眼的事，里头却又蕴含十分根本的东西；我之前讲过的我在分析巴尔委员会时尝试做的事情也是如此——他还可以投身于不少"思想家"已经尝试过的疯狂之举，那就是以大量有关国家的历史偶然事件为基础，建立一种关于国家的一般理论。

然而，就像我们谈及佩里·安德森（Perry Anderson）时说过的那样——这位亲法的英国人和阿尔都塞主义者着手书写一部宏大的现代国家生成史——危险在于，我们可能只是从一些加工过的二手历史命题出发，将历史学家已经说过的内容再做一次自命不凡的修订[1]。我们也可以批判伟大的社会学家赖因哈德·本迪克斯（Reinhard Bendix）的立场[2]。他对所有与国家有关的普遍性主张，尤其是所有趋势性规律，如关于文明进程的"埃利亚斯法则"[3]、关于理性化进程的"韦伯法则"[4]等，都表示出最为极端的怀疑。他系统地质疑将美国20世纪70年代突飞猛进的历史社会学推而广之的可能性。有一群年轻的社会学家自称反对主流秩序，坚持使用量化方法；他们主要在纯粹的共时性中用统计学的方法考察当下。另外一些年轻社会学家对此做出回应，以西达·斯考切波（Theda Skocpol）为代表。后者著有《国家与社会革命》[5]，这是一本重要著作，吸引我们关注社会学研究的新方法。

---

[1] 布尔迪厄将在后续课程中再提佩里·安德森的研究，他在这里指的应该是几年前后者与爱德华·帕尔默·汤普森之间的论战。参见爱德华·P. 汤普森，《理论的贫困及其他随笔》(*The Poverty of Theory and Others Essays*, New York, Monthly Review Press, 1978) 以及佩里·安德森的回应，《社会主义与伪实证主义》(«Socialism and pseudo-empiricism»)，《新左派评论》(*New Left Review*)，1966年1—2月，第35期，第2—42页，以及《英国马克思主义的内部争论》(*Arguments within English Marxism*, New York, Schoecken Books, 1980)。

[2] 赖因哈德·本迪克斯，《马克斯·韦伯思想肖像》[*Max Weber. An intellectual portrait*, Berkeley, University of California Press, 1977 (1960)]。

[3] 诺贝特·埃利亚斯，《风俗的文明》[*La Civilisation des mœurs*, Paris, Calmann-Lévy, 1973 (1939); 再版于 Agora 丛书, 1989]，皮埃尔·卡姆尼策（Pierre Kamnitzer）译 [即中译本《文明的进程》(*Ueber den Prozess der Zivilisation*)，第一卷。——译注]；《西方的动力》[*La Dynamique de l'Occident*, Paris, Calmann-Lévy, 1976 (1939); 再版于 Agora 丛书, 1990]，皮埃尔·卡姆尼策 译 (即中译本《文明的进程》第二卷。——译注)。

[4] 尤其参见已翻译成法语的马克斯·韦伯的著作：《新教伦理与资本主义精神》[*L'Éthique protestante et l'Esprit du capitalism*, Paris, Flammarion, 2000 (1920)]，伊莎贝尔·卡里诺夫斯基（Isabelle Kalinowski）译；《学术与政治》，同前书；《经济史：经济与社会通史大纲》[*Histoire économique: esquisse d'une histoire universelle de l'économie et de la société*, trad., Paris, Gallimard, 1991 (1923)]，克里斯蒂安·布欣多姆（Christian Bouchindhomme）译。

[5] *States and Social Revolutions. A Comparative Analysis of France, Russia and China*, New York, Cambridge University Press, 1979.

我谈到社会学家的立场问题，是因为我想跳出先知的角色，走向社会学家的司铎角色，对所涉作者来说，这个角色更为轻松。同时这也是为了让你们感到，我并不强迫你们接受我被授予的象征暴力的垄断权。正如国家篡夺了属于每一位公民的建构真实的权力，教师在数个星期内也被授予一种为期两小时的临时垄断权，即对真实进行社会性建构的垄断权。这种状态让人心理上很难受。介绍古斯菲尔德的书时，得到满足的人是我，但我不希望你们觉得只听到布尔迪厄一个人在讲，尽管原则上我在这儿就是为了干这个。斯考切波的书一度十分重要，因为他证明了在其他类型事实的基础上进行社会学研究的可能，这些事实是非量化的，以别样的方式构建而成。他的第二个目的是说明我们可以从事——用当地话来说——经验式宏观社会学。这一点在美国争论很大。从经济学中借用的宏观社会学／微观社会学之分是一种虚构的对立，却在头脑和现实之中都产生了巨大的社会力量。在我看来，它正是科学工作的重大障碍之一。人们都说："宏观社会学是还不错，但它属于抽象思辨，属于理论，没有任何经验基础……"这些研究者已经证明，我们可以建立一种宏观社会学，立足于新型材料，也就是比较历史学传统给予我们的材料。这种思潮的局限性在于，它的形成部分源自美国科学场内部社会区分所导致的一些伪问题，这种社会区分进而转化为心理区分和伪问题。但这并不意味着他们的所作所为没有意义。

在本迪克斯看来，不可能找到普遍的趋势性规律，后者往往不过是研究者的无意识投射，而国家问题正是"投射性"的重要场所之一：它是某些主体的投射实验功能最为彰显的场所之一。这点在马克思主义传统里显而易见。在这片领域里，很难对经验证实给出限定，而作者们的社会无意识会表现出最强烈的天真。本迪克斯给自己的任务，是理清不同历史状况下对相似问题的不同回答，同时保留历史特殊性的意识。他停留在美国的背景下，这在诸如什穆埃尔·诺阿·艾森斯塔特（Shmuel Noah Eisenstadt）等结构功能主义学者那里十分明显，他们感到各个社会面临一些可加以列举的普遍问题。帕森斯是其中的典型，他认为有一定数量的问题是存在于所有社会之中的，而比较历史学的作用则是带着历史特殊性的意识，也就是说在避免粗暴的一概而论的情况下，清点不同社会在不同时刻对这一普遍问题的回答[1]。更广泛来说，人们还批评比较历史学试图将两种无意义的观点并置：一方面，是空无一物的普遍规律，空洞的宏观社会学规律，因为空洞所以普遍，类似"处处皆有统治者与被统治者"，它是某些意识形态之辩的动力之一；另一方面，是一些只谈历史特殊性却从不在二者之间建立联系的观点。我后面要讲的种种研究的绝大部分，其遭人诟病之处，正在于用特殊历史参照来装扮这些趋势性规律。

他们犯了被著名科学史家杰拉尔德·霍尔顿（Gerald Holton）称为"局部孤立主义"（adhoc-ism）的错误：根据需要解释的对象，发明一些解释性学说，找到一些特设的解释[2]。这在做历史比较时最具诱惑性也最简单，因为我们已经知道了后续历史的发展。我们把先前状况中那些有可能解释已知后续状况的东西单独拎出来。面对这种从已知结果出发假定原因的危险，以巴林顿·摩尔（Barrington Moore）[3]为代表的一些学者，努力用比较的方法来消解从个案中得出一般规律的诱惑。例如，他说，如果我们了解了美国历史，我们会倾向说，国家一分为二，一边是固守奴隶制基础的农业大贵族，

---

[1] 尤其参见塔尔科特·帕森斯，《社会：进化观与比较观》[*Sociétés. Essai sur leur évolution comparée*, Paris, Dunod, 1973 (1966)]，热拉尔·普吕尼耶（Gérard Prunier）译。

[2] 杰拉尔德·霍尔顿，《科学发明》(*L'Invention scientifique*, Paris, PUF, 1982)，保罗·舍雷（Paul Scheurer）译。

[3] 参见下文第136页及其后。

一边是其力量建立在自由劳动基础上的现代工业资产阶级,这种对立引发了内战。但只要想想19世纪末的德国,容克地主的权力以使用几近奴隶般的劳动为基础并与资产阶级形成对立,我们就会发现二者结构并不相同。针对这种"局部孤立主义"和后知之明的诱惑,比较历史学——这是它的作用之一——提供了一些相反主张并且迫使人们真正将个案当作个案来思考,这是科学方法的一项迫切需要。

这些研究者还提出了另外一个论题,即每段历史过程都是独一无二的。如果我们要对比英国国家、日本国家和法国国家(我接下来将在我知识范围内做此尝试),我们可能会说,建立这三个国家的行动者是文人、文员,所以我们面对的是一个由文化资本构成的国家官僚体系。这种反论很难驳倒。按它的说法,历史是线性的,起点以某种方式决定了后续发展。历史学家有这样的直觉,并且以此为名义拒绝像社会学家那样泛泛而论。他们指责后者利用历史学家辛苦、严肃、博学的研究来生产一些大而无当的观点。历史学家大可以持这样的论据,但我想这可能会让他们在自己的工作中举步维艰。所以他们才从未明确表达出来。

我打个比方你们就懂了。一个国家的历史——在该词的两个意义上来说——和个人的历史有类似之处。就习性的形成而言,最初的经历和后来的经历不能放在同一个层面,因为前者具有结构性影响,其他所有经验都是以它们为出发点被思考、建立、构想与正当化。我们将先例中的逻辑运用在法律中也运用在政治中。有正式护体,有法律相伴,人们经常会这样说,例如:"我不过是在做戴高乐1940年做过的事情……"某些历史的分岔可以被视为相对不可逆。同时,我们可以认为历史进程中存在一种累积。因此,如果我们今天比较一名法国教师的心智结构和一名英国教师或者一名德国教师的心智结构,我们很可能就此发现整个教育制度的历史,并进一步发现法国国家12

世纪以来的历史。你们可以想想涂尔干的名著《法国教育思想的演进》[1]:为了理解今日法国学校制度,他不得不一直追溯到12世纪,追溯到各学科系别的等级。在《学术人》中,我已经说明各系教师的心智能力(facultés mentales)是根据制度化的学科划分进行结构的,而这种划分本身又是若干世纪以来建构的结果。换言之,与不同学科联系在一起的划分原则和世界观本身就联系着教育制度的历史——其大部分都出于偶然——而这种历史又与国家化进程的历史相连。

以上大致就是我提供给你们的论据,算是在跟你们讲三位作者之前做的预先提醒。这三位分别是《专制与民主的社会起源》的作者巴林顿·摩尔、《帝国的政治体系》的作者艾森斯塔特,以及《从古代到封建主义的过渡》和另一本论述谱系的《绝对主义国家的谱系》的作者佩里·安德森[2]。我将试着给你们理出这些鸿篇巨著的总体脉络,目的有二:一是试着找出他们研究国家的历史生成时采用的方法;二是从方法论角度,看看我们从他们的谬误和失败中能吸取哪些教训。

---

[1] 埃米尔·涂尔干,《法国教育思想的演进》[*L'Évolution pédagogique en France*, Paris, PUF, 1969(1938)]。
[2] 巴林顿·摩尔,《专制与民主的社会起源》[*Les Origines sociales de la dictature et de la démocratie*, Paris, Maspero, 1983(1966)],皮埃尔·克兰卡尔(Pierre Clinquart)译;什穆埃尔·诺阿·艾森斯塔特,《帝国的政治体系》(*The Political System of Empires*, New York, Free Press of Glencoe, 1963);佩里·安德森,《从古代到封建主义的过渡》[*Les Passages de l'Antiquité au féodalisme*, Paris, Maspero, 1977(1974)],伊夫·博弗埃(Yves Bouveret)译;《绝对主义国家的谱系》[*L'État absolutiste. Ses origines et ses voies*, Paris, Maspero, 1978(1975)]:第1卷《西欧》(*L'Europe de l'Ouest*);第2卷《东欧》(*L'Europe de l'Est*),多米尼克·尼梅茨(Dominique Niemetz)译。

1990年2月1日课程

正式修辞——公共与正式——普遍他者与审查——"艺术家立法者"——公共话语的形成——公共话语和塑形——舆论

正式修辞

我想试着更系统、更深入地回顾一下我上次课概述的内容。我要跟你们讲的内容可以命名为"正式修辞"。我想试着以一种系统的、至少尽可能严密的形式将我几年来的思考集中介绍给你们,从法律出发,然后分析法律"虔诚的虚伪"(pieuse hypocrisie),接着分析无私,等等。你们大概觉得我上一次讲得一整套思考都缺乏条理,事实上它们无论在客观上还是主观上也的确如此。我想重拾上次围绕委员会和受委托人的概念对正式所进行的分析。委员会的存在本身就提出了其任命者的问题。在英文中,"commission"一词最初指委托:有托在身,便是受委托办某件事情。因此,问题就在于弄清,谁给委员会成员发出委托?后者是相对于谁的受委托者?他们行为的一部分是否正在于将这一委托的源头戏剧化,好让人们相信这种并非自我宣称的委托是存在的?委员会的成员,无论他是谁,都要面临这样一个问题:如何让自己相信也让别人相信,他们不仅为自己发言,而是以一个有待定义、有待创造的高级机构的名义发言。我今天想提的问题是:受委托人是谁的代言人?如果涉及的是一个负责改革住房补助的委员会,我们会说:这个委员会受国家委托,然后朝向委托人的倒推就止步于此了。实际上,我跟你们讲的一切,都是在朝着比国家更远的地方回溯。依职发言的人以它为名郑重行事的这一现实究竟是什么?肩负职能的人代国家发言,以何种现实为名?依职发言的人,也就是说正式发言的人,通过言说使其存在或者需要让其存在以便使自己的话变为正式的这种现实,究竟是什么?

大家可能会觉得我在玩文字游戏,但我会证明这种做法是正确的。语言分析至关重要,因为语言是一整套社会哲学的寄存之处,我们需要将其回收。为了说明这种方式的正确性,我总是引用本维尼斯特(Émile Benveniste)的杰作《印欧俗语词典》[1],他在书中通过分析印欧语言原始形式,理出了铭刻其中的语言的政治哲学。我认为本维尼斯特一方面作为语言学家,写出了有关表述行为的鲜明理论,另一方面也对印欧法律语言中暗含的权威话语的哲学进行了一系列思考。我认为他从印欧词汇言外之意中得出的理论比他仅作为语言学家得出的理论[但也十分中肯并以约翰·L. 奥斯丁(John L. Austin)[2]的整个语言学传统为基础]有力且有趣得多。我认为这项工作和阿兰或者海德格尔式的传统的哲学文字游戏毫不相干,后者只是玩弄文字,而我认为我要做的事情并非如此。

因此我将尝试思考以全社会之名发言的社会行动者,也就是马克斯·韦伯在某个地方说的"伦理先知"或者"法律先知"[3],他们奠定

---

[1] 埃米尔·本维尼斯特,《印欧俗语词典》(*Le Vocabulaire des institutions indo-européennes*, Paris, Minuit, 1969),第一卷《经济、亲缘、社会》(*Économie, parenté, société*),第二卷《权力、法律、宗教》(*Pouvoir, droit, religion*)。

[2] 约翰·L. 奥斯丁,《如何用语言做事》[*Quand dire, c'est faire*, Paris, Seuil, 1970(1955)],吉尔·拉内(Gilles Lane)译。

[3] 布尔迪厄在此指的是1920—1921年出版的马克斯·韦伯《宗教社会学文集》(*Gesammelte Aufsätze zur Religionssoziologie*)。第四章《先知》(«Les prophètes»)被翻译并收入《宗教社会学》(*Sociologie de la religion*, Paris, Flammarion, 2006),伊莎贝尔·卡里诺夫斯基译,第167—171页。

了一种话语，此话语旨在被一致承认为一致群体的一致表达。在这些法律先知中，有卡比利亚智者amusnaw，即在艰难处境下发言的人。他通常是诗人，用一种可谓诗意的语言进行表达。他被默认或公开委托在群体不会思考的艰难处境下向群体说出群体所想；他是在群体已不会思考的时候还在思考的人。诗人，为所有人对错难分的极端情况、冲突情况和悲剧情况而生，他的工作是调和群体与群体的正式形象（image officielle），特别是当群体必须违背群体正式形象的时候。当发生伦理的自相矛盾，当围绕终极价值发生伦理冲突时，智者即诗人引证权威，而他将使用的修辞手法之一——和政客做法毫无二致——是拟人。这种修辞格以某事物的名义代替缺席的现实发言：可以是一个人，可以是祖先，可以是门第，可以是人民或者舆论。因此，他以一个整体的名义发言，他以它的名义发言，从而令它存在。当代言人被委托承担这一超越个人的发言时，拟人可以被制度化。比如，戴高乐用"法国"来表达"我认为……"的意思。如果有人当自己是戴高乐，说"法国认为……"而不是"我认为"，那他肯定会被看成疯子。而如果有人依自己的职权以法国的名义发言，就算我们会觉得略微过分，也会视其为正常。伦理先知值得我们关注，因为他们让那些在常规的正当代言人那里理所当然的东西再度浮现。共和国总统总是作为法人发言，代表一个已经调和的集体。有时候，他可能会说"我是所有法国人的总统"，但通常他不需要这么说。当他接受构成法国的各机构团体[1]的祝福时，是整个法国，而非他自己在接受祝福，哪怕有人拒绝承认这个自然人事实上已经超越成了法人。

为何要回到最初的情形，回到卡比利亚智者amusnaw，回到法

---

[1] 法语原文为"corps constitués"，即依照宪法成立的各类机构团体，中央一级的国民议会、参议院、行政法院（Conseil d'Etat）、审计署、宪法委员会、央行等；还有地方一级的省市和地区司法、行政、管理机构等。——译注

律创造者，回到国家的开端即发明了现代国家的 12 世纪教规学者，回到所有这些已经成为我们头脑当中显而易见、稀松平常的东西上来呢？这是因为在这些情形下存在如下问题："谁在说？""说什么？""以谁的名义说？"在各机构团体的祝福里，这一修辞同样存在且更为明显：它履行的功能被表露并被看到。开端的一大作用——列维-斯特劳斯（Claude Lévi-Strauss），在《热带的忧郁》[1]里，谈到"最初开端之难以形容的伟大"——在于他们理论上的重要性，因为将要变为"理所当然"（cela-va-de-soi）的东西，也就是说将要消失在理所当然的不可见性之中的东西，彼时仍是有意识的、可见的，且往往以戏剧性的方式可见。Amusnaw，或曰伦理先知，用马拉美（Stéphane Mallarmé）的诗句来说——它已成了作文里的引文，所以完全平庸化了——是"赋予部落的词语一种更纯粹含义"的人，也就是说，他将向部落发言，借用部落通常用来陈述其最高价值的词语，但对它们进行了诗意加工。必须做这种形式加工，才能让这些词语回到其最初的含义——amusnaw 的角色往往是回到与例行公事、腐朽堕落相对立的源头和纯粹——或者得出一种被惯常用法遮蔽的、未被察觉的、能让人思考一种特别情况的含义。例如，在分析前苏格拉底时代的伟大人物，如恩培多克勒（Empédocle）——我想到了让·波拉克（Jean Bollack）的研究[2]——或者口语社会的诗人时，我们经常发现，诗人是在某些限制下进行发明的人：他们重拾一句有名的谚语然后对它进行细微的改变，意思便大相径庭，这让他们（兼得）与正式一致和违背正式（的好处）。让·波拉克举了一个著名的例子，荷马的一句诗里有"phos"这个词，通常的意思为"光"，但它还有另外一个罕见的意思，意为"人"。诗人引用一句所有人都听过的以寻常

---

〔1〕 克劳德·列维-斯特劳斯，《热带的忧郁》（*Tristes tropiques*, Paris, Plon, 1955）。
〔2〕 让·波拉克，《恩培多克勒》[*Empédocle*, Paris, Minuit, 1965-1969（3 vol.）]。

形式说出的寻常诗句，但将它略微改变——可以是语气或者发音的区别——于是平庸化、陈规化的普通词语就被去平庸化，被重新激活，同时仍然保留其通常的意思。我们在形式层面得到了功能层面需求的完全对等物：一种合乎形式的违反，一种形式之中的违反。只有语言大师才能做到这一点。而法学家正是语言大师。

我不想讲得太快，否则我以后会责怪自己自相冲突——我觉得我头脑里想的比我说的要清楚得多——但我还是想谈一个重要的东西，即康托洛维奇在《为祖国而死》(*Pro patria mori*)里极为精彩的一篇文章中的观点，这本文集刚刚被翻译成法语。他将立法者与诗人作比较[1]，但他也未做过多发挥。他对历史做的研究与本维尼斯特对语言做的研究类似：他从法律行为中发现了深刻的哲学真理，但并未做完整探讨。我认为要想完全理解康托洛维奇的观点，就必须深入研究正式这一概念的隐含意义，虽然这项工作进展困难。我还是回到之前所讲内容，以免主题与主题之间跳得太快。

先知让群体落入自身的陷阱。他援引集体准则，告诉群体后者能想到的自身最好的一面：他实际上说的是集体道德。这就回到国家最高司法机关，回到最高行政法院"虔诚的虚伪"这个概念上来。虔诚的虚伪，把人们说的话当回事，太当回事了：伦理受托人受群体委托，说出群体自身应该是什么样，而群体必须承认他的陈述，因为群体在这一正式真理中认出自己。卡比利亚的 amusnaw 即是在最高程度上代表了属于正式价值的荣誉。马克思嘲笑有产者的理想主义，他在《黑格尔法哲学批判》(1843)中谈到"唯灵论的荣誉"；荣誉攸关之事(point d'honneur)是典型的促使人们承认正

---

[1] 康托洛维奇,《艺术家的至高权力：关于文艺复兴时期几条法律格言和艺术理论的笔记》(«La souveraineté de l'artiste. Notes sur quelques maximes juridiques et les théories de l'art à la Renaissane»),《为祖国而死及其他文章》, 同前书, 第 31—57 页。

式的东西:它是一种承认当我们在他人面前、在面对他人时必须承认的东西的倾向。体面的人是去面对的人,是去面对他人的人。因此,"丢面子"成为这种逻辑里至关重要的概念——可以参考在许多文明里皆存在的"前""后"之分,"面对面时该展示的东西"和"应该隐藏的东西"之分。作为荣誉的化身,amusnaw 提醒人们,荣誉是不可逾越的价值,但在某些悲剧情况下,以同样的荣誉为名,我们又可以越过它——你们可以参考我和穆鲁·马梅里发表在《社会科学研究学报》上的对话[1];通过保留根本,保留顺从,也就是说对终极价值的承认,amusnaw 使群体可以在不否认、不废除正式准则的情况下违反它们。他要求群体在违背规则的情况下遵守规则,挽救规则。在此我们发现了正当性(légitimité)这个概念的基础之一。我们通常混淆了正当性与合法性(légalité)。韦伯强调,小偷承认法律正当性,故躲起来偷盗。我们又发现了公共和私人的对立;在暗地里的违反行为当中含有对公共价值的承认。这才是中心思想。

正式因此就是公共:它是群体对自身的看法,是它想公开宣称的对自身的看法,它希望自己以群体的面目出现时所表现出来的(既是心理形象意义上的,也是戏剧演出意义上的)样子。我们可以说"在其他群体面前",但并非必然如此:它也可以在自己面前作为群体出现。这里,需要把所有镜像效果考虑在内。换言之,正式是它希望在公开呈现时给出的对自身的看法:我们看到了正式与戏剧、戏剧化之间的联系,正式是可见的、公共的、戏剧的——所谓剧场(theatrum),是可以看见的东西,是以演出形式呈现出来的东西。因此,这就是群体在作为他者的自己面前希望拥有并呈现出的自身的形

---

[1] 布尔迪厄,穆鲁·马梅里,《关于卡比利亚口头诗歌的对话》(«Dialogue sur la poésie orale en Kabylie»),前文已提及。

象。这看起来像是形而上学思辨,但你们会发现,对镜子和作为实现正式之方式的镜中表演的作用,有一整套分析可做。

公共与正式

这里我们需要深入分析公共与私人的对立。公共一词有许多意思。我在评注现代法国法律秩序和国家秩序的伟大奠基人之一达格索(Henri-François d'Aguesseau)的一篇文章时[1],碰到了这些问题。在这篇文章里,他完全以无意识的方式,玩弄了"公共"一词的三四个不同的意思。我选了两个用于我自己的论证。公共一词,首先有别于特殊、个体,有别于希腊人所说的"idios",即"傻瓜"意义上的独一无二、"缺乏常识"、"特别的"、"特殊的"、"个人的";一个私人观点,是一个个体的观点。私人,还意味着独立于集体。在这一层意思上,公共行动交给为别人发言的人:人们将这些行动或思想交给群体、集体的典型代表,我们称之为"官方人士",正式行事的人。例如,当一位官员想强调他不再代表官方时,他说:"我以私人的名义这么做"——英语里说的"in a private capacity"。于是,我们将这一属性悬置,而它是一个官方人士所有行为的钥匙,也就是说他牵扯的永远不止他本人。以至于当他想只牵扯他自己时,他必须悬置这种属性。按理我们应该思考一下政治丑闻,不过我不想胡言乱语,半道就把你们弄丢;政治丑闻之所以具有悲剧色彩,在于它玩弄官方人士理应正式行事这一属性,当它公然或被人发现它把公共人士据为私有时,那就是搞世袭制,任人唯亲,将集体象征资本挪为己用。显然,公众人物被最大限度地要求切分公共/私人,正式/非正式,公开/

---

[1] 亨利-弗朗索瓦·达格索,《作品集》(*Œuvres*, Paris, 1759),第1卷,第1—12页,布尔迪厄在《国家精英》(同前书)第545—547页中引用了该文。

隐藏或秘密。官腔（langue de bois）是职能的一种属性，它使公众人物可以就隐私作答：我们可以当众透露隐情吗？

因此，首先，公共和个体、单一对立。其次，它还和隐藏、不可见对立。公开发言，公开行事，意味着用可见的、公然的（如果不是炫耀的话）方式，没有隐瞒也没有内幕。这再一次与戏剧形成类比：它是在舞台上上演的事物。这就是公共、正式和戏剧性之间根本联系之所在：私人行为是不可见的，这是在后台、在商店里间发生的行为；相反，公共则在众目睽睽之下行事，在全体观众面前行事，我们不能在其中挑选或者进行个别交谈，说："我私底下跟你说。"所有人都一下子就听见了。在千百万人面前吐露真言好比广播或者电视的效果。我们不能在听众中间挑选，而全体听众使正式言论成为站站皆停的"慢车"式言论，既指向单个的人，又指向所有人，又不指向任何人。我认为这种戏剧情境带来的焦虑（怯场）存在于和全体观众的对峙中，而从根本上来说，我们无法向后者说出任何隐秘的、不可告人的东西。但显然，我们无法保证永远不说出不应该被公开言说的东西，于是口误、蠢话、失礼、陀思妥耶夫斯基式谬误的危险一直存在。公开授课的人要承受怯场之扰。不可能消灭证人，并且从根本上来说，正式场合正好和隐形人所处情形相反。

正如德国人说的那样，思想实验是打破"理所当然"和尽人皆知之事的重要的理解和认识手段。关于我正处理的问题，有一个极佳的思想实验：古格斯戒指的神话。柏拉图在《理想国》里讲了一个牧羊人的故事，这个牧羊人偶然捡到一枚戒指，戴在自己手上，转动宝石，变成隐身人，引诱王后，成为国王。这个神话的哲学意涵，在于提出了私德的问题。一种非公共的道德，一种不受制于公开性、在当下或将来都不会被公开的道德，也就是说一种不会被拆穿、不会被告发、不会被揭露的道德，是否能够存在？古格斯的戒指之于道德正如恶魔之于认识论。正式公告之于道德好比恶魔之于认识[1]……一个隐形的人，也就是说免于被公开，免于公共的命运，免于在众人面前、在这种舆论法庭前被除去面纱的人，是否有可能成就一种道德？换言之，在可见性与道德之间难道不存在一种根本的联系吗？我们在此看到强加在以彰显群体的德性和正式性为职业的人身上的那种尤为严格的道德[2]。我们觉得违背无私这一价值的人背叛了某种心照不宣的契约，即正式的契约：我是官方人士，因此我应该遵守正式规范。政治授权里存在一种心照不宣的契约，它是私人利益——机关、党派、流派的利益——被公开时所引发的公愤的源头，这些私人利益隐藏在公开宣称的普遍、无私的信仰之下，而后者正是角色的组成部分。政客之所以公开宣称无私，并非出于信仰，而是因为这种宣示是自身角色的组成部分，是正式的组成部分：他们别无选择，这是受委托这一事实的组成部分。

如果说私人与公共的区分属于这种类型的话，如果说私人同时指个体、隐秘或可能被隐藏的话，那么正式效应则必然暗含着一种普遍化、道德化效果，这里我们可以借用戈夫曼对自我呈现和社会行动者在公开场合所作所为的分析[3]。上一次我提到了戈夫曼给出的绝妙例子：餐馆服务员们穿过那扇门时，换了穿戴，整理好上衣，挺直腰杆，将餐巾正确地放在胳膊上。就像人们说的"脱胎换骨"，他们变了，而这种符合公共与私人分界的改变，即是进入舞台。这些事情微不足道，但他们以公开场合的自我呈现所要求的礼

---

[1] 参考笛卡尔（Descartes）"普遍怀疑"（doute hyperbolique）的终极时刻，他想象一个更高级的力量会在表面上涉及最理性的真实，如数学时，将他引入谬误。
[2] 布尔迪厄，《道德的悖论性基础》（"Un fondement paradoxal de la morale"），《实践理性：关于行为理论》，同前书，第235—240页。
[3] 欧文·戈夫曼，《日常生活中的场面调度》，第1卷《自我呈现》（*La Mise en scène de la vie quotidienne*, t. I: *La Présentation de soi*），同前书。

仪为原则。这里，我们需要对知心话或者叫坦白以及正式或公共的话语做分析。关于这一点，有一些报纸可以作为素材，且通常是女性报纸：知心话是一种典型的面向私人的、隐秘的、较为女性化的私语言（性别之间的劳动划分紧密联系着公共/私人的对立）。女性位于隐秘、私人、坦白的一边，她们是有权说知心话的人。因此，知心话处在私人一边，而与正式话语，即以群体的名义并在群体眼前完成的行为相对立。事实上，有一个词指代那些当众透露隐私的人：他是"暴露狂"。他公开展示理应藏起来的东西。卢梭《忏悔录》的惊世骇俗正在于彼时角色尚未建立，所以让人感到一种触犯。（如今，自恋的权力是所有艺术家的职业属性之一；在法国文化台广播里，我们会听到一些正当的、公开的自恋宣言：没谈过自己爸妈的人，不算当过作家……）

这种知心话/正式话语之分与位于大多数社会尤其是卡比利亚社会心智结构中心的一系列对立相关联：内/外；私人/公共；家庭（女性的）/公共场所（男性的）、集会、广场（*agora*）；女性/男性；仅限于家中（我们在那里生孩子、做饭等等）的生物的、自然的/文化；脸面，面朝前，带着某种仪态——戈夫曼有一篇关于仪态，关于"知道如何自持[1]"的精彩文章——正面/背面——这一大对立是我们关于性别划分和同性恋的最深层表述的源头；经济和体面的对立，这种对立很重要，因为正是通过它我们看到正式与无私的同一[2]。卡比利亚的情形之所以有趣，是因为这些东西被更明确地说出来：我们所理解的本义上的经济、合同、期限等纯粹是女人的事。一个体面的男人不会说"我借你一头牛一直借到秋天"，

---

[1] 埃尔文·戈夫曼，《互动秩序》(«The interaction order»)，《美国社会学评论》(*American Sociological Review*), 1983 年第 48 期，第 1—17 页；另见《互动仪式》(*Les Rites d'interaction*, Paris, Minuit, 1974 [1967])，阿兰·金（Alain Kihm）译。
[2] 关于这一点，参见布尔迪厄，《实践理性：关于行为理论》，同前书，第 186 页。

他只会说"我借你一头牛",而女人则是出了名的"节俭"。当然这是掌握卡比尔人正式哲学的男人的看法,而根据这种哲学,好的一面总是在公共、男性一边,而另一边则可悲且可耻。男性对女性经济——即我们所谓的经济——有着令人厌恶的观点:女人的直言不讳的确是件好事。女人会说:"我借给你,所以你得还我。"而体面的男人则会想:"我借给你一样东西,我知道你是个体面的男人,所以你会把它还给我,而由于我只借东西给一个体面的男人,因此我确定你会把它还给我。"于是一切尽在不言中。你们可能觉得这些东西都太陈旧了,但仔细想想就会发现,在我们的社会里——想想在你们家庭经济内部不同性别之间的工作划分——情况尴尬时,男人借妻子去说他自己说不出口的话。他悄悄提醒朋友归还期限已到:"我妻子等不及了……"

【课程中断】

女性站在契约经济、未被否定的经济一边;男人当然也管经济,比如捐献,但这是弗洛伊德(Sigmund Freud)意义上的被否定的经济:我以看上去未进行交换的方式交换。捐献是一种互惠交换,它被伪装成捐献,伪装成慷慨的交换;互惠相对于捐献正如现实的经济相对于理想的正式经济。我认为所有这些社会的普遍属性之一就是,经济的经济(économie économique)从未被真正承认;甚至到今天,最资本主义的资本家也还总是收藏名画(这么说简单化了,但我可以进一步阐述),或者创办一个基金会自己做资助人……从历史上来说,各个社会(这样说很荒谬,但为了讲得快些只好如此)都很难自认有经济,因为这是件可耻的事。暴露经济的本来面目一度很难办到。"做生意不谈感情""生意就是生意":这些同义反复特别难发现,因为它们违背了这些社会及其统治者即男性希望拥有的无私、慷慨、无偿的官方形象。在这些对立领域内部,官方与无私之间的联系已初具轮廓。去年我就无私这个话题所讲的内容,现在可以合乎逻辑地并入

90

我正在做的分析当中[1]。

这一系列对立揭示了一项根本的对立，即冲动、自然、放任自流的私人世界和注重仪表、举止、道德、禁欲的公共世界之间的对立。涂尔干《宗教生活的基本形式》里有一个令人吃惊的段落——他既不信奉天真的普遍主义，也不是幼稚的相对主义者——他说如果存在一件普遍之物的话，那就是文化总是与禁欲思想联系在一起这个事实[2]。涂尔干是第三帝国一位留着小胡子的老师，他想为一种世俗道德带去荣光，所以人们觉得这算是一种好的陈旧伦理观。我认为他说的有道理。这种自然和文化间的对立，放任自流和举止得当之间的对立，实际上是弗洛伊德本我（Ça）和超我（Surmoi）的对立；事实上这样的公众，这种匿名人物，我们无法打个白方块来决定他们当中谁有权听见，谁无权听见，他们是普遍公众，也就是说在这群公众面前，有一大堆东西要接受审查。19世纪的人说"我不在女士和儿童面前说这些"，正式规范不允许开警卫的玩笑，也就是说针对一个特定范围男性团体的一些玩笑，比如说摆脱了愚蠢的伦理审查的军人。人们可以专攻本我和超我之间的对立，也就是说建立一种关于超我和审查的弗洛伊德式理论。显然，正式，意味着审查，我下面就将阐述这个问题[3]。

普遍他者与审查

审查是某种既（通过惩罚）从外部规定又以超我的形式被内在化

---

[1] 关于这一点，参见皮埃尔·布尔迪厄，《无私的行为是否可能？》(«Un acte désintéressé est-il possible?»)，同前文所引，第147—173页。
[2] "禁欲主义内在于一切社会生活之中，用于躲避所有神话和所有教义；它是一切人类文化不可或缺的部分。从根本上说，它是一切时代中各宗教传授之物的存在理由和证明。"埃米尔·涂尔干，《宗教生活的形式》，同前书，第452页。
[3] 皮埃尔·布尔迪厄，《审查与塑形》(«Censure et mise en forme»)，《言说意味着什么：语言交换的经济》，同前书，第167—205页；并见《语言与象征权力》，同前书，第343—377页。

的东西。美国社会心理学家和重要思想家乔治·赫伯特·米德有一个著名的表述，"泛化的他者"（autrui généralisé）[1]。在某种情况下我们遇到的正是一种泛化的、普遍化的他者。这就是我将试着阐述的东西。

古格斯靠隐形得以逃避的伦理审查，并不仅仅是对警察的恐惧，而是某种深刻得多的东西。它是一种普遍之眼，由所有社会行动者的世界组成，带着对一种行为的评判，而这种评判是暗含在对最普遍的价值的承认之中的，群体正是在这些价值里自我指认。公开露面引起的恐惧，比如上电视，联系着一种与普遍的另一个我（alter ego），而非一个普遍他者（un autre universel）的交锋。这种普遍的另一个我是一种泛化的超我，由承认相同普遍价值的一群人组成，如果否定了这些价值，也就同时否定了自己，因为我们表明自己是这个承认普遍的社群的成员，从而在普遍中自我指认，这个社群是名副其实的男人的社群。当然，我后面还会再回到这一点上来。

这些对普遍性的祈求总带有言下之意：卡比尔人在说"普遍"的时候想的是体面的男人；卡纳克人[2]想到真男人，区别于起自邻部落的非男人，或者女人[3]。这种普遍性总是特殊的。我后面将引用19世纪英国作家麦金农（William Alexander Mackinnon）关于舆论的一句精妙之语，他用一种天真的方式——如今没人再敢这么说了，但大家在面对普遍公众时都这么想——说出了对以正式名义公开发言的人执行审查职能的普遍听众究竟是何含义[4]。

（以上这些都是些回顾。我曾对虚伪做了详细分析，我说它是对

---

[1] 乔治·赫伯特·米德，《意识，自我与社会》，同前书。
[2] 即生活在新喀里多尼亚的土著美拉尼西亚人。——译注
[3] 关于这一点，参见阿尔班·本萨（Alban Bensa）和布尔迪厄，《当卡纳克人发言时》（«Quand les Canaques prennent la parole»），《社会学科学研究学报》（Actes de la recherche en sciences sociales），1985年第56期，第69—85页。
[4] 见下文第107页。

道德的致敬。我一直担心自己讲得太快或太慢……我一直掌握不好速度，倒不是因为我觉得自己讲的东西很重要，值得像哲学家思考时那样慢慢地讲。我认为我们总是匆匆而过。我之所以认为应该推进得再慢一点，不是出于我为自己所讲内容赋予的重要性，而是担心，相对于我试图讲述的东西的重要性来说，我们仍然推进得太快。如果推进太快，就可能在一些重要问题上匆匆而过，而错过一个分岔，错过一些关联。我一直在重复同样的东西，但我想传达的恰恰是思考社会问题所需要的这种尊重。我们对社会问题的思考之所以如此糟糕，是因为我们没有对社会问题采用足够分量的、脚踏实地的方法，而归根结底，这些方法通常与哲学相关。以上这些话是为了证明，虽然我讲得慢，但我还是觉得自己讲得太快了。)

我们得重新回到对普遍他者的分析上来：什么是这个普遍的另一个我？我如果撤销这一结构，我必然同时否定我作为人的资格（在我刚才讲的限定之内），我以公职身份公开地对这些人讲话，我便心照不宣地接受这个法庭的判决。这一超我是一种提醒的实际化身，迫使以情感方式体验的"应为"（devoir-être）怯场，这种怯场以惊慌、害羞、恫吓、身体恐惧的方式被体验，通常与社会性的原始习得相关联。与父亲和这种普遍听众的关系使我们得以在社会学与精神分析之间建立联系……这个普遍他者是一种难以捉摸的超验性，其弱化表现形式为众议，卡比尔人所谓的"男人们的话"：体面的男人总是被男人们的话困扰，被他们可能会说的话困扰。这和舆论、众议、闲话等等所有这些双重超验性的话语类似；它们具有萨特称之为系列（sériel）的那种超验性，一种向不确定的回归，实践的无限；另一个事实是，所有这些纯粹相加的人有一个共同点，它们都正式承认正式价值，并以此为名，评判我的所作所为。

这一普遍他者是一种幽灵——类似国家和法律——它可以被一群公众、一群听众实体化。但在这个幽灵之中，每一个人希望向别人、为别人、在别人面前交出的自我观念均得以体现。这不是简单而普通的"为他人而活",不是萨特分析的目光,后者包含一些真理但并没有走远。这是一个由具有共同超我的所有的另一个我组成的超我。这种集体的超我,既是超验的,又是内在的。超验,是因为它内在于成千上万的行动者,也就是审查之中,且是在其强的意义上——弗洛伊德并未对审查的概念着墨太多。在这里我们发现,社会学与精神分析之间不存在任何矛盾。

"艺术家立法者"

94

我回到法律先知,回到最早说出一个社会所承认的"应为"的那些人。他们虔诚的虚伪便是承认所有我刚刚讲的一切。这些人以泛化的"超我"、正式的名义发言,甚至可因此得以解决对正式规则的正式违背,因为他们自己就是主宰者。他们甚至可以将群体从自身这种宿命中解放出来,因为后者陷入了自己的游戏。他们不停说,一个有荣誉感的男人才是真男人。如何避免群体掉入自己挖的陷阱,而这些陷阱恰恰又构成了他们作为群体的存在?法学家肯定正式,甚至在需要正儿八经地违背正式的极端情况下也是如此。极端情况很值得关注。

社会学家在这个游戏里处境艰难:他做什么?他自己难道不是处于正式的地位吗?他不是在正式地谈论正式吗?他不是也得默默接受正式的隐含要求吗?他有点外在于游戏,他不是卡比尔人的 amusnaw,也不是智者委员会,也就是说他不是一个受官僚社会明确委托的人。他靠着自己被熟知和承认的特殊才能自我授权,来说出一些很难思考的东西。社会学家做的事情即令人失望又令人不安。他不站在正式的一边从事这项工作,而是告诉人们何为从事正式工作:他是元之元(méta-méta)。如果说国家是元,社会学家总是走得更远一些。这让人恼火,而且人们总想对他说:"那您自己呢?……"他

"比远更远",我引用的是阿西尔·塔隆(Achille Talon)[1];他不当智者,他说出当智者的人干了些什么。这可能也是一种智慧。

我再回到康托洛维奇。在《为祖国而死及其他文章》里一篇名为"艺术家的至高权力:关于文艺复兴时期几条法律格言和艺术理论的笔记"的文章里,康托洛维奇谈到能无中生有的艺术家立法者。他以文艺复兴时期的一些文本为依据,指出诗人和法学家的功能相当,他们都竭力靠着自己的天才和灵感模仿自然。二者的区别在于,立法者从神启中获得力量,并从无中创造出一些法律审判和法律技术;但为了完成这项工作,他依职权(ex officio)行事,而不仅依据智慧(ex ingenio)。法学家是受正式委托的职业人士,依职权创造正式的虚构。这样的语言工作并非文字游戏。社会科学研究项目之一就是要唤醒这些死去的意识,这些被韦伯所谓的陈规化和庸俗化杀死的意识。为了创造正式,就要创造职能(officium),从这些职能出发,人们才有权创造正式。换言之,从国家出发才能谈官方。话语依职权发出,因此是官方的、公开的、有权被承认的,它不能被法庭取消。如果说官方的本原是依职权,那么职权又是如何产生的呢?事实上,描述官方就要回到官方的生成,回到国家的生成,正是后者使官方成其为官方。康托洛维奇研究了曾经是官方之生成的法学家。我这么说简单化了,因为不能说是法学家和教规学者创造了国家,但他们在其中贡献巨大。我认为,如果我们要研究西方国家的系谱,就不能不引入法学家这一决定性角色,他们受罗马法滋养,能够制造这种法律拟制(fictio juris),这种法律虚构。国家是由法学家制造的法律虚构,后者在制造国家的同时也将自身制造为法学家[2]。

---

[1] 漫画人物。[阿喀琉斯之踵(Talon d'Achille)的倒装。——译注]
[2] 关于这一点,参看布尔迪厄,《法律的力量:法律场社会学基本概念》(«La force du droit. Éléments pour une sociologie du champ juridique»),《社会科学研究学报》(Actes de la recherche en sciences sociales),1986年第64期,第3—19页;以及《国家精英》(同前书)第5章。

【课程中断】

公共话语的形成

我继续讲。我收到一个问题:"您将国家的奥秘置于公共一边。您对此怎么解释?"我暂不回答,因为我接下来讲的内容将给出答案。我已尝试分析公共和私人之间的对立,我现在来谈谈公共话语的形成以及可能产生公共话语的社会条件。但我想,为了系统而有意识地讨论国家的生成及其历史,有必要预先做这样的思考,否则一部分很重要的历史材料将被忽视。你们可能觉得我讲的东西又抽象又理论化。事实上,这是文献阅读的具体操作条件。有一些文本,我可能读过却未读懂,而今天,我认为自己有能力去读并在其中有所发现。历史文献与诸如采访、统计图表等所有文献一样——虽然是认识论方面的老生常谈,但还是有必要强调——只在我们有问题(向它们提出)时才开口。具体涉及国家这个特别的对象,我已经说过,它铭刻在我们的大脑中而变得异常难处理,所以应该理清它灌输给我们的这些范畴,以便看见,并惊讶于那些不被人注意的东西,因为它们被忽视了,因为我们的心智结构也跟着某些材料的构筑结构进行了调整,以至于我们甚至看不见这些材料。我们漫不经心地去阅读它们……社会学很难,因为它需要慧眼。而这一点很难教会。我们只能说:"如果我是你,我会这么说。"这份职业有着漫长的见习期。我试图传递的,是一种构建现实的方式,它能让我们看见我们平常看不见的东西。这和直觉毫无关系。这是个缓慢的过程。以上这些是为了给我的啰啰唆唆和原地踏步做一下自我辩护。

从这一分析出发,我们可以区分出三种情形:第一种情形是法律先知、智者、amusnaw,他每次都需要重新获得授权;而他次次都得成功。正如韦伯所说,先知的唯一担保人是他自己;他并非依职权行事。如果他状态欠佳,他先知的身份就会坍塌,而如果哲学教授状态欠佳,他的身份可以在那儿支撑他;或是每天都依职权制造奇迹的牧师,他不会不成功。先知的工作,尤其是一部分形式上的诗学工作,在于断言并让别人承认他"所受之权";如果他状态不佳,他将失去他的授权。因此他出乎寻常(extra-ordinaire)。他不能每天都制造奇迹。法律先知是他自身授权的某种持续创造[1]。他处于笛卡尔式时间之中,处于时刻延续的奇迹之中:如果先知不再作为创造者进行自我创造,他将跌落,变为随便什么人或者一个疯子,他说的话就到了临界点,压倒疯子的失信和包裹着公认的先知的光环即尊重之间,只有一步之遥。

第二种情形:法学家,正进行法律预言和创造的立法者-诗人。这是康托洛维奇谈到的12世纪英国教规学者,那些首先开创国家理论的人。康托洛维奇的历史贡献之一在于,重构了在国家建立者们那里处于明确状态的国家哲学。这是基于如下原则,即在最初阶段,模糊不清的东西是可见的——这些东西以后将不再需要说出,因为已经理所当然。这正是人类学或比较方法以及涂尔干的"拓扑"的意义所在:我认为此种对国家生成的研究,主要意义在于最初阶段的明晰。在最初阶段,人们仍然必须说出一些东西,而它们即将无须说出,因为问题将不再被提出,国家的作用正在于解决国家的问题。国家的作用正是让人们相信不存在关于国家的问题。这一点实际上我从开头起一直在讲。我对这个表达很满意。当我说国家给我们提出了一个特殊问题,因为我们有一些应用到国家之上的关于国家的思想时,我想说的也正是这个意思。

第三种情形:仍然接近于amusnaw的法学家。我们看到他们所做的事,而他们自己对此也得有所了解,以便去做这件事。他们被迫

---

[1] 马克斯·韦伯,《宗教社会学》,同前书,第152—173页。

发明了法律拟制的概念，将他们自己的工作理论化并自问："我们以谁的名义发言？是上帝还是舆论……"与此相反，正常国家状态下，获得委托、被体制化的法学家是一些复制者而不再是法律创造者。在某些情形下，按最糟糕的假设，他们负责审判法官，处理最棘手的案件，他们是阿兰·邦科（Alain Bancaud）[1]谈到的人，是对司法的正义性发问的人，在他们那里一切要无限回归：有了一项审判，一次申诉，然后是对申诉的申诉，但这一切总得有个头……我们要么说"这是上帝"，要么说"有一个人类法庭对法官的正当性做出审判"。正是在他们那里我们发现了虔诚的虚伪这一概念。这些正常情况下的法学家，即便他们向自己提出正义方面的问题，也不会质疑自己作为伸张正义者的存在。关于"伸张正义者与法官"有很多研究可做：伸张正义者，是推行另一种先知性正义的自我授权的法律先知。西部片里的伸张正义者和正义的官方代表很值得研究。伸张正义者是某种法律创造者，他将个体和私人的正义与法律常识对立，当然他本身在法律方面也有点麻烦事。

这下我们更清楚地看到，在第一种和第二种情形中，也就是法律先知和正在进行预言的法学家这两种情形中，一切法律行为或者国家建立行为当中究竟发生了什么。而在第三种情形中，我们什么都看不到。尽管如此，他们之间仍然有共通之处。研究最初预言的情形之所以有意义，是因为它们揭示了一些在常规情况下虽不可见却将一直发挥作用的东西。如果涉及的是本质上的区别，我们大可不必再研究起源，而它们让我们看到一些一直发挥作用却不被察觉的东西。法律先知告诉我们，法律预言若想起作用，它必须能自证合理性。法律先知

---

[1] 阿兰·邦科，《"多变的恒定"：高等法官》（«Une "constance mobile"：la haute magistrature»），《社会科学研究学报》（Actes de la recherche en sciences sociales），1989年第76—77期，第30—48页。

还让我们看到,国家是一种法律拟制,是所有法律创造行为的基础。它使人们忘记普通法律拟制作为虚构的本质。因此,它完成的是马克斯·韦伯称之为法律"超凡魅力的陈规化[1]"、平庸化、日常化。

我们现在可以思考最初的立法者或者陈规化了的立法者应该怎样操作这种法律创造,从而使他的行为不同寻常。我们看到在法律创造和塑形(la mise en forme)之间存在关联。我不再重复我在另一背景下已做过的分析。(在我的思考过程中,我经常回到相同的点上,但却是站在更高处,以别样的方式在我已从某个视角看到的东西里再看到不一样的东西。)在我对海德格尔的研究中,我考察了场域内部审查的概念[2],我已经详细阐述了一个科学场或哲学场中塑形的工作;我强调某一个场域实行的审查和那些希望被完全承认为该场域成员的人所完成的塑形:如果你想让人承认你是哲学家,你就得用一些哲学形式来说出一些东西;当你所说的与哲学家这心照不宣的前提条件形成对立时,更是如此。我特别关注海德格尔,是因为他要说的内容与哲学家隐含的哲学形成本质上的对立。我于是在科学场或哲学场实行的审查和两种操作——塑造形式和遵守形式(mettre des formes)——之间建立了关联。我强调塑造形式必然意味着遵守形式:社会领域要求我们合乎正式规则,给予这一领域这种对正式的根本承认,要求我们应用一些形式,不要粗暴地言说事物,要给它们加上诗意的形式,要以委婉的方式表达它们,而非用野蛮人的噪音或者亵渎的话说出来。哲学的委婉措辞,无论是哪一种,都是某种操作的结果。这种操作旨在进行塑形,并正是由此表明我们遵守形式。赫伊

---

[1] 马克斯·韦伯,《经济与社会》,同前书,第3章第5节。
[2] 布尔迪厄,《马丁·海德格尔的政治本体论》(*L'Ontologie politique de Martin Heidegger*, Paris, Minuit, 1988)。简短介绍,参见:《审查》(«La censure»),《社会学问题》,同前书,第138—142页。

津哈（John Huizinga）在《游戏的人》[1]中强调，作弊者，正如马克斯·韦伯的小偷，他躲起来违背规则。但他不是搅局者，搅局者拒绝遵守形式，拒绝顺从的游戏：他才是社会世界要彻底驱逐的人。如果你们还记得我说社会学家是元之元，他说所谓游戏规则正是遵守形式，我们就会明白，他为何经常被看成搅局者。

公共话语与塑形

遵守形式的人尊重自己，并尊重存在于自己身上的那种泛化的自我，它通过形式来体现，这些卡比尔诗人像马拉美那样写作：他们玩和马拉美一样难懂的文字游戏，使用和马拉美一样复杂的诗文形式。我们会好奇他们在没有文字的情况下，如何发明出这般复杂、精致的口头语言形式；这意味着一项了不起的训练。就像在荷马史诗里那样，有一些诗人派别，成员往往是锻工，是造物主。他们是即兴口头发言的职业人士，并且，与人们通常认为的相反，"口头的""民间的"并不代表"简单"。这些诗人使用一些复杂的词汇形式，一些古语，一些普通人听不懂的东西，这使他们能够在人们头顶上发言，能够面向其中的某些人发言，前苏格拉底时代的哲学家正是这么做的。一些大学教员想用伏尔泰式的词汇翻译恩培多克勒，但这样一来就不剩下什么东西了……海德格尔的解读增添了一些意义，而略偏实证主义的解读则削减了一些意义……在这二者之间，这些诗人专事高度规范化的塑形，尤其是因为需要说的东西触及根本问题。古典悲剧，比如埃斯库罗斯（Eschyle）或者索福克勒斯（Sophocle），是将极端情

---

[1] 约翰·赫伊津哈，《游戏的人：论游戏的社会功能》[*Homo Ludens. Essai sur la fonction sociale du jeu*, Paris, Gallimard, 1951（1938）]，塞西尔·塞雷西亚（Cécile Seresia）译。

况戏剧化的极其复杂的话语，一些终极事物被以一种人人都能听到、却只有一部分人能听懂的形式说出。政治人物的对策之一是双重速度上的双重话语：对内行来说它秘而不宣，对其他人来说则公开明了。卡比尔人的 amusnaw，或者恩培多克勒，或者前苏格拉底时代的大哲学家能够在两个层级上发言。存在一种固有的一词多义——我说的不是后现代意义上的一词多义——它与公开发言的悖论相关：如何在所有人面前、当着所有人的面发言，同时又只被少数内行理解？

塑形是这种话语的一个十分重要的属性，因为正是通过它，那些无法言说、无法表达，有时还无法称呼的东西得以命名；它是让不能被命名的东西能够被正式化所需要付出的代价。换言之，在强意义上的诗歌，即法律－诗学创作，让一种无法表达、无法言说或者隐含之物以一种被普遍承认的形式存在：要么是某种被集体抑制而群体不想知道的东西，要么是群体由于缺乏言说工具而无法说出的东西。于是，我们看到，先知的角色正是向群体揭示它在其中进行深刻自我指认之物：正所谓"你如果不曾找到过我，就不会去找我"，预言的悖论在于，一方面它只有说出众人已知的事情才能成功，但另一方面它终究还是成功了，因为人们无法说出这件事情。所有这些关于创世诗的观点虽略显老套，却并不都是错的，但语境完全不同。（论述的套路带来一种可怕的效果。经常会出现这种情况，即它讲的东西是真的，但由于讲述方式的缘故，谁都不再相信它。关于这一点我们也可以做出精彩分析：何为对学校教育的信仰？它有效吗？我们怎么才能相信学校教的某样东西？）

马拉美阐述了诗人如何凭词语命名事物，使其存在。负责最初命名的人能让不该存在、无法命名的东西存在：例如，他可以让一个鄙视同性恋的社会承认同性恋，他可以用"同性恋"（homosexuel）一词代替侮辱性的"基佬"（pédé）一词，使同性恋合法、可命名。这是一项法律工作。他可以让不可命名之物变得可被命名，也就是说人们可以在公开场合甚至在电视上谈论，可以公开把话语权交给一个迄今为止不能被命名的人。他能够去讲述，是因为他有了讲述它的词汇；他之所以有了讲述它的词汇，是因为人们给了他这些词汇：如果他只有"基佬"这一个词来谈论自己，就很麻烦。所以说这些要么是不可命名的，要么是隐含的，也就是说一些——我经常用这个类比——即将转化为症状的不舒服的体验。政治工作正属于这种范畴：一个群体某个部位不舒服，譬如说社会保险体系、中层干部或者那些个国家精英。谁都不知道怎么命名；有个人过来将它命名：他做出一个建设性举动，他让这些曾经的不舒服变成了症状。我们知道自己得了什么病，这可真是了不起的改变，我们已经治好一半了，知道接下来该做什么了……这正是原初诗人所做的事情：他让群体比不能说话时说得更好，但他又只是说出群体在会说话的情况下可能说出的东西。他身处一个十分微妙的游戏当中，他不能肆无忌惮地说"基佬万岁"；若无人响应，他可能被人围攻，被当成疯子。他的话太超前，所以略显孤单，但终会引人效仿，因为他将引发一种启示效果：他将向群体揭露一些他们过去不知道或者不愿意知道的东西——就像人们说的："我知道，但我不想知道。"被审查的、被否定的，是我不想知道的东西。他说出某样谁都不想知道的东西，同时又不在众人面前引起公愤。自重的人在和某个尊重他并尊重他身上应该被尊重的东西的人在一起时，见不得那些会让他丧失自我尊重的东西。比如，人们不会和自己的儿子一起看色情片……这让人思考何为正式……委婉措辞正是要越过根本禁忌：公开说出且不引起丑闻地说出某样在此之前于双重意义上不可言说之物。

先知是代替群体说出群体不能说或者不愿说的东西的人，他自我授权，且不因为说出了群体此前不说或者不能说的东西而引起公愤。于是，预言的话成了典型的正确的话，它在形式上符合群体的要求，在形式上尊重群体的形式要求。针对一个常识性的、获一致赞同的谚语，人们略做不带任何异端色彩的更改，这不是黑弥撒（messe noire）[1]，不是反其道而行之的弥撒，不是合规违抗行为的完全对立面。Amusnaw 是一个重视他所尊敬的人的违规者，而塑形正是为了让人们看到，他尊重自己，以至于在因生活所迫、生存所需、妇女悲惨境况、人性弱点等情况不可避免地违反规则时依然尊重规则。他因而是群体的代言人，给予群体它所要求的东西，而作为交换，群体也给予他所要求的东西：担保、言说的授权，且这种授权可被协商。我们忘了这些古代诗人总是与自己的听众面对面，他们并不能躲在一张纸背后安全地写作……在 20 世纪 60 年代，违规是种潮流，人人都追随，但却是待在孤零零的小房间里。这很滑稽：我们想象这个学术人要当众说出这些东西时会发生什么。而荷马时代的诗人或者 amusnaw 是需要当面行事的人。

为了对群体价值产生催化效果，他们使用一些修辞手法，如委婉措辞。而最神秘的效果当属拟人：它在说话时提及一个缺席、去世、消失的人，甚至用人称形式提及某物："共和国召唤你们……共和国要求……"拟人是官方话语的一种内在修辞格，它将个体理性（idios logos）转化，就像赫拉克利特将 idios logos 与 Koinon kaiteion 对立，即把个体的、特殊的、个人的话语与普遍的人对立，普通与神圣对立。将个体话语转变为普遍的、神圣的话语，转变为常识，转变为有可能获得所有人一致同意的话语，也就是说引起共识，这便是修辞的炼金术、神谕的炼金术。发言的人是代表，且他并非作为个人发言，而是以善的名义发言："你提了一个问题，而回答你的，不是作为个体的女祭司，不是 idios，而是作为她代言的某种别的东西的传声筒的女祭司。"官方人士是以国家之名施行腹语术的人，他摆出正式的

---

[1] 黑弥撒，指对天主教弥撒反其道而行之的亵渎式模仿，以期获得一种邪恶力量。——译注

姿态——有必要描写一下正式如何被扮演——他为他所面向的群体发言并代替他们发言,他为所有人发言并代替所有人发言,他作为普遍的代表发言。

舆 论

我们来到了舆论这个现代的概念。现代社会,即存在法律的社会,其法律创造者们援引的这种舆论究竟是什么?大家默认这是所有人或者绝大多数人,或者那些算得了数、有资格拥有意见的人的意见[1]。在一个自诩民主的社会里,显而易见的定义称官方意见是所有人的意见,我认为这掩盖了另一种潜在的定义,即舆论是那些有资格拥有意见的人的意见。舆论是有门槛的,它被视为一种真知灼见,一种名副其实的意见。委员会的逻辑,是创立一个如是组成的群体,它表现出一切能被社会识别并承认的、正式的外部特征,以表明它有能力遵照恰当的形式表达有资格被表达的意见。挑选委员会成员尤其是主席时,负责组建委员会的人的直觉是最重要的一条心照不宣的标准,他们觉得某个人了解并承认官僚系统那套心照不宣的规则。换言之,这个人会用正当的方式玩委员会的游戏,这个方式超越游戏规则,且让游戏正当化;当我们超出游戏之外时才是最深入游戏的时候。所有游戏都有规则,都认可公平竞赛原则。有关卡比尔男人或者知识分子世界,我曾经这样表述:在大多数社会里,出类拔萃是一种按规则玩游戏的艺术,按规则玩游戏,就是对游戏的最高致敬。受控的违规者和异端分子完全相反。

---

[1] 关于这一点,参见布尔迪厄,《舆论不存在》(«L'opinion publique n'existe pas»),《社会学问题》,同前书,第 222—235 页;在《区分》的第 8 章有更为广泛的论述,同前书,第 463—541 页。

统治集团依照最低限度的操作指标，即礼仪、举止，自行遴选成员，而这些指标正是一门遵守游戏规则的艺术，哪怕合规地违反游戏规则时也是如此。这正是尚福尔（Nicolas de Chamfort）的名句："本堂神甫应该相信，议事司铎可以怀疑，枢机主教可以不信神。[1]"人们越是在优秀的层级上攀升，就越能够玩弄游戏规则，但得依职权行事，从一个毋庸置疑的位置出发。枢机主教反教权的幽默是极度教权主义的。舆论永远是一种双重现实。它是我们希望在一个尚未依法建立的领域立法时不得不援引的东西。当我们说安乐死或者试管婴儿方面"存在法律真空"（真是个了不起的说法）时，我们召集一些人，他们将以自己全部的权威开展工作。多米尼克·梅米（Dominique Memmi）[2]描述了一个（人工辅助生殖方面的）道德委员会，其成员背景迥异——有心理学家、社会学家、妇女、女性主义者、大主教、犹太教教士、学者等等——目的是将一定数目的个人伦理习惯用语转化成普遍话语，来填补法律真空。也就是说，为一个扰乱社会的难题给出一个正式解决方案——比如说，代孕母亲合法化。

这种情况下，我们就得援引舆论。这样一来，民意测验的功能就很好理解了。说"民意测验与我们同在"就等于另一个语境下说"上帝与我们同在"。但是民意测验很麻烦，因为有时候有识之士反对死刑，而民意测验却支持死刑。怎么办？那我们就成立一个委员会。委员会即是一种有见地的舆论，它将以舆论的名义把有见地的观点正式确立为正当的观点——而舆论有时持相反论调或者根本没有观点（在

---

[1] 确切引文如下："副主教面对反对宗教的言论时可以微笑，主教可以大笑，而枢机主教则在其中添上自己的话。"尼古拉·德·尚福尔，《格言警句》（Maximes et pensées, Paris, 1795）。

[2] 多米尼克·梅米，《学者与思想大师：人工繁殖伦理的制造》（«Savants et maîtres à penser. La Fabrication d'une morale de la procréation artificielle»），《社会科学研究学报》（Actes de la recherche en sciences sociales），1989年第76—77期，第82—103页。

很多问题上皆是如此)。民意测验的一大特点就是向人们提出一些他们从未想过的问题,强迫他们回答。问题不在于如何建立样本,而在于强迫所有人接受有识之士遇到的问题,并由此,为只对某些人提出的问题制造出所有人的答案,也就是要给出一些有见地的答案,因为我们通过问题制造了它们:人们接受一些对他们来说不存在的问题,而让他们犯难的,是问题本身。

我会逐步为你们翻译一篇麦金农的文章,摘自约翰·大卫·伊登·皮尔(John David Yeadon Peel)写的关于赫伯特·斯宾塞(Herbert Spencer)的一本书[1]。威廉·亚历山大·麦金农这样定义舆论:舆论是将要变得正式的一个定义,只要它在民主社会中并非不可告人。我想说的是,当我们说舆论的时候,我们总是在做双重游戏,一边是可公开承认的定义(所有人的意见),一边是被允许的、有效的意见,是以民主方式定义的舆论之有限子集:"它是对社群中最知情、最聪明、最道德的人保有、制造的任何问题所持有的一种情感。这种意见逐渐扩散并被所有受过一定教育且对一个文明国家有恰当情感的人所采纳。"统治者的真理变成了所有人的真理。

在19世纪80年代,人们向国民议会公开陈情,说教育制度应该淘汰最弱势阶层的孩子。社会学应该已经重新发现了这件事,一开始,人们提出这个问题,但随后它被完全抑制住了。因为教育制度已经开始做人们希望它做的事,即便并没有人这么要求它,所以也就无须再说。追本溯源十分重要,因为在最初的一些争论当中有一些东西,当时的人们直言不讳,后来却被看成社会学家具有挑衅意味的揭发。正式的再生产者会通过戏剧化的方式制造(produire)——从

---

[1] 约翰·大卫·伊登·皮尔,《赫伯特·斯宾塞:一个社会学家的变迁》(*Herbert Spencer. The Evolution of a Sociologist*, Londres, Heinemann, 1971)。威廉·亚历山大·麦金农(1789—1870)曾长期担任英国议会议员。

词源上看：producere 指"挑明"（porter au jour）——某种（在"可感""可见"的意义上）不存在的东西，并以它为名发言。他必须制造这种东西，以它为名他才有权进行制造。他不得不戏剧化，不得不进行塑形，不得不制造奇迹。对于一个用词语进行创造的人来说，最寻常的奇迹是词语的奇迹，是修辞的成功；他必须搬演授权他言说的东西。换言之，就是搬演给予他名义使他获准发言的那种权威。

我想起我刚才寻找的拟人的定义："一种修辞格，它让我们想起的一个人、一位缺席者、一个亡灵、一只动物、一个人格化的事物发言、行动。"在词典这种向来绝妙的工具里，我们找到波德莱尔谈论诗歌的这句话："巧妙地运用一门语言无异于从事一种联想的巫术。"文员或者像法学家和诗人那样操纵深奥语言的人，必须将想象的所指对象搬演，他们以它为名发言，并在按照一定形式发言时制造它。他们要让他们表达的东西存在，他们正是以它为名进行自我表达。他们必须同时既制造一种话语，又制造一种对他们话语之普遍性的信仰，就像召唤灵魂或幽灵一般——国家是一种幽灵——在感性上制造将为他们所作所为做担保的这种东西："民族""劳动者""人民""国家机密""国家安全""社会需求"等。施拉姆（Percy Ernst Schramm）已向我们展示，加冕礼如何构成宗教仪式在政治秩序中的转移[1]。宗教仪式之所以这么容易就通过加冕礼移植到政治仪式中，是因为这两种情形都是要让人们相信，话语是有依据的，而这种话语能以自我创立的、正当的、普遍的面目出现，全靠群体的戏剧化——在魔力召唤、巫术的意义上——这个群体是统一的，且赞同将他们统一在一起的话语。法律仪式由此而来。英国历史学家爱德华·P. 汤普森强调英国

---

[1] 佩尔西·恩斯特·施拉姆，《法国国王：9—16 世纪王朝的本质》（两卷本）(*Der König von Frankreich. Das Wesen der Monarchie von 9 zum 16. Jahrhundert. Ein Kapital aus Geschichter des abendlischen Staates*, Weimar, H. Böhlaud Nachf, 1939）。

18世纪法律戏剧化的作用——假发等——我们只有明白它不仅是帕斯卡尔意义上充当补充的工具，才能完整理解它：它是法律行为的组成部分[1]。穿套西装谈法律太冒险：我们可能无法滔滔不绝。人们总说要改革法律语言但却从来没这么做，因为这是最后一件衣裳：裸体的国王就不再有魅力了。

  戏剧化很重要的一个方面，是为总体利益而进行的利益戏剧化；这是对普遍利益的信念的戏剧化，是对政治人物无私品质的戏剧化——戏剧化神甫的信仰，戏剧化政治人物的信念，戏剧化他对自己所做之事的深信不疑。信念的戏剧化之所以是从事文员这一职业默认的条件之一——哲学老师之所以应该表现出相信哲学的样子——是因为它是官方人士（l'homme-officiel）对官方的重要致敬；它是想成为官方人士的人必须赋予官方的东西：要成为一名真正的官方人士，就要向官方奉献出无私和信仰。无私并非一种次要的品质：它就是所有受委托者的政治品质。教士们的放荡、政治人物的丑闻意味着这种政治信仰的坍塌，其中人人都心怀恶意，信仰变成了萨特意义上的集体恶意：一种人人在其中欺骗自己也欺骗他人的游戏，并且他们知道自己在欺骗自己。这就是官方……

---

[1] 爱德华·P.汤普森，《贵族社会，平民文化》（«Patrician society, plebeian culture»），前文已引。

1990年2月8日课程

象征资源的集中——对弗兰兹·卡夫卡的社会学解读——一个难以为继的研究计划——历史学与社会学——什穆埃尔·诺阿·艾森斯塔特《帝国的政治体系》——佩里·安德森的两本书——巴林顿·摩尔的"三条道路"问题

上一次课我为你们分析了所谓正式的逻辑或正式的修辞，它呈现为一种笼统的人类学，可以为经验分析尤其是发生学分析奠定基础。我尝试说明，新生状态或者制度化状态下的国家如何表现为一种象征资源库、象征资本库，它既是某类行动者的工具，也是这些行动者之间斗争的关键。分析国家做什么，为了做这些事它应该成为什么，是一切历史类分析的前提。事实上，只有知道国家由何组成，它是什么——而并非像马克思主义传统那样只是讨论它应该履行的职能——并能够发现这些特殊操作和这些操作的特殊条件，我们才能叩问历史，尤其是分析这种特殊形式资源的集中过程，并在其中辨认出国家的生成。哪怕这种分析是重复的、停滞不前的，它对真正引出我想提出的国家生成问题来说也不可或缺。只可惜，我也将仅仅是提出它而已。

象征资源的集中

如果大家接受我在之前几节课里所做的分析，那么出现的历史问题之一，就是弄清这种象征资源、官方和跻身官方带来的特殊权力，它们为何能够集中，如何集中。事实上，每一个个体行动者在某种程度上都追求官方话语所具有的对命名行为的垄断权。我再来谈谈很多语言学家都研究过的咒骂或辱骂。辱骂和官方声明、官方命名行为以及传统上与国家联系在一起的最根本的认定行为同处一个序列。辱骂是一种个体的命名行为，追求达到普遍性，但除了发出辱骂者本人之外，它的普遍性企图没有其他任何担保。于是，辱骂这种极端情况让人想到一种绝对无政府状态从象征性角度看可能会是什么样。也就是说在这种状态下，每个人都能说自己和别人是谁，例如，每个人都能说，"我是当世最伟大的哲学家"或者"我是法兰西和纳瓦尔最好的扫路工"，并说别人"你不过是这个或者那个[1]"。

（这样的联想对理解问题来说大有帮助。政治危机、革命的情形类似这些所有人反对所有人的象征性斗争，其中每个人在成功机会均等的情况下，追求正当象征暴力和命名的垄断权。生成问题可能显得幼稚，且应被科学排除，但它仍然能以极端方式提出可能被普通运作方式遮蔽的问题。假如我们想象一下这种所有人反对所有人的象征斗争状态，其中每个人都为自己且只为自己索要命名权，我们会清楚地遇到这个问题，即这些个人意图是如何逐渐让位于一个将命名权一点点集中的中心场所。）

我们可以设想这样一个简单的画面，有一大批行动者，每个人都在为命名权斗争，为自我命名和命名他人的权力而斗争，并且渐渐地，借助这种斗争本身，各行动者授予、放弃或甘愿放弃这种权力，并让步于一个将告诉每个人他们自己是谁的机构。我们可以描述一种神话般的国家生成，讲述一个柏拉图式的神话。一旦头脑里有了这样一个问题，我们首先会惊讶：我们怎么会走到这一步的？若我们稍有无政府主义气质，会惊讶于人们已经放弃了这种评判和自我评判的权

---

[1] 布尔迪厄，《语言与象征权力》，同前书，第155—157页。

利。我们也会更加关注一些往往不被察觉的历史过程。我尝试向你们勾勒的是这一集中化过程的历史,这跟我们有时候说的东西毫无关系。最接近这种提问的历史学家强调,国家的形成伴随着正当化工具的集中过程,以及围绕王权的一种象征性工具和奢华排场的发展过程。

我提出来的那个问题更为根本;为了对这种所有人反对所有人的象征性斗争有个清晰的概念,我将为你们引用利奥·斯皮策(Leo Spitzer)的一篇文章,论及《堂吉诃德》里他所谓的多重命名现象(polyonomasie)[1]。他发现人物通常有好几个名字:根据场景和情况的变化,他们会叫作"愁容骑士"等。这种名称的多重性值得思考。斯皮策将它解释为一种实践透视论的经验性应用,据此,所有行动者都有权采取自己的观点。我觉得这是我所说的神话的一个很好的实例:每个人都按自己的想法命名。显然,这种命名权尤其在情感、恋爱的关系中行使:情人或被爱之人的特权之一就是命名和被命名,接受一项新的约定,一次重新命名,在这当中某一特定情感关系相对于其之前各种命名的独立性得到确认——我们除去旧名,重命新名。这并非无关紧要。这种情况以十分广泛而普遍的方式一再重复,并非偶然。这种命名的特权,我们可以想象它被随机分配,且每个行动者都拥有自己的观点。将不再有——我再一次借用莱布尼茨关于上帝的隐喻——"所有视点的轨迹",不再存在从它出发确立真实姓名、确立民事登记姓名的中心场所。小名、外号被清除,让位于正式姓名,让位于一个被公开承认的姓名。

斯皮策的文章讨论的是专有名词,但我们可以进一步推进这个空想,想象一种一般名词的多重命名现象,这种情况下,不再只有个人

---

[1] 利奥·斯皮策,《语言学与文学史:文体学散论》(*Linguistics and Literary History. Essays in Stylistics*, New York, Russel & Russel, 1962)。

惯用语，每个人都企图让别人接受自己的命名，并质疑官方语言的特性本身，即同一社会群体中的所有社会行动者将同样的发音联系到同样的意思，并将同样的意思联系到同样的发音[1]。在某一领土范围内建立并推行一种官方语言，其效果之一就是确立一种语言契约，一套存在于一个社群的所有行动者之间的立法与交流双重意义上的法则。每个人都必须遵守这个法则，否则别人就无法理解你，觉得你莫名其妙或者尚未开化。国家通过建立一种官方语言将语言资本集中，也就是说它让个体行动者同意放弃自由创造语言的特权，把它拱手让人——如语言立法者、诗人等。把斯皮策的描述推而广之，我们看到一种官方语言的建立——它是一种强制的历史行为的产物，规范语言和应该使用该语言的社会主体——伴随着行动者对根本视点的放弃，对所有观点对等性的放弃，对各视点普遍互换性的放弃。

对弗兰兹·卡夫卡的社会学解读

我们可以将这一激进无政府主义空想推而广之，想象一个人人都行使他全部评判权和自我评判权而无须放弃或出让任何东西的世界。这一主题出现在了卡夫卡的《审判》中[2]。小说家大有用处，因为他们建造等同于柏拉图式神话的乌托邦。《审判》便是这类乌托邦场所。主人公K恳求的那位神秘的、不可捉摸的律师，自称是个伟大的律师，他说："但谁来评判大律师的品质呢？"这是卡夫卡作品中经常出现的主题。人们倾向对卡夫卡的作品做神学式解读；但我们还可做

---

[1] 关于这一点，参见布尔迪厄，《正当语言的生产与再生产》(«La production et la reproduction de la langue légitime»)，《言说意味着什么：语言交换的经济》，同前书，第23—58页；后收入《语言与象征权力》，同前书，第67—98页。
[2] 布尔迪厄以后还将谈到这个主题，尤其在《帕斯卡尔式的沉思》(*Méditations pascaliennes*, Paris, Seuil, 1997)，第340页及以下。

社会学解读，并且这两种解读一点不矛盾。寻找一个社会行动者在其中自我定义真实身份的场所，可被理解为寻找作为所有视点之轨迹的上帝，它是法庭这一机构的最高级，是质疑"公正的法官是谁"的机构；或者类似对与透视论对立的绝对所进行的神学探求，或者是对一个中心场所的社会学探求，那里集中了正当权威的资源，并因此成为倒推的终点。就像亚里士多德说的，到了一定时刻就该停下来[1]，而我们停下来的这个地方就是国家。循着涂尔干的传统，哈布瓦赫谈到"文化价值的焦点"[2]：他提出，存在一个中心场所，一个社会特有的文化资源在其内部被资本化、集中化，从它出发，距离得到了确定（就像格林尼治天文台的子午线），由此，人们可以说"这个人有文化或者没文化，他懂法语或者不懂法语"，等等。这一中心场所是所有视点的参照。

因此，存在一个中心视点：一方面是透视论；另一方面是绝对主义，一种不存在针对它的观点的观点，同时，所有观点本身相对于它得以衡量。如果不让所有局部的视点丧失资格、丧失信誉或者退居次要，这一中心视点就无法建立：国王的观点相对于大封建主的观点如此；17—18世纪，索邦大学教授的观点相对于外科医生的观点也是如此[3]。

存在一个统治场所，从它出发形成一个与其他观点不一样的观

---

[1] 布尔迪厄在此参考的是"Physique, anagkê stênaï"（"该停下来了"），亚里士多德借此表明不能无休止地探求本原：碰到只以自身为理由的第一因，尤其是推动运动而自身不接受运动的"第一推动者"时，应该止步。

[2] 莫里斯·哈布瓦赫，《工人阶级与生活水平：对当代工业社会需求等级的研究》，同前书。

[3] 暗指乔治·威兹（George Weisz）对涂尔干、索邦大学、医学的兴起和学术名流的研究。参见乔治·威兹，《19世纪早期的法国医学精英》(«The medical elite in France in the early nineteenth century»), Minerva, 1987年25（1—2）期，第150—170页。

点，通过自我建立，它同时建立了一种根本的不对称，从此一切将变得不同。此后，这个观点以外的所有观点都被剥夺了某样东西，变得不完全、残缺。古尔维奇（Georges Gurvitch）在现象学传统基础上，讨论了"视点的相互性"[1]：在这个世界里，每个行动者相对于另一行动者都等于对方相对于他自己。因此在辱骂中就建立了一种关系的绝对可逆性，我说"你不过是个……"你也可以对我说同样的话。存在一个第三项，相对于它，我们可以评判各个视点：两个视点中，一个比另一个更好，是因为它离中心价值焦点，离所有视点的实测平面较近。

促使国家形成的政变（哪怕是通过一个不被察觉的过程实现）见证了一次非凡的象征性武力行为。在借由这个统治性观点的建立而形成的某一领土管辖范围内，它要让全体接受这样的观念，即所有观点的价值并不等同，并且存在一个衡量所有观点的观点，它具有统治性和正当性。这个第三方裁判是对自由意志的一种限制。一边是个人自由意志，声称知道他们自己到底是谁，而另一边是一切自由意志对真理和价值所做评判——这些评判自由且随意——的最高裁判员，它在某种限度内被集体承认为是在真理和价值方面的一锤定音者。我有罪还是无罪？我声称自己无罪；另一些人声称我有罪：一个正当的机构，最终可以说"他有罪或者他无罪"，它可以同时做出事实判断和价值判断，不容讨论，不容上诉。

一个难以为继的研究计划

这类分析看上去几乎是形而上学的；形而上学往往只是改头换面

---

[1] 乔治·古尔维奇，《社会学当前的任务》（*La Vocation actuelle de la sociologie*, Paris, PUF, 1950），第 358 页及其后。

的社会学，我在分析海德格尔时曾尝试说明这一点[1]。越是了解这一点，越能真正从事社会学。意识到这些问题，我们才能在国家机构、议会等事物最平淡无奇的形成史中发现令人惊愕的东西。我要制订的研究计划从实践上看难以为继，至少单独一个人是吃不消的。科学的实证主义几乎是在要求学者永远不要推进他们无法立刻证明的东西，这对精神造成了可怕的阉割和损伤。而科学的功能之一正在于完成一些被有意识地看作几乎无法实现的研究计划；这些计划的作用，是让我们看到，那些由于可被实现因而被视为科学的研究计划并不一定是科学的。受实证主义驱使，我们放弃了，我们不是到真理所在之处去寻找它，而是在路灯下寻找它，去能看见它的地方寻找它……

我的计划——我希望能够说服你们——立竿见影：它让我们看到历史文献或者当代经验式观察中一些被其他计划完全无视的东西。它具有批判效果，它表明那些被视为贴近现实的计划残缺到何种地步。因此，自然而然地，我们不能满足于一些将国家的历史化约为税收史的科研项目。一位优秀的历史学家可以说，"造就现代国家的，从根本上说是一套国家税法制度的建立"，接着，五页之后，他说"为了使税收能够确立，必须使征税机构的正当性得到承认"，换言之，他需要我提到的一切，即一些能够让人们承认其对社会世界之建构具有正当垄断权的机构[2]。简单的计划是危险的：它们很容易就屈服于某种经济主义。整个马克思主义传统将积累的过程归结为它的经济层面，把积累归结为物质资源的积累。例如，他们说国家开始于使再分配成为可能的资源集中：他们考虑的主要是经济资源。然而所有我讲过的内容都表明，还有另外一种形式的积累——如果不是更重要，起

---

[1] 布尔迪厄,《马丁·海德格尔的政治本体论》，同前书。
[2] 布尔迪厄在此暗指巴林顿·摩尔。他会在后面的"巴林顿·摩尔的'三条道路'问题"这一节进行详细批判。

码同样重要——它是经济资源积累的前提条件。

很多杰出的人类学研究讨论了依赖宗教资本得以实现的积累。在北非，一些负有盛名的慈善协会创立者，一些圣人，可以在纯象征资本的基础上积累大量经济资源，这种积累随后引起官僚化，使资本获得理性管理，使象征资本相对于经济资本的积累成比例退化。在某些情况下，经济积累可能从属于象征积累并退居次要。不全面研究的一大危险就是割裂现实，要么限于经济层面，要么限于政治层面。某些历史学家把时尚的逻辑搬到了历史领域，好像范式就跟裙摆长短似的变来变去，他们说："马克思主义、唯物主义范式结束了。"曾经一切皆经济，现在一切皆政治：支持与反对发生反转，马克思与帕累托（Vilfredo Pareto）形成对立——雷蒙·阿隆做这个做得更为优雅[1]，可惜优雅没有科学价值……经济主义按照经济资本逐步积累的逻辑描述国家的生成。人们可以反其道而行之，说政治资本的积累才是最重要的：这样人们就将历史简化成了政治史。

这样的倒错源于我们并未对马克思不断提出的原始积累问题——这是一个马克思主义的用语——的不同寻常之处有足够的认识[2]。与我开始做的分析最为接近的，是黑格尔对主人/奴隶关系的著名分析，他把一个社会契约放到源头[3]。对国家做历史人类学分析，对国家的生成做结构历史分析，要求我们思考原始积累得以进行的条件：一些人放弃了最后评判的权利，接受另一些人做出的决定，叫他们在十分重要的事情上放弃权利——和平与战争的权利，说谁有罪谁无罪的权利，说谁是真正的律师谁是真正的泥瓦匠的权利……我们面对的

---

[1] 尤其参见雷蒙·阿隆，《社会学主要思潮》(Les Étapes de la pensée sociologique, Paris, Gallimard, 1976)。
[2] 特别是《资本论》(Le Capital)第8篇，关于"原始积累"的内容。
[3] 布尔迪厄在此暗指黑格尔《精神现象学》(1807)(La Phénoménologie de l'esprit)[尤其参见让·伊波利特（Jean Hyppolite）翻译的版本（Paris, Aubier-Montaigne, 1939）第1卷第160—162页]。

国家，处于一切皆已理所当然的状态。但只需将这些事物重新放置在生成时的逻辑里，然后思考，譬如：每个个体的泥瓦匠怎么会把说谁是真正泥瓦匠的权利让给一种"元-泥瓦匠"呢？

上述建立国家发生社会学或社会史的尝试，属于比较历史学传统。在对它们做了预先批判之后，我来谈谈我的研究计划。我之前向你们列举了三位作者，他们都秉承社会学三位重要奠基人的传统：马克思对原始积累的分析，涂尔干的社会分工论，韦伯把现代社会的起源视为理性化过程的描述。这些作者的共同点在于，都试图描述一个十分笼统的过程，提出一种国家的总体历史。他们对国家和国家形成过程的观点，是从对最终形成的国家的千差万别的评价出发来进行组织的。我们可以想到马克·布洛赫的《法国庄园与英国城堡》[1]，它可被视作对英国国家和法国国家之形成所做的一份比较研究。关于市场统一过程——它和国家建立过程相关联，且正如语言市场的统一过程一样，它恰恰就是国家行为的结果——我将间接参考一位十分重要的作者，卡尔·波兰尼（Karl Polanyi）。他在《大转型》[2]和《早期帝国的贸易和市场》[3]里，研究了独立于家族和社群限制的市场是如何逐渐形成的。另外两位作者是：卡尔·魏特夫（Karl August Wittfogel，《东方专制主义》[4]），他从亚洲生产方式出发建立了一项总体理论；

---

[1] 马克·布洛赫，《法国庄园与英国城堡》，同前书。

[2] 卡尔·波兰尼，《大转型：回到我们时代的政治和经济起源》[*La Grande Transformation. Aux origines politiques et économiques de notre temps*, Paris, Gallimard, 1983（1944）]，凯瑟琳·马拉穆（Catherine Malamoud）和莫里斯·安哲罗（Maurice Angeno）译。

[3] 法文版以另外标题出版：卡尔·波兰尼、康拉德·M. 阿伦斯伯格（Conrad M. Arensberg）、哈里·W. 皮尔森（Harry W. Pearson）编，克劳德·里维埃（Claude Rivière）和安妮·里维埃（Anne Rivière）译，《历史与理论中的经济体系》[*Les Systèmes économiques dans l'histoire et dans la théorie*, Paris, Larousse, 1975（1957）]。

[4] 卡尔·奥古斯特·魏特夫，《东方专制主义：总体权力的比较研究》[*Le Despotisme oriental. Étude comparative du pouvoir total*, Paris, Minuit, 1977（1957）]，米舍利娜·普托（Micheline Pouteau）译。

以及拉什顿·库尔本（Rushton Coulborn,《历史上的封建制》[1]），他在 1956 年出版的著作可能不会让当代历史学家满意，但它汇集了不同历史学家对日本封建制、中世纪封建制、法国封建制、英国封建制等的研究。为了综述现代国家的谱系，我将仅仅借用这些著作中的某些成果，而不叙述细节。

历史学与社会学

教育的功能之一——如果说它有功能的话——便是给出参照，展示知识界的地图，而我要做的事却处于一个大家可以不知道地图的领域：它生成于对此空间或隐或显的参照。有一种方式能控制向你们灌输的思想，这种方式不是天真地控制来源，而是控制这一话语自我生产所参照的理论空间。科学交流从来就不该"罗列问题"——这是愚蠢且官僚主义的，类似"国家科学研究中心研究项目"——而是应该说出你为提出自己的问题所积极调动的科学空间处于什么状态。通常，外行人不懂专业人士制造话语所参照的问题。外行人只记住观点：他们支持或者反对大学校，支持（或者反对）直接民主、工人自治等。一切科学都在以一个积累的过程历史地发展，而这种积累并非只是复杂问题结构的简单叠加。同样，如今，当一个画家，只要不是太天真，就意味着他了解整个绘画史，并熟悉它的问题。天真的画廊参观者不知道这些问题，他对着某些画作，能说出这样的话："我儿子也能画出这样的……"社会学家就像一个并不天真的画家，却要不幸地承受天真的评判……合理的教学交流至少应该努力给出问题的空

---

[1] 拉什顿·库尔本编,《历史上的封建制》(*Feudalism in history*, Princeton, Princeton UniversityPress, 1956)[约瑟夫·R. 斯特雷耶（Joseph R. Strayer）、威廉姆斯·F. 埃杰顿（Williams F. Edgerton）、埃德文·O. 赖肖尔（Edwin O. Reischauer）亦参与其中]。

间。我将给你们提供一些路标。你们会看到，我要讲的三个作者，在我要给你们讲授的东西的构建中，只起到很小的作用。然而，他们又很重要，因为他们代表了做我将做之事的一种自发的方式。我与这些著作意见完全相左，但它们值得我们怀着敬意去阅读：它们代表了一项宏大的工作，以及为建立合乎逻辑、清晰、自觉的研究方式所进行的一些系统的尝试。历史学家掌握着他们小小的垄断权，大可以在这些尝试面前冷笑：他们可以说，这很明显是建立在糟糕的历史学之上的糟糕的社会学。但这些作者的价值也正在于此：他们没有满足于堆积历史，而是尝试建立系统的模型，集中了一整套被一些关系联系在一起的特征，这些关系是经过检验的并且可能被现实证实或者证伪。当然我也知道，这些模型有其粗暴和随意的地方。

　　历史学家是一些社会行动者，他们的研究是社会习性之间碰撞的产物，这些社会习性部分是由作为限制和审查系统的历史场塑造的。他们是其所是，因为历史场是其所是。他们不做一些事或者做一些事，是因为场要求他们不做或者做这些事。历史学家有理由指责社会学家身处的这个场域要求他们做一些看上去可能自大、傲慢、"自我吹嘘"的事情，同时却又不要求他们做一些历史学家觉得不可或缺、必不可少的事。换言之，学科之间的关系，正如高级公务员与艺术家之间的关系那样，是场与场之间的关系，这些场历史各异，其中的人们具有不同的习性，在浑然不知的情况下回应由不同历史产生的不同研究项目。这同样也适用于哲学家/社会学家的关系，等等。我并非带着一种控诉的逻辑，没什么好谴责的。当社会学诉诸自身时，它的功用之一就是让一切都变得可以理解。我能想到的规范性目的之一——如果你们中有历史学家的话——即是说："请质疑那种研究计划，以它为名你们将拒绝我要向你们介绍的研究中所牵涉的计划，并且自问，这种实证主义的态度莫不是一种内化的审查，因此是一种自残的产物。难道不应该在不丢失历史学家传统要求的同时，再度引入这个雄心勃勃的计划吗……"之前没有明确进行这样的说教，现在还是明确说出来为好……

什穆埃尔·诺阿·艾森斯塔特《帝国政治体系》

我先讲艾森斯塔特的《帝国政治体系》(1963)。他给自己定的计划——这只会让历史学家吓一跳——是要研究20个他认为属于历史 - 官僚帝国类型的国家，也就是说"以一个通过庞大的非个人化管理来运作的、以高度中央集权为特征的前工业政权"。关键词是"前工业""中央集权""非个人化管理"，也就是说它在其运作和转移过程中独立于人。这个集合包括前现代时期的绝对主义国家（法国、英国），阿拉伯阿拔斯王朝哈里发统治的领土、奥斯曼帝国、中华帝国各朝代、阿兹台克和印加人国家、蒙古帝国及其印度继任者、萨珊波斯王朝、古希腊、罗马帝国、拜占庭帝国、古埃及帝国和殖民帝国（占领拉丁美洲的西班牙、占领印度的英国）。这个单子列得没头没脑……不过你们会看到这种对学识要求颇高的尝试还是挺有趣的。

首先是方法：它继承了社会学家所谓结构 - 功能主义传统，代表人物是塔尔科特·帕森斯和他的"职业[1]"的概念，一种试图发现所有政治体系根本特点的传统。它的基本假设是要抽离出一些结构的属性，因为一切国家都要履行一定数量的普遍功能。完成这些功能的条件是，国家应该具有正当地位，应该集中资源等。这些功能上的要求

---

[1] 尤其参考塔尔科特·帕森斯，《职业与社会结构》(«The professions and social structure»)，《社会力量》(*Social Forces*)，1939年第17（4）期，第457—467页，以及同一作者的《行动社会学基本概念》(*Éléments pour une sociologie de l'action*, Paris, Plon, 1955)，弗朗索瓦·布里高（François Bourricaud）译。布尔迪厄对"职业"这个概念的评论，参见布尔迪厄（与华康德合著），《回答：为了一种反思人类学》，第212—213页。

将伴随着相应的结构属性。但事实上，与表面相反，政治上偏保守的结构-功能主义者，从这些基本假设看，很接近马克思主义者（这可能有点武断且简单化，按理我应该进一步阐述并提供大量论据，因为我知道，说马克思和帕森斯没太大区别会让很多人感到震惊。但我没有时间也不太想这么做……）。

124　　在一个结构-功能主义哲学家看来，所有可能的政治体系，以及它们与构成一个社会的其他体系之间的关系，都具有一些根本的特征。这些根本特征被当作可以描述所有社会特征的变量来使用。于是就有了建立模型的想法。其他研究方法将社会看作（政治、经济、文化等）体系之体系。通过列举不变量，我们可以思考这些变化，因此就可以确定变量，这些变量将不同国家区分开来，后者被视为各体系不同组合方式。这很合逻辑也很清晰明了……一些人，比如艾森斯塔特，步履笨重，但在我看来是可贵的：他们带着20世纪60年代全世界社会学的种种概念（地位和角色等），尝试思考。第一步是分类：区分国家的种类，通过列举不同社会共有的一定数量的特点或者特征配置（configurations de traits），建立一种类型学，同时主张这些配置具有系统的特征［这让我们想起德国尼可拉斯·卢曼（Niklas Luhmann）的新结构主义理论，这个理论很泛，无所不包。说这些题外话是提前给你们打预防针，以防万一……］

　　他们的想法是，在一个政治制度内分离出一些特征；具有相同特征的制度可以放在同一个分类中。同时，这些特征会进行不同组合，从而形成不同体系。这背后隐含的是与生物学的类比。于是，我们既拥有一种分析思维，从复杂整体中分离出一些元素，又拥有一种综合思维，牢记这些元素要进入特殊历史配置，牢记日本不是法国，也不是阿拔斯王朝。这就是他们的意图。在通过比较研究获得的共同特征

125　基础上建立分类之后，我们尝试得出共同属性，一种历史的本质。同一类型的所有帝国——即历史-官僚主义中央集权帝国——的共同特

征将成为研究对象,并作为这一政治秩序的组成部分被列举。

第一个特征是政治场的有限独立性[1]:在这些领域里,政治场部分摆脱了亲缘关系和经济关系的浸润。一种相对独立的政治秩序出现了。这是个重要的贡献:任何一种关于国家生成的理论都应该同意这点。政治场有限的和相对的独立性表现为领导层独立政治目的的出现;他们开始有了政治理性,不再仅仅是家庭理性——这就是我们后来所谓国家理由(la raison d'État)的雏形。第二个特征是政治角色与其他活动有所区别;例如,与军人、司书或教士分离的专门的公务员角色的出现。这种政治角色区分或者用马克思主义术语来说这种政治分工出现的同时,在政治领域内部出现了斗争:它自我独立,自我分化,且由于自我分化,它成了一种斗争的场所。第三个特征:领导人试图将政治领域中心化;换言之,要进行权力集中。第四个特征(我们不太明白它与第二个特征区别何在):一方面,特殊的行政机构、官僚出现了;另一方面,正当的政治斗争机构也出现了——以议会[2]为范式——也就是说一些体制化的场所,而政治斗争集中且限定于此。这和中心化即集中化的过程相关联。可以在任何地方进行的所有人反对所有人的斗争,被——借用马克思的比喻——一个可以用正当形式进行政治斗争的场所取代,议会即是政治舞台。

我把艾森斯塔特和马克思糅合在了一起。艾森斯塔特说,国家随着"自由流动"的资源的集中而出现,例如金钱、金子或者技术资源;我们还可以加上象征资源,因为国家也与这些流动的象征资源相关联。艾森斯塔特描述的过程可以被视为一种区分、自主化和集中化

---

[1] 关于政治场的独立性这个概念,参见布尔迪厄,《授权与政治拜物教》(«La délégation et le fétichisme politique»),前文已引。以及《关于政治场的言论集》(*Propos sur le champ politique*, Lyon, PUL, 2000),尤其是第52—60页。

[2] "Parlement"一词历史上指法国大革命前的高等法院,后来通常指以英国议会为范式的权力机构。本书中不同语境下的指称对象有别。——译注

的过程加以分析。他强调——这是另外一个重要思想——流动资源的中心化和集中化的过程受制于这样一个事实，即它需要依靠传统联系，而它恰恰又是对立于传统联系而建构的。我还会回到这个很重要的点上来。显然，所有这些人脑海里都在思考封建制的问题，以及，用马克思主义的术语来说，从封建主义向绝对主义的过渡问题。马克思让所有提出这类问题的人接受了他自己提出的问题，可能对那些反对他的人来说，更是如此。于是，结构-功能主义者，虽然政治上与之完全对立，但都强调这种既反对封建主同时又服务于封建主的资源集中化的矛盾。我们会在佩里·安德森的著作里再度发现这一主题。

在定义了共同特征之后，艾森斯塔特描述了他认为对这一历史形态（configuration historique）的出现有利或者起决定作用的所有因素。这类帝国、这类国家要想出现，首先，社会要达到一定程度的分化。帕森斯的传统延续了涂尔干和韦伯的传统，强调历史过程是一个世界区分成不同圈子（sphère）的过程，我同意这一观点，虽然我对圈子的定义和他们不同。因此，首先必须有一定程度的区分，尤其是行政相对于宗教的区分。

其次，必须有一定数量的人摆脱了传统农业关系的死板身份。我们可以参照马克斯·韦伯的一个观察，他注意到名流（notable）这种政治人物的初级形式，这种同意——在所谓古代社会并不令人轻松——致力于公共利益并解决村庄里的冲突的人，他出现的前提是有一定剩余、skholé[1]、闲暇和距离——一种自由时间的储备[2]。区分的过程伴随着原始资源积累的过程，这种原始资源表现为自由时间，可以用来从事专门的政治。我借用韦伯来论述艾森斯塔特，因为他与韦伯一脉相承。

---

[1] 希腊语，意为"自由时间""空闲"。——译注
[2] 马克斯·韦伯，《经济与社会》，同前书，第295页及其后。

再次，某些资源——宗教的、文化的、经济的——不再从属于家庭［"脱域的（*disembedded*）"］或者宗教等。波兰尼把这个概念用于传统社会、前资本主义社会中存在的市场。在他与别人合著的关于各帝国商业的书中，一位英国人类学家写的关于卡比利亚市场的那一章十分精彩[1]，不久前我们仍能观察到同样的东西。有一个市场存在，人们带来自己的牲畜，购买一些种子，但这个市场浸没在家庭关系之中。例如，人们不能在限定的社会空间之外进行交易，要在保人的担保下行事，人们引入各种控制，这使得经济理论描述的那种纯粹经济关系无法独立出来。然而，艾森斯塔特说，国家要想存在，就必须有一些"被解除约束的"流动资源。这些资源可以是收入、符号或者劳动者，它们未被——正如他们借用帕森斯的术语所说——世袭的或者特定的"先赋"原生群体（groupe primitif «ascriptif»）事先占有或购买。马克斯·韦伯的自由劳动者是绝佳的例子——参见他写的关于德国东部农业工人取代家仆的著名文章[2]。要想弄懂艾森斯塔特说的是什么，得想一下这个农业工人以典型的方式被裹挟在家庭关系中：他的工作并不仅仅是工作；他在主人的孩子身上投入感情，视如己出；他于是被纠缠在情感关系当中。这样一来，自由工作的概念就无法形成。劳动者能够被剥削的前提是，他必须是自由的——马克思已经强调了这一悖论——他必须从对雇主的个人依赖关系中解放出来，成为投入市场的自由劳动者，从而服从于施加在可互换的个体身上的另一

---

[1] 弗兰西斯科·博奈（Francisco Benet），《柏柏尔山区火爆的市场》（«Les marchés explosifs dans les montages berbères»），收于卡尔·波兰尼，康拉德·M. 阿伦斯伯格，哈里·W. 皮尔森编，《历史与理论中的经济体系》，同前书，第195—216页。

[2] 马克斯·韦伯，《对易北河东部农业工人状况的调查：结论与展望》（«Enquête sur la situation des ouvriers agricoles à l'est de l'Elbe. Conclusions et perspectives»），《社会科学研究学报》（*Actes de la recherche en sciences sociales*），1986年第65期，第65—69页。

种非个人的、匿名的统治。

这些自由流动的资源显然既是最早的资本积累者的权力工具、统治工具，同时又是他们斗争的关键；领导者投身于资源的积累以及为了积累资源和占有它们而展开的斗争。这种斗争是积累开始的产物，也是积累加速的产物。在自由流动资源和为了这些资源并由这些资源孕育的冲突之间存在一种辩证法。艾森斯塔特的直觉是正确的，尽管应该将它纳入一个把象征资源也包含在内的更为复杂的系统：原始积累由于这些资源的存在而成为可能，这些资源本身，通过它们所引起的冲突，推动用来控制这些资源的使用和再分配的新型资源的发展。于是就产生了滚雪球式的效应：国家在这种辩证法中诞生了。

艾森斯塔特强调这样一种矛盾的存在：他提出如下观点，我们在佩里·安德森那里还将看到。这个观点就是，这些帝国出自一种矛盾。事实上，领导人走出传统封建秩序，走出世袭的、可传递的、建立在亲缘之上的权力系统，多多少少是靠着自身魅力；同时，他们必须建立国家，反对出身意识本身。他们深陷双重制约（double bind）[1]，永远被夹在服从他们所代表的封建价值和摧毁这些价值之间。制造国家的各项举动意味着产生它们的秩序消解。这些人应该打击他们自己出身的贵族阶级：他们要打击贵族的特权以便维护贵族，维护这些贵族的利益。更宽泛来说，他们要挖先前封建秩序的墙脚，颠覆价值、特权、隐含表象、信仰，以便达成这些完全反封建的新的现实和表象，也就是非个人的、匿名的官僚主义表象。多个帝国将权力交给贱民：宦官、奴隶、异族、无国籍者等等。原因我们很清楚：

---

[1] 关于"双重制约"这个概念，参见皮埃尔·布尔迪厄（与华康德合著），《回答：为了一种反思人类学》，第217—224页。有关这个概念在社会学上的使用，参见皮埃尔·布尔迪厄，加布里埃拉·巴拉兹（Gabrielle Balazs），《尴尬处境与双重制约》（«Porte-à-faux et double contrainte»），收于布尔迪厄编，《世界的苦难》，同前书，第249—256页。

若要建立一个其运行和传递法则与家族传递的传统法则相对立的独立的政治秩序，那么彻底切断旧机制的方式之一，就是诉诸一些外在于游戏的人。最极端的情况是宦官，或者单身的教士。从奥斯曼帝国直到中国，处处可见这种策略。矛盾的是，最重要的位置由游戏外的人掌握。逆向的效应则是，在奥斯曼帝国传统中，君主的兄弟经常被处决，这是阻止封建宫廷内斗的一种方式，与世袭逻辑下的遗产索求密切相关。官僚主义建立了一种政治秩序，而这种政治秩序正是它自身的开始。

艾森斯塔特做了类型分析，他将历史系统分解成若干属性，观察它们的变化，同时也不忽略系统性，不忽略每个历史组合内在逻辑连贯性。这是他的另一个功劳：他描述了一种现象，我们可以称其为"突现"（émergence）。突现的概念与认识论传统相关，根据后者，从一个系统向另一个系统过渡，并非只是量的叠加，而是与各要素结构改变相对应的质的飞跃[1]；谈到一种政治秩序的突现时，我们脑海中想到的是，它并不只是现存要素的叠加式聚集，而是这个过程的每一步都伴随着整体结构的改变。另外一个经常被用到的隐喻是结晶：在某一时刻，一些不一致的要素成型，并进行组合（combinaison，阿尔都塞将"组合"这个概念玩得得心应手……）。突现出的整体具有与模式（patterns）即自我强化的总体结构的存在相关联的系统性特征。

我这么说对艾森斯塔特很不公平，但鉴于咱们法国的传播规律，你们可能一直都没听说过他。我跟你们讲的内容也许可以帮你们对他做积极和有建设性的阅读。

---

[1] 布尔迪厄在此指涉托马斯·库恩（Thomas Kuhn），《科学革命的结构》（*La Structure des révolutions scientifiques*, Paris, Flammarion, 1982 [1962]），洛尔·梅耶尔（Laure Meyer）译。

佩里·安德森的两本书

现在我简要介绍一下佩里·安德森的两本书：《从古代到封建主义的过渡》，以及《绝对主义国家的谱系》。和艾森斯塔特一样，佩里·安德森也秉承总体历史传统，意在从整体上把握历史运动，而不满足于只研究国家、军队或者宗教的历史。他想把握总体性，以便理解当下，马克·布洛赫曾明确表达过这个意图。安德森的问题很天真：为什么法国有革命传统而英国却一直没有闹革命？为什么法国有批判思想家如阿尔都塞主义者而英国有因循守旧的思想家？他就是这样提问题的，我基本没有夸张……问得雅一点，就是：对英国社会力量有利的因素有哪些？他想从西方大国的总体比较历史——还加入了日本，以供比较——提取出一些工具，以便理解他认为在法国或英国存在或者不存在的各种特殊性。他批评马克思的进化论。虽然他的观念属于马克思主义传统，其构思却完全是韦伯式的：他想把握西欧历史的特性，他首先比较欧洲历史——从希腊到波旁王朝时的法国再到沙皇俄国——和东方或中东历史——从拜占庭帝国到土耳其——或者中国历史，以便从国家建构角度发现欧洲历史的种种特点。其次，在西方历史内部，比较东欧和西欧的发展。你们一下子就能明白，他其实想弄清为什么社会主义是其在俄国的样子：这难道不是联系着国家在东欧与西欧的前史吗？你们后面会看到，我将介绍的第三位作者巴林顿·摩尔用十分清晰的方式说出了这些，他说他的问题就是弄懂这"三条道路"：一条导向西方民主，一条导向法西斯主义，一条导向共产主义。他尝试一方面比较中国与俄国的历史，另一方面比较日本与德国的历史，然后比较欧洲国家的历史，以便弄清这个问题。他想在这三大传统的历史中发现解释性的因素。

当下对东欧所发生事件（1989年柏林墙倒塌）的讨论中，人们将类似的东西乱用一气，而不花一点力气去解释他们的模型，特别是他们也无力解释，因为这意味着要进行大量历史研究。建立模型的好处在于，它迫使人摆明提问系统。所以我们才更能看清这些比较历史学家提出的从政治角度看天真的问题或者自认为政治的问题。纯历史学家提出相同类型的问题——关于法国大革命——但却更为隐蔽，而这不过是因为模型不明显罢了。然而，反对一个明显的模型比反对一个狡猾地藏在伪中立材料下的潜伏的模型更容易。在这类研究上假装聪明太容易了，特别是在我给你们讲的内容中。我没有详细叙述建立这些模型所需要的浩大历史研究：我只给出了一些大体框架。虽然这项历史研究是二手的——我自己多年来尝试为自己建立一种二手的文化——掌握这个知识领域却并非无关紧要。我说这个是因为，对于做了这种工作的人来说，这是最起码的。

这些作者有一些隐秘的意图，有一些和现实以及他们所处的知识传统相关联的问题。他们的两大类问题，一是我刚才谈到的马克思主义的问题，二是不同轨迹的历史结果问题。他们将用不同方式作答。安德森想为欧洲绝对主义正名，并跳过马克思对现代欧洲君主专制的情感复杂。他将马克思对资本主义的经典分析用在了君主专制政体上：马克思和恩格斯将现代欧洲定义为"管理资产阶级全体共同利益的执行委员会"，同样，安德森将诸如路易十四时代的法国那样的君主专制政体看作最后捍卫所有封建贵族共同利益的执行委员会。绝对主义国家是封建贵族最后的堡垒，而它将被大革命摧毁；这是一种"为了封建贵族并由封建贵族重新安置的政府机器"，一种为封建贵族服务的制度。但就像马克思认为的，资本主义民主国家需要规诫甚至摧毁某些个人资本家以便使资本主义制度获胜，同样——安德森认为这正是绝对主义制度的矛盾——绝对主义制度要规诫甚至摧毁某些贵族老爷，或者贵族阶级的某些部门，以便挽救封建剥削制度，即农奴制度。封建主的反抗曾是对"绝对主义国家为封建主所用"这一观点的重要反驳，但对安德森来说这并不成立。为了挽救阶级的利益，绝对主义必须牺牲阶级的一部分：起来进行反抗的正是阶级中被牺牲的部分，但这不能作为证据来证明这一绝对主义国家不为阶级的总体利益服务。换言之，封建贵族的抵抗并不能否定制度的封建性质。

绝对主义对丧失农奴的西欧封建主以产业、宫廷、俸禄的形式予以补偿。税收带来的积累以及积累带来的再分配使贵族可以收到补偿性津贴，专门弥补封建收入的不足。对东欧封建主来说，绝对主义——实为外来事物——不仅用于弥补封建主义的损失，它还使其得以延续。摩尔有一个重要的发现，东方国家是被触发的国家；它们按照西方，比如法国或英国的国家模式建立，好像国家是个舶来品。这些马克思主义历史学家不太满意苏联制度的命运，提出了如下政治问题：为什么俄国马克思主义采取了它所采取的形式？一个从一开始就自我生成的国家难道没有一些属性，有别于一个在借用、舶来的模式基础上形成的国家吗？

另一位很著名的历史学家亚历山大·格申克龙（Alexander Gerschenkron），也按同样思路讨论俄国资本主义经济的落后[1]。如果我们不明白俄国的资本主义晚于其他资本主义出发而彼时法、英资本主义已经相当发达的话，我们就不能理解资本主义在俄国的命运。它的落后（backwardness），与它后发的事实有关。与盎格鲁-撒克逊自发社会学的老生常谈不同，马克·布洛赫称英国国家早于法国国家建立[2]。一个出于自发目的、按照自身逻辑发展的国家，它的一部分特点不正来源于此吗？特别是一直让观察家们震惊的这样一个事实，即这个国家从王国开始一直到工业革命以后，成功延续了一些极为古老

---

[1] 亚历山大·格申克龙，《经济落后的历史透视》（*Economic Backwardness in Historical Perspective. A Book of Essays*, Cambridge, Belknap Press of Harvard University Press, 1962）。

[2] 马克·布洛赫，《法国庄园与英国城堡》，同前书，第56—57页，以及第137—138页。

的制度。这又导向了马克思遗留给历史编纂学传统的一个伪问题，即资产阶级革命：为什么英国没有发生资产阶级革命？这让英国马克思主义者十分沮丧；而日本马克思主义者则出了一本又一本专著，回答有关日本道路的问题，即为何它偏离了导向唯一真正的革命即资产阶级革命的唯一道路……这种改头换面后的封建主义在不同国家表现为完全不同的形式。有时候我们会碰到些幼稚到可怕的想法。佩里·安德森这样解释斯堪的纳维亚道路的怪异：斯堪的纳维亚特殊性的根本决定因素，是维京社会结构的特殊性质——我们处在一个完美的循环中。（尽管如此，我今天希望至少教你们宽容地阅读，一种带目的的阅读。我不明白为什么人们要读一些自己鄙视的书：要么就读，要么就不读……带着目的宽容地阅读，是为了从阅读中有所收益。）

我回到斯堪的纳维亚来。如果我们宽容地解读，一个国家的历史就像一个个体的历史那样变成"one way"，变成单行道。习性这个概念的功能之一就是提醒人们，第一批经验指引着第二批经验的方向，后者又指引着第三批经验的方向：通过由我们身上发生过的事情放置在我们意识里的结构，我们觉察到了我们身上正在发生的事情——这一点稀松平常但还是应该想一想。我们无法在自身历史的每一瞬间都从头再来；一个国家亦是如此。掌握一个维京社会的结构总归还是相当重要的；剩下的是研究何谓"维京道路"，它如何支配一些制度，这些后来的制度如何通过由先前制度建构的头脑本身被预先建构？我已经勾勒了一点我要阐述的科学视角。我将尝试说明，一种真正的发生史，一种历史社会学，如何努力把握这些持续的创造过程，这些过程旨在从客观上铭刻在结构和人们精神中的限制出发改造结构。它们改变了结构，并部分地由结构的先前状态所塑造。我在自己接下来的分析中运用的是如下历史观：在每一个瞬间，整个历史出现在社会世界的客观性和将创造历史的社会行动者的主观性中。这不意味着我们处在一个宿命的系统中，能从最初的瞬间推断接下来的瞬间，而是意味着，在每一个时刻，可能性的空间都不是无限的。我们甚至可以思考，可能性的空间是不是会变得越来越狭窄……

安德森进一步阐述了艾森斯塔特指出的绝对主义国家和封建主义之间的矛盾。在马克思和恩格斯那里已经出现了这个论题。例如，恩格斯说："国家制度仍是封建的而社会则变得越来越资本主义。[1]"这是人们一再提及的一个老矛盾。安德森做了进一步发挥，描述了艾森斯塔特提到的冲突：绝对主义国家，作为重装上阵的封建机器，被迫针对其利益服务对象展开镇压。绝对主义国家充当封建阶级的镇压机器，后者刚刚废除了共同体的传统基础，同时，绝对主义国家侵犯封建秩序的核心基础，用直接税收控制取代封建税制。为了服务于封建阶级的利益，绝对主义需要阻挠封建主义。顺便提一点：安德森将罗马法的作用看得十分重要，因为西方曾拥有这一古老遗产，因为存在一种不同的西方道路。律师，作为身处现代国家起源位置的人，能够在用作技术的积累而来的法律资源资本中取其所需。

我原打算比较艾森斯塔特和佩里·安德森，好向你们证明，在结构-功能主义传统和马克思主义传统表面的对立之下，存在许多相似之处。快速总结一下：艾森斯塔特是面向所有人的功能主义，而安德森是面向某些人的功能主义。艾森斯塔特思考国家对整个社会秩序发挥哪些功能而无论阶级，而安德森则思考对该时代的统治者也就是封建主来说，阶级的功能是什么。但重要的是，他们二人都是功能主义者：他们没有思考是什么创造了国家以及要满足哪些条件它才能做它所做的事。他们推断出国家要实现功能，而他们几乎是先验地提出这些功能，比如维持统一的功能、服务的功能等。

---

[1] 弗里德里希·恩格斯，《反杜林论》[*Anti-Dühring*, Paris, Éditions sociales, 1956 (1878)]，埃米尔·波提杰利（Émile Bottigelli）译，第10章"道德与法"（«La morale et le droit»）.

巴林顿·摩尔的"三条道路"问题

我要讲的第三位历史学家,巴林顿·摩尔,在《专制与民主的社会起源》中明确说明,他的问题是理解乡村上层阶级和农民在走向资本主义民主、法西斯主义和共产主义的革命中所扮演的角色。这便是"三条道路"问题。为了回答这一问题,他比较了通过资产阶级革命走向民主的英国、法国和美国,通过保守革命走向法西斯主义的日本和德国,以及通过无产阶级革命走向共产主义的中国。他是逻辑最为连贯的比较学者:他想抽出一个变量作为主要变量,然后观察当这个变量发生改变时,分别会出现什么情况。显然,这会缺失很多东西,稍微有些自觉的历史学者会说,这么做根本不可能。但我要重申的是,明显的过错要好过隐蔽的谬误:建立一个有限的解释性因素系统好过动不动就变换解释系统。例如,摩尔写道,国家伴随着税收而形成,这是关键所在。但是三页过后,他又明确说,如果国家的正当性得不到承认,就不存在税收……(在这种思考方式中,我看到类似于神话思想和理性思想的对立:各神话体系要想合乎逻辑地起效,条件之一是永远不要同时去验证它们;如果你一会儿说"男人之于女人就像太阳之于月亮",过一会儿又说"男人之于女人就像癞蛤蟆之于青蛙",你不会去对照这两句话,你运用同样的实践模式—— 此乃"历史学家的技艺"。这类建构没法用粗暴的测验去验证,面对它,人们说:"我取三个解释性因素,然后看看它们怎么变化。"所以,这是个进步。)

巴林顿·摩尔认为,要思考现代国家形成时期三方之间的关系:大地主、农民和城市资产阶级。他试图根据三者将要进入的不同组合,发现这三种结果的特征。民主将在三条道路达到大致平衡时出现,此时贵族和资产阶级没有联合起来压迫农民和工人,存在一种相当强势的商业的、城市的、资产阶级的潮流来制衡封建传统。当我们同时思考这三种类型时，每一种类型都以否定的方式描绘了另外两种类型的特征。日本和德国的特点是，存在一种有利于乡村贵族的不平衡，封建传统存活下来，继续统治国家官僚体系。容克是第一批进入国家大机器的人："专门用于形成抗衡的资本主义群体的压力，并不足以抵消一种压迫农民并以强力政治控制为依靠的农业形式所造成的政治后果。[1]"为了区分日本和德国，他补充道，在日本，封建关系具有一种独特性质，强化了军人式忠诚和纪律，而损害了更具契约性质的、更自由选择的忠诚。如果我们将三种势力相对的重要性也考虑在内，模型就变得更为复杂。在走向共产主义的道路中，商业化趋势、城市和有产者的资本主义发展及其相关的价值十分薄弱，而抑制它们的农业形式则十分强势（农奴制等），绝对主义势力引起了以农民为基础的反抗，而反抗自身则以机械的方式颠倒了旧有统治形式。于是，原始绝对主义获得更新。

我为这些作者感到抱歉，不管怎么说，我对他们怀有敬意。我本想立刻跟你们讲我原本打算讲的大纲，而且这个大纲不是东拼西凑得来的。我想教你们批判模型的方法，让这些关系都暴露出来。下一次我会试着证明，要变换历史观，才能更加系统地意识到同样的东西，并且顺带重新发现我推荐你们读的这些作者已经看到的某些东西。

---

[1] 关于这一点，参见巴林顿·摩尔对日本和德国所做的比较,《专制与民主的社会起源》，同前书，第5章"亚洲法西斯主义：日本"（«Le fascisme en Asie: le Japon»），第194—218页，以及"理论综述"（«Synthèse théorique»），第331—383页。

1990年2月15日课程

官方与私人——社会学与历史学：发生结构主义——国家发生史——游戏与场域——年代错误与名称幻觉——国家的两面

官方与私人

我收到了一些问题，但我不会像习惯性的那样直接回答：这些问题极为复杂，而且暗含在我尝试做的事情当中。一个问题涉及对暴力的控制，另一个问题涉及国家作为理性化机构所扮演的逻辑角色。这两个问题会在后续的课程里讨论，也就是说明年。

按照课程脉络，我上次强调了官方和建立正式垄断的问题，相当于用另一种方式提出建立正当的象征暴力垄断地位的问题。我强调，国家公务人员的特点是，他们被授予所谓官方职能，也就是说正式掌握在官方机构和国家内部流通的官方话语。我们甚至可以说，国家是官方话语、规章、规则、命令、授权、任命的流通场所。依此逻辑，国家的特点是，一种被普遍承认的权力场所，哪怕在这个权力遭到反对时也是如此，我后面将探讨这个悖论。国家是一种被普遍承认的权力之所在，在这个权力背后是社会共识，这种共识针对的是一个负责定义公共利益的机构，也就是说它负责为构成公众的所有人确定什么对公众好，什么适合公开。我们可以说，国家的悖论之一就在于，垄断了公共利益的人也是垄断了公共财产获取权的人。之前的教学中，我曾按照偏社会学而不是传统哲学的逻辑，将马克思主义国家观和黑格尔的国家观对立，暗示他们代表了国家人类学对立的两极。我认为这两种表面对立的国家观就像一张纸的正反两面：我们不可能只要黑格尔式国家，而不要马克思主义的国家（这些口号式的表述好记但又有点危险。这些东西我不会写在纸上，但教学其实就是为了说一些我们不写的东西，通过讲一些简单、基础、粗俗的话，让书写无法表达且无力承受的东西为人所知）。事实上，我在此想阐述的中心论题正是国家的这种根本的含糊性：代表了公共利益的人因此要服从许多义务——比如说，政治人物的特点之一就是他们没有私人领域，永远公开亮相，哪怕是涉及自己私生活的时候也是如此。

根据莫妮克·德·圣马丁的分析[1]，贵族是连在家庭生活中也要表现的人，是私底下也要正式的人。贵族教育从孩童时代起，就一直教导未来的贵族即便在家庭生活中也要服从那些普通人只有在公共场合、在自我表现时才需要服从的规则。政治人物，特别是国家精英（贵族）成员，那些能够进入作为正当的、官方的政治场所即政治场的人，以及身为国家精英（贵族）的高级公务员，在私人世界也需要服从各种限制。他们甚至于没有私生活，因为他们的私生活总有被公开的可能，这种揭发的形式就是要将隐私公开。可以思考一下《鸭鸣报》等讽刺报纸的角色。它们显著的政治功能就是跨越像《世界报》（*Le Monde*）这样官方或半官方报纸不能跨越的边界。这些报纸经常揭露丑闻，但要服从某些条件，受某些限制，并且要用相对特别的方式。有一些获得官方授权至少是自我授权的机构，跨越正式/私人的边界，将可能和私人人格的官方定义相矛盾的私生活公开化，即官方化（officialiser）。这个问题得好好思考，我也正在做这项工作。

---

[1] 莫妮克·德·圣马丁，《贵族阶级的婚姻策略：临时笔记》（«Les stratégies matrimoniales dans l'aristocratie. Notes provisoires»），《社会科学研究学报》（*Actes de la recherche en sciences sociales*），1985年第59期，第74—77页；后收入《贵族空间》（*L'Espace de la noblesse*，Paris, Métailié, 1993），第217—243页。

我给你们讲这些小事是为了告诉你们，如何从一个可能抽象的分析出发，进行很具体的操作，我正在研究对私生活的法律保护；这事我们每天都模模糊糊听到但从来没有近距离观察过。一个女明星被拍到穿泳衣的照片，或者《鸭鸣报》公布希拉克和勒庞这两个政治人物会面的照片时，二者情形是否一样，是否都是对私生活的侵犯？法律对一个女明星和一个政治人物一视同仁吗？惩罚是一样的吗？在这两种情况下，官方与私人的正式定义究竟是什么？法官作为有权正式地为官方代言的人，如何处理这一问题？有了摄影之后，冒出来一大堆前所未有的问题。从前，画家总是正式的画家：他们画裸体，但遵从正式的规定，而摄影师拍摄裸体都是即兴而为，不征求被拍摄者的同意，于是就受到与丑闻相关的判例的影响。我们可以循着这条线索进行一系列分析。

（要跟"宏大问题"耍点计谋：带着哲学的吵吵闹闹谈论大写的国家，能获得某种形式的成功，但我认为这不是一个好的策略，因为这些问题都太复杂；我一贯的策略是从易于理解的角度抓住这些宏大问题，在那里，它们将和盘托出藏在不起眼的外表下的本质。）

142

我之前的分析导向我将尝试在历史语境下提出的某些问题。我已经提出了这样的观点，即国家由官方资源（ressources officielles）和官方象征暴力组成。现在我将从国家的这个定义——即由授权代理人为了说出公共利益，成为公共利益并占有公共财产而制造的场所——出发，考察国家的生成史。在某些所谓社会主义国家，精英以生产资料的社会化为名，占有公共财产并拥有了相对来说前所未有的特权——此乃这类政权一大怪象——以取缔特权的名义占有诸如宅第、官方法庭、官方电台等公共财产。在法国，形式更为温和，但我们也有官方汽车、官方要人、官方法庭、官方护卫队等。这种对公共财产的合法占有附带着一种义务也是一种特权，即必须配得上特权的义务，也就是不再拥有私生活：官员想要获得某些特权，必须让自己配得上它们，至少要在正式场合对赋予这些特权正当性的价值表示敬意。

做了以上提示之后，我现在希望明确一下，分两步讲，否则我的课就会像一部未完成的交响曲……第一步，我要讲讲何为建立国家生成史，第二步我要讲讲这种历史研究法和一般的历史研究法有什么区别。但首先，我要谈一个方法问题，然后介绍此种国家生成史的大的脉络。实际上，我是要概述明年有关国家机构历史起源的课程。

社会学与历史学：发生结构主义

首先：特殊性与方法。历史地描述国家的生成意味着什么？我之前讲到的三位学者所使用的比较法是唯一的途径吗？为了对国家生成做出普遍性陈述，我们必须全面比较所有形式的国家，从印加帝国一直到苏联吗？我的回答是：否。我们可以研究一个个案——或者一小组个案——目的是从中抓住国家的普遍形式，抓住一种逻辑诞生的逻辑。论证将冗长而困难。我在讲自己对艾森斯塔特和佩里·安德森所持的保留意见时，已经暗示了这一点：我觉得将法国和英国当作重点研究对象有双重合理性，两国通常被有意识地当作各种可能性情况组成的领域中的个案。它们被优先考虑，是因为从历史上看，两国发明的东西为所有其他形式的现代国家提供了样板。研究历史社会学或者社会历史学，即是处理一个个案，但按照加斯东·巴什拉（Gaston Bachelard）的话说，是将它作为所有各种可能性的其中一种来建构，抓住它本身的特点，并且我们可以将这个特点和可能的情况做比较。我经常参考英日对比。我们可以从许多方面来证明这种研究方式的合理性，不仅出于方法上的考虑将这些国家作为个案对待，还因为在历史上它们都曾是种一般模式。从这些个案出发，形成了一些后来被推而广之的模式。

这些个案的合理性可在历史中找到若干证明。例如，在《资本论》中，马克思说，历史学家有点像物理学家，观察这些物理现象最典型、最不受干扰的形式。每次一旦有可能，马克思就尝试在正常条件下做实验，也就是说，假设该现象以正常的、不受其他事物干扰的形式出现。马克思说，在考察资本主义生产及其条件时，他将使用英国这一经典案例，因为英国不仅是优先考虑的例子，且它的情况典型而纯粹。马克·布洛赫也表达过类似的意思。他在研究封建主义时，也把法国和英国视为典型，强调二者含有他试图抽取出的历史原型的完整形式，各种变化本身有利于更完整地把握不变量[1]。

但我的重点在于证明社会学领域中的历史分析。人们会一再强调那种经典对立，即社会学家研究恒定的普遍法则，而历史学家研究某时某地的具体情况。涂尔干/塞尼奥波斯的对立起初只是历史之争，后来却建构了后天培养的无意识（inconscients cultivés）[2]。但在我看来这很荒谬：我们不可能在对一个当代现象做社会学研究时不追溯它的诞生史，不对该现象做发生社会学研究。我构想的社会学是一种发生结构主义（structuralisme génétique），或者说一种结构主义发生学（génétique structurale）。社会学家是对当下个案做比较历史分析的人；社会学家是将现在作为研究对象的历史学家，带着将现在建构成个案，并将此个案在可能性情况的领域内复建的隐秘目的。应该避免犯这样一个（历史学家和社会学家都可能会犯的）重大错误，即无意识地将个案普遍化，从一个未依据其特殊性建构的个案里得出一些普遍性结论。当我说"我是一名法国教师"时，我忘了将自己建构成一

---

[1] 马克·布洛赫，《法国庄园与英国城堡》，同前书。
[2] 涂尔干在和历史学家夏尔·塞尼奥波斯（Charles Seignobos）的著名论战中的立场，参见《关于历史学解释和社会学解释的辩论》（«Débat sur l'explication en histoire et en sociologie»），《法国哲学协会简报》（Bulletin de la société française de philosophie），1908年第8期，后收入涂尔干，《文集》（Textes, Paris, Minuit, 1975），第1卷，第199—217页。

个可能的个案；我可能会得出一些关于再生产功能的普遍性结论，它们将个案的特殊性质普遍化了，但实则缺乏依据。

社会学与历史学之间的边界毫无意义，除非从历史上去解释，因为它是和分工的传统联系在一起的。这个边界一直存在，是因为在学科划分之上捆绑着一些社会利益：时间投资、学习上的投入、心理投资等。人类学和社会学之间的边界也是同样的情况：它具有社会存在，并符合国家科学研究中心的情况，后者是一个机构，里面有一些领导、主席、岗位和自身的心智结构。这种社会学／历史学的对立是一种历史的人造物，它被历史性地建构，也可以被历史性地摧毁。历史化的作用是把我们从被历史嵌入无意识中的历史性限制中解放出来。我重复一下涂尔干的说法："无意识，就是历史。"探索一个学科或国家的历史，就是探索我们每个人的无意识，我们每个人都通过和其他无意识达成一致，获得了和国家元首同样客观的现实。社会世界的力量就在于这种无意识和心智结构的配合。然而，没有什么比心智结构的革命更困难的事情了。因此，各式革命通常在造就新人〔新的经济人（homo oeconomicus）或者新的官僚人（homo bureaucraticus）〕的计划上受挫。同样，地理学／社会学之分也是历史产物；它们存在的理由调动了一些令人难以置信的社会力量，以至于，改革社会保险可能比取消大学学科划分更为容易。

我认为，这种发生解构主义是总体社会科学的组成部分，它表明，理解一种社会运作的方式之一正是分析它如何诞生。这种发生解构主义有其科学依据。我觉得必须稍微解释一下实际上理所当然甚至稀松平常的东西，是因为这些东西不说出来就没人注意，而且你们每个人一旦要把我正在说的东西付诸实践，就会发现旧有的学科反射再度显现并引发实际后果。我要驱除这个恶魔：要理解我刚才所讲内容，涂尔干是一种方式。涂尔干坚信，要想理解社会结构，必须回归到基本元素，因此他重视人类学——参见他的著作《宗教生活的基本形式》或他和马塞尔·莫斯（Marcel Mauss）合写的《分类的几种原始形式》(«De quelques formes primitives de classification»)[1]一文。他从原始中寻找基本元素。这里用的是化学的比喻：从元素出发，通过组合，便可得到综合物。

这种对基本元素的执迷，在某个时刻由语言学模型再度启动：人们梦想找到一种音素系统，通过它可以重建各种语言。我没有这种意图。我认为不能把追本溯源——在我们自身的传统中，便是中世纪国家——与寻找基本元素混为一谈。我认为，起源是指一定数量事物形成的场所，而它们一旦形成就不再被察觉。起源地是本质所在之处，是斗争显现之所，而针对国家的建立所进行的反抗非常重要。出于可以理解的原因，最优秀的历史学家忘记了边缘群体和被统治者。自然，大家会研究对税收的反抗，却不研究对统一语言和度量衡的反抗。起始阶段之所以值得关注，并非因为它是元素所在之处，而是因为此场所体现了国家根本的二重性，即建立公共利益理论的人也是从公共利益中获利的人。国家的两面性在起始阶段体现得更加明显，因为国家存在于我们的思维中，而我们一直在把国家思维运用于国家之上。我们思维的很大一部分是自身对象的产物，它无法再觉察到本质，尤其是这种主体从属于客体的关系。

这种发生结构主义应当建立官僚逻辑之诞生的特定逻辑，与此同时，描述这一逻辑的特殊性质。这是实践逻辑（logiques pratiques）而非逻辑学逻辑（logiques logiques）[2]。社会科学领域专家，历史学家

---

[1]《社会学年鉴》(L'Année sociologique)，1903年（1901—1902）第6期，再版于马塞尔·莫斯《全集》(Œuvres, Paris, Minuit, 1969)，第2卷，第13—89页，以及《社会学论集》(Essais de sociologie, Paris, Minuit/Points, 1971)，第162—230页。

[2] 关于这一点，参见布尔迪厄，《类比的化身》(«Le démon de l'analogie»)，《实践感》，同前书，尤其是第426—439页；以及《从规则到策略》(«De la règle aux stratégies»)，《所述之言》，同前书，第77页。

和社会学家，经常被更前沿科学领域的专家质疑，后者越来越介入社会科学，并以所处前沿科学为名做出评判。有一篇精彩文章将硬科学定义为男性的，将软科学定义为女性的[1]。质化/量化：这些对立不管从社会角度还是性别角度都是不中肯的，且具有相当有害的效果。除了软科学专家会模仿硬科学的外部特征以便毫不费力地获取象征利益之外，更大的危险在于，硬科学专家与一部分软科学专家同谋，会强加一种并不符合实际情况的历史事物逻辑的概念。在我研究卡比尔人的仪式以及过去师范学校毕业生讣告或者教师对学生的评价中所体现的法国教师分类时[2]，我确信，社会行动者和社会制度运行的逻辑是一些我们可称之为软的、模糊的逻辑：存在一种有别于逻辑学逻辑的历史逻辑。在按照逻辑学逻辑衡量社会科学领域专家的成果时，我们割弃了社会科学最特殊之处。社会科学领域专家最重要的任务之一，是揭示其研究对象的特定逻辑，以及他们对这一对象所做研究的特定逻辑，从而让人们认识到他们特有的严谨，而这种严谨和我们在某些科学领域理论层面碰到的逻辑学逻辑完全不同。逻辑学逻辑的恐怖主义同样施加在了其他所谓更"先进"的研究人的科学上，比如说生物学。

（制度、人类实践的）实践逻辑应该建立在它们的特殊性之上，历史科学中特有的一大错误是，让自身比自身研究的对象更精确，让关于研究对象的话语比研究对象自身蕴含更大的精准性，从而迎合有关研究对象的话语的生产场的精确性要求而非研究对象自身的精确性要求。这种完全真诚、自发的弄虚作假后果严重，特别是它阻止人们

---

[1] 诺曼·W. 斯托雷（Norman W. Storer），《硬科学与软科学》(《The hard sciences and the soft》)，《医学图书馆协会通报》(*Bulletin of the Medical Library Association*)，1967年，第55期。

[2] 布尔迪厄，《学术人》，同前书，第97—167页；《教师理解力分类》(《Les catégories de l'entendement professoral》)，前文已引，《国家精英》，同前书，第48—81页。

让话语的逻辑与对象的逻辑相称，同时阻止人们抓住这些逻辑的特性，这些逻辑不是缩水一半的逻辑，而是完全别样的逻辑。《实践感》一书对这个问题有更连贯的论证：虽然这本书主要是针对仪式或者说神话体系而写，它也同样适用于国家问题，因为涉及的都是被逻辑学逻辑摧毁的实践逻辑[1]。社会科学的悖论之一在于，我们只能用逻辑学逻辑来描述实践逻辑，而前者是由一种十分艰难、持续的历史性的努力在实践逻辑的对立面建构而成。概率计算是为了反对自发的可能性而建立的：所有概率计算的根本原则说的都是"不要做你自发去做的事情"。

同样，博弈论也是为了反对玩家自发策略而建立的。所以有了一些能够摧毁对象的认识工具。了解认识工具很重要；这就是为什么认识论对于学者来说不只是种灵魂的补充，而是科学工作的一部分：我们要了解自己的认识工具，以便知道我们的认识工具会在我们的认识对象身上产生何种效果；我们还应该了解我们的认识对象，以便知道它如何服从于一种与我们施诸其身认识工具的逻辑相对立的特定逻辑。这一双重努力十分重要：历史学家，特别是地理学家，是一种象征统治的受害者，他们既是反抗者也是被碾压者。我举个例子：先锋地理学杂志《希罗多德》（*Hérodote*）的创刊号刊登了一篇米歇尔·福柯（Michel Foucault）的采访。这是一个意味深长的失误：地位最低的要向地位最高的寻求担保……

历史学家面对理论化时十分愤怒，有时候甚至反对一切理论化，因为历史学这一行的入场券，便是放弃普遍化的雄心，人们略带鄙视地——态度模棱两可——将这种雄心留给了社会学家。主流历史学家谦逊地向哲学家表达敬意。一种我们传统上称为"哲学的"（称为

---

[1] 布尔迪厄，《实践感》，同前书，尤其是论及"实践逻辑"（«La logique de la pratique»）的第1章第5节，第135—165页，以及整个第2卷。

"认识论的"更为恰当)思考形式,是历史学家、社会学家、社会世界研究专家的职业的组成部分,它并非一种灵魂的补充,而应该作为历史科学专业技能的一部分加以传授。哲学家与历史学家鲜有这种技能,它将帮助历史学家从哲学家对其各种形式的统治中解放出来;它也将成为统一社会科学和废除社会学/历史学边界的一种推动因素。

国家发生史

我设想的社会学走出了加诸该学科之上的传统限制,并意味着一些客观结构诞生,成为它的研究对象。这一发生社会学——就像人们说皮亚杰(Jean Piaget)的发生心理学一样——的任务是研究高级公务员场、官僚场、国家场的个体结构和社会结构的生成。如何建立集体结构的发生史?它在哪些方面区别于惯常进行的历史学研究?它有哪些额外要求?有一些集体著作讨论了国家的生成,我十分欣赏且将作为参考。参考书目如下:弗朗索瓦丝·奥特朗(Françoise Autrand)的《群体传记学与现代国家的生成》;让-菲利普·热内和贝尔纳·文森(Bernard Vincent)的《现代国家诞生过程中的国家和教会》;让-菲利普·热内和米歇尔·勒梅内的《现代国家的生成》;《现代国家生成过程中的文化与意识形态》[1]。当然,我还能列出其他著作,我将在后续课程中提及。但我觉得上面这一批很重要,因为它们代表了历史学家所能做到的极致。

---

[1] 弗朗索瓦丝·奥特朗编,《群体传记学与现代国家的生成》(*Prosopographie et genèse de l'État moderne*, Paris, École normale supérieure de jeunes filles, 1986);让-菲利普·热内和贝尔纳·文森编,《现代国家生成过程中的国家和教会》(*État et Église dans la genèse de l'État moderne*, Madrid, Casa de Velázquez, 1986);让-菲利普·热内和米歇尔·勒梅内编,《现代国家的生成:预扣与再分配》,同前书;《现代国家生成过程中的文化与意识形态》(*Culture et idéologie dans la genèse de l'État moderne*, Rome, École française de Rome, 1985)。

我刚才提出的看法意在鼓励历史学家,尝试——运用科学社会学,它让我们看清统治形式,将其具体化并掌控它——将他们从审查中解放。他们之所以接受这些审查,是因为它们内在于历史场结构本身。得告诉他们:"如果你们一直进行到底,不囿于历史学略带阉割式的限制,你们会比现在做得更好,而人们并不要求历史学将概念推进到底,不要求建立模型和变量系统。"历史学家总体上不会同意这点,我们能列出的连贯一致、经得起波普尔(Karl Popper)所谓证伪的史学著作不超过十五部。这个场的固有属性便是制造限制、制造客观的和内置的审查,人们甚至在进入这个场内时丝毫觉察不到接受了审查……

说这些不是为了耸人听闻,不是为了指责,更不是为了说教,而只是想稍微帮助社会科学从硬科学的独裁和最糟糕的内化统治形式中解放出来,我再多解释一点这种发生历史学的前提,以便说明,它如何在方法论上区别于历史学家的做法。其中一个大的区别是,历史学家不会做我做的事,因为他们认为这毫无必要且自命不凡。我很喜欢引用索绪尔(Ferdinand de Saussure)的一个说法,他说,我们得知道语言学家做的是什么。我想说明做我刚才提到的历史学家所做的事意味着什么,没有他们,我就无法进行接下来对国家生成的研究。明白自己在做什么,我们便能做得更好:此乃从实践到方法的过渡。马克·布洛赫把他的书取名《历史学家的技艺》:技艺是存在于实践阶段的某种东西,一个人可以做一些了不起的事情,而不需要阐释他的技艺。我更喜欢一个了解自己技艺却并无认识论阐释的历史学家或者社会学家,而非一个侃侃而谈方法论却并无技艺的社会学家。方法论从来都不能避免技术失误:只有技艺可以做到这点。然而,技艺是一种必要非充分条件。人们越是在意识层面掌握技艺,就越能把实际运用的实践原则解释清楚;越是将模式转化成规则,订立一些可以成为集体规则甚至连对手都会使用的规则,使其成为应该被遵守的秩序,就越是能出色发挥技艺。编码相当重要[1]：认识论，就是将一种技艺编码，为此它要经历一次嬗变——当一个人有意识地做他所做的事时，就进入了另外一番天地。

在我的国家发生史研究计划中，我一上来就指明，存在一种关于各逻辑起源的逻辑；换言之，讲述历史和创造历史是相互对立的：历史不是叙述，而是挑选出恰当的事实（索绪尔）；我们需要知道被历史地建构的究竟是什么。第一个特性：这种各逻辑起源之逻辑既不属于逻辑之必然，亦不属于偶然或者纯粹的意外。这些奇怪客体的起源有其特定逻辑，它们是历史社会客体，本身具有不属于逻辑学逻辑的特定逻辑。我就不跟你们做长篇大论的经典哲学论证了，你们可以看恩斯特·卡西尔（Ernst Cassirer）发表在《词语》上的最后一篇文章[2]。这位哲学家不仅对我们很有帮助，而且对正确思考历史学家和社会学家的职业来说不可或缺。他在晚年谈到结构主义，并试图从哲学上建立"结构"这个概念，这一诡异的现实并未被包含在莱布尼茨"事实的真理/推论的真理"（vérité de fait/vérité de raison）非此即彼的情况之中：卡西尔认为，它是一种同时存在于其运作和起源当中的事实理性（raison de fait），一种偶然的合理性（rationalité contingente）。如果我们把纯粹的偶然性和必然性对立，用这样的逻辑来理解它，就会一头雾水。在这篇精彩的文章里，他阐述了过程意义上的历史理性（la raison historique）和某一特定时刻历史秩序中内在的逻辑这个意义上的历史动机（des raisons historiques）二者的含混之处。在我看来，身为历史学家或者社会学家，便是意识到自己面

---

[1] 关于这一点参见布尔迪厄，《编码》（«La codification»），《所述之言》，同前书，第94—105页。
[2] 恩斯特·卡西尔，《现代语言学中的结构主义》（«Structuralism in modern linguistics»），《词语》（*Word*），1945年第1（2）期。另参见布尔迪厄，《结构主义与社会学知识理论》（«Structuralism and theory of sociological knowledge»），《社会研究》（*Social Research*），1968年第25（4）期，第681—706页。

对的逻辑在其现有状态和诞生过程中皆不属于这种非此即彼的关系。我们需要明白，这是社会行为的一种偶然性中的必然或者说必然性中的偶然，这些社会行为的完成，是出于结构必然性，出于既往历史产物的限制，出于以持续倾向即我所说的习性为形式内置的结构必然性。

假如研究社会世界的社会学家或者历史学家知道，他们处理的对象是一个由历史生成的结构或者说一个场域，和一个同为历史产物的内置结构之间关系的既非偶然也非必然的一种暂时状态，他们就能更加完善自己的现有研究。当历史学家研究基佐（François Guizot）在国民议会的宣言时，他碰到的是一些彼时形势下、偶然的、说到底没有任何价值的意外事件（happening）。社会学家研究科恩-本迪（Daniel Cohn-Bendit）1968年的一则声明或1968年某位教师的态度，或者福楼拜在他的小说《包法利夫人》被指控时的声明，也是同样的情况。当他研究一个意外事件时，他实际上在研究习性和一种客观化结构之间的碰撞——前者是个体发育的产物，是在某些条件下将某一结构即总体社会空间结构和此空间内部某个场域的结构内化的产物；后者是社会空间整体上的结构，或更常见的是某个次领域的结构，如历史场、文学场、国家场的结构。社会学家在把当下作为研究对象时，就是在做比较历史学：当我研究1975年一项住房政策改革时，我和某个研究1215年发生在高等法院或者英国上议院辩论的人所做的事情一模一样：我面对的是两种历史在某一时刻的碰撞，而这一时刻本身既属于个人史也属于结构史[1]。

---

[1] 关于这一点，参见布尔迪厄，《死者抓住生者：物化历史与内化历史》（«Le mort saisit le vif. Les relations entre l'histoire réifiée et l'histoire incorporée»），《社会科学研究学报》（Actes de la recherche en sciences sociales），1980年第32—33期，第3—14页。（"Le mort saisit le vif"也是一句法律术语，意即死者财产在死后立即归属继承人。——译注）

游戏与场域

我再多讲两分钟。这一切如何在实际上改变了社会事实分析或者历史事实分析这一行的视角？我将快速比较一下场域和游戏，加以说明。这种发生结构主义不同于普通历史研究方法之处首先在于，它试图阐明做它所做之事究竟意味着什么。其次，它明确揭示历史转变的特定逻辑、历史事实的特定逻辑，尤其是场域的特定逻辑。再次，涉及存在区分的社会时——国家正是在其内部作为众多存在区分的区域中的一个而形成——社会学家知道他的研究对象是一些次空间，是一些场域：当他做文学史、艺术史、国家史或者宪法史时，他研究我称为场的社会游戏的生成。简而言之，我认为，我给自己定下的历史研究计划是研究单个场域的诞生，为交流之便，我拿它和游戏作比，同时不忘我刚才提到的区别。就拿最考验智力的游戏国际象棋为例。那些属于康德所谓人文科学教条一极的人，那些不惜代价进行形式化的人，都适用于国际象棋的隐喻；他们一直在做本体论的跳跃，从逻辑的事物跳到事物的逻辑，或者从逻辑学逻辑跳到实践逻辑并取消实践逻辑。通过区别国际象棋游戏和场，我尝试教给你们一种具体的方法，去理解我所认为的关于社会场域及其生成的真正的哲学。

在国际象棋中，有一些明确的、有意识的、成文的、被说出的规则，它们外在于游戏，先于游戏存在并在游戏后仍有效；它们固定但并非不可更改，它们被接受游戏规则的玩家明确承认。一个十分重要的属性是，组织游戏的规则外在于游戏：在游戏过程中，你不可能和对手讨价还价。一个场域内部的规则是一些默示的常规，只有一小部分处于明示状态：这和我刚才讲的技艺与方法的区别如出一辙。一部分常规决定对具体实践的惩罚；惩罚是内在于游戏的、默而不宣的；规则则一直关系重大并反复拉锯：这恰恰正是场域的属性之一，人们在此斗争以便根据游戏内在规则获胜。正如韦伯所说：不屈服于资本主义世界规则的人,若他是老板,他就破产,若他是劳动者,他就被赶出游戏[1]。内在规则通过惩罚被记起,但仍可以不言明。经济或官僚世界的一般秩序中,人们并不围绕游戏规则展开斗争。但是会有为改变游戏规则而进行的斗争(通过革命或者一种改革政策),它的目的是在游戏里做手脚,并建立一种日后将成为规则的心照不宣的常规。它最开始是一种作弊、诡辩或者回避……

换言之,规则是一些默示的常规,大多数时候被玩家忽略,它们只在实践状态下被掌握,而玩家无法对其做出解释。与游戏规则不同,场域的规则是不稳定的;它们并非外在于游戏。游戏进行时所受的限制本身即是游戏的产物。分析游戏的结构意味着分析游戏的历史,分析游戏迄今经历的变化,分析游戏如何生成并维护自身运行所依赖的常规。游戏本身并不包含它的全部真相。一个场域即是一个游戏,人们按照常规参与其中,这些常规即是规则,但人们也可以努力改变游戏的规则。

描述场域的生成和描述游戏的生成完全不是一回事。如果你们尝试弄清游戏的起源,就得找到规则的制定者,知道谁发明了游戏。例如,篮球游戏出现在1890年,发明者希望创立一种女性也能参与的不那么粗暴的游戏。而描述场域的生成,则是要追踪一个过程。有关法律的集中,有关封建法律到王家法律的过渡,有关国王作为最高上诉机关如何一步步将司法权力集中的过程,马克·布洛赫说,曾经有过一个法律集中过程,既无总体计划,亦无立法条文,并且可以说是东拼西凑完成的[2]。但这就意味着此过程是偶然的、随随便便的吗?并非如此。我们处于一种十分诡异的历史必然性中,面对的既不

---

[1] 布尔迪厄在此引用了马克斯·韦伯在《新教伦理与资本主义精神》中讲到的织布工人的案例,同前书,第112—113页。
[2] 马克·布洛赫,《法国庄园与英国城堡》,同前书,第85—86页。

是一位理性计算的立法者、一个发明家,也不是一个不管不顾的疯子("喧哗与骚动")。我们面对的这个人东拼西凑,把从先前状态中搬来的东西组合在一起,做拼图。这种看起来漏洞百出的构造孕育了一些半合逻辑的东西,正是社会科学专家研究的对象。不管是否出于自愿,当我们研究历史的时候,我们都带着某种历史观,所以还是知道它为好。马克·布洛赫脑中的历史观正是我希望通过比较游戏和场域来完成的事,也就是运用一种模糊逻辑据以生成的逻辑哲学,不仅要有把握重点的直接相关原则(principe de pertinence),同时也要秉持元相关原则(principe de méta-pertinence)。我尝试至少把伟大历史学家们擅长做的事情构建为问题。我想告诉你们,这种历史观如何改变了阅读史实的方式和阅读历史学家所做研究的方式。如果我脸皮厚些,我就会说:"让历史学家继续这么工作下去,把现成的材料交给社会学家吧。"但我的研究完全尊重他们的研究,就算我会令人不快,我的言论也是为了激励历史学家将研究进行到底,如果他们不进行到底,就丢了他们的老本行。

历史社会学躲过了两种持续的诱惑,两种常见的目的论:一种是集体目的论,企图在历史世界的内在性中找到一种通向目的的理性;另一种是在社会科学中周期性复活的个体目的论。根据理性行动理论,社会行动者被看作理性的计算者,追求不同形式物质利益和象征利益的最大化。我认为社会世界的悖论是,我们能发现其内在秩序,但并不必须假设这种秩序是诸多个人有意为之的结果,或者铭刻在集体中的超越个人的某种功能的产物。国家某种意义上曾是无知的最大庇护所之一,人们可以把所有在社会世界中无法解释的东西推给国家,并且给它安上各种可能的功能,如国家负责保管,等等。你们会看到在自诩"理论化"的书里,以国家为主语的句子多到让人难以置信。国家一词的这种代用(hypostase),堪称日常的神学。然而,将国家作为语句的主语,实际上没有任何意义。这就是为什么我总是绕过国家这个词来谈国家。

存在一定的逻辑秩序和某种逻辑形式。但我们不能就此假设这个逻辑一定有主语：这是种没有主语的逻辑，但——在社会科学领域，人们经常会跳过一个错误又落入另一个错误——这不代表社会行动者仅仅只是结构的 Träger，就像过去阿尔都塞主义者以马克思之名所说的那样［我们可以把 Träger 翻译成"承载者"（porteur）——但这个译法并不好］。社会行动者是发挥作用的、积极的，但这是造就他们的历史在借由他们起作用。这不代表他们完全从属于它。

这种构思历史逻辑的方法引出的另外一个重要的东西是，过程逻辑不等于进步逻辑。这个过程不一定是连续的——不过它比我们想象的更连续，但仍然有一些中断。当哲学家介入此类问题时，他们重新制造出过分稠密的二元对立，让所有那些得益于自己的技艺从而在实际上越过这些二元对立的人往后倒退。因此我们要把社会科学从哲学家手里解放出来，从那些不把社会科学研究按它本来面目看待的人手里解放出来。这些人就像尼采讲到去女人家里时那样，拿着鞭子，推行一种恐怖主义式的认识论秩序。我由衷地呼唤尊重社会科学特殊性的哲学家，因为他们能帮助社会科学理清一些像我刚才讲"规则"和"常规"时提到的问题。我可以告诉你们，我从一些优秀的哲学家那儿受益匪浅，他们在这些问题上颇有见地。

当我们研究国家的生成时，我们挑选出一项恰当的原则，例如以隐含的方式传递一种历史哲学的前现代/现代/后现代的区分。如果我们认为国家即是普遍，建立国家即是建立一个领域，其中的某些行动者垄断了普遍性话语，我们便清楚地看到，国家的建立涉及一个普遍化的过程：我们从局部过渡到了普遍。我们能把朝向普遍化的迈进看作一种进步吗？我们面对的是一些受结构约束并为反对结构而诞生的发明。人们大量论述的个体/结构的二选一很愚蠢，因为结构就在个体当中，正如它在客观性当中一样。但与此同时，社会秩序也会强制对发明加以限制（例如，科学界限制科学发明）。社会学应该解释社会领域的构成，而其中权力斗争的关键是历史性的。这些空间因其逻辑，孕育了诸如科学、法律这样超越历史的事物，孕育了普遍性，也就是说有些东西虽然是在社会中形成，但并不能化约为其产生的社会条件。并不因为某些行动者将这一普遍性据为己有可在社会层面上获利，这种普遍性就不成其为普遍[1]……

年代错误与名称幻觉

当我们让关于国家的历史哲学保持隐而不宣的状态时，我们可能会犯的错误之一就是年代错误。而矛盾的是，在所有学者当中，历史学家是最容易犯年代错误的人，很大一部分原因在于他们受名称恒定的错觉所害，这种错觉让他们以为一个机构如果保留了中世纪时的名称，就还和中世纪时是同一个机构。历史学家提醒我们当心，但他建构研究对象的一部分便是收集与一些当下问题有关的对过去的关注。为了制造一种语言学效果或"与时俱进"，他们做一些粗暴的类比，比如谈到中世纪组织机构问题时，说"若斯坎·德普雷（Josquin des Prés）[2]就是16世纪的贝尔纳·皮沃[3]（Bernard Pivot）……"这种年代错误和回溯的错觉往往联系着一种历史观，它来自这样一个事实，即当人们研究一个结构的生成时，每一刻，结构都处于一种状态，其中同一个元素被包含在结构的不同状态之中，因此已被改变。著名中

---

[1] 这个主题在法兰西公学院1988—1989年度课程中已做过阐述，并见《无私的行为是否可能？》（«Un acte désintéressé est-il possible ? »）一文，同前文所引。
[2] 若斯坎·德普雷（1450—1521），法国-弗拉芒作曲家，介于中世纪和文艺复兴鼎盛期之间。——译注
[3] 贝尔纳·皮沃（1935—   ），法国记者、文化评论家，2014年起担任龚古尔文学奖评委会主席。——译注

国史学者列文森（Joseph R. Levenson）曾说，一本儒家正典在变化，因为它在一个变化着的世界里未做任何修改[1]。

这一切都来自游戏这个隐喻，游戏实际上是一些场域，场域的规则在游戏中是争夺的对象，场域中力量对比的总体结构在不断变化。我们永远不能假定名称相同的事物实际上也相同，但却应该一直假设名称的一致掩盖了实际的区别。历史学家排出一些纵向序列；我们手头有法国1830年以来社会职业类别的详细统计。然而，1830年的"医生"和1980年的"医生"完全是两码事，哪怕行业还是同一个。这些纵向的行业研究或机构研究往往是无的放矢。人物传记，当它们被社会性地建构时，实际上是在描述场域的历史，而个人的传记铭刻其中。声称"我研究最高行政法院的历史"的历史学家不妨说"我研究官僚场的历史……"如果我们承认要研究的是诸结构的生成，且结构的每一个状态定义了结构的每一个元素，那么无疑，我们只能从一个结构到另一个结构，从结构的一个状态到结构的另一个状态这样来比较，名称恒定的陷阱也因此内在于所有原子论纵向序列中。

国家的两面

问题在于弄清以上说的所有这些是否都能带来一种实实在在的科学上的益处，从而证明自己；换言之，从这一切出发，我们能否在已列举的历史学家的研究基础上提出一些新东西来？从按我之前所讲原则进行的所有阅读和思考中，我发现了国家和国家产生的过程中根本上的二重性。国家就像罗马神话中的双面神雅努斯（Janus），我们不可能在说出它的一个正面属性时，不同时说出它的一个负面属性；说

---

[1] 约瑟夫·R. 列文森，《儒教中国及其现代命运》（三卷本）(*Confucian China and its Modern Fate*, Berkeley, University of California Press, 1958-1965)。

出一个黑格尔式属性时不同时说出一个马克思主义的属性；说出一个进步的属性时，不同时说出一个倒退的、压迫的属性。那些想要光明未来的人该感到不舒服了……我觉得我所能做的是，与其给出一种略像咒语的预先的方法论指导——黑格尔、马克思、斯宾诺莎等，你们都记得吧——不如尝试建立一种发生学分析的二重性。描述国家的生成，就是描述一个社会场域的生成，描述一个总体社会世界内部相对独立的一个微缩世界的起源，在这个微观世界里进行着一种特殊的游戏，一种正当的政治游戏。就拿议会的发明来说吧，这是个不同利益群体针对存在冲突的问题，按照一定的形式、遵守一定的规则进行公开辩论的场所。马克思主要看到了商店里间那一面。用戏剧做隐喻，将共识戏剧化，遮蔽了提线人的存在，而真正的关键、真正的权力在别处。研究国家的生成，就是研究一个场域的起源，在其中，政治将进行自我表演、自我象征、自我夸张，同时，那些有特权进入这一游戏的人，也就有特权占有一种特殊资源，我们可以称之为"普遍性"资源。

进入这一合规的、正当的政治游戏，便能获取这种"普遍性"资源，它在普遍话语、普遍立场中逐步积累，从普遍立场出发，人们就能以所有人，以全部（*universum*），以一个群体所有人的名义发言。人们可以以公共福祉的名义发言，以对公众有利的东西为名发言，并就此将它占为己有。这遵循的是"雅努斯效应"原则：一些人有普遍性特权，但一个人不可能在拥有普遍性的同时不成为普遍性的垄断者。存在一种普遍性的资本。普遍性的管理机构的建立过程与一种行动者类别的建立过程不可分割，占有普遍性正是这些行动者的属性。我举一个文化领域的例子。国家的生成是一系列不同形式资源进行集中的过程：信息资源集中（从调查、报告中获得的统计数据）、语言资源集中（将某一种方言官方化，将其构建为居统治地位的语言，其他语言成了腐朽的、走上歧途的或者次一等的语言）。这一集中过程伴随着剥夺的过程：在一座城市建都，将其作为所有这些形式的资本的集中场所，相当于建立被剥夺首都权利的外省[1]；建立一种正当的语言，相当于将所有其他语言建立为方言[2]。正当文化是由国家担保的文化，它发放文凭来保证对一种受担保文化的占有。课程安排乃国家大事；改变一门课程，就是改变资本分配结构，就是让某些形式的资本衰亡。例如，取消拉丁语和希腊语教学，就是将整整一个类别的弱小的语言资本携带者赶向布热德主义[3]。我自己在之前做的关于学校的所有研究中，完全忘记正当文化就是国家文化……

这种集中同时也是一种统一和普遍化的形式。哪里曾经有多样、分散和地方性，哪里就有统一。我们和热尔梅娜·蒂利翁（Germaine Tillion）[4]一道比较过方圆三十公里范围内各卡比利亚村庄的度量单位：我们发现有多少村庄，就有多少单位。创立全民的和国家的度量单位标准在普遍化的意义上是个进步：米制是一种统一标准，它意味着人们对此单位的意义达成共识。这一集中、统一、整合的过程也是剥夺的过程，因为所有这些和地方度量单位相关联的知识、技能都失效了。换言之，达成普遍性的过程本身就伴随着一种普遍性的集中。有的人赞同米制（数学家），有的人由此被划入地方的范畴。公共资源的建立过程本身和将这些公共资源建立为资本的过程密不可分，这些资本由垄断了为争夺普遍性垄断权而进行的斗争的人所独占。这一整个过程——建立一个场域；该场域相对于其他需要获得独立；建立

---

[1] 布尔迪厄随后将在《场所效应》(«Effets de lieu»)一文中阐述资本与首都的这种联系，收于布尔迪厄编，《世界的苦难》，同前书，第159—167页。
[2] 关于正当语言和相关的剥夺过程，参见布尔迪厄《语言与象征权力》第一部分，同前书，第59—131页。
[3] 布热德主义或称布热德运动（le poujadisme）是1953年至1958年间由皮埃尔·布热德（Pierre Poujade）领导的保障小商人和手工业者利益的政治运动。——译注
[4] 热尔梅娜·蒂利翁（1907—2008），法国民族学家。——译注

一种不同于经济或者家庭需要的特殊需要；建立一种不同于家庭内的、家族的再生产的官僚类型特殊再生产；建立一种有别于宗教需要的特殊需要——与一种新型资源的集中和建立过程密不可分，这种资源带有普遍性，至少其普遍性程度高于此前存在的资源。无论是在经济层面还是象征层面，我们都从地方小市场过渡到了全国市场。国家的生成本质上与普遍性垄断的建立密不可分，典型的例子便是文化。

我之前所做的所有研究可以概括如下：这种文化是正当的，是因为它表现为普遍的、为所有人所用，因为以普遍性为名，人们可以毫无畏惧地消灭那些不具有普遍性的文化。这种表面上推进团结实则制造分化的文化是一种重要的统治工具，因为某些人垄断了这一文化，而我们竟无法指责这种文化是个体的，可见垄断之深。甚至科学文化也只是把这个悖论推向极致。这一领域建立及其积累的条件，与一个种姓、一个国家贵族阶级、一些普遍性的"垄断者"的形成条件密不可分。从这一分析出发，我们可以研究如何把获取普遍性的条件普遍化。同样，我们还是要弄清其方式：要实现这一目的，必须剥夺"垄断者"拥有的东西吗？我们清楚地看到这并非正确的探讨方向。

最后，我用一个寓言再来说明一下我讲的方法与内容。三十多年前，圣诞节的夜晚，我到贝阿恩一个偏僻小村庄观看一场小型乡村舞会[1]。有的人跳舞，有的人没跳；有一部分人比其他人年长，乡村做派，不跳舞，只是互相交谈，做出姿态，好让人不去质疑他们为什么不跳舞，为什么以奇怪的方式出现在这里。他们已经结婚了，因为结了婚的人都不再跳舞。舞会是婚介场所：这是一个婚姻象征资源的市场。单身者的比例相当高：50%的人年龄在25—35岁之间。我试着

---

[1] 对这一"最初场景"的叙述，参见布尔迪厄，《单身舞会：贝阿恩农业社会危机》(*Le Bal des célibataires. Crise de la société paysanne en Béarn*, Paris, Seuil, 2002)，第7—14页。

为这种现象找出一个解释：存在一个受保护的、未统一的地方市场。当所谓的国家建立时，需要统一经济市场，国家为此提供政策支持；同时也统一象征交换市场，也就是说仪态、举止、衣着、人格、身份、外表的市场。这些人曾控制一个地方基础上的受保护的市场，可由家族组织一种族内婚姻。农民生育方式的产物能够在这个市场上占有一席之地：他们能卖得出去，找到姑娘。按照我刚才提到的模式的逻辑，在这个舞会上发生的事，正是统一象征交换市场的结果，它让附近小城市驾驶机械化交通工具来的"伞兵"成为无须竞争的产品，剥夺了其他的农民竞争者的价值。换言之，可被我们描述为进步的市场统一——至少对外迁的人，也就是说女人和所有被统治者来说是如此——可能产生解放的效果。学校传递一种别样的身体姿态、穿衣方式等等；大学生在这个新统一市场上具有了婚姻价值，而农民则丧失了社会地位。这一普遍化的过程中所有的暧昧不清都在这儿了。那些进了城、嫁了个邮递员之类的农村姑娘有了获得普遍性的途径。

但这种更高一级普遍化的程度与统治效果密不可分。我最近发表了一篇文章，回顾了我对贝阿恩单身人群做的分析，重新审视了我当时的观点，我有点闹着玩，把文章取名为"被禁止的再生产"。[1] 我阐明这种市场统一产生的效果事实上阻止了一整类人的生育。在同一时期，我还研究了偶然发现的一份材料，法国大革命时期一个200人村庄的磋商记录。在这个地区，男人们采取一致表决制。法令来了，说采用多数表决制。他们就进行磋商，就有了反抗，有了一个阵营与另一个阵营之分。渐渐地，多数派占了上风：背后有普遍性做支

---

[1] 布尔迪厄，《被禁止的再生产：经济统治的象征维度》（«Reproduction interdite. La dimension symbolique de la domination économique»），《农村研究》（*Études rurales*），1989年第113—114期，第15—36页，后收入《单身舞会：贝阿恩农业社会危机》，同前书，第211—247页。

撑。围绕托克维尔（Tocqueville）按大革命连续性/间断性逻辑提出的这个问题，曾发生过很多激烈讨论。还剩下一个真正的历史问题：什么是普遍性特有的力量？这些农民秉承千年一以贯之的传统，但他们的政治程序被普遍性的力量一扫而光，仿佛他们俯身在一个逻辑上更强有力的事物面前：这个事物来自城市，被明确表述，是方法性而非实践性的。他们成了外省人、当地人。磋商汇报就此变为："省政府决定……""市政委员会召开会议……"普遍化的反面是剥夺和垄断。国家的生成，是一个管理普遍性的场所的生成，同时也是对普遍性的一种垄断的生成，以及事实上参与该事物垄断权的全体行动者的生成，而这个事物在定义上便属于普遍性。

1990—1991 年度

1991年1月10日课程

历史学研究路径与发生学研究路径——研究策略——住房政策——互动与结构关系——制度化效应：理所当然——"正是如此……"效应与可能性的关闭——可能性的空间——正字法的例子

历史学研究路径与发生学研究路径

今年课程的主题仍然是国家问题。我将主要论述两点。第一点涉及国家的生成，或者借用诺贝特·埃利亚斯（Norbert Elias）钟爱的表达，国家的社会发生学：某些逻辑引领下的西方国家的生成。第二点涉及国家的结构和功能，这一部分相当于一个总结，我将把我这些年思考国家问题的所得汇总一下。

想必你们已发现，国家的问题极为复杂。我想对于一个社会学家来说，没有比这更复杂的问题了。我的一位同行，法国社会学家米歇尔·克罗齐耶（Michel Crozier）把他的一本著作命名为《谦逊的国家，现代的国家》[1]。我常常想，国家是某种该让人变谦虚的东西，国家是一个社会学家必须谦虚对待的问题，尤其是当他着手做我试图做的事情的时候，一件有点疯狂的事情，即试图"汇总"（totaliser）——我给这个词加了引号——关于国家的理论研究既有成

---

[1] 米歇尔·克罗齐耶，《谦逊的国家，现代的国家》（*État modeste, État moderne*, Paris, Seuil, 1987）。

果——鲜有主题能让水平不一的理论家进行如此多的论述——和对所有时代和所有国家所做历史研究的成果。显然，这个计划一说出来就已经暗示它无法实现。但我认为这个计划值得去尝试。我认为社会科学经常面对这种自相矛盾和两难的处境，汇总既必要，又难以实现。

我要提出的解决方案需要你们十分明白我从事的研究究竟涉及什么。我不想再堆砌关于国家和国家理论的一些预备知识，这些理论上或者方法论上的准备多多少少有些无聊，但我觉得有些预防针该打还是得打。首先，我要区分我所谓的发生学研究路径和一般历史学研究路径。这个话题本身就够讲一年了，但我只简单说几句，给你们提供一条思考的线索。我主要想告诉你们，社会学家的抱负是什么，它和历史学家的抱负并不相同。社会学家的抱负与大多数历史学家在研究中的抱负不同：社会学家尝试为一个过程建立理论模型，也就是说，一整套系统地关联在一起且能经得起系统验证的主张，能够解释一整套尽可能广大的历史事实。这是对模型的一个简单定义。显然，鉴于要整合的材料之广，要衔接的理论模式之复杂，此举实属宏图伟业。即便如此，所有说出国家一词的人都应该（怀有这一抱负）。之所以像我刚才说的那样，要不顾一切尝试不可能，是因为那些未言明的人悄悄地在做，所有关于国家的话语都抱有同样的雄心，却并未对其可能性条件做相应的分析，这些也可能是不可能性的条件。

第一点就是要区分发生学研究路径和普通历史学研究路径；第二点，尝试指出发生学研究路径为什么不可或缺。为什么在处理像国家这样的现象时，社会学家必须将自己变成历史学家，哪怕公然冒着触犯科学研究最大禁忌之一的危险，冒着违反学科之间神圣边界这一渎神行为的危险？社会学家将自己置于遭所有专业人士谴责的境地。我之前已经说过，这些专业人士数量极为庞大。发生学研究方法很有必要，我觉得是因为它在这种特殊情况下，即便不是唯一的决裂工具，也是最主要的决裂工具之一。按照巴什拉著名的指示，必须先"获取"科学事实再"建构"科学事实[1]，我认为，在国家这样的机构框架内，在获取有别于陈见和常识的事实这个阶段，必然要求展开历史分析。

上自黑格尔，下至涂尔干，都有试图建立一套国家理论的传统，我对此做过很长的分析。但在我看来，这些理论仅仅是理论家对自己在社会世界中所扮演角色之想象的一种投射。涂尔干是这种谬误推理的典型人物，社会学家经常犯这样的错误，即在客体内部，在客体之上，投射他自己对客体的思维，而这种思维恰恰是客体的产物。为了避免带着国家思维去思考国家，社会学家应该避免带着一种由社会生产的思维去思考社会。然而，除非相信一些先验的知识，一些能够不受历史约束的超越的思想，我们可以确定，我们思考社会世界时只能凭借一种广义上的社会世界产物，从一般常识直到学术常识，概莫能外。在国家这个问题上，我们尤其能体会到社会科学研究乃至一切研究都可能具有的这种自相矛盾。之所以存在这样的自相矛盾，是因为如果我们什么都不知道，就什么也看不到，而如果我们知道，又可能仅仅看到我们已知的东西。

研究者如果完全不掌握思维工具，不了解当下正进行的辩论、科学讨论和既有成果，不知道谁是埃利亚斯等，要么可能陷入幼稚，要么可能重新发明已知的东西。但如果他知道这些，又有可能被自己的知识禁锢。任何研究者特别是社会科学领域的研究者皆要面临的一个问题，是掌握知识并且知道如何摆脱知识。说起来容易——在与发明有关的认识论话语中，我们会读到这样的东西——但做起来异常困难。研究者最重要的才能之一是找到一些计谋——我想称其为

---

[1] 巴什拉，《科学精神的形成：对客观知识的精神分析》（*La Formation de l'esprit scientifique. Contribution à une psychanalyse de la connaissance objective*，Paris，Vrin，1938）。

科学理性的计谋——恰好能够绕过、悬置所有这些前提，这些前提被运用，是因为我们的思维是我们研究对象的产物且带有一些粘连（adhérence）。"粘连"比"拥护"（adhésion）好，因为如果是"拥护"的话，一切就太简单了。人们经常说"这很难，因为人们有一些政治倾向"；然而，随便什么人都能知道，无论他偏左还是偏右，人们都面临认识论上的危险。事实上，"拥护"容易被悬置；难以悬置的是"粘连"，也就是说深刻的思维暗示，而它们并不能自我识别。

假如我们思考社会世界时确实只能凭借一种本身即为社会世界产物的思维，假如——我们可以借用帕斯卡尔的名句，但给它完全不同的意思——"世界包围了我，但我能理解它"；我要补充一句，我立刻就能理解它因为它将我包容[1]，如果我们确实是我们所处且试图去理解的社会世界的产物，那么，我们因浸入自己尝试理解的世界而得来的初始理解显然特别危险，我们应该摆脱这种初始的、即时的、我称之为信念式（doxique）的理解（源于被现象学传统重新采用的希腊语词汇 *doxa*）。这种信念式理解是一种被掌握的掌握，或者可以说是异化的占有：我们掌握关于国家的一种知识，所有在我之前思考国家的思想家都带着国家强加给他们的思维去占有国家，这种占有之所以如此容易，如此显而易见，如此即时，只不过因为它是被异化的。这种理解不理解自身，不理解它自身可能性的社会条件。

事实上，我们立刻就掌握了一些国家的事物。例如，我们知道该如何填写表格。当我填一份行政表格时——姓名、出生日期——我理解国家：是国家给我下达了我已事先做好准备的命令；我知道民事登记是什么，它是一种逐步完成的历史发明。我知道我有一个身份，因

---

[1] 布莱兹·帕斯卡尔，"宇宙通过空间包围我，像吞没一粒尘埃，而我却通过思想去了解这整个宇宙。"《思想录》[*Pensées*, Paris, Le Livre de Poche, 1972（éd. Léon Brunschvicg, 1897, Br 348）(1670)]。

为我有一个身份证;我知道身份证上标有一定数量的特征。总之,我是一堆事物。当我填写作为国家一大发明的政务表格时,当我填写一份申请或者当我在一份证书上签字时,我有能力这么做,无论是身份表格、疾病证明还是出生证明。当我们做如上这些操作时,我完全理解国家是怎么回事;从某种意义上说,我是一个国家人,是国家造就的人,这样一来,我就什么也弄不明白。所以,社会学家在这一特定情况下的研究,要尝试重新掌握国家制造并灌输给我们每一个人的这些国家思维的类别,这些思维在国家自我生成的同时出现,我们将这些思维应用到所有事物尤其是应用到国家之上来思考国家,以至于国家一直未被思考,这一直是我们大多数思维包括关于国家的思维在内的不假思索的原则。

研究策略

这看起来可能有点抽象和字面,我会试着给你们举些例子,你们就会知道在我们眼皮子底下发生了一些隐形的政变。我要举的例子是正字法,它可以成为一件名副其实的国事,尤其是在当前形势下,我待会儿会分析:这是我刚才讲的所有内容的绝佳示例。为了走出国家思维,我在过去这些年里进行了一系列批判分析:如果把"否定的神学"(théologie négative)这一说法稍加变化,我所做的事情可被称为一种"否定的社会学"(sociologie négative),所获得的结果十分令人失望。每年年末,我都该向你们坦白——就算我没有说出来,我也很想这么做——我知道我进展缓慢,我知道我没有讲论题、理论或者关于国家的课里通常所讲的内容。取而代之往往是一些理论的碎片和零散的分析,比如分析证书、表格、无私、公共服务、公众的概念在18世纪被逐步发明的过程等。

我说这些是为了解释我的研究方式,因为它可能无法被理解,并且有不被理解的权利；我是以完全有意识的方式行事的：这是一种研究策略。通常，在社会学中，尤其是涉及国家的时候，我们没有别的策略，只能像贺拉斯（Horace）面对库利亚斯兄弟（Curiace）[1]、大卫（David）面对歌利亚（Goliath）[2]时那样，以小搏大，从侧面切入一些看上去最微小的问题，否则就太困难了。然而，社会上有条法则，人们越是自感伟大，就越是爱处理"宏大问题"：问题被分成不同社会等级，高级别的人思考诸如国际关系或者国家这样的问题，并且高高在上去看那些研究证书问题的人……我的策略让我在许多研究中获得了成功，至少我认为如此。这个策略便是自愿选择附属的东西，收集残砖碎瓦，收集被大理论家放弃的小问题，因为我觉得正是在这一层面上我们才最大限度避开国家的作用，避开国家强加给我们的东西。

困难不仅来自常识，不仅因为我们会填表格，会不假思索地接受类似"国家决定……"这样的句子，会接受国家是一种现实存在，并给它加上一个形容词如谦逊的、雄心勃勃的、光荣的、中央集权的等等。我们接受一大堆不加任何解释的东西。但对一个学者来说，最糟糕的东西就是学术常识，即构成职业因此也就是构成职业性的一整套强加的问题：要想被承认为名副其实的学者，就必须提出这些问题。这样的常识很难打破，并且我们越是年轻，越是刚起步，就越是服从于这些时代的大问题，即便摆出一副自由的架势。我们有义务对这些宏大问题表达敬意……不能认为这只是种犬儒式的致敬：那些坚定捍卫正字法的人并非犬儒，要是那样就太好了，他们的敬意是真诚的且

---

[1] 根据古罗马传说，罗马城和阿尔巴城交战多年，相持不下，双方决定各选出三人进行决斗，罗马派出贺拉斯兄弟，阿尔巴派出库利亚斯兄弟，最终活下来的是贺拉斯兄弟中的一位，所以罗马取得胜利。——译注
[2] 根据《圣经》记载，歌利亚是腓力斯丁人（又译非利士人）的首席战士，带兵进攻以色列军队，他拥有无穷的力量，所有人看到他都要退避三舍。最后牧童大卫用投石弹弓打中歌利亚的脑袋，并割下他的首级。大卫日后统一以色列，成为著名的大卫王。——译注

必须为之。宏大问题需要宏大敬意，因此需要宏大论题，宏大研究和宏大概念。

我举个例子。20 世纪 60 年代，循着在大西洋两岸引发十年震动的社会运动的轨迹，国家这个一度或多或少消失的问题——一些科学模式也是如此，到处都是，唉——强势回归知识界。在美国，冲突理论与马克思主义理论，包括受结构主义启发的马克思主义［代表人物是戈兰·瑟伯恩（Göran Therborn）、克劳斯·奥菲（Claus Offe）、尼克斯·普兰查斯］再度时兴，这种回归立刻就以国家的自主性（autonomie）[1]或他律性（hétéronomie）之争为形式表现出来。国家是如马克思主义者所言具有依赖性的吗？哪怕只是如普兰查斯所言的相对依赖？国家和某一阶级之间有对应关系吗？我们想知道是什么阶级：是容克吗？是工业资产阶级吗？是贵族绅士（gentry）吗？围绕此问题有大量研究。显然，人们只质疑一种关系，却不质疑它的项：我们假定人人皆知何为贵族绅士，何为一个阶级，何为国家，然后质疑这些项之间的互相依赖或者互相独立……

针对这一潮流，出现了一种对抗，且反响巨大，其最著名的代言人是美国社会学家西达·R. 斯考切波。关于依赖性这个论点——这在当时的美国具有颠覆性，它遵循的是学生运动的逻辑——西达·斯考切波与之相对，提出了自主性的论点。她在《国家与社会革命》一书中进行了阐述，这是对巴林顿·摩尔论点的修正发展，后者是她在哈佛大学的老师[2]。她随后参与编辑了一本集体著作，名为《找回国家》[3]。在这本书中，她表明，我们做社会研究、理解社

---

［1］ 或称自律性。——译注
［2］ 西达·R. 斯考切波,《国家与社会革命》[*États et révolutions sociales*, Paris, Fayard, 1985（1979）], 诺埃尔·布凯基（Noëlle Burgi）译。
［3］ 彼得·埃文斯（Peter Evans）、迪特里希·鲁施迈耶（Dietrich Rueschemeyer）、西达·R. 斯考切波编,《找回国家》(*Bringing the State back in*, New York, Cambridge University Press, 1985)。

会世界时，不可能不让国家的作用参与其中，它的角色独立于社会力量之外，虽然国家正是在后者内部进行操作。在这个传统下，有各种各样的研究。我这儿可以拿这些问题的其中一个为例，这些问题就像巨大屏障，成千上万的研究者都要撞上它。比如，我读到一篇很精彩的研究，参考书目极佳，汇总了美国所有赞同国家依赖性理论的学者[1]。这项研究极为专业，在法国也应该这么做，但必须不限于此。作者列出了所有认为国家具有依赖性和认为国家没有依赖性的学者，他介绍了两种理论，并且基于18世纪上半叶的德国这个实际案例，尝试利用依赖性或者独立性的历史标志来弄清国家究竟具有依赖性还是自身独立。类似的研究还有很多。（但是）我认为这类研究会对认识形成障碍，因为全凭经验来研究也可能是逃避理论思考的一种方式。

住房政策

我个人曾尝试从小处着眼，从经验出发去研究国家问题。我研究了法国20世纪70年代的住房政策[2]。只要存在所谓"政策"，含有某种类型立法、某种住房补贴的规章，我们心里会想，自己大概不知道什么是国家，但不管怎样这些东西属于我们所谓的"国家"的范畴。但我们没法说再多了：在委员会完成工作之后，颁布了一定数量的法律法规，旨在用"个人补助"取代当时所谓的"建筑补助"。我是维特根斯坦主义者，我说"这是一项国家行动"，然后，

---

[1] 阿图尔·科利，《国家与发展》（«The State and development»），《国家与社会结构通讯》（*States and Social Structures Newsletter*），社会科学研究理事会（Social Science Research Council），1988年第6期，第1—5页。
[2] 参见《社会科学研究学报》（*Actes de la recherche en sciences sociales*）第81—82期。

我自问:"国家行动由什么组成?它是如何进行的,如何决定的,如何解决的?"我们脑海中一旦出现这类问题,国家依赖性或者自主性问题就变得粉碎,因为我们观察的是一个行动者的空间,一个十分复杂的空间。

在这一点上,委员会是典型的例子:我简单说一下,因为我去年多多少少已经讲过了。这是这样一些场所,从中我们找到一些可称为国家公务人员的行动者——十年后,他们将走向另一边,将"赋闲在家",将站在银行一边———些地方团体代理人、廉租房代表、银行代理人,对最后一种人来说,类似的事情关系重大,因为如果不动产融资方式改变,则所有的投资策略都要改变。我就不从头到尾分析了,否则扯得就太远了。我们发现一个竞争中的行动者的空间,他们保持着极度复杂的力量对比,掌握极为复杂和多样化的武器:一些人掌握规章,掌握前人的知识;另一些人握有科学权威和数学模型,并在这场斗争中扮演了重要角色;还有一些人享有威望。例如,雅克·德·福西埃先生(Jacques de Fouchier)囊括了一系列威望的要素:贵族姓氏、财政监察员的身份、法国最大银行的领导人。所有这些行动者进入极为复杂的物质力量和象征力量的对比关系,这其中许多是通过话语形成的。在这种需要做细致分析的力量对比中,产生了一种决定,进一步强化或者改变了某种力量对比状态。我对这种经验-理论的复杂性只做了小小的设想(因为在这一点上不再有理论也不再有经验),要操控这种复杂性才能避免简单的非此即彼:国家有依赖性还是独立的?我们从这样的分析中可以得出什么结论呢?结论是,"国家"一词是对一整套极为复杂的结构和过程的一种速记式的叫法,但也正因此,而变得十分危险。我说"国家已经决定用个人补贴代替建筑补贴",就得花若干小时阐述国家一词的言下之意。国家是在复杂的关系中、在多个场域中、在一些相关联、相对立的次场域中的成千上万的人。

互动与结构关系

在美国,有一种很流行的技术叫网络分析(network analysis)。它通过相对完善的统计学方法,分析人与人之间的互动网络。这种方法的推动者之一是爱德华·O.劳曼(Edward O. Laumann)。这位芝加哥社会学家一开始使用这种方法探究德国一座小城中的权力网络,然后又冒险将其应用于更广的网络,如白宫对某些问题的政策,由此得出了一些有趣的结论[1]。我并不同意他的全部观点,他估计也想不到我居然和他有共鸣。我并不赞同他的理论、哲学和政治立场,但他按现在的路走到底,就将走出斯考切波/普兰查斯的死胡同。所以我感到和他更接近。简单来说,他和我观点的不同之处在于,他将公共政策空间(policy domains)描述为互动的空间而非结构之间的关系。这是社会科学重大分野之一。一方面,有的人研究一个社会空间时——当我说"社会空间"时,我已经选择了一个阵营——着眼于个体之间的互动:他们互相认识吗?某人的地址簿上是否有某人的名字?他们互相通电话吗?他们到白宫做决定之前互相交流吗?等等。总之,一些人关注互动,也就是说实实在在发生的真实的社会交换。还有一些人,包括我在内,也认为互动十分重要,它往往是我们把握事物的唯一途径,且只有通过互动,结构才会显露出来。但结构并不能化约为两个交谈的人之间的互动:这其中除了表面发生

---

[1] 爱德华·O.劳曼,《多元文化纽带:城市社会网络的形式与实质》(*Bonds of Pluralism: The Form and Substance of Urban Social Networks*, New York, Wiley, 1973);爱德华·O.劳曼、弗兰茨·优班·帕皮(Franz Urban Pappi),《网络与集体行动:社区影响系统透视》(*Networks of Collective Action. A Perspective on Community Influence Systems*, New York, Academic Press, 1976);爱德华·O.劳曼、大卫·诺克(David Knoke),《组织国家》(*The Organizational State*, Madison, University of Wisconsin Press, 1988)[参见布尔迪厄(与华康德合著),《回答:为了一种反思人类学》,同前书,第87—89页]。

的事情以外，还发生了别的事情。为了说明这一点，我经常拿屈就（condescendance）的策略举例：两个人之间的互动可能是无法被化约为互动的结构关系的现实化，而互动既表露又掩盖了这样的关系。互动分析做得好，就离结构分析不远了；但二者认识问题和讨论问题的方式毕竟不同，因而有重大区别。无论如何，当我们做此类研究时——这一点上我赞同劳曼——我们不去问国家概念到底是独立的还是不独立的，而要去考察一种政策的历史诞生过程，它的来龙去脉，人们如何出台一部规章、一个决定、一项措施等等。我们马上就会发现关于依赖/独立的学术之 streit（争论）毫无意义，我们不可能一劳永逸地回答这个问题。这看起来实在有点自暴自弃。理论家害怕人们跟他说，不该一次性给出答案：他们觉得这样很"实证主义"。我们无法一劳永逸地回答这个问题，但这不意味着我们不能给出十分笼统的回答，而是意味着我们可以从摆脱这类糟糕的问题开始。我们不能一次性回答问题：而是应该针对每个案例，也就是说每个时刻，每个国家的每个问题，思考将要产生特定政策的空间具有何种结构。

举个例子：如果我想研究教育制度的改革，我将找到一个特定空间；如果我要研究一个国际危机，我就要找另外一个包含不同行动者的空间。而问题在于弄清他们的个人属性，尤其是那些横跨两个领域的人：他们是否比其他人更从属于国家呢？这是个关键的问题：这些处于产生政策的各场域交叉点的行动者具有哪些属性？如果我研究军备政策，这是完全不同于国民教育政策的空间，这不意味着我将不去追问构成国家的不变量，即决定每一项国家政策时都会发生的事情。我认为官僚场有一种特定的逻辑，在这一空间内部形成了完全特殊的利害关系。例如，在我研究的政策中，存在两个国家的团体，他们是国家的历史产物，通过制造国家自我形成，国家在自我生成的时候也应该制造他们。这就是桥梁工程师和财政监察员。这两个团体具有完全不同的利益所在，具有与他们的历史、他们在社会空间中的位置相关的官僚利益。这两个团体与银行家等其他行动者保持着不同的联盟关系。因此存在一些特殊的关键、特殊的利益，它们部分是由行动者在社会空间或者由相关政策形成的官僚次空间中的位置决定的。同时，还存在一些特定的限制和规则，它们无法化约为加在所有人身上的限制和规则。

国家有其特定逻辑，而这些限制、规则、利益，这种官僚场的运作逻辑，可能决定了对外部利益的依赖或者相对独立，或者更确切地说，决定了与外部利益的无意识的契合。从既往事实来看，我们有时甚至可以说桥梁工程师团体，出于一些十分复杂的历史原因，对廉租房采取偏"左"的立场，而财政监察员采取的是偏"右"的立场。但这只是巧合（我稍微夸张了一点）；充其量，这些行动者在为自己服务的同时，在不自知、非自愿的情况下，也顺带为这个群体而不是那个群体的利益服务了；我们甚至还可以再进一步："归根结底"、"总而言之""总体上"，所有这些国家的游戏为某一些人服务比为另一些人多，为统治者服务比为被统治者多。但为了最后说明这一点，有必要提出非历史性宏大问题吗？

这是第一点：我想说，当我们面对类似这样的一个问题时，要警惕，要对国家抱有怀疑态度，以至于在我的研究中，我从两三年前才开始写下"国家"这个词。此前，我从来不写"国家"，因为我不知道它是什么，但我已知道得足够多让我质疑它的用法，哪怕是速记式的、概念式的用法。巴什拉谈到"认识论警惕"（vigilance épistémologique）：它也应该运用在词语上。

（口头交流永远都不如书面交流好，因为我们来不及去控制。它的唯一优势是能够交流一些几乎不体面、不能写在笔记里的东西，因为我们写东西会被愤怒的或者不怀好意的同行读到。）

因此，我们应该抛开宏大理论，正如我们应该抛开常识的想法，并且怀疑即刻的理解。我理解得越多，也就理解得越少。这似乎很极端，所以我才会提出"否定的社会学"。我越是理解，就越应该怀疑；表面上看来越简单，实际上就会越复杂。我尤其应该怀疑学校问题——在一所学校里说这个很让人尴尬——但这正是研究教学的自相矛盾之处，特别是在社会科学领域。的确，研究教学应该是一种持续的"双重制约"[1]："我跟你讲了我所讲的这些，但你知道这是错的，你知道这可能是错的。"

[关于最后这点教学方法上的说明，我想说，让从事这种教学的人感到害怕的一大问题，是（我面对的）受众的极度分散。这可以从社会学角度进行分析：教育受众的同质化正是学校造成的效果。这还是历史无意识。这种局面经过若干个世纪才得以形成：人们在同一个班级里安排年龄相仿的学生、同样的课程等等。这不是一天两天就发明的，在过去某个时代，十八岁的大学生和六岁的小学生并排坐。教师们授课的对象越同质化，他们的话语也就会越在形式上同质化。法兰西公学院教学的问题之一——不论好坏——是它把专业、教育背景、年龄等极为分散的听众放在一起，而这种分散性带来很大压力，尤其是当我们意识到这一点的时候；最好还是不要意识到这点为妙，但从职业上说，我不能不意识到教学法问题；所以，当我们意识到这一点的时候会很累，因为会一直想着它。例如，当我分析互动/结构这对组合时，你们中的有些人已经听我讲了四十遍了，再听都有点烦了，而对另外一些人来说，这个问题值得用两个小时来进行阐述；那么我就尝试做一个"历史的折中"……]

---

[1] 关于"双重制约"的概念，参见格雷戈里·贝特森（Gregory Bateson）等，《迈向精神分裂症理论》（«Towards a theory of schizophrenia»），《行为科学》（*Behavioral Science*），1956 年第 1（4）期，法文版见格雷戈里·贝特森，《迈向精神生态学》（*Vers une écologie de l'esprit*, Paris, Seuil, 1977—1980），两卷本，费里亚尔·德罗索（Férial Drosso）、洛朗西娜·劳特（Laurencine Lot）、欧仁·西米翁（Eugène Simion）译。

制度化效应：理所当然

为了摆脱关于国家的国家思维，我给自己准备了好几种操作模式：经验分析、对当下诸理论的理论前提的批评、对主流问题的质疑。但反击国家思维的最有力武器是发生学思维。为什么优先选择它？涂尔干有一部杰作叫《法国教育思想的演进》，它对教育所做的研究就相当于我尝试对国家所做的研究[1]。他尝试做的并非一种教育的趣闻史，而是一种发生社会学，抽离出那些相关属性，从而理解今日的教育。为什么优先选择发生学分析？在之前的课里，我们得出的一个结论是，国家施加一种史无前例的象征强制效果，这种象征强制效果倾向于使它免受科学的质疑。我们可称之为既定的国家、生效的国家、进行中的国家，通过其建立的象征秩序自我建立，也就是说，既在客观性中，在事物之中——比如，学科划分，按年龄划分班级——也在主观性中——在以划分原则、观察原则和分类系统为形式的心智结构中——建立。通过双重强加象征秩序，国家使人们承认，大量惯例和制度是理所当然、毋庸置疑的。例如，它让我们不去质疑边境的概念，不去质疑为什么我们在法国说法语而不是另外一种语言，不去质疑正字法的荒谬，总之有一堆可能被提出却并未提出且被悬置的问题，一系列可能是制度起源的问题：一旦我们做历史研究，我们就会发现，事实上，制度起源阶段，人们曾对诸项事宜进行过讨论，而现在要十分费力才能发现它们。

我研究教育时，有一样东西令我震惊。那就是，认为教育制度可以有再生产功能的观点是在19世纪80年代提出的，彼时人们正在讨论建立义务教育制度的可能性。在初始阶段，各项功能、运作方式，一大堆后来在既定秩序中已成惯例的东西，也会被质疑、被讨论。另

---

[1] 涂尔干，《法国教育思想的演进》，同前书。

外一种情况下也会出现问题，那便是解体时期。就像某些生物学家说的那样，在解体时期，在"病理"状态下，在国家陷入危机的时刻，例如，阿尔及利亚独立的时刻，退化（involution）现象十分值得关注，因为又出现了一些问题。这些问题甚至都未被抑制，而是在被提出前就已解决因此也就不予考虑的问题：边境终于何处？必须说法语才能成为法国人吗？我们不说法语的时候，还是法国人吗？仅仅说法语就足以成为法国人吗？

换言之，与国家制度相连的象征权力的效果之一就是以信念的形式，将或多或少武断的前提变得自然而然，而它们正是国家的来源本身。同样，只有发生学研究才能让我们想起，国家以及后续发生的一切都是一项历史发明，一种历史的人造物，甚至我们自己就是国家的发明，我们的精神也是国家的发明。建立国家的发生史而非福柯意义上的"谱系学"[1]，是对抗我所谓"生成的遗忘"的唯一真正解药，这种遗忘内在于一切成功的制度化之中，内在于一切成功确立并让人无形中遗忘其生成的制度之中。一项制度在把自己变得"理所当然"时就获得了成功。我再跟你们讲一下我给制度下的定义：制度存在两次，它既存在于客观性中也存在于主观性中，既存在于事物中也存在于大脑中[2]。如果一项制度成功了，也就是能够同时存在于规章的客观性中又存在于配合这些规章的心智结构的主观性中，那么它作为制度本身就消失了。我们停止将它理解为任意的（ex instituto）。（莱布尼茨为了说明语言的任意性，称其为"ex instituto"，也就是说，是从一个创立行为出发的。）一项成功的制度忘记自己，也让人忘记它曾

---

[1] 关于谱系学概念，参见米歇尔·福柯，《什么是批判？批判与启蒙》（«Qu'est-ce que la critique？Critique et *Aufklärung*»，1978 年 5 月 27 日在法国哲学协会的演讲），《法国哲学协会通报》（*Bulletin de la société française de philosophie*），1990 年 4—5 月，第 84（2）期，第 35—63 页。
[2] 布尔迪厄，《死者抓住生者：物化历史与内化历史》，前文已引。

经出生,曾经有一个开端。

我所定义的发生学思维试图在某种程度上让开端的任意性在记忆中重现:它(于是)就和常规历史学的最常规的用途对立。常规的历史学思维的常规用途,是试图履行一种正当化功能,从事它的人甚至浑然不知,这是历史学最常见的用途之一。例如,在阅读关于国家的材料过程中,我读到了18世纪的高等法院派,如达格索等人。他们自发地开始建立高等法院史。他们是文人,需要为自己的存在寻求合理性,他们建立一种历史,目的是展示他们希望说明的东西,也就是说,高等法院历史十分悠久,他们是三级会议的继承者,因此代表了人民:通过这种方式,他们确认并建立独立于国王的权力,表明他们的正当性来自别处。历史学经常会被带到这种自我证明的话语中,部分原因在于它已经知道随后发生了什么:历史学家的研究中含有某种形式的年代错误。我读了许多历史学家的著作,依我的拙见,我看到了许多年代错误的情形。没有比历史学家更会弄错年代的了。比如,"公元1000年的法国"这种说法在我看来太可怕了:法国可是用了10个世纪才建成的……

回到源头的不确定,回到开端时刻对可能性的敞开,这对于去平庸化来说十分重要。我只是为决裂(rupture)这个概念注入了实实在在的内容,它想说的正是:不再将原本并非理所当然的事物视为理所当然,不再将本该成为问题的问题视为不成问题。为了跳脱平庸并克服内在于制度化之中的对开端的遗忘,必须重回最初的争论,它们会让我们看到,在只给我们留下一种可能性的地方,曾经存在好几种可能性及其相关阵营。就我们讲述一段历史时所采取的历史观而言,这一点影响重大。一旦我们讲述一段线性历史,我们就有了一种历史观;它会造成重大后果,它决定了历史学家该寻找什么,从建构研究对象的角度看,决定了我们该把什么看作事实。历史是线性的,也就是说单向的。哪里有多种可能的轨迹——我有时候犹豫到底要不要讲这样的东西，这实在是再简单不过的一般哲学见解——哪里就有可能性的空间，有多种可能的发展方向。公国可能转向封建制或者帝国；成为哈布斯堡帝国的，也可能成为别的东西……当我举不同王朝的例子时（你们以后会发现这很重要），一目了然。但若是理论上的可能性，识别起来就要困难得多。

"正是如此……"效应与可能性的关闭

我将举一个很具体的例子来说明，历史每时每刻都在关闭各种可能性：我们本可能不搞核能，但我们搞了；我们本可能不推行一种建立在个人投资和个人补助基础上的房产政策，诸如此类。过程的单线性关联着一种不可逆性。历史摧毁可能性：可能性的空间无时无刻不在关闭，如果你们将这一观察和我刚才所讲的内容联系到一起，就会看到一项成功制度的历史暗含着对制度起源的遗忘，历史消灭了可能性并令它们不再作为可能性被记起，它甚至令可能性变得无从想象。有的可能性被一次性撤销了，这比禁止它们还要严重，因为我们把它们变得无从想象。我们当作历史事实来认识的，如核电站、正字法、历史学和地理学的划分、地质学的存在等，它们以这样的方式存在以至于其对立面甚至并未被排除而只是无从想象。这就是我之前所说的"政变"。

我们制造国家的重要一步，我们将称其为"正是如此"（c'est ainsi），"就是这样"（c'est comme ça）。这比说"这非此不可"更糟糕。"就是这样"，没有任何别的可说；这就像黑格尔在大山面前说"就是这样"。这等于在涉及千千万万事物时，让社会行动者在毫不知情的情况下接受（甚至不要求他们发誓），等于让他们无条件接受千千万万比一切合同、协议、依附更为极端的前提。

（我说了些题外话，而且有意为之。这是出于教学上的考虑。我经常说社会学的困难在于它必须摧毁常识,赶走一切源于原始信仰的东西,这些东西比信仰更甚:这是一种不自知为信仰的信仰。社会学应该摧毁信念。教学关系中往往存在权威效应,存在"我没有多想"效应,存在"他跟我这么说的,我表示赞同"效应。人们经常对社会学家的言论表示赞同,但这并非真正的赞同,因为它一直和某种原始信念(proto-*doxa*)共存。为了打破这种善意的赞同,必须做出一些看起来具有挑衅意味的事情,也就是说选取一些棘手的问题,震惊并分化受众。只有用这种方式重做社会学家做的事,才能说出他要说的话:他在玩火。我说这个,不是为了迎合科学的神话,但不管怎么说,怀疑信念、怀疑原初的确定性是一个危险的游戏。否则,就太简单了,人们会说"他给我们画了个'拓扑'"。"拓扑"自有其地位:它们非对非错。然而,科学,社会学,不是"拓扑"。)

可能性的空间

我再举另外一个例子继续分析。眼下在国民议会有一项法案,律师集团正在为之抗争。我已经指出,盎格鲁-撒克逊式的职业建立过程极为有趣,因为它让我们看到一种资本如何能在历史中自我形成[1]。我已经指出了一种奇怪的自相矛盾,即这些在法语里所谓"自由派"的、倾向自由主义的职业实则完全依赖国家。我指出,依赖国家的工作正是自由主义职业:它们的稀有性,也就是垄断,全靠国家的保护。后者规定了这些职业的入场券,而这些职业以异常警觉的方式斗争,以便维持这一边界,维持他们垄断权的边界。我在70年代还曾经说过,美国出现了法律社会学的复兴,它和我之前提到的国

---

[1] 布尔迪厄此处指涉的是他 1989 年 2 月 9 日讲到"无私"问题的那一节课。他此处暗示的法案,改变了法律从业规定,要求律师必须持有学历。

家研究的复兴有相同的背景。一些社会学家开始对法律的起源产生兴趣，提出一些平常不被提起的问题。这和左派运动中的替代性法律人士（juristes alternatifs）的壮大相关，也就是说一些人在团体之外、在职业之外，有偿或者无偿提供法律服务，例如女权主义逻辑下的女性法律援助协会，或者为波多黎各人提供法律援助以保护弱势群体利益。法国曾经有此传统，如消费者协会法律办公室、政党或者工会法律办公室；这些法律办公室人员往往没有律师的标签，没有法律文凭。现在有不少议员，不论倾向如何，都有一个共同特点，即和法律有联系（他们有法律方面的证书）——这让他们把党派之别丢到一边——他们起来斗争，想禁止人们在没有法律担保的情况下提供法律服务。改革企图强制要求所有人必须获得法学士学位或者与其相当的文凭，才能长期并有偿提供法律咨询。这样就恢复了垄断。

　　为什么这和可能性的空间相关？因为这项措施还处于诞生阶段，大家还在讨论。我可以引用司法部一位（社会党）部长在台上的发言，他总归还是做了很好的反思，他说："如果法案实施，这意味着一名在劳资调解委员会工作了20年或者25年的工会战士，由于没有学业证书，就不能再从事法律事务，而他所求报酬甚微。"并且谴责全体有文凭的人："（他认为）农业商会的地产专家、工会劳动法专家、全国农业经营者工会联盟（FNSEA）的农村土地合并专家将会被剥夺提供法律咨询的权利。"换言之，这些协会要么消失，要么就雇一个律师。这跟我的问题有什么关系呢？那便是，仍然有一些人在斗争，仍然还有希望。消费者和工会将会行动起来，否则这些法律办公室将在四年内消失。我不是在做诊断。假设它们在10年后消失：除非你们是历史学家，否则你们会忘记可供选择的另一可能，即可以有一些由非职业人士主持的法律办公室。另外，结构很可能将发生改变，工会可能会给那些人钱让他们去学法律，劳资调解委员会可能不再是现在这样，不再用同样的方式捍卫人们的利益，不再以同样的方式理解问题……可以确定的是,心智结构将会改变:人们不再用相同的方式和劳资调解委员交谈,不能讲粗话;那些只会讲粗话的人将无话可说,就像现在大多数法律场合下一样。我们会达成一种符合要求的法律状况,而其起源将被遗忘。住房政策也是如此:集体廉租房/私人小院二选一的情形是一种虚假的二选一;还有第三种可能性,即出租私人小院,但实际上并没有。没有任何一位社会学家谈到它……换言之,二选一,集体/私人住宅的对立被一项历史过程一扫而过,这个历史过程以此种方式建构问题,我们可以找到其来龙去脉。而同一类型的问题还有成千上万。

正字法的例子

再举一个例子:正字法是绝佳的说明[1]。想想看,这项讨论在报纸上,至少在《费加罗报》(*Le Figaro*)上所占的篇幅要比海湾战争还大:为什么会这样?置之一笑,说这是无关紧要的琐事,证明法国人很无聊,就够了吗?美国人觉得这很搞笑,很荒谬。但我认为这个问题占如此大的篇幅,是因为它对于被动员起来的人来说是十分严肃的问题。我所有的社会学研究都旨在解释这类问题,让人们明白,在取消地理课、取消一刻钟体操课、用一刻钟数学课代替一刻钟音乐课时,涉及的是生死攸关的问题。他们的直接利益被动摇,就像律师的

---

[1] 参见《正字法更改》(«Les rectifications de l'orthographe»),由法语语言高级理事会编辑发表于《法兰西共和国政府公报》(*Journal officiel de la République française*),行政文件,第100号,1990年12月6日。此问题引起的争论在课程期间正进行得如火如荼:1990年12月成立的拯救法语语言联合会(ASLF)动员法国的诺贝尔奖获得者和伦理与政治科学学院院士介入媒体,反对改革。联合会的一名成员将在接下来的一周内交给皮埃尔·布尔迪厄一份汇总了所有媒体相关报道的文件,尤其是克劳德·列维-斯特劳斯发表在1991年1月3日《费加罗报》上的题为"一切从头再来"(«Tout reprendre à zéro»)的文章。

情况中那样，或者间接利益被动摇，而这更糟糕，因为受影响的是他们的身份利益。但究竟是为什么呢？既然他们的工资并不取决于此。要想弄清这样的问题，弄清这些问题为什么重要，弄清为什么内战可能会由表面看来无关紧要的事情引发，就必须具备一套极为复杂和严格的解释体系，而国家在其中扮演根本的角色。这其中关系到的是社会学上最重要的东西之一，即社会热情，也就是说一种十分强烈的、悲壮的爱恨之情，而常规社会学会把它划归为非理性、无法理解，从而将它排除。一些语言战争以宗教战争的形式发生，一些教育战争实为宗教战争，它与公共和私人的对立毫无关系，要那么想就太简单了。

我来说一下分析的原则，正字法，即 orthographia，是正当的书写，合乎规范的、正确的，如我们所说，是被修正过的书写方式——就像语言一样。正字法毫无疑问是历史进程的产物。法语是一种人造物，但正字法是等而下之的人造物，是从中世纪僧侣直到各种委员会作用下的一系列或多或少任意的历史决定的产物，但这些委员会一直都是国家的委员会。但凡涉及正字法改革，总会有一些人高举盾牌，他们通常是国家文人、学院院士。如果他们落入陷阱，是因为他们的身份促使他们回答这类问题。他们面对的是一种双重制约。第一反应是说："国家要求我们批准一项有关国家正字法的国家措施。"国家有一系列决定，但这些国家决定是通过教育机构的媒介作用变为心智结构的，后者反复教导学生要遵守正字法。

那些有趣的论据中，最让记者发笑的是审美方面的论据：nénuphar（睡莲）这个词带个"ph"比单独一个"f"更美；这很好笑，但很真实：对于一个紧随国家正字法、由国家创造的人来说，这确实更美。这涉及审美问题，我不再多讲，留给你们自己思考吧……这里，国家和它自己沟通，而正字法能成为一项国事，是因为通过作家来想象的，正是国家的无从想象。几年前，我们针对拉丁文的捍卫者做过一项调查。它与正字法的情形呼应：最激烈捍卫拉丁文的人是对拉丁文略有研究、在技术性(**领域**)教书的人,因为对他们来说,这是最后的区别之所在,是终极的 diacrisis(区分),而熟谙拉丁文的人并不在此列。当前,正字法之所以是极为敏感的区分之所在,是因为它尤其关系到代际问题。在《区分》一书中有一张照片,我们看到一个留着长头发的年轻人和一个留着小胡子的老先生[1]。这是官僚系统中十分常见的情形,留着小胡子的老先生学了正字法,我可以说他只知道这个,而长头发的年轻人读《解放报》,会电脑……但他不懂正字法,错误一大堆。这是最后的区分所在之一,并且显然,对有些人来说,他们所有文化资本都与这最后的区分相连,与之依存。

我讲过"文化资本",但我还应该说一说它和国家之间的关系。这正是我今年课程的主题。正字法是一个很好的例子,法语这门语言也是如此。我认为国家的生成,就是一些空间的生成,在这些空间中,一种符号表达方式以垄断性的方式强加于人:人们应该以正确的方式说话并且只能以这唯一的方式说话。这种与国家外延相同的语言市场与书写市场的统一,是由国家在自身建立时完成的。制定标准化的拼写方式、标准化的度量衡、标准化的法律,用统一法取代封建法等,是国家自我建立的方式之一。这种统一、集中、标准化、同质化的过程,就是国家自我建立的事实,它伴随着一种不断复制的过程;这样的发展史通过教育制度在每一代人的个体发育中自我复制,这一过程造就了在书写、拼写方式、说话方式等方面同质化了的标准化个人。这一双重过程完完全全变成了无意识的(对起源的遗忘),以至于人们忘记了这本是一样十分随意的事物。翻开罗贝尔词典,你们会找到十来条引文,其中有一条是瓦莱里的,讲了法语拼写之荒唐。

一些极偶然的事物就这样变得十分必然,甚至还不止:它们还变得自然。如此自然以至于改变它们就好像要除去大气层,好像要让一

---

[1] 布尔迪厄,《区分:判断力的社会批判》,同前书,第164—165页。

堆人无法生活似的。要想弄明白类似情形下发生的事情，就需要对不同立场做差别社会学分析，看看谁赞成、谁反对……这是一个无与伦比的实验状况。人们说社会学不做实验：这完全是错误的观点，我们已处在实验状态，只需观察即可。当然，要给出解释，还有许多工作要做，但所发生之事的根源，是国家与它自己的相遇，国家作为制度，具有一切制度的属性：它以语法、词典、拼写规则、政府建议、语法教师、拼写手册等形式存在于客观性之中，又以要用正确方式也就是说被修正过的方式书写的倾向或者认为应该以正确的方式书写（在捍卫正字法的人里，有一些人也会犯拼写错误）的倾向为形式，存在于心智结构之中。而重要的是，对正字法必要性的一种信念式依附。国家可以一举两得，既有了一些正字法老师，也有了一些时刻准备为正字法牺牲的人。

1991年1月17日课程

对课程研究方法的提示——"国家"一词的两个含义：国家-行政，国家-领土——构成认识论障碍的历史研究中的学科划分——国家生成模型之一：诺贝特·埃利亚斯——国家生成模型之二：查尔斯·蒂利

对课程研究方法的提示

上周，我做了个有点长的导论，好让你们知道在思考国家的时候会遇到哪些特殊的困难，并且举了正字法的例子。这个例子绝非只是逸闻趣事，因为无论我们是忙于正字法战争，还是忙于更真实或者说更可怕的战争，都处在同等的被国家思考的危险之中。我认为在这两种情形下，努力思考的人们都受制于一种国家效应；我曾尝试分析的，更确切地说，尝试提醒人们的，正是这种国家效应，我之前已经提到过这个问题。在对国家的生成做发生学分析之前——在我看来这是能让我们略微摆脱国家效应的途径之一——我想告诉你们我今年课程要遵循的主线，好让你们能跟着我在接下来所走的线路上蜿蜒漫步。你们必须知道我想达到什么目的，才能理解甚至接受我将深入探讨的那些表面看来不连贯且有些游移不定的细节。

我想试着说明国家这种巨大的崇拜物如何自我建立，或者打个比方，这一"象征资本中央银行"是如何自我建立的，我后面会解释。所有在社会世界流通的信用货币，所有我们可以指称为崇拜物的实

在，无论是学校文凭、正当文化、民族、边境或者正字法的概念，都在这个场所中自我生成并为自己担保。因此，我需要研究诸多崇拜物的创造者与担保人的产生过程，为了这些崇拜物，一个民族的全体或者部分随时准备献出生命。我想我们应该一直牢记，国家是一种象征力量，正如人们说的那样，它可以获得至高无上的祭品，既可以为了一些像正字法这样微不足道的事物，也可以为了像边境线这样看上去更为严肃的事物。我推荐你们去读康托洛维奇的精彩文章《为祖国而死》[1]。我们应该立足这一思维传统来理解国家。我坚信，发生学分析是仅有的几种打破共时知觉中的内在幻觉的方式之一，这种信念式依附源于这样一个事实，即国家和它的所有创造——语言、法律、正字法等——既铭刻在现实中也铭刻在大脑中；国家还制造了一切所谓的心理效应，更严格来说叫象征效应，即所有促使我们用国家思维来思考国家的效应。

"国家"一词的两个含义：国家－行政（État-administration），国家－领土（État-territoire）

为了明确这条主线，我再回顾一下我已经做过的区分，你们在所有词典上都能找到。不论是罗贝尔词典，拉朗德词典，还是拉鲁斯词典，传统上都区分了国家一词的两个含义，在我看来，二者有本质关联。一方面，是词典上作为第二释义给出的狭义：国家，即行政，全体部委领导机关，一种统治形式。另一方面，在更广泛的意义上：国家是民族的领土和全体公民。历史学家争论究竟是由民族产生国家还是由国家产生民族，这一讨论从政治角度看很重要，但在科学上毫无价值。并且，重大社会讨论往往会屏蔽并阻碍重大科学讨论。这种二

---

[1] 康托洛维奇，《为祖国而死及其他文章》，同前书，第105—141页。

选一的情况会分离民族传统，分离政治传统，并成为一个十分重要的问题，因为依据我们把国家放在第一位还是把民族放在第一位，我们会掌握十分不同的正当化工具。所以说这是一个非常棘手的政治问题。

在我看来，上述区分有用但太不自然，我想提出的国家生成模式原则上可简单表述如下：狭义国家，即国家1（行政、统治形式、全体官僚机构等）通过建立广义国家，即国家2（民族领土，由互相承认的关系聚集在一起、说同一种语言的所有公民，这些都被放到了民族这个概念下）来自我建立。所以国家1通过建立国家2来建立自身。简单表述就是这样。更严格一点来说，国家被建立为一个行使有形暴力和象征暴力集中权并构成诸项斗争关键的相对自主的场域，这个过程与建立归它管辖的统一社会空间密不可分。换言之，借用哲学上的经典区分，国家1与国家2的关系就是能动的自然（natura naturans）和被动的自然（natura naturata）的关系。你们会说，我这是在用"使变黑暗"（obscuro）来解释"黑暗"（obscurum）……

（教室里总会有某一个人，晦涩的东西在他面前变得清晰明了，然后他突然对自己说："他想说的原来就是这个！"）所以我有意使用好几种语言。为了解释我思考和讲话的方式，我经常说，正是通过改变言说事物的方式，人们才从禁锢自己的常规方式中解放自己；这是寻找线索和途径的一种手段。帮我找到途径的一些东西可能帮上别人的忙。所以我才告诉你们这些，而在一本书里，只会剩下其中一种。从交流的角度看，书籍比口头陈述更严谨，但也更贫瘠、更低效……很多人跟我说，"我们听你讲课时，什么都懂；但读你的书时，却什么也不懂"，对我来说，也是这么回事。区别恰恰在于，口语中我们可以观察到语义的开放，而在书写时，我不得不放弃它。

作为能动的自然、作为建构原则的国家之起源，伴随着作为被动的自然而存在的国家之起源。为什么还要强调这点？因为幼稚的看法会导致一种拜物教，好像作为领土、全体行动者的国家是作为政府的国家的基础。这种偶像化说到底颠倒了实际的过程。我说国家通过建立行为完成自我建立，但从发生学角度看，我们一直都被引导去发现各种程序、司法技术、资源再收集技术、知识集中的技术（书写）等这些中央层面的发明如何在领土和人口方面引起较为长远的深层变化。当我们确定发生次序时，倾向于把中央国家的建立摆在比作为领土的国家的建立更优先的位置，而在自发的观察中，情况完全相反：特别是，民族主义总是用统一的语言导出必须建立统一政府的结论，或者借此证明统一领土基础上的统一政府的正当性。在实际起源过程中，被自发感知的拜物教建构为第一推动力和原则的东西，事实上往往处于第二位。此乃做发生学分析的又一个原因。

国家作为一个民族的一般事务部门，作为我们所谓的公共事务部门（中央权力、公共权力、行政管理等），对特定的居民和领土行使最高权威。这看上去似乎在说，国家是"固定在特定领土之上，服从于同一权威，并可被看作一个法人的人类集群"，或者是"有组织的社会，拥有独立政府，相对于和其有关联的其他类似社会扮演不同法人角色"[1]。拉朗德先介绍有组织的社会，然后介绍一般事务部门，这便心照不宣地接受了——因为哲学家也有无意识——一般的观念，认为这些总体事务部门是社会的表现形式。

我将详细并慢慢进行的这种发生学分析的作用之一，是摆脱内在于共时性感知中的幻觉，并让人们看到，可在社会空间中被描述的一系列社会行动者（国王、法学家、枢密院成员等），如何制造了国家并通过制造国家使自己成为国家的化身。强调这一点，就导向我在此前的课里一直提到的一个问题。用比较通俗甚至有点简单化的方式来

---

[1] 安德烈·拉朗德（André Lalande），《哲学技术与批评词典》[*Vocabulaire technique et critique de la philosophie*, Paris, PUF, 2006（1926）]，第303—304页。

说就是：国家对谁有利？存在国家利益吗？公共、公共服务会产生利益吗？普遍性会产生利益吗？谁是它的携带者？一旦人们像我这样提出问题，我们就会同时描述国家建立的过程和这一生产过程的负责人。所以我们要问自己——为了方便记忆，我将韦伯对国家的定义扩大化，如果接受这个定义的话，国家即是正当的有形暴力和象征暴力垄断权的持有者——谁垄断了这种垄断权？韦伯的定义没有提出这个问题，所有重复他的定义为己所用的人，尤其是埃利亚斯，也没有提出这个问题。

构成认识论障碍的历史研究中的学科划分

在给出论述主线后，接下来我将开始对国家做发生学分析。在此过程中，我遇到了两类数据：一方面是浩如烟海、不计其数、取之不竭、难以驾驭因而令人生畏的历史学著作；另一方面，在关于国家的一大堆笼统的理论之中，有一些和我比较接近。为了让你们迅速明白数据之浩繁和我的计划之狂妄（hybris），我引用英国历史学家理查德·J. 博尼（Richard J. Bonney）《1500—1600年间法国的战争、税收和经营活动：对研究可行性的几点初步意见》[1]这篇文章中的一句话。他只参照了一块很小的历史学地带："最被忽视的历史学地带是边界地带；例如，专业之间的边界。因此，研究政府必须了解政府的理论，也就是说了解政治思想的历史。"我尝试进入的这个学术领域，极为有趣，在盎格鲁-撒克逊国家蓬勃发展。它并非政治理论史［取

---

[1] 理查德·J. 博尼，《1500—1600年间法国的战争、税收和经营活动：对研究可行性的几点初步意见》（«Guerre, fiscalité et activité d'État en France, 1500-1600. Quelques remarques préliminaires sur les possibilités de recherche»），让-菲利普·热内和米歇尔·勒梅内编，《现代国家的生成：预扣与再分配》，同前书，第193—201页。

该词的狭义：由被认为配得上理论家名号的人建构的理论——博丹（Jean Bodin）、孟德斯鸠（Montesquieu）等，老是这些人]，而是中世纪以来所有关于国家且与国家的创造（我有意用了这个不暗含任何因果作用的词）相伴相生的话语的历史，这些话语是制造国家的人的所作所为，他们受亚里士多德影响，后又受马基雅维利影响。

一般的思想史研究把这些话语当作一些有意思的理论来对待，并采取今时今日的立场：我们寻思博丹反对另一个理论家是否在理，这有点像巴黎政治科学院的讲课方式……在我看来，这些理论具有完全不同的地位。这是一些被其制造者的社会生产条件所建构的结构（structures structurées），制造者本身处在某一国家空间中，处在某些位置上。同时，这也是一些对这些行动者知觉起建构作用的结构（structures structurantes），而这些行动者推动了现实组织结构的出现。例如，从亚里士多德的审慎概念出发，最早的法学家开始定义政治家的审慎，它不同于骑士的英勇，后者比较冲动，不太能控制自己各方面的感官意识。关于这一点，我们可以读乔治·杜比（Geroges Duby）的精彩论述[1]。读亚里士多德不再是为了写议论文，而是为了弄懂什么是国家。

以上就是应该尝试掌握的一小块学术领域，不过，为了成为此类问题专家，早就该奋起反抗了。我给你们引一段米歇尔·塞尔（Michel Serres）少有的让我也赞同的主张：他说，科学界一大重要审查现象便是学科划分[2]。实施审查的方式是将知识划分，并让某些东西在边界两边都变得无从想象。（我再次引用）这位英国历史学家

---

[1] 乔治·杜比，《法国史》(Histoire de France, Paris, Hachette, 1987)，第1卷《中世纪，从于格·卡佩到圣女贞德（987—1460）》[Le Moyen Âge, de Hugues Capet à Jeanne d'Arc (987-1460)]；再版于Pluriel丛书，2009。
[2] 米歇尔·塞尔主要在《西北通道》(Le Passage du Nord-Ouest, Paris, Minuit, 1980）中阐述了这个观点。

(理查德·J. 博尼）的话："最被忽视的历史学地带是边界地带；例如，专业之间的边界。因此，研究政府必须了解政府的理论，也就是说了解政治思想的历史，了解政府的实践。"这些法学家发表了一些言论，而我们并不知道这些言论与他们的实践之间的关系。那些围绕"国家干预太多，国家干预得不够"（«Trop d'État, pas assez d'État»）写作的人制造一些言论，而我们应该质疑这和他们所作所为之间的关系。这种关系很成问题，每种情况下都不一样。我接着引用："……了解政府的实践，也就是说制度史（这是历史学中独立的一个专业）；最后，了解政府成员（各个机构、枢密院及其成员；有一些人做群体传记学研究，这些人像弗朗索瓦丝·奥特朗夫人[1]那样，研究法学家、法律顾问的谱系）……因此就等于了解社会史。（这是历史学家省事的办法；社会史不能化约为制造了历史的人的历史。）"然而，鲜有历史学家能够在不同专业领域游刃有余。在一个时期范围内（他想的是从 1250—1270 年间），还有其他边界地带有待研究。例如，现代早期的战争技术。（战争也是推动国家建立的因素之一：要打仗就得征税。）如果对这些问题没有更好的了解，就很难衡量某政府在特定战役中在后勤方面所做某项努力的重要性。但这些技术问题不应该仅仅以传统意义上的军事史学家的视角来考察，军事史学家也应该是政府史学家，在公共财政和税收史领域还存在诸多未知。同样，一名该领域的专家也不该只是旧有概念中狭义的财政史学家，他还应该是一位政府史家学，并对经济学有所涉猎。不幸的是，历史学被划分成琐碎的学科，专业人士各行垄断，人们感到历史的某些方面比较时髦，而另一些则已过时，这对这项事业来说实在无甚益处。曾经长达

---

[1] 弗朗索瓦丝·奥特朗，《精锐职系的诞生：巴黎高等法院成员，1345—1454》(*Naissance d'un grand corps de l'État. Les gens du Parlement de Paris*, *1345-1454*, Paris, Publication de la Sorbonne, 1981）。

30年时间，历史学家压根儿不谈论国家，而眼下在法国，所有人都开始谈论它，但在美国，人们则很少谈论。

研究国家建立过程的社会历史，其困难在于历史资料的广度、分散性和多样性，包括某一单个历史时期内学科的多样性、历史时期的多样性、民族传统的多样性等。我试图在这些多到"骇人"的文献里抓住我认为恰如其分的内容。显然，我随时都可能犯错、曲解，尤其是我可能以更自以为是、更武断的形式把历史学家说的东西再说一遍。历史学家多少也就是这么自我防御的，且不幸的是，他们经常颇有道理。因此，一方面需要了解数量庞大、零散、缺乏条理的历史文献，而最重要的历史直觉往往隐藏在页下注释里；另一方面，需要掌握主要国家理论，尤其要关注尝试给出国家生成模式的理论家。我认为他们和我之前提及的理论生产以及去年我讲过的研究封建国家生成的理论家有着根本的区别。

国家生成模型之一：诺贝特·埃利亚斯

我今天要讲的第一种理论，代表人物是埃利亚斯；他发展了韦伯的理论。我这么说有点唐突和简化。很奇怪，历史学家面对社会学家时总是很恼怒，而埃利亚斯是了不起的中介之一，让社会学得以被接受，但是以一种缓和的形式。历史学家尤其是法国的历史学家，出于种种复杂原因不愿意了解马克斯·韦伯，埃利亚斯为他们提供了一种途径，可以在不知道韦伯的情况下像韦伯那样研究，因此也就可以把来自韦伯的东西算在颇具独特性的思想家埃利亚斯的头上。他的理论也不是无中生有，我觉得知道这一点很重要。埃利亚斯尝试在发生学领域运用韦伯关于国家的某些根本观点：他发展了一种受韦伯启发的国家发生学理论。关于这个问题，以法语出版的他的主要文本是《西方的动力》。在书中，他努力说明国家是如何建立的，也就是说，按照韦伯的公式，这个组织成功确立了它在某一领土上行使权力的意图，而这一切得益于它垄断了暴力的正当使用权[1]。韦伯想到的暴力是有形暴力，即军事或警察暴力。"正当"一词，如果我们十分严肃地看待它，已足以展现暴力的象征维度，正当性的概念含有承认的意思。尽管如此，韦伯在他的理论里没有充分论述国家的这个方面；而在埃利亚斯那里，这个方面——在我看来，它十分重要甚至最为重要——几乎完全不见踪迹。这是我对他的模型主要的不满意之处。埃利亚斯实际上放过了国家权力的象征维度而主要研究了一种双重垄断地位的建立：有形暴力的垄断和税收的垄断。他着力描述与私人垄断（国王的垄断）转化为公共垄断的过程相伴而生的垄断化过程。我认为埃利亚斯真正的创举，且为我的国家发生理论提供支撑的，是在分析私人垄断［我称之为王朝国家（État dynastique）］向国家公共垄断的过渡时提出的一些基本概念。他感觉到了这个问题的重要性并且描述了一些重要机制。我将试着坦陈我个人认为埃利亚斯模型的源头、局限及其优点。

第一点，埃利亚斯认为有两个紧密相关的过程：首先，暴力工具逐步集中，查尔斯·蒂利（Charles Tilly）称之为强制工具（instruments de coercition）——他和埃利亚斯很接近但侧重点不同——以及每个国家的税收集中于单一领导人或者管理机构之手。我们可以将国家的生成用"集中"（concentration）或者"统一"（unification）甚至"垄断化"（monopolisation）来概括，但"垄断"（monopole）这个词更好。这个过程伴随着通过一国元首与相邻国家元首竞争而实现的领土扩张，失败者在竞争中被淘汰。埃利亚斯说——我认为他是对的——我

---

［1］ 布尔迪厄在此将国家定义为："国家是这样一个人类团体，它在一定疆域之内（成功地）宣布了对正当使用暴力的垄断权。"［马克斯·韦伯，《学术与政治》，同前书，第29页。］

们可以将国家自我建立时的垄断过程和市场垄断过程做比较。他发现国家垄断过程和市场上各公司竞争导致的垄断过程类似——这个著名的垄断法则说的是,最强者有机会吃掉最弱者并且通过他们来扩大自己[1]。(可能我有点简化,但你们以后会读到这本书。我给出参考文献的时候,自然是希望你们能好好利用,并且能对我的论述提出反驳。)这两种垄断,即税收和军队的垄断以及领土的垄断,互相关联。正是对税收资源的垄断确保了军事力量的垄断,后者反过来又维护了税收的垄断。

关于这一点,存在争议:究竟是战争离不开税收,还是说战争决定了税收?埃利亚斯认为,这两种垄断是一体两面。他举了一个十分精彩的例子:芝加哥黑帮有组织地勒索保护费和国家并无太大区别[2]。社会学家应该有能力建立一个个案用来进行比照,然后将个案纳入一系列情况中,在这当中,此个案将同时显示它的独特性和普遍性。事实上,勒索和税收的性质完全相同。国家对人们说:"我保护你,但你得交税。"而黑帮有组织地勒索保护费妨害了国家对正当暴力的垄断和对税收的垄断。埃利亚斯一击三连:一、国家是一种勒索,但不仅于此;二、一种正当勒索;三、象征意义上的正当勒索。

---

[1] 埃利亚斯,《西方的动力》,同前书,尤其是第一部分第1章"垄断法则"(«La loi du monopole»)和第4章"王室垄断的胜利"(«La victoire du monopole royal»)。

[2] 埃利亚斯在《西方的动力》第6章"税务独占的社会发生学"(«La sociogenèse du monopole fiscal»)部分谈到了这个问题,第152页及其后。查尔斯·蒂利随后在《强制、资本与欧洲国家,公元990—1990年》(*Coercion, Capital and European States, AD 990-1990*)一书中的第3章"战争如何促成国家以及国家如何导致战争"(«How war made States, and vice versa»)后文将引。另参见同一作者的文章《发动战争、建立国家是有组织的犯罪行为》(«La guerre et la construction de l'État en tant que crime organisé»),收于西达·R. 斯考切波,《找回国家》(*Bringing the State back in*),同前书 [劳伦·戈德迈(Laurent Godmer),安娜-法郎士·代德(Anne-France Taidet)所译法文版见 *Politix*,2000年第13(49)期,第97—117页]。

在此我提出问题：勒索如何变为正当，也就是说不被看作勒索？从来没有一个历史学家拿税收与勒索作比，而我认为它们确实类似。社会学家与历史学家不一样，社会学家心怀恶意：他们提出一些失礼的问题，但它们也是科学问题。埃利亚斯问：国家难道不是一种特殊的勒索？于是便提出了这种正当勒索的特殊性问题。在我看来，这第一点比垄断法则有趣得多。历史学家看不到它。社会学研究方法最为他们诟病的一点便是这种不得体。在这一点上，我们可以对社会学家和历史学家的起源进行比较社会学分析：人们是如何成为历史学家或者社会学家的？历史学家怎么写作，社会学家怎么写作？全面规定了历史学家（他们本身形成了一个场域）和社会学家（他们也形成了一个场域）特点的心理结构如何复制再生？

其次，垄断化过程采取一系列淘汰赛的形式（还是和勒索类似），每次都会有一个竞争对手消失。渐渐地，一系列导向内部和平的战争终结，出现了唯一的国家与内部和解。埃利亚斯敏锐感觉到了国家的二重性。国家确立了统治，但这种统治以一种和平形式作为交换。从属国家可获得秩序的利益，这种利益分布不均，但即便对最弱势群体来说，它也不是可有可无。暴力手段集中在极少数人手中，导致军人越来越难以通过使用自身掌握的军事资源获取领土。渐渐地，他们的能力和军事活动服从于中央领导者。于是，绝对主义国家通过一种集中过程建立了，这一过程使领导者（国王）及其臣民之间的力量达到平衡。在我看来，这是埃利亚斯最独到之处。他阐述了中央权力的某种自相矛盾：国王越是扩大他的权力，就越是扩大他对依赖他权力的人的依赖性。这等于用一种更聪明的方式说：国家的扩张提出越来越多的问题——在一个县范围内简单的事情放到郡里就复杂了……埃利亚斯用社会空间的术语来描述属于空间效应、空间距离效应的东西。埃利亚斯以反思状态下的社会建构为原则：他从不放过原始的、未经社会学建构的东西。他说，集中不仅仅是一种会引发问题的空间扩张。

很多著作都论述了通讯、距离问题，它们并非毫无用处：一个满身负荷的罗马士兵每天要走多少公里；一个信使从帝国的一端走到另一端要花费多长时间？这是些很现实的问题，但在政府理论框架内意义重大。集聚的权力越大，它就越难以被其持有者方便地监督，而后者也就越依赖于从属他的人；这一切的根源恰恰是他的垄断。国家生成本身就含有诸多矛盾，这对于理解何为国家来说至关重要。掌握权力的人越来越依赖于从属他的人，后者的数量越来越大。

随着国王或中央首领对其从属者的依赖性的增加，他的自由程度也在同时增加：他也可以在他的从属者之间挑起竞争。他有了更大的行动余地——这是谈论其自由的一种好方式；首领可以玩弄中央权力所依赖的集团或者阶级之间的对立利益的多样性。埃利亚斯在此描述了一个可被推而广之的个案，我称之为"办公室效应"：在一个15人的团体里，有一个人被指定或者自行指定组成办公室，组成中心场所；其他人被拆散、分开，只能通过占据中心位置的人的中介来互相交流。这一中心位置造就了自身的发展和关系的衰减，而这只不过是因为它身处中心罢了。我想这十分重要，比如说，这有助于我们理解，为什么那么多王子中特定的那一个被承认为国王。历史学家很好地提出了这个问题，尤其是勒高夫（Jacques Le Goff）：法兰西岛领主被承认为国王，这让他有了其竞争者所没有的象征优势[1]。但国王称号的象征优势并不足以让我们理解国王在和其他公国竞争中所特有的优势。身处中心所带来的结构优势异常重要。这正是埃利亚斯指出的："所有个人、所有群体、社会等级或者阶级，在某种意义上都互相依赖；他们是朋友、盟友、潜在的合作者；他们同时又是对立者、

---

[1] 雅克·勒高夫，《国家与权力》（«L'État et les pouvoirs»），收于安德烈·布尔吉埃尔（André Burguière），雅克·雷维尔（Jacques Revel）编，《法国史》（*Histoire de la France*, Paris, Seuil, 1989），第 2 卷，第 36 页。

竞争者、潜在的敌人。[1]"换言之，国王处于一种元社会位置，其他所有人都以他为参照衡量自己、定位自己，其他所有人本身又相互处在他们可以操控的联盟或者竞争关系之中。所以，这并不仅仅是埃利亚斯所讲的集中原则，他想得有点太简单了。

与此同时，埃利亚斯还描述了另外一个过程——这是最有意思的一点——这个过程终了时，"被集中的和被垄断的资源渐渐倾向于从几个人的手中转向越来越多的人的手中，并最终成为作为整体的互相依赖的人际网络的功能"。换言之——这是他分析的高潮，也是我在谈国家场或者官僚场时想说的东西——埃利亚斯认为，随着权力的集中，出现的不是一个中央权力主体，而是一个权贵之间互相依赖的网络。我再补充一下：一个持有不同权力原则——宗教的、官僚的、法律的、经济的——的权贵之间互相依赖的网络。以至于这一空间的复杂结构成了国家决策的生成原则。我们从一种相对私人的垄断——埃利亚斯一直很谨慎：垄断从来都不是完全私人的，因为它被家庭、世系所分享——过渡到一种公共垄断——我要说"相对公共"，因为垄断也从来都不是完全公共的。这正是分析的精髓所在。我还是引用埃利亚斯的话："行使权力时的去个性化和制度化导向一些更长的链条，导向社会成员之间一些更密集的互相依赖的网络。"这里，他提出了依赖链条延伸的概念，即我所谓正当性链条的延伸：A赋予B正当性，B赋予C正当性，等等，某某又赋予A正当性。当我们在历史的长河中寻找宏大规律时，这种延伸是一个至关重要的过程；我看到的唯一普遍的趋势性规律，便是这种分化过程，它与依赖和互相依赖的链条的延伸过程密不可分。埃利亚斯极为审慎，在他看来，互相依

---

[1] 布尔迪厄引用的埃利亚斯的话，是他上课时根据德文版《文明的进程》第2卷翻译的。在对应的法文版（《西方的动力》）中，这些引文主要参见第一部分第1章，题为"垄断法则"（La loi du monopole）（Pocket版第25—42页）。

赖并不意味着平等的人之间的互相依赖；他没有忘记可能存在一些居统治地位的相互依赖结构。我们可以把埃利亚斯所说的话理解为一种权力的解除："人人平等。"20世纪70年代法国进行的讨论让人哭笑不得：权力自上而下还是自下而上？我必须得说这些，不然你们不知道，埃利亚斯已经高过大家所认为的全部法国思想太多了……

《宫廷社会》这本书精妙绝伦，引人入胜，改变了人们对古典法国世界的看法。在这本书里，埃利亚斯有这样一句话："路易十四坐拥的复杂而庞大的机器仍依赖许多私人关系，王室内廷（maison du roi）扩张了，我们可称之为（我想埃利亚斯在这里引用了韦伯）世袭官僚制。"[1]这种官僚制服务于一种既是物质的（王冠、领土）又是象征的（国王之名）遗产之伟大和声名远播。埃利亚斯注意到在公共开支和国王私人开支之间尚不存在明确区分（这和韦伯很像）；埃利亚斯写道，直到大革命之后，私人垄断才真正成为公共垄断。在这一点上，我想他弄错了（我在讲述别人的理论时很难不做评论）。只有当一个复杂的机器来管理国家垄断时，我们才能真正谈论国家："自此，冲突的目的不再是质疑国家垄断（这不再是王子和国王之间为了推翻垄断而爆发的冲突），而是为了占有垄断地位，控制垄断地位并分配成本和利益。[2]"我跟你们介绍的埃利亚斯，不是歪曲了的埃利亚斯，而是经过提炼的、模型化的或者说经过我大脑加工的埃利亚斯。所以你们如果感兴趣，还是应该读原著。

---

[1] 埃利亚斯，《宫廷社会》（*La Société de cour*，Calmann-Lévy，1974），皮埃尔·卡姆尼策（Pierre Kamnitzer）译，再版 [Flammarion，«Champs»，1984（1969）] 第18页："国王对国家的统治不过是君主在自家及其宫廷权威的扩大。作为此种变革的顶点和转折点，路易十四的雄心无非只是把国家当作一份个人产业，当作他宫廷的延伸来组织。"

[2] 埃利亚斯，《西方的动力》，同前书，第26页。"此后，社会斗争的目的不再是废除垄断或者统治，而是获得管理垄断的工具、分配其成本和利益的权利。"

国家生成模型之二：查尔斯·蒂利

我要跟你们介绍的第二个作者是查尔斯·蒂利。他的《强制、资本与欧洲国家》是一系列著作和文章的集大成之作，这其中有一些已经翻译成了法语[1]。我很惊讶地发现，蒂利和埃利亚斯很接近。奇怪的是，我将埃利亚斯联系到德国的背景下，联系到我 20 年前读的一些东西，他对我来说好比一种面对当时主流社会学思想也就是说美国社会学时的防御和斗争的武器。我以前没想到埃利亚斯会和蒂利发生关联，我把蒂利当作全新的东西来阅读。而正是在尝试介绍蒂利为我们勾勒的图示时，我才意识到他和埃利亚斯很接近。总之，我是这么认为的。同时，他也很有创见，否则我也不会向你们介绍他。

蒂利尝试描述欧洲国家的生成，同时也照顾到国家类型的多样性。他郑重警告：我们过于关注英国模式和法国模式；但还有俄国模式、荷兰模式、瑞典模式。他试图摆脱我称为最经典的谬误推理之一的强加效果，即"个案的普遍化"，而我们往往忽略了其特殊性。先提前说一些我的保留意见，我认为蒂利比埃利亚斯更进一步，因为他努力用更多的参数建立模型，既考虑到欧洲国家的共同点也考虑到它们的不同之处。他试图用经验的方式证明其模型有效：他脑子里想的是所有美国社会学家都想到的多元变量分析。他想用活变量，这很好。但他闭口不谈国家统治的象征维度：他一点都没涉及，只字未提，就算提了也只是凑巧（也可能是我弄错了）。埃利亚斯和韦伯一样未能摆脱经济主义，但蒂利更加囿于经济逻辑：他对一种国家逻

---

[1] 查尔斯·蒂利，《强制、资本与欧洲国家：公元 990—1990 年》(*Coercion, Capital and European States, AD 990-1990*, Cambridge, Blackwell, 1990)。法译本晚于本课程出版：《欧洲形成过程中的强制和资本：990—1990 年》(*Contrainte et capital dans la formation de l'Europe, 990-1990*, Paris, Aubier, 1992)，丹尼-阿尔芒·卡纳尔（Denis-Armand Canal）译。

辑特殊建立过程（私人如何向公共过渡，依赖链条如何形成）完全无动于衷。在我看来，他无视象征维度以及象征资本积累过程的特定逻辑。他所提出的问题的中心，涉及城市与国家之间的辩证关系，这个很有意思。的确，这是许多国家的故事的言外之意。身体约束是国家的作为，而经济资本的积累更多是城市的作为。蒂利认为国家生成的问题在于二者的结合。

蒂利研究的过人之处在于让人们了解了法国和英国的情况的特殊性，二者曾被当作有关国家的一般理论的起源。法国和英国个案之所以具有特殊性，是因为资本城市也是首府：伦敦解决了国家的强制和资本之间的矛盾。该怎么介绍蒂利提出的问题呢？知道一名学者从什么出发，知道他起步的时候脑子里想的是什么，总归有好处。这样我们就能更好地理解他想做的是什么。

第一个问题：当我们看一张欧洲地图时，为什么会观察到一个同心结构，其周边是一些广阔的、控制松散的国家——即其他理论家所谓的帝国——而那里的社会一体化和社会控制都很弱？某些村落社群几乎不受中央国家的存在的影响，例如奥斯曼帝国或者俄国即是如此；在中间地带，在中欧，有一些城邦、公国、联邦，总而言之，一些分散的主权单位，而在西欧，则是一些像法国这样严格管理的、中央集权的单位。

第二个问题：（蒂利跟我去年提到的那些人一样研究得很宽，但方法不同——他不像巴林顿·摩尔）为什么寡头集团和城市机构并入国家的时候存在这样的差别？为什么不同国家对待城市单位的方式如此不同？一个极端是荷兰共和国，它几乎就是若干城市的集合，一个地方政府的网络。另一个极端是波兰，它几乎没有城市机构。蒂利在其中看到了一种连续。

第三个问题：为什么经济和商业势力的分布从地中海沿岸的城邦（如威尼斯）或者城市-帝国，一直到大西洋两岸强国的附属城市？

答案是，现代国家是两种相对独立的集中过程的产物：一是武装力量的有形资本集中，它与国家相关联；二是经济资本的集中，它与城市关联。作为经济资本的积累场所，城市及其领导者倾向通过控制资本、信用和商业网络（人们经常说"国中之国"）来统治国家：城市拥有跨国家、跨民族的诸多联结。而在另一边，国家则集中了强制工具。

蒂利描述了经济资本集中过程的三个阶段。接着，他描述了强制资本之集中过程的三个阶段，并说明——我认为是对的——它们对应着经济资本的集中。第一阶段，我讲得快一些："君主从直接置于其控制下的居民手中，以地租或者贡赋的形式抽取他们需要的资本，但不能超出契约规定的限度。[1]"人们此时仍然停留在封建逻辑之中，国家在先于国家存在的关系基础上进行资本的集中。一位历史学家注意到，在中世纪一开始，贡赋被称为 dona[2]。人们仍停留在赠送与回赠的逻辑，停留在致敬的逻辑，仿佛税收这个概念尚未被建构为客观事实意义上的税收。第二阶段，中介状态，1500—1700 年之间：国家依靠向其借贷的独立资本家或者一些创造利润的企业，或者依靠一些为它征税的企业，依靠一些包税人。因此存在一个尚未被纳入国家的独立的、雇佣的金融结构。第三阶段，则是从 17 世纪开始：许多君主将税收机器纳入国家之中。

强制（暴力工具）的确立过程与之相似。第一阶段，君主招募由仆人和诸侯组成的武装力量；后者向国王提供个人服务，但总是在契约规定的范围内。第二阶段，1500—1700 年间，君主主要依赖雇佣

---

[1] 查尔斯·蒂利，《强制、资本与欧洲国家：公元 990—1990 年》，同前书，第 88 页。
[2] 布尔迪厄在此指涉罗德尼·H. 希尔顿，《中世纪英格兰对税收和国家其他征收项目的抵制》（«Resistance to taxation and to other State imposition in Medieval England»），收于让-菲利普·热内和米歇尔·勒梅内编，《现代国家的生成：预扣与再分配》，同前书，第 169—177 页。

兵，由专业人员、供应商提供，后者就相当于包税人。第三阶段，君主将军队与舰船吸收进国家结构，弃用外国雇佣兵，转而求助从公民之中征募而来的部队。两种吸纳过程在19世纪完成：欧洲国家同时吸纳了军队和税收机制，取消了包税人、军事承包人和其他中间人。和在封建时代或者中介时代一样，国家继续进行谈判，但谈判对象变了，并且发生了一种有趣的转移，他们的谈判事项变成了年金、津贴、公共教育、城市规划等。

如果我们把强制和资本这两方面合二为一，我们可以划分出三个阶段，特征如下：首先，建立在封建力量和贡赋基础上的世袭主义阶段；接着是一个经纪（brokerage）阶段，中间人、雇佣军和放款人的阶段；最后，是国有化阶段，有了大众军队与综合税收机器。最后这个阶段的标志是军队专业化以及军队和警察的分离。这一切都是循序渐进的过程。现在，我们可以回答蒂利一开始提出的问题：两个过程之间的各种交叉可以解释欧洲国家演进过程中的区别，因为我介绍的这些似乎同质、统一的过程，在不同的国家进展方式不同，且各种强制相对的分量会发生变化。例如，荷兰避免大量使用雇佣军，偏爱海战并很早就设立了国家税收，但它仍然十分依赖阿姆斯特丹和其他商业城市的资本家。在这种关系之下，荷兰（一个国家干预极少的城市）与波兰（一个没有城市的国家）截然不同。与之相反，在卡斯蒂利亚，陆上力量占上风；王朝依赖已转变为食利者的商人的借贷和殖民收入进行清偿。这样就形成了一个有利于实现国家集中的结构。

概括来说，我们可以区分出国家建立过程的三种主要路径：强制性路径，将武装力量的国家集中化放在首位（俄国）；资本主义路径，将资本集中放在首位（威尼斯）；混合路径（英国），早早就形成的国家一上来就得与广阔的商业大都市共存并妥协，也因此代表了两种积累方式的综合。英国甚至法国是第三种可能途径的典型例子：一个强有力的民族国家通过经济手段供养强大的武装力量。蒂利所做分析的一大成果，是解释了英国和法国为何是我分析时所主要依赖的个案；但有一些个案尤其适合对某些概念进行发生学分析。社会科学研究的奥秘之一，就是抓住一个个案，我们不明白其特殊性，却能在其中更好地观察到模型——前提是不要忘记特殊性。下周，我们将讨论第三种模型，即菲利普·科里根和德雷克·塞耶提出的模型[1]。

---

[1] 菲利普·科里根、德雷克·塞耶，《大拱门：作为文化革命的英国国家之形成》，同前书。

1991年1月24日课程

对一个问题的回答:"受结构约束的发明"这一概念——国家生成模型之三:菲利普·科里根和德雷克·塞耶——英国典范式的特殊性:经济现代化与文化守旧

对一个问题的回答:"受结构约束的发明"这一概念

感谢所有提问者,感谢交给我正字法材料的那位,材料十分有趣。我简要回答一下其中的一个问题。这个问题很难,需要做很长的回答,但我将只给出大纲和一些要素,权且作为答案吧:"一开始,为了澄清国家一词的定义或者说与之对应的概念,您说您研究的是国家的生成;接着您又指出国家是针对某些问题的解决方案,但也可能有其他解决方案,而生成研究将理清这一事实。如果我们承认它和其他学科中的其他类型生成研究(种系发生、个体发生、心理发生)具有相似性的话,那么就总会出现同样的问题:实际所走的道路究竟是偶然的结果还是必然的结果?如果我们相信达尔文的学说,生物学上的选择是环境的结果,而且是最佳选择,因为它最能适应环境,那么人类选择国家作为解决方案,究竟是因为它是最适合的所以是唯一的,还是说相反,在社会学上存在选择或者必然性?另外,我们还会注意到'适应'一词对应着一种价值评判,而非科学人士普遍反感这一点;在人文科学尤其是在社会学领域,我们可以对国家进行这样的评判吗?还是说我们应该满足于仅仅做客观的事实评判?"这是一个重要的问题，提得很好，但是很难回答，因为它超出了一个社会学家所能言说的限度，他得变成历史哲学家才能回答这个问题。但我还是试着简单地回答一点，因为你们或多或少也都模模糊糊地提出过这个问题。

第一点，关于偶然性还是必然性问题，我去年多少已做出了回答。我指出，要想理解社会现象，尤其是国家，我们可以使用别人用过的类比，例如胡塞尔（Edmund Husserl）关于城市起源的类比。在历史的每一时刻，新来者都适应以楼房、建筑物、机构的形式铭刻在客观性中的历史产物，并且我想补充一句，它们也以心智结构的形式铭刻在主观性中。同时，发明、革新、进步、改造是一些受结构约束的发明，也就是说，在每一时刻，真正可能的可能性疆域都由于过去已完成的选择的在场而离奇关闭。这些选择以外在的限制和内化的、内置的限制为形式存在。我们面对的并非偶然／必然，自由／必须的二选一，而是某种更复杂的东西，我将其概括为："受结构约束的发明。"我还指出，随着历史向前行进，这一可能性的空间关闭了，尤其是因为人们忘记了被历史地建构出的选择是从哪些选项里挑选出来的。历史必然性借由客观化和内在化起作用，它的一大威力在于，那些同时存在的可能性，那些吕耶（Raymond Ruyer）在其关于乌托邦的著作[1]中所说的"旁侧的"可能性，那些环绕在已实现的可能性周围的可能性，不仅被排除，而且作为可能性本身被抹去。历史社会学的或者说社会历史学的功效之一恰恰是唤醒这些死去的可能性，这些旁侧的可能性，并提供某种自由。认为社会学是用来强加必然性的一种工具的说法真是天真得令人悲哀。恰恰相反，社会学是一种解放工具，因为它至少为思考的主体唤醒了一些被掩埋的可能性。这不意味着它真的让它们作为历史可能性存在，因为在大多数社会行动者的头

---

[1] 雷蒙·吕耶,《乌托邦与诸乌托邦》(*L'Utopie et les Utopies*, Paris, PUF, 1950)。

脑中，它们已经死去并被埋葬。国家的作用之一就是让人们以为不存在国家以外的其他道路。因此这个问题在涉及国家时尤为突出。

可能性空间关闭了，而"历史"——同样，这里也须注意不要自行将一些实体构建为历史，这只是为了表述的方便——取代了死去的可能性，设置了一些利益，一些行动者，而后者希望某些可能性不被唤醒。同时，这种历史的漏斗总是有越来越窄的趋势。我们可以说历史学家从定义上看不受这种必然性的束缚；而实际上，他们也许比其他人更不自由，因为他们受制于柏格森（Henri Bergson）所说的"回溯性幻觉"[1]：他们知道后续历史。人们经常这么说却没有真正地去严肃思考，除了韦伯。知道后续历史这一事实意味着什么？历史学家其实处于一个很难让这些死去的可能性重现的位置，因为他们倾向于和大家一样，认为已经发生的事情本来就该发生。我们有一种隐含的历史观，铭刻在将后续当作理应发生之事、假设后续的必然性这一事实之中。思考一下关于法国大革命的所有令人悲哀且往往十分荒谬的讨论吧，你们会发现我讲得特别对，尤其对于那些声称将自由引入历史的人来说……

第二点，目的论问题。存在历史逻辑问题（偶然/必然）还有双重意义上的历史终结问题。不提这个问题堪称巨大进步。人们经常说索绪尔推动语言学完成了了不起的进步——这是老生常谈，但我想重提此事并非毫无益处——不再追问语言的起源、语言的开端。我们也可以在社会科学领域完成某些进步，即丢弃起源问题，也丢弃终结问题，后者更多是一个神学问题，一个末世论问题。然而，这个问题仍然存在。科学应该排除某些问题以便思考，但是可以把它们留在头脑里，偶尔做个一刻钟的玄想。（我一点不反对这个。我只不过说得带

---

[1] 亨利·柏格森，《思想与运动》（*La Pensée et le Mouvement*，Paris, Alcan, 1934），第1—24页。

点讽刺,因为对有的人来说,这一刻钟的玄想要持续一辈子。在这些问题上讲出这些话挺难的,因为这总会让我们显得小肚鸡肠。我一点不反对这些人,但前提是他们不要妨碍别人做其他事情。)当我们想推动科学前进时,我们应该暂时搁置这些形而上学的问题,当然我们可能觉得它们激动人心,进而认为它们是最重要的。研究科学的代价之一,就是我们经常被指责粗俗、实证主义。

一些社会学家因此提出这个问题:如其所是的国家之所以是最好的,是因为它存活了下来,而按照达尔文的假设,它可以被认为是最适应环境的吗?一项制度——婚姻、家庭、祈祷、国家——适应的究竟是什么?对于社会世界来说,环境,即是社会世界本身。黑格尔此言既出,后来人反复说各个社会的特性就是生产它们自身的环境并且被改变它们的环境变化所改变。社会学家所处的位置很不利于回答这个问题,因为这就好比社会在和它自己对话。接着,我们还可以思考功能问题。社会学家从这个角度提出如下问题:国家有哪些职能?有些我们所谓"功能主义者"——我这么说好像只有这一个类别似的——追问制度的功能,并尝试从制度发挥的功能出发阐释制度本身。但有一个问题功能主义者并未提出:他们假设存在一种各制度皆有的、总的、无差别的职能;对国家来说,便是上街维持秩序。这是国家给我们提出的主要问题之一:它为所有人履行职能还是只为某些人履行职能?科里根和塞耶问道,是否正因为国家为所有人履行职能,它才如此好地履行了它为某些人履行的职能?难道不正因为它为所有人履行了维持秩序的职能,它才为某些尤其能从这种秩序中获利的人履行了职能?在这一点上,我们面对的亦非简单的二选一,非马克思主义传统中的二分法:国家为统治阶级服务,而国家为他们服务得如此之好,是因为它也为其他人服务得足够多,以便让后者感到必须服从于国家的指令、命令,而国家借此其实也在为后者服务。这些都是生物学家碰不到的复杂问题(他们也有自己的复杂问题,但类型不同)。

国家履行职能，但是为了谁呢？它适应，但是适应什么呢？为了谁的利益？我们承认，社会学家需要重视的是，他所面对的制度，既然存活了下来，必然有一些值得称道之处。由于人类学家研究的是一些相对来说未分化的社会，所以无法立刻看出制度将为一些人服务得比另一些人更多。在这种情况下，我们可以做"最低限度的"功能主义者，而不被指责为统治阶级更高利益服务。他们可以说："这起效了，所以我应该做出解释。"科学的工作是要拆解机制，理解为什么这样的东西能起效。所以我应该假设存在某种理由，哪怕它是非理性的，哪怕这个理由是为令人讨厌的目的服务。在我研究卡比尔人家庭、精英学校制度、社会保险或者住房政策时，我都默认它们有存在理由，既然存活下来，既然行之有效，就一定有理由，而我的工作就是解释这种理由，让它可被理解：它为什么存在，怎样存在，如何延续，如何自我复制？

这种"可理解性"假设——应该给它取个名字——是社会科学中科学方法的组成部分。但有时候这种假设也很危险，它会让人们忘记有些人类行为是没有任何理由的；在这种情况下，总是寻找理由的科学方法可能导致错误：我们可能不理解某些被视为"无缘无故"的暴力形式，哪怕我们找到了它们的动机。（我总是不断地在纠正。有时候，这很复杂，但我想事物就是复杂的，而且我已经筛掉了许多，好让我讲的内容都能被理解。要谈论社会世界，就要像乐谱那样，分出十五个调，一点一点纠正。这就会带来交流的问题……）

制度起作用，它们有一个理由（raison），但这里所谓的理由，是指一个逻辑系列（série），使得我们一旦理解后，不再是偶然，不再是随便怎样。例如，一旦我们明白在卡比尔人家中有一块干燥的地方，有一块潮湿的地方，在这个地方做这个，在那个地方做那个，我们就会理解，也就是说感受到我们曾在某处的偶然发现或者任何东西都有其必然性。有时候，解释理由不仅具有科学功效还具有政治功效：此举使事物摆脱荒谬；例如，涉及仪式的时候，证明仪式并非荒谬，等于使相当一部分人类行为摆脱了种族主义式憎恶。但这不是目的，而是诱发的效应。承认一种存活下来的行之有效的制度有其理由，就等于给自己下达任务去寻找一种逻辑。这点需要详细阐述。理由一词很危险，因为我们可能认为存在一种理性的理由，也就是说按照这项制度的原则，有人制订了一个方案、一项计划，而具体行为是有意识的主体进行理性计算后的产物。我的历史观完全不是这样。社会世界的自相矛盾，使得社会世界在某些方面具有近乎生物的、自然的面貌：一大堆事物有其理由却并不以理性为原则，有存在理由，有一个逻辑系列意义上的理由，但在根本上却并无理性的行为主体，不以理性计算为原则。

这是科学与文学的关系中存在的问题之一：科学家，甚至是生物学家，当他们评判历史学家、社会学家的研究时，并不总能掌握恰当的标准，因为他们评判这些以极其特殊的理性为研究对象的科学时，只用唯一一种评估原则：数学理性、逻辑理性、形式理性。有一些制度或者行为有其理由却不以理性为原则，是因为它们是按照城市那样的逻辑被建构的；这是一些受到结构约束、受到内在和外在约束的发明，所以人们不能肆意妄为。一个系列，就像赌博中连续掷出的骰子，就像一个陆续住了36代人的老房子，它有一种可以从美学上解释的奇怪的魅力，因为它是一大堆极微小的选择的产物，其结果和由最灵巧、最博学、最周全的建筑师设计出的住宅属于完全不同的范畴。这些社会事物往往有美学风范，因为就像这些老房子一样，它们是一大堆既未意识到外在约束也未意识到内在约束却又并非出于偶然的发明之产物。

作为共时性结构分析的国家结构发生学分析，其目标是重新把握这些不属于逻辑范畴却又常被逻辑摧毁的逻辑。人文科学的一大问题在于，它们拿来用作工具的各种逻辑（博弈论、概率论），是相悖于普通理性、实践理性而构建的。将这些逻辑运用在人文学科建立时所反对的东西之上,虽能让著作看起来漂亮,但却极大妨害了科学进步:在社会科学中,我们应该学会抵制将理性推理的产物运用在历史逻辑之上来卖弄科学性的做法。

国家生成模型之三:菲利普·科里根和德雷克·塞耶

我下面讲第三本著作,是科里根和塞耶的《大拱门:作为文化革命的英国国家之形成》——这是借用了伟大的英国历史学家爱德华·P. 汤普森[1]的说法。这本书与前两本截然不同,既不同于埃利亚斯的著作也不同于蒂利的著作。这两位作者在导论里明确表示,他们反对将国家视为强制机关的那种国家理论。这些作者认为,马克思主义和具有经济主义倾向的理论,如蒂利的理论以及埃利亚斯的部分理论,将国家化约为一种强制机关,使其成为经济权力的反映。他们指出,葛兰西表面上与他们略有区别。(葛兰西扮演的角色很值得玩味,他好比马克思主义体系的托勒密,给出一条马克思体系之外的救赎之路的假象,实际上反而更加将其封闭在此僵局之中。)葛兰西认为国家的职能不仅是控制和维持秩序,也是建立和复制共识,后一点也非同小可。科里根和塞耶认为,不能忘记"活动、形式、惯例和国家仪典在社会身份以及归根到底在我们主观性的构成和调整中的意义[2]"。这个中心句准确概括了他们的论题。他们认为,国家的作用不仅在于

---

[1] 菲利普·科里根、德雷克·塞耶,《大拱门:作为文化革命的英国国家之形成》,同前书。爱德华·P. 汤普森的经典文章题为"英国人的独特性"(«The peculiarities of the English»),收于拉尔夫·米利班德(Ralph Miliband),约翰·萨维尔(John Saville)编,《社会主义年鉴》(The Socialist Register, 1965)第311—362页;再版于爱德华·P. 汤普森,《理论的贫困及其他随笔》,同前书。
[2] 《大拱门:作为文化革命的英国国家之形成》,同前书,第2页。

调整客观秩序，也在于调整心理秩序、主观秩序，并组织着对主观性进行的持续调整。如果要给国家下个定义的话，差不多可以说："国家是一整套文化形式。"在这一点上他们的表述并不十分清晰：他们是做历史研究的社会学家；他们走的是我认为正确的路子，但所用理论含混，而这正是他们著作丰富性的来源。但他们不具备实现自己宏图的理论工具；他们讲了一个有意思的东西，用 State（国家）一词玩文字游戏：States state[1]（"国家发表"）；这是个简单句，不好翻译（或许可以翻译成）：L'État fait état。海德格尔也许会这么说："国家订立"；"国家提出声明、断言、命题、法规"；"国家裁定"。他们举了一些声明的例子：法庭的仪式，王室批准议会一项文件时的惯用语，学监到一所学校视察，等等。所有这些都是一些国家声明、国家行为。全书的内容正是审视这些制度的起源，它们让国家能够肯定自己的政治评判和政治行动。

有一个例子很接近我过去所讲内容，它会让我们明白这一点：国家规定了社会生活一切体系化的、正当的形式。比如说所有法典：国家编纂法典，并且各法典之间有层级之分。几乎人人皆知，国家是从统计开始的，统计（statistique）一词中就包含"国家"一词。但科里根和塞耶更进一步说：统计是一种典型的国家行为，因为它强加了一种对社会世界的正当观点。在此，我要提醒大家，国家统计人员和社会学家有一个区别。前者强加一些范畴而不去质疑，他只在自己被社会学家传染的时候才去质疑这些范畴；国家统计人员是罗马时代的监察官，他做普查，也就是说人口统计，目的是征税，衡量公民的权利和义务。他的思维（censeo）是一种典型的国家思维；他思维的范畴即是国家思维的范畴：秩序和维持秩序的范畴。国家统计人员不随随便便问自己问题；他们被雇用和训练的方式使得他们并不去质疑自

---

[1]《大拱门：作为文化革命的英国国家之形成》，第3页。

已统计工作所暴露的问题。国家统一编码。语言便是绝佳的例子,而职业名称、所有指代社会身份的字眼、所有用来区别男人和女人的分类学也是如此。由此,国家强加一种正当的观点,与其他观点、其他道德观念对立,而后者可以说是表达了被统治者的视点。科里根和塞耶着重强调,国家以系统的方式向被统治者强制推行它自己的道路;这样一种历史既是国家生成的历史,也是被国家消灭的其他可能性的历史,这些其他的可能性与被统治者利益相关。

我再笼统地讲一下。与蒂利和埃利亚斯一样,科里根和塞耶把所有涉及有形暴力工具积累和经济资本积累的东西放在了一边;他们感兴趣的是作为现代国家发展根基的文化革命。他们说国家的形成是一种文化革命。他们采取的是涂尔干式的视角。他们很有趣,因为他们在马克思、涂尔干和韦伯之间做游戏——我觉得要想理解国家问题就得做这样的游戏——但方式却很混乱;他们没有弄清如何通过这些作者的理论建树理解何为象征权力,而在我看来,后者对于理解国家作为正当的象征权力的积累场所来说至关重要[1]。他们从明确的涂尔干式视角出发,优先考虑他们所谓"国家活动的道德维度":他们将国家的建构描述为一整套共同表象和价值的建构及其大规模的强制推行。在此,他们和葛兰西殊途同归:他们把国家从一开始尤其是在19世纪的形成看作一种驯化被统治者的行为。在埃利亚斯讲的"教化过程"(这个观点在政治上不现实)基础上,他们重新引入驯化被统治者这一职能。例如,他们展现了19世纪的国家如何既控制又整合被统治者。这正是所有与福利国家(welfare state)相关联的国家组织的二重性,我们不知道它们究竟是控制机构还是服务机构;事实上,它们两者皆是,它们服务得越好,控制得也就越好。议会这类制

---

[1] 布尔迪厄,《论象征权力》(«Sur le pouvoir symbolique»),前文已引。随后他将明确参考该文。

度同样如此。议会是国家发明的最佳典范。议会是正当政治的场所，在那里建立了一种表达和解决不同集团、不同利益之间冲突的正当方式。这一正当政治场所的制度化默默伴随着对不正当政治的制度化，后者被逐出这些场所且从根本上被排除；某些非口头的暴力形式被排除，因为人们已经将（另）一种暴力形式确立为正当。

（科里根和塞耶）将国家的建立与一整套公共伦理和逻辑表现形式的大规模强制推行联系在一起。如果他们在理论上一以贯之，他们会和涂尔干一样，如我前面所引，认为国家同时强制推行逻辑上和道德上的顺从。涂尔干在《宗教生活的基本形式》里也做了这样的区分：他所谓的逻辑顺从（conformisme logique），是指由掌握共同逻辑范畴而实现的精神认同；道德顺从（conformisme morale），则是在伦理层面上的同样的事情，即参与到一个共享价值的共同领域之中[1]。因此，涂尔干认为，逻辑范畴是转变为心智范畴的社会范畴——群体、帮派。逻辑顺从是对世界的根本认同，是行动者之间达成的一致，而这一切通过参与到一个共同的逻辑范畴领域中得以实现。（科里根和塞耶认为）国家的生成联系这样一项工作，它旨在"鼓励和约束人们优先从国籍角度自我认同、自我感知，而不是以更为局部的方式，将自己指认为某位君王的臣民，或者更宽泛些，指认为基督教徒一分子[2]"。因此，与国家的生成相关联的，是向一个民族的所有个体强加一种对自身身份优先持有的观点，这个优先的观点便是民族的观点：他们将自己视为法兰西人，而不是日耳曼神圣罗马帝国成员，或者巴斯克人、布列塔尼人。人们确定了一个身份认同的优先层级，在通过国家和民族崇拜输入的这层身份认同上，联系着一整套被强加给接受这一身份认同的人的次要属性。（在《大拱门》里）有一个对

---

[1] 涂尔干，《宗教生活的基本形式》，同前书，第 24 页。
[2] 科里根、塞耶，《大拱门：作为文化革命的英国国家之形成》，同前书，第 191 页。

英国性（englishness）也就是说与英国民族性格联系在一起的全部特征的极佳勾勒。我大概翻译一下："理智、温和、实用主义、仇视意识形态、不求人、古怪。[1]"英国人写了几十本关于英国人的书，作家为构建这种能被知识分子接受的民族理想做出了重大贡献，因为每个阶级都有自己的民族性。（我在国外旅行时，知识分子圈中的民族主义的力量总是让我印象深刻。这令人惊讶，但这是种十分狡猾的民族主义，它与阅读联系在一起，很隐蔽。）英国性，即是乖僻以及构成 19 世纪人们所谓"民族性格"的一系列属性。（……）你们可以去读爱德华·P. 汤普森那篇著名的《英国人的独特性》[2]，在文章里，他观察了这一独特性在餐桌礼仪、说话方式、仪态技巧中的表现。例如，一些语言学家研究了人们说话时与其对话者之间的距离，差异明显：视种族和民族的不同，你会离对话者远一点或者近一点，以至于某类人在你看来具有攻击性，因为他们的民族传统要求他们跟别人说话时离得更近些，这（对于别人来说）是一种难以忍受的对亲密关系的侵犯[3]。所有这些附着在民族性格之上的内外界限，有很大一部分是国家的产物，它通过教育体系、文学等各种途径传播和灌输这些深层的、无意识的、依附在国家之上的秉性。

　　我已经说了，《大拱门》不是本十分清晰明了的书。所以我讲起来才很困难。若依我的方式行事，我会将它整个归并到我的体系中来——这样逻辑上会比较连贯，但就不再是他们的书了。这本书之所以很难讲，是因为它既接近又背离我想向你们介绍的东西。你们

---

〔1〕《大拱门：作为文化革命的英国国家之形成》，第 192 页。
〔2〕爱德华·P. 汤普森，《英国人的独特性》（«The peculiarities of the English»），前文已引。
〔3〕布尔迪厄在此参考的大概是爱德华·T. 霍尔（Edward T. Hall）提出的"空间关系学"的概念：《空间关系行为的标记系统》（«A system for the notation of proxemic behaviour»），《美国人类学家》（*American Anthropologist*），1963 年第 65 期，第 1003—1026 页。

还是得自己去读 …… 传递英国性、崇拜、信仰、对国家的信念的一大媒介，便是学校制度、教育、地理这类东西。令人惊讶的是，正字法的捍卫者几乎总是将（他们的事业）与捍卫地理相连：它属于基础的学科之一。地理，即是法国地图：它是民族的或者民族主义的力比多的组成部分。这种通过民族来建构的与自身身份的关系是制度的产物，也是所有国家仪式的产物。（我认为，科里根和塞耶出发时的直觉是）国家是一整套仪式。这两位作者从很好的位置切入（指出这一点）：为什么完成工业革命的社会同时也是古老国家仪式保留最多的社会？他们提出的这个问题很有趣，我将试着结合日本的例子再扩展一下。

英国和日本是在国家仪式方面极为保守的两个国家——比如戴假发等——同时在经济层面上，它们又是各自时代的革命者。爱德华·P.汤普森有关司法的杰出著作分析了我所谓司法的象征暴力，它通过——在帕斯卡尔的意义上，而非阿尔都塞意义上的——机器，也就是说通过钟表来实施[1]。他们大概参考的是帕斯卡尔：国家修辞、国家话语。他们举了一些例子。于是，当人们说法治（Rule of Law）时，其实已道尽全部；今天人们说"法治国家"。同样，英国是"议会之母[2]"（……）

科里根和塞耶认为，19世纪的英国奇迹远非与古老传统存续的对立；相反，恰恰是在仪式中显示并化身为入骨的信仰、化身为英国性的这种文化统一性造就了英国奇迹。这一由国家通过国家仪式、加

---

[1] 道格拉斯·海（Douglas Hay），彼得·莱伯恩（Peter Linebaugh），爱德华·P.汤普森编，《阿尔比恩的死亡树》（*Albion's Fatal Tree*, Londres, Allen Lane, 1975），以及爱德华·P.汤普森，《英国的统治和革命方式》（«Modes de domination et révolution en Angleterre»），《社会科学研究学报》（*Actes de la recherche en sciences sociales*），1976年6月第2—3期，第133—151页。

[2] "议会之母"一说指威斯敏斯特的议会，更宽泛来讲，是指公认的著名议会制政体的典范英国。

冕典礼（今日，电视已经进入这一国家典礼的中心、这一文化的中心）维持、组织和重复的共同文化——取文化一词在人类学上的意义——像正当化工具一样运作，为权威和统治的传统形式提供庇护，使其免受批评和极端反对。在这一点上，科里根和塞耶站在了韦伯的一边。他们采取的是涂尔干式视角，但最终导向韦伯。他们颇有道理：正因为国家是逻辑顺从和道德顺从基础的一种制度工具，它才同时履行了这种神秘的正当化功能，韦伯不得不引入这一功能，以便理解国家的作用。国家不仅是马克思所说的那样：国家也让自身得到承认，人们赋予它一大堆东西，尤其是服从。我们为什么会服从国家？实际上这才是根本问题所在。

因此，国家是典型的正当化机构，它认可、隆重庆祝、批准、登记。《大拱门》对国家如何不知不觉把手伸到所有公开活动、公开发表和公共变革的过程，做了很好的概述[1]。我已经详细分析了发布结婚预告的行为。为什么一桩婚事一旦公布就正式缔结[2]？公布行为是典型的国家行为；同时，我们也明白了国家的触角无所不在。

（我想就此说点十分政治的题外话。社会学分析的困难在于人们经常将社会学分析和社会批判混淆。人们会说"审查不好"，等等。但还应该去解释它，而所谓解释，就是理解国家是和审查相关联的，如：监察员，普查。国家和所有公开活动相关联，尤其是涉及公共世界的公开活动。由定义可知，国家不喜欢讽刺报刊，不喜欢漫画。今天，国家对付这些已经游刃有余，但审查并不因为它不可见就不存在；它可能比靠警察执行的时候更严格。当某些名记者的社论成为编辑的卖点时，这是一种特别难发现的审查的极端形式。象征暴力完美

---

[1] 科里根、塞耶，《大拱门：作为文化革命的英国国家之形成》，同前书，第119—120页。
[2] 布尔迪厄，《实践感》，同前书，第279—312页。

无缺：这种暴力通过其实施对象完美的无意识得以实现，因此也就是在他们的共谋下实现。）

国家是典型的正当化机构，它批准、隆重庆祝、登记一些行为或者一些人，使它建立的分类和等级显得理所当然。国家并非一个简单的强制工具。科里根和塞耶出于谴责的意图一直引用列宁的话，后者将国家视为武装人员、监狱的大集合。他们指出，这样看问题实在过于简单[1]。国家不是简单的强制工具，而是共识的生产和再生产工具，负责对道德进行调整。他们再次回到涂尔干的定义：国家是一种道德规诫组织[2]。我之所以完全信任他们，是因为他们借用涂尔干来阐释韦伯提出的一个问题，同时不忘马克思，不忘这一道德规诫组织并非为随便什么人服务，而是更多为统治者服务。只不过他们的论证有些含混。

英国典范式的特殊性：经济现代化与文化守旧

我回到他们这本书提出的两个问题上来。首先，英国的特殊性：为何英国这一个个案，一旦被认真对待，特别有助于提出关于国家的一般性问题？法国在很多方面都有特别的优势：这是一个中央集权的国家；但另一方面，又有劣势，因为法国大革命是以普遍性为名完成的一次革命。这是一个自诩为普遍的个案。同时，英国国家呈现出的那一类象征统治的效果可能被忽视，因为它们被以特殊的方式隐藏起来了。普遍性是典型的用于掩饰的修辞策略。想想马克思的分析吧，他把意识形态当作个体利益的普遍化。法国国家是最强有力的普遍化

---

[1] 列宁，《论国家》(«De l'État»)，1919年7月11日在斯维尔德洛夫大学的讲话。全文见 marxists.org 网站。
[2] 涂尔干，《社会学课程》，同前书，第79页及其后。

修辞：你们可以比较一下法国殖民地和英国殖民地……回到英国性上来有助于把握纯粹状态下也就是说一种真正独特形式下的象征统治手段。法国国家同样独特，但它会冒充普遍。所有这些都和当下事物紧密相连：在所谓伊斯兰面纱问题上的立场，以这种十分法国的方法，利用普遍来搞特殊，堪称政治伪善一大高峰……

所以第一个问题便是，英国的特殊性和日本的特殊性提供了质疑普遍现代性神话的机会：工业现代化是否必然伴随着国家仪式的现代化？一种"古老的"国家仪式必然与经济现代化对立吗？或者相反，只要它能够制造共识，并以某种方式产生收益，它难道不正是现代化的典型工具吗？

第二个理论问题：正当性的建立。我会试着说明，科里根和塞耶陷入困境，是因为他们没有考虑象征资本、象征暴力的概念，这样一来，他们就无法解释他们真正的研究对象，即国家获得的这种自愿的服从，这种自愿的依赖。这种服从不必在强制和通过选举产生的服从之间二选一。说国家是正当的，相当于说它可以获得无须强制的服从，或者采取一种十分特别的强制形式，我称之为象征暴力。要想理解这种强制，就要以不拘泥书本的方式，经由涂尔干、马克思和韦伯，在理论上将康德纳入其中。

今天，我想阐述第一个问题，英国人的独特性，同时也参考日本的例子。首先，为什么英国人独特性的问题会摆到英国人面前？奇怪的是，英国人之所以提出这个问题，是因为提问的是英国马克思主义者。这些作者——汤普森和那些自称马克思主义者的人——和全世界的马克思主义者一样，都遭遇过法国的革命道路所提出的问题。马克思提出的革命理论把法国大革命当作其应用的实例，进而所有国家的所有马克思主义者都自问为什么他们那里没有发生法国大革命。我发现日本马克思主义者之间也有激烈争论，一方认为在他们国家发生了"法国大革命"，另一方认为没有发生，而双方以同样的历史材料为基础。但任何一方都没有想过,讨论在日本有没有发生过法国大革命是否有意义,也没有想过法国大革命是否真的发生过。英国人十分严肃地提出问题,想知道这场革命是否是真正的革命,以及需要什么条件才能发生革命。这种革命范式的强加效果,引出一大堆在我看来毫无价值的著作。而这本书也算是对上述观点在英国的统治的反拨。它想说明,不能因为英国人没搞法国大革命,就说它们是"老古董"。而且,在英国没有发生法国大革命和英国发生了工业革命这两件事之间不存在矛盾。工业革命的到来并不意味着与封建制度的决裂。英国没有发生与政治革命——人们觉得这不可避免——对应的象征革命这一事实,也许解释了英国为什么能发生必须以一个被统治的、被驯化的工人阶级为前提的工业革命。这就是论题。类似地,日本的情况也变得相当有趣⋯⋯

科里根和塞耶的书很复杂,因为他们将两个问题混在了一起。于是就有了如下的悖论:"英国国家'古老的'、非官僚的、柔性的国家形式在实践中比任何一种赞同企业和私人创业的绝对主义形式更有利于实现资本的转化。[1]"他们强调,英国文明以惊人的连续性,以其他社会无法比拟的众多"未被现代化的"行为、众多过时现象的延续为特征:"英国政治和文化的诸多过时现象是维护英国资产阶级国家安全的过时现象的核心。[2]"换言之,那些看起来过时的事物不是障碍,不是残余,不是陈旧(当我们想解释的时候,我们不说"残余"),而是具有建构性,它们恰恰处于资产阶级革命的核心,是其成功的关键。"所有可被指认为国家的制度都很古老,而且它们向'官僚理性'形式(韦伯的说法)或者资本主义形式(与封建形式对立)

---

[1] 科里根、塞耶,《大拱门:作为文化革命的英国国家之形成》,同前书,第188页。
[2] 《大拱门:作为文化革命的英国国家之形成》,第202页。

的转变很不完全。[1]"（科里根和塞耶）质疑"工业革命＝与封建国家的决裂"这一对等关系。他们举的例子是普通法（Common Law），它未被编入法典（不同于理性的罗马法），却建立了资本主义经济；还举了国家职业官僚直到19世纪才出现这一事实。一位英国历史学家指出，直到19世纪，高级公务员都像法国在17世纪和18世纪那样按职取酬[2]。另一个他们称之为"前资产阶级遗留的"（用马克思主义语言则是"前革命的"）特征：任命往往是按庇护的逻辑，按照庇护者－拥护者的关系的逻辑来进行的。另外一个相关的特征是：君主制形式仍然居于中心，不仅仅是正当化的中心，也是整个中央权力机制的中心。这一机制并非只是为了给英国国家锦上添花，而是后者的组成部分：女王陛下的政府，王权，是建立在古老性、传统、延续性和自觉的英国性之上的正当化体系的核心。

（科里根和塞耶）还对国家安全利益做了详细的分析：他们详细说明为何这个会唤醒恐惧、冲动、厌恶、排斥、种族主义等倾向的概念是十分古老的历史发明。最后一个例子是保有立法权的英国上议院。从这些古老的例子出发，他们最后思考，是不是应该质疑被描述为所有革命衡量标准的资产阶级革命的神话。悖论在于，马克思主义对资产阶级革命的重新定义使得所有现代史——从日本到英国包括美国——都变成了例外。于是英国的情况和日本的情况一样，变成了不完整的、携带了残余的资产阶级革命——政治没有跟上……我的论题，将比他们走得更远，那便是，从国家建立的角度本身来说的一次伪革命（法律人士之间存在很强的连续性[3]）、作为所有国家革命

---

[1]《大拱门：作为文化革命的英国国家之形成》，第188页。
[2] 罗德尼·H. 希尔顿，《中世纪英格兰对税收和国家其他征收项目的抵制》（«Resistance to taxation and to other State imposition in medieval England»），同前文所引。
[3] 关于法律人士，也就是说法官、法律界人士、技术官僚之间的连续性，参见布尔迪厄，《国家精英》，同前书，第四部分第2章以及第五部分。

性决裂之标杆的一个伪法国大革命范式——无论这些国家是否发生革命——在全世界范围内引发了一堆伪问题。发生历史学的作用之一就是将历史学家从可怕的法国大革命范式中解放出来。这本书鼓励人们反抗这个范式，值得称道。

在《理论的贫困及其他随笔》一书中，有一章涉及阿尔都塞主义者，极为精彩。爱德华·P. 汤普森把我引用过的他那篇1965年写的有关英国特殊性的文章收了进去[1]。作为一名离经叛道的马克思主义者，他开始对他所谓马克思主义式革命理论的"城市路径"颇有微词，这种理论不惜一切代价寻找生活在城市中并与封建国家做斗争的典型的资产阶级。他论证了英国工业革命的源头是资产阶级化了的贵族绅士。日本的问题更加明确，是落魄武士阶级促成了工业革命。

下一次，我会快速地讲一下日本。在第二部分，我会快速回顾一下作为权力尤其是象征权力的国家的理论基础。我的《论象征权力》那篇文章为你们提供了大纲：我将试着说明，为了理解象征权力，应该怎样将康德纳入体系之中——既是像帕诺夫斯基（Erwin Panofsky）、卡西尔这样的新康德主义者的康德，也是涂尔干主义者的康德，也是论及统治时的马克思，和论及正当性以及正当化工具的生产空间时的韦伯——官僚场和权力场，等等。按我授课的内在逻辑，我必须讲这些。

---

[1] 爱德华·P. 汤普森，《理论的贫困及其他随笔》，同前书。

1991年1月31日课程

回答问题——文化守旧与经济转型——文化与民族统一性：日本的情况——官僚制度与文化整合——民族统一与文化统治

回答问题

先来回答问题。其中一个是非洲社会中的国家问题；这个问题比较复杂，三言两语回答不了。然后是一整套问题，作者认为我将不能公开作答……这话说得很明白了。最后是关于社会学中定义的问题：在社会学上，我们应该预先下定义吗？围绕这个问题有一些不同立场。涂尔干将预先定义视为建构客体时的必由之路。我不这样认为。涂尔干的预先定义往往很薄弱，他（在其分析中）说的东西比他在定义中提出的东西有趣得多。在这一认识论辩论中，我会站在维护模糊和暂时定义的阵营那边，因为在社会学中，如同在一切科学中那样，科学进步可能会被事先设定的错误的形式严密性所阻碍，就像一位盎格鲁-撒克逊认识论专家[1]说的那样，它会造成一种封闭效果。明白自己在说什么并尽量使用严谨的语言当然很重要。但表面的严谨往往掩盖了真正的严谨的匮乏，而话语的形式要求已经远远超出了话语指代的现实的严谨。在科学中，且不仅是在科学中，形式主义的绚丽外

---

[1] 布尔迪厄在此指的应该是托马斯·库恩，后者在《科学革命的结构》（同前书）里阐述了"常规科学"的危机如何在某些社会条件下造成"范式"的改变。

表往往在科学层面起反作用。

问题延伸到强制这个概念上来：用强制来定义国家难道不是做价值评判吗？用强制来描述国家，不就等于将国家描述为一种病理形式吗？的确，说起强制，哪怕是最基本的形式，也暗含着价值判断，同时对国家职能也做出了预先假定。今天，我想证明，一个组织完善的国家甚至可以不需要强制。国家在我们最隐秘的思想之上施加的限制，国家能够占据我们的思维这一事实，恰恰印证了在其受众的共谋下得以实施的这些"看不见的"强制。我称之为象征暴力或者象征统治，也就是说，以客观结构和心智结构之间达成的并非有意识的一致性为基础的强制形式。

文化守旧与经济转型

（上一次课上）从科里根和塞耶的著作出发，我提出了两大块问题：第一大块涉及英国迈向国家的道路的特殊性，我还把日本的例子也跟它联系到一起；第二大块问题涉及一种国家思想的理论基础，这种思想把国家视为权力特别是象征权力。科里根和塞耶值得称道的地方在于，他们看到国家并非军队和警察：国家引入一些十分特殊的统治形式，我们可以称其为柔性的统治形式。他们定下了分析的方向，却没有走到底，部分是因为缺乏一些能够用来思考象征统治复杂性的严格的概念。因此，我今天将重新论述这两点。关于英国和日本的情形，我可能会讲得比较费劲儿且流于表面。我不是日本专家，我尽可能获取一定的知识，但我一直深知我探索的领域由专业人士占据。我并非战战兢兢害怕犯错，而是对我一直没有完全具备的那些能力心怀尊敬。所以，我有时候会有些犹豫，甚至动摇，但这是出于对我研究对象的尊重。

科里根和塞耶阐述的观点是，在英国传统中我们可能认为，陈旧的文化行为和英国是工业革命的英国奇迹之承载者这一事实之间不存在对立。推而广之，我们可以说，在日本的文化守旧与日本奇迹之间也不存在对立。所有关于日本的专著都会讨论：为什么一方面存在技术奇迹，另一方面又存在这种国家习俗，这一整套让游客和观察家都为之着迷的文化系统？为什么一方面有研究日本的东方学者——这个词很可怕——而另一方面又有研究日本的经济学者，双方互不相识也互不承认？这种分立参与制造了"文化效应"：实际上，技术/文化区分造成的二元论属于隐形途径的一部分，通过这些隐形途径，象征暴力得以实施，一种社会秩序在面对那些想思考它的人时得以进行自我防卫。学科划分或者知识传统划分往往是审查得以实施的场所。研究日本的东方学者不是研究日本的经济学者，反之亦然；于是，我刚才提出的问题，他们任何一方都不可能提出，而他们说的全是这些。

19世纪英国的"经济奇迹"和当下的日本奇迹压根儿不是各种陈旧事物的对立面。这一矛盾的论点，打破学院式信念，与韦伯的理性化理论对立[1]。这项理论传播很广，被视为理所当然，并以现代化了的形式再度出现（在美国，大约15年时间里，人们都在谈"现代化理论[2]"），虽未完整说明，但这项理论假定，历史进程具有统一性，它指向现在，默默朝着一个目的（télos），朝着尼采说的"英国

---

[1] 萨姆·威姆斯特（Sam Whimster）、司各特·拉什（Scott Lash）编，《马克斯·韦伯：理性与现代性》(*Max Weber, Rationality and Modernity*, Londres, Allen & Unwin, 1987)。这本文集包括布尔迪厄论马克斯·韦伯宗教理论的文章：《韦伯宗教社会学中的正当化与有组织利益》(«Legitimation and structured interests in Weber's sociology of religion»)，第119—136页。

[2] 对这一理论的批判，参见布尔迪厄《社会结构和对社会世界的知觉结构》(«Structures sociales et structures de perception du monde social»)，《社会科学研究学》(*Actes de la recherche en sciences sociales*)，1975年第1—2期，第18—20页。

式幸福[1]"（今天我们会说"美国式幸福"）进发。因此，既存在一个目的，又存在一种统一性，一个迈向某种目的的严密一致的进程。我在这里不再整体复述韦伯的理性化理论，如果你们了解这项理论的话，韦伯的中心思想之一就是，他所谓的理性的法律是一种与理性经济相一致的法律：理性经济的运转离不开理性的法律，后者能够确保向这种经济提供它尤其需要的两个理性的标准，即可计算性与可预见性。韦伯意识到了这一点，他区分了形式理性和实质理性（一项形式上公正的法律实际上可能并不公正，但至少是严密的[2]）。韦伯说，一部理性的法律确保经济的可计算性，美国商业律师可以预估公司违法时将遭受的惩罚。一部理性的法律是一部让人们可以计算，可以进行理性经济管理的法律。同样，韦伯还会说，一种理性的或者理性化的宗教要么是理性经济的基础，要么与理性经济兼容。科学也是如此。于是，韦伯设想了一种统一的理性化过程，其中，人类活动的不同领域在自我理性化的同时伴随着经济的理性化。我对韦伯的理性化理论的论述相当简化，但韦伯不只是一条参考书目那么简单[3]。因为要想弄明白科里根和塞耶论述中的矛盾，脑子里就必须有理性化的概念。科里根和塞耶值得称道之处在于，他们和社会学家脑子里模糊糊存在的这种信念式哲学决裂：现代世界以统一的方式进行自我理性化。他们强调在文化进程的独立发展（茶道、歌舞伎、伊丽莎白剧院）和经济发展之间存在错位、不一致和清晰可见的鸿沟，但未必是

---

[1] 尼采，《善恶的彼岸：未来哲学序曲》[*Par-delà le bien et le mal. Prélude d'une philosophie de l'avenir*, Paris, Mercure de France, 1948（1886）]，亨利·阿尔伯特（Henri Albert）译，第230页。
[2] 马克斯·韦伯，《法律社会学》（*Sociologie du droit*）。
[3] 关于韦伯"理性"这一概念六种含义的深入讨论，参阅罗杰斯·布鲁巴克（Rogers Brubaker），《理性的限度：论马克斯·韦伯的社会与道德思想》（*The Limits of Rationality: An Essay on the Social and Moral Thought of Max Weber*, Londres, Allen & Unwin, 1984）。

矛盾。并非所有社会领域都必须步调一致，经济才能发展。

我已经回顾了这两位作者的结论：英国文化上的滞后和怪异没有阻碍资本主义，没有阻碍工业革命的发生；相反，正是由这些表面上散乱、不协调的做法——从政治传统到皇家传统——所保证的文化一体化协助塑造了组成民族的全体居民的统一体，这个统一体有能力在工业社会发展带来的冲突和矛盾中生存下来。在《社会分工论》的序言中，涂尔干说经济发展要以失范（anomie），以规范缺失，以对根本法律认同的缺失以及随之而来的恶果为代价；在失范的诸多指标中，他选取了自杀率、离婚率、工业世界中的冲突和社会诉求的增加[1]。科里根和塞耶对工业社会发展——包括与之关联的分工——和围绕一个规范所进行的社会整合之间的对立提出了质疑。他们认为，这种对立只是表面现象；实际上，社会秩序的整合度比人们想象的要高得多。文化是凝聚工具，是社会统一工具，而工业革命之所以得以实现，很大程度上是由于存在一些能够对抗分散力的凝聚力。这些凝聚力在文化之中，这种文化既是正当文化、有教养的文化——高乃依、拉辛；也是人类学意义上的文化——怎样生活、怎样端茶、怎样就餐，即（英国知识传统中所谓的）"文明"。这样，他们就和埃利亚斯有了彻底区别，后者在这方面和韦伯很接近：他所谓文明的进程与其所有政治成分完全分离，就好像文明的进程既不产生后果也没有功能……

文化与民族统一性：日本的情况

科里根和塞耶的书提出了一个很重要的问题，即民族统一性、社会整合与文化之间的联系，或者说与此相关的，文化与民族的关系、

---

[1] 涂尔干，《社会分工论》[*De la division du travail social*, Paris, PUF, 1960 (1983)]。

文化与民族主义的联系。往这方面思考十分困难，对一些法国人来说尤其如此。比如，想象学校可以是确立民族和民族主义的场所，这会令一个法国人感到惊讶。我要迎战的正是这个问题，选取的是英国和日本这两个最有力的例子，哪怕最浮于表面的观察家也能从中一眼看出上述鲜明反差。关于日本，我希望你们能够对我宽容，这不是矫情，因为这对我来说确实不容易，尤其是我得掌握一套实证材料并将它们按和原先不同的方式构建。[如果只是要讲一讲日本史，我花上必要的时间，也能够做得到，但现在是要用并非我专长范围内的这些材料，做与（日本学）专家完全不同的事情。首先我想特别对那些要说"所有这些事，他不能做，因为他不是专家……"的专家说明，我不认同他们的看法。我认为人们经常自认为专家，进而避免思考某些问题：身为东方学者就不再思考关于日本的这些问题……按理我不该说这样的话，但因为这是我切身所想，所以不由自主就脱口而出了。]

日本马克思主义者苦苦思索是否存在一条日本道路，以及为什么可怜的日本人没有迎来法国大革命[1]。他们被一些显而易见的连续性所震惊：他们绝望地发现——他们等不来"重要一夜"——他们与革命无缘，因为他们不具备足以辨认出革命可能性的所有标志。他们发现，明治政权没有废除农业中的封建生产关系，保留了帝制，因此也就没有推翻君主专制——革命的这两项标志性根本要素皆未实现。于是乎，明治革命就不是一场真正的革命。他们还发现，作为日本经济和社会秩序基础的积累体系，依靠的是土地税收制度，它并未和封建

---

[1] 柴田道男（Michio Shibata）、千塚直见（Tadami Chizuka），《日本马克思主义者对法国大革命的研究》（«Marxist studies of the French Revolution in Japan»），《科学与社会》（*Science & Society*），1990 年第 54（3）期，第 366—374 页；日耳曼尼·A. 霍斯顿（Germaine A. Hoston），《概念化的资产阶级革命：战前日本左翼与明治维新》（«Conceptualizing bourgeois revolution: the prewar Japanese left and the Meiji restoration»），《社会与历史比较研究》（*Comparative Studies in Society and History*），1991 年第 33（3）期，第 539—581 页。

传统真正决裂，并且直到现代社会依然与封建类型的关系结合在一起。最后第三点让他们十分担忧，明治改革的政治方向没有如理论所言，像法国大革命那样由城市资产阶级左右，而是由弃武从文的武士阶级左右，由下层贵族左右。日本马克思主义学者于是就想，这场革命实际上难道不正如人们对西方发生的某些革命的定义那样，是一次贵族起义吗？这场革命不是革命，因为它的主体不是革命的常规主体即小资产阶级革命者，而是贫穷的武士，他们借革命寻求将贵族资本转化为官僚资本。这一类比令人震惊……

（我的位置很尴尬：我没法完全像哲学家那样讲这个问题，因为我知道得太多，但也没法完全像历史学家那样讲，因为知道得还不够多……我一直很痛苦。但愿我没说什么错话。也希望你们可以纠正我。不了解情况的人要当心。）

我想我们可以将明治革命描述为一场"保守革命"[1]：某些纳粹派别，某些法西斯先导，是保守革命者，也就是说他们革命是为了复辟旧秩序的某些方面。明治革命与某些贵族改革有很多相似之处；关于这一点，可以参考阿莱特·茹阿娜（Arlette Jouanna）的精彩著作《反抗的义务》[2]。她研究了16世纪因资产阶级兴起而受到威胁的下层贵族的反抗，他们想谋取下层贵族的自由，这些自由可以被当作所有人的自由。这个阶级要求民权和自由，这些权利和自由看上去可能很"现代"，但实际上是从特权者角度来定义的，带有这一事实暗含的所有暧昧不清。例如，"神圣联盟"是一场十分暧昧的运动，下层贵族和生活多少有些困窘的小资产阶级派别走到了

---

[1] 关于布尔迪厄对这个概念的使用，参见《马丁·海德格尔的政治本体论》，同前书。
[2] 阿莱特·茹阿娜，《反抗的义务：法国贵族与现代国家的孕育（1559—1661）》[*Le Devoir de révolte. La noblesse française et la gestation de l'État moderne moderne (1559-1661)*, Paris, Fayard, 1989]。

一起[1]……明治改革也属于同一个类型：下层武士要求民权和自由，但在他们个体利益得到普及的条件下，他们表面索要普遍权利，实则要求扩大武士的权力。

为什么最初的悖论在日本身上达到最大？我们有必要重新梳理封建时代直至今日东京大学的贵族史[2]：宫廷贵族自8世纪一直延续到今天，同时不断转型，学习文化以及与官僚体制相关的文化。对于古代日本、封建日本，我们可以像李约瑟（Joseph Needham）说中国那样[3]，称其为"官僚化封建制"（Féodalité bureaucratisée）。从8世纪起，日本的官僚化程度就已经很深，有韦伯所谓官僚化的一切当下特征：文书的运用，官僚工作分工，授权公务人员展开国家行为，家与办公场所分开，王室内廷与国家分开，等等。伴随此种官僚化，一些人很早就积累了文武贵族的属性。而到了17世纪，贵族与文化之间的关系愈加明晰：人们用剑来延续武士崇拜，但彼时它恰恰已行将消亡，这有点像今天人们在农民消失时修建民间艺术与传统博物馆。武士的神话、武术，所有这些对日本文明的崇拜皆开始于武士转化为官僚和文人之际。在17世纪最初10年里，绝大部分武士都不识字，而他们的首领，中央权力的执掌者，创办了大量学校。我们知道在18世纪伊始，大部分旧式军人是受过教育的。他们中的大部分都进入了官僚体系。但还多出来一部分，那便是编外人员。编外人员总

---

[1] 天主教联盟（La Ligue catholique）或曰神圣联盟（Sainte-Union）诞生于宗教战争期间反对新教的斗争当中，由吉斯公爵（le duc de Guise）领导，演变为反叛运动，呼吁三级会议和外省自由派反对王权。布尔迪厄在这个问题上参考了罗伯特·戴西蒙（Robert Descimon），《十六人议会是谁？巴黎神圣联盟（1585—1594）的神话和事实》[*Qui étaient les Seize ? Mythes et réalités de la Ligue parisienne (1585-1594)*, Paris, Klincksieck, 1983]。

[2] 东京大学坐落于东京，是日本最负盛名的综合性大学；它培养了绝大部分日本政治精英。

[3] 李约瑟，《大滴定：东西方的科学与社会》[*La Science chinoise et l'Occident. Le grand titrage*, Paris, Seuil, 1973 (1969)]，欧仁·雅各布（Eugène Jacob）译。

是很有趣：历史变革的一大因素就是教育制度产出和职位供给之间的不一致[1]。所以我反对限额（numerus clausus）一说，因为编外人员是重大变革因素：多余的、追加的人员、占了不该占的职位的人，或者为了能占据职位而将职位改头换面的人。在这个意义上，他们做的正是历史变革的工作。这些编外人员，这些冗余人员，这些没有公职的有文化的武士转而投身商场——不少当代大联合企业皆由旧武士家族执掌——他们为自由和公民权利斗争，和阿莱特·茹阿娜研究的下层贵族如出一辙；他们尤其在新闻界崭露头角，成为边缘的、"自由的"知识分子，后续一切随之而来[2]……

官僚制度与文化整合

要想理解日本"奇迹"，就要考虑到日本和英国一样（马克·布洛赫称，英国在法国之前，很早就有了一个国家），很早就官僚化了。文化独特性和官僚化之间不存在不兼容，而是恰恰相反。伴随着官僚化，文化也变成官僚体制敲门砖。韦伯已经注意到这一点，但这远远不止他说的那些。在法国，自从官僚机构建立并且要求一定的技能或至少是能给技能提供担保的教育背景，文化资本的积累就早早成为获

---

[1] 参见布尔迪厄在《学术人》中对 1968 年五月风暴的解释，尤其是第 5 章 "关键时刻"（«Le moment critique»）。在《区分》（同前书，第 147—185 页）中对失去地位的资产阶级的转行策略的剖析、《国家精英》（同前书，第 259—264 页）中对统治阶级"迷失者"（fourvoyés）和"堕落者"（dévoyés）之间的内部斗争的描绘，以及《艺术的法则》（Les Règles de l'art, Paris, Minuit, 1992）第 85—105 页对法国 19 世纪末"艺术家生活的发明"的勾勒中，这个机制也扮演了核心作用。

[2] 对第二帝国时期法国情况的延伸分析，参见布尔迪厄，《艺术的法则》，同上书，第 211—220 页。更多后续细节参见布尔迪厄，《如何解放自由知识分子？》（«Comment libérer les intellectuels libres ?»），《社会学问题》，同前书，第 67—78 页。

取权力的途径。从中我们可以看出从 12 世纪起就在法国形成的一种联系。一些人与国家相关联，同时与学校和学校文化相关联，比如法国传统中的法官。武士也进入了这个范畴。这种封建官僚体制，官僚化越深，就与文凭有了越多的联系。很少有国家像日本一样文凭至上；教育制度如此畸形，以至于因学业失败导致的自杀率高得让人难以置信。在日本社会里，文凭是晋升和社会认可的首要工具。说起"日本奇迹"时，人们忘了一个决定性因素，即高强度的文化资本累积在社会中发挥的作用，这个社会中的一切传统都在推动着此种积累。这一点相对来说很少被提及，在经济学者的研究中尤其如此。

这种文化积累，既是个体的也是集体的，它伴随着一种浩大的文化建构工程。我们可以说，就像英国和法国一样，日本通过构建日本文化这种人造物，构建这种显出一副自然、原始形态的人造物，来完成自我构建，而由于它模仿日本古时的状态，这种建构相对来说是简单的。这需要对文化进行一整套自然化的处理，这种自然化以唤起古风，唤起一切古老习俗汇编里所说的"逝去的记忆"为途径。这种文化实际上是历史人造物，我们可以把它和某些作者、发明者联系在一起。……这种文化是由文人从无到有造出来的；而我在研究国家问题之前并未看到这种文化是正当的但也是民族的。文化的这一政治维度令我震惊。实际上我要讲的内容会重复一些旧有分析——正当文化的作用、学校的作用——但将它们放在完完全全的政治语境下，并且把这一文化联系到其民族融合功能而不只是涂尔干说的社会整合功能之上。

于是乎，英国文化就以有别于法国的模式建立。英国性有别于法国而被定义：在构成英国性的每一个形容词的对面，我们都可以放置一个可以描述法国性的形容词。日本文化是以恢复名誉为目的、相对于外国而构建的一种人造文化。日本是一个被统治而非被殖民的国家，它实质上顺从了欧洲的统治，但并不因此直接屈从于这种统治。

同时，这种文化是受一种恢复名誉的目的影响，一种面对西方人的蔑视要"重拾尊严"的目的。我建议你们读一读《世界报》驻日记者菲利普·庞斯（Philippe Pons）的书《从江户到东京：回忆与现代》[1]。这本书落入了日本人自己也未能幸免的东方主义神话的陷阱——这就是象征统治——但它对这种文化兵工厂做了很好的介绍。另一本书是社会历史学家赫尔曼·欧姆斯（Herman Ooms）的《德川意识形态》，这是少有的摆脱东方主义传统的著作之一，它从当年的一些文本和作者出发，描述了日本性这个概念的历史起源[2]。

以恢复名誉为意图的文化发明的一个典型例子，是19世纪日本取缔传统的公共浴室；由于从西方的模式来看，这一事物实在奇怪，人们就将其取缔，并将这一传统文化习俗逐出正当文化，转而引入只在宫廷社会一小部分人中存在的做法，并将后者建构为普遍文化的要素。20世纪初发生了传统艺术的再发明，比如武术、书法等。这其中典型的例子是茶道：茶道（sadô）是一套被推向极致而近乎滑稽的深奥体系的产物，是将日常习俗建构为艺术品——在这一关系下，日本作为英国性的极端情况，颇为有趣。编码、封圣，构建一种"原汁原味"（这个词很危险，想想海德格尔……）日本是构建一种原汁原味的日本文化（的场所），其中纳入了尚武传统，一种极为暴力的性别区分——很少有传统如此强烈地将男女对立。

在日本的情形中，国家通过建立文化的正当定义并借由两个工具系统地推行这一定义来建立自己。这两个工具便是学校与军队。提到强制工具，我们经常想到军队（就像埃利亚斯和蒂利著作中那样），但军队也是一种用来反复灌输文化模式的工具，一种驯化工具。在日

---

[1] 菲利普·庞斯，《从江户到东京：回忆与现代》（*D'Edo à Tokyo. Mémoire et modernité*，Paris，Gallimard，1988）。
[2] 赫尔曼·欧姆斯，《德川意识形态：早期结构，1570—1680》（*Tokugawa Ideology, Early Constructs, 1570-1680*，Princeton，Princeton University Press，1985）。

本，学校和军队负责传播和灌输纪律、牺牲、忠诚的传统。于是就有了一种人造的、与民间传统割裂的国家文化。例如，日本戏剧演出完全看不懂：观众必须提前阅读概述才能跟上剧情。人造物彻底变为矫揉造作——这不意味着观众没有实实在在的愉悦；这只是意味着这些所谓传统艺术是脱离大众的艺术，只有靠教育制度的支持才能继续存活。在法国，古典戏剧亦可能如此：如果学校不再教高乃依和拉辛，一整块剧目就会彻底消失，而需求、乐趣、消费的愿望也就随之消失……日本学校的文化教学影响了文化的内容，同时也使如是转化后的文化依然能被消费。雷内·希费尔（René Sieffert）称歌舞伎是一种"戏剧-博物馆"[1]，可被内行观众欣赏，他们往往靠辅助的说明材料、评论等在第二度和第三度上消费这些产品。

民族统一与文化统治

在这个例子里，我们清楚看到文化、学校、民族之间存在关联，并且大概由于这是个外国的例子，我们还看到存在一种学校的民族主义，看到教育制度是一种民族主义的工具。但我认为处处皆是如此。自视为具有普遍性的学校，尤其是法国的学校——外在于教师的意志、意识和责任——是一种重要工具，可以建立民族情绪，建立这种"只有我们才能感受到"或者"只有出生在这个国家才能感受到"的东西，我们可以为了它献身，就像我们可以为了正字法献身一样。

作为对这一点的总结，我想说，无论在日本的例子还是英国的例子中，我们都看出学校文化、正当文化所发挥的建构与统一的作用，

---

[1] 此处布尔迪厄暗指的应该是雷内·希费尔，《日本戏剧》（«Le théâtre japonais»），收于让·雅各（Jean Jacquot）编，《亚洲戏剧》（*Les Théâtres d'Asie*, Paris, Éd. du CNRS, 1968），第133—161页。

我们还看到这种学校文化是一种民族文化。换言之，学校和文化具有内部整合功能——涂尔干所谓社会整合：每个法国小孩都有那么一点对正当文化的依附，即便他们没有文化的知识，他们却有对文化的承认。谁都不能不懂文化法则，学校教的其实就是这个。当我们就文化问题交谈时，很少有人能抛弃文化；最没文化的人竭力让自己符合他们根本无法满足的文化正当性。虽然文化知识分配得极为不均匀，对文化的承认却恰恰相反，传播得极为广泛。并借由此，一切文化予以保证的东西也获得广泛承认：有学问的人高于没学问的人，国立行政学院（ENA）毕业生身居要职，等等，也就是说所有由文化资本间接保证的东西。我之前的分析里一直忘记了一点，学校也具有对外的民族整合功能：文化机构是民族主义的场所之一。我现在将只提示一些十分微妙的问题。

通过一种人工文化的人工建构，民族国家以同一类型的步骤自我建立。对某些民族国家来说，可从中汲取所需来建立这种人造物的起始文化是宗教性的：以色列和阿拉伯国家的情况即是如此。如何在所掌握的材料主要是宗教性质的情况下，建立一种民族文化，一种符合文化一词正式定义的文化？如何建立一种意在普遍化同时又具有历史或宗教传统特殊性的文化？按理应对这一问题内在的所有对立展开详细论述。我要谈谈法国的情况，它十分特殊，在这一点上和以色列或者阿拉伯国家截然不同：它属于建立在普遍性幻觉上的民族国家，其特殊性正是普遍性和理性。法国人的特殊性是理性（Raison）；这固然是他们的主观意象，但并非没有客观基础。1789年之前，革命工作就在理性也就是说在普遍性的标志下完成。这是一种在对普遍性的追求中自我建立的传统，它与普遍性之间有特殊的关系，正因此，法国思想家无法思考法国思想的特殊性，无法挣脱这种所谓的民族主义的国际主义，无法摆脱法国在冲突中的传统立场。

在这一人权、理性、普遍性的民族传统之上，我们还可以加上从左拉到萨特的知识分子传统——此乃民族特色，即便别处也有知识分子——这种有关普遍性、普遍性应该如何（would be）的民族特色，是法国的一项特殊国情。法国认为本民族文化是国际文化，可以自发输出也应该被输出，我们输出法国文化时不做坏事，没有比教希腊人法语再好的事了——我故意举了希腊人的例子——如果是班图人[1]会怎样……直到二战，这种普遍性抱负一直建立在事实之上。法国文化统治遍及全球。巴黎，是一个民族神话，但有现实根基：画家们在巴黎开始职业生涯；德国艺术革命以巴黎为参照进行。这种所谓的、假定的普遍性伴随着普遍性实践也就是说一种不自知的统治的迹象，它深深地扎根在法国无意识之中：我们有一些纳粹式的极端民族主义反应，是因为我们是走向衰落的普遍主义统治者……

如果按日本人对茶道的做法那样，建立一种人造文化，法国人也可能成功。这可不是一种民族疯狂：这个东西颇有市场……我们在安卡拉说法语的时候没人会谴责我们：总会有人听懂。这种客观地、在社会学意义上建立的对普遍性的抱负，暗含着一种普遍性帝国主义（impérialisme de l'universel）。我认为法国帝国主义最有害的特点就是它的普遍性帝国主义。今天，这种帝国主义从法国转移到了美国[2]，美国民主接过了法国民主的接力棒，带着这其中暗含的所有良好感觉。有必要研究一下我也不知止于何时（每个人认为的时间早晚不一样）的俄国的普遍性帝国主义，普遍性帝国主义也可以植根于"革命国家"传来的讯息……

---

[1] 班图是非洲最大的民族，班图人居住在中部非洲和南部非洲。班图语是非洲尼日尔-刚果语系大西洋-刚果语族的一个语支，包含约 600 种语言。虽然法语在某些国家是官方语言，但班图语支是最普及的语言。——译注
[2] 布尔迪厄，《两种普遍性的帝国主义》（«Deux impérialismes de l'universel»），收于克里斯汀·佛雷（Christine Fauré）、汤姆·毕晓普（Tom Bishop）编，《法国人的美洲》（L'Amérique des Français, Paris, François Bourrin, 1992），第 149—155 页。

以上所有是为了说明，在表面看来最有利于文化帝国主义和文化民族主义用途的情况下，也就是说普遍性帝国主义情况下，文化从来就不是纯粹的，它总是既有统治的维度也有民族主义的维度。文化是一种正当化工具和统治工具。韦伯称宗教给统治者提供了关于自身特权的一种神正论（théodicée）。我更想说的是社会正义论（sociodicée）：它为现存的社会秩序提供正当性证明。但还不止于此。文化继宗教之后，发挥了与后者类似的功能：它让统治者感觉到自己的统治有据可循，无论是在民族社会范围内，还是在世界社会范围内，统治者或者殖民者可以心安理得地觉得自己是普遍性的携带者。我的立场好像只是批判性的，但事实比这复杂：普遍性帝国主义多少带点它所说或者它自认为是的东西，否则事情就太简单了。

我要描述的这个过程，也就是说国家得以自我建立的过程，不乏暧昧：存在一些地区、地方法律，地方习俗、地方语言，而通过集中化和统一化的过程，人们建立了具有单一语言、单一法律的单一国家。这种统一的过程也是集中化的过程。从前有雇佣军队，现在有了国有军队。这个过程导致统一，但它也导致了从这一过程中获利的那些人、那些制造国家且能支配国家所提供的利益的人的垄断。所有国家在自我生成过程中制造的东西都被垄断，这种垄断提供的正当性也被垄断，普遍性被垄断，理性也被垄断。我描述的这种集中化过程好比一张纸的正反面：人们越是走向普遍的统一性，就越是去地方化、去特殊化（在卡比利亚地区，每个村庄都有不同的度量单位），走向一个有标准米制的统一国家，走向普遍化。人们可以互相理解，穿越边界，进行交流。同时，在这张纸的反面，还有民族集中，民族主义集中，向普遍主义的迈进同时也是向普遍性的垄断的迈进。国家内部存在的问题在国与国的关系层面上同样存在。

历史中之所以也有点普遍性，是因为普遍性对某些人有好处，这使得普遍性生来即遭腐蚀，但这不意味着它不具有普遍性。如今我们可以用文化里、人类既有知识里最普遍的东西即数学文化为例，说明数学的社会应用如何能让技术狂热成为可能并为其作证。它会让我们看到，被我们自发地联系到普遍性概念之上的形式主义、形式化、纯粹逻辑，如何总是像一张纸的正反面那样和统治与操控的作用相关联。这是完美的统治，因为这是理性的统治；这是不可抗拒的统治，因为能对抗理性的只有理性，或者一种更加理智的理性。

科里根和塞耶开启了我之前未曾预见到的图景，他们对将统治形式简化到统治最粗暴的方面，简化到军事力量的倾向提出不同意见。通过数学这个极端的例子，我想告诉大家，存在一些与人类最高成果相结合的十分柔性的统治形式。这些统治形式，即按哲学传统来讲的象征统治，是如此根本，我甚至在想，一种社会秩序如果没有了这些统治形式的存在，还能不能运转，包括在其经济基础之上的运转。换言之，旧有的下层基础/上层建筑的模式——这个模式在社会科学中负面影响颇大——是否应该被抛弃？但如果我们仍想保留的话，起码是不是该把它反过来？要想理解一种经济奇迹，难道不应该从象征形式出发吗？那些看上去最根本、最现实，按某种说法"归根结底"最具有决定性的东西，其基础难道不正存在于心智结构之中，存在于象征形式之中，存在于纯粹的、逻辑的、数学的形式之中吗？

……在对国家做了这么多研究之后，如今再重读我的文章《论象征权力》，我发现自己当时受国家思维毒害很深。我当时不知道自己在写一篇论国家的文章：我以为我写的是一篇论象征权力的文章。现在我明白，这恰好证明了国家和国家思维非同寻常的力量。

1991年2月7日课程[1]

进行国家权力分析的理论基础——象征权力：力量关系与意义关系——作为分类原则制造者的国家——信仰效果和认知结构——国家象征系统的连贯性效果——国家建构之一：教学时间表——信念的生产者

进行国家权力分析的理论基础

如我上次所说，我将讨论科里根和塞耶著作提出的第二大块问题：他们对英国国家的建立所做分析的理论基础。在开始这一分析之前，为了让你们进一步体会我们即将要进行的思考其关键所在，我想为你们读一段从大卫·休谟（David Hume）《论政府的首要原则》（来自1758年出版的《若干问题论丛》）这篇文章里摘出的一段不太有名的话："对于那些用哲学眼光看待人类事务的人来说，没有什么比看到最大多数的人轻易就由最少数的人管理以及看到人们为了领导者的感情和嗜好而放弃他们自己的感情和嗜好时所暗含的服从更加令人惊讶的了。当我们想知道这种奇观，这种令人惊讶的东西是通过什么途径实现时，我们发现，力量总是在被管理者一边，管理者除了舆论之外没有任何倚仗。因此政府是完全建立在舆论之上的。从最专制、最军事化的政府到最自由、

---

[1] 本节课内容转写已经布尔迪厄审校。

最平民的政府，这一准则都大行其道。[1]"我认为这个文本极为重要。休谟惊讶于管理者实施管理之容易。我们常常忘了这点，因为我们身处一种模模糊糊的批判传统，同样，我们也忘了社会制度的再生产有多容易。

我进入社会学这一行时，社会学家说得最多的词是"突变"（mutation）[2]。到处都是"突变"：技术突变、媒体突变等，而稍作分析就会发现再生产机制强大到什么地步。同样，我们经常被最现象化的方面如反叛、颠覆、暴动、革命所震惊，而真正令人目瞪口呆、惊讶不已的东西恰恰相反：秩序如此经常地被遵守。成问题的恰恰是不成问题的东西。社会秩序怎么就能如此轻易地得到维持？而事实上如休谟所言，管理者很少，被管理者很多，有数量优势。正是这种惊讶构成我将进行的那类严密思考的出发点。我觉得要想真正理解社会秩序中根本的力量关系，不引入这些关系的象征维度是不行的：如果力量对比仅仅只是身体、军事甚至经济方面的力量对比的话，它们可能极为脆弱并很容易被推翻。从根本上说，这是我许多思考的出发点。在我研究的全过程中，我尝试再度引入象征力量、象征权力的悖论。这种权力行事方式如此隐蔽，我们甚至忘了它的存在。而那些接受它的人是最先无视其存在的，因为它只有在人们不知其存在的情况下才被实施。这与不可见的权力同属一类。我今天将试着快速介绍一种分析的理论基础，这一分析将恢复象征权力应有的位置。

---

[1] 布尔迪厄在此翻译的这个段落见法译版大卫·休谟，《若干问题论丛之道德、政治、文学散文集》（第一部分）(*Essais et traités sur plusieurs sujets. Essais moraux, politiques et littéraires*（Ire partie），Paris，Vrin，1999 [1758]），米歇尔·马莱尔布（Michel Malherbe）译，第93页。

[2] 参见布尔迪厄，让-克劳德·帕斯隆（Jean-Claude Passeron），《神话社会学家与社会学家的神话》(«Sociologues des mythologies et mythologies de sociologues»)，《现代》(*Les Temps modernes*)，1963年第211期，第998—1021页。

象征权力：力量关系与意义关系

我 1977 年发表的文章《论象征权力》，试图构建思考这种奇怪的效力时所不可或缺的思维工具，这种效力以舆论为基础，但我们也完全可以说以信仰为基础。被统治者怎么就屈服了呢？信仰和服从是同一个问题。他们怎么就屈服了，并且就像休谟说的，怎么就如此轻易地屈服了？为了回答这个难题，需要超越知识传统之间的旧有对立，人们深深以为这些传统互不兼容。在我之前，没人尝试调和它们或者让它们结合——我这么说不是为了自诩独特。我的研究并非出于教学或者学究气的目的，要将这些传统集于一身然后超越其对立；我是在推进中、在研究中慢慢形成这些超越不同传统间的对立的概念的——象征权力、象征资本、象征暴力——并且出于事后一些教学方面的理由，我指出应该将它们调和，以便思考"象征权力"。

（这点很重要，因为我认为尤其在法国，人们往往对理论思维持十分学究气的看法：就好像存在一种理论的单性繁殖，理论产生理论，无穷无尽。事实上，做研究根本不是这么个做法；并不是读了理论书籍就一定能生产出理论。话虽如此，要想生产理论，确实还得有一定的理论基础。）

该方法的第一点：我认为应该以力量关系是交流关系（rapports de communication）这一事实作为出发点，也就是说，在物理主义视角、符号学或象征关系视角下的社会世界之间不存在对立。我们应该拒绝在令整个社会思想传统始终摇摆不定的两种模式之间选择，即物理主义模式和风靡一时的控制论模式。这种不恰当的二选一歪曲了事实。最粗暴的力量关系——休谟如是说——也同时是象征关系。

力量关系与意义和交流关系不可分割，被统治者既知道也承认（connaît et reconnaît）。（黑格尔著名的主人与奴仆的辩证关系已经触及这个问题，但就像经常出现的情况那样，开拓性的分析在某一时刻开辟一条道路，同时又封闭了道路并让人无法完整地思考。这就是为什么理论评述传统往往让理论变得贫瘠而非让理论变得丰富。）被统治者知道并承认：服从行为意味着一种认识行为，同时也是一种承认行为。在承认中，显然有"认识"的存在：也就是说屈服的人、服从的人、在一项命令或者一项纪律面前俯首的人，进行的是一种认知活动（action cognitive）。（我用好几种方法来向你们讲述；我说"认知的"是为了制造一种触发器效果，让你们明白社会学实际上是一种认知科学，而从事这些科学的人一直忘了这一点，这并非偶然。）归顺和服从行为是认识行为，它们运用了一些认知结构、知觉范畴、知觉模式、观看与区分的原则，一整套被新康德主义传统摆在第一位的东西。我把涂尔干也归入这一新康德主义传统中，他从来不掩饰自己，他是新康德主义者，甚至是史上最一以贯之的新康德主义者。要想理解服从行为，就不能把社会行动者看作一个物理空间中的粒子——诚然，他们可以是这样——而是看作用心智结构和认知结构来思考其上级和下级的粒子。于是问题就来了：国家得以如此容易地就让自身获得承认这一事实——我还是以休谟为参考——难道不正是因为它有能力强加一些人们思考它时所依据的认知结构吗？换言之，我认为要想理解国家持有的这种近乎巫术的功效，必须思考认知结构和国家在这些认知结构的制造中所起的作用。

（我故意用了"巫术的"一词，取其技术层面的意义：一项命令即是一项巫术的行为——你在远方的某人身上起作用。你跟他说"起立"，你不费吹灰之力就让他站起来了。如果你是一位正在读报的英国贵族——我借用的是英国语用学家奥斯丁举的例子——你说："约翰，你不觉得有点冷吗？"约翰就会去关窗户[1]。换言之，一句观察式的话，甚至都不是用命令的形式表达，也可产生实实在在的效果。问题在于弄清这样一句话起作用的条件是哪些。这句话的力量是在句

---

[1] 约翰·L. 奥斯丁，《如何用语言做事》，同前书。

子内部，在其句法、形式中吗？还是说也在它应用的条件之中？我们应该思考，谁说出这句话，谁听到这句话，听到这句话的人是按照什么接收范畴收到这个信息的。）

作为分类原则制造者的国家

我觉得，当我们思考国家时，应该把它当成分类原则的制造者，也就是说可以被应用在世间所有事物尤其是社会事物之上的起建构作用的结构。我们处在典型的新康德主义传统之中。你们可以参考恩斯特·卡西尔的著作，他把康德的形式概念泛化为"象征形式"（forme symbolique），将科学层面的构成形式和语言、神话以及艺术都囊括其中[1]。对于那些仍然被学校一直传授的毫无价值的二元对立所禁锢的人，我要提醒你们，卡西尔在美国出版的最后一批著作之一《国家的神话》中有一条不起眼的注释，清清楚楚地写道："当我说'象征形式'时，我说的就是涂尔干讲'原始分类形式'时说的那些东西。[2]"我想这会让"纯粹的"哲学家震惊，但对于每个正常的头脑来说，这却显而易见。他说过这话，多少起到点证实作用。

这些象征形式是社会现实的构造原则：社会行动者不仅是被物理力量驱动的粒子，他们也是携带了认知结构的认知着的行动者。涂尔干为卡西尔带来的，是这样一种观点，即这些分类原则并非康德传统所认为的超验的、普遍的形式，而是与历史生产条件相关联的、被历

---

[1] 恩斯特·卡西尔，《象征形式的哲学》[*Philosophie des formes symboliques*, Paris, Minuit, 1972（1953-1957）]（三卷本），奥乐·汉斯-洛夫（Ole Hanse-Løve）、让·拉科斯特（Jean Lacoste）、克劳德·弗龙蒂（Claude Fronty）译。

[2] 恩斯特·卡西尔，《国家的神话》[*Le Mythe de l'État*, Paris, Gallimard, 1993（1946）]，贝尔纳·魏吉利（Bernard Vergely）译，第33页。卡西尔参照的是涂尔干和莫斯的《分类的几种原始形式》（«De quelques formes primitives de classification»），前文已引。

史地建构出的形式，因此具有索绪尔所说的任意性，也就是说它们是约定俗成的而非必然的，是在特定历史背景下获得的。说得更严谨一些，这些分类形式是社会性建构的社会形式，是任意的或者说约定俗成的，也就是说和被考察的群体的结构有关。如果我们顺着涂尔干的思路再进一步，我们就会对这些认知结构的社会起源提出疑问：我们不能再说这些结构是先验的、无来由的。涂尔干在其（和莫斯一道进行的）另一个方面的研究中，坚持认为存在一种逻辑的谱系，而我们需要把在原始社会中观察到的分类原则与社会秩序本身的结构联系起来，心智结构正是在后者内部建立的。换言之，涂尔干的假设是非常强大的假设，十分冒险但也十分有力，他假设在心智结构——也就是说我们建构社会现实和物理现实所依赖的原则——和社会结构之间存在基因关系，群体间的对立被转译为逻辑对立。

我只是提了一下该传统的主线，我把我刚才讲的东西再和国家联系起来。顺着这一传统，我们可以说有一些思维形式是由社会形式的内化所生成的，而国家是作为制度存在的。（"制度"一词在社会学语言中特别无力，我尽量让它严谨一些，我说制度总是以两种形式存在：即存在于在现实中——民事登记、民法典、办公表格——也存在于大脑中。一项制度只有在客观结构和主观结构相吻合时才能奏效。）国家（可以说）能用普遍性方式在某一领土管辖范围内强加一些观察和划分原则（principes de vision et de division）、一些象征形式、一些分类原则，我经常将这些称为一种规范（nomos）——回忆一下本维尼斯特对该词词源的解释，nomos 是从 nemo 而来，意思是"分配"（partager）、"分割"（division），组成一些经由希腊人所谓的 diachrisis，即"原初区分"而形成的彼此分离的部分[1]。

---

[1] 埃米尔·本维尼斯特，《印欧俗语词典》，第1卷《经济、亲缘、社会》（Économie, parenté, société），同前书，第84页及其后。

信仰效果和认知结构

国家最矛盾的效果便是信仰效果,对国家的普遍服从。比如说,绝大多数人看见红灯就停下来这件事太令人惊讶了。(我想告诉你们,我实在震惊于社会如此有条理——大概是一种无政府主义倾向促使我这么想吧……不过我确实这么认为——且这种秩序得来毫不费工夫。我们被混乱的惊人表现所震动,忘了大量活动可能是另外一种样子,可能杂乱无章,忘了日常的诸多活动让世界变得可以生存、可以预见,这样的世界让我们可以预想人们要做的事,除了意外。这样的例子还有很多。)

所以说,国家是具有超凡权力的制度,能制造一个有序的社会世界而不必非得发号施令,也不用一直实行强制——就像人们常说的,不是每个司机后面都跟着个警察。这种近乎巫术的效果值得解释。所有其他效果——埃利亚斯提到的军事强制、(蒂利提到的)通过税收实现的经济强制——在我看来都是相对次要的。与(贫乏的)唯物主义传统相反,我认为原始积累是象征资本的原始积累:我整个研究的目的是创立一种有关象征的唯物主义理论,而人们传统上将象征与物质相对立。贫乏的唯物主义传统不涉及象征,如果不借助强制的概念,很难意识到这种普遍化的服从。另一方面,他们无法理解原始积累现象。马克思主义如此执着于国家资本原始积累问题并非偶然,因为我认为初级形式的积累是在象征层面上完成的:有一些人让别人服从自己、尊敬自己,因为他们是文人、修士、封圣者、圣徒、美人……总之因为一堆让通常意义上的唯物主义不知所措的东西。但我再重复一遍,这不意味着对最缥缈的事物不可以做唯物主义分析。

要想理解这种象征有效性的奇迹,理解政府进行统治这一事实,就应该立足于社会学化的康德传统并且说——在这一点上,我会追随涂尔干,哪怕他写这些的时候想的并不是国家——国家向所有服从其管辖的行动者反复灌输类似的认知结构。国家——我在这儿引用涂尔干——是一种"逻辑顺从"和一种"道德顺从"。被恰当地社会化了的社会行动者共有一些若非一模一样起码类似的逻辑结构，使得他们变成莱布尼茨单子，他们不一定非得交流、合作才能达成一致。社会主体在某种意义上就是莱布尼茨单子。

人们大概会说我是潘格洛斯（Pangloss）[1]，但我想应该冒险说出这样的话，好让人们听到这些惊人的东西，我清楚地知道应该对此加以纠正。作为社会学家，我们总是需要——我要借用一次毛泽东的话——"矫枉过正"。针对与我持相同意图的社会学研究的愚蠢批评中，大多数都竭力想再辩正。常识天真地附和一些甚至算不上主张的主张，一些不是命题的命题。而为了粉碎这些不是主张的主张，就得往反向以牙还牙，略带夸张。当大家都在谈"社会制度突变"时，就应该说"这是自我生成的……"借用笛卡尔的术语来说，决裂应该是夸张的（hyperbolique），因为人们总是太相信表面，而表面永远只是表面。应该在决裂的含义里再加点东西，并且知道决裂并非那么简单。这是造成误解的因素之一。一些人靠把"过正"的部分再辩正一点，让自己小有名气，说"但这未免有些夸张！"举个例子：为了解释教育制度下的不平等，只考虑经济因素是不够的，方差的很大一部分将无法解释。必须把文化因素考虑在内，把文化资本考虑在内……然后就有人过来说："注意，他们忘记经济资本了！"当我引用莱布尼茨来说明与国家的关系时，我知道这很危险，我知道我跟你们讲的东西有点过头，但这还赶不上对我正在讲的东西所进行的无意识反抗。当我们与信念作战时，我们怎么极端都不为过……

---

[1] 在《老实人》（Candide）中，伏尔泰让潘格洛斯戏仿莱布尼茨，这位教授作为"一种包罗玄学、神学、宇宙学的学问"的家庭教师，经历诸多事件，仍然公开表明"这个世界好得不能再好，一切都十全十美"。

通过反复灌输——很大一部分是通过教育制度——暗中进行评价的共同认知结构（我们说白与黑的时候必然暗含着白比黑好的意思），通过生产、再生产、让人们深深承认并内化这些认知结构，国家为象征秩序的再生产做出了根本的贡献，而象征秩序又以决定性作用参与社会秩序的形成及其再生产。强加一些相同的认知和评价结构，便是建立一种关于世界意义的共识。在现象学所说的常识世界里，人们意见一致而浑然不知，没有任何契约，甚至人们都不知道他们已经确认了跟这个世界有关的某样东西。国家是建构社会现实的工具的主要生产者。在区分程度不高或者没有区分的社会里，不存在国家，代替国家进行所有操作的，是认定仪式（rites d'institution）——人们不恰当地称其为过渡仪式（rites de passage）[1]。认定仪式是一种在接受仪式和未接受仪式的人之间建立决定性区别的仪式。在我们的社会里，国家组织一大堆类似考试这样的认定仪式。整个教育制度的运转可以被视为一项巨大的认定仪式，尽管它很显然并不限于此：它也传递技能。但我们过于将教育制度视为分发技能和文凭并认可技能的场所，以至于得壮着胆子去提醒大家这也是一个祝圣场所，一个在被祝圣者与未被祝圣者之间、在入选者与被淘汰者之间建立区别的场所。这些区别就像男性与女性的区别那样，属于社会巫术范畴，它们产生于一种构成行为（acte de constitution）[2]——取其哲学意义和宪法上的意义——这一行为产生的社会分化持续、具有决定性、不可磨灭且往往

---

[1] 布尔迪厄,《认定仪式》（«Les rites comme actes d'institution»），《社会科学研究学报》（Actes de la recherche en sciences sociales），1982年6月，第43期，第58—63页。后收入《语言与象征权力》，同前书，第175—186页。布尔迪厄在文中明确批判阿诺·范·格纳普（Arnold Van Gennep），《过渡仪式》（Les Rites de passage, Paris, Émile Nourry, 1909；再版于Paris, Picard, 1981）。请见下文第289页。

[2] "constitution"在法语中有"构成"的意思，是从动词"constituer"（构成、建立）派生出的动名词；大写时意为"宪法"。——译注

难以逾越。因为它们铭刻在个体的身体之中，且社会世界不断向身体提醒这些划分的存在（例如胆怯，它在不同阶级和性别之间的分布很不均匀，人们要想摆脱它并非易事）。

国家在我们的社会中组织了重要认定仪式，就像封建社会中贵族受封骑士的仪式那样。我们的社会也充满了受封仪式：学位授予仪式、建筑物或教堂的祝圣仪式等。我们应该思考一下何为被祝圣。我把这个练习留给你们。这些重要的认定仪式参与社会划分的再生产，强加并反复灌输观察社会和划分社会的原则，社会划分正是依据这些原则得以组织，国家通过这些仪式建立并强行让行动者接受一套知觉范畴，后者以普遍心智结构的形式使自己在民族国家范围内被吸收，协调并组织行动者。国家具备建立内部和平条件的工具，一种集体的理所当然，一国范围内普遍的理所当然（taken-for-granted）。我在这里秉承的是新康德主义和涂尔干主义传统，我认为二者在确立象征秩序同时也是社会秩序时必不可少。我可以日历为例：当数座城市结盟时，公职人员、牧师要做的第一件事就是确立共同的日历，将男人、女人、奴隶和不同城市的日历相统一，以便人们可以在时间划分原则上达成一致。日历象征着社会秩序的建立，后者同时也是时间秩序和认知秩序，因为要想让内在的时间经验相一致，就必须让这些经验服从公共时间的安排。国家之建立与共同时间参照之建立同步，与组成各种根本对立关系（日／夜、办公地点开放时间／休息时间、节假日／工作日、假期等）的范畴之建立同步。我后面将跟你们讲讲教学时间表：你们会发现组成客观秩序的这些对立关系也建构了大脑的结构，后者将任意的秩序当作自然。

这些东西促使我思考这一秩序的功能。如果我们仍持新康德主义或者涂尔干主义的视角，也就是说社会整合的视角，我们（就会意识到）国家是一种社会整合工具，社会整合不仅以情感的团结为基础，也以作为认知和评价结构的心智结构的整合为基础。实际上，要想思考马克思主义传统强调的国家统治，要想思考它，哪怕方法不正确而只是思考它，就必须引入涂尔干传统。因为涂尔干有思考国家统治的更丰富理论工具……要理解这种比任何公开宣称的服从更强烈的立即的服从，要理解这种无服从行为的服从，无效忠行为的效忠，无信仰行为的信仰，要理解所有构成社会秩序基础的东西，就得跳出那种传统思考意识形态问题时所凭借的工具逻辑，它将意识形态视为强加给被统治者的统治者个人利益普遍化的产物。［我们会想起"错误意识"这个概念，但在"错误意识"里，不恰当的是"意识"。停留在意识的哲学里，停留在服从关系里（后者被视为一种建立在失败的政治之"我思"上的异化关系）的思考是不完善的。］

国家象征系统的连贯性效果

要想借助社会学化的新康德主义传统更进一步，就必须引入结构主义传统（新康德主义和结构主义的对立不是三言两语就能讲清的）。但为了让你们明白新康德主义传统与结构主义对立的核心，我以卡西尔《象征形式的哲学》为例。当他说神话时，他强调神话-创造功能，强调人类行动者是创造者、生发者，人类行动者运用一些心智结构和（具有建构作用的）象征形式制造神话表象[1]。相反，结构主义对神话生产的主动维度完全不感兴趣，它不关心神话诗学（mythopoesis）；当它说神话的时候，它感兴趣的不是操作模式（modus operandi），而是精神效果（opus operatum）。它假设——这是索绪尔的贡献——在一门语言、一个神话或一项仪式中，存在意义、逻辑、连贯性。我们需要抽取、提炼这种连贯性，并把康德所谓"现象的狂想曲"替换为一整套有逻辑地——应该说是社会-逻辑地——

---

[1] 卡西尔，《象征形式的哲学》，同前书，第 2 卷。

互相关联的行为，同时不忘象征系统的逻辑并非逻辑学逻辑。

我认为必须借助结构主义传统才能超越新康德主义提供的生成解释，才能觉察到象征系统一个十分重要的属性，即"作为被建构的结构"的连贯性。我曾说过一些马克思主义者无法很好解释意识形态效果：因为在涂尔干的理论之上，还要加上结构主义的维度。意识形态的力量之一，尤其是理性的力量——例如理性的法律——正在于其连贯性所具有的象征性功效（efficacité symbolique de la cohérence）。这种连贯性可以是理性的或伪理性的——正如理性行动者进行理性化的历史行动的产物，如法律。意识到象征系统既是认知形式也是具有连贯性的结构，便有办法去理解象征性功效最隐蔽、最难把握的方面之一，尤其是国家的象征秩序：连贯性效果、近乎系统性效果（quasi-systématicité）、类系统性效果（simili-systématicité）。国家制造或编码的所有事物——教育制度、道路交通法、语言规则、语法等——其象征性功效的一大根源，就在于这种连贯性或类连贯性，在于这些理性或者类理性。象征系统行使一种建构权，因为它们是被建构的，还行使一种象征性强制接受权、强夺信仰权，因为它们不是偶然建立的。

由此出发，我们可以勾勒出各个方向上的分叉。比如说，常人方法学（ethnométhodologie）[1]时下在巴黎颇为流行，比美国晚了15年。和它身处其中而又浑然不知的新康德主义传统一样（它继承了现象学并身处构成主义传统之中），常人方法学将认识行为置于个体层面；并且谈论"对现实的社会建构"（construction sociale de la réalité）——这是彼得·L. 伯格（Peter L. Berger）和托马斯·吕克曼

---

[1] 该词国内一般译为"常人方法学"，此处参考李康、李猛译，布尔迪厄、华康德合著《反思社会学导引》（商务印书馆，2015年）。"常人方法学"，意为对普通人的方法的研究，详见该书第8页，注释1。——译注

（Thomas Luckmann）的名著的标题[1]。人们说是社会行动者建构了社会现实，这是一个巨大的进步。话虽如此，但，是谁建构了建构者呢？是谁给了建构者建构工具呢？由此可见理论工作之困难。如果你处在一个提出国家问题的传统中，通常你不会读常人方法学，你考虑的都是宏观问题、世界问题。但要想恰当地提出国家问题，应该和那些提出世界问题的人——例如沃勒斯坦（Immanuel Wallerstein）[2]——交流常人方法学。为了交流，必须达到十分深入的、可称之为哲学的思考层面。而我们看到，常人方法学者从未想过国家是否建构了行动者用来建构社会世界的原则。鉴于他们思想的起源，这也可以理解。就像现象学者从来不考虑关于世界的信念经验产生的条件，常人方法学者也从不关心行动者怎么就把一些范畴运用到世界之上，而让世界看起来理所当然，于是就略过了这些范畴的起源问题。（年轻哲学家应该知道自己被哲学的高傲感剥夺了什么。）因此人们并未对这些建构原则自身的建构条件提出疑问。而基于这一判定，我们可以从我正在提出的问题的角度，指出最精彩的常人方法学研究有哪些局限性。但这不妨碍我读常人方法学者的著作，并在其中找到亮点。例如，西库里尔（Aaron Cicourel）的著作研究行政规章，研究何为行政表格[3]，将平庸之物去平庸化，引人入胜；但依我之见，这些研究由于没有提出我提出的问题，早早就止步了……

---

[1] 彼得·L.伯格、托马斯·吕克曼，《现实的社会建构》（*La Construction sociale de la réalité*, Paris, Klincksieck, 1986 [1966]），皮埃尔·塔米尼奥（Pierre Taminiaux）译。

[2] 例如，可以参考沃勒斯坦的《从15世纪至今的世界体系》[*Le Système du monde, du XVe siècle à nos jours*, Paris, Flammarion, 1980（1974）]，两卷本。

[3] 尤其参见亚伦·西库里尔，《认知社会学》[*La Sociologie congnitive*, Paris, PUF, 1979（1974）]，杰弗瑞·奥尔松（Jeffrey Olson）、玛蒂娜·奥尔松（Martine Olson）译。后来还出版了由皮埃尔·布尔迪厄和伊夫·温金（Yves Winkin）汇总的一批西库里尔文章的法文译本：亚伦·西库里尔，《对医学推理的社会-认知研究》（*Le Raisonnement médical. Une approche socio-cognitive*, Paris, Seuil, 2002）。

国家建构之一:教学时间表

要想理解象征秩序和社会秩序的存在,以及通过强加这一象征秩序得以实施的统治效果,我们就必须同时借助新康德主义传统和结构主义传统,从而意识到我们运用于社会世界并与之相适应的认知结构既具有建构性又具有连贯性,一种与国家传统相关联的历史连贯性。

我建议你们读一读心理学家安妮科·于斯蒂(Aniko Husti)对教学时间表产生的效果所做的分析[1]。她从自身科学和实践经验出发,研究教学时间表和每日以课时为单位的划分,震惊于这种学时制的任意性。为什么从小学到大学,无论什么学科,无论几年级,我们总是碰到这种划分?为什么这种划分被如此一致地接受?当我们向教师和学生提出这一疑问时,他们都觉得这是再自然不过的事情,简直无法想象还能有别的做法。可是,我们又怎会看不到时间表带来的约束和剥夺?心理学家用"蔡格尼克效应"[2]指代人们在自己想继续的一项活动被中断时所感受到的沮丧。时间表会不停地制造蔡格尼克效应:人们情绪饱满,开始兴奋,开始思考,突然停下来,去做完全不同的事情,比如说从哲学跳到地理。人们忽视了另外一个非常奇怪的效果:课时划分带来的约束使人们无法进行任何过短或者过长的一系列活动,它们事实上从时间表里消失了,甚至连被剥夺的人都没感觉到自己被剥夺。此外还有一整套为此辩护的言论:例如,有一种建立在粗略的心理学基础上的理论,说一个小时是儿童能保持注意力集中的极限……

---

[1] 安妮科·于斯蒂,《移动的时间》(Le Temps mobile, Paris, INRP, 1985)。
[2] 名称源于俄罗斯心理学家布吕玛·蔡格尼克(Bluma Zeigarnik, 1900—1988),他揭示了儿童由于未完成指定的任务而感到的紧张。

社会秩序也有一些政治基础。高中校长通过操控教师们的时间来行使自己的权力：就像人们说的那样，老教师们可以有好的课时安排；安排给年轻教师的是谁都不想要的零碎、分散的课时。教师们有一大堆利益：比如，他们有一些事先准备好的一小时的课。我们发现一大堆东西，一大堆对常规的依附，而常规之所以有力，恰恰是因为常规从未受过质疑。一旦我们建立安妮科·于斯蒂所说的"移动的时间"——已经有所尝试（当然要征得校长的同意，他们可不是那么容易被说服）——我们发现教师们不得不互相协商以便确立两小时或三小时的时间段，交流就必不可少；我们发现，著名的一小时限定完全是武断的。于斯蒂采访了一些孩子，他们上了三小时数学课后，说："我没能做完……"任务以不同的方式组织；老师用20分钟讲完课，调动学生情绪，布置练习，再重新做总结；整个教学的组织都发生了改变，而枷锁一旦解开，自由就随之而来。老师们由此发现自己相对于校长的自由。而教师群体，作为进步人士的同时，总是反对一切变化……他们发现了这种相对于校长的自由，他们得以从课程的枷锁里解放，后者不过是自说自话，很难站得住脚。

以上就是"理所当然"的一个例子，除了国家规章之外，我们说不出它还有什么别的来源：我们可以描述其历史起源。当我们给三门主课老师（数学、法语、历史）安排同一个时间段的三小时课程时，学生们可以根据自身能力和弱点，选择上其中某个老师的课。这种组织方面的设想，这一小小的象征革命很了不起，而正如安妮科·于斯蒂正确指出的那样，所有以内容为对象的改革，如果不事先改革时间结构，将注定失败。换言之，存在一种无意识，它构成了惯性的最强力因素之一。你们看，当我开头引用休谟的时候，我并非在做纯粹思辨。不断被质疑、不断自我质疑的教育制度根本上是不受大部分教师和学生质疑的。他们不了解自身所在的教育制度之外的其他教育制度，他们不知道自己复制了这种教育制度的内核，也就是他们自己在浑然不知中遭受的东西。假如他们花三分钟看一种国外的教育制度，就会发现所有被剥夺的东西。没有什么比开心地复制剥夺更奇怪的了。对教师来说如此，对工人阶级和许多其他类别的人来说也是如此。

信念的生产者

我们看到，分析统治的时候，引入新康德主义和涂尔干主义思维模式让我们明白了一个根本事实：规范，即观察世界和划分世界的原则，以十分强有力的方式推行，远超过人们通过一份契约所赞同的东西。我正在讲的一切和所有契约理论都完全相反。最保险的契约是心照不宣的、无意识的契约。涂尔干已经说得很好，"契约规定的东西并不都在契约之内[1]"，也就是说，重要的东西往往在契约之外。但还应该更进一步：最好的契约是没有签字、不被视为契约的契约。社会秩序建立在由无意识批准的规范之上，以至于基本上是内化的强制在起作用。相较马克思，韦伯可贵地提出了休谟式问题：为什么统治者能实行统治？韦伯运用了对正当性的承认（reconnaissance de la légitimité）这个他自己建立的社会学概念。从我此刻描述的视角来看，对正当性的承认是一种认识行为（acte de connaissance），且不仅于此：这是一种对社会秩序的信念式服从行为。

人们总是将认识、逻辑或者理论与实践对立。有些认识行为并非习惯意义上的认知（cognitif）行为。比如说游戏：一个足球运动员每时每刻都做出认知行为，但却并非人们通常所说的认识论意义上的认识行为。这是身体的、意识之下、语言之下的认识行为：我们应该从这类认识行为出发来理解对社会秩序和国家秩序的承认。这是已完全变为无意识的内化的认知结构——比如时刻表——与客观结构之间

---

[1] 涂尔干，《社会分工论》，同前书，第189页。

达成的一致，以此为根基，人们就世界的意义、信仰、观点以及休谟所谓的信念达成共识。

然而，我们也不该忘记，这一信念是一种正统观念。正是在这一点上国家的生成问题十分重要：今日成为信念之物——时间表、道路交通法等——往往是斗争的产物；它是在统治者与被统治者的斗争完结时建立的，并且不乏反对者——例如税收，我后面会讲到。作为国家的组成部分直至今日成为理所当然之物，没有一样不携悲剧而来：一切都是争夺的结果。但历史变革的力量不是将被排除的旁侧的可能性推向遗忘，而是推向无意识。国家是其管辖范围内普遍传播的这些范畴的建立原则，对其历史起源的分析可以让我们理解对国家的信念式依附，同时明白这种信念是一种正统观念，它代表一个特殊的观点，代表统治者的观点，代表那些通过统治国家实行统治的人的观点，代表那些参与构建国家以便能够实行统治的人的观点，尽管他们可能并不以构建国家为目的。

这就将我们带入了另一理论传统，即韦伯的传统。韦伯为正当性问题做出了决定性贡献。但信念，并非对正当性的承认，而是一种原-正当性（Proto-légitimité）。另一方面，韦伯强调所有象征系统——他用的不是这个词。他和结构主义者不同，他不关心象征系统的内在逻辑，而是关心象征行动者（主要是宗教行动者）——必须联系到其生产者（的位置），即我所谓的宗教场（他没有这么命名，这限制了他的分析）[1]。他的贡献是将宗教行动者、法律行动者、文化

---

[1] 有关布尔迪厄宗教场的概念，参见《马克斯·韦伯宗教理论阐释》(«Une interprétation de la théorie de la religion selon Max Weber»)；《宗教场的生成及其结构》(«Genèse et structure du champ religieux»)，《法兰西社会学杂志》(Revue française de sociologie)，1971年第Ⅻ期，第295—334页；两篇关联文章：《信仰社会学家与社会学家的信仰》(«Sociologues de la croyance et croyances de sociologues»)、《宗教的崩解》(«La dissolution du religieux»)，引自《所述之言》，同前书，第106—111页和第117—123页。

行动者——作家——确立为理解宗教、法律和文学所必不可少的要素。如果说，在马克思主义传统中也存在（具有这种指向的）文本的话——如恩格斯在文章中写道，要想理解法律，就不能忘记法学家这个团体[1]——这一传统一直对特殊生产者的存在和特殊生产领域的存在不那么关注，而要想理解象征现象，则必须意识到这些领域和行动者的存在，并理解其运转的自主逻辑。我换个简单的说法：韦伯的一大贡献是提醒我们，要想理解宗教，不能只研究宗教这类象征形式，只研究精神效果的内在结构，无论是宗教还是神话；应该思考谁是 mythopoïetes（神话的制造者），他们如何形成，利益何在，处在何种竞争空间之中，彼此如何斗争，先知用什么武器除名，牧师如何将好的先知封圣，将其他先知除名。要理解象征系统，就必须理解围绕象征系统展开斗争的行动者的系统。

国家也是一样：要想理解国家，就得明白它具有象征性功能。要理解国家效果的象征维度，就得理解制造国家言论的国家公务人员——法律专家、法学家——其领域的运行逻辑。理解他们这一类人相对于其他类别的人有什么利益，以及根据他们在自身斗争空间中位置的不同，各自又有什么特殊的利益——比如说，穿袍贵族相对于佩剑贵族而言有什么特殊利益。

要想全面的理解，要想解释理性效果，还得明白为什么这些人希望赋予自身特殊利益一种普遍的形式。为什么法学家、法律顾问提出公共服务理论、公共秩序理论，论述国家相对于王朝的不可化约，论述共和国超越于在某一刻代表它的社会行动者，哪怕后者是国王；他们有特权，有资本（罗马法），他们做这一切有什么好处，他们运作

---

[1] 弗里德里希·恩格斯，《致康拉德·施密特的信》（«Lettre à Conrad Schmidt»），1890 年 10 月 27 日，收于《关于〈资本论〉的信件》（*Lettres sur Le Capital*, Paris, Éditions sociales, 1964），第 366—372 页。

的逻辑是什么，招收新成员的逻辑是什么；诸如此类问题。理解了这一切，我们就会理解，他们如何通过生产一种能够证明他们所处位置合理性的"意识形态"，构建国家、国家思维、公共思维模式；而这种公共思维模式与他们的特殊思维模式吻合，符合他们的特殊利益，直到某一刻具有了特殊的力量，而这恰恰因为它是公共的、共和的，具有普遍性的外表[1]。

---

[1] 布尔迪厄，《国家精英》，同前书，第539—548页。

1991年2月14日课程

社会学,一门具有通俗外表的深奥科学——内行与外行——国家建构社会秩序——信念、正统观念、异说——私人向公共的嬗变:欧洲现代国家的出现

社会学,一门具有通俗外表的深奥科学

我很想谈谈(我一旦感到这种需要,就时不时地这样做)社会学口头教学的问题。这个问题普遍存在,而在这里,对我来说,又具有特殊的形式。我提这个问题,是因为我觉得它可以让交流更容易。我要跟你们讲的分析不是无缘由的元话语;我认为它会对你们的听课方式产生实际效果,并让你们理解我在讲我尝试讲述的东西时感到的某些困难……

我经常强调,社会学碰到一个自身特有的问题:正如人们所说,它提出一些关乎所有人的问题,甚于其他任何一门科学,而对于这些问题,所有人都自感有权掌握信息乃至进行评判。这门科学,和所有科学一样,都趋向深奥和封闭,执着于自身独有的问题和自身随着时间推移汇集的既有知识,它是一门深奥的学科却有着通俗的外表。这使各种双重游戏成为可能:例如,一些自称为社会学家的人可以摆出高深莫测的样子,实际上却是通俗的。而一些真正内行的研究者,他们摆出通俗的姿态(就像我们讲课时必须做的那样),有人就会觉得他压根是个外行,只是为了显得科学而装出内行的样子。这个问题很

重要，社会学家应该予以重视。记者们轻易就把行话安在最末流的社会学家身上，但在很多情况下，这些话的作用无非只是显示一种距离和象征资本。而当他们必须汇总既有知识时，却拒绝参考这些科学进步所不可或缺的（概念）。

这个问题在上一次课里尤其突出。上次课里我试着汇总各类理论传统，可能方式有点吓人。此前从来没人把它们联系在一起，并且据我所知，出于某些社会方面的理由，也没人尝试将它们汇总。通过汇总这些社会学上不兼容的传统并说明每一种传统之间的关系，我做了件圈外人难以理解的事。当我说常人方法学略过了谁建构了建构者这个问题时，我想，此话对你们当中的一部分人来说毫无意义，而实际上围绕它我们可以做好几个小时的阐述和科学讨论，尤其是和民族方法论者在一起。为什么我坚持要说这一点？这并非为了重新制造我费力克服的差异，而是试图让人们特别是帕斯卡尔称之为半吊子的学者放弃抗拒心理，它可能会阻碍他们完整理解我尝试讲述的内容。

（在像这样的教学中，法兰西公学院的教授们都感到同样的困难，因为听众来源十分分散。教育制度的逻辑不仅决定了时间结构也决定了年龄结构；教育制度向我们灌输了年龄层级，进而通过年龄层级灌输记忆范畴。莫里斯·哈布瓦赫的杰作《记忆的社会框架》表明，我们的记忆很大程度上是由学校课程建构的："那是我和某某一起上六年级的时候……"教育制度不仅建构了我们的时间性也建构了我们的记忆，往往还建构了听众群。给某一群听课者讲课的人知道自己是在跟谁打交道；即便一个班级内部存在的差异，也比不上我们无意冒犯地称之为慢车的公众的差异更大。虽然是慢车公众，但显然，他们也根据我们在博物馆或者画廊参观者那里观察到的同样的原则进行了自我挑选。即便在这种情况下，碰到专业话语，我们也必定会注意到，听众在理解科学话语时可能运用的科学能力方面存在着差异。）

我强烈感受到这种差异，而我试着用口语表述的方式——所以我没有读事先写好的讲稿——是因为我在听众中观察到了一些迹象……口头话语相对于书面话语的一个特点，便是和听众面对面。我想到了一种重要模式，它革新了对荷马史诗的理解：进行口述的诗人面对一群听众说话；他们运用一些即兴形式——即兴从来都不是毫无基础——同时，面对由眼前听众的在场所代表的特殊审查进行即兴创作。古希腊研究学者让·波拉克新近关于前苏格拉底诗人的著作[1]、其他对传统社会中的诗歌的研究以及我和著名卡比利亚作家穆鲁·马梅里的对话[2]已经表明，在以口头方式进行文学作品交流的社会中，诗人、创作者掌握利用听众多元化的技巧；他们知道如何让话语既深奥又通俗。

于是，在柏柏尔诗人中存在一个次空间，一种培训学校：在锻造场，人们学习写诗……我并不是说存在一个柏柏尔诗人的场域，但确实有诗歌竞赛，不同"类别"的考试。这些将自己一大部分时间用于创造诗歌的半职业诗人，知道怎样同时向他们的同行、几个懂行的听众以及能听到他们讲话的普通公众发言。我借用让·波拉克著作中的一个例子：恩培多克勒玩弄 phos 这个词，它在大众希腊文中一般是"光"的意思，而在某些特殊的情况下有"人"的意思；他于是让自己的诗句有了双重意义。前苏格拉底诗人运用一些极为考究的手段，拿我前面已经引用过的马拉美的话来说，它们赋予"部落词汇一种更加纯粹的意思"，重拾寻常话语中一些谚语、格言、俗语，并对它们进行细微改动，可能只是（隐藏在）声调之中——这使得我们今天在阅读时，若不知道存在这种变动，就根本觉察不到。古希腊研究者不思考这类问题。诗人成功地越过普通听众头顶向其同行发言，用的是一种

---

[1] 让·波拉克，《恩培多克勒》，同前书。
[2] 布尔迪厄、穆鲁·马梅里，《关于卡比利亚口头诗歌的对话》（«Dialogue sur la poésie orale en Kabylie»），前文已引。

多义且几乎是多音的语言——仿佛一些简单或者更为罕见的音乐和弦。

我也试着用这样的方式说说话。当然，诗歌比科学话语更适合这么做。我尝试做的工作常常让我很失望，因为这需要巨大的努力，而且我一直感到力量在消耗，对那些没有基本社会学知识准备的人来说，我没能找到让他们立刻就能懂的好例子，对那些认为我总是在重复同样的东西的人来说，我本该以千倍快进的速度来讲这样的东西……我想为这种失望的感觉找出理由，既是为了我自己也是为了你们。我试着让你们理解我所做的努力：我试着每次想到什么东西就说出来，而我也可能不会去想，因为当我们完全浸润在一类问题中时，我们不再感到它具有任意性，我们自然而然地说出一些东西，而这些东西对于没有思想准备的人来说可能是十分新奇的……

内行与外行

接下来我快速谈一下这种多义的语言在理解方面可能造成的效果；我把最坏的剔除了，我不是受虐狂……首先是外行人。"Profane"，这个词字面说得很清楚，它来自宗教语言，指的是一个不属于某个场域、没有入门、不了解场域自身历史也就是说不了解一个问题组的历史的人，他不知道涂尔干与塔尔德（Jean Gabriel Tarde）[1]和斯宾塞[2]对立，他不掌握内行圈子里运转的那些历史前提。于是，专业人士关注的一个问题，在非专业人士看来并没有什么意义。科学场的重要效果之一就是在某一时刻定义哪些东西是有意义的，应该去哪里研究，去哪里寻找。外行心想：为什么要把国

---

[1] 让·加布里埃尔·塔尔德（1843—1904），法国社会心理学家，模仿理论创始人。——译注
[2] 赫伯特·斯宾塞（1820—1903），英国哲学家、社会学家，被称为"社会达尔文主义之父"。——译注

家问题看得如此重要？他赋予国家问题一定的重要性，可能是因为报纸上在谈论这个问题或者一项改革正在进行当中。显然，很多半吊子社会学家，那些最故弄玄虚的人，只对那些人人都感兴趣的问题感兴趣。例如我最近和沃昂夫兰[1]一位项目负责人谈话时，她告诉我看到一些政客和社会学家对沃昂夫兰感兴趣，因为媒体对这个城市感兴趣，所以他们也乐意在媒体上谈论它。1968年五月风暴也是如此：事件过后旋即就有很多书出版。我用了十年时间完成对五月风暴的研究，显然不具有时效性，也不能再提供即刻关注带来的利益[2]。如果我告诉你们："我觉得这不算社会学家。"你们会说："这是任意妄为的打击，是审查者为显得卓尔不群而采取的专断行为。"在这儿，我告诉你们重要的标准是什么。专业社会学家关注科学场在某一时刻认为值得关注的问题，有时可能和大家关注的问题重合，但并不必然如此。

适用于问题的东西也适用于方法。专业人士提出与一段累积的历史相关联的某些问题，并努力用某种方法去解决，而这些方法本身也是累积的历史的产物。评判内行研究的外行人——报纸上天天都在发生这样的事情，半吊子是最差劲儿的，他们是双重的外行——急于用外行的标准来评判专业人士，证明自己是所谓专业人士，实际上却暴露了自己的外行。外行面对一项科学研究尤其是社会科学研究，究竟考虑些什么呢？在心理学领域，这个问题远没那么重要。其他科学运气也不错，因为大多数公民和他们的成果无甚关涉，至少短期内如此——法兰西公学院实验室里发生的事情，如无意外，在大众当中

---

[1] 六个月前，一名摩托车手在通过警察路障时丧生，位于里昂郊区的沃昂夫兰（Vaulx-en-Velin）爆发了青年人和警队之间的激烈对峙。布尔迪厄当时已经开始展开调查，随后将出版《世界的苦难》（同前书），书中包含他在此提及的谈话：《一项不可能的任务》（«Une mission impossible»），第229—244页。
[2] 布尔迪厄，《学术人》，同前书，第234页及其后。

几乎不激起任何波澜。而社会学家呢，总是在接受即时审判，因为他说的东西与大多数人切身相关。包括记者在内的大多数外行人甚至都没意识到自己在这方面外行；最优秀的人是知道自己局限的人。外行只考虑结果。他们将一项科学研究化约为一些命题和立场，可以拿来讨论，发表意见，就像口味和颜色一样，所有人都能用寻常话语这件寻常武器来评判：人们根据左/右程度不同，对一项科学研究表明立场就像对海湾战争表明立场一样。而真正重要的是问题和方法；甚至，结果都是次要的。从科学讨论的角度看最值得关注的是获得结果的方式：研究者是怎么一步步得到了它？他是如何开展调查的？

我举一个属于社会科学领域但离政治最远的例子：最近围绕乔治·杜梅齐尔（Georges Dumézil）[1]的著作展开的讨论。很不凑巧，这一讨论是由意大利历史学家卡洛·金兹伯格（Carlo Ginzburg）发起的，他是著名历史学家阿纳尔多·莫米利亚诺（Arnaldo Momigliano）的接班人。讨论的焦点是杜梅齐尔作品和纳粹主义、法西斯符号之间的关系[2]。杜梅齐尔的反对者每隔一段时间就对他横加指责，而忘了他的著作是在什么状况下写就的，也不重新考量他做出的回应。受到质疑的是他的印欧神话三机能论[3]。这一谬误的根源、这类指责

---

[1] 乔治·杜梅齐尔（1898—1986），法国语言学家、历史学家、宗教学家。——译注
[2] 阿纳尔多·莫米利亚诺，《关于乔治·杜梅齐尔的讨论的前提》（«Premesse per una discussione su Georges Dumézil»），《作品II》（Opus II, 1983）；卡洛·金兹伯格，《日耳曼神话与纳粹主义：论乔治·杜梅齐尔的一本旧著》（«Mythologie germanique et nazisme. Sur un livre ancien de Georges Dumézil»），《年鉴》（Annales ESC），1985年第4期，第695—715页；乔治·杜梅齐尔，《科学与政治：答卡洛·金兹伯格》（«Science et politique. Réponse à Carlo Ginzburg»），《年鉴》（Annales ESC），1985年第5期，第985—989页。
[3] 乔治·杜梅齐尔，《神话与史诗》，第1卷《印欧各民族史诗中意识形态的三重功能》[Mythe et épopée, (t. I) L'idéologie des trois fonctions dans les épopées des peuples indo-européens, Paris, Gallimard, 1968]；再版于Quarto丛书，1995。

的不公之处在于，他们以为写《密特拉-婆罗那》[1]的杜梅齐尔处在一个政治空间中，好像他对当时达拉第[2]（Edouard Daladier）、张伯伦[3]（Arthur Neville Chamberlain）或者里宾特洛普[4]（Joachim von Ribbentrop）表过态的问题也发表了自己的主张似的。事实上，他处在一个相对独立的场域的一条相对独立的历史脉络之中：他想到的是西尔万·莱维（Sylvain Lévi）[5]、埃米尔·本维尼斯特，想到的是从严格的科学角度，按照严格的科学逻辑，思考语言的单位和起源等问题的一些专家。人们可以指责这些学者在谈论这种问题时，没有想过别人思考的方式会跟他们不同：封闭在自己专业领域的学者经常犯这个错误。一个场域中内行提出的问题的谬误，在于忘了天真的人们可能用别的方式理解。这样的担忧让生活变得十分艰难：我们在书里塞满引号，括号里做各种补充。结果呢，大家又怪我们的书没法读……

学者的错误在于生活在象牙塔里——一个场域的独立逻辑，这个场域以自主命题的方式研究它自己的问题——于是，他与自身时代的问题相遇纯属偶然。这就造成了一种根本的不公。我在这里批评金兹伯格和莫米利亚诺——当然他们仍不失为杰出学者——置科学问题于不顾，以便在科学场中获取象征利益：这么做可以让一个竞争对手信誉扫地……莫米利亚诺和杜梅齐尔斗了该有十年，一直没能打压对方的声誉，但他只须说"当心，杜梅齐尔有纳粹的影子"，就能让后者

---

[1] 乔治·杜梅齐尔，《密特拉-婆罗那：论印欧最高权力的两种表现》（*Mitra-Varuna. Essai sur deux représentations indo-européennes de la Souveraineté*, Paris, PUF, 1940）。
[2] 爱德华·达拉第（1884—1970），法国政治家，1938年代表法国与希特勒签署《慕尼黑协定》。——译注
[3] 阿瑟·尼维尔·张伯伦（1869—1940），英国政治家，1937年至1940年出任英国首相，对纳粹德国实行绥靖政策。——译注
[4] 约阿希姆·冯·里宾特洛普（1893—1946），纳粹德国政治人物，对促成德日意三国同盟起过重要作用。——译注
[5] 西尔万·莱维（1863—1935），法国东方学家、梵文专家。——译注

的研究受到质疑。如果人们读一位学者的著作时，丝毫不考虑他处在一系列问题、命题和方法累积的特殊历史之中，那又算是在做什么呢？人们读杜梅齐尔，像读雷吉·德布雷（Régis Debray）那样的"电视知识分子"以及所有在最近几周里回答关于海湾战争的问题的人一样，就像那些谈论民主或者谈论媒体上讨论的各种问题的人。但他们谈论的方式却跟在媒体上如出一辙，也就是说不做（认识论的）切割，不建立一整个系列的决裂。我之所以在即将做肯定叙述的报告之前做了好几年我称之为"否定的社会学"，打破既有观念，可不是为了好玩；相比之下立刻给出结果要容易得多……

外行还容易上当。如果我做的研究成功了，他们就会觉得事情本来就是这样，并且有时候，一旦我提出一些问题，他们就纳闷儿我为何用如此可笑的方式提出这些在他们看来十分简单的问题。他们很容易就把一些不作为论点的论点安在我头上。如果我成功找到一些好的例子，找到恰当的对应物，能让每个人都恍然大悟——我以教学时间表为例而非其他，是因为我想一大部分听众都曾经是老师或者学生。如果我找到好的切口，他们就会说，"他这回跟我们讲的东西不那么抽象，不单单是思辨——康德、涂尔干、卡西尔——而是触及一些很直接的东西"，然后他们就会被说服。那么这意味着他们就此获得了我试图传授的知识吗？我认为不是。说是的话就是在蛊惑人心，因为他们并不掌握问题的发生原则，即便我已经试着给出一些要素。当然这不意味着这种知识没有用处。

矛盾的是，这种危险正是"理所当然"带来的效果。说完"我要揭穿这个理所当然的事实"，我又制造了另一种理所当然的效果，一种自身也可能被当作一种信念来接受的自然的效果。那些稍微懂点社会学的半吊子（抱歉这么表达，但有的时候话就该讲得粗鲁一点）读过一些我写的或者别人写的社会学的书，可能大部分是我写的，如果他们在座的话，他们会觉得这些内容已经讲过了，似曾相识……然

287

而，我上周进课堂之前，并不完全知道会讲到哪些内容。我不知道他们能从哪里读到——这丝毫不是为了捍卫我的原创性。

我不想谴责这种似曾相识的感觉，但我想做个说明。这是一种面对思维努力时所展开的防御，而在所有科学特别是社会学中，要达到前人思想高度，必须做这样的思维努力。如果社会学家能够站在之前所有社会学家成果的高度上，那他们将很了不起；但极少有社会学家能达到这个高度。这种一知半解造成的习惯性漠然会产生可怕的防御效果，企图避免直接面对暴露出来的、有风险的知识。

和外行一样，半吊子也有一种本就如此的感觉。我故意不去凸显自己作为教师的与众不同，来加强这种幻觉。如果我说信念，你们会想到规训（discipline），你们会以为这是和福柯的不同。我不喜欢玩这种小游戏，因为如果要玩得全面，要想准确对待那些我们与之区别并相对于他们而自我思考的人，就得花费不少时间。我得讲课，并且明确声明，当我说信念的时候，我身处的是哪种理论传统，当我谈论正当性的时候，它跟哈贝马斯说的不是同一个意思。但是，我不喜欢用不容置辩的方式蛮横地断言我的不同。我也没有能力这样做，除了讲埃利亚斯时，时不时地纯粹出于教学目的这么做过。如果我每年讲一门一千小时的课（可千万别），我也可以讲些圈内人才懂的东西……

剩下的就是真正懂行的人：我要赞美他们，我希望大家都能成为这样的人……懂行的人读过我重启思考所依据的那篇文章，看到我又回顾了自己曾经涉及的每一个点，不过以螺旋方式而非水平方式。有一个颇为自负的比喻，普鲁斯特曾用来形容他独有的写小说的方式：这世上有些人就像汽车，在水平方向上施展能量，还有些人像飞机，在垂直方向上施展能量。通过论述这篇文章，我再次踏过这些空间，但却是从一种我当初写作时完全不知道的角度。我一开始就说过，在写《论象征权力》一文时，我不知道自己实际上讲的是国家。我当初在浑然不觉中谈论了国家,现在我知道了这一点,我于是能够就国家和我已经取得的、未包含在那篇文章里的成果说点什么。当然,如果我没写过这篇文章,我就不会以今天这样的方式谈论国家。懂行的人乐于看到一些概念被阐述得更令人满意,同时并且特别乐于找到一些思维模式、一些研究的假设。和我进行同类研究的人从此重新出发,靠的不是些"拓扑"、想法,而是思维模式、研究和行动计划。(原谅我对自己所做事情的辩护和自我颂扬,但我必须说出来,因为上一次课后我感到十分不自在。)

国家建构社会秩序

了解我所运用的工具的懂行人很快就能发现,在准备上一次课时,我在国家和认定仪式之间建立了一种联系,而过去我并未这样做过。认定仪式这个概念是我几年前为反对范·格纳普的过渡仪式而创立的[1]。它典型地处于场域之中,而非对区隔的追求。范·格纳普表面上构建了一个科学概念并被普遍接受,实则认可一个常规观念:人们从青年步入老年……某些概念之所以取得成功,恰恰由于它们未做(认识论)切割:为了使这个科学概念有效,我把它替换为"认定仪式"。我以割礼为例证明了在认定仪式中,重要之处不在于区别仪式前和仪式后,而在于区别接受仪式和未接受仪式的人。我对认定仪式的定义是以对传统社会特有仪式的思考为基础的。

此后,在研究教育的过程中,我渐渐发现教育制度也许是一种庞大的认定仪式,我们可以将学校课程的各阶段视为一种入会课程的各个阶段,被纳入的人在其中就像在秘密团体的传说或者神话中那样,越来越被认可,走向最后的祝圣,得到自己获选的象征,即学位。一

---

[1] 布尔迪厄,《认定仪式》(«Les rites d'institution»),上文已引。

方面是认定仪式，是完成各种祝圣仪式的教育制度；另一方面，国家让教育制度得以运转。我想：国家通过组织教育制度和所有通过教育制度完成的认定仪式，定下了一些十分重要的确立仪式，这些仪式建构了社会等级——有资格／无资格，国立行政学院毕业／非国立行政学院毕业——即我们在教育社会学手册上读到的内容，同时还建构了用来认识这些社会结构和社会等级的心智结构。教育制度不仅确立了被客观地划分等级的人，确立了就业领域的客观划分，确立了一种正当的工作划分，同时还在服从其行动的意识中确立了符合这些客观划分的观察和划分原则。国家既参与制造了等级也制造了符合这些等级的等级划分原则。这些等级划分原则包括："记忆的社会框架"、价值体系、学科等级、种类等。

因此，国家不只是一个通过"宣传"为既有秩序提供正当性的机构。国家不仅是这样一个机构，说：这就是社会秩序，而且这样很好。它不只是成功强加给被统治者的统治者特殊利益的普遍化（这是正统马克思主义的定义）。它是根据某些结构建立社会秩序的。建造（construction）这个概念颇值得玩味。国家制造的各种对立并非上层建筑：这又是一个需要从语言中扫除的词，包括所有建筑隐喻，比如上层建筑、下层建筑、楼层，把社会比作一座房屋，带有地窖、谷仓等。（拔高点说，这是精神分析；我开玩笑做的事，巴什拉大概会称其为科学精神的精神分析[1]。）国家不仅仅是正当化话语的制造者。但我们想到"正当性"时，我们想到的是"正当化话语"。这并非国家和国家的管理者用来为自己的统治者身份进行辩护的宣传话语，远远不止这些。

国家建构了社会秩序本身——时间表、时间预算、日程安排，国家建构了我们整个生活——与此同时，还建构了我们的思维。这种国

---

[1] 巴什拉,《科学精神的形成：对客观知识的精神分析》,同前书。

家思维并非关于社会的元话语,它是社会世界的组成部分,它铭刻在社会世界之中。正因这样,上层建筑的形象,那些笼罩在其上空的意识形态,是十分有害的,我毕生都在与此做斗争。国家思维构成——意即"是……的一部分"——时间表,组成了学校生活。国家是国家思维的构成部分;同时,国家思维将国家构成其所是,令它以其所是地存在。国家制造的一切皆如此。国家是在此双重意义上的社会秩序的构成部分。我使用规范/失范,为了解涂尔干的人创造联结。我们还可以用同样的方式对待"constitution"一词,一是宪法的意思,二是哲学意义上的"构成"。

信念、正统观念、异说

国家的这些构成行为,既构建客观事实也构建认知主体——我概括一下上节课的内容——参与制造了一种视社会世界为理所当然的经验,我称之为关于社会世界的信念式经验,我在此引入现象学传统并有所纠正。社会世界以一种信念的方式呈现,这种信仰甚至不被觉察为信仰。社会世界是一种历史的人造物,一种历史的产物,它从起源即遭遗忘,以便使各种社会创造的源头不再被记起。国家不被认为是历史性的,并被一种绝对的承认所承认,这种绝对的承认即是对不知(méconnaissance)的承认。没有比对信念的承认更绝对的承认了,因为它甚至不被觉察为一种承认。信念,便是对一个我未提出的问题回答是。

信念式拥护是一种社会秩序所能获得的最绝对的拥护,它甚至外在于建立其他做法的可能性:这是信念和正统的分野。一旦有了"异-"(hétéro-),正统也就出现了:一旦有了异说,正统就不得不以此面目出现;当信念被异端质疑时,它必须阐明自己为正统。统治者通常沉默不语,他们没有哲学,不发表言论;当他们被烦扰时,当有人跟他们说"为什么你们是你们所是"时，他们就开始有自己的哲学和言论了。他们被迫在关于"理所当然"模式的言论内部，将迄今得到公认的东西构建为正统，构建为明确的保守言论。这里我玩了几个我经常使用的概念：不知、承认、信念。我顺便举个例子，让你们看看信念的力量。你们大概有这样的印象：学校一直受到质疑。相关著作甚至也用这样的标题（"学校问题"）。但我认为学校的运转基本是信念式的：本质上，它并未受到质疑。教育制度的力量在于，它有能力让人们把它赖以组织的结构内化，并让它种种运转的本质免受质疑，这些运转甚至被作为行业利益得到捍卫——行业利益往往（联系着）对"理所当然"的捍卫，也就是说捍卫把世界视为理所当然的那种心智结构。这就是为什么学校之战变为宗教之战、生死之战……

（上次课）结束时，我提到了马克斯·韦伯和那个问题：国家对谁有利？人们习惯上从这个问题开始，于是，就什么也弄不明白；提出这样的问题，我们就在做所谓的"批判"。社会学的悲剧之一在于，人们经常将它和批判混为一谈。谁都可以揭露腐败、贪污：人们常常像读《鸭鸣报》那样读社会学，尽管这也不失为一种很不错的阅读，可以给社会学家提供大量信息。社会学经常面对一些首先由常识提出的问题，但思考的方式却完全不同。例如：谁在利用国家？为国家服务的人在为国家服务的时候不也是在为自己服务吗？换言之：公共秩序中不存在私人利益吗？不存在与公共秩序有关的特殊利益吗？是不是有些人尤其能从公共秩序中获利，对公共秩序具有垄断权？

在此，我们又遇到了韦伯式问题，但他并非针对国家提出（你们看，我们大可以子之矛攻子之盾）。这是我对韦伯的主要批评，但批评的方式却是提出一个韦伯没有提出的关于国家的韦伯式问题：弄清楚国家究竟对谁有利。他谈到了理性化。韦伯的著作，我连缝隙都读了：戴维森把这个称作"宽厚原则"[1]，或者更恰当地说"公平原则"，（这一原则）给作者尽可能多有利于其论题的论据。我将这一宽厚原则运用在了马克斯·韦伯身上（参见《国家精英》最后一章）。马克斯·韦伯著作里的题外话我也读了。韦伯是个伟大的思想家，但他一些题外话能把他前后说的东西都毁掉。韦伯触及了这个问题，但没有把它变成指导自己研究的原则。

私人向公共的嬗变：欧洲现代国家的出现

本想做个简短的介绍，但我讲得很快……我现在开始就国家生成问题建立一个正面回答，我将试着从我阅读历史中所能掌握的东西出发进行勾勒。这既非卖弄亦非学术上的谨慎，而是现实：考虑到我要研究的问题，我得具备超出个人力量以外的历史素养才行。所以我将一直只限于我能证明的范围之内。我邀请你们协助我。如果你们有什么意见、批评、参考，我将热情地予以采纳。我将试着建构的，不是对国家生成的描述（这么讲得讲上个15年），甚至也不是对国家成因的研究梗概，而是一种简化的逻辑模式，我和大多数作者都认为——因为这是些大家都赞同的比较寻常的东西。正是这种逻辑使国家得以建立（我将试着更系统地建构这个模型），也就是说不同种类资本的集中过程，这一过程同时也是嬗变的过程。这是要点所在。

---

[1]"宽厚原则"首先由哲学家尼尔·L.威尔松（Neil L. Wilson）提出，此后，威拉德·冯·奥曼·蒯因（Willard Van Orman Quine）将其理论化，见《语词和对象》（*Le Mot et la Chose*, trad. ct, Paris, Flammarion, 1977 [1960]），约瑟夫·多普（Joseph Dopp）和保罗·高谢（Paul Gochet）译。唐纳德·戴维森（Donald Davidson）对其进行重新阐释，见《对真理和解释的探讨》（*Inquiries into Truth and Interpretation*, Oxford, Clarendon Press, 1984）[法文版 *Enquêtes sur la vérité et l'interprétation*, Nîmes, Jacqueline Chambon, 1993）当时正由帕斯卡尔·恩格尔（Pascal Engel）进行翻译］。

国家是经济资本、有形强力资本、象征资本、文化资本以及信息资本等不同种类资本逐渐积累的产物。这种积累得益于王朝国家的生成——它的特有属性有待描述——同时伴随着一个嬗变过程。积累并非简单相加：一些变化也在发生，并联系着这样一些事实，例如，同一个机构积累不同种类的资本，而这些资本通常不由同一类人积累。于是，我们就得到一个不同种类资本积累和集中的模式。第二步——其实应该同时做——建立一个与集中化相关的不同种类资本的质变模式。第二部分可以是：人们如何将私人资本转化为公共资本？像公共资本这样的东西，如果真的存在的话，它是如何形成的？以上就是我研究的主线。

还有一个前提：哪些特定因素能够解释西方为何在国家的生成方面是一个特例。围绕这个问题有大量专著；哲学家乃至有些社会学家提出了欧洲历史特殊性的问题：如胡塞尔、瓦莱里、海德格尔等。最近，雅克·德里达（Jacques Derrida）对一整套传统（我不在这一传统中）进行了一种综合再评估[1]。甚至马克斯·韦伯也提出了这一时代之问——两次世界大战之间常被提出的问题——在著名的《新教伦理与资本主义精神》的前言中，他勾勒了整个人类文明和欧洲文明，好像是巴比伦人[2]草创了算术似的，诸如此类[3]。所有这些观点在我看来都很危险，并陷入欧洲中心主义。然而，我提出的问题在很多专家看来可能也是欧洲中心主义的。像谢和耐（Jacques Gernet）[4]这

---

[1] 雅克·德里达，《另一个海角》（*L'Autre Cap*，Paris，Galilée，1991）。
[2] 此处疑有误，应为"古希腊人"。韦伯在该书前言中谈及"巴比伦的天文学，就像其他文明的一样，缺少了古希腊人首次发展出来的数学基础"。参见简惠美、康乐译，《新教伦理与资本主义精神》，广西师范大学出版社，2010，第1页。——译注
[3] 马克斯·韦伯，《新教伦理与资本主义精神》，同前书。
[4] 谢和耐是一位法国汉学家，1975年至1992年间在法兰西公学院主持中国社会与文化史讲座。1997年，他发表了一篇有关"现代国家生成"的文章，题为《中国国家权力》（«Le pouvoir d'État en Chine»），《社会科学研究学报》（*Actes de la recherche en sciences sociales*），1997年第118期，第19—27页。

样的研究者可能不会接受我要提出的某些区别，但我既然明确地提出来，就不怕科学批判。他（大概）会否认西方出现的国家和帝国之间的区别。但就科学讨论来说，我关注的是西方国家的特殊性。这一讨论极为复杂，相关著作也十分庞杂。查尔斯·蒂利的贡献在于，尝试让国家生成模式的建构不再局限于一成不变的法英两国情况对比，而将其扩展到全欧洲范围。别人会说，尽管做出了巨大努力，蒂利仍然是欧洲中心主义的，因为世界上大多数国家并非依照西方国家的模式形成……讨论经常负载了过多的意识形态，因为发端意味着优先，而优先意味着特权：于是，本该纯粹的科学讨论之下有了些政治利害。

我将参考一位中世纪史学家，我觉得他的表述清晰，我相当赞同。这就是约瑟夫·R. 斯特雷耶，他著有《现代国家的起源》[1]。大家应该读读这本书。它会给你们武器，来批判我跟你们讲的内容，因为它提供了一种很不一样的关于国家生成的理论，尽管这个理论和我向你们介绍的理论存在部分重合。斯特雷耶强调西方国家，主要是法国和英国，没有从之前的（政治形式）获取任何东西。无可否认的是，一些国家在西方国家出现之前就已经以希腊城邦、汉帝国或者罗马帝国的形式存在。但他认为，我们在其中看不到（西方类型国家的）先例或者前身，因为建立欧洲国家的人完全不知道（事实如此）亚洲模式，几乎不了解罗马帝国，而对希腊城邦的了解也仅限于亚里士多德。特别是——这个论据更为有力——1100年后出现的欧洲国家和此前诸模式有根本不同，也有别于弱凝聚力帝国。

---

[1] 约瑟夫·R. 斯特雷耶,《现代国家的起源》[*Les Origines médiévales de l'État moderne*, Paris, Payot, 1979（1970）]，米歇尔·克莱芒（Michèle Clément）译，第19—27页。

我十分关注西方国家轨迹的特殊性问题，因为根据回答这一问题的方式的不同，我们可以采取或者不采取比较研究法，可以在全球历史范围内或者只在欧洲范围内采取这一方法。显然，这会大大改变参考文献和资料处理方法。这并非一个无关紧要的问题，而是一个需要提前解决的真正的问题：欧洲国家和（沙俄、中华、罗马）帝国的区别在哪儿？斯特雷耶说，这些帝国拥有的军事力量使它们有能力控制极广阔的范围，但他们并没有将其居民真正整合进——或者只有很小一部分——政治运作或超越局部现时利益的经济活动之中。这些帝国——这点我想很多人都会赞同——表现为一种上层建筑——这里我们可以这么说——它任由一些相对独立的社会单位继续存在。例如，卡比利亚地区归属土耳其达数个世纪，但以部落或者村庄为基础的地区性组织结构受中央政权的影响微乎其微。人们可以纳贡，可以屈服于一般来说暂时的或者零星的武力镇压，同时继续保留一些未受影响的组织结构，例如村民可以按他们自己的习俗实行自治。对此，我们可进行一种反面验证，帝国的覆灭——土耳其帝国即是如此——并不引起大的反抗，且在我们所知范围，也几乎丝毫不改变下层单位的社会生活。

历史学家往往倾向订规立范。他们认为，这一庞大的控制结构意味着人力资源的极大浪费。帝国的动员能力相对有限，动员效果很弱。同时，帝国激发出的对国家的忠诚也很有限；它们在主客观上只动员很少的人。与帝国相反，城邦这种小型政治单位有力地将公民整合，使他们密切参与政治生活和所有社群活动。例如，通过赋役制，富裕公民参与文化支出，而这是最具国家性质的支出。当代社会中，文化经济是一种纯粹人为的经济，国家一旦消亡，它也不复存在：所有文化服务机构——TNP（全国人民剧院）、博物馆等——都不赚钱，它们必须靠一个有能力征集资源然后重新分配给它们的机构才能生存；任何赞助都无力维持一个省级交响乐团的运转……这就好比炼金术：国家将税收转化为文化。这里，我们清楚地看到国家逻辑的相对独立性：如果我们抛开国家制造的文化正当性效果，组织一次关于是否应该继续借贷给"法国文化"电台的全民投票，也就是说，如果人们根据自己实际使用"法国文化"电台的情况来回答的话，贷款可能立刻就切断了。通过公益捐助，人们参与到这些经济上的无偿支出——只剩象征收益——即文化支出中来……

斯特雷耶认为，在城邦中，人们对国家报以强烈的忠诚，且其形式会让人联想到现代民族主义。他是这么说的。但我认为，从理论上来说这是不可能的。甚至爱国主义这个词也是不恰当的：希腊公民对城市的爱跟现代爱国主义毫不相干，后者是一系列工作的成果，而我们知道其行动者当时还不存在（教育体系）。这些城邦具有帝国所没有的能力，但它们的扩张无法跨越某些门槛，无法接纳新的领土和多种多样的居民，无法确保庞大人口参与政治生活；它们应用的是限额原则，因为它们只能在小范围内运作。面对扩张的考验，城邦成为一个帝国的核心，它被吞并，并承受由此带来的所有矛盾。被奥匈帝国吞并的意大利城市也是这种情况，它们规模一直较小且军事实力薄弱，注定要被吞并。

斯特雷耶写道，1100年后出现的欧洲国家集两种模式的能力、功效于一身：它们同时具有实力、疆域、扩张性、广泛参与和共同身份之感。这里他提出了一个很重要的问题。这是个非常具有建设性的定义。斯特雷耶称，国家是通过部署专门的动员机关、以小城邦所没有的一种特定工作为代价成功整合了庞大人口的诸机构。这个定义提醒我们要思考国家和领土的关系、国家和居民的关系、国家和控制之间的关系，而这种关系不仅是外部的和军事的控制，同时也是对信仰、信念（我们又回到休谟）的控制。我之前讲象征资本的积累时，已经提到过这一点。

我划定一下我的研究范围：我提出的模式适用于这些被认为在本质上不同于帝国和城邦的原型国家。下次课我将概括一下英国历史学家维克多·J. 基尔南（Victor J. Kiernan）的文章《西欧的国家与民族》[1]。这篇综述文章尝试描述一些因素，从而在历史层面解释从国家角度来看欧洲的特别之处。

---

[1] 维克多·J. 基尔南，《西欧的国家与民族》(«State and nation in Western Europe»)，《过去与现在》(*Past and Present*)，1963 年 7 月，第 31 期，第 20—38 页。

1991年2月21日课程

国家生成与突现逻辑：象征资本——资本集中过程的各个步骤——王朝国家——国家：权力之上的权力——各类资本的集中与剥夺：以有形强力资本为例——中央经济资本的建立和独立经济空间的构建

国家生成与突现逻辑：象征资本

基尔南的文章有趣之处在于，他试图列举一系列能够解释西方现代国家的特殊性、奇特性的因素：首先，存在一个异常强大的封建社会，国王面临种种反抗，他不得不建立管理机构来应付。其次，存在强有力的法律，因此存在比在奥斯曼传统中规定得更加明确的物权法。再次，由于众多国家拥有实力相当的常规军，因此各国必须以战争手段同他国竞争，这与罗马帝国和古代中国不同。在基尔南看来，后两者恰恰苦于没有任何对手可与之匹敌。此外，还存在教会这一集中的、守纪律的、垄断的团体来提供典范。最后这一点是所有历史学家公认的重要因素：迈克尔·曼（Michael Mann）等其他国家理论家（明确指出）教会的重要性，它不是作为法定团体，而是作为众多信徒的集合，（迈克尔·曼）在天主教启示中看到了构建公民概念的一个重要意识形态因素[1]。最后，基尔南还提到一个因素，即城市作为

---

[1] 迈克尔·曼，《国家自治权：其起源、机制与结果》（«The autonomous（转下页）

完全自治或部分自治的政治体，和国家之间形成复杂辩证关系。我们还可以加上其他因素；我只是列出一些，好让你们对这类思考有个概念——这类专著数量繁多，试图确定西方国家独特性的一整套特别的决定因素。此外，还应该加上罗马法这个因素，法国历史学家们十分重视这点。

我只想告诉你们一条我不会走的路。我的目的不在于为国家成因系统的构建添砖加瓦，而是尝试建立一种国家生成逻辑的模式。所以，我试着提出的这种模式，因之进行了汇总之故，有独创性的地方，但实际上独创性又很少，因为汇总的东西已经被许多作者说过了。通过一个一个地分析——这和国家的特定逻辑相悖，但出于分析的需要，我不得不依次分析税收、法律等的诞生——促成国家生成的特殊类型资本集中的不同维度，我想同时指出一种无法被化约为其构成要素总和的现实其起源的逻辑和突现——这个词很重要——的逻辑。讨论这个过程时，人们常常用结晶的比喻，或者更严谨一点，用"突现"的概念。这个概念很有用，因为它指出，持续的积累会导致嬗变，导致一些"范畴"（ordre）的改变，用帕斯卡尔式的说法便是：人们可以从一种逻辑转到另一种逻辑。我接下来快速讲一下我将遵循的总体框架和主线，算是提前给出一个大纲，以防你们迷失在我接下来要进行的种种分析细节之中。我尝试去证明、分析、把握的，是不同种类资本的原始积累的逻辑，这些资本在积累过程中发生了嬗变。我暗暗引入了"资本种类"这一概念，我在之前的课上已对此进行了详尽的解释。所以我接下来将引入经济资本、文化资本（或其最广泛的形式，即信息资本）、社会资本，最后是象征资本。

（接上页）power of the State: its origins, mechanisms and results»），《欧洲社会学档案》(*Archives européennes de sociologie*)，1985年第24集，第185—123页。并参见同一作者的两卷本《社会权力来源》(*The Sources of Social Power*, Cambridge, Cambridge University Press, 1986—1993)。

关于象征资本我多说两句，要想理解我在此要做的事情，这个概念是最复杂也是最必要的[1]。我所说的象征资本，指的是这种诞生于任意一种资本和社会化行动者的关系中的资本，后者知道并承认这种资本。正如其字面意义，象征资本处于认知和承认的层面。为了便于你们理解，我举个我过去详细阐述过的简单例子：帕斯卡尔分析过的强力（la force）。强力通过身体约束来实施，但也通过这种强力在承受者头脑中的表象来实施；最原始、最野蛮的强力获得一种承认，超出了简单的对强力产生的身体效果的服从。哪怕是在最极端的情况下，在资本种类最接近于物理世界逻辑的情况下，人类世界中也没有一种身体效果不伴随着象征效果。人类行动逻辑的怪异使得原始的强力从来不单单只是原始的强力：它之所以能诱惑人、说服人，正是由于它成功地获得了一定形式的承认。

同样的分析也可以运用到经济资本上：财富从来都不仅仅作为财富起作用；在不同社会、不同时刻，对财富的承认有不同的形式，这使得最原始的经济力量也额外施加一种由对财富的承认而产生的象征效果。社会资本和文化资本已经暗含象征之义。文化资本作为象征资本起作用的倾向如此强烈，使得构建文化资本本身的科学分析异常困难，因为文化资本被指认为一种与生俱来的天赋：拥有雄辩力、智慧、科学等文化资本的人自发地被视为正当权威的持有者。这就是为什么技术官僚型权力较之纯粹军事权力具有一种权威，因为他们的权威建立在一种被自发承认为正当的资本之上。具有和科学或文化相关联的权威的领导人，人们承认他有资格以看上去建立在自然、品德或功绩之上的才能为名行使他们的权力。社会资本，如关系资本，自发

---

[1] 有关象征资本这个概念，尤其参见布尔迪厄，《实践理论大纲》，同前书，第348—376页；《实践理性：关于行为理论》，同前书，第116—123页；《帕斯卡尔式的沉思》，同前书，第125页。

地倾向于被当作象征资本来运作。象征资本，正是一切资本持有人所额外掌握的资本。

我将紧扣一些几乎是纯粹的象征资本形式，如贵族（精英）头衔。贵族（精英）一词的词源值得玩味："Nobilis"意思是被人所知，被人承认，或者值得关注。政治场是象征资本典型的活动场所：在这个场所中，存在、生存意味着被察觉。一个政治人物很大程度上即是一个人们知道和承认的人；政治人物之所以特别容易陷入丑闻绝非偶然，丑闻导致信誉丧失，而信誉丧失恰好与象征资本的积累背道而驰。加芬克尔（Harold Garfinkel）写过一篇关于（"降职仪式"，其中包括）降军衔仪式的十分精彩的文章——人们如何剥夺德雷福斯（Alfred Dreyfus）上尉的军衔——这些仪式与祝圣仪式相反；它们是要剥夺持有应被承认的头衔的人其被承认的标志，并将这个人降至没有象征资本的无名普通公民之列[1]。我之所以没有简单地说"威望"（prestige），是因为这个词不能完整表达上述意思。我指出这一点是为了说明我在构建它时所经历的痛苦。我知道这个过程有多么困难，多么错综复杂。我跟你们在这儿几句话讲完的东西在很长时间内对我来说都是无从想象的。我说这个是为了保证，这些东西不是我编着玩的……

资本集中过程的各个步骤

我将试着指出这种资本原始积累的逻辑。国家首先以国王为中心——后来，就略微复杂一些——并以每一类资本为中心集中不同种

---

[1] 哈罗德·加芬克尔,《降职仪式成功的条件》(«Conditions of successful degradation ceremonies»),《美国社会学杂志》(*American Journal of Sociology*), 1956 年第 61 (5) 期, 第 240—244 页。

类资本，由此完成自我建立。正是每一种资本——身体权力、经济权力等——的大规模集中以及不同资本在同一批人手中的集中——集中和元-集中（méta-concentration）——这样一种双重过程孕育了国家这种无比令人惊奇的现实。事实上，这一集中过程可以被描述为一个独特空间、一种独特游戏、一个内部进行特殊运作的独特场域的独立化过程。我分析的目的是描述官僚场独立的过程，在其内部运行着主客观两种意义上的国家理由，也就是说，一种有别于道德、宗教、政治的特殊逻辑。我将按逻辑和年代顺序分四个步骤，因为国家的生成经过了大体上符合历史更迭顺序的一些不同阶段，但我想我不会满足于仅仅重复编年史。

　　第一步：集中过程和与之相伴的突现过程。我将分析进行积累的国家资本的各个不同维度，指出为了理解国家的生成，必须首先理解象征资本。这就推翻了狭义的唯物主义观点。象征资本这一概念的作用在于建立一种关于象征的唯物主义理论。如果非要为我想做的东西下个定义，可以说我将建立扩大的唯物主义。我知道有的人会说，既然我将象征资本摆在经济资本的前面，反转了下层基础/上层建筑的旧有对立，那我就是唯心主义者、唯灵论者等。这是不对的，因为我拒绝此二元对立。我将用分析的方法来逐个维度地描述集中过程，因为我深知不可能只局限在某一维度上：例如，分析税收、税制的起源，我必然要指出，只有当象征资本的积累同时进行，包括征税工作中的象征资本积累，这一切才能实现。因此，我将描述每一种资本的集中过程，同时，我也将思考这种集中有何意义。我围绕普遍化/垄断化的对立进行分析：一个集中过程可以被描述为普遍化的过程——从地区到国家、从特殊到普遍——同时也是垄断化过程；但应该将二者放在一起考虑。

　　第二步：王朝国家的逻辑。一些历史学家坚持认为17世纪之前无国家可言，我将尝试描述这些世袭制国家的特征，对它们来说，国家财产即是个人财产。第一点，我将试着描述王朝国家的特别之处、它自身的逻辑，用的是我在研究其他东西时提出的概念，即再生产策略[1]。我将试着说明，一个王朝国家的政治，如我们在继承之战中见到的那样，铭刻在以遗产为中心的家族战争的逻辑之中。因此，我们可以合乎逻辑地从针对农民或者大贵族的家内政策而建立的模式过渡到一个在国家范围内应用的模式。王朝政治有很大一部分是根据一个互相依赖的再生产策略系统组织起来的。接着，第二点，我将考察王朝国家的特有矛盾：由于它依赖的是以家庭为基础的再生产策略，王朝国家携带了一些有利于超越王朝政治的矛盾。历史学家也提出了这个问题。例如，安德鲁·W. 刘易斯（Andrew W. Lewis）思考人们如何走出王朝国家，如何从被视为国王财产的国家过渡到一个独立于国王个人的国家[2]。我认为王朝逻辑带有一些可在基本家庭单位中观察到的矛盾，特别是国王及其兄弟之间的关系，这些矛盾迫使人们走出纯继承模式。

第三步，可称之为"从王室内廷到国家理由[3]"。我将试着阐明究竟何为集中和转化的过程。这很困难，因为对各种转变过程缺少精确的观察。社会学家关注这些过程，因为它们可以展现两种原则之间的冲突。很多社会冲突是旧的再生产模式携带者和新的再生产模式携带者之间的冲突。但这些冲突的本质一直都秘而不宣，存在于行动者

---

[1] 关于这个概念，参见布尔迪厄，《再生产策略与统治方式》（«Stratégies de reproduction et modes de domination»），《社会科学研究学报》（*Actes de la recherche en sciences sociales*），1994 年第 105 期，第 3—12 页。

[2] 安德鲁·W. 刘易斯，《王族之血：10 至 14 世纪法国卡佩家族与国家》[*Le Sang royal. La famille capétienne et l'État, France, Xe-XIVe siècles*, Paris, Gallimard, 1986 (1981)]，让尼·卡尔里尔（Jeannie Carlier）译。

[3] 这个说法后来将被布尔迪厄用作一篇文章的标题："从王室内廷到国家理由：官僚场起源的一种模式"（«De la maison du roi à la raison d'État. Un modèle de la genèse du champ bureaucratique»），《社会科学研究学报》（*Actes de la recherche en sciences sociales*），1997 年第 118 期，第 55—68 页。

意识中，而要想重新抓住对建立一种模式来说恰当且必不可少的东西，需要十分细致的观察。转变过程的一大关键便是从以家庭为基础的再生产方式，从被王朝国家发展到极致的继承方式，过渡到一种更官僚化、更复杂的再生产方式，而教育制度以决定性的方式介入其中[1]。家庭再生产方式通过学校模式并在学校模式之外继续运转。与官僚国家、国王的独立权力相关的人，也和学校再生产方式相关，同时，也愈发不能容忍以家庭和世袭为基础的再生产方式。大体上我都跟你们说了。我这么做不对，因为这样一来就没有悬念了，不过让你们明白我想讲什么也很重要；否则你们会认为我迷失在自己并不完全确定的历史细节当中，会认为别人教得比我好得多。

还有第四步，我只简单提一下，那就是从官僚国家向福利国家的过渡，这带来了国家和社会空间的关系、各社会阶级的关系的问题，从为建立国家进行的斗争过渡到为占有这种与国家的存在相关联的极为特殊的资本而进行的斗争。一种特有的官僚主义逻辑经过了一个独立化过程；这个过程的全部意义正在于此，但这遵循的并非黑格尔式逻辑，不仅仅是线性的和累积的。官僚场和所有场域一样，有进有退；人们可以经由一种君主制共和国形式倒退回世袭制国家，保有世袭制国家的一切特点。当弗朗索瓦·密特朗1981年掌权时，我把（报纸上）写着"某某先生，被任命为法兰西银行主席，和总统有私交"的文章剪了下来，这是关于被任命者和任命行为正当性的最露骨的标题。这个例子说明，我们并非像韦伯的理性化概念所暗示的那样遵循线性逻辑。

我这番话不是随随便便说的：这是为了避免你们认为存在一个越

---

[1] 这个大纲是布尔迪厄《雇方》(«Le Patronat») 一文分析的基础，《社会科学研究学报》(*Actes de la recherche en sciences sociales*)，1978年第20期，第3—82页（与莫妮克·德·圣马丁合著），后收入《国家精英》，同前书，第4章。

来越正式、越来越合理、越来越官僚、越来越普遍的过程。这是我向自己提出的一个很核心的问题：持委托逻辑尤其是控制逻辑的官僚模式，莫不是几乎无可避免地——作为社会学家，我很不喜欢这么说——或者说具有十分强烈的倾向，暗含着侵占权威、侵占权力的危险，特别是各式各样的腐败？通常来说和国家原始阶段、和个人类型国家相关联的腐败，是否随着一些官僚类型组织的发展而消失？还是说它们就内在于官僚式委托这一逻辑当中？在这方面，当代经济学家提出了一些极为有趣的模型。例如，让-雅克·拉丰（Jean-Jacques Laffont）提出一种腐败的计量经济学模型[1]，国家理由并不一定能成功地令自己完全被接受，包括在国家领域内部。在准备这门课之前，我已经详细阐述了无私的问题[2]，以及国家为了惩罚违反无私要求的人所确定的法律制裁。假如国家真的如我所说，是一种集中和积累的过程，我们就会明白思考它是多么困难，因为要同时考虑一大堆东西。弄得我一直觉得自己像柏拉图说的那个想用两只手接住三个苹果的孩子……

王朝国家（État dynastique）

现在我将从开端即王朝国家讲起。为什么要谈王朝国家呢？一些十分警觉并小心避免犯年代错误的历史学家（历史学家经常带着现时的观念谈论过去，而不对这些观念做社会批判）指出，针对远古时期谈国家，即是犯了时代错误。我参考了理查德·J.博尼的《欧洲王朝国家（1494—1660）》和国家科学研究中心《现代国家生成》这本

---

[1] 让-雅克·拉丰，《层级结构中隐藏的博弈：事实与模型》(«Hidden gaming in hierarchies: facts and models»)，《经济记录》(*The Economic Record*)，1988年第64（187）期，第295—306页。
[2] 参见第4页注释1。

合集中的一篇文章[1]。博尼强调，在将现代意义上民族国家概念运用到国家的初级形式上时，我们可能忽视了王朝国家本身的特性："在1660年（有人认为远远晚于此）之前大部分时间里，欧洲君主国中的绝大部分并非我们设想的民族国家，除法国这个偶然的情况以外。大部分君主国是不同领土的混杂（典型的例子是奥地利和西班牙的哈布斯堡王朝），一些主要统一于君主个人身上的国家。"这是王朝国家的特性之一。客观与主观的主要联结是通过对君主的崇敬实现的，它是爱国主义的基本原则。他指出——这点我很喜欢——这个阶段的很多战争皆是继承之战。他强调，由于未能清晰地区分王朝国家和民族国家，人们阻碍了自己把握王朝国家和现代国家的特性。对此，我在几年前写了一篇有关现代体育的决裂式文章[2]。体育在人文学科领域处于弱势，研究体育的学者为了拔高自己并拔高他们的学科，自认为必须——我在说他们做了什么之前先给出他们的理由，但我认为二者是不可分割的——建立现代体育运动的谱系，因此要从"soule"这种游戏中找足球的祖先，要在17世纪木槌游戏中找曲棍球的祖先，等等。我已经指出，这是一个历史错误，因为在19世纪发生了一次断裂：现代体育运动是参考新的社会背景——英国boarding schools（寄宿学校）的发展——而进行的再发明或者发明的结果。在把王朝国家和现代国家放在一起思考的时候，我们也应该做同样的决裂。我

---

[1] 理查德·J.博尼，《欧洲王朝国家（1494—1660）》[*The European Dynastic States* (1494-1660), New York, Oxford University Press, 1991]，以及《法国的战争、税制与国家活动（1500—1660）》（«Guerre, fiscalité et activité d'État en France (1500-1660)»），收于让-菲利普·热内和米歇尔·勒梅内编，《现代国家的生成：预扣与再分配》，同前书，第193—201页。

[2] 布尔迪厄在此指涉的是以下列标题出版的讲座之一："我们如何成为运动达人？"（«Comment peut-on être sportif ?»）《社会学问题》（*Questions de sociologie*），同前书，第173—195页；"体育社会学大纲"（«Programme pour une sociologie du sport»），《所述之言》，同前书，第203—216页。

们应该知道，在某种意义上，现代国家并非王朝国家的继续，正如足球也不是"soule"这种游戏的继续一样。

我还参考了另外一位作者，约阿希姆·W. 斯蒂伯（Joachim W. Stieber），他甚至拒绝接受国家这一名称，而博尼则仍然接受王朝国家这个叫法[1]。他认为，17世纪之前不存在国家。他强调，日耳曼皇帝权力有限，他是在教皇的同意下选出来的君主；整个15世纪的德国历史都深受王侯政治、派别政治的影响，以延续家族繁荣和家族遗产为目的的继承策略为特征。因此不存在任何现代国家的特征。只有在17世纪的英国和法国才出现了兴起中的现代国家的主要区别性特征：一个与君主本人分离的政治团体以及一些包含在民族领土范围之内的政治团体，包括封建贵族和教会。斯蒂伯认为，现代国家的一个根本属性是存在一个与国王以及其他权力——如封建主和教会——分离的官僚体制。另一方面，他指出1330年至1650年间的欧洲政治以一种所有者的观点为特征。君主们像所有者那样看问题：他们将其政府和领地视为一种个人财产。因此他认为，将国家这个词用在17世纪之前是一种时代错误。我赞同这两位历史学家，但显然他们在自己那一行里是少数……

国家：权力之上的权力

为了分析作为不同种类资本之集中的王朝国家的特定逻辑，我现

---

[1] 约阿希姆·W. 斯蒂伯，《教皇尤金四世：巴塞尔议会与帝国世俗及教会权威：教会中最高权威与权力的冲突》(«Pope Eugenius IV, the Council of Basel, and the secular and ecclesiastical authorities in the Empire: the conflict over supreme authority and power in the Church»)，收于海戈·A. 奥伯曼（Heiko A. Oberman）编，《基督教思想史研究》(Studies in the History of Christian Thought, Leyde, Brill, 1978)，第13卷。

在来描述一下这种集中过程[1]。军事资本、经济资本、象征资本的不同形式的积累互相依赖并成为一体，正是这种累加构成了国家的特性。借由同一中央权力进行的不同种类资本的积累催生了一种元－资本，即具有在资本之上行使权力这一特殊属性的资本。这可能显得太思辨太抽象，但这很重要。国家可能有诸多定义，其中一种我们可以说国家意味着元（méta），是各种权力之上的一种权力。分析不同形式资本的积累，即是让自己有了一套方法，去理解为何国家联系着对一种有权凌驾其他种类资本之上的资本的占有。我在这里参考经济学家弗朗索瓦·佩鲁（François Perroux）的分析[2]，他认为，当人们讨论资本时，应该区分出资本的两种状态：持有文化资本的人，例如拥有地理学学士学位的人，以及持有能给予该资本以权力的那种资本的人——例如，一位地理图书编辑。后者具有一种元－资本，决定持有一种简单资本的人能否出版书籍。

对拥有资本和拥有给予这种资本以权力的资本的区分适用于所有领域。国家，由于它大量积累不同类型资本，具备了一种可以在任一资本之上行使权力的元－资本。这个定义可能看上去很抽象，而当我们将它联系到权力场的概念上时就会变得具体，权力场是资本持有者互相对抗的场所，尤其是针对不同种类资本之间的转换率的对抗。我下面举几个例子，你们一下子就能明白：比如对文凭的再评估，或者关于国立行政学院的一项改革的斗争，等等。总之，你们会看到大量的斗争，《世界报》——其读者群和权力场外延相

---

[1] 布尔迪厄，《国家精神：官僚场的生成及其结构》（«Esprits d'État. Genèse et structure du champ bureaucratique»），《社会科学研究学报》（*Actes de la recherche en sciences sociales*），1993 年 3 月，第 96—97 期，第 49—62 页；后收入《实践理性：关于行为理论》，同前书，第 101—133 页。

[2] 尤其参见弗朗索瓦·佩鲁，《权力与经济》（*Pouvoir et économie*，Paris，Dunod，1973）。

同——充斥着吸引资本持有者的新闻，它们可以被当作持久战的证明来阅读，这种持久战在资本持有者之间展开，以便决定转化率，决定不同种类资本之间以及这些种类资本的不同持有者之间的支配关系。然而国家，作为元-资本的持有者，是一个内部行动者为拥有能向其他场域行使权力的资本而进行斗争的场域。假设我们颁布法令，最高行政法院成员退休年龄从70岁改为65岁：从资本斗争的角度来看，这将是极为重要的一项国家措施——这项改革肯定很难通过，因为它牵涉甚广，尤其是代际的力量关系。当人们久等在候见室或者给总理打电话时，最常见的情况，是为了讨论一种特定资本的推广和保护，这一资本可能受到某一项跨场域再分配措施的威胁。

另一个例子，（头衔之间）的等价关系。法比尤斯（Laurent Fabius）曾经说过，巴黎高等师范学校学生可与国家行政学院学生等价[1]。从权力场的逻辑角度看，这是一种惊人的举措，因为它触及了不同种类资本之间的转换率；就好比我们说：1美元从兑换5法郎变为3法郎。这里呢，巴黎高等师范学校学生的股价从3变为5……国家能够采取这样的跨场域措施，因为它逐渐地自我建构为一种场域之上的元-场域，其中，一种在其他诸类资本之上施加权力的资本被生产、保有、再生产。我在此建立了权力场和国家之间的关联：权力场的统一原则之一是，隶属于权力场的人为国家之上的权力而斗争，为这种能够在不同种类资本的保存和再生产之上施加权力的资本而斗争。以上就是"简介之简介"，目的是告诉你们我正在做的事情遵循什么样的思路。

---

[1] 社会党人洛朗·法比尤斯1984年至1986年间担任法国总理，他毕业于巴黎高等师范学校。

各类资本的集中和剥夺:以有形强力资本
(capital de force physique)为例

言归正传,我现在来描述积累的不同维度。我从军事权力开始。要想弄清国家是如何建立的,一些历史学家在我之前已经列举了一些因素来解释这种积累,我会参考。但他们很少明确地(像我将做的那样)用不同资本形式的理论进行陈述。我说这个不是为了显示(我的分析)的独特性:而是为了让你们不要有似曾相识的感觉……对国家生成有一种最低限度的定义,说它随着军事权力和税制(而出现)。但事实比这复杂得多:有形强力资本的这种集中过程后来成为我们所说的执法力量(force publique)。这一集中过程同时也是分离过程,在剥夺的基础上形成垄断。这还是我已经说过的那种二重性:集中 = 普遍化 + 垄断化。建立一种执法力量,就是收回不属于国家一边的人使用力量的权力。同样,在学校基础上建立文化资本,就是把无知和野蛮归到没有资本的人身上;建立宗教类型的资本,就是将非神职人员归入世俗行列。(强调这一点)十分重要,因为人们经常忘记这些方面中的其中一个——韦伯或者埃利亚斯的模式尤其属于这种情形。集中过程——在这种情况下,埃利亚斯清楚地看到这一点——暗含着一种分离、剥夺的过程。请你们看一下埃利亚斯对数世纪以来暴力下降情况的论述。(我是埃利亚斯思想的激烈拥护者,但我也开始恼火了,因为他如今被神圣化了……事实上,我之所以喜爱他,多半不是由于他提出的东西,而是他在半道上忘记的东西。)

公共身体力量的集中伴随着普通暴力的遣散。埃利亚斯曾写过十分精彩的文章论述现代体育的诞生,它联系着国家从个体行动者那里收回有形暴力行使权的过程[1]。埃利亚斯论述的一整个部分都包含在

---

[1] 埃利亚斯,《体育与暴力》(«Sport et violence»),《社会科学研究学报》(*Actes de la recherche en sciences sociales*),1976年第6期,第2—21页。

了韦伯的这句话里：国家具有正当暴力垄断权。不属于国家或者没有国家授权的人不能行使暴力，不能拿拳头打人，不能自卫……有形暴力只能由一个特殊化集团来运用，它是专门为此目的而接受委托、在社会当中可明确通过制服来辨认因此也就是一个符号化的、集中领导的、被规训的团体。韦伯对规训这个核心概念做了精彩论述[1]：我们无法在集中身体力量的同时，不对其加以控制，否则便是盗用有形暴力，而对有形暴力的盗用对于有形暴力来说，就相当于资本在经济层面被盗用，就等于贪污。有形暴力可以被集中在一个以此为目的而形成的团体中，以社会之名通过符号性的制服被明确辨认，被特殊化并被规训，也就是说能够像单个人那样服从一个中心秩序，而后者本身并不产生任何秩序。

因此，整套接受委托来维护秩序的机构，即警察和司法力量，逐渐与普通社会世界分离。这个过程不乏倒退。这种身体力量的集中在王朝国家的第一阶段，首先是针对封建秩序而进行的：体力垄断权的建立最先威胁的是封建主、贵族，他们的特殊资本建立在运用军事力量的权力和义务之上。佩剑贵族在战斗职能上的法定垄断地位被有形强力资本的建立、职业军队的建立所威胁，尤其是后者由雇佣军组成，从纯技术角度看，他们在战场上比最杰出的贵族阶级成员还要出色。我们可以分析一下剑术教练的出现，一些平民可以成为法定剑术教练的教练。于是就带来一些问题，在17世纪引起了牛角尖式的辩论：一个剑术出众的平民难道不是比一个不会使剑的贵族更高贵吗？你们会在埃利亚斯的书里读到这些。所有这一切都是有形资本集中的后果。

有形强力资本的集中过程在双重背景下完成。建立模型的难点在

---

[1] 马克斯·韦伯，《规训的含义》（«The meaning of discipline»），收于汉斯·H. 格斯（Hans H. Gerth）、查尔斯·莱特·米尔斯（Charles Wright Mills），《马克斯·韦伯：社会学论集》（*From Max Weber*: *Essays in Sociology*, New York, Oxford University Press, 1946），第253—264页。

于要同时考虑多个方面：某些（研究者）只见树木不见森林。科学讨论往往是自说自话、单边的；很多时候只需要将两三件东西放一块儿就能让一百次讨论失去意义。有些人认为职业军队的发展同税收一样，与战争相关联；但还有国内战争、内战，征税就如同一种内战。国家在双重背景下建立：一方面，它要面对现有的或潜在的国家，也就是说与其竞争的王子——因此他需要集中有形强力资本来进行争夺土地和领土的战争；另一方面，要面对一种内部背景、一些抗衡势力，即与其竞争的王子或者反抗征税或征兵的被统治阶级。这两个因素促进了强大军队的诞生，在其内部逐渐分化出专门的军事力量和用于维护内部秩序的专门的警察力量。今日这种显而易见的军队/警察的区分，经过了极为缓慢的过程才产生，两种力量在很长时间内都是混在一起的。

为了让我们对这个看上去一目了然的过程感到惊异，就必须拿一些无国家的社会做比较，这些社会里，有习俗、"法律"，但（没有）（专门设置的）为正确决定服务的力量。因此在这些社会中，有形暴力就以复仇为形式留给了家庭来实施。一个元机构（元-家庭，元-部落）的缺席导致了一连串无休止的复仇，每个人都被卷入挑战和回击的逻辑当中——我针对卡比利亚地区描述过这个情况[1]。每一个被侵犯的人都不可避免地变成侵犯他人的人，否则就将丧失他的象征资本，暴力无限期地循环下去，因为没有一个可以制止它的机构，或者即便有，它也不具备必要的体力（资本的集中）……这些社会提出了一些在我们的社会里明确被遮蔽的问题，尤其是与实施有形暴力相关的伦理问题，就像我们目前（在南斯拉夫）看到的那样。是否存在元-民族政权，也就是说能够介入到国际层面推行国际法的政权呢？

---

[1] 布尔迪厄,《名誉的含义》(«Le sens de l'honneur»),《实践理论大纲》, 同前书, 第19—60页。

关于这一问题，我请你们阅读埃斯库罗斯的悲剧《俄瑞斯忒亚》（*L'Orestie*），读一下歌队关于俄瑞斯忒斯所说的话：我们为何必须用罪恶来惩罚罪恶？如何走出这一循环？俄瑞斯忒斯的行为，哪怕看起来再正义，难道不也是一种罪恶吗？不也是和他想惩罚的罪恶一样的罪恶吗？对国家正当性的承认让我们完全忘记了这些问题，除了在我们就死刑问题展开一些混乱而荒诞的讨论时。这就是我们对国家的信念式依附，而回归前国家时代的最初情形可以把我们唤醒。当然，我们立刻会发现有形资本的积累无不伴随着象征资本的积累，因为有形强力资本的积累要依赖动员（该词从军队进入政治并非偶然），因此也就是要形成拥护、承认、正当性。将有形资本的积累当作国家建立的首要推动力是一种十分天真的单因果逻辑。没有同时进行或者提前进行的象征资本的积累，就不会有有形强力资本的积累。

中央经济资本的建立和独立经济空间的构建

第二个因素：税制，人们通常将它与为了收钱而使用的有形强力资本联系在一起。作为元-场域，作为构建所有场域之权力的国家的构建，要借由每一个场域的构建来实现。我说的这些东西好像太玄乎，但这不是在玩弄文字。在建构场域概念的过程中，我强调涂尔干、韦伯和马克思已经描述过的这个过程，即随着社会向前推进，其内部区分出分离的、独立的领域——我想，这是大家都承认的少有的趋势规律之一。涂尔干认为，"原始"社会把一切都混合在一起：宗教、科学、经济、仪典、政治；有一些"多功能"行动，或者阿尔都塞说的"复因决定"的行动（"多功能"这个词更恰当）。随着社会（变革），它把不同秩序分离，创造出具有各自的规范和特殊正当性的领域。例如，作为经济的经济，这是同义反复："生意就是生意"，或者"商场无情"。人们区分出一种有别于家庭秩序的经济交换秩序，很多社会做不到这一点。

国家的建立与这种区分过程相关联，关于这一点，有件事我直到最近才弄懂，所以我要强调一下：国家把自己建构为一种元-场域，同时也参与建构各个场域。例如，在经济场，税制联系着中央经济资本的建构，联系着某种中央金库的建构，它授予该金库持有者一种权力：他有权制币，有权确定市价，有权做出经济决定，等等。这种中央经济权力的建立使国家得以参与建构一个独立经济空间、一个作为统一经济空间的民族。在《大转型》[1]中，波兰尼（我极为欣赏的学者之一）证明了市场并非独自、自动地形成，而是一种运作的产物，尤其是国家运作的产物，且往往受重商主义理论的引导。国家自愿参与构建这个我们以为是既定事实、实则是一种制度的空间。税收权力和以税收为基础的经济权力的起源，与经济空间的统一和一个全国市场的创立相伴而生。

王朝国家征税具有一种十分特别的属性，历史学家也注意到了这一点：它同此前所有的形式判然有别，即它所进行的征税行为直接作用于所有臣民，而非像封建抽税那样，只针对出于个人关系与君主联系在一起的那些臣民。换言之，我们从一种封建式的征税模式过渡到某种更加普遍、更加非个人化的东西，在前一种模式中，只有从属者才缴税，而他们又可以再让自己的从属者缴税。我们可以找到这种国家税收的前身。（在文学中，先锋意味着总是向未来前进；在历史学家那里，先锋则意味着总是走向过去。对历史学家来说，这种朝向过去的无限倒退就相当于先锋对艺术家的诱惑。这是场域效应使然：那些处在该场域中的人被引诱，说这些已经存在。事实上，从来就不存在最初的开端。）

税收的发展与战争支出有关。在被我武断分开的两种形式之间存

---

[1] 波兰尼，《大转型：回到我们时代的政治和经济起源》，同前书。

在一种联结：从赠送与回赠逻辑下的征收过渡到官僚式的征收。在此我参考杰拉尔德·L. 哈尔斯（Gerald L. Harris）的著作，他分析了英国初级征税形式的出现[1]。哈里斯强调封建征收被视为赠予（dona），"被自由接受的掠夺"。我们可由此来思考如今的偷税漏税行为。我们又一次进入信仰、服从、归顺、善意的范畴，因此也就是象征资本的范畴，正当性的范畴。赠品的交换有别于礼尚往来，因为这是一种不被视为礼尚往来的礼尚往来：我送给你，你能还的时候再还；如果你立刻还我，那就是礼尚往来，也就是说你拒绝（我的馈赠）；（要么）隔一段时间，你半个月后再请我……经济交换通过一整套社会运作将转化为作为被否定的经济交换而进行的象征交换。在封建制中，君主及其忠诚的拥护者之间的交换被放在赠予的逻辑中加以理解，即不自认为经济交换的经济交换。当征税者和被征税者之间的关系属于暗含个人认同的个人依赖关系时，征税便以此种形式进行[2]。

这种前资本主义征税逻辑被具有资本主义特征的征税逻辑所取代：征税变为强制、常规、有固定期限。在卡比尔人的经济中，最糟糕的事情就是说期限了：人们语焉不详，即便有实际的限定，也不说出来。女性无名誉可言，因此也就不必顾虑象征资本，她们可以说"你应该在哪天哪天还我"，也不会因此而丢面子。当代家庭单位中，经济劳动分工也仍然参照这种模式进行，男人跟妻子说："你应该问问价格……"税收的征取"没有时间限制，除了国王的定期规定"：游戏规则是由一个中央机构确定的，税收直接或间接面向所有社会群体征收。显然，这种理性的、明确的税收的发展伴随着一个税收管理部门和一整套建构的诞生，它意味着要有文书：经济资本的积累离不

---

[1] 杰拉尔德·L. 哈里斯，《1369年前中世纪英格兰的国王、议会与公共财政》（*King, Parliament and Public Finance in Medieval England to 1369*, Oxford, Clarendon Press, 1975）。

[2] 布尔迪厄，《实践理论大纲》，同前书。

开文化资本的积累，离不开誊写人、登记簿和调查。调查的发明至关重要：如果没有国家为征税而进行的调查，历史学家将无事可做。征税需要有账目、核对、归档、仲裁、纠纷裁定及资产评估技术，因此需要调查。

税收与专业行政管理人员所持资本的积累和庞大信息资本的积累相伴而生。这就是国家与统计之间的关系：国家联系着对社会世界的理性认识。在军队的建立和税收的建立之间，在税收和信息资本积累之间，形成了一个循环的因果关系——A 导致 B，B 又导致 A。这种互相依赖的关系在某一领土范围类系统性征税时体现得尤为明显，这和一支有能力强制征税的军队的存在相关，征税就是一种正当的内战。伊夫－玛丽·贝尔塞（Yves-Marie Bercé）认为，"税收必然联系着武力，后者建立前者，为它创造条件[1]"，哪怕随着和国家的信念式关系逐步建立，武力的使用只有在极端情况下才必要。税收的制度化是国家公务人员与反抗的臣民之间的内战所导致的结果。历史学家恰当地提出疑问，归属于某一国家这样的情感是什么时候出现的呢？它并不一定是我们所谓的爱国主义，而是身为某国国民之感。归属于某一特定领土单位的体验，和税收的体验紧密相连。人们发现自己应该缴税、成为纳税人时，就发现了作为国民的自己。为了让不合格的纳税人掏钱，人们发明了一些了不起的司法－警察措施，即身体的禁锢和整体责任（responsabilité in solidum）。

所有因素之间互相依赖，经济资本积累依赖象征资本积累，可以说明这种关系的最后一点是：征税所必需的有形暴力只有在假扮成象征暴力时才可能完全实现。官僚体制并不只是做做档案，它也发明了

―――――
[1] 伊夫－玛丽·贝尔塞，《现代税收的制度与心理研究》（«Pour une étude institutionnelle et psychologique de l'impôt moderne»），收于让－菲利普·热内和米歇尔·勒梅内编，《现代国家的生成：预扣与再分配》，同前书，第 164 页。

正当化话语：打仗需要税收；打仗关系到我们所有人，面对外敌时要自卫。接着，战时征税就变为以国防为目的的持续税收；不连续变为连续，这需要大量象征建构工作。国家的建构很大一部分是心理上的发明。为了完成征税工作，象征力量的使用十分重要。

历史学家和所有博学之士一样，某些研究对象或者主题，只有被他们认为重要的一位历史学家提出之后，他们才会重视。二战期间，施拉姆构建了王权象征体系这一主题[1]。此后，对进入皇室、加冕礼、戴冠仪式即中央象征体系的研究源源不断：这是官僚体制惯例引发的主题重要性的自我强化之结果，是造成科学惰性的一大重要因素。于是，人们忘记了其他同样重要的现象。一位历史学家（伊夫-玛丽·贝尔塞）强调一个看起来可能次要的事实，即为了征税，必须向受国王委托的人发放制服，发放特殊的衣服。要有人为他们征税。（在慈善方面也存在同样的问题。）

埃利亚斯说，国家不过就是正当勒索，这不只是个隐喻。要创立一个代理人团体，他们负责二度征收且有能力进行这项运作而不中饱私囊。征税人和征税方法必须能够毫不费力地被视为等同于这个人，等同于权力的崇高，无论这是城市权力、领主的权力还是最高统治者的权力。执行员需要身穿制服，以它的标志为依据，以它的名义传达命令[2]。他们必须被视为拥有完全行动权力（plena potentia agendi）的受托人，且这种委托不仅通过签署的命令体现，还通过彰显崇高及其职能正当性的制服来体现。这种委托是成问题的——每一个受托人都

---

[1] 施拉姆，《恺撒、罗马与复兴：从加洛林王朝末期到续任权之争的罗马复兴思想史研究与文本》（*Kaiser, Rom und Renovatio. Studien und Texte zur Geschichte des römischen Erneuerungsgedankens vom Ende des karolingischen Reiches bis zum Investiturstreit*, Berlin, Teubner, 1929），两卷本。
[2] 埃利亚斯，《西方的动力》，同前书，第4章，"王室垄断的胜利"（«La vicotire du monopole royal»）。

可能私自侵占从委托给他的权力中获得的好处——它要求对受托人进行控制；因此就需要有人监督征税者。受托人要想履行职责而不必次次皆动用有形暴力，就必须让他们的象征权威获得承认；人们心照不宣地认为税收是正当的；委托别人勒索资金的人的权威也是正当的，甚至在这些资金勒索看上去并不公正的时候也是如此。

将国家看作处于代表它的公务人员之上的超越性机构，这种概念诞生的一大根源，可能与人们将代理人的不公正与国王的公正对立起来有关——"国王没法监视这些"；（现如今）则是"给共和国总统的信"，也就是说，存在一个高级机构，它无法化约为其在感性世界的经验表现。我们可以好好研究一下记录了对渎职者、对国王恶劣受托人的愤怒之情的历史文献，这些愤怒意味着国王具有不可化约性。我们看到它与超越性法律的起源之间的关联，后者通过上诉程序超越于个别法，国王是人们最后求助的机构——这个观点在卡夫卡那里也有。这种最终机构可能同中世纪农民初期的经验有关，他们发现国家就是这些以另外一样东西的名义来向他们要钱的人……（国家的）超越性可以从此出发加以理解。

324

1991年3月7日课程

答疑：因循守旧与共识——各种资本的集中过程：抵抗——法律市场的统一——建立对普遍性的追求——国家观点与汇总：信息资本——文化资本的集中与民族的建立——"天生的贵族"与国家精英（贵族）

答疑：因循守旧与共识

我将试着回答一个问题，我感谢提问的人，但这个问题让我感到难过，因为它让我不得不掂量（我的分析会有）多难懂……我念一部分，试着稍作回答："您强调马克思主义将国家看作一种压迫，并且您把这点看作共识……"（这并非我的本意）"您不觉得马克思主义比这个要复杂得多吗？只需看看葛兰西便知。马克思主义的核心难道不是将社会预先假定为国家的基础吗？您把国家看作公民社会的一种基础吗？"这个问题体现了顽固的习惯性提问法的力量，它们抗拒最有条理的质疑。我经常有举步维艰、进展过缓之感，与此同时又想，在传达我想传达的东西的时候，不妨慢一些，因为我是要将约定俗成的思维模式连根拔起。像这样的一个问题让我觉得，我还是讲得太快了。我想再强调一下我以马克思、涂尔干、韦伯和其他几位学者为参考讲了这么久的东西：我已试着证明，应该怎样跳出这三大传统及其在当今科学中的延伸，来理解现代国家，来思考作为社会组织工具的国家，后者能够在逻辑上和道德上建立对惯例的遵循，同时建立一种共识,却是在一个十分特殊的意义上。我还强调,国家制造的这种逻辑整合和道德整合,本身正是国家为那些能占有国家的人服务而实行的统治之条件。这二者之间并非二选一的关系,二者以十分复杂的方式连接。复杂思想的不幸在于,它们很难组织,却又太容易被拆解……

今天的课是本年度的倒数第二次课。显然,我的进度已经大大落后于我的教学计划——年年都是如此——因为我想到的东西和传播的条件之间有差距。我每次都要讲题外话,论述一些前提,因此,我讲得比我希望的要慢。我上次讲了我当初预计的课程大纲,我想你们应该把它记在脑海里,好减轻提前中断课程的失望,还应该做个回顾,好对我想做什么以及我来年将做什么心中有数。

各种资本的集中过程:抵抗

今天我将尽量讲完我上次开始讲的集中过程,好留出最后一节课,能至少把王朝国家属性大体描述一下。我已经谈到这种集中过程的两个层面:1.身体、军事和警察权力的集中;2.通过税收垄断制度实现经济资本集中。我已经指出,身体力量或者经济力量的这些集中过程的前提是象征资本的集中。我认为,象征资本是基础。为了论证这一主张,我已经指出,现代意义上的税收的发明伴随着大量证明税收合理性与正当性的工作。通过引用几位当代历史学家的论述,我指出,税收的强制推行是某种内战的结果;我谈到了埃利亚斯在税收与勒索之间所做的类比。大家应该意识到,税收是正当勒索,即不被视为勒索的勒索,所以被认为是正当的。但在其源头上,税收的这种二重性又通过如下事实被清楚地记起,即人们寻思为什么别人要收他们钱,他们不确定收钱的人有充分理由这么做,也不确定收走的钱是不是进了收钱人自己的口袋。

科里根和塞耶强调了一个经常被遗忘的观点，即国家的建立遭遇了顽强抵抗，而这些抵抗并未消失。时至今日，仍然存在一些农民起义的形式。同样，在今天，建立一个跨国界的欧洲国家也引发了抵抗，这其中的某些抵抗正是和征税有关。为了应对这些抵抗，政治负责人应该完成一项双重工作。首先，证明合理性。以参与发明国家的法学家为首，发展一套话语，用来证明国王代理人应该执行的"官方掠夺"具有合理性。其次，建立一些征税机构，既在技术上高效，又能管账——这意味着需要书写——且还能让自己被视为正当。关于这一点，我已经提到了发明制服的重要性，发明一套基础的国家符号体系的重要性，发明国家人（l'homme d'État）也就是说公务员的重要性，后者是正当受托人，正当代表，有权说自己拥有以国家为名的完全行动权力，他可以国家的名义全权行动。光靠言语并不能让人相信他，所以他要亮出自己的头衔；制服或者特别的服装是一种标志，就像贵族的纹章，证明了公务员的正当性。"必须让普通纳税人能够认出卫兵的制服，哨岗的盾形徽章。他们将农场管理员、讨厌又可鄙的金融代理人同皇家骑士、骑警队、宪兵队和官邸弓箭手或保镖区分开来，后者因身着皇家色彩上衣而被认为不可攻击。[1]"

以上就是象征力量为身体力量提供支援的例子；皇家权力的符号体系将这种权力同神圣联系到一起，神圣本身即是一种遭人憎恨的力量。"从与皇家金库按规定形式达成协议的包税所，直到最后一个负责在当地征税的包税人，中间隔着一连串租约和分租契约，这使得对税收异化和权力僭用的怀疑从未停止。[2]"国家，这一神秘实体，化身为一系列按等级制度组织的个人，他们互为受托人，使得

---

[1] 伊夫－玛丽·贝尔塞，《现代税收的制度与心理研究》（«Pour une étude institutionnelle et psychologique de l'impôt moderne»），上文已引，第 164 页。
[2] 同上。

国家总是成为无限倒推的终结；这是卡夫卡笔下的国家范式，它是人们在诉讼时可以求助的终审机构[1]。这一模式在涉及法律的时候更加明显。这一连串代表引发了两项持续的怀疑：怀疑受托人并非真正的受托人，即便他们是，也怀疑他们不把征收所得交给委托人。我建议你们阅读这两本著作：《今日法国税收的社会心理学》[2]和《金融与税收心理学》[3]。

有大量著作对腐败进行了论述，从理解国家的生成角度来说，它是最重要的问题之一。我不日会讲到一位法国汉学家写的关于中华帝国腐败问题的一本精彩著作，中国是西方国家生成处可见之物的一种扩大的形象[4]。人们自问，腐败究竟是一切委托过程不可避免的内在属性，还是说它联系着各种习性、监督措施和系统？小型行政部门确实很腐败，并且集中了所有对税制的反抗。我粗略翻译一下罗德尼·H.希尔顿的一篇文章[5]："小公务员、分级征税员、郡长、执行官形成一个网络；就像我们在各个社会里普遍观察到的那样，这些公务员被恰当地组织起来并领取恰当的薪水，但他们还是腐败，且无论

---

[1] 布尔迪厄,《终审》(«La dernière instance»),《卡夫卡的世纪》(*Le Siècle de Kafka*, Paris, Centre Georges-Pompidou, 1984),第 268—270 页。
[2] 让·杜贝尔杰 (Jean Dubergé),《今日法国税收的社会心理学》(*La Psychologie sociale de l'impôt dans la France d'aujourd'hui*, Paris, PUF, 1961)。
[3] 昆特·施莫德斯 (Gisela Khairallah),《金融与税收心理学》(*Psychologie des finances et de l'impôt*, Paris, PUF, 1973),吉斯拉·凯哈拉 (Gisela Khairallah)译。
[4] 魏丕信,《正式的与实际的官僚机构：清代行政的窘况》(«Bureaucratie officielle et bureaucratie réelle. Sur quelques dilemmes de l'administration impériale à l'époque des Qing»),《中国研究》(*Études chinoises*), 1989年春第八辑,第 69—141 页。魏丕信后来还和奥利维耶·克里斯丹 (Olivier Christin) 以及皮埃尔·布尔迪厄合作推出一期《社会科学研究学报》(*Actes de la recherche en sciences sociales*),主题为"国家科学" (Science de l'État) (2000 年第 133 期)。
[5] 罗德尼·H.希尔顿,《中世纪英格兰对税收和国家其他征收项目的抵制》(«Resistance to taxation and to other State imposition in Medieval England»),收于让-菲利普·热内和米歇尔·勒梅内编,《现代国家的生成：预扣与再分配》,同前书,第 173—174 页。

是其受害者还是王朝中更高级别的公务员都知道他们腐败。"他们遭受双重谴责；于是，众人皆知并承认的这种腐败，可能成为现实中的国家和理论上的国家、由公务员代表的国家和超越公务员并由国王代表的国家分崩离析的根源之一。

我假设人民能够形成一种观念，国家无法被约减为其化身，国家以国王的形式超越其化身，此国王正是人们可以求助的终审机构的化身。对超越性国家的指涉在法律中已经出现，意味着在建立一个非个人的、纯粹的国家实体的道路上又迈出一步，并且导向将国家视为抽象的、不可约减为其化身的实体的这一现代观念。观察家们还强调，对税收正当性的承认或者对纳税的接受，普遍与一种民族主义、沙文主义的兴起相关联。希尔顿指出，正是通过发展将税收视为保卫领土所必需的这种情感，爱国主义观念才逐渐形成，而这种爱国主义是用来证明征税合理的主要因素之一。

法律市场的统一

我再来快速讲一下法律市场的统一过程。最初，在12世纪前后的欧洲，我们观察到有好几项互斥的法律共存：教会审判，"基督教法庭"；世俗审判——其中包括严格意义上的国王审判；领主审判；村镇或者城市审判；商业审判。你们可以读阿德马尔·埃斯曼（Adhémar Esmein）和马克·布洛赫两人的著作。（埃斯曼写了）《法国12世纪至今的刑事诉讼史特别是调查程序史》[1]。这本书没有任何

---

[1] 阿德马尔·埃斯曼，《法国12世纪至今的刑事诉讼史特别是调查程序史》（*Histoire de la procédure criminelle en France et spécialement de la procédure inquisitoire, depuis le XIIe siècle jusqu'à nos jours*, Paris, Larose, 1882；再版于 Panthéon-Assas, 2010）。

理论上的自夸，但特别有趣，它让我们看到，国王之外的审判机构尤其是领主审判机构如何被诉讼程序的建立剥夺了审判权。最初，领主的司法权，就像领主的军事权一样，是一种个人审判：领主有权审判他的属民，但也仅限于他们，也就是说仅限于所有居住在其领地的人，包括贵族属臣、自由人和农奴，每一个人服从不同的规则。国王只对王室领地有审判权。好比大领主，他只决定其直系诸侯及其自有领地上的居民的诉讼。国王审判权限随着领地的扩大而扩大。我再引用第二位作者马克·布洛赫的话："王室司法开始渗入整个社会。（王室司法的渗透）相对较晚；我们大致可以认为它在12世纪之前几未开始；它进展缓慢；尤其是，它缺乏总体计划，缺乏法律文件，说它是东拼西凑而成的也不为过。[1]"

我去年已经引用过这个文本，提示你们我在分析国家时运用的历史哲学，这种表面看来随机的集中过程其结果却是必然。马克·布洛赫的这一论述十分值得关注。按照这种观点，国家的生成有一种不属于逻辑学的逻辑，却形成了一些有逻辑的产物。超越领主之上的一种司法机器逐渐形成，包括司法官、执法官、高等法院等。我不赘述细节，而是尝试给出这一过程的总体规律。此过程尤见于法律方面，但实则十分广泛，它同时也是区分的过程，法律场如其所是地建立为一个分离的、独立的领域，服从于自身特有的法则，这一法则无法化约为与其共存的其他领域的法则。而另一方面，又出现了一个集中化的过程，二者并不矛盾：与领主司法权相对的王室司法权也逐渐获得垄断地位。这两个过程表面看相互对立，实则相互关联：正是借助法律市场的统一，集中才得以完成[2]。

集中化不应该被想象为一种简单的资本累积过程，好比大家玩弹

---

[1] 马克·布洛赫，《法国庄园与英国城堡》，同前书，第85页。
[2] 参见布尔迪厄，《法律的力量：法律场社会学基本概念》，上文已引。

子球，然后所有弹子都集中到国王那里。集中化，是单一游戏建立的过程：在过去存在好几种游戏的地方——领主审判、城市审判——现在只有唯一一种游戏。所有游戏者被责令进入这一游戏空间，并被放置在这一游戏空间的某个位置上。当然，这个场域会被支配；司法权的垄断化集中，源于高等法院，并且借由它，国王试图支配法律场；但要想实施这种支配能力，法律场必须得到统一并如是建立。

讲完原则之后，我将快速谈一谈这种集中过程大体的运行框架。我请你们阅读最近出版的由雅克·雷维尔和安德烈·布尔吉埃尔主编的关于国家生成的一本书。涉及中世纪的那一章是雅克·勒高夫写的[1]。王室司法逐渐将过去由领主或教会处理的犯罪案件集中起来。佛斯丹·艾利（Faustin Hélie）的书《刑事诉讼论》展示王室司法是如何逐渐扩大其权限范围的[2]：损害王权的"王室案件"由代表国王执法的大法官专门负责，例如亵渎君主、伪币制造这种试图将一种（被）国王（垄断的）所有权占为己有的行为，以及伪造国玺（*sigillum authenticum*[3]），而国玺是王权的物质象征，等同于机构的缩写，等同于一个集体、一个行会、一个只在纸上存在的实体的符号化身。将国王的象征权力占为己有是典型的渎圣罪行。王室司法管辖承揽了所有涉及王室的案件，渐渐地，它也借由法学家发展的上诉理论承揽了涉及领主和宗教的案件。这是追求普遍化的一个典型的例子：法学家与法律市场的统一相关联，因为这是他们的市场；无私和普遍化对他们有利。

---

[1] 雅克·勒高夫，《国家与权力》(«L'État et les pouvoirs»)，《法国史》，同前文所引，第32页。

[2] 佛斯丹·艾利，《刑事诉讼论》(*Traité de l'instruction criminelle*, Paris, 1866)，第1卷。

[3] 此处原文为"sybillum authenticum"，应有误，后文出现"sigillum authenticum"，指具有认证能力的正式印章。——译注

建立对普遍性的追求

要想理解普遍性机构或形式上具有普遍性的机构或者在形式上遵守普遍性原则的机构的出现，例如国家、司法、科学等，我们可以假设普遍性是有好处的，假设人们通过推进普遍性能获得特别的好处。法律的统一显然对法学家有好处，他们是法律条文的制造者和法律服务的出售者；因此，他们实为公务员，是注定要为普遍性奋斗的战士。他们发展出诉讼理论并强调各封建法庭并非至高无上；它们曾经如此，但现在已经不再是了。人们承认，任何由领主做出的判决，如果违背该国的习俗，都可以通过委托方向国王提起诉讼。这一程序被称为"诤谏程序"（procédure de supplication）；如果说上诉已然是一种正式程序的话，诤谏仍然是一种封建行为。我想描述一下这个混杂的阶段，这个阶段中，诸如谏诤这一类具有封建意味的词已经以普遍性、非个人的性质在发挥功能。谏诤程序逐渐变为上诉，王国之内所有审判机关都服从国王；渐渐地，妄加评论者、封建法庭自发的陪审团消失了，取而代之的是职业法律人、司法官员。上诉行为要遵循管辖区域的规则：个人与封建主的关系变为领土关系，而领土显然被划分为不同等级；人们从下级领主上诉到高级领主，从公爵到伯爵[1]，最后是国王。不能越级。一个统一的、等级化的空间形成了，它并非按随意方向运行。王权依赖法学家的特殊利益，后者同时创立了各种正当化理论，根据这些理论，国王代表共同利益，并应给予所有人安全和公正；法学家发展出一些正当化理论，根据这些理论，国王限制封建主的审判权限并让这种权限从属于自己。宗教审判权也经历了同样的过程；例如，国家法律试图界定过去从属于教会的收容权，并逐渐限制这些权利直至将其完全取消。

---

[1] 原文如此，疑有误，因公爵是比伯爵高一等的贵族。——译注

在法律场建立的同时，法律团体也在发展。场域概念有其意义，因为人们描述一个场域的起源时，往往局限于描述一个职业团体的起源。二者实则有重大区别：尽管场域不能脱离职业团体而存在，宗教场不能脱离包括先知在内的神职人员而存在，但场域却不能被简化为一个职业团体[1]。人们经常拿恩格斯的一篇文章来证明马克思主义传统认为法律有相对独立的存在；在这篇文章里，恩格斯指出，一些法学家团体出现了[2]。事实上，一个法律团体的存在不足以构成法律场。不过，法律场逐渐成为一个统一的空间，在其内部，案件的处理只能走法律途径（场域总是以同义反复的方式被定义），并符合对法律的主流定义，也就是说符合国家对法律的定义，随之，一个行业也形成了，这个场域的存在对他们有利，他们自身的存在也因这个场域的存在而获得正当性。

这个法律团体有组织、有等级，有宫廷大法官、司法执行官、司法总管；他们变为常驻官员，其由国家担保的权能与其管辖区域不可分割。这便是公务员的现代定义：具有由制度担保的在某一管辖区域范围内有效的权能；在此管辖区域之外，此权能即告失效，无法再使用。他们不再是自己的受托人，而变为具有完全行动权力的代理人：即代替高级权力机关履行职能的受托人，司法官员变得不可撤销。

在行业建构的同时，诉讼程序也经历了编码与形式化：统一伴随着标准化、同质化，如同统一度量衡，最终便是通用标准的创立。通用司法标准和与代数程序极为相似的正式司法诉讼程序诞生了。法律应当适用于整个辖区内的任意一个人，适用于一些本身被明确定义的详细情形。我们看到一个集中和编码的过程，它在历史上似乎止于

---

[1] 参见布尔迪厄，《场域效应与行业效应》（«Effet de chmap et effet de corps»），《社会科学研究学报》(*Actes de la recherche en sciences sociales*)，1985 年第 59 期，第 73 页。

[2] 恩格斯，《致康拉德·施密特的信》(«Lettre à Conrad Schmidt»)，同上文所引。

1670年法令，后者认可了法学家们陆续获取的成果：1. 不法行为的属地管辖成为规则（权能与辖区之间的关系）；2. 王室法官相对于领主具有优先权；3. 王室案件明细清单；4. 取消教会和市镇的特权，上诉法官永远隶属国王。王权授予代理人在某一辖区内的权能取代了个人的、直接的依赖关系。这一引领个人向非个人转变的过程存在于一切集中过程之中。

国家观点与汇总：信息资本

这个过程的另一个维度是文化资本的集中，或者更确切地说，信息资本的集中，这么说就更具有普遍性，因为文化资本只是信息资本的一个方面。这一集中过程与文化市场的统一相伴而生。例如，国家文凭，是通行于所有市场的凭证。从一开始（这在所有传统里都得到验证——古罗马、中国），伴随着国家机构的出现，公共权力部门就努力去测量、计算、评估、了解。国家的生成与大量信息资本的积累不可分割。例如，作为现代国家重要组成部分的情报部门，便是与国家一同发展起来的。政府调查作为被"估值"对象的资源。乔治·杜比指出，1194年，有"军士估值"（prisée des sergents），即由军士进行的清查："当国王集结军队时，23座城市和修道院应该提供的马车和甲士的数量统计。"我们清楚地看到信息资本积累与军事资本积累之间的关联。杜比还举了另外一个例子：他观察到，1221年出现了预算的早期雏形，有进账和支出的区分：国家不再满足于集中信息，它处理这些信息并重新分配（这是一种稀缺资源），且以一种有差别的方式重新分配[1]。

这种集中的运作即是统一化的运作；这种统一是理论上的。我想

---

[1] 乔治·杜比，《法国史》，第1卷，同前书，第283—284页。

引用弗吉尼亚·伍尔夫（Virginia Woolf）关于普遍观念的一句话："总体概念是关于总体的概念。[1]"这一佳句提醒理论家他们到底是谁。理论对一个年轻的思考者具有如此大的诱惑力，是因为他梦想包罗万象……对科学精神的分析是对能启发我们的特殊冲动所进行的社会测定分析的一部分：我们应该知道，某种全局的、总体的、居高临下的、总揽的、理论的看法——theorein，即"凝视""看见""从高处看见""（获得一种）视角"——与国家相关联。一大堆我们看起来理所当然的东西是跟着国家出现的。例如，地图。在我还是刚入行的年轻民族学家时，我曾不得不进行一项理论工作，来解构我脑海中的平面图的概念。过去我画一些住宅平面图、村落平面图[2]；我当时不知道自己在做一项追求总体的行为。把这一行为当作追求总体的行为来思考，让我（从此举暗含的东西中）解放出来，从这一特殊建构阻止我看到的东西中解放出来，即人们并不按照平面图出行，而是像现象学家说的那样，按照种种路线出行；它们在一个路网空间（espace hodologique）、一个行进空间（espace de cheminement）里发生变化。作为学者，当我们研究谱系时，我们就在做概括；国家对象征资本的积累伴随着建立谱系的努力：一些属于贵族谱系的人被指定为公务员。谱系学是一种基本的人类学行为，人类学家没有不建立谱系的，但人类学家不知道他所做的正是国王过去做的事……大多数声明、平面图、地图、谱系学都以上层的、高贵的、从山丘俯瞰的视角来完成。《社会科学研究学报》曾经刊登过艺术史家斯维特兰娜·阿尔珀

---

[1] 参见布尔迪厄，《男性统治》（*La Domination masculine*，Paris, Seuil, 1998），第76—90页；再版于Points丛书，2002。
[2] 参见布尔迪厄，《自我分析纲要》（*Esquisse pour une auto-analyse*，Paris, Raisons d'agir, 2004）第64—102页中对其调查的详细阐述；关于理论实际应用，参见《反转的房屋或翻转的世界》（«La maison ou le monde renversé»），《实践理论大纲》，同前书，第61—82页。

斯（Svetlana Alpers）的一篇精彩文章。她谈到荷兰绘画理论受到制图术的启发，荷兰绘画采取了地图的视角[1]。

国家是理论统一者，是理论家；它进行理论的统一；它采取一种中央的、高高在上的视角，即汇总的视角。统计成为国家最理想的工具并非偶然：它能够将个人的信息相加，并通过这种汇总获得任何一个提供了基本信息的个人都无法掌握的信息。统计恰恰是让汇总的操作成为可能的一种超越的技术（我说的所有关于国家的东西也都适用于统计），但拥有"征集"信息的手段并非易事。从前，税务员应该穿着特殊服装；现在，如果你想进行消费调查，就应该亮出自己的证件，人们对信息征集颇为反感。国家应该具备这么做的手段；它说这是义务，你们应该回答。其次，它还应该有办法记录信息，处理信息（电脑、会计），思考信息并从中得出统计学规律，得出一些超越了个体和无意识的关系（个人掌握不了这些）。国家通过社会世界的相加，使自己具有了社会行动者所没有的控制力。另外一个典型的国家行为是综述；你越是在政府高层，就越综合。

国家联系着客观化以及所有客观化技术：它把社会事实当成东西处理，把人当成东西处理——它是先在的涂尔干主义者。所以涂尔干的国家理论谈及内化的国家；不认为自己是国家公务员的国家公务员，就像一条游曳在国家之水中的鱼；他对社会世界的客观主义理论，正是国家对其国民暗含的认知。国家是对一个经由建构行为在理论上统一并同质化了的空间所采取的大一统的、飞越的视点。实际上，这是一个笛卡尔式空间。假如要做知识社会学的话，我们可以说在笛卡尔式空间哲学的诞生和国家的生成之间存在关联；我一直避免

---

[1] 斯维特兰娜·阿尔珀斯，《历史眼：制图术在17世纪荷兰绘画中的作用》（«L'œil de l'histoire. L'effet cartographique dans la peinture hollandaise au XVIIe siècle»），《社会科学研究学报》（Actes de la recherche en sciences sociales），1983年第49期，第71—101页。

做这样的假设，但现在我已经说出来了，随你们怎么办吧……

国家的视点是书写的视点，这是典型的客观化与积累的工具：它让超越时间成为可能。我请你们阅读杰克·古迪（Jack Goody）和他的《图表理性》[1]一书：最终，一名民族学家可以离开为他提供信息的人，主要是因为他书写，因此可以汇总为他提供信息的人不曾汇总的东西，因为后者没有办法做这些。你有一个想法，但如果你没法写下来，一个想法就会驱赶另一个想法，然后消失不见。没有文字的话就会是这样。没有文字的社会也许也发展出一套我们业已丢失的技能；但尽管如此，在没有文字的情况下做汇总是极其困难的。调查者相对于被调查者的优越就在于调查者知道他寻找的是什么（至少理应知道），而被调查者则不知道；除此以外，调查者还有办法汇总被调查者在不同时刻告诉他的东西。通过汇总，他就有了综合、概要式的体会，这往往令他能形成整体的理解。

托马斯·伯恩哈德（Thomas Bernhard）有一句关于国家的惊人之语："我们都被国家化了。"[2]我以全国性样本的概念为例。我直到现在这个岁数，直到从事关于国家的研究，方才想到全国性样本就暗含了国家的概念。人们说"样本具有代表性和全国性"，但为什么不做一个博斯地区样本，一个皮卡第地区样本？所以，在选取全国性样本这件事里就有了特殊的言下之意。关于统计理论，我一直说最严重的理论错误来自这样一个事实，即就像在符号陷阱里一样，注意力和反思都被吸引到次要的点上，以至于根本问题被藏了起来，这和魔术师的做法如出一辙。最大的认识论谬误当属此类。人们告诉你："重

---

[1] 杰克·古迪，《图形理性：野性思维的训化》（*La Raison graphique. La domestication de la pensée sauvage*, Paris, Minuit, 1978 [1977]），让·巴赞（Jean Bazin）、阿尔班·本萨译。

[2] 托马斯·伯恩哈德，《历代大师》[*Maîtres anciens*, trad., Paris, Gallimard, 1988（1985）]，吉尔伯特·朗布里希（Gilberte Lambrichs）译，第34页。

要的是代表的比例，是代表性；应该计算误差，（控制）样本质量。"人们忘了说："注意，重要的是从里面抽选票的投票箱……"如果票箱里只有黑色球的话，或者你只切分了皮卡第而不是整个法国的话，你当然可以按照所有规则完美地抽取出一个样本。通过接受全国性样本，我们便任由自己接受一个关于客体的根本定义。

文化资本的集中与民族的建立

书写是典型的国家工具，是汇总工具：最早的书写标志便与记录相关联，特别是账目记录。因此，它是认知积累的专门工具；它令编码成为可能，也就是说令认知上的统一成为可能，这种认知上的统一可以实现有利于符码持有者的中心化和垄断化。语法构成的编码也是与垄断化操作不可分割的统一行为。

文化资本集中和国家生成之间的关系应予以进一步阐述，我讲到日本和英国的时候已经暗示了这个问题。我接下来从更广泛的层面再讲一下。国家的建构与民族文化资本的建构不可分割，后者同时也是民族象征资本。例如，一切国家建构都伴随着伟人先贤祠的建立。先贤祠是典型的国家行为：它是被选中的伟人的墓地，它既指明了值得仰慕的人（国葬也是这种情况），还偷偷指明了挑选伟人的原则。而原则隐藏在了被选中的产品里，反而更加巧妙地被人们接受。

在文化方面，国家之于文学艺术资助人就像王室司法之于领主司法：国家给了自己文化行动垄断权，并就此剥夺了个人为文化无偿支出的权利。如果人们惋惜赞助人的缺席——我对此感到（庆幸），资助是一种可怕的文化世界统治形式——或者在法国资助发展之困难，恰恰是因为文化实践的垄断化过程尤为集中，且过早就实现了这种集中。我讲一段我记下来的简单的历史评论，帮你们理解。在路易十四建立个人权威并逮捕了最后一个大资助人尼古拉·富凯（Nicolas

Fouquet）的同年（1661），他旋即将所有原先受富凯庇护的艺术家招致麾下，如画家夏尔·勒布伦（Charles Le Brun）、园艺家安德烈·勒诺特（André le Nôtre）等。别忘了，这是一种奇怪的垄断，一种对无偿支出的垄断。文化经济的属性之一，就是它并非严格意义上的经济。但在象征层面上也有经济支出，否则就不会有文化支出了……因此，不会存在没有公众的文化实践，正如大多数被培养出来的实践的情形那样，仅仅是因为国家保障了无偿支出。而矛盾的是，国家为自己谋得了对这些支出的垄断，若我们没有看到，对这些支出的集中与文化逻辑的利润集中以及这些无偿支出获得的象征回报的集中不可分割的话，会觉得这是个悖论。所有社会都会象征性奖赏那些违反经济利益法则的行为。所以说，国家将文化集中，并且此处我们应该回到心智结构统一这个主题，国家占有心智结构，它制造统一的文化习性，它控制其起源并同时控制其结构。

"天生的贵族"与国家精英（贵族）

借法律资本的集中，我已经提出了象征资本集中的问题，因为我们可以把法律看作象征资本的一个方面。我快速描述一下荣誉集中的过程，实际上，我将遵循的是如下线索：人们从单一的荣誉过渡到多种荣誉——（这里所说的荣誉是）继承的荣誉，例如贵族头衔，基尔南提到的西班牙绅士的荣誉，他们是"天生的贵族"，与国家精英（贵族）对立。国家进行象征资本集中，实现了任命权以及颁发勋章、教育文凭、官僚或教育精英头衔——例如荣誉勋章——的权力。在领主模式过渡到我们误称为绝对主义的（absolutiste）实则应该称为中央集权的（centraliste）路易十四模式时，国家对待贵族（精英）方式的变革让我们很清楚地看到了这一集中过程。

渐渐地，国家成为象征资本的中央银行，从此就只有国家精英

（贵族）了。（如今）是国立行政学院来指认精英（贵族），并优先在其中的出身名门者里挑选：5%—6%，不能再多了。此时已不存在与国家无关的颁发认可的机构了，无论它们以何种方式相关联。知识分子场或者科学场的一个重大困难，便是建立一种独立于国家的正当性。在任何一个时代，尤其是最近左派执政时期，国家都不遗余力，介入并推行它在专门法律机构的裁判权，颁发绘画奖、摄影奖等。盎格鲁-撒克逊人会说，文化部长在艺术评价领域太"有侵犯性"了；他们总是想质疑知识分子指认谁是知识分子的意图，艺术家指认谁是艺术家（的意图）。我要说的正是这个过程。

从前的贵族是像阿拉贡的贵族们说的"天生的贵族"，也就是说建立在继承和公开承认基础之上的贵族身份：一个贵族是被其他贵族承认为贵族的人，因为他是贵族的儿子、孙子或者曾孙等等——所以由来已久。这是封建的、个人的认可方式。一旦国家中央权力建立，它就侵入这种贵族的自主管理，以便建立国家贵族体系：在1285年至1290年期间，腓力四世（Philippe le Bel）为平民祝圣。当时，没有人为此而激动，因为贵族不太需要王室文书就可以步入贵族之列；他们可以通过婚姻成为贵族，而且被封为贵族的人，尤其在法国南部，在没有成功获取其他贵族的承认前，无法从自己的爵位中获得多少好处。换言之，我们发现，贵族场相对独立的逻辑强大到足以让国家无能为力（它与今日知识分子场的类比在我的分析中将一直有效）。

我请你们读阿莱特·茹阿娜的《反抗的义务：法国贵族与现代国家的孕育（1559—1661）》[1]，它对我启发很大。此书名为专著，实则提出了一些一般性问题——我认为这才是出色的科学研究——且正因个案研究出色，才会提出一般性问题。她分析了制造贵族的权力逐渐

---

[1] 阿莱特·茹阿娜，《反抗的义务：法国贵族与现代国家的孕育（1559—1661）》，同前书。

集于国王一手的过程。这个过程意在用国家授予的各种荣誉替代世袭的但应该被捍卫的身份荣誉。维护这一资本有专门的工作要做，需完成壮举、挑战、反击；挑战之所以成为对荣誉的重大考验，荣誉受损时的回击之所以在所有重视荣誉的文明里都是贵族肩负的重要义务，并非偶然。（从此）荣誉由国家授予，并且公职越来越被设定为暗含着贵族身份的奖赏。我们看到晋升体系替代了荣誉的逻辑；有贵族的晋升体系，也有官僚晋升体系。通过国王授爵垄断权的强制推行，也就是说由国家担保的象征资本的分配，贵族实现了自身的官僚化。这一点上，埃利亚斯又知其然而不知其所以然：贵族自宫廷向平民社会的"普及"毋庸置疑，但更微妙的是人们保持贵族身份的机制[1]。为什么他们一定要进入宫廷？为什么他们不去就等于失败？为什么一名文化部长要将知识分子招致麾下，为什么不去的人就身临险境？这个类比最恰当不过……

贵族对王权的服从是一种官僚化也是一种职员化，也就是说贵族变成领工资的人，经过任命而非自行指定。此事有迹可循：在路易十四时代，国家除了进行地籍管理和各项清查，也对贵族进行普查。柯尔贝尔（Jean-Baptiste Colbert），各种国家行动的始作俑者，创立了学院[2]：他将作家记录在册，也将贵族记录在册。1666年法令要求"建立注明姓、名、住址和武器的真正贵族的名册"，总督负责对贵族进行筛选。国家自行评判贵族的资质，而这在过去是贵族要考虑的问题。（今天，知识分子的情况同样如此，他们一直斗来斗去想知道谁是真正的知识分子，并且因此而分化。国家如果介入，只需让他们彼此针锋相对，然后说："我会告诉你们谁是真正的知识分子。"能

---

[1] 埃利亚斯，《宫廷社会》，同前书。
[2] 让-巴普蒂斯特·柯尔贝尔（1619—1683），法国政治家，路易十四时代国务重臣。"学院"指法兰西文学院（Académie des inscriptions et belles-lettres）——译注

调动知识分子的仅有的方法之一也许是告诉他们:"当心,国家要干预了。"但不幸的是,他们并不足够清醒。贵族比知识分子明白得快得多。)所以,总督就来筛查贵族头衔,于是有了谱系学者,有了应对纹章冲突的法官,等等。关于这一点,我们应该分析穿袍贵族的出现,它颇值得关注,因为它是古代贵族、封建贵族向现代贵族即大学校精英之间的过渡。这一贵族阶层由国家指定,却是以国家为基础:教育文凭。

于是,我们逐渐地(我所描述的过程持续了数个世纪)从一种建立在集体的、互相的承认之上的扩散性象征资本过渡到一种客观化、体系化、经过授权的、由国家担保的也就是说官僚化的象征资本:有武器、纹章、等级、标明出身的头衔和谱系。这个过程可以通过一件据我所知几乎无人思考过的事物来理解:著名的限奢令(lois somptueuses),规定了象征财富的外在标志、建筑物正面的标准和穿着。在我看来,这些限奢令可以被理解为国家在象征领域的种种介入之一。国家规定谁有权穿什么并确定了差异系统。在我们的社会里,种种区分游戏服从于市场法则。每个人各管各的,而在前一种情况下,游戏由国家来管理、制定,国家说:"你们有权佩戴三排银底黑斑纹而不是四排;如果你放了四排在上面,就构成服饰的僭越。"我请你们读米歇尔·弗吉尔(Michèle Fogel)《国家模型与社会支出模型:法国1545年至1560年间的限奢令》[1],在文章中,她证明了国家如何管理贵族与平民之间的差别,更确切地说,如何管理贵族的不同级别。巴黎高等法院成员以及他们身后所有官员分享国家奢华排场的意愿、贵族的诉求特别是在1559年三级会

---

[1] 米歇尔·弗吉尔,《国家模型与社会支出模型:法国1545年至1560年间的限奢令》(«Modèle d'État et modèle social de dépenses. Les lois somptuaires en France de 1545 à 1560»),收于让-菲利普·热内和米歇尔·勒梅内编,《现代国家的生成:预扣与再分配》,同前书,第227—235页。

议上的诉求，还有高等贵族在这些贵族制度的危机时期反对低等贵族的所作所为，都是国家干预的标志。国家管理布匹、金银丝绸饰物的使用；它通过这些行为捍卫贵族，使其免遭平民僭越，但它同时还扩大并强化贵族内部的等级。这是一种控制象征资本展示的方式，这些资本只在展示中存在；因此，控制象征资本的展示就等于控制象征资本。

我将以法律史学家弗里德里克·威廉·梅特兰（Frederic William Maitland）在《英格兰宪政史》中极为精彩的一篇文章结尾。这是一部宪法史，阅读过程是我们能想象的最枯燥乏味的过程之一，但我在其中发现了一些十分特别的东西，例如，向国家高级官员发薪水以及辞退他们的权力是如何建立的。梅特兰写道："国王有十分广泛的权力，不仅任命那些我们所说的内阁成员，还任命所有或者说几乎所有要员。威廉·布莱克斯顿（William Blackstone）称国王为'荣誉、官职、特权之源泉'。[1]"换言之，此乃一切象征权力的唯一来源："骑士与准男爵的任命、新贵族等级的设立、仪式中居先权的授予并不十分重要。"但任命廷臣的权力却十分重要："看看整个社会的法定结构，你会发现占据重要公职的人领的是国王发的薪水，而且国王想让这些人在位子上待多久，他们就可以待多久。[2]"梅特兰描述了所谓的"绝对主义"，这种可以设立也可以解除职位并罢黜占据这些职位的人的权力，即国家权力。他细致地描述了极为微妙的授权过程，尤其是签字权的授予过程。授命权通过

---

[1] 弗里德里克·威廉·梅特兰，《英格兰宪政史》[*The Constitutional History of England*, Cambridge, Cambridge University Press, 1948（1908）]，第429页。威廉·布莱克斯顿爵士（1723—1780）曾是法学家、英国议会成员。这个说法出现在他的《英国法释义》（法译本）[*Commentaires sur les lois angloises*, Bruxelles, 1774—1776（1758）]第7章。

[2] 梅特兰，《英格兰宪政史》，同上书，第429页。

这些过程集中并形成：国王签字，大法官副署，副署者认可国王的签字，同时也对国王形成控制，如果国王签署了一项愚蠢的文件，该负责的是他；副大法官副署大法官签过字的法令。于是这就有了一条表面上越来越匿名的授权链。象征权力被集中了，与此同时散布、渗透进整个社会（源泉、溪流的隐喻）。暴政便在这一中央权力最终丧失对自身的控制时突然出现。

1991年3月14日课程

题外话：知识分子场中的一次暴力行径——国家的两面：统治与整合——属地法则与血亲法则——象征资产市场的统一——宗教场与文化场的相似性

题外话：知识分子场中的一次暴力行径

我将破例谈谈昨天关于知识分子的节目，因为这是一个重要的社会问题，即便从知识角度看毫无价值[1]。我曾给自己立下规矩，永远不谈论这些半知识分子式的产物。我记得我曾经反对过吉尔·德勒兹（Gilles Deleuze），他那时候写了一篇抨击新哲学家的文章，认为自己此举给后者带来莫大荣誉[2]。不过，我认为这件小事肯定会被媒体大肆渲染，因此，值得多说两句。我认为这类以阿兰·德高（Alain Decaux）的文风撰写、以弗里德里克·密特朗（Frédéric Mitterrand）的口吻读出的文章很重要，因为它代表了越来越威胁到知识分子场的独立性的一种策略，这种独立性未必是知识分子的独立性，因为在独

---

[1] 布尔迪厄在此暗指1991年3月13日电视二台播出的节目，名为"自由的冒险"（Les aventures de la liberté），由贝尔纳-亨利·莱维（Bernard-Henri Lévy）策划。

[2] 吉尔·德勒兹，《关于新哲学家和一个更广泛问题的补充》(«Supplément à propos des nouveaux philosophes et d'un pro- blème plus général»)，《子夜》(*Minuit*)，1977年5月，第24期增刊，可在如下网址查阅：<www.acrimed.org/article2989.html>

立的知识分子场域内，总有一些知识分子比另一些知识分子更独立，一些知识分子比另一些知识分子更具有他律性。

知识分子场的独立是一个极为漫长而艰难的历史征服过程[1]。在一定时间内，这种独立性系统地受到（来自）政治场的和来自记者-媒体方面的行动合围的威胁，一些服务于他律的"媒体知识分子"介入其中。一些周刊——《新观察家》《周四要闻》(L'Événement du jeudi)——指定谁配得上知识分子的头衔：这种光荣榜式的效应是对权力的滥用，因为即便知识分子之间存在争论，究竟谁是知识分子也得由他们自己说了算。同理，谁是数学家，也得由数学家说了算[2]。有一系列暴力行径存在，昨天发生的事件达到了一个极限：这是一次典型的特殊政变。彼时，我的前辈，在这些地方反对拿破仑三世[3]。他们有一个势均力敌的对手。不幸的是，我不得不反对一些分量轻得多的对手；但危险是一样的，甚至更糟。同样的危险，因为表面看上去不那么危险，所以才更糟糕。

这些介入就是政变。我经常参考帕斯卡尔的暴政理论[4]。帕斯卡尔认为，暴政即是一种秩序将自身的规范强加于另一种秩序之上：军事秩序将自身的力量强加在知识分子秩序之上，恩宠的秩序将自身的力量强加在慈善的秩序之上，等等。一个场，当它遭受自身以外的

---

[1] 参见布尔迪厄，《艺术的法则》，同前书；初步了解还可参看《知识分子场与创造计划》(«Champ intellectuel et projet créateur»)，《现代》(Les Temps modernes)，1966年第246期，第865—906页。

[2] 布尔迪厄，《法国知识分子排行榜，谁来裁定裁判的合法性？》(«Le hit-parade des intellectuels français, ou qui sera juge de la légitimité des juges ? »)，《社会科学研究学报》(Actes de la recherche en sciences sociales)，1984年第52—53页，第95—100页；后收入《学术人》，同前书，第275—286页。

[3] 布尔迪厄在此暗指1852年拿破仑三世政变之后，儒勒·米什莱（Jules Michelet）、埃德加·基内（Edgar Quinet）和亚当·密茨凯维奇（Adam Mickiewicz）因拒绝效忠前者而被法兰西公学院撤职一事。

[4] 我们可在布尔迪厄《帕斯卡尔式的沉思》中找到解释，同前书，第149—150页。

限制时，便是在遭受暴政——按照康德的定义，自律性（autonomie）是指服从自身规定的法则，他律性（hétérotomie）是指屈服于外部限制，服从其他原则，例如曝光度、传播度，以及所有这一切背后的金钱、成功、收听率等。这些限制越来越侵入知识分子场，并深刻威胁到某一类知识的生产和研究以及某一类知识分子。我正是以这种名义，借这个讲台来提醒大家要警惕这种危险。这是一种特殊的政变，因为人们使用一种外在于知识分子场的力量来对后者行使武力。若像皮诺切特（Augusto Pinochet）那样[1]，人们立刻就明白了，但当武力行为以仿知识分子的方式进行，它便不那么容易被看见，于是很多人就会被"误识"（allodoxia）的效果所迷惑。这些知识分子的不幸在于，就像在一则著名故事里那样，他们知道知识分子生活的曲调，却不知道歌词……

知识分子——以左拉为范式——是在知识分子场、艺术场、文学场内部斗争中获得的特殊权威的基础上，根据这些相对自主的空间的固有价值，基于一种权威、一部作品、一种能力、一种品质、一种道德，介入到政治场之中的人[2]。我现在说的这些人不属于这种情况，因为他们没有什么作品、权威、能力、道德、品质……这种政变是危险的，首先因为它影响了年轻研究者对知识分子工作的印象。我们可以二十年磨一剑而不必跟媒体打交道，然而越来越多的人写书只是为了来年秋天上电视。这就威胁到知识分子在斗争中获得的某种十分有用的特殊权威。这一历史成果受到威胁，而它又威胁到符合我刚才所下定义的知识分子存在的可能性，尤其威胁到使他们以一部作品以及

---

[1] 奥古斯托·皮诺切特（1915—2006），智利政治家、军人，1973年发动政变夺权，执政期间实行独裁统治。——译注

[2] 关于这一点，参见布尔迪厄，《普遍性的法团主义》（«The corporatism of the Universal»），*Telos* 杂志，1989年第81期，第99—110页，后收入《艺术的法则》，同前书，第544—558页。

与这部作品相联系的价值的名义介入政治生活的可能性。这些有用的介入受到了威胁。所以说这个问题在政治上也十分重要。

国家的两面：统治与整合

接下来我给这部分课程下一个结论，你们就能对我要继续讲的总体化（totalisation）有初步的概念。在批判我本人的研究的著作中（有荷兰的、英国的、德国的）经常出现关于现代社会世界中教育制度功能的两种理论的对立：一种理论看出了教育制度的统治功能、维护社会秩序和象征秩序的功能；另一种理论强调其整合、统一的功能，且此功能将（自）小学义务教育（开始的）大众教育的诞生与国家的发展紧密相连。我们从中看到统治和统一、整合的对立。我想说这并非两种理论的对立，而是内在于社会世界之中，内在于国家功能本身之中。国家是一种具有两面性的现实。现代国家的发展可被描述为向更高级别普遍性（去地方化、去特殊化等）的迈进，同时在这一进程中，走向垄断化，走向权力的集中化，逐步创造建立中央统治的条件。换言之，这两个过程（既互相联系又）互相对立。某种程度上，我们可以说整合——应该按照涂尔干的意思来理解，也应该按照那些谈论阿尔及利亚一体化的人的意思来理解，并且人们经常将它和共识的概念联系在一起——正是统治的条件。这其实正是我想阐述的中心论题。文化市场的统一是文化统治的条件：例如，正是语言市场的统一制造了方言、糟糕的口音和次要语言[1]。这种伪对立在大众意识中根深蒂固，引发了不少伪问题。

这一论点标志着与韦伯及其理性化过程，以及埃利亚斯及其文明化过程的彻底不同。我部分赞同这两位在论述国家议题方面最重

---

[1] 关于这点，参见布尔迪厄《语言与象征权力》，同前书，第59—131页。

要的作者，但他们忽视了普遍化进程的一个方面：他们遮蔽了——或者说自我遮蔽了——统一化同时也是垄断化这一事实。第二个过程我来年再讲，是个人国家向非个人（或者说部分非个人）国家的过渡，从由国王代表的国家向我称之为半官僚国家的过渡，因为在我们所知道的官僚国家中——这是和韦伯的另一项不同——存在王朝国家的某些痕迹。这就是为什么我把自己最新一本书命名为《国家精英》：在官僚化的现代社会中，仍然存在一些以家庭为媒介进行经济和文化财产传递的机制，它们和构成王朝国家再生产条件的机制不乏相似之处。

明确给出论题之后，我现在将进行论述。统一的过程为何可被描述为普遍化的过程？分化的且相对自主的场域（经济场、文化场）的建构伴随着对应空间的统一（经济市场、文化市场）和一个统一空间的建构。国家，作为能够部分主导不同场域运转的元-资本的掌握者，其本身的建构即伴随着一个统一社会空间的建构。我在《社会空间与"阶级"的生成》[1]一文中，谈到总体社会空间（与诸场域对立），称其为空间之空间，场域之场域，实际上我说的是全国性社会空间，它的自我建构与国家的自我建构同时进行，国家在自我建构时也在建构它。

自封建公国兴起的王朝国家的生成可以被描述为以个人为基础的领地向以地方为基础的省份的转变，领主和属民之间以个人为基础的直接权力向通常由代表来行使的以领土为基础的间接权力的转变。王朝国家的建立伴随着已有划分的转变：原来的省是自力更生并为了自己而存在的毗邻的实体，现在的省变成了国家的部分；以前有自治首

---

[1] 布尔迪厄，《社会空间与"阶级"的生成》(《Espace social et genèse des "classes"》)，《社会科学研究学报》(*Actes de la recherche en sciences sociales*)，1984年第52期，第3—14页；后收入《语言与象征权力》，同前书，第293—323页。

领，现在有委派的长官，其权力来自中央国家。我们见证了一个双重过程：一个统一空间建立的过程和一个同质统治空间建立的过程。同质空间中所有的点可以互相定位，并相对于一个中心定位，而空间正是从这个中心出发而建立的。这种集中在法国达到极致（但这种情形在英国和美国也同样存在）。这种空间的统一，其发展伴随着中央权力的诞生，意味着地理空间和社会空间的统一化与标准化。这种统一以否定的方式表现：它意味着一种去特殊化的工作。人们常说到地区的、语言的特特殊性；集中化工作的特点就是要去除占统治地位的表达方式的特殊性，使非官方文化产生符合占统治地位的文化定义的相对完善的形式。与社会空间或地理空间中的地方化相关联的各种特殊性消失，于是，这些能够自在和自为地想象的自主元素，被建构为以一种中央规范为参照的部分。

属地法则与血亲法则

说国家的生成伴随着统一领土的建立时，我们并没有完全弄清领土概念包含了什么，以及如下事实包含什么：群体的建立并非以个人关系为原则，即我们所谓的血亲法则（jus sanguinis），首领和臣民之间的个人联系，是以属地法则（jus loci）为原则的，即属于同一块领土。最终，邻居替代了表亲。这一改变非同寻常。在（殖民统治下的）卡比利亚，地方层面存在氏族和领土两种统一原则之间的冲突。法国当局既是中央集权的又是领土主义的和地方主义的，它规定了村庄单位。而我开展研究的这个村子由两个父系氏族组成，所有成员都自认为是同一个祖先的后代，彼此是堂亲（人们按亲缘关系打招呼），他们共同拥有一些多少有些神秘色彩的谱系；同时，村庄单位将这两部分聚集在以领土为基础的单位中，因此，这两种结构之间就出现了一种游移。我一度很难理解这点，因为我将这一地方结构带到了无意识，我并不清楚这一领土单位（村庄）说到底在之前并不存在。在家庭、宗派、氏族之外，村庄是人造的单位，最终作为官僚结构存在的结果（有一个村长）而存在……在很多社会里，人们仍然摇摆于这两种从属形式之间，即从属于一个家族群体和从属于一个地方。所以说，国家创立了一个统一空间并让地理上的临近优先于社会的、谱系的临近。

［当以收入和文化为依据的社会分配原则与地域划分原则重合时，社会隔离就出现了。关于第五大道的——巴黎的圣-奥诺雷街区也是如此——一篇既聪明又天真的文章描述了一个地方单位，在那里所有可能的场域及其交叉达到了顶点[1]。社会学家经常落入陷阱，因为由行政划分确认的并且既存在于客观性中（于是人们进行普查，确认某条街的存在，因为邮局分拣是按照街道来的）也存在于主观性中的地方单位阻碍人们看到建构现实的真正原则，这些原则要么是像前资本主义社会那样以家族谱系为基础，要么是在社会基础上按场域来结构。我附带说这几句是为了告诉你们，我刚才讲的不是一种概括的、抽象的且实际上毫无价值的"话题"。在这些寻常事物背后隐藏着重要的理论赌注。］

从领地到省份的过渡伴随着统治机制的彻底改变。省级政府——在像中华帝国这样的古代大帝国即是如此——相对中央来说并无真正的自治权，除非在帝国分崩离析之时，这种情况下，一个省可以重新变为一块自治区。某些情况下，一个帝国的旧有省份可以继续利用中央正当性的神话，来掩护各省级长官之间的争斗。省级政府相对于中央并无真正的自治权，它要执行后者的指令。同时，地方官员——这是随着大帝国建立而发生的一个重大变化——不能是当地人，而要从

---

[1] 阿瑟·明顿（Arthur Minton），《一种阶级铭文形式》（«A form of class epigraphy»），《社会力量》(*Social Forces*)，1950年第28期，第250—262页。

辖区范围以外选任。中国便是这样的情况。在法国,主教的任命仍然遵循这一法则。

这是官僚化的一个十分显著的标志,目的是提前规避任人唯亲、地方主义,以及避免有人倚仗地方家族资源反对中央政权,总而言之,避免省份从整体的一个单纯的部分重新变为自在、自为的自治领地。要么异地任命地方长官,要么让居民迁徙,这种做法在古代十分常见:大规模放逐的目的就是切断这种家族谱系关系以便建立领土关系。所有这一切促使我们思考血亲法则/属地法则之间的对立,这种对立十分重要且仍然活跃,尤其是在当下关于移民、面纱或世俗化的讨论中——但这些讨论被我开头讲的媒体知识分子弄得一团乱。身份确立原则的两重性一直都是问题:血亲法则,像德国那样,本民族中某人的后代即是德国人;或者属地法则,像法国那样,出生在本国领土即为法国人。关于国家化、普遍化过程的第一面,我想说,在某种意义上,属地法则比血亲法则更进一步,更具普遍性,因为它提出了更抽象、更形式化的归属标准,较少携带土地和血统的意识形态……这么说就完全和我开头批评的东西处于一个水平了。但假如你们还记得我讲的所有其他内容(我如果再讲肯定要讲一大堆,势必破坏我课程的逻辑),你们可以在我讲得有些武断的内容后面自行填补一些材料。

象征资产市场的统一

于是,国家在自我建构的同时,实行统一和普遍化。我们可以回溯在每一个空间里发生的这一双重过程,尤其是在经济空间里,与之相伴的是统一市场的创建。波兰尼强调国家政策——例如重商主义政策——对规避市场地方主义来说必不可少。他与别人合写了一本关于嵌入(embedded)亲缘关系和社会关系中的市场的精彩著作[1]。他描述了这样一些社会，其内部的市场关系未能建立为普遍性的、独立于缔约的行动者的关系，因为它们总是从属于支配市场运行的社会强制需要。我们所知道的市场，被经济学家当作普遍性的已知数、当作自然一样的市场，事实上很大一部分是由国家建构的人造物。社会学无意妄言纠正或质疑经济学，但它对经济学的贡献之一是提醒人们，经济学家视为理所当然的一个概念实为一种几近完备的历史和社会建构。

文化市场也是如此。我想再着重强调一下这点，因为我们恰恰可以在那里看到我开头提到的垄断化的一面和普遍性的一面之间的对立。人们常常强调一个全国性社会的建构和一种以普遍可教育性的观念为基础的教育制度的建构之间存在的某种历史关系，这种关系处处得到证实，而普遍可教育性的观念则是改革（人人都有读书写字的权利）和启蒙时代中逐步获得的成果。这种认为个体具有普遍可教育性的观念与起决定作用的平等主义相互关联，后者认为从文化角度来看每个人具有平等的权利和义务。这种观念与被授予国家的一种功能的发明相伴而生：教育。为了让所有人都配得上做公民，国家应该向所有公民提供教育条件，使他们能够以明智的方式行使自己的公民权利（和义务）。19世纪的伟大改革家，如朱尔·西蒙（Jules Simon），很重视基本政治能力和教育之间的关系。

（这种关系完全被遗忘了。几年前我强调，明确表达出一些有意识的、克制的意见的能力与受教育程度密切相关。因而，一些民意测验完成了某种暴力行为却无视那些未说出的答案，好像所有社会主体在被询问意见时都是平等的。我此番言论竟然激起情绪反应和巨大的

---

[1] 卡尔·波兰尼、康拉德·M.阿伦斯伯格、哈里·W.皮尔森编，《历史与理论中的经济体系》，同前书。

惊愕，而这不过是由于存在着一种生成失忆症[1]：人们忘了19世纪末讨论的对象，以及教育制度可能被赋予的维系社会秩序的功能。制度创立之时自觉斗争的关键很快就被遗忘——有时候，社会学家所做的只是唤醒，只是组织被抑制之物的归来。）

因此，在民族国家统一和义务教育之间存在一种关联，这种关联借由普遍可教育性的观念而建立，而后者又与明智的公民要履行义务的观念相联系，国家应该填补未教授的能力之间可能存在的差距。于是有人提出反对意见，称学校不是统治机构而是整合机构，因为它的功能是给予所有人做公民、做经济主体所需要的工具，以及（以最低程度加入）各种场域所必不可少的能力。实际上——这将是第二面——我想说，学校的确是一种整合工具，但正是这种整合使服从成为可能。

总结一下：国家是一种统一工具，它促使相关社会进程（文化、经济）达到较高的抽象和普遍化；它在任何情况下都推动这些社会进程脱离地方特殊性而达到全国性范围。当下许多（关于国籍、移民融合等的）讨论都隐隐约约地指向这些问题。国家固有的二重性使人们无法就民族主义问题采取一种简单化的立场，因为民族主义，就像民族一样，总是具有两面性：倒退的和解放的。这一政治结论使对民族主义运动的评价变得十分困难：如果它们具有解放性，就会获得我们的同情，但它们也会给人们带来不幸。我和艾瑞克·霍布斯鲍姆（Eric Hobsbawm）[2]有过一次讨论，他可不是保守主义者，但他跟我说不能再支持民族主义了。他说这个的时候带着一种天真，就像我们在咖啡馆私下说话一样。某些民族主义引发的这种不安可能建立在我正在描述的这种二重性之上。

---

[1] 布尔迪厄，《舆论不存在》（«L'opinion publique n'existe pas»），《现代》（Les Temps modernes），1973年1月，第318期，第1292—1309页；后收入《社会学问题》，同前书，第222—235页。
[2] 艾瑞克·霍布斯鲍姆（1917—2012），英国著名左翼历史学家。——译注

因此，（国家的）第一面，是推行普遍化的整合；第二面，是异化的整合，它是实现统治、服从、剥夺的条件。这两面不可分割。市场——文化的、经济的、象征的市场的统一有它的反面，有相应的抵偿：它引发了一连串的剥夺，而剥夺内在于统一市场中强制推行的对某种生产方式或者某种产品的统治的承认之中。在经济层面，我们一下子就能明白。我给你们举个例子，来证明这些看上去可能过于思辨的主张实际上有十分具体的应用。在我的一项早期研究中，我考察了贝阿恩男性独身现象；后来这成了新闻界一个时髦的话题，但当年，中央地带的人们对此还一无所知。我发现，某一代农民，包括较有实力的地产主，都无法再顺利结婚；这让按劳动分工负责为儿子寻偶的老妇们很是痛心。我之前已经提到过，在我看来，小型乡村舞会正是婚姻市场的一种体现、一种具体实现。（无论）经济学家（怎么说），莫贝尔广场上这个（具体）的市场都和他们口中的（抽象）市场有某种关联。我已然看到这个舞会乃是婚姻市场的一种体现。一些年轻女子和城里人做派的年轻男子跳舞，他们常常是附近军营的伞兵或者职员；而在边上，一些农民（从其举止和服装可以看出）只看不跳。我分析过一种新型产品（在这个）小型市场上的出现：会跳舞、会跟女孩子聊天、像城里人那样穿衣服的男子从农民那里夺走他们的"传统对象"。

这个舞会是象征资产市场统一的体现，在其中流通的是女性。时至今日，在许多阶层，女性仍然是流通的物品，且优先从低往高流通：女人与年纪更长、社会地位更高的人结婚。这个市场体现了此前一直受到某种保护主义庇护的地方市场的统一。我通过族谱研究过一些地方婚姻区域（aires matrimoniales locales）：每个行动者都有一群潜在的合作伙伴，一些"未婚夫/妻"［promis(es)］[1]——这个词真

---

〔1〕 "promis（e）"来源于动词"promettre"，后者在法语里有承诺之意。——译注

是了不起——也就是说,由社会规范和媒人(母亲)辅助的统计法则所确定的他们被应允之人和应允了他们的人。过去,未婚夫所享有的未婚妻市场中,农民有一个价值[他们的身体素养(hexis),他们的说话方式],这个市场是受保护的。"这个农民不错",这句话的意思是,他有一块不错的地,至于他怎么走路、怎么穿衣、怎么讲话并不重要……这个受保护的市场,随着教育制度和新的交流方式的建立,被并入了一个更大的市场。就像家庭手工制作的瓷器被搪瓷盆取代一样,婚姻象征资产市场的统一也将那些只能提供战前的身体素养,一种农民素养的人排斥在场外,排斥在舞会的边缘。"农民"一词成为司机口中骂人的话并非偶然。农民变成了"呆头呆脑"的农民……

这个例子十分具体地说明了统一和统治之间的关系:要想让农民成为"农民",换言之,要想让他们在自己过去享有特权的市场上失利,就必须让他们的市场并入全国性市场,就需要一整套统一化工作,这大部分由学校完成,但媒体也参与其中。服从、剥夺与整合并不对立,它们需要以整合为条件。用这样有些别扭的方式思考挺难的,因为我们太习惯于把整合视作排斥的反面:我们很难理解,为了被排斥和被统治,必须被整合。我们可以拿"法语的阿尔及利亚"为例,为什么最反对整合的人某一时刻会变成最主张同化并融的人?因为要想统治阿拉伯人,就得将他们整合并使他们成为"阿鬼",变成极度受蔑视的被统治者。社会世界中没有什么东西是简单的,而我也不是为了找乐而把问题复杂化——我甚至经常在课下后悔自己用十分可怕的方式将本该讲的东西简单化了。

我刚才举了婚姻市场的例子,我们也可以用同样的方式来考察语言市场的统一[1]。所谓"有毛病的"言说方式是语言市场统一的产物。

---

[1] 布尔迪厄,《正当语言的生产与再生产》(«La production et la reproduction de la langue légitime»),《言说意味着什么:语言交换的经济》,同前书,后收入《语言与象征权力》,同前书,第67—98页。

如果我们做个德里达式的文字游戏，可以说在资本（capital）与首都（capitale）之间存在关联，而首都在将自己造就成各种资本集中的场所时——圣-奥诺雷街区堪称登峰造极——也造就了外省。外省人天生就被打上落后、闭塞、有口音等烙印。制造国家就意味着制造外省，外省是更低等的存在，丧失了一切（使首都成为）首都的东西。同时，外省人（具备了）一种等而下之的象征资本：要想获得（他缺少的）这种资本，他必须努力去寻找它，于是他看起来就像猴子在模仿。

猴子的隐喻颇为恰当。我经常引用《霍夫曼的故事》里的一则文本：德国首相想训练一只猴子；猴子跳小步舞，试着和贵妇们交谈，但当人们砸开一枚坚果时，它总是忍不住惊跳……这就是奠定种族主义的范式：外省人知道自己是外省人并竭力不做外省人，而人们正是由此发现他是外省人。资本的集中造就了首都，外省人于是就由丧失与定居首都相关的一切垄断来定义。整合被剥夺资本者是实现剥夺与服从的条件。

宗教场与文化场的相似性

我将快速地讲一下宗教资本的建立这一范例，因为我觉得这也是所有剥夺形式的范例。人们之所以用"俗众"（profane）一词来谈论非神职人员并非偶然。我们清楚地看到，在这种情况下，正是教会的建立造就了世俗。韦伯那里已经暗含了这一点，但奇怪的是，他因为自身的一些原因，从来没有看到这一面（但他看到的东西已经够多，我们不能再埋怨他了，我能认清的东西，很大一部都归功于他。我不想背着他玩花样……）。当韦伯描述神职人员团体的建构时，他清楚地看到这一建构伴随着对世俗人士的宗教剥夺，换言之，正是神职人员建立了世俗群体。按韦伯的话说，一个人如果不将其他人建构为不信教者和宗教上毫无价值的人，就无法成为一名"杰出的修士"。涂尔干未看到我正在讲的这方面，他提到的宗教/巫术的对立是男性/女性、统治者/被统治者的对立。例如，当20世纪60年代（天主教礼拜仪式）进行教会改革（aggriornamento）时，（神甫）并没有取消仪式，比如放置一根大蜡烛或者从卢尔德的魔泉中取水，而是要求被建构为不信教者的世俗大众将仪式精神化，从而使其改头换面。这和文化的相似性不言而喻[1]。我本想写篇东西比较大众绘画与大众宗教：我们面对的是同样的对立，有教养/没教养，神职人员/俗众，它们完全是用同样的字眼表达；而教会改革引发符合神职人员审美原则的教堂清理也并非偶然。随着神职人员进行编码、净化和理性化，教会和合法宗教建立，不信教者和神职人员之间的距离增加了——神职人员垄断了宗教经典的解读。[法国马克思著作研究者的做法如出一辙：阿尔都塞主义曾经在很大程度上在（马克思）著作解读方面恢复了神职人员式的垄断。]

我们应该把宗教场中所有这些移到被学校（占为己有）的文化垄断上来。学校之于文化场就如同教会之于宗教场，因此我刚才说的一切都可以很容易地转移过来。国家设立的教育机构掌握着正当教育垄断权，也就是说垄断了正当文化的传播，或更确切地说，按照正当的方式传播这些材料从而建立一种所谓正当的文化（经典作者就是符合文化规则的作者），并通过考试来对这些材料的获取给予正当的认可。学校作为文化领域最先进的垄断形式，暗中也在行剥夺之事：教育制度制造出了没文化的人，制造出了文化上的被剥夺者。这话学校里的人都不爱听，我自己首先就不爱听，但事实的确如此。我们得解释为什么会这样。教育制度理论上应该普遍地灌输自称为普遍的文化，但

---

[1] 要想了解对这个概念的经验式阐述，参见布尔迪厄，伊薇特·戴尔索（Yvette Delsaut），《裁缝和他的商品标签：对巫术理论的贡献》（«Le couturier et sa griffe：contribution à une théorie de la magie»），《社会科学研究学报》（*Actes de la recherche en sciences sociales*），1975年第1（1）期，第7—36页。

由于受教育程度不平均，文化要求——这是我们应得的文化权利——普遍化了，满足这些文化要求所需手段的获取却并未同时普遍化。在文化要求的普遍分配和满足这些要求的手段的极为特殊的分配之间存在差距。正是这一差距使学校中的整合与统治不可分割。

我还想谈谈竭力要批评我对学校的分析，实际上却什么也不懂的人。文化正当性存在不同等级，……客观社会秩序使得在考试时引用黛莉达（Dalida）[1]的人得零分而引用巴赫的人可以得18分：我对这事不作评价。人们将韦伯称之为"受价值参照启发的主张"和"价值评判"混为一谈[2]。在现实当中，存在一些社会学家参考并记录下的不同价值：不知道、不承认这种价值等级的话，现实就会变得荒谬。一旦混淆了以价值为参照和价值评判，人们就会认为社会学家在做价值评判，而实际上他不过是在参考（存在于现实中的）种种价值。持这种做法的人尤其深陷为正当性进行的斗争：他们往往是"文化上的可怜的白人"[3]——我这么称呼他们有点不友好，但面对那些不断哄抬文化正统性且最不能承受文化等级客观化的人时，自卫也是必需的。先锋艺术家非常能够接受社会学上的客观化；而对于社会学家来说不幸的是，他们往往借此来做一些艺术上的惊人之举……

建立普遍性的过程伴随着垄断普遍性的过程，同时，还有我们正作为一种缺损来描述的剥夺普遍性的过程。文化社会学具有批判性，看上去很暴力，是因为它让一些自诩为人道主义者的人看到，一部分人类被以文化之名剥夺了人道。如果文化的确具有普遍性，那么并非所有人都能获得此普遍性这件事就是不正常的，不普及获得普遍性的条件这件事也是不正常的。不应该说，"布尔迪厄说，阿兹纳弗

---

[1] 黛莉达（1933—1987），法国20世纪六七十年代著名女歌手。——译注
[2] 马克斯·韦伯，《论科学理论》(Essais sur la théorie de la science, Paris, Plon, 1965)，朱利安·弗勒恩德译；以及《学术与政治》，同前书。
[3] 原文为"les pauvres blancs de la culture"，指并无太多文化的半吊子。——译注

（Charles Aznavour）和巴托克（Béla Bartók）一样好"[1]，而应该说，"布尔迪厄说，追求普遍性的文化，在某一特定空间之内被普遍承认为具有普遍性的文化，以如此这般的方式分配，使得仅有一部分合乎伦理规范（平等主义）的正当受众能真正获得这种普遍性，人类中的很大一部分被剥夺了人类最普遍的成果。"这是观察的结果，而且做出这样的观察很正常。如果我采取一种规范式立场，我就会说："请你们保持逻辑连贯，可别说布尔迪厄想把一切都相对化，说积分运算也不比乘法表强；请你们说，布尔迪厄表示，如果我们严肃对待观察到这些分配的分析，就应该在政治上努力普及获得普遍性的条件。"哪怕是公认的政治问题也可以用理性的方式提出，哪怕这么做并不会推动问题的解决……

我今天想说的是，对国家发展所做的历史分析让这种根本的二重性显现了出来：既是对特殊性、地区主义的否定（对于一切可能有的狭隘的、小家子气的、局限的东西的超越），又在这同一种运动中，通过统一建构了垄断。韦伯和埃利亚斯都没有提出国家垄断权的垄断这个问题，这个问题理应提出，因为它（源于）现实本身：如果国家具有正当暴力的垄断权，又是谁垄断了这种垄断权的呢？如果说国家化的过程确实是一种普遍化过程的话，集中化就与某一个社会类别的垄断化相伴而生，就是我称之为国家精英的那些人。那些所处位置使其能用特权方式占有与国家之存在相关的各种垄断的人，即便不是掌握了垄断权，至少掌握了一种优先获得国家垄断权的权力。

国家制造了一种主流民族主义，那些可从国家获利的人的民族主义；它可能很谨慎，彬彬有礼，不过度炫耀。在饱受这一过程第二面所害的人当中，在那些因民族国家的建立而遭受剥夺的人当中，国家

---

[1] 查尔·阿兹纳弗（1924—2018），法国著名歌手；贝拉·巴托克（1881—1945），匈牙利钢琴家、作曲家、民族音乐学家。——译注

制造了一些被诱发的、反应式的民族主义：那些过去拥有自己的语言而现在只剩下一种被污名化的口音（比如奥克语地区的人）的人。很多民族主义正是作为一种对污名的反拨而形成的。这种被诱发的、反应式民族主义在我身上引发了一些模糊的感情。显然，它们都是正当的，因为它们尝试将污名转变为徽章。例如，你们心里可以这么想，在圣-让-德-吕兹说着法语给你们上啤酒的巴斯克服务生，在巴斯克人里法语算说得不错的了，或者你也可以想，他说法语的口音真是恶心……这是个巨大的改变，但与此同时，又能做什么呢？应该做巴斯克人吗？两种民族主义的暧昧性内在于国家建构过程之中。

这种我们被迫视为不可避免而记录下来的过程——它和所有已知的国家的例子都相关联——是否真的具有普遍性呢？我们有权拥有一个有约束的乌托邦，它建立在对已实现的案例的研究基础之上。我们难道不能据此去想象一些不经垄断化而通向普遍性的道路吗？这个问题曾经被18世纪的哲学家以深思熟虑又天真幼稚的方式提出来过。最后我向你们介绍斯宾诺莎的一篇精彩文字，并像拉康说的那样，在双重意义上感谢你们来听课："因此，一个国家，若为了保证自身的救赎，将自己交由任意某一个人的善意来引导，且只有一些心怀善意的官员才能恰当地管理其事务的话，它的基础将很不牢固。想让它稳定吗？那么公共机构就应该以如下方式配置：不加区别地假设负责使各机构运行的人任由理性或情感来引导，昧良心或者做坏事的诱惑都不应该有出现在他们面前的可能。因为，要实现国家安全，启发管理者的动机并不重要，只要他们管理得好即可。而自由是一种内在力量，构成了个体的价值（品德，virtus），一个国家除了自身的安全之外，不知其他任何价值。[1]"

---

[1] 巴鲁赫·斯宾诺莎,《政治论》(*Traité de l'autorité politique*)，收于《斯宾诺莎全集》(*Œuvres complètes*, Paris, Gallimard, 1954)，第921页。

1991—1992 年度

1991年10月3日课程

王朝国家转型模式之一——再生产策略的概念——再生产策略系统的概念——再生产策略指引下的王朝国家——"王室内廷"——王朝国家的法律逻辑与实践逻辑——下一节课的目标

王朝国家转型模式之一

（在前两年的课程中）我描述了与国家生成同时进行的各类资本的集中过程，我现在想试着回溯一种持续了数世纪的转变，即集中在国王身上的个人权力转变为扩散、分化的权力，这种权力从此与国家的概念联系在了一起。这个过程可被概括为"从王室内廷到国家理由"[1]。集中在一人身上的权力如何过渡到在我所说的"权力场"内部彼此保持竞争关系和对抗的人之间分割、分享的权力？虽然从一开始，我们就在前者当中观察到统治工作的分化和分工的迹象。[2]

我将尝试构建一个模型。我说过好多次，我丝毫没有和历史学家争锋的雄心，这可不是假谦虚。我知道自己并不掌握全部必需的

---

[1] 布尔迪厄，《从王室内廷到国家理由：官僚场诞生的一种模式》(«De la maison du roi à la raison d'État»)，上文已引。

[2] 关于这个概念，参见布尔迪厄和华康德，《从统治到权力场》(«From ruling to field of power»)，《理论、文化与社会》(*Theory, Culture & Society*)，1993年8月，第10(1)期，第19—44页；以及布尔迪厄生前未发表的文章《权力场与统治的分工》(«Champ du pouvoir et division du travail de domination»)，《社会科学研究学报》(*Actes de la recherche en sciences sociales*)，2011年12月，第190期。

历史知识，来证明我提出的模型完全有效。我想构建一个王朝国家的逻辑的模型，这个国家等同于国王本人以及王室后裔。我还要构建一个此国家转型过程的模型。我将描述王朝国家的逻辑和内在于其运作当中的矛盾，而后者促成了王朝国家向非个人化程度更高的国家形式的跨越。

我将借助我很久以前对贝阿恩农民所做的研究来构建王朝国家的模型。我斗胆这么做，是因为这项工作后来为历史研究提供了基础，一些历史学家尤其是我将引为参考的安德鲁·W. 刘易斯，借助我曾开展的那类人类学研究，来思考王室运转的逻辑。并且——怎么说才能不显得傲慢呢？——我对贝阿恩亲族关系的研究[1]标志着与我做研究那会儿的主流传统即结构主义传统的某种决裂。我的研究旨在证明，婚姻交换远不是像人们以为的那样，是有意识的规则或无意识的模型的产物，而是以家庭"利益"为导向的策略的产物。自这项研究之后，列维-斯特劳斯还有其他人用"家宅系统"[2]（systèmes à maison）来指称尤见于法国西南地区的亲族关系类型。在这些家宅社会（société à maison）中，家庭中的父亲被称为"capmaysouè"（家长）。国王就是一个capmaysouè，我后面还会再讲这一点，他是一家之长，而各家之长在某种意义上就是超越他们的一个机构的代理人，这个机构就是家宅。例如，在贝阿恩，人们用某人的名加上家宅名来指代他。人们会说：×家的让。某种意义上，个体行动、婚姻行动的主体是家，它的利益超越了个体利益，它既应该在物质遗产中永存——人们尤其应该避免分割土地等——还要在更为重要的象征遗产

---

[1] 布尔迪厄，《单身舞会：贝阿恩农业社会危机》，同前书。
[2] 克劳德·列维-斯特劳斯，《民族学与历史学》（«L'ethnologie et l'histoire»），《年鉴》（*Annales ESC*），1983年第6期，第1217—1231页。"maison"一词除表示"住宅"外，也可表示与之相关的"家庭""家族"等，一如汉语里的"家"，含义复杂。——译注

中永存：姓氏应该纯洁无瑕，容不得堕落与失格。

美国社会学家与历史学家把脱胎于法国社会最底层的模型移植到了君主政体上，绝非偶然。这大概是因为法国历史学家无意识地抗拒用在法国农村最偏远地带建立的模型来思考国家顶层，虽然他们都热衷于民族学且民族学在他们当中十分流行。还有另外一些阻碍，历史学家面对这些问题时经常在两极之间摇摆……我差点儿想说在两种错误之间摇摆：要么出于无意识的年代错误，把这些问题当作是古代社会问题，要么就相反，只当它们是异域风情。事实上，我们要做的是认识到，遵循同因同果的逻辑，一个十分笼统的模型可以说明表面看来千差万别的现象。当一个家族的后代拥有要超越时间而永存的物质遗产和象征遗产时——这种遗产有时候叫"王冠"，有时候叫"家宅"——一些十分相似的实践逻辑就会显露出来。社会行动者，无论他是法国国王还是只拥有15公顷土地的小地主，都做出可根据同样的原则进行理解的行为。

再生产策略的概念

374

从这个模型出发，我构建了再生产策略系统的概念，我想就此做一点解释，否则你们就没法理解我接下来要用这个模型做什么。我在《国家精英》（第387—388页）中曾尝试给出一个方法论上的表述。我在书中简短说明了我所谓的再生产策略系统是什么意思，一方面强调"系统"的概念，另一方面强调"策略"确切应该如何理解。首先是"系统"，我认为要想理解王室或者非王室的家宅，以及更笼统来说理解全体社会行动者，就应该将社会科学分散研究的实践组成一个整体，这些实践在某一特定时刻往往被指定给不同的社会科学：人口学研究生育策略，法学研究继承策略，教育学研究教育策略，经济学研究经济策略，等等。借助习性的概念——它是系统行为的发生原则——和再生产策略的概念，我尝试说明，要想理解某些以保有或提高一个家庭或者个人在社会空间中所占据位置为导向的基本人类行为，就应该将一些表面看来毫不相干的策略都考虑在内，把一些互相之间没有明显关联的策略考虑在内。

这些策略，我将一一列举[1]。首先它们可能是和生育有关的出生调控策略[2]，可通过婚姻策略来实行——我们在这儿一下子就看到了不同策略之间的联系。我们都知道，在很多社会里，调控生育的手段之一，就是推迟婚龄。生育策略可以通过直接或间接的方式实行。按照再生产逻辑，它们的功能是预估分配的危险；而限制生育这件事和继承策略有显而易见的关系。它们还可能是严格意义上的继承策略，往往受习俗或者继承法的控制。例如，在法国西南部农民家庭中，和王室一样，遵循长子身份权（droit de primogéniture），或者说长子继承权（droit d'aînesse），将遗产只留给长子，而不顾幼子的利益，并且必须要找到一些安置幼子的办法。加斯科涅地区的幼子深受一项继承法所害，该法律使他们注定成为贝阿恩农民所说的那种"不领薪水的仆人"，没有工资，或者变成"外迁户"。继承策略可以决定生育策略，因为这些策略彼此依赖。它们还可以是十分广义的教育策略。人们说起国王时，肯定会想到王储的教育问题。在《卡佩家族与国家》[3]一书中，安德鲁·W. 刘易斯着重强调根据继承策略而来的继承模式，强调赋予继承人的特权以及必须要给予幼子的补偿，如封地

---

[1] 1994 年发表的一篇文章中将系统地进行这一列举，布尔迪厄，《再生产策略与统治方式》（«Stratégies de reproduction et modes de domination»），上文已引。

[2] 布尔迪厄，《马尔萨斯主义的终结？》（«La fin d'un malthusianisme ?»），收于达拉斯（Darras），《利润分配：法国境内的发展与不平等》（Le Partage des bénéfices. Expansion et inégalités en France, Paris, Minuit, 1966），第 135—154 页［与阿兰·达尔贝尔（Alain Darbel）合著］。

[3] 此处指安德鲁·W. 刘易斯，《王族之血：10—14 世纪法国卡佩家族与国家》，同前书。

等。但是，由于没有——而我觉得这正是建模的意义所在——继承策略系统的概念，他丝毫未将教育策略考虑在内。

然而，要想让我即将描述的这个系统也就是安德鲁·W. 刘易斯剖析过的系统运转，行动者必须准备好去推动其运转，必须具有一些适合它的配置。矛盾的是，继承人并不总是自动准备好进行继承——如果你听我的课已经很久了，对此应该不会惊讶。但若是新来的，就会惊讶地听到，继承式社会的问题之一，竟然是制造出准备好听任自己被遗产继承的继承人。几年前，我曾对福楼拜的《情感教育》做过很长的评论[1]，这部小说的主人公弗里德里克，是一个不想任由自己继承的继承人，因此，不停地在放弃遗产——他想成为艺术家——和接受遗产之间摇摆。这个矛盾逐渐被人们遗忘了，因为按照对社会秩序所持的天真的批判视角，人们会本能地以为，能继承遗产实乃大幸；但情况根本不是这样，社会各个阶层中都有一些不合格的继承人。例如，一些矿工的儿子不想下井，但这种情况比我们想象的要少很多，因为再生产系统恰好在起作用；还有一些王子无意继承，或者以他们的行为方式看根本算不上真正继承了遗产，也就是说，他们并没有成为一个合格继承人应该成为的样子。

所以，教育策略至关重要，因为要制造一个渴望继承并有资格继承的国王，必须实打实地进行反复灌输。想想在那些十分看重荣誉资本的社会里对女孩的教育，我们清楚地看到，女孩的教育在何种程度上属于再生产策略系统中的根本策略：正是经由女孩，不名誉、超生等说法才得以发生。在这些社会里，对女孩品德持续不断的关注是很好理解的一个再生产系统要素。我刚才说的是教育策略，我也可以每次就不同策略之间的关系进行详细论述。出于分析之便，我将这些策

---

[1] 关于这一点，参见布尔迪厄，《艺术家生活之发明》(«L'invention de la vie d'artiste»)，《社会科学研究学报》(*Actes de la recherche en sciences sociales*), 1975年3月，第2期，第67—94页，以及《艺术的法则》，同前书，第19—81页。

略——列举，它们其实是互相依赖的。我所谓预防医学的策略，在某些社会里变得十分重要，比如说我们所在的社会。在某种意义上，这些策略的目的是确保子孙后代良好生物状态的永续。医疗策略以及健康方面的支出也很重要，人们正是通过这些策略进行劳动力再生产和再生产力量的再生产。

现在我来谈谈更显而易见的策略。大家一下子就能想到严格意义上的经济策略，例如投资策略、储蓄策略等，它们也是系统的一个要素。只要遗产包含土地，包含物质遗产，延续家宅的经济策略就少不了储蓄、投资、积累，诸如此类。也存在一些社会资本投资和积累策略，即一些以维护已有关系为目的的策略。例如，在像卡比利亚这样的社会里，行动者很重要的一部分工作便是维护与广义上的亲戚之间的关系，无论是姻亲，还是由继承关系缔结的亲戚。这项工作十分重要，包括拜访、互赠礼物等，因为家族的象征资本正是通过它获得永续。比方说，拥有一个大家族意味着有能力集结一支 300 人的队伍，其中 200 个男人开火。在这些社会里，游行和各种群体展示就好比我们社会中的示威：这是在展示象征资本，即通过经年累月的维护、交换、善举等积累而来的社会资本。在必要时，比如为了显示一桩婚姻的庄重或者缔结一门婚事的时候，人们就展示这些资本。

因此，继承资本的积累十分重要，而婚姻继承策略必须以有章法的、精明的、持续的社会资本维护策略为基础，而这些策略往往又被指派给女性执行。(……)我曾就男性统治写过一篇文章[1]，论述了一些东西，但没有考虑到性别之间的劳动分工，而它在我们的社会里仍然十分明显：这种分工指派女性去维护社会关系，而男性（专注于）继承策略。在大多数社会里——我不敢说所有社会都是这样，因为总

---

[1] 布尔迪厄，《男性统治》(«La domination masculine»)，《社会科学研究学报》(*Actes de la recherche en sciences sociales*)，1990 年第 84 期，第 2—31 页。

会有存在特例的可能——这些社会资本维护策略通过性别划分优先分派给了女性。美国有一些很好玩的研究，考察了这样一种刻板印象，即女性把时间都消磨在打电话上。这种刻板印象存在于所有现代国家中。通过研究电话记录，他们发现此一刻板印象确实符合现实：女人们花费较多时间打电话。但是，作为一流学者，他们不满足于像每天充斥四周的杂志中的自发社会学那样，只做出一些愚蠢的观察。他们试图弄清为什么会这样，然后发现，在大多数家庭中，维护家庭关系的任务交给了妻子，包括维护和一家之主的家族的关系，并且越往社会底层越是如此：妻子们要寄贺卡、打电话祝贺生日和节日……由此可见社会投资策略这一概念的重要性，它让所有这些不可见的工作有了地位。然而女性的工作总是不可见的……卡比尔人经常说："女人就像乳清里的苍蝇，她动来动去，但没人看见她在做什么。"维护社会关系的工作不仅不可见，而且是种禁忌："她把时间耗在打电话上，她究竟在干吗？……"

（……）

我再回到严格意义上的婚姻策略上来，它们的核心地位毋庸置疑。不用论述也知道，在许多社会里，它们是（家庭）主要的投资所在。通过婚姻，人们得以增加物质遗产尤其是象征资本——人们可以获得一些姻亲等。因此，婚姻策略需要持久的投资和特别的关注，需要精雕细琢和高超技艺，远超大多数民族学家的能力——所以他们才建立了一些数学模型，这样要简单得多……

接下来是最后一个范畴，我称之为社会正义论策略（stratégies de sociodicée）。我快速解释一下：这是我以莱布尼茨"théodicée"一词即"上帝的证明"为模型构造出的一个词[1]，"sociodicée"即为社会

---

[1] 莱布尼茨，《神正论：论上帝的善意、人类的自由与恶之源》[*Essais de théodicée. Sur la bonté de Dieu, la liberté de l'Homme et l'origine du Mal*, Paris, Garnier-Flammarion, 1969（1710）]。

的证明。这个概念指的是以证明事物是其所是的合理性为功能的策略。也就是人们模糊地放置在意识形态概念之下的东西，但意识形态这个概念太过含混，所以我不想用它，而以社会证明代替——这么说有些粗野，但也更确切。社会证明策略指的是小到家庭大到国家的一个群体（为了达到这一效果）所做的一整套工作，（人们忘记这点，但）有一整套为了证明家庭是其所是的合理性、证明家庭如其所是的合理性而进行的工作。存在一种不断地由一种话语、一种神话所维系的家庭象征秩序，存在如婚姻等这类正式的建立神话，还有家庭传说、家庭相册以及关于家庭相册、家家的研究，大有文章可做。

我再概括一下：生育策略、继承策略、教育策略、预防医学策略、经济策略、社会投资策略、婚姻策略、社会正义论策略。列举的有些多，但我觉得很重要。如果你们想更详细了解这些不同策略之间的关系，可以参看《国家精英》第387—388页。

再生产策略系统的概念

现在（我们来谈谈）系统的概念。系统，意味着这些不同策略参与到同一种客观意图之中。一个观察者从外部看，这些策略像是一个系统意图的成果，并且有一种风格的相似性，有某种共通的东西……我经常用一个类比，是从梅洛-庞蒂（Merleau-Ponty）那里借来的：你认出了某人的笔迹，不管是他用墨水或一支羽毛笔、一支军士长牌笔或一支铅笔写在纸上或者黑板上的等等，都存在一种风格的统一，从中我们辨认出一种书写方式，存在一种面相学。我想习性的产物也属于这个类型，它们具有一种风格的相似性，或者如维特根斯坦所说"像一家人"。维特根斯坦拿家庭作比并非偶然。

我刚才提到的所有策略，当它们由一个家庭来完成的时候，就像一家人，因为它们受同样明显的意图启发。为什么？因为他们源于同一种创造性的习性、同样的限制或者同样的客观目的。贝阿恩农民或者王室要延续家宅或者王冠，也就是说要延续一种超越了个体的现实，一种无法化约为个体的现实，个体只是其暂时的体现，它恰恰应该超出个体之外得以延续。策略一词经常造成误会，因为它强有力地联系着一种行为的目的论，联系着一种观念，即确定一个策略就等于确定一些明确的目的，而当前一连串行为都以它们为参照进行组织。事实上，我说这个词时压根没这层意思；我认为策略指向一连串相对于一个目的而排列的行为，而它们本身并不以客观达成的目的为原则，客观达成的目的也并不被明确当作行动目的提出。

这个问题很重要，远非细枝末节。（……）安德鲁·W. 刘易斯有理由向那些采取错误行动观的历史学家开炮。人们总是本能地成为目的论者，尤其是在涉及他人的时候。一说到王室，就觉得它只有扩张王国这一个目的，要让王国达到他们将其遗留给我们时的状态。（安德鲁·W. 刘易斯强调）——我这么说是在用拙劣的方式追求生动，他的表述方式可要文雅得多——不应该把法国的建构看成一个由历代国王所承担的工程。这是我自己加的一个例子，不过一些历史学家在封地制度问题上态度很明确——封地是对幼子的补偿，他为了长子的利益而被剥夺了继承权；这些历史学家批判封地制度，说："这制度真讨厌，王国都被瓜分了，太遗憾了，要是当初没有被迫拿一小块土地给勃艮第公爵的话，法国面积会更大。"换言之，在思考人类行动时，人们往往自发采取目的论，且它会被一些无意识的投入、一些天真的关注所强化。假如我们意识到可能存在没有（明确）目的的策略，这种天真立刻就会被一扫而光。策略的主体既不是一种明确规定其目标的意识，也不是一种无意识机制，而是一种游戏感（sens du jeu）——这是我一贯采用的一个隐喻：一种游戏感，一种实践感，（引导它的是）一种习性，一些不按规则玩游戏而是按自己自孩提时代就浸润其中的游戏所暗含的规律性来玩游戏的倾向。

举个例子，今早我读了一则对弗朗索瓦一世召开高等法院会议的场景的叙述[1]：大法官以高等法院的名义对他说了一些话，惹恼了他。突然，出乎所有人意料，他起身，走了。叙述者没有给出任何细节，但我很想知道是不是有人跟他说："陛下，该走了。"他之所以起身，是因为他觉得自己的王者之尊受损，他听不下去了。如果他继续待在那儿，他就承认这番话的正当，而这番话会助长高等法院相对于国王自己的权力。这位历史学家压根儿没提这个问题，或许他有他的道理……但这个举动肯定事出有因，因为接下来（弗朗索瓦一世）和他的顾问聚在一起，并想出了一个策略，来对抗高等法院，给这个也许是一时兴起的举动一个回溯性的意义。情绪之下的举动是一种习性的动作，各种习性的动作通常内在于策略之中。（……）一种无来由的愤怒，可能也是没有策略的人的策略。愤怒往往是穷人的策略，是那些无法用言语反驳的人的策略……我点到此为止，但（你们看到），无论是弗朗索瓦一世的行动，还是一个为他儿子婚事进行谈判的农民的行动，大可有一切算计之后该有的样子，却可能并非算计的产物，而是所谓情绪、尊严感等之类东西的产物。

先是策略，然后是策略系统，我想我已将两个主要概念讲清楚了。剩下的就是再生产，（它参照的是）以延续社会空间中相关社会实体的位置为导向的一些策略系统。

再生产策略指引下的王朝国家

有了分析工具之后，我现在可以快速描述一下王朝国家。在这个

---

[1] 指的是莎拉·汉利（Sarah Hanley），《法国国王御临高等法院：传说、仪式和话语中的宪政思想》[*Le Lit de justice des rois de France. L'idéologie constitutionnelle dans la légende, le rituel et le discours*, Paris, Aubier, 1991 (1983)]，安德烈·夏邦蒂埃（André Charpentier）译。

国家内部，再生产策略处于这一权力所作所为的核心。例如，继承战争就属于继承策略：（它们联系着）生育，并且像大型象征展示仪式中那样，联系着象征资本的再生产。给出模型之后，我想我们能以系统的和经济的方式解释执政权力在特定时刻、在国家发展的特定状态下的全部行为。

我再回到安德鲁 W. 刘易斯的书《王族之血》上来：我先简单概括一下，再做延伸。刘易斯批评了建立在柏格森所谓的"回溯性幻觉"之上的目的论视角，这种视角认为法国存在一项由历代国王来承担的工程。刘易斯认为王室和王冠的继承错综复杂地联系在一起，不可分割；换言之，是继承模式，是我所说的再生产模式，定义了王国。一切政治机制的真相都在继承逻辑之中。

王权是一种世袭的荣誉，而国家可被化约为王室。安德鲁·W. 刘易斯说："在一个既无民族统一性亦无领土统一性的社会中，民族主义意味着效忠国王和王冠，因此，对王室族裔的颂扬可能会与对法国人民的赞美相混同。[1]"于是，王朝模式就在一种对王室的祝圣中建立，这种祝圣导致了一些后果：要让王室永续、恒定或扩大，就必须进行父系后代的继承传递，也就是说，通过男性、长子进行传承，即遵循长子继承制并赋予遗产传承优先于其他一切需求的地位。安德鲁·W. 刘易斯认为，这种模型在王室内部逐渐形成，并慢慢推广到其他封建主那里，因其提供了一种恰当的解决办法，来回应一个共同的问题，即如何让遗产永续并尽可能避免分割。贝阿恩农民执着于此，不惜一切代价避免分割。达到此目的的一种方式是只生一个孩子，或者生一个男孩继承遗产，生一个女孩进行交换——理想上是这样的……

---

[1] 安德鲁·W. 刘易斯，《王族之血：10—14 世纪法国卡佩家族与国家》，同前书，第 163 页。

假如可以控制生育，所有人都会先要一个男孩，再要一个女孩。生男孩为了继承并招来一个女继承人，然后家里的幼女与一位男性继承人结婚，从而和另一个家族保持关系。但生育有偶然性。例如，有些男人有六个女儿，这从策略角度和王朝游戏意义上看堪称灾难，尤其是当人们固执地不惜一切代价想拥有一个继承人的时候。一个好的游戏玩家可以全身而退，他可以获得许多姻亲，但这是非常糟糕的一局。有一些家庭连续四五代人都为糟糕的生育策略埋单，爱情与偶然性的游戏给了一位父亲六个女儿。可见继承策略往往用来弥补生育策略的缺陷。我读过一位日本人口学家写的文章，他受该模型启发，借助十分精细的统计学方法研究了日本生育策略与继承策略之间的关系[1]，且行之有效。如果不把这些纯粹人口现象与其他策略联系到一起，我们就无法理解它们。

长子继承显然是一种保护遗产不被分割的方式，但要给幼子一些补偿，封地即是一种用于保证兄弟融洽、消除分裂威胁的补偿。这里也需要进一步论述。也有其他解决办法：在贵族家庭中是参军或者加入教会，在农民家庭中是外迁，或者还有一种解决办法，它是教育的极端产物，它让小儿子尤其是小女儿留在家庭之中充当免费仆人，视兄长之子为己出，等等。在这方面有很多冠冕堂皇的说辞，我想关于家庭单位内部的统治现象还有很多论述可做。刚才我说存在一种内在于家庭的社会正义论：小儿子留在家中，为其兄长服务。此乃该意识形态最了不起的成功之一，所有这一切以爱的形式表达出来：对家庭的爱，对孩子的爱，对兄长孩子的爱，团结意识，等等。王室封地即为旨在限制家庭单位内部冲突的一种补偿。

---

[1] 小岛广弘（Kojima Hiroshi），《皮埃尔·布尔迪厄"生育策略"的人口学评估》（«A demographic evaluation of P. Bourdieu's "fertility strategy"»），《人口问题杂志》（*The Journal of Population Problems*），1990年第45（4）期，第52—58页。

兄弟之间的关系问题在许多社会里都非常棘手：阿拉伯世界有一套平均分配系统，由共有（indivision）进行补偿。兄弟关系是社会结构中的敏感点，分割的潜在可能性会引发冲突，而父系平行从表婚（即与父亲兄弟的女儿结婚）作为在可能的婚姻交换领域的特例，成为永葆兄弟团结的一种手段。

封地是一种解决办法……一些历史学家以神学视角[1]看待法国朝向其最大化的扩张，而为封地制度感到遗憾。安德鲁·W. 刘易斯与他们相反，他指出封地对延续王室的统一来说必不可少。我还会回到这一点上来，因为这是所有新生国家皆要克服的矛盾：一方面是兄弟冲突中产生的矛盾，而兄弟是王朝逻辑下的正当继承人；另一方面是正当继承人和技术权力持有者之间的矛盾，主要继承人往往支持后者，以便对抗自己的兄弟。你们可以把他们理解为大维齐尔（Grand Vizir）[2]。说到大维齐尔，你们可能想到伊兹诺古（Iznogoud）[3]，但这个例子不太好……还是想想巴雅泽（Bajazet）[4]吧，要好很多。大维齐尔拥有至死才消失的终身权力，因而十分强大。人们大可以将权力委托给他，因为他无法将权力转交他人。（人们将权力委托与他）以便阻止一旦拥有权力就会将其转交他人的人拥有这些权力。我一会儿将回到这个问题上来。王朝内部的各种矛盾极为重要，它们为超越王朝提供了动力源。

---

[1] 原文如此，但联系上下文看，"vision théologique（神学视角）"可能有误，应作"vision téléologique（目的论视角）"。——译注
[2] "维齐尔"源自阿拉伯语，是苏丹以下最高级的大臣，相当于宰相的职务，拥有绝对的代理权，原则上只有苏丹才能解除此权。——译注
[3] 伊兹诺古是由勒内·戈西尼（René Goscinny）和让·塔巴里（Jean Tabary）创作的同名漫画的主人公。漫画中他是巴格达哈里发哈伦·埃尔布萨（Haroun el-Poussah）的宰相，次次都想杀掉后者，以便成为"取代哈里发的哈里发"。
[4] 在《巴雅泽》（Bajazet，1972）中，拉辛（Jean Racine）的灵感源于1635年奥斯曼帝国苏丹穆拉德四世，[在剧中名为阿穆拉（Amurat）]对其兄弟和潜在竞争对手巴耶泽德（Bayezet）和奥尔冈（Orcan）的谋杀。

我再回到(安德鲁·W.刘易斯的)书以及卡佩家族的策略上来:主要的荣誉和祖传的土地给了长子,他就成了继承人;然后,给幼子领土、封地,且都是征伐所获(不是从遗产中拿出来的)。希腊人是这么说的:被留作世袭产业的土地以及一家之主在世时所夺取的土地。新的战利品被以封地的形式给予。刘易斯的书十分重要,但从继承策略系统的角度来看还是有点短了,因为它本质上还是着眼于继承策略:它让人以为一切遗产存续行动的中心是继承策略,但事实上还有许多其他策略,我后面将进行论述。这本书我就讲到这儿,你们如果愿意,可以去读一读。下面我将以此书为启发,尝试论述一种略微复杂的王朝国家模型。

"王室内廷"

王朝国家的属性之一,是政治行为与家庭单位没有分离。这是马克斯·韦伯论及资本主义的诞生时所做的一种区分:他强调资本主义的诞生伴随着企业与家庭的分离,这种分离常常表现为空间之别。王朝国家的属性之一,是政治行为与家庭内部行为没有分离——这才有了"王室内廷"[1]这一表述——而这种现象一直延续到相当晚近的时期。例如,马克·布洛赫在《法国庄园与英国城堡》一书中谈到中世纪庄园时说,它"建立在经济团体和君权团体的融合之上[2]";同样,乔治·杜比,谈及中世纪产业时说"权力被紧裹在家庭内部[3]"——

---

[1] La maison du roi, 直译为"国王的家"。——译注
[2] 马克·布洛赫,《法国庄园与英国城堡》,同前书。
[3] 乔治·杜比,《骑士、女人和牧师:封建时代法国的婚姻》(*Le Chevalier, la femme et le prêtre. Le mariage dans la France féodale*, Paris, Hachette, 1981),再版收入《封建制度》(*Féodalité*, Paris, Gallimard, «Quarto», 1996),第1161—1381页。

"紧裹"这个词,让人想起波兰尼用的"嵌入"(embeddment)一词,用来说明,在前资本主义社会中,经济浸润在亲族关系之中,浸润在家庭内部。换言之,在这些模式中,父亲的权力既处于整个权力结构的中心,也处于用来思考整个权力的模式的中心。例如,在古代卡比利亚,政治并非如是这般构成,甚至用"政治"一词都属于年代错误,因为从最微不足道的关系直到作为一种部落集合而形成的联盟,都被人们用亲族关系的模式来思考,用父/子关系或者兄弟关系的模式来思考。换言之,家庭模式在这里是一切可能的社会现实的建构原则。

这里——我以乔治·杜比为参考——权力仍然依赖一些在社会中建立的个人关系和情感关系,这是涂尔干主义者的一个极为经典的主题。马塞尔·莫斯有一篇著名的文章,论及笑与泪[1],指出情感关系是在社会中被建构的。杜比以三个概念为例,即忠诚、爱与信誉——我们可以说三种品德,构成他所描述的原初国家秩序基础的三种秉性。他指出这三个概念既由社会建构也由社会维系。例如,信誉应由慷慨赠予的财物来维系,由大方来维系——贵族的慷慨是在象征领域算经济账,这已是老生常谈。

所以说,国家与王室内廷相混淆——我还是引用杜比:"国王还是一个族长。"杜比是这么说美男子腓力四世的:这是一位被其近亲包围的族长。家庭被分割为院(chambre),它们是为国王的出行提供专门服务的部门。权力倾向于按照家庭内部逻辑被当作一份世袭遗产来对待,而居主导地位的正当化原则是谱系。谱系,即家庭内部单位的意识形态。我们所能建立的这类运作的模型,其最大特征都来自这

---

[1] 马塞尔·莫斯,《笑与泪的致意》(«Salutations par le rire et les larmes»),《心理学杂志》(*Journal de psychologie*),1922年第21期;以及《感情的强制表达》(«L'expression obligatoire des sentiments»),《心理学杂志》(*Journal de psychologie*),1921年第18期,后收入《全集》(*Œuvres*),同前书,第269—279页。

种以家的面貌存在的权力单位：家长受到社会的委托，完成一种所谓"家政治"——"政治"一词要加引号。婚姻策略处于中心地位，其功能在于增加留给后代的兼具物质与象征形式的遗产。

我们于是就可以解释王冠相对于其持有者的超越性之谜，对此各方着墨颇多。康托洛维奇有一本名著《国王的两个身体》[1]。我很欣赏这本书，引用了得有上百次，因为它指出了一个很重要的事实：实际上我越来越倾向于认为，国王的两个身体，就是家相对于居住它的人所具有的超越性之谜——家，作为多姆斯（domus），作为建筑物，是超越其居住者而存续的。不管谁想做住宅消费的社会学研究，都会强调这一点：买房[2]，终究有别于买车，哪怕精神分析师在买车这事上做了很多阐释。一个家负载着巨大的历史无意识，很大程度上是由于它是一处居所，是某种应该延续的东西，它保证家庭能长长久久，而只有家庭延续，它才能延续；你会在那儿找到家庭相册、家族墓地等。家长在某种意义上是家这种超越性单位的暂时化身，我们便可以从这一原则出发理解他的各种行动。王室的婚姻策略，理所当然成为领土兼并的根源。我在自己的历史知识范围内举了哈布斯堡王朝的例子，其实这样的例子得有上百个。这个例子很典型：哈布斯堡王朝通过一系列明智的婚姻，未费一兵一卒就增加了自己的遗产；马克西米利安一世和勃艮第公爵大胆查理的女儿玛丽结婚，获得了弗朗什-孔泰和低地国家；他的儿子，美男子腓力一世——他想再多一笔象征资本——娶了卡斯蒂利亚女王疯女胡安娜，这才有了大帝国，有了查理五世等人；但不幸的是，自查理五世之后，分割的逻辑又开始了，继

---

[1] 康托洛维奇，《国王的两个身体》[*Les Deux Corps du roi*, Paris, Gallimard, 1989 (1957)]，让-菲利普·热内与尼古拉·热内（Nicole Genet）译。

[2] 参见以"家宅经济"（L'économie de la maison）为专题的《社会科学研究学报》（*Actes de la recherche en sciences sociales*），1990年3月，第81—82期，后收入布尔迪厄《经济的社会结构》，同前书。

承逻辑摧毁了婚姻策略的成果：查理五世之后，腓力二世以及查理五世的兄弟费迪南德一世等人分割了领土。所有关于农民的历史都充满了此类分割的故事……

婚姻策略很重要的一个部分属于再生产策略，继承策略也是如此。（……）你们可以参考我多次引用的书《现代国家的生成》，其中有一篇理查德·丁.博尼的文章[1]，列出了一长串继承战争，其根源是对继承法则的解读所引发的冲突，而战争是用另外的手段延续继承策略的一种方法。战争在很多情况下是一种诉诸暴力的继承策略。我们可以将王朝策略的一个十分重要的部分理解为再生产策略。（……）我已经提前给出了模型，你们可以自行加以运用。显然，相当大一部分教育政策，如对忠诚和高贵的教导，必须放在再生产策略系统的逻辑中才能被领会。

王朝国家的法律逻辑与实践逻辑

王朝国家拥有一套实践逻辑，并且通过陆陆续续的发明逐渐形成，历史学家可以推定这些发明的时间。人们找到了封地这种解决办法，又进行微调，制定萨利克法典。同时，贝阿恩农民也对分析大有帮助，能让我们观察到未被我接下来要讲的法学家的工作所沾染的王朝策略：这是实践状态下的王朝策略，甚至是为对抗法学家的工作而制订。贝阿恩农民成功将他们的策略延续到了20世纪，与禁止长子继承权的民法典背道而驰；他们成功地与法律逻辑周旋。

君主制的王朝策略被王室法学家理论化和理性化了。这里，我想应该做个重要的区分。我读过很多历史学家的著作，他们将实践状态

---

[1] 理查德·丁.博尼，《1500—1600年间法国的战争、税收和经营活动》（«Guerre, fiscalité et activité d'État en France, 1500-1600»），前文已引。

下的策略与管理继承习俗的法律之明确规则混为一谈。而我认为,正是在实践逻辑向明确意识形态的过渡中,我们才得以看见王朝国家和绝对主义国家的区别。[了解的人大概会认为我太不谨慎了,而不了解的人(估计也看不到这其中的)重要性。我有点尴尬,但绝对主义的概念有很大争议。我个人认为,绝对主义,或者说人们所谓的绝对主义,指的正是借助罗马法将一种王朝类型的实践逻辑转化为持血亲法则的法律逻辑。]

法学家对这项(理性化)工作十分感兴趣,他们的利益与此息息相关。在统治工作的基本划分形式中,法学家正是最早的王室以外的行动者之一。因此,法学家非常希望同时赋予他者和自身以正当地位,并借助他们掌握的进行正当化的权力来获得自主。他们将使用他们所拥有的证明王权正当性的权力来证明自己的正当性,证明自己能够向国王进谏:"我用来证明你有理的东西也证明我有理由说你没有道理做这些……"但法律工作的一部分是跟踪权力的实施:罗马法以某种方式促成了王朝原则合法化,并将其用一种国家的语言表达出来——当我说"国家的"的时候,我意思是说,应用于国家之中的罗马法已经在一种国家的语言中得到普及,例如有血统概念、血亲法则的概念等。从卡佩王朝开始,亲缘习俗已开始在法律层面被理性化:人们开始将王室视为由国家在法律上进行担保的一个实体。由此出发,人们发明了"百合花王子"(princes des fleurs de lys)、"王族之子"(princes de sang royal)以及15世纪"亲王"(princes de sang)。建立在罗马法原则之上的王族之血的隐喻,成为用于提供正当性的一种核心的意识形态,且矛盾的是,这种用于提供正当性的意识形态越来越不可或缺——我下次会详细讲这一点。王朝逻辑的矛盾之一,是它必须与一种非王朝国家的逻辑共存并与之妥协:法学家不以世袭的方式实现自我再生产,至少明面上不是如此,但通过教育体系继承。尽管捐职等现象仍然存在,并存的主要是两种再生产方式,建立在血亲法则上的王室再生产方式，以及性质截然不同的王家公务人员特别是法学家的再生产方式。我认为这种由法学家协助解决又因其自身存在而引发的冲突，是王朝国家向更"去个人化的"国家——我暂时不知道用什么词来命名为好——演变的因素之一，当然还有其他因素。

下一节课的目标

下节课我将试着更具体地描述各种矛盾，并建立一种现象学……这事很困难也很冒险。但不管怎么说，我对这个很难思考的过程做了一种现象学分析，因为我们所有的思维范畴都是这一过程的产物：比方说，何为签名授权？何为盖章？何为掌玺大臣（garde des sceaux）？为什么会有一个国王和一个掌玺大臣？我将尝试分析统治工作的这种逐步分割……可惜历史学家们对此漫不经心，只有一些法律史家投注了更多关注，值得称道——我想到了梅特兰，他让我获益颇多[1]。这些历史学家在权力的实施中发现了象征的作用（我常说，历史学尽管得意洋洋，却是一门深受其他社会科学支配的科学）。过去有一些经典文章，被大量研究所参考。但很遗憾，我觉得这些文章在建构应该建构之物方面，即这种庞大的国家官僚体系的日常运作方面，没有什么思想价值。国王签字，掌玺大臣副署，但副署是什么意思？谁来负责呢？

然后，我想描述这种起源，这种为各项签名提供担保的签名人链条的诞生。这个链条上的行动者既控制也被控制，即免责又负责。我要跟你们讲的东西有点冒险，不过你们当中如果有谁想去翻翻这些资料的话，也能作为大致参考，我觉得可看的资料还是很多的……总之我会延续今天的课程内容，讲一些尚无定论的东西。

----
[1] 梅特兰，《英格兰宪政史》，同前书。

1991年10月10日课程

家宅模型与历史目的论的对立——关于国家的历史研究关键所在——王朝国家的矛盾——三方结构

家宅模型与历史目的论的对立

我打算把上次没讲完的内容讲完，再试着证明，为什么把王室制度视作家宅去思考其运转是有趣且必要的。

家宅模型之所以重要，有两个原因：第一，它可以让我们从家庭内部出发，明确提出政治的生成问题；第二，它能让我们解释政治领域的王朝策略。我想提两个问题。第一个问题，我上次引用的安德鲁·W. 刘易斯的书里提到过，这个问题看起来可能比较幼稚，但只要重新表述一下，就有了某种必然性：我去年跟你们描述过不同种类资本的集中过程。它的主体是谁？这个过程的主体真的像某些历史学家所暗示的那样，只是国王吗？还是说在国王之上有一个超越国王个人的主体？我想介绍一本书供你们参考：阿道尔夫·舍吕埃尔（Adolphe Cheruel）的《法国君主政府史》[1]。这本书材料极为丰富，提供的信息也很有用。但这本书十分天真地采取了我描述

---

[1] 阿道尔夫·舍吕埃尔，《法国君主政府史》[*Histoire de l'administration monarchique en France depuis l'avènement de Philippe Auguste jusqu'à la mort de Louis XIV*, Genève, Slatkine, 1974（1855）]。

的那种立场：作者把国王、卡佩家族成员及其继任者建立王家领地的意愿视为国家建构过程的起源，没有跳出用君主政体造就法国的意图来进行阐释的框架。甚至在最近一批历史学家研究法国的集体著作中[1]，我们仍然能隐隐约约看到这样的想法，认为有一个主体造就了法国。我们于是想，隐藏在历史研究中的如此天真的问题难道不应该受到质疑，以便让一些被它们掩盖的问题浮现出来吗？

在这一个案中，想要理解集中过程，必须引入两大因素。第一个因素，我们可以称之为"家宅思想/思维"（pensée maison），就像我们说"毛思想"一样：从家宅的角度来思考，是解释这一整套貌似不协调的策略时要遵循的一条原则。我上次谈到再生产策略系统时说过这一点。这种思维方式并非自然而然，而是具有历史性，在某些传统中比在另一些传统中发展得更充分的。例如，我正在读刚刚出版的一本书，写日本的一个家庭，收在"人类的大地"丛书里[2]：该书以精彩的方式描述了一个日本家庭的历史，后者的种种运作规则和我上次分析的完全是同一个类型，即家宅思维。家是一种超越其居住者的现实，它同时是建筑物、遗产、所有家族后代等等。这种超越了个人的实体可成为一些在时间中延续的行为的主体；家的属性之一，是它的可持续性，这点如此理所当然，以至于我都忘了说：家本身主要的属性是寻求在生命中永存，寻求延续；它对其居住者的行为要求，很大一部分正是要求他们超越自己暂时的利益和自身的存在行事。

---

[1] 这批历史学家的研究将由让-菲利普·热内在《现代国家的生成：一项研究的关键和总结》（«La genèse de l'État moderne: enjeux et bilan d'un programme de recherche»）一文中进行介绍，《社会科学研究学报》（*Actes de la recherche en sciences sociales*），1997年6月，第118期，第3—18页。

[2] 劳伦斯·卡耶（Laurence Caillet），《山崎家：一位成为高级美发公司负责人的日本农妇的典范生活》（*La Maison Yamazaki. La vie exemplaire d'une paysanne japonaise devenue chef d'une entreprise de haute coiffure*, Paris, Plon, 1991）。

所以我觉得集中过程的真正主体是这种具有超越性的实体——以及它反复灌输给其从属者的思维——而并非国王的意愿。不过，要理解这种超越了国王的意愿为何能在历史中实现，我觉得还应该思考国王特有的优势。很奇怪，也许是我孤陋寡闻吧，我从来没见过有人明确提出这个问题。(历史学家)总说："法国国王，或者说成为法国国王的人，压倒了其他封建主。"大家从经济优势等方面思考，但我想大家并未明确提出这样一个问题：为什么身为国王这一事实能成为一张王牌，从而压倒不是国王的封建主？换言之，我提出的解释性原则——可能因为纯粹是象征性的而显得不值一提——即能解释国王所获成功的一条原则就是，他是国王，也就是说他在游戏中占据了一个特殊的位置，即国王的位置（la place du roi）。我用了这个词：国王的位置。我想明确一下（这一点），因为它并不像表面看上去那么理所当然。

我刚才说没有任何人明确提出过这个问题。但还是有一个例外，那就是埃利亚斯。我引一个段落，里面提出了这个问题。但我认为埃利亚斯给出的答案纯粹是同义反复式的——鉴于这是位思想巨擘，我不能百分百确定自己对他的看法，我给你们读一下他的文本，你们自行判断吧。埃利亚斯把这个称作"垄断法则"："在一个具有一定广度的社会单位内，当大量更小的单位通过互相依赖形成一个大的单位，掌握与前者几乎相当的社会力量并因此可以不受现存垄断制约而进行自由竞争以夺取社会权力方面的机会且首先是生存和生产手段时，那么很可能，有一些单位在这场战斗中获胜，另一些则落败，机会最终落入一小部分人手中，而其他人则被淘汰或者任人宰割。[1]"所以他说的是当有多方参与角逐时，有一方获胜，权力由此集中。为什么会集中呢？因为集中了……你们可以再读一

---

[1] 埃利亚斯，《西方的动力》，同前书，第31页。

遍:"……那么很可能,有一些单位在这场战斗中获胜,另一些则落败,机会最终落入一小部分人手中而其他人则被淘汰或者任人宰割。"此乃寡头统治铁律[1]……我认为埃利亚斯提出的解决办法不尽如人意,但埃利亚斯提问了就很了不起,没有他,我可能也不会提出这个问题。

于是就有了一种封建场,一群处于竞争关系的社会行动者,他们在资源、军事资本、经济资本等我讲过的各类资本方面握有相差无几的优势。然而,他们有一个弱点:在象征资本关系中,他们恰恰缺少这种让他们区别于他人、让他们与众不同的属性,即能够自称为国王的属性。乔治·杜比在为安德鲁·W.刘易斯著作所写的序中说:"国王持有一种半仪式性质的权力,这种权力将君主和其他掌权者即他的竞争对手隔开。[2]"我认为重要的词是"隔开"(à part)。诚然,"半仪式性质的权力"很重要,国王拥有神授之权,但其他人也是如此,他们也都敷过圣油、祝过圣。我认为,假如存在一种仪式的特殊性的话,它之所以有效是因为被专门运用到某个卓尔不群的人身上,而其独特性的体现,是他接受了一种特别的敷圣油仪式。所以我觉得杜比指出来的重要一点是,君主与其他人隔开。

抱歉,我一开始忘了说,除了我所说的"国王的位置"之外,还有其他理由。国王显然还有其他一些被历史学家强调过的优势:他集主权(souveraineté)——在罗马法的逻辑下,由教规学者赋予他的最高统治权——和宗主权(suzeraineté)于一身。于是,他就可以玩

─────────
〔1〕 此处暗指罗伯特·米歇尔斯(Roberto Michels)在《政党》[*Les Partis politiques. Essai sur les tendances oligarchiques des démocraties*, Paris, Flammarion, 1914 (1911), 萨穆埃尔·扬科列维奇(Samuel Jankélévitch)译]一书中提出的著名的"寡头统治铁律"。
〔2〕 乔治·杜比、安德鲁·W.刘易斯《王族之血:10—14世纪法国卡佩家族与国家》序言,同前书,第9页。

一种双重游戏。他可以以封建逻辑下君主的身份参与游戏，要求各封建主服从他。他还可以要求一种特殊性，在封建逻辑内，他与人不同这一事实给了他这种特殊性。因此他可以利用封建游戏的逻辑本身来改变封建游戏。必须利用游戏才能改变游戏规则，这个悖论没有任何新奇之处。于是就像我上次提到的那样，他可以利用已转化为王朝逻辑的封建逻辑，来积累遗产并加大他与别人的不同。但在这些常用的论据之外，我还加了一条，他成功实现了与区隔效应（effet de distinction）相关联的象征资本的原始积累：国王是具有特殊权力属性的一个封建首领，他称王的抱负有相当大的机会能得到社会的承认。换言之，用韦伯的术语来说，国王是那个能自称为国王的人，而且别人很可能相信他——你们还记得吧，象征资本正是建立在信仰基础上的一种资本。所以，他就能说自己是国王，并有机会让人们接受其为国王。这里，我想引证经济学家新近的一个发现，他们在描述我刚才描述的现象时谈到"投机泡沫"：在此种情形下，一个社会行动者有充分理由做他在做的事，因为他知道，其他社会行动者承认他就是他所声称的那样，并且承认他有权做他在做的事。这是一种镜像游戏。象征的逻辑总是属于这个类型。

这些推理相当复杂，我会通过读我自己的文章来慢慢展开。国王有充分理由相信自己是国王，因为其他人相信他是国王——这是合理的，象征经济中存在一种理性。换言之，一点小小的不同就足以制造出最大的差距，因为这一个小差别把他和其他所有人区分开了。而这种象征性差别，只要它被知晓并承认，就会成为真正的不同，每个封建主都应该考虑到其他封建主考虑到的事，即国王是国王。我再重新概括一下：每个封建主，每个国王以外的封建主，均由剥夺来定义，由他不是国王这个事实来定义。因此，每个封建主都应该考虑到他自己不是国王这一事实以及其他人考虑到国王是国王这一事实。

〔我想这是个概括性很强的模型。想想看，许多在象征层面运转的领域里，例如知识分子场，这个模型都行得通：为什么让－保罗·萨特是20世纪50年代知识分子场中的统治者？因为其他人都得接受别人接受了萨特是占统治地位的知识分子这件事。这是一些十分复杂的过程，我们很难理解他们是怎么占位的……我经常用一种范式来描述知识分子间的斗争。我讲一下吧，因为实在是很好玩：这是心理学家沃尔夫冈·科勒（Wolfgang Köhler）的一项实验，他对猴子的智力做了很多研究。科勒讲道：有一天他想挂一根香蕉在猴子够不着的地方，（最机灵的一只猴子）某一刻（把另外一只猴子推到）香蕉底下，自己爬到它身上够到了香蕉；接着，所有猴子都过去了，抬起一只脚想爬到别的猴子身上去。但谁都不愿意再待在底下了，因为大家都知道要去上面[1]……我觉得这很像知识分子的斗争……当你们参加这些知识分子讨论时，如果头脑里装着这个隐喻，就会获得很多满足和自由，因为你们不再蠢蠢欲动想抬脚，会更加克制。知识分子场就是这样，人人都说，自己希望能够考虑到别人考虑到了他是第一人这样一个事实。这些过程是一些没完没了的循环，最后在某种程度上停止了：有一些原始积累现象，有一些人不断积累，并自此不需要再抬脚：大家公认他们已经完成了积累……〕

我想这个模型很有概括性；国王的范式在无意识中如此强大也并非偶然：所有人都明白国王的范式起到了多么惊人的作用，因为国王能够把他自己在自己心目中的形象强加给其他人。所有人都梦想着别人眼中的自己和自己眼中的自己毫无二致（……）然而，还是像韦伯所说，国王是能够认为自己是国王并且有机会成功的人。这个疯子自认为是国王，而且其他人都赞同他。这里头有一种循环……*Homo*

---

[1] 沃尔夫冈·科勒，《人猿的智慧》[*L'Intelligence des singes supérieurs*, Paris, Alcan, 1927（1917）], P. 纪尧姆（P. Guillaume）译，第42页。

homini lupus, *homo homini deus*[1]……国王有神授之权，可以将自己的形象强加于人。这里，我们可以思考一下艺术所扮演的角色，或者更确切地说，艺术与权力的关系。国王的特性是能够高高在上，也就是说能树立一些对他本人的客观化表现，这些表现强加了他对自己的看法和一种支配性的观点——比如，他骑在马上等。他建构并强制别人将他的自身建构当作普遍来接受；他处在一个可以将自己对自己的观点进行推广的位置，这是种了不起的特权，很像是神授的：他能决定自己如何被感知。这个范式我不再过多阐释，一时半会儿很难讲清。但可以肯定，从这个模型里几乎可以推导出一整套象征体系，如太阳王[2]等。我们可以进一步分析国王，他是人们彼此之间无止境评判的终结之处：国王是关于自身的真理、主观真理和客观真理的重合之处。国王是终审机构，是上诉法庭：他总是比高更高，比远更远。

我的一位听众给了我一份关于印度王权问题的参考书目，恰好可向你们证明这个模型并非纯思辨，而是对应一种现实。在其中一本书里，我找到了这种国王位置模型非常具体的应用[3]。我能力有限，没法概括这本书。在书里，穆扎法·阿拉姆（Muzaffar Alam）描绘了莫卧儿帝国的衰落。他与印度史学史传统背道而驰，后者通常将帝国的衰落呈现为与经济衰落相关的政治分裂过程。穆扎法·阿拉姆认为，这种悲观的视角掩盖了一种新秩序、新构造的兴起过程。如果我理解正确的话，这种新构造要以国王位置的稳定性为基础，因为地方

---

〔1〕 字面意思"人是人的上帝"是对霍布斯名言"人对人是狼"（*homos homini lupus*）的改编。布尔迪厄在法兰西公学院讲第一次课时，已经提出"也正是因为人对于人是上帝所以人对于人才是狼"。布尔迪厄，《关于课程的课程》（*Leçon sur la leçon*, Paris, Minuit, 1982），第52页。
〔2〕 指法国国王路易十四。——译注
〔3〕 穆扎法·阿拉姆，《北印度莫卧儿帝国的危机：阿瓦德与旁遮普，1707—1748》（*The Crisis of Empire in Mughal North India: Awadh and the Punjab, 1707-1748*, Oxford-New Delhi, Oxford University Press, 1986），第17页。

首领虽互相角逐，以某种方式利用皇帝权威的削弱和衰败来加强自身的权威和地方自主性，但实际上仍然继续以，我翻译一下，"至少表面是帝国中心的事物"为参照。换言之，被帝国留下的，是存在一个帝国以及帝国有一个中心这样的观念。因此，占据中心位置的人就被放置在了更高的位置上：要证明自己是正当的，证明一项征服是正当的，证明对权力的滥用是正当的，封建主就必须参照某种中心，后者仍然是提供正当性的场所。我引用一下："在伴随皇权衰落的无限制的军事和政治冒险主义情况下，任何一个冒险家（我不知道能不能这样翻译）都不足够强大到可以夺得其他人的拥戴并取代皇权。所有人各自为战（这是猴子抬脚的隐喻）争夺财富，并互相威胁他人的位置和成功。不过，当他们想让自己的掠夺物生效或在制度上获得正当性时，他们当中只有一部分人能确立对他人的支配。而为了这个目的，他们需要有一个中心，来证明自己的战利品具有正当性。"这形象地说明：如果国王不存在，那就得发明一个。

这大概就是这段历史要告诉我们的：当处于竞争关系的当权者互相较量时，他们当中有一个人会被公认为杰出、与众不同，仅此事实就足将他建构为绕不开的参照。而这种效果是用来理解我之前研究的集中过程的一个重要因素。我说过，首都和资本之间存在某种关系；我本来还可以说：中心和集中之间存在某种关系。但我当时没有找到这个假设：集中过程部分是由存在一个中心这一事实引发的。这看起来像同义反复，但我以为这跟埃利亚斯的观点不一样：在为实现集中化而进行的斗争中，身为中心是个优势。身为我说过的那种中心，也就是说获得承认的中心，而不仅仅是地理意义上的中心。但若在地理意义上也是中心的话，就更多添了几分优势。好了，这就是我想提出的第一个问题。我认为从家宅的角度思考，结合国王位置的模型以及被我一带而过的历史学家的传统解释（宗主权、君权等），就能理解为何抛开国王的一切集权意愿不谈，集中化还是以对他有利的方式实现。

关于国家的历史研究关键所在

我想提出第二组问题，从（模型）逻辑角度看，它们更为核心：为什么像我几年来所做的那样研究国家的生成很重要？这项历史研究的关键是什么？关键在于，它帮助我们解释国家的生成，即政治这种特殊逻辑的生成。说法国王室和英国王室的政治直到晚近时期仍然采取家内策略（stratégies domestiques），意味着我们将一些非政策的东西，一些还没有被建构为政策的东西描述为政策；说一场继承战争就是一种家宅继承策略，就等于说战争未被建构为政策；说婚姻策略源自对家宅存续的担忧，等于说个人、王室、国家机器之间还未做切割。只有将以家宅形式运转的假设推到极限，我们才能努力发现它解释不了的东西。在路易十四这个例子中，要将他一切所作所为（对外政策、对内政策等等）都考虑在内，看看所有以家宅形式运转的模型能够解释的东西有哪些。而残留的东西在我看来，是严格意义上的政治的初次显现——我没法解释我所说的"严格意义上的政治"。如果要换一种说法，上次我跟你们讲过，我提出的东西可以称作"从王室内廷到国家理由"⋯⋯

我后面会跟你们讲埃蒂安·杜奥（Étienne Thuau）的一本有关国家理由的书[1]，谈到以"国家理由"为形式的话语的生成。这是一种正当性话语，它引入国家原则为国王的行为辩护；此类话语的出现以打破家宅逻辑为基础。我后面还会再讲这本书，它解释了国家理由的概念如何在法学家中出现。后者一方面依赖塔西佗（Publius Cornelius Tacitus）[2]，

---

[1] 埃蒂安·杜奥，《黎塞留时代的国家理由和政治思想》（*Raison d'État et pensée politique à l'époque de Richelieu*, Paris, Armand Colin, 1966; 再版于 Albin Michel, 2000）。

[2] 塔西佗，古罗马历史学家，主要作品有《历史》《编年史》《日耳曼尼亚志》《阿古利可拉传》《演说家对话录》。——译注

依赖一种悲观历史传统；另一方面依赖马基雅维利，想试着为国家政治辩护，给出的理由既不是纯粹个人层面的，也不是纯粹国家层面的或者伦理层面的。例如，家宅逻辑是一种伦理的、道德的逻辑。我要说点粗鲁和简单主义的话了：我们放到道德底下的东西，在我看来有 90% 都属于家内思维（pensée domestique）——要发明一种政治逻辑，就必须打破家内思维，并且说："在这种情况下，仅仅服从是不够的，国王不能满足于服从自己的情感。比如他可能想原谅德·杜（François-Auguste de Thou）[1]，但还是得处决他。"国家理由强过家内理性，强过情感、怜悯、慈悲、封建制度下的爱等。我想试着描述的正是这个过程，它发生在从 12 世纪开始的一段极为漫长的过渡时期当中。

上一次，我给你们摘了一些历史学家的著作，表明自 12 世纪起，出现了一种法律思维，它开始跳出传统的家宅逻辑，哪怕只是将这种逻辑理性化罢了。一部分法律话语是要给家宅思维披上罗马法的外衣。但找理由让人们服从家宅思维，本身就已经打破了家宅思维。梅洛-庞蒂有一句很漂亮的话谈到苏格拉底：苏格拉底真讨厌，因为他为服从找理由，而人们之所以要为服从找理由，是因为人们可以不服从[2]。所以，为家宅思维找理由就等于占据一个点，并从此点出发证明家宅思维的合理性：为它找理由这件事本身，就已经打开了一扇通

---

[1] 此处暗指弗朗索瓦-奥古斯特·德·杜（约 1607—1642）被斩首一事。他是路易十三的国务顾问，因参与桑马尔（Cinq-Mars）谋反事件而被处决。
[2] 此处引用出自梅洛-庞蒂的《哲学赞词》[*Éloge de la philosophie*, Paris, Gallimard, 1960（1953）]，第 46 页。布尔迪厄在《关于课程的课程》（同前书，第 54 页）对此进行了更详细论述："我们想到了梅洛-庞蒂谈苏格拉底时说的话：'他给出服从法律的理由，但有服从的理由已经不是件简单的事情了（……）人们期待从他那里得到的，恰恰是他给不了的东西，即毫无动机的赞同同事物本身。'和既定秩序相关的人，且无论是什么样的秩序，都不大喜欢社会学，因为社会学带来了一种相对于无知的依附来说的自由，使一致性本身带上了异端和讽刺的色彩。"

向异端、违抗的门。这就是信念与正统观念之间的区别。其实,贝阿恩式的家宅思维,可以说就是一种信念式思维,因为它的反面是无法想象的。信念的命题是一些不存在反命题的命题:就是这样,这是传统,没什么可说的,就像贝阿恩人习惯说的那样,"这是丢失的记忆"——人类还没有记忆的时候,就已经是这样了。当传统不再是理所当然时,传统就开始被推崇:只要人们说存在传统,或者说应该尊重传统,传统便不再是理所当然。人们一旦开始谈论名誉,那就意味着名誉已经不值钱;一旦谈论伦理,意味着伦常(ethos)已经不被遵守。伦常即属于"理所当然"的范畴……

在这项工作中,法学家起到了至关重要的作用,他们让信念变为正统观念。这项工作提醒我们法律是一种正统观念:它是一种被说成是公正的信念,一种被说成是公正的法律,是一种应为,它仅仅靠自身的存在,仅仅以"有待去做"(c'est à faire)的方式无法获得公认。"有待去做"需要以"应该被做"(devant être fait)的方式获得公认。法学家从根本上参与了信念向正统观念的过渡,这一过渡最终构建了某种完全异质的东西。这种完全异质的东西,就是国家理由。皮埃尔·维达尔-纳盖(Pierre Vidal-Naquet)有一本精彩著作,名为《国家理由》[1],写于阿尔及利亚战争时期。他在书中提出了一个问题:在某些情况下,国家是否建立在祈求自身特有理性的基础上,这一理性应该超出道德,以便违反道德、实施虐待等。国家理由是这种超出了道德理性的理性——这是全部问题所在——也就是说超出了家内理性。

我要研究的是将"家宅理性"(raison maison)导向国家理由的这一漫长过渡过程的原则,但会略过细节,否则这势必要花上若干小时

---

[1] 皮埃尔·维达尔-纳盖,《国家理由》(*La Raison d'État*, Paris, Minuit, 1962),由莫里斯-奥丹(Maurice-Audin)委员会发表;再版:La Découverte, 2002。

进行分析。这一转变过程碰到了巨大的困难：似乎国家特定的逻辑没有摆脱家宅逻辑……这还没完：当人们说起腐败、任人唯亲、裙带作风时，就会看到政治逻辑的问题有多严重。当我给自己的书取名《国家精英》时，我想说的是国家可能被一些人占为己有，他们消耗国家就像我们消耗一份遗产一样，国家即是他们的遗产。从国家理由向"家宅理性"倒退的诱惑一直存在。对公共道德的严重违反几乎总是与再生产策略相关：这是为了我儿子，为了我叔叔，为了我表兄，等等。而"家宅理性"一直都隐身于国家理由阴暗的后景之中。我想分析的正是这个（当然，对这一过程的细节做历史分析并非我专长，这儿有别的老师教这个）。我想试着就这个过程提出问题，这个问题并非显而易见，而且即便你们觉得我原地踏步或者进展缓慢，我还是觉得我讲得太快了。大家太习惯这一切了，以至于对这一过渡中碰到的困难都见怪不怪了。人们时不时地这样说起非洲国家："啊！这些新国家真是可怕，他们都走不出家门，根本没有国家理由。"然后大家管这个叫"腐败"……

建立国家特有的逻辑所碰到的出乎寻常的困难，是一个新型场域寻求自主的过程使然，文学场、科学场莫不如此。每一次，都新出现一个小型游戏，一些出乎寻常的规则开始在其内部运转——当我说"出乎寻常"（extraordinaire）时，（我指的是）韦伯意义上的外在于-寻常（extra-ordinaire）：一些不属于寻常世界规则的规则。从根本上说，国家理由，是建立一个脱离寻常世界法则的独特的世界。在寻常世界中，人们应该善待父母，抚养子女，等等。与之相反，（……大家知道）"政府部门不送礼物"，而在父子关系中，一位好的父亲应该给儿子礼物，反之亦然。这在公共秩序中是不允许的。这里涉及的是一个场域的发明，其游戏规则和寻常社会世界的游戏规则截然不同：在公共世界里，人们不送礼。在公共世界里，人们无兄无父无母——理论上是如此……在公共世界里（或者在福音书中），人们抛弃家庭内部联结或者种族联结，而各式各样的依赖、腐败正是通过后者显现出来。人们成为一种公共主体，它为一种超越了地方利益、个体利益、家庭内部利益的现实服务，这种现实就是国家。

这正是我想描述的东西：有哪些因素（……）推动了家内理性走向国家理由？第一个因素是家宅逻辑本身就包含某种使它与国家逻辑类同的东西。要理解康托洛维奇分析过的国王两个身体的著名悖论，我们只用家宅逻辑就够了：有家，还有一个国王。换言之，因为家宅即是一种团体（corps）——取人们说精锐职系[1]（les grands corps）时的意义，比方像经院哲学所说的 corpus corporatum，即一个社团——通过从属于一个家，人们获得了"家宅思维"的逻辑，获得了献身于家宅、献身于一个超越行动者的实体的逻辑。某种程度上，在整个转变阶段——王室内廷变成了国家——家宅的暧昧性促使人们逐渐形成对王室的效忠、对王朝的效忠，甚至国王头脑里也这么想，而王朝就等同于王冠、国家等。换言之，家宅本身作为一个超越个人的现实，人们应该将其暧昧性考虑在内，才能理解朝向一个超越性实体的过渡。我想到了那句百分百伪造的名言："朕即国家。"这等于是说："国家，就是我家。"这种以家为基础的思维（随后）被法律话语客观化、正统化、系统化。我得快些讲了，我认为这个因素是决定性的。我（在早于论国家主题的一门课上）给你们读过达格索的一篇文章[2]，我会在后面的课上讲到他。他是一位大法官，是发明国家的人之一，这些人造就了国家，因为造就国家对他们有利。我当初读达格

---

[1] "精锐职系"主要指以招收国立行政学院毕业生为主的"行政精锐职系"。包括国家行政法院、国家审计法院（Cour des Comptes）、财政监察总署（Inspection générale des Finances），也包括以招收巴黎综合理工学院（Polytechnique）和巴黎高师（ENS）毕业生为主的"技术精锐职系"，如矿业工程职系（Corps des Mines）、路桥水利森林工程师职系（Corp des Ponts, des eaux et des forets）等。——译注

[2] 亨利-弗朗索瓦·达格索,《作品集》, 第1卷, 第84页。

索的文章时就被震动了（但我那时候不理解），因为他不停地从一种现代逻辑——他谈到共和国、公共事务、公众等——过渡到一些我感觉是前现代的形式，赋予国家这个概念一些陈旧的意义。因为在他头脑中，恰恰就存在这两种逻辑之间的转变。

王朝国家的矛盾

今天，我只想强调一下王朝国家特有的矛盾。简而言之，家宅逻辑包含一些矛盾，而这些矛盾又催生了对王朝思维的超越。

（……）罗兰·穆尼埃（Roland Mousnier）出于其对法国历史的看法以及政治立场等，注意到一些更关注中央集权、更关注"法国大革命"的历史学家所看不到的东西。他发现，一直到很晚近的时期，法国的机构中都存在典型继承式、家庭内部行为模式的残余[1]。例如，他强调保护者（protecteur）和亲信（créature）之间的关系——我们一下子就能明白，因为这种现象一直存在：是某人的亲信，意味着自己的社会存在、官僚生涯（全仰仗）另外一人。这种保护者／亲信的关系，是家内思维泛化并吞噬政治的趋势的一个例子。王朝国家并不仅仅是行为准则，以延续王族后代和遗产为目的；它成为应用于一切之上的一般性思维模式：一切人类关系都根据家庭内部模式被思考，被当作兄弟关系或者父子关系等。保护者／亲信的关系是家内思维扩张的一个例子，后者成为一切政治思维的原则。没有什么社会关系是不能被归入家庭内部的这些范畴之中的。今天我们也仍然看到，表面看来最不受王朝思维束缚的运动，比如工会运动等，以及他们对兄弟情或者姐

---

[1] 罗兰·穆尼埃，《专制王权时期的法国制度（1598—1789）》[*Les Institutions de la France sous la monarchie absolue* (*1598—1789*), Paris, PUF, 1974—1980]，两卷本。这位历史学家一般被视为天主教右派人士。作为索邦大学社会历史学的开创者，他既不属于年鉴学派也不属于马克思主义学派。

妹情概念的使用，都还带着这种思维：这些家庭内部的概念大肆入侵，同时也就阻止人们建立真正的政治概念（例如公民的概念）……

在此我引用一篇（理查德·J. 博尼的）精彩文章，谈到庇护者（patronage）和拥护者（clientèle）的关系，它与早熟的王朝国家是一体的："正是庇护者和拥护者的体系构成了在正式管理体系背后起作用的力量，后一种体系显然更易描述。"换言之，现代官僚制度已具其表。"因为，庇护关系因其性质使然，不被历史学家所关注。"这些关系并不在文本里，而官僚制度和书写、法律等均有关联。"然而，一位大臣、一位国务秘书、一位财政总监或一位王顾问的重要与否，更多不取决于他的头衔而取决于他的影响——或者他的庇护人的影响。这种影响很大一部分源自人物的个性，尤其源自他受到的庇护。[1]"在这里，庇护也是一种资本，它围绕一个专有名词形成。家庭逻辑隐藏在官僚结构之下。其实这正是我想说的，家庭逻辑通过自身催生的矛盾，推进了官僚化过程。

下面我快速讲一下王朝国家的两个主要矛盾。第一个矛盾：国王剥夺了多种私人权力，以便形成单一的私人权力。于是就有了将这个特例普遍化的必要。作为国王的理论家，法律顾问、法学家的作用之一就是将特例普遍化，并且说："这个特例，这一个体不像其他人，这一个体就是公众。"这样一来，通过这种虔诚的虚伪（"虔诚的虚伪"这个概念，我在这里说了不下一百遍，它对于理解社会世界来说极为重要[2]），可以说，就像意识形态理论家一样，法学家也蒙蔽大

---

[1] 理查德·丁. 博尼，《1500—1600年间法国的战争、税收和经营活动》（«Guerre, fiscalité et activité d'État en France, 1500—1600»），前文已引。
[2] 布尔迪厄，《法学家，集体伪善的守护者》（«Les juristes, gardiens de l'hypocrisie collective»），收于弗朗索瓦·夏泽尔（François Chazel）和雅克·高玛耶（Jacques Commaille）编《法律规范和社会调控》（*Normes juridiques et régulation sociale*, Paris, LGDJ, 1991），第95—99页。

众，而为了蒙蔽别人，就得蒙蔽自己，这种虚伪是虔诚的，他们参与发展了一套话语，这套话语恰是对被他们指定为正当之物的否定，也就是说，需要通过去私有化来树立正当性，是因为非－私有比私有更好。这就是这些意识形态话语的含混之处：为了解决被剥夺的私产又被私人占有这一矛盾，"公共"被发明了出来。

第二个矛盾最为重要。国王与王室延续了一种家庭内部形式的再生产，即一种以家庭为基础的再生产（遗产由父亲传给儿子等），而在这一切所发生的领域里，一种别样的再生产方式正在形成，即通过教育体制实现的公务员再生产。早在12世纪，第一批国家文员即为获得文凭的人，他们可以用自己的工作能力来对抗王朝类型的权威。于是，我们看到在国家的核心部位形成了一种对立，它对应着阿道夫·A. 伯利（Adolf A. Berle）和格迪纳·C. 米恩斯（Gardiner C. Means）所提出的公司史上的经典对立[1]，即所有者和管理者分离的理论。伯利和米恩斯的观点是，公司从所有者的时代过渡到了管理者的时代，公司是所有者和技术人员或者说职员斗争的场所。在国家结构的核心部位也存在这类对立，而它显然不能被物化。于是，一边是继承人，其权力来自王朝原则，来自血统，来自天性，来自主要由血统实现的传承；而另一边，是管理者，也就是那些为了树立自己的权威，必须援引其他权威原则即功绩和能力的人。

我在笔记里找到了伯纳德·格内（Bernard Guenée）在《十四与十五世纪的西方》一书中所讲的内容：直到14世纪末，公务员都夸耀自己的忠诚，人们还是停留在个人依赖的逻辑当中，停留在按照家庭内部模式构想的公共关系中。在此之外，他们同时还夸耀自己的能

---

[1] 阿道夫·A. 伯利、格迪纳·C. 米恩斯，《现代公司与私有财产》（*The Modern Corporation and Private Property*，New York，Macmillan，1933 [1932]）。

力[1]——能力是一种独立的权威原则,最终具备了自身特有的逻辑。从某一刻起,甚至从一开始,王朝权力的持有者,为了战胜王朝内部的对手,就不得不谋取掌握军事、技术和官僚等能力的人的支持。因此,为了捍卫王朝原则,他们不得不依靠一些以一种非王朝原则为生存依据的人。矛盾的是,如我刚才所说,党派逻辑(在其中我们可以看到一种政治状态下的家庭内部逻辑的残余)促使国王利用政治资源收买党派首领。换句话说,王室金库的作用是赠送。也就是说官僚逻辑既不可避免——它是王朝不可缺少的东西——又在原则上与王朝相对立。

不知你们记得与否,达格索的文章令人惊讶:达格索勾勒了一种神学,一种文员的意识形态,其权力不在于血统,而在于能力。在这篇文章中,他不停地从一种原则滑向另一种原则:穿袍贵族同时也可以是(佩剑)贵族,因此他们也援引血统原则;人们陷入异常的矛盾之中,而这些矛盾在我看来构成了统治工作的分工。

三方结构

下面我简要介绍一个示意图,我觉得颇有启发性,可以简单地论述一下。我们看到这样一个结构,其中有国王、国王的兄弟以及所有王朝内部的竞争者也就是说其他封建主等。

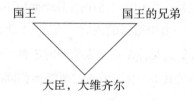

---

[1] 伯纳德·格内,《十四与十五世纪的西方》(*L'Occident aux XIVe et XVe siècles*, Paris, PUF, 1971),第230页。

这里，（国王兄弟的）正当性源自家庭、血统逻辑、天性，其再生产方式是家庭内部再生产方式。而国王的大臣，我们可以说一个代表，一个受托人，他的正当性往往来自学校，后者为他的能力提供担保。一边是能力、功绩、经验，另一边是天性。最终我们得到一个三角形，一种杜梅齐尔式的三等分[1]，它存在于各大帝国之中。国王需要这些人（大臣）巩固自己相对于自己兄弟的权力，但这些人也可以调转矛头，用国王要求他们拿来为他自己服务的能力以及由这些能力所保证的正当性来反对国王。

于是就有了各种解决办法，我快速描述一下。例如，（王朝国家的大臣）往往注定单身，极端情况就是阉臣，他们被禁止再生产：他们，就像大维齐尔一样，拥有权力，但却是无法再生产的权力，只在此生可以行使的权力。其他人被部分或完全排除在权力之外，但他们却可以再生产。换言之，既有可以再生产的弱者，也有无法再生产的强者。我们明白了继承问题为什么很重要，为什么要从再生产角度思考问题。一边是继承人，另一边是我称之为"oblat"，被献祭给教会的人，通常是些穷人，自小就被家庭献给了教会。被献祭给教会的人一切都依赖国王，国王可以得到他们的忠诚。我想这是所有组织共有的一条"铁律"。各种政治团体都为献身于此的人提供广阔前程。机构不提拔在机构之外拥有资本的人，这是一条法则。这点适用于党派也适用于教会：教会喜欢这些献身的人，因为他们一切都依赖教会，因此全身心效忠教会。例如，主教往往是献身教会的人，教会可以剥夺他的一切。

我认为这种三方结构具有强大的阐释力。例如，它可以解释为什么在许多古老的帝国中，有一些身为贱民的官吏：官吏常常是遭排斥的人，也就是说被排除在再生产之外的人。这是些注定单身的阉

---

[1] 杜梅齐尔，《神话与史诗》，第1卷，同前书。

人、教士——依然是"被禁止的再生产"。一些与本国人没有亲缘关系的外国人——宫廷禁军、帝国财政部门中的犹太人往往就属于这种情况——（这是）一些归国家所有的奴隶，他们的财物和职位随时都可能被国家收回[1]。我们大可以举出成千上万个类似的例子，但（一个结构的好处在于它）可以不用卖弄一个人的历史素养以及这种素养的局限……我可以举一个古埃及例子或者古亚述帝国的例子，比方说，被称为 wadu 的公务人员既是奴隶也是公务员：这个词在两种情况下都适用[2]。再比如，波斯阿契美尼德王朝中，高级公务员往往是些希腊人。在奥斯曼帝国中，正如曼特兰（Robert Mantran）在其精彩著作中所写，自 15 世纪之后，针对这一问题有了一个极端的解决办法：国王一即位，就让国王的兄弟消失……[3]。家庭内部传递原则的独断性消失了，因为国王已经没有此种关系下的竞争者了，留给他的只剩大维齐尔（大臣）的问题了，而他自有应对之道：雇用一些外国人来当公务员，即主要是被伊斯兰化了的叛教的基督教徒，他们可以身居高位。

（……）于是，我们有了一条根本的法则，即统治工作的分工。回到法国王权历史中来，我发现从很早开始，重要的职位就由所谓 homines novi 即新人来担任，他们是完全依赖于国家的献身者，

---

[1] 布尔迪厄这里参考的是基斯·霍普金斯（Keith Hopkins），《征服者与奴隶》（*Conquerors and Slaves*, Cambridge, Cambridge University Press, 1978）。
[2] 保罗·加内利（Paul Garelli）、让-玛丽·杜朗（Jean-Marie Durand）、阿提斯·高奈（Hatice Gonnet）等，《亚洲近东地区》（*Le Proche-Orient asiatique*, Paris, PUF, 1969），第 1 卷《从起源到海洋民族的入侵》（*De ses origines aux invasions des peuples de la mer*）。
[3] 罗伯特·曼特兰，《16—18 世纪的奥斯曼帝国的行政、经济和社会》（*L'Empire ottoman, du XIVe au XVIIIe siècle. Administration, économie, société*, Londres, Variorum, 1984）；另参见罗伯特·曼特兰编，《奥斯曼帝国史》（*Histoire de l'Empire ottoman*, Paris, Fayard, 1989），第 27 页以及第 165—166 页。

并且具有令人不安的专业技能。(……)显然，国家是与自然相对而建立的，国家，即反自然（antiphysis）：没有再生产、没有生物遗传性，甚至没有土地可供传承，而国王和他的家庭属于血统、土地、自然的一边。

因此，现代国家源头上的第一项措施就是拒绝一切继承的可能和一切长期——也就是说超出其此生的限度——占有生产资料尤其是土地的可能。而土地一直以来都作为生产资料以及社会地位的保障而存在。例如，在奥斯曼帝国，高级公务员有土地收入，但永远没有土地所有权。另外一个措施是职务继承（charges héréditaires）；公务员是终身制，有两种（对立的）时间性，（继承人的时间性和）公务员的时间性。我曾经主持过一项针对公务员的调查[1]，包含这样一些问题："您认识您的前任吗？"以及："您能够对您继任者的任命产生影响吗？"这是巨大断裂之一：从前任和继任角度出发的思维，至少在正式层面被驱逐出了官僚思维。同时，公务员和他的职位有了一种十分特殊的关系：一种与继承分割的关系，从感知结构角度看，也与未来切断了关系。韦伯在他的宗教社会学中，也尝试为社会空间中的每一个重要位置（确定）它所偏向的宗教情感[2]——例如，商人有自己特有的宗教等。我认为要想理解公务员的历史观、宗教观，就得考虑到他们所处位置的时间性其本身的组成结构。

还应该阐述一下特殊少数群体的作用。恩斯特·盖尔纳（Ernest Gellner）论国家的著作让我们清楚地看到所谓贱民群体在建立官僚国家中的作用——我觉得这是书中唯一有趣的观点。例如，他大篇幅强调"犹太人，由于其公认的职业可靠度以及能在确切日期提供确切服

---

[1] 参见阿兰·达贝尔（Alain Darbel）、多米尼克·施纳伯（Dominique Schnapper），《行政系统官员》，"欧洲社会学中心手册"（*Les Agents du système administratif*, Les Cahiers du Centre de sociologie européenne, La Haye, Mouton, 1969）。
[2] 韦伯，《宗教社会学》，同前书，第1章（1913—1914年）。

务和确切商品的能力,在结构中不可或缺。但显然,他们必须在军事和政治上不得势,才能被允许操控一些工具,这些工具一旦被别人掌握就会变得危险,威胁到将此委托给他们的那个人[1]"。雇佣兵只是该一般模型的一种特殊应用。下一次,我将试着进一步分析这一转变过程。

---

[1] 恩斯特·盖尔纳,《民族与民族主义》[*Nations et nationalisme*, Paris, Payot, 1989(1983)],贝内迪克特·皮诺(Bénédicte Pineau)译,第 150 页。

1991年10月24日课程

课程逻辑概要——家庭再生产与国家再生产——关于政治思想史的题外话——法学家在国家建构过程中所做的历史性工作——权力的分化与结构性腐败：一种经济模型

课程逻辑概要

我接下来将快速整理一下我讲过的内容。第一步，我试着理出王朝国家的特定逻辑，并且证明，王朝国家的一些属性来源于它依照一个根本原则进行组织这一事实，这个原则即是以家族为基础的再生产策略。第二步，我分析了引领王朝国家向我们所熟知的更加非个人化的国家过渡的动力源。上一次，我描述了王朝国家的特有矛盾。王朝国家是两类行动者之间的结构性张力之所在，实际上也就是两种再生产方式之间的结构性张力之所在：一群行动者——王室——通过生物基础上的传承原则进行再生产，另一群行动者则通过中介进行再生产，其原则显然是教育体系。我认为这两类行动者之间的矛盾是国家历史的根本推动力之一，这样我们就能理解一种个人类型的、可直接以继承的方式传递的权力如何过渡到一种更加非个人化的、可以部分以遗产方式传递的权力。这就是我论述的步骤。

今天，我想首先强调一下这两种再生产模式之间的矛盾之起因，因为只有完整把握这种对立的根源，我们才能理解表面看来相去甚远的事物。我无意推翻常识，但我认为如果把法国大革命理解为一种非个人化再生产方式相对于个人化再生产方式的胜利,我们就能更好地理解法国大革命。说到底——我跟你们说这个是为了让你们立刻了解我的主旨——最希望发生大革命的社会类别是那些依赖教育体制、文化资本等来实现其权力位置存续的人。较之于只靠继承来实现权力和权力传递的社会类别来说,他们乐于推广一种更普遍的国家定义。一旦我们想到这两种原则之间的冲突,就能理解许多事物。下次我会跟你们讲一位美国历史学家写的关于国王御临高等法院会议的精彩著作[1]。这是一种十分崇高的仪式,在仪式过程中,国王驾临高等法院,并在极端情况下,行使其立法者的权力。她回顾了这项典礼的历史,我们惊讶地看到以王朝为基础的权力和以权能尤其是司法权能而非谱系为基础的权力之间斗争的各种状态和阶段。这本书的最后一章描述了路易十四统治时代的最后时期:一边是路易十四建立的宫廷仪式,国王高居宝座,被整个王室环绕,面前是他的臣民;另一边是御临高等法院,国王也仍然高高在上,但围绕他的却是一些以法律为自身权威之基础的人。她将这两幅截然相反的画面对立,这正是(两种再生产方式)之间对立的一种具体体现。这下你们应该多多少少了解我的视角了。

家庭再生产与国家再生产

我的假设是,以现代国家为结果的转变,其主要动力之一就是这两种不同再生产原则之间的对立:一种可以说是家庭,另一种是(文化实力或学校教授的技能)。这两种原则一直在起作用,并且直到今天,国家依然备受继承者与新来者之间的张力侵袭。在我研究的那个

---

[1] 莎拉·汉利,《法国国王御临高等法院:传说、仪式和话语中的宪政思想》,同前书。

阶段，教育制度表现为一种独立的再生产原则，与王朝原则对立。因其自身运行逻辑使然，它后来也变为几乎是王朝性质的再生产原则了，并且为国家贵族打下根基，后者是此前两种再生产原则的一种综合。我们于是面对两种再生产方式，它们互相协调，奠定了群体的两种忠实或效忠的原则，这些群体被两种差异甚大的关系集结在一起。当然，我关于再生产方式提出的所有主张都有一个预设，即权力被一种斯宾诺莎所谓的努力（conatus）所激励，这是一种自我延续的倾向，一种要在存在中延续的倾向。（我们在做社会学研究时，必须明确承认这一前提，才能理解社会世界如何运行。这压根不是一种形而上学的原则：我们必须假设掌握一种权力、一种资本的人在以延续或增加他们权力和资本的方式行动，无论他们是否知晓这一点。）这种欲求是支撑社会群体的持续运动，它让掌握资本的不同群体对峙并将他们掌握的权力运用在以维护或增加这一权力本身为目的的斗争当中。

以上就是我遵循的主线。现在我来明确一下这两种再生产方式的特点。这个转变时期极为漫长，我们可以一直回溯到其源头。从中世纪初开始，持有终身权力的人，那些新来者——往往是博学之士、文员，而后是不信教的法学家等——与王朝继承人对峙。（这一过渡时期）从12世纪一直持续到法国大革命。它之所以值得关注，是因为随着权力场的自我分化，出现一种矛盾和暧昧的再生产模式。矛盾源于非家族再生产模式以它自身，以它唯一的逻辑，构成对继承式再生产模式的批判。这是本质上对立的两种再生产方式：官僚再生产模式由于和教育制度相关联，其存在本身就是在挖家族再生产方式的墙脚。它颠覆了后者的正当性。抛开一切意识形态构建不谈，教育的发展和以能力为自身权威基础的公务员数量的增加就已然动摇了建立在血缘关系上的继承权。可以说在某种意义上，国家精英（贵族）——他们是权能贵族，穿袍贵族是其代表——驱逐旧贵族。

但事情没那么简单，因为，就像历史学家证明的那样，血统上的贵族仍然是具有正当性的贵族，穿袍贵族则被分化。弗朗索瓦丝·奥特朗关于14世纪与15世纪穿袍贵族历史的书十分引人入胜[1]：我们看到穿袍贵族如何以某种方式被团体的共同利益和私人利益所撕扯。集体利益促使穿袍贵族表明自己与血统上的贵族的区别，而私人利益则促使穿袍贵族通过联姻融入血统上的贵族中去。历史学家大概会不无道理地质疑我的这一建构，他们会说"这个框架过于简单了。您将两种再生产方式对立起来，但实际上二者是互相交融的；所谓的穿袍贵族中的40%实际上是完成了学业的佩剑贵族"等。的确，随着以教育制度为路径的再生产逐渐确立，一部分血统上的贵族转变身份，并且将自己血统贵族资本转变为通过获得学位头衔而得来的穿袍贵族资本。事情确实要复杂得多。但这不代表模型是错的，只不过持有此一类或彼一类贵族资本的社会行动者将尽其所能操控自身特殊利益和集体利益，使得与自己拥有的那类贵族资本相关联的效益达到最大化。

我上一次强调过的这两种形式，它们是不兼容的。王室内廷、所有持继承而来的先天贵族属性的要人自然属于天性、天赋、可传承的一边，这个社会类别的职业观念是一种自然主义的观念。一切意识形态的目的都在于把一种特权转化为自然，贵族一直为所有意识形态提供模型。（……）相反，公务员的资本是得来的，他们属于终身的、暂时的、功绩的一边，哪怕他们也用天赋说事——天赋这个概念非常重要。超凡魅力属于贵族，通过血统传承之所以能提供正当性，是因为一些非凡的属性、一些独具魅力的属性也通过血统被传承下来。例如，治愈瘰疬的能力就是其中一种表现形式[2]。

---

[1] 弗朗索瓦丝·奥特朗，《精锐职系的诞生：巴黎高等法院成员，1345—1454》，同前书。
[2] 此处暗指自中世纪开始在法国和英国被归功于国王的治愈这种结核病的能力。参见马克·布洛赫，《国王神迹：英法王权所谓超自然能力研究》[*Les Rois thaumaturges. Étude sur le caractère surnaturel attribué à la puissance royale, particulièrement en France et en Angleterre*, Paris, Gallimard, 1983（1924）]。

于是，一边是将血统传承尤其是天赋的传承视为一种超凡魅力的观念，另一边是未来同样将具有超凡魅力的一种观念——人人皆知，学校那套观念是典型的超凡魅力观念，因为它以天赋的概念为基础，这是自然的赠予，与后天习得毫不相干。但在那个时代，对立更为彻底：一边是天生的，一边是习得的；一边是血统，另一边是才能尤其是法律。有普遍主义诉求的人是法学家，这并非偶然。他们面对自己在法律方面的权威，将利用自己的法律才能，把自己作为具有特殊资本的法学家的特殊利益普遍化。法学家显然在国家的建构过程中起到了根本性的作用，因为他们既是裁判也是参与方：他们是能够为君主提供正当性的人——绝对主义理论正是法学家炮制的，它以最极端方法为王朝传承进行辩护。这不排除法学家在越来越以场域方式进行活动的同时也被分化，不排除其他法学家利用自己的法律才能，捍卫建立在另外一种可能的基础之上的权威，即以宪法为基础的权威。在与王权进行的持续斗争中，他们最先尝试向国王和贵族提出，有必要在简单的继承式传递之外找到另一种基础，来证明自己的正当性。

以上就是我对这个场景的看法，在这两个对立的原则之上，显然还关联着一些利益和行动者群体。往往（……）我们会碰到一系列法学家的文本，要么是为君主制国家辩护，要么是或多或少受卢梭启发而发出的批判。写出这类书的历史学家倾向于就文本论文本，而不把它们和制造文本的人联系起来。按我在这里一直强调的原则，我认为无论我们要理解什么文本，都应该知道：一方面，存在一个文本的空间；另一方面，存在一个文本制造者的空间。我们必须把文本空间结构和文本制造者的空间结构联系到一起，才能理解为什么文本如是写就。要弄清为什么某个外省的法学家在一本反对君主制的小册子里提出一些卢梭主义的命题，就得知道这是一位大家出身的律师，他的表兄在波尔多市身居要职，而他本人则属于家族中较为失败的那一支。我们得知道他在法律场中占据的位置，他掌握的权威，他是巴黎人还是外省人，是巴黎高等法院的大法官还是西南地区接不到案子的小律师。所以说应该把文本空间和文本制造者空间联系起来。

随着权力的分化，出现了一群主导者：与法律和终身权力相关联的人，以及与血统和继承权相关联的人。这两群主导者本身也在分化，互相对峙的是在每一个阵营内部以及阵营与阵营之间你争我夺的行动者。这些十分复杂的斗争催生了具有革新性质的实践和发明。例如，在法院中，经过一系列计谋和争斗之后，高等法院的人强制要求穿红袍。这在我们看来好像很荒唐，但却是一项很重要的胜利，因为他们得以穿红袍而非黑袍出席乃一种象征性的征服，使他们可与某某王朝后代相提并论。就这样，各种各样实践性和象征性斗争轮番上演。显然，象征性斗争主要是那些属于终身权力、法律和话语一边的人所为：他们一方面有在实践中（在仪式内部的座次优先、等级等）谋得改变的能力，另一方面有进行象征性斗争的能力和生产理论的能力。我们在各所政治科学学院学习的政治理论，一部分直接来源于这些斗争，通过这些斗争，投身统治工作分工的各个群体竭力进卒。

关于政治思想史的题外话

我觉得应该重写整部政治思想史（可惜我既没有时间也没有这个能力）。我说"重写"，实为"正在进行中"，因为有一些我以后会参考的精彩著作正在写作过程中。我简单解释一下，你们得明白我所讲述内容的背景。我们有一部传统政治思想史，（其代表作是）让‑雅克·舍瓦里耶（Jean-Jacques Chevallier）的书[1]，每章讲一个作者（柏

----

[1] 让‑雅克·舍瓦里耶，《政治思想史》（*Histoire de la pensée politique*, Paris, Payot, 1979—1984）（三卷本）。

拉图、博丹等），但就跟哲学史上一样，我们不太清楚这些作者是如何被选定的。

幸运的是，我们开始有了一些哲学或者文学的社会学研究，它们不满足于只接受材料库并且只针对出现在材料库中的人做社会学研究，而是建立一种材料库的社会学：为什么这个材料库成其所是？为什么，在法国，康德是绕不开的，笛卡尔更绕不开，而在盎格鲁－撒克逊传统中，休谟和洛克的地位更高？换言之，（要思考的是）"历史排行榜"是如何建立的。政治哲学领域也要做同样的工作：我们发现，在博丹周围，有十五六个人物也提出了一些国家理论、政府理论，但却被后世遗忘了。如果我们再进一步，像莎拉·汉利那样，通过转写的话语，去研究掌玺大臣、高等法院、书记官公开采取的立场，我们会发现这些人也曾就国家、政府和权力提出了自己的理论。被政治哲学史记住的大人物是从一个正在建构中的领域里脱颖而出的。如是思考后，我们发现，政治哲学史脱胎于政治行动，脱胎于政治工作，它甚至就是后者的目的所在。例如，有一位历史学家是一名书记官，他是最早写御临高等法院史的人之一，他完成了一项策略之举：他重建了某种虚构的御临高等法院史，这一虚构在某种程度上已成现实，因为有一位国王读了他的著作后当了真，后来的御临高等法院也就照着这位作者提出的模型建了[1]。

换言之，政治哲学家的理论构建也是历史学家研究的现实之构建的一部分。这不仅是一种陪衬的话语。正因此，意识形态的概念是十分危险的：它让人们以为先有了上层建筑然后才有了一些话语。并非如此。话语也是现实的组成部分，而在此个案中，话语的主导者也就是说法学家，拥有此一巨大优势，能让别人相信他们所说的

---

[1] 参见莎拉·汉利，《法国国王御临高等法院：传说、仪式和话语中的宪政思想》，同前书。

话。他们有一种权威,他们有能力说,还有能力带着权威去说。而凭借这种能力,他们能让人相信符合他们利益的东西是对的。一旦让那些有权力让对的东西存在的人也就是说有权势的人相信什么是对的,他们就可以把自己所说的话变为现实。如今的民意测验跟这个就有点像……你们再琢磨琢磨,我讲得很快,但某些情况下,话语确实是一种或多或少能自我证实的力量。所有这些题外话对于改变思维方式来说是很重要的。我常说马克思主义"无法越过"[1],但条件是你得越过它。这种意识形态/现实的区分是种种糟糕的划分之一,阻碍我们理解我将描述的这类过程,而它们正是从话语向仪式现实的持续过渡。

我想说,国家是成千上万无限微小的举动的产物。我们会在历史书中读到一些巴黎高等法院开会的场景:人山人海,而国王高高在上。这些人物中的每一个都强烈存在着,在进入庄严的会场前,他对身边人说:"我们有权进谏!"然后,他们派了一队代表到国王身边,后者回绝了他们,但仍然做出了让步:"在五条谏言中,我只接纳一条。"比如说关于贫困的那条。国王原本就该是穷人的保护者,而别人却不得不提醒他,他置穷人于不顾,真是糟糕……其他四条(谏言)被搁置一边。所有这些商议,这些讲出来没头没尾的成千上万的微小活动,都应该被纳入社会学上有效的理论模型之中。

要真正解释国家的生成,就要做一个编年表,囊括所有这些行为、这些微小活动、这些形成中的压力集团、这些计策。通过这些计策,人们在仪式中引入一种微小的变形,而我们研究的理论话语只是这些计策的一种表现。遗憾的是,我无法将这项工作进行到底,但我

---

[1] 此处暗指让-保罗·萨特的话"马克思主义是我们这个时代无法越过的哲学地平线"。《辩证理性批判》(*Critique de la raison dialectique*, Paris, Gallimard, 1960)一书的导言《方法问题》(«Questions de méthode»)。

可以指出其原则……我认为应该将博丹说的话和某个大法官在御临高等法院前和他身边人所说的话等量齐观：这是一些举动、一些策略。我在这里无意让宏大理论丧失威信，声誉扫地，但我认为我们不得不矫枉过正：我们太习惯于尊重马基雅维利了，而瞧不上那些八卦，我只能往另一个方向上进行强调。

法学家在国家建构过程中所做的历史性工作

言归正传。有两种对立的再生产原则和一些社会行动者，他们的利益或多或少与这两种原则之一相关联。这些行动者本身被裹挟在极为复杂的游戏之中——法律游戏、王朝游戏等——在这些游戏中，穿袍贵族或者佩剑贵族的集体利益各自明确、分化、切割。这些人中的每一个又带着自身的优势和工具，在一些极为复杂的小型游戏内部活动。在我看来，法学家是普遍、普遍化的发动者。他们掌握法律，即此种带有普遍性企图的话语；还掌握一种职业能力，能够做出解释、给出理由、制造理由，因此也就是将事实层面的事物——"就是这样""这不可能""这无法容忍"等——带入理性层面。途径有两种：一是诉诸普遍的法律原则——例如，没有不存在宪法的国家——二是诉诸历史。法学家是最早的宪法史家，是最早尝试寻找先例、将历史档案条分缕析的人。值得注意的是，最积极投入巴黎高等法院成员可否穿红袍之争的人，最积极投入这些微型战斗的人，做了闻所未闻的历史研究：他们详细分析档案，以便弄清在13世纪的首次御临高等法院中，国王是否由某人带领进入会场，是否把各大诸侯放在了第一排，等等。这种历史学家的工作也是国家建构的组成部分。我只想说，这些人，出于他们的特点和位置，为了推进自身利益，不得不推进普遍性。这是他们的属性，他们不能仅仅满足于说："就是这样。"甚至当他们为国王和绝对主义服务时，他们也为那些可能以武断方式确立的东西给出理由。他们就是给出理由的人，更何况他们自己也想推进自身的利益。

以上就是我阅读材料和史学家著作的模式和原则，但我不知道为什么这些东西没有人说。我给你们讲了我研究、工作、阅读的结果。我试着告诉你们指导我阅读的是何种历史观，假如有的话。跟你们说句可能带点说教意味的话吧：结构/历史、个体行动者/集体行动者、个体理性/集体理性等所有这些充斥我们头脑的对立没有任何意义……我认为，在一个复杂行动体系中，没有哪个行动无关紧要到毫无意义。我讲的这些题外话就是这个意思。

所以说有两种互相冲突的再生产方式。而就像我上次提出的框架里所显示的那样，国王是第三方。他在某种意义上高于持终身权力者和继承者之间的对立。他甚至可以利用二者之间的对立来进行统治——通过分化来统治。这意味着他可以利用持终身权力者的才能来让自己的兄弟或者表亲丧失威信；反过来，他也可以让持终身权力的人退归原位，依据血统回到自己所属的等级。要完全理解国王的举动，就得知道，如我去年所讲，国家建构初期是不同种类资本集于国王一手的过程。换言之，这个人掌握了管理这一资本的权力，本质上即是对资本进行再分配的权力。这一点已是老生常谈，尤其是在研究国家生成的人类学家中。例如，在非洲社会中，正当权力的第一种积累形式就与再分配联系在一起。这里仍须分析一下"再分配"的含义。历史学家十分强调法国和英国君主制下的物质再分配，也就是说随着国家的形成，国王逐渐有能力按照自己确定的途径对税收收入进行再分配。通过税收积累的钱财被重新分配给特定类别的臣民：以军饷的形式发给军人，以俸禄的形式发给公务员、药局所有者、行政主管官员、司法人员等。

历史学家坚称，国家的生成与一个和国家相关并且依赖国家生存的群体的诞生密不可分。这一点需要加以阐释，才能理解行动者的行为,理解为什么如今有些人投票时会倾向于和他们的"宗教信仰"相关联的某一个方向。如何解释宗教信仰和政治立场之间的关系?我们往往只看到一种直接的、简单的联系:身为天主教徒意味着会投票给右派。可能在某些年代是这样,但此间关系实际上要复杂得多。要弄清为何信仰某种宗教会导致采取某种政治立场,就要弄清与教会的存在相关联究竟意味着什么。例如,应该思考哪些人的生活会随着教会的消失而改变。想一想那些蜡烛商吧,他们可能并不是天主教徒……我就不再引申了。

国家亦是如此。公共服务对谁有利?如果我们针对日常公民责任感做个调查问卷,问问谁让自己的狗在排水沟里拉屎,或者谁乱扔塑料垃圾等,我们可以思考哪些原则将人们区分开来,这个问题并不简单。我个人会倾向于思考我提到大蜡烛制造商时所暗示的那类东西:哪些人与公共秩序相关联?他们是否公开领薪水?他们在公立学校念过书吗?应该朝这个方面探索。这类事物应该放在"利益"这个概念之下。人们会以一种表面看来混乱无章的方式分化。社会学家假设在这种表面的混乱之下存在必然性:人们没疯,他们不是胡作非为,他们有一些"利益"。我说的不是边沁(Bentham)意义上的利益,不是简单的物质或者经济利益,而是十分复杂的利益,和从属有关:inter esse,意思是"从属于","是其中一分子"。涉及公共的时候,谁是其中一分子?当一个公共频道被取消时,谁会感到震惊?这恐怕与公务员身份不无联系。历史学家大可以在国家与军饷、薪水等之间建立联系。但这一切背后,出现了一个与国家相关联的人数众多的团体。研究国家建构的物质层面,已经是在研究其他某种东西了:通过领取薪水这件事,一种从属、依赖得以确立,它不能被理解为奴性。人们说"公务员只满足于服从";事实上,这不是奴性,这是一些意识中存在的深层利益,只有在关键时期才会暴露出来。蜡烛商只有在教会真的消失时才会发现自己的利益。换言之,有一些依附、从属、连接的形式需要去把握。一份薪水体现的是一种依赖、一种联系，我们可称之为道德联系。

若你们读丹尼·科鲁泽（Denis Crouzet）的文章《法国十六世纪贵族危机研究》[1]，就会发现跟我刚才讲的东西有何不同。在这篇文章中，丹尼·科鲁泽采取了最普遍的唯物主义观点：他阐明围绕权力展开的斗争何以是为占据主导位置即能够在财政上带来好处的专属位置而展开的影响力之争。他直截了当地说，这一斗争之所以激烈，是因为贵族要想延续他们的生活方式，也就是说延续他们的身份，就需要钱。从这些围绕再分配展开的斗争出发，我们就可以明白究竟发生了什么。他举了一些例子：内维尔公爵归顺亨利二世，吉斯公爵归顺亨利四世，以便获得 1200 万里弗尔（livre）[2] 来抵债等。在这些案例中，我们清楚地看到，国家主要通过分配资源来行使权力。我想强调的是，对国家权力的依赖大大超出了物质依赖……这是第一点。

此外，丹尼·科鲁泽认为，国家通过对物质资源进行再分配制造了一种象征效果。这很好理解，在前资本主义社会中尤为显著，其中原始的积累形式正是建立在再分配基础之上的。现在我们知道，一些看上去像浪费的事情——分被褥或者分薯蓣——实际上是一种积累的形式。象征炼金术正蕴含在再分配之中：我收到钱，再转交出去，就把它变为能激发 "reconnaissance" 的馈赠—— "reconnaissance" 一词可取它的两个意思，一是感激，二是对正当性的承认。集中的逻辑于是就通过再分配走向了一种新型积累：象征资本的积累，正当性的积累。

---

[1] 丹尼·科鲁泽，《法国十六世纪贵族危机研究：内维尔家族债务》（«Recherches sur la crise de l'aristocratie en France au XVIe siècle: les dettes de la Maison de Nevers»），《历史、经济与社会》（*Histoire, économie et société*），1982 年第 1 期，第 7—50 页。
[2] 里弗尔，法国古代货币计量单位，相当于 1 磅白银，1360 年开始使用，1795 年后被法郎取代。——译注

这一炼金术式的再分配在典型的王家特权即任命权中体现得淋漓尽致。

我在这里一开始做的分析中[1]，一再强调必须对一些诸如"他被任命为教授"之类的寻常事保持惊奇。任命正是暗含着象征资本的集中和根据特定路径对其进行再分配的能力的行为之一。（威廉·布莱克斯顿）[2]说过一句话："国王乃荣誉之源泉。"国王作为所有恩惠之源的形象，尤其是作为象征性恩惠也就是说那些和身份有关的恩惠之源的形象，在他决定谁是贵族谁不是贵族，谁是大法官谁不是大法官时，就体现出来了。任命权是一种社会创造权，它让被任命的人按照其任命存在。历史学家描述的物质再分配就多了一份效忠——我刚刚想说来着——和承认所带来的社会效应。换言之，再分配制造了正当性[3]。然而，这个过程又十分暧昧不清。这是一个从资本到资本的积累过程，国王即便在再分配的时候也没有停止积累。再分配甚至是借由经济资本向象征资本的嬗变而完成的积累的典型形式之一。但这种积累却只让一人获利，这是一种韦伯意义上的公共资产"遗产化"。国王使用国家以税收、头衔、特权形式积累的公共资源，而且是为了他自己而使用。

权力的分化与结构性腐败：一种经济模型

国家的建构过程——我下次会阐述这一点——伴随着领导者团体内部的分化。根据授权的逻辑，国王逐渐将他掌握的一部分权力授予他人，这些人可能是他家族成员，也可能是一些有才干的人（法学

---

[1] 参见布尔迪厄在《语言与象征权力》中对任命这个主题所做的阐述，同前书，尤其是第 307—321 页。
[2] 参见上文第 346 页。
[3] 关于这个概念，参见布尔迪厄，《统治方式》（«Les modes de domination»），《社会科学研究学报》（Actes de la recherche en sciences sociales），1976 年第 2—3 期，第 122—132 页；以及《实践感》，同前书，第 209—232 页。

家、文员等）。于是，一些依赖链条形成了，并且链条的每个环节都有转向的可能。换言之，国王为自己做的事，他的每个受托人也可以为自己做。国王可以将他在再分配中获得的象征资本赠予他人，从而改变这一过程的走向，为自己谋利，同样，南锡的总督也可以利用他从国王那里获得的权威，特别是以特权为途径来积累权力和威望。他可以将此权力和威望调转矛头，指向国王。所以，应该将国家的发展过程想象为一种分裂生殖：先是有了一个个体，然后权力被切分、分割，有越来越多掌握小块权力的行动者，他们彼此关联，往往经由一些授权过程划分为不同等级。我下周将分析一下签名授权过程，这是历史层面最有趣的事物之一——每个人签名、副署、被副署等。伴随这一授权过程，权力增强了，且权力的每一个衔接处都出现了挪用权力的潜在可能。腐败，这个被诸多著作尤其是关于古代中国等大帝国的著作所探讨的主题，以某种方式内在于结构本身：腐败之所以能发生，不过是国王的所作所为在下层的复制罢了。腐败是为了某个人的利益而挪用一种权威提供的好处，这个人只是权威的保管者，他通过授权获得了这种权威。

我们可以简单设想一个模型，来解释挪用的可能性，也就是说直接征收的可能性。一般来说，一个有无限权力的、专制的国王应该有能力控制整个集中过程和再分配过程。他不该让任何东西不经己手积累，不该让任何东西不经己手再分配，在这种情况下，就不会发生权力的损耗。比如说，一切经济资本都会转化为象征资本，划入国王账户。但实际上，在流通过程中发生了流失：在国家这个极为复杂的网络的每个网眼里，在职的人都可以进行直接征收，也就是说获得不回溯到国王那里的直接利益，并且他们也可以将这些提取物象征性挪用，直接在省一级对它们进行再分配等。于是，所有帝国和所有政治体制都遇到一个问题，那就是省长和省之间的关系。比方说，直到今天，在教会中，主教仍不能在他出身的教区选任也不能在其相邻教区选任，这是一条在许多制度或帝国中都通行的法则：人们非常看重这样的切割，因为人们假设，直接联系会导致直接征收或者直接再分配，也就会导致短路。而这种短路就是腐败。

国家实行的集中给予国王一种相对于其他所有参与统治的行动者的权力，但它也有其局限性。为了集中资本，国王需要一些助手，他遵循的是折中的逻辑。关于这一点，我最后会就中介的问题说两句。已经有经济学家从一些模型出发，对这个问题做了很好的研究。主要是两位经济学家，我告诉你们名字——我没法给明确出处，原因很简单，我收到的这些文章还没有发表。一位是图卢兹大学和社会科学高等研究院教授让-雅克·拉丰，他写了一篇文章，论"层级结构中隐藏的博弈"[1]。另一位是让·梯若尔（Jean Tirole），他分析了偏袒的逻辑[2]，我也曾尝试描述过，但差强人意。我简单说一下他们的模型，下次课我再回过头讲史实。和只描写却不怎么分析的民族学家相比，经济学家长于分析，却往往在不了解事实的情况下建立模型。我认

---

[1] 据我们所知，这篇文章一直没有以法文出版，但此前应该出过英文版：让-雅克·拉丰，《层级结构中隐藏的博弈：事实与模型》（«Hidden gaming in hierarchies: facts and models»），上文已引；以及《对三级结构中隐藏的博弈的分析》（«Analysis of hidden gaming in a three-level hierarchy»），《法律、经济与组织杂志》（*The Journal of Law, Economics, and Organization*），1990年第6（2）期，第301—324页。

[2] 该文与拉丰共同署名：让·梯若尔、让-雅克·拉丰，《拍卖设计与偏袒》（«Auction design and favoritism»），《国际工业组织杂志》（*International Journal of Industrial Organization*），1991年第9期，第9—42页。1990年，让·梯若尔与让-雅克·拉丰发表了《政府决策的政治：监管制度》（«The politics of government decision making: regulatory institutions»），《法律、经济与组织杂志》（*The Journal of Law, Economics, and Organization*），1990年第6（1）期，第1—32页；《政府决策的政治：规制俘虏理论》（«The politics of government decision making: a theory of regulatory capture»），《经济学季刊》（*The Quarterly Journal of Economics*），1991年第106期，第1089—1127页。他们此后合写了一本新规制经济学的关键著作：《采购和监管的经济理论》（*A Theory of Incentives in Procurement and Regulation*, Cambridge, MIT Press, 1993）。

为，现实主义历史模型的建构要以一种能够服从历史事实复杂性的建模理念为前提，当然这也可能让纯粹的建模者和坚定的撰史者都失望不已。

他们的模型十分有趣，因为是从契约理论出发的、我就不细说了，否则追溯起来没个完。他们区分了一切互动中的三个层面，分别对应三个等级的行动者：一端是他们所谓的"主事人"（比如说手握资本的企业主，希望获取劳动），另一端是个体劳动者；在这两者之间，是supervisor，即监工，中间人。他们的模型非常有趣。他们指出，主事人（特殊情况下可以是国王），应该回笼资金——征税——或者获得服从——征兵。他自己没法监督，因为成本太高。因此他不得不求助于监工、总管、代理人。于是，代理人就处在一个十分强势的位置——契约理论总是从信息角度考虑问题——因为有一部分信息是主事人必须通过他才能获取的。咱们想象一下，有三个工人，其中两个人什么也不干，一个人干活，国王打算奖励他。只有监工才知道谁干活谁没干活，他于是就掌握了一种国王所不掌握的信息。但监工也可能不给出这些信息，并且和工人结盟，跟他们说："我不会说谁干活谁没干活，你们看着办，付我钱吧。"

中间人于是就可以靠掌握信息这种稀缺资源而获利。主事人只看工人干活的结果，看总体数据。而监工呢，他知道谁干活卖力，知道最终结果靠的是运气还是别的什么。因此，监工就处在一个和表面看起来相反的强势位置上：人们可能会以为他在两种力量之间左右为难，但事实上，他处在一个战略位置上，他可以拿说实话来威胁工人，或者向主事人隐瞒实情。如果国王要抵制有利于监工位置的内在利益内在倾向，他就得发明出一种激励机制，比监工从两边对话者玩的双重博弈中获取的利益更为有力。因此他应该设立奖励制度来拴住中间人。但这样一来，他就得向后者做出让步。经济学家的模型没有说出的是，让步到一定程度，中间人就能（扮演）主事人（的角色）。为了让中间人做他应该做的事，比如说监察或者执法，就得考虑发生叛离的可能性，这种叛离以能够使用由不稳定的、居间的位置所提供的战略可能性为基础；为了阻止这种叛离的可能性，主事人就必须做出一些让步，这些让步能大到威胁他自己发出授权的权力。想想法国国王和高等法院，后者刚好就处在这个位置上，（……）有一些行动者可以两头获利，"我们和英国议会一样，我们为人民代言"，或者"我们站在国王这边"。

诚然，这个模型过于简单，应该再复杂一点，但是它展现了我试图阐释的矛盾，我认为，这正是（国家的出现）包括法国大革命的动力所在，而且可能还不止于此。整个国家演变的过程都铭刻在这种矛盾之中；腐败是结构性的，尤其是享有终身权力者也有家庭，他们唯一的梦想就是建立王朝。要么是和血统贵族联盟，要么是卖官鬻爵或者承接官职。享有终身权力者希望进行再生产，这让他们能够发挥自己在授权网络中占据的结构性位置所带来的潜力。因此，腐败是内在的。如何找到有效的国家激励机制来抵制这种腐败倾向？既然行贿者和受贿者（互相监督），那么就在网络内部实行监督吗？但经济学家所描述的中央集权逻辑非常危险，而国王就身处这种矛盾之中：他一旦让步，就必然孕育出一种有能力摧毁他的权力。我们观察到一个有进有退的过程——在这个问题上，国王与高等法院的关系史非常有趣——国王做出大幅让步，以便在困难情况下，在羽翼未丰之时，在摄政期，获得群臣的效忠。他们的关系当然会有波动，关系的结构会根据国王个人的力量——年龄、权威、胜绩等——而发生变化。

我有点失望，因为我本想试着为史实建立模型，不要删减太多，也就是说讲模型的同时也讲历史，可这太复杂了……不过我下次会尽量改进。

1991年11月7日课程

导言：社会科学领域交流的困难——以帝制中国制度性腐败为例（1）；下级官吏暧昧不清的权力——以帝制中国制度性腐败为例（2）；"清官"——以帝制中国制度性腐败为例（3）；两面手法与双重的"我"——官僚场的生成与公共的发明

导言：社会科学领域交流的困难

（开始之前，我将试着回答两个问题）第一个问题有关社会空间，第二个问题有关我讲到马克思主义时对意识形态和上层建筑的关系所做的评论。

首先声明，这些问题让我再一次意识到，我面对的是"速度不一"的听众，教学的任务因此而变得尤为艰难……在座的有些人从一开始就听我的课，听了快十年了，他们明白我所讲内容的前提，另一些人却还"一无所知"，这不是指责，而是我应该重视的事实。还有一些人，他们在社会学方面所受训练程度差别很大，他们可能认为我言之凿凿的事不过是即席发挥，实际上这是建立在研究、分析等基础上的。我之前说起社会科学与社会世界之间的交流问题，最难交流的是提问法：如果一名社会学家在电视上发言，他的听众会根据一个往往秘而不宣的提问法来理解他，这种提问法几乎总是政治的，他们于是将一些分析简化为一些命题，也就是简化为攻击或者防卫。我想我们这里不是这种情况，但好像多多少少还是有一点。

我说这些是为了解释为什么——不只我一个人——我在这儿的所有同事都感到教学极度艰难，而他们中的大多数都已经在众多机构里讲过若干次课了。我想这种极度艰难的原因之一，是我们不得不时时刻刻重新介绍某一主张中必不可少的前提，跟我们写书时一样。于是，我们不停地回顾，不停地插入；我们在任何关系下都感到不满意，也就是说，我们永远无法像自己希望的那样把预计要讲的内容讲得又快又好，而为了让预计要讲的内容能够被完全理解，该说的还必须得说、完整地说。这感觉太痛苦了。我说这个既是为了让你们更好地帮我传达意思，也是因为（……）这让我自己觉得好受些……

这两个问题让我想到了这些，因为它们很显然涉及的都是些非常基本的东西，即场域和空间的关系。我花了一两年时间讲场域的概念[1]，同时也希望能把课程内容发表。（这是此类机构的另一个矛盾：我们攒了一些东西还没来得及发表，又得准备下一年的课了。）我对这一点做过详尽的阐述，我没法三言两语把场域概念的基础再讲一遍。这里我提到官僚场的概念，好像它就是自然而然的东西，尤其是涉及场域和空间的关系时。我交替使用这两个术语，它们在有些情况下对等，有些情况下不对等。所以我要做一件我其实不该做的事：我即将和我的一位美国学生出版一本由问题而来的书[2]。我去过芝加哥大学，美国学生在和法国学生不同的条件下接受培养，他们更侧重技术性、更难缠、更严谨。他们好几个人很认真读了我的书，即使没读全部，起码有英文版的都读了。然后他们抛给我120个问题，我口头回答了这120个问题，花了好多时间。这些问答被记录、润色，很快将在瑟伊出版社以《回答》为名出版。

---

[1] 事实上，布尔迪厄在1982年至1986年期间所有讲座中都谈到了场域的概念，特别是1982年至1984年期间。
[2] 布尔迪厄、华康德，《反思社会学导引》（*An Invitation to Reflexive Sociology*，Chicago-Cambridge，University of Chicago Press-Polity Press，1992）。

我推荐你们读这本书，不是为了打广告，我是借此给你们一些恰当的提示，因为书里肯定都谈到了这些问题。我试着在书里回答了这些（为数不少的）反对意见，因为这些学生做了大量工作：他们盘点了所有语言里对我著作的批判性评论。他们进行了一种汇总，这对接收这些来自各个国家的反对意见的人来说很是可怕。你们的反对意见也很可能归入这一清单之中。另一方面，我也借这本书对场域、习性、资本、各类资本之间的关系等概念做了集中而深入浅出的说明。我每年都得重复一遍以确保衔接，你们还是去读这本书吧。

我收到的第二个问题更为复杂，因为（……）通常，（我只是顺带提一下）我话不讲完，我说"循着我的目光……"言下之意，我讲得太多了，因为从接受情况和传递情况来看，我知道我讲得太多了。如果我把我想说的完整地说出来，得用一年的时间；同时，我觉得顺带很快地做一些小提示也很重要。口头教学的好处之一，就是能一带而过讲一些东西，而放到书面语里，就得从头到尾一字不漏。我认为"辩证法"这个词是一块理论遮羞布，它往往就像斯宾诺莎说的那样，只是无知的避难所，仅靠说出问题不能解决问题——尽管说出问题本身也是很大的功绩。我之前有一天一带而过想说的差不多就是这个意思。我专心对细节进行分析，这是回答这个马克思主义传统未关注问题的一种务实的方式。

我再谈谈另外一个一直困扰我的问题。下周我会跟你们讲《御临高等法院》这本书——之前某天我已经提过。假如我五年前读这本书，我可能一点儿读不懂或者会说："这只是关于国王和高等法院之间关系的逸闻趣事。"若追求博学，我也能从头读到尾。不过现在我觉得自己能够就这本书做很多阐述。我要跟你们说的东西，能让你们知道为什么我能跟你们讲我想跟你们讲的内容吗？这着实是个问题。我不会假装伟大启蒙者，难以将自己的知识传递给门外汉，但这个问题真的很难，需要很多时间，我不确定你们是否有足够的耐心去听。若是研讨会，进展速度可以大大放慢，我们可以从容地回到这一页或者那一页……我经常不得不问你们，是不是相信我说的话。当我说某样东西很重要或者当我请你们相信我说的话时，十分痛苦：我很希望每次都能有时间说出原因。

就这样。这两个问题我都没有回答，但我已经试着解释为什么我不能回答，你们可别因此而气馁就不提问了，说不定我能答得上来呢……

以帝制中国制度性腐败为例（1）：下级官吏暧昧不清的权力

我回到我上次讲的内容上来。简而言之，我强调过，去年我描述的集中过程是一种十分复杂的再分配过程的基础。我还提示，资源集于一人之手，以国王为化身，就使得完全为一人所控制的再分配过程成为可能。这种理想——反正根据人类学著作是这样——在许多古代社会都实现了，例如"夸富宴"（potlach）制度[1]：在某些社会里，再分配几乎可以被一个人控制，他能获取由再分配确保的从资源到象征资本的转变所带来的全部象征性收益。但我会证明，随着政治体系的分化，再分配不再能为单独一人所控制：再分配流通过程中存在某种方式的流失，每一项流失都代表一小块地方，在那里，经济资本转化为象征资本，或者法律资本或官僚资本转化为象征资本，并在途中被掌握某种授权的权威人士抽取了。这一系列流失是人们谈到官僚制度时痛心疾首的一件事情。

再分配中发生的流失在某些制度中尤为显著。关于这一点，我简要介绍一篇文章，我认为它在研究帝制中国官僚制度和腐败方面堪称典范。腐败几乎存在于所有政治体系中，相关研究汗牛充栋，但这篇文章很有意思，可能因为中国的情况具有典型意义，还可能因为这位

---

[1] 北美土著部落一种礼物交换仪式。——译注

汉学家也是标杆人物。（这个问题在我们阅读著作时非常重要：人们倾向于把某一描述的独特性归因为国家的独特性，但它也可能源自分析的独特性。可能恰好这位分析家比旁人更清醒、更聪明，看问题更透彻，更擅长拆解运作机制，因此就特别值得关注，因为我们可以接着去思考那些没被看清或者没被说明白的事实，可以从另外一种更清醒的角度去更加完整地思考。）这篇文章是魏丕信写的，他刚刚成为法兰西公学院荣誉教授[1]。

这篇文章阐明了我上次描述的由经济学家提出的结构性腐败模型，根据这一模型，命令的执行者可以利用居间的位置在两个方向上获利。文章的中心主题之一，就是我们待会儿要讲的家庭利益与国家利益之间的冲突。如何调和为国家服务的要求和为家庭服务的要求？魏丕信阐述了一群中国理论家如何借鉴孔子又反对孔子，尝试建立一种无法化约为对家庭之忠诚的忠君思想。儒家传统对公共秩序创造者来说是个问题，因为它提倡忠于家庭，尤其是孝道，并让孝道成为一切忠诚的模板，同时也是摆在第一位的忠诚。理论家应该重视这种阻碍他们进行建构的权威：公元前4世纪一整群被魏丕信称作"法家"（légalistes）的思想家、战国诸雄之国君试图抵制这种用孝道为腐败正名的做法。他们试图发明一种话语，使对皇帝的服从优先于对家庭义务的服从。总的来说，他们提出了二者之间折中的方案，体现为各种规范，例如"回避法"——我上次提到过，根据这项法律，官员不可在其原籍为官，以避免腐败。

然而奇怪的是，这条旨在避免腐败的法律却助长了腐败。非我同类，剥削起来就更容易——家内理性的把戏数不胜数。在帝制中国，官吏俸禄相对较低，在顶端是很小一部分通过官吏考试的人，然后就

---

[1] 魏丕信，《正式的与实际的官僚机构》（«Bureaucratie officielle et bureaucratie réelle»），上文已引。

是许多下级官吏，他们靠当地征收的财物生活。魏丕信描述了这种结构，他谈到"制度性腐败"，因为人人都知道下级官吏只能靠这些非法征收维持生计。

我后面会讲一篇关于英国官僚体制的文章，它意在说明——我以前不知道，是我的朋友霍布斯鲍姆告诉我的——在英国官僚体制中，一直到19世纪，高级官吏都被允许从他们的辖区抽取资源（私有资源）[1]。所以说，公务员领工资的那种公共官僚体系很晚才被发明出来，且范围相对有限。英国传统上大大早于法国实行公开任命，但却很晚才确立由国家向官吏发放报酬而不是官吏直接征收的制度。

回到帝制中国来，存在一种直接征收系统，一股"自上而下灌溉了整个系统的非法资金流"。这种合法的资本榨取被用来支付官吏的个人与职务费用，还要支付官吏为执行任务而必须供养的下级官僚系统（sous-bureaucratie）。描述这种制度性腐败时，魏丕信用了"常规的非常规"（irrégularités régulières）这个说法。在描述了系统的总体逻辑后，他开始描述官僚制的结构。他指出：中央官因为回避制度的存在彻底与其籍贯分离；接着，这些官员有一些私人合作者，他们部分地由这些官员供养，某种意义上也被要求对主人效忠；最后——这是关键所在——一种"下级官僚系统"在各省社会中被提取出来，它是省级社会的一部分，它在各个职位上都稳定，因为这种稳定性使它能够建立一些网络，它既不是由对国家的忠诚来维持，也不像私人合作者那样由对一个主人的忠诚来维持。这些下级公务员（sub-fonctionnaire）、下级官吏（sub-bureaucrate）的目标就是在尽可能短的时间内榨取尽可能多的钱财。问题是如何做。我们在此又遇到了经济

---

[1] 罗德尼·H.希尔顿，《中世纪英格兰对税收和国家其他征收项目的抵制》（«Resistance to taxation and to other State imposition in Medieval England»），同上文所引。

学家的模型：他们能做到是因为相对于中央官而言处于劣势位置，后者应该监督并指导他们。但实际上他们处在优势位置，因为在职时间较长首先就给了他们一个我刚才提到的网络。此外，熟知当地情况使他们能够封锁命令和信息的上传下达。这种守门人的位置使他们能够截取对自己有利的东西，并且只让对自己有利的东西通行，使他们处在能持续敲诈中央领导者的位置。

这种模式看起来很遥远，实则广泛应用于今日法国社会。你们可以参考我多次提到的《社会科学研究学报》第81—82期，它讨论了不动产政策和住宅建造、销售的经济问题，包括所有建筑许可问题等，从中我们发现了类似的现象。你们可以参考这一期最后我写的那篇文章，题目是"法规与特权"[1]。按照同样的逻辑，我在文中试着指出，人们总是忘记掌握一项法规的人可以从极端正确地执行法规中获利，或者相反，从悬置法规和发放特权中获利。

不过我还是回到帝制中国。下级官吏具有了一个结构性位置。我想，这一居间位置是很宽泛的。这就是为什么经济学家的模型尽管有些僵化但还是异常令人兴奋。我们可以思考身处二者之间这一事实——比如处在大资产阶级和老百姓之间的小资产阶级等——相关的一个结构性利益模型。身处二者之间有许多结构性的不便，有一些结构属性，有一些人"既不是……也不是……"或者"既是……也是……"他们有一大堆属性无关乎自身状况——工作状况、工资等——但却和身处二者之间这一事实有关……我经常谈到社会拓扑学：此处即是一种典型情况，我们看到社会学分析的拓扑学面向，看到一些人非此非彼，他们是中性的——拉丁文是"neuter"——他们在二者之间，他们"既不是……也不是……"他们具有一些共同属性，在分

---

[1] 布尔迪厄，《法规与特权：地方权力场和规章的执行》，上文已引。

析时，我们可以利用这一模型来理解一大堆和居间位置相关的事物[1]。

我再一次回到中国：这些居间人的权力一方面源于他们可以向上级出售自己掌握的极为重要的信息。还记得那个模型吧：主事人不知道谁干活谁没干活，居间人可以拒绝或者同意说出来。居间人就可以通过控制自己掌握的信息来侵吞一部分权力，而另一方面，他们可以通过向主人、主事人封锁消息来行使一种权力。这是英文里典型的所谓 access fees，访问费：我付钱进行一次采访或者做一次访谈。变通一下的话，秘书也经常处在这一居间位置。（我说这个是针对社会学家以及不知情的人。我们很清楚，若要进行一次采访，最好找秘书。与其努力打动老板，不如努力打动秘书，因为她能在时间表里找出空档，她能巧舌如簧让他老板上来就说："嗯，好的，可以。"或者相反，她也能打发你去散步。以上就是如何利用结构中居间位置的一个例子。访问费可以是钱，也可以是微笑或者各种各样的东西……）

以帝制中国制度性腐败为例（2）："清官"

我概括一下：居间人所处的位置，不仅可以控制信息的上传下达，也可以控制与信息相关的利益的流动（这点需要结合具体分析来阐述）。魏丕信关于中国的这篇文章里最重要的一点贡献，是一带而过的内容，甚至有可能是注释里的，那便是，在这样一个系统里，"清官"可能带来的危险。奇怪的是，道德上的义愤在社会空间中并非偶然散布（……）。"清官"往往惊讶于自己未获奖赏，甚至还被惩

---

[1] 关于居间位置，参见布尔迪厄，《阶级的状况与阶级的位置》（«Condition de classe et position de classe»），《欧洲社会学档案》（*Archives européennes de sociologie*），1966 年第 7 辑，第 2 期，第 201—223 页。

罚……这些事情是人们随年岁增长逐渐发现的：人们知道这世上不存在内在的公正……别说美德得不到奖赏，做好事不被惩罚就谢天谢地啦——我觉得这个表达挺好！比方说，在今天的教育制度中，那些做了教育制度正式让他们做的事的人让人扫兴并且经常受到惩罚。社会学既然应该什么都明白，也就应该明白这一点。这个例子十分有意思，因为它关乎一种结构性腐败的现象：魏丕信谈到"制度性腐败"，也就是说由制度正式承担的结构性腐败。我呢，说"结构性腐败"，这是一种无法避免的腐败，但它并不必然内在于制度之中，不必然被承认。

（在法国制度中，你们知道现如今在新自由主义、市场至上等氛围下，国家官僚体制高层流行控诉"工会僵化"，控诉抓着"既得利益"不放的劳动者不懂变通——"既得利益"这个词，实在太小布尔乔亚了，蠢得很。但人们忘了，说这些话的人拿着总额难以知晓的高额津贴。我试过，能拿到数字，因为每个人都在揭露别人，但总归还是比较难。无论如何，我们拿不到确切文件，而即便公布了，别人也会跟你说："不，这不是真的，你太天真了，不是这么回事……"这里也存在制度性腐败，存在国家特权。这种制度性腐败是揭露居间人腐败的人所为。我不是偶然说起这个的，因为我正在描述的模型会强化干部研讨会上德科洛塞式的发言[1]——我引用他一次，因为这是个社会事实，他也是拿一个属于社会大气候的小氛围问题说事的人——干部们思考如何才能让工人更好地干活，而这个主题和整个媒体手段的力量配合，成为一种我们必须予以重视的现实的社会力量。借口德

---

[1] 弗朗索瓦·德科洛塞（François de Closets）是一名记者，他是20世纪80年代畅销书作家，出版有《永远更多！》（*Toujours plus !*, Paris, Grasset, 1982）（销量接近200万册）、《众人一起：告别工会权力》（*Tous ensemble. Pour en finir avec la syndicratie*, Paris, Seuil, 1985）。这些书控诉法国社会的种种障碍，尤其质疑了假定存在的公务员和工会的社团主义。

科洛塞的书差劲而把它丢一边是极为幼稚的做法。这个模型显然也可以用来验证与小头头相反的技术官僚的看法,我说的小头头主要是工会小头头,也可以是诸如电信部门中层干部那样的小头头。如我们今天说的那样,他们并不足够服从"公司精神"——交流社会科学成果的困难就在这里。我们应该想到,身居高位的人、主事人和地位低微的居间人相比,具有获取另一种性质、另一个数量级的利益的手段,而居间人设法在某一点上欺骗他们……)

我回到"清官"这个问题上来。《社会科学研究学报》上登载过一篇中国明代著名官吏的介绍,他叫李贽,他是个反官吏的官吏[1]:一名官吏在他的多部惊世之作中——其中一本书叫《焚书》,精彩极了——揭发官场腐败和官吏再生产结构(国立行政学院就是一种彻头彻尾的官吏再生产机构……),这样的人物完全与体制格格不入。这些"清官"更多存在于高层:清廉也需要一定的社会条件——亚里士多德说美德必须以一定程度的富足为前提[2]……下级官吏中有"清官",但他们更多被视为幼稚,而且他们收效甚微,因为会被调走。《社会科学研究学报》下一期将刊登我和一名城市政治项目女负责人的对谈,她负责处理法国最贫困地区的贫困问题。她说——实际比这更复杂——她越是成功,就越受惩罚,越是做了要求她做的事,就越受惩罚……我概括一下,我认为这恰好可称为"完不成的任务"[3]。另外一个案例未曾发表过,不过以后会发表:一名法官在做了被要求做

---

[1] 让-弗朗索瓦·毕叶特,《官场历史社会学之我见》,《社会科学研究学报》(Jean-François Billeter, «Contribution à une sociologie historique du mandarinat»), 1977年第15期, 第3—29页。
[2] "公民也应该拥有一些财富,他们应该享有一定的富足,因为公民身份无法将自己出卖给做粗活的工人,也无法出卖给那些不知如何实践美德的人。"亚里士多德,《政治学》(Politique, Paris, PUF, 1950), 第78页。
[3] 参见边码第283页,注释1。

的事情后,被调走了——他负责犯人的社会再安置[1]。这都确有其事,你们不要以为只在中国会发生。

"清官"——这是魏丕信说的——打破了与职务腐败相关联的平衡,因为百分百的廉正具有揭露效果:它能揭露系统的全部真相,并且会构成对其他所有人的指责。"清官"之所以为人所诟病,是因为他是一种"活生生的指责":(……)他暗示其他人他们有多么可憎。"清官"是泄密者、叛徒,他们尤其背叛了自己的同僚。近年来,你们看到各种各样的人遭到不幸,仅仅因为他们做了据说别人在做但其实没做的事情;仅仅因为他们做了这些事,他们就以典范的方式展示了其他人没做的事情。(如果碰到的是)外部揭发者,人们可以说"这是出于怨恨、恶意、信息缺失等";但同样情况下,如果是某个被授权做他所做之事的人进行揭发,就会产生典型的预言效果和令人惊讶的决裂效果。有趣的是,这些清官在话语和意识形态中受到十分特殊的对待:他们(首先)被怀疑——大家心想:"没有哪个清官是真清官。"

〔一位社会学家,职业使然,也会做出同样的反应并总是自问在清廉背后藏着什么。哪怕他很高兴确实存在一些"清官",但身在这一行——别人不理解;他们认为社会学家恶毒又可疑,他是受了怨恨的鼓动——他必须假设事出有因,必须思考:"他为什么是清官?""有什么特殊的东西让他变得特别清廉?"自发的社会学做的就是这些。科学的社会学之所以困难,是因为它必须做日常生活中每个人对自己对手做的事(……)面对对手,我们都是十分优秀的社会学家,我们希望看到他们在自己身上没看到的东西或者看到他

---

[1] 雷米·勒诺阿(Remi Lenoir),《活生生的指责:与一名法官的对话》(«Un reproche vivant. Entretien avec un magistrat»),收于布尔迪厄编,《世界的苦难》,同前书,第465—492页。

们隐藏的东西。]

因此,"清官"既受到怀疑、打击、诽谤,又被人欣赏,因为人们无法不承认他们致敬了——哪怕只是做做样子——人人皆明确赞颂的美德。

以帝制中国制度性腐败为例(3):两面手法与双重的"我"

另外一点观察:这种制度性腐败的情况将官员置于持续的暧昧处境中,魏丕信说到"持续的精神分裂"和"制度化的虚伪"。我想这说到点上了:这可能是全世界官僚皆有的属性。关于官僚制度,我写过一篇论授权的文章,适用于工会代表、政治代表、受托人等[1]。借助于不同的论据和资料,我试着指出,代表有一种结构性虚伪,他永远会说两种语言:可以以他自己的名义发言或者以他代言的机构的名义发言。这是一种双重游戏与双重的"我"。罗伯斯庇尔说"吾即人民",而这正是官员假充他者之名的典型例子。尼采就对教士假充他者之名感到十分愤怒——这种欺骗是广义上所有文员的典型特征,不单单是教会神职人员,也包括知识分子——(他写道),教士冒名顶替,就是僭取一个具有正当性的人物的名号,来为真正的那个人物牟利[2]。这种被持续使用的拟人法——"吾即法国""吾即共和国""吾即国家""国家即朕""(吾即)公共服务"——构成了受托人、代表的立场,它也是官员的典型立场,他们永远是公众的官员,因此也就是具有普遍性的官员。我一两年前在美国人罗伯特·W. 高

---

[1] 布尔迪厄,《授权与政治拜物教》(《La délégation et le fétichisme politique》),《社会科学研究学报》(*Actes de la recherche en science sociale*),1984年,第52期,第49—55页,后收入《所述之言》,同前书,第185—202页;以及《语言与象征权力》,同前书,第259—279页。
[2] 尼采,《善恶的彼岸》,同前书,第3章。

登（Robert W.Gordon）的一篇文章里也看到对精神分裂症的论述[1]。他讲了美国的 lawyers（法学家、律师），不是唱诗班孩童，却施展一种双重话语：他们在极度现实的实践之外，还构建了一整套关于职业理想、职业道德等的观念。（作者）用的正是精神分裂症这个表述。我想（高登和魏丕信）应该没有读过对方写的东西，但他们都找到了这同一个形象，这表明他们肯定在极为不同的背景下抓住了某种重要的东西。

以上是想说官僚体制是一种双重形象的客体，导致了它的精神分裂：它既被视为理性的、透明的，又被视为腐败的。魏丕信所有这些叙述都显示了这两种形象。与此同时，官员自身的形象也一分为二，清官将事物带回简单状态，使得对他人尤其是对自己持续的两面手法掩盖下的矛盾爆发了——两面手法是萨特所谓的恶意：自欺欺人，说自己是为了普遍而行动，实际却为一己私利将普遍占为己有。这里，我还要强调一个我去年讲过的问题：人们倾向于认为将普遍据为私有是对权力的滥用（……）然而，它却推动了普遍。我一直强调这个问题，因为带着普遍性的面具去做违规之事，总比直接违规要好。要是早几年，我压根儿不会这么说。以普遍性之名行违反之实多少也推动了普遍性，只要人们能用普遍性来批判它……我这几句话比较直白，其实说的是我过去详细做过的分析[2]。我的导言很有用，因为它让我能够说出这些，否则我可能就不说了。

我想我已经把这篇文章的精髓都跟你们讲了。（魏丕信）给出了

---

[1] 罗伯特·W. 高登，《"法律中的理想与实际"：1870—1910 年间纽约律师的幻想与实践》（«"The ideal and the actual in the law". Fantasies and practices of New York City lawyers，1870-1910»），收于杰拉尔德·W. 加沃尔特（Gerald W. Gawalt），《新大祭司：美国内战后的律师》（*The New High Priests. Lawyers in Post-Civil War America*，Wesport Greenwood Press，1984）。

[2] 参见布尔迪厄，《无私的行为是否可能？》（«Un acte désintéressé est-il possible?»），上文已引，该文复述了作者在 1988 年至 1989 年间在法兰西公学院课程的部分内容。

在这种逻辑下保存权利与特权的典型方法。比如说,我有一项权利,我供职于法国某地市政府,我负责发放建筑许可证。有一些东西是不变的,(想想)中国:我可以转交得很快或者很慢,我可以从中牟利,我可以请求协助……例如,显贵和官员之间交易:这是公共服务运转所依赖的一大交易。(举个例子,)一名总参议员要去见这个负责发放建筑许可证的人,负责发放建筑许可证的这个人怎么会一下子就把许可证发给总参议员了呢?因为他们之间存在长期的交换,未必是金钱的交换,可能互表尊敬,他们曾经在鸡尾酒会上碰过面,或者在甲场合下受过对方一次保护,所以在乙场合下也回报一次保护,或者回报一次宽大处理,等等。

　　再举个例子:这一切很重要的一个方面,是时间。人们总是说"官僚惰性",这些词只会让人昏昏入睡,实际上什么也解释不了。我想说的权利与特权的逻辑,在于利用介于严格与纵容之间的一切可能。具体说来,我可以抱着极度严格或者极度纵容的态度去玩弄一项规则并从中获利,而手持权力的每一个人对此可以有不同的策略,这背后有各种各样的立场;哪怕是营业窗口后面的人也多少有一点这样的权力。不要忘了,当人们只有这点权力的时候,就很容易去利用它。这种管理进出的权力是一种关于时间的权力,经常也以时间的形式重现——很久以前,我讲了卡夫卡[1]作品里有关时间结构的游戏,即内在于权力中的涉及时间结构的行为——有一年我讲了一整套"时间与权力"的课,讲了在许多情况下,权力赋予一种加诸他人时间之上的权力……中国有个很好的例子,可以理解官僚制度中的恒定不变的东西:决定升迁或罢免与否的评语。它们提供了将影响转化为资本的机会,提供了积累象征资本的机会,因为在这时,通过实施检查,人们就可以利用宽容或者严苛来积累资本。

---

[1] 布尔迪厄,《终审》(«La dernière instance»),上文已引。

按理应该进入细节，但我感觉你们会嫌我啰唆，其实我停下来的这个地方，对情境、案例的详细分析才刚开始。显然（我顺带说一下，因为眼下披着常人方法学外衣的现象学又再度时兴），这些细致的分析也是对结构的分析，而不仅仅是在事无巨细地描述互动：它们是在事无巨细地描述结构约束下的互动[1]。常人方法学经常撇开结构的约束不谈。西库里尔对为何填写行政表格做过十分精彩的分析[2]，我总是把像他这样的常人方法学者单独放在一边，因为他至少直觉上意识到存在一些结构：当"官僚制度"等同于"表格"时，填表格意味着什么？表格意味着什么？"填"意味着什么？表格要交给谁？人们对填表格的人有什么期待？他应该对表格了解多少才能对自己要填表格这件事本身有概念？如此等等。然而，针对填表格这种经验所做的最细致的现象学分析根本无法获得表格的真相，因为必须掌握官僚制度、国家、结构以及如我正跟你们介绍的这些模型的全部历史，才能发现什么是权力，什么是权力的经验。尤其是对官僚制度的时间性做现象学分析，可能看起来很漂亮，但如果不借由中国做这种迂回，就是无的放矢……

官僚场的生成与公共的发明

我现在来谈谈另一个主题。从集中的权力这个概念以及能对其进行再分配的人出发，我已经试着指出，再分配本身就提供了积累附带权力的机会。我已经预告过会描述并建构这一官僚空间的诞生，在这

---

[1] 如想了解作者在同时期做的一例此类研究，参见布尔迪厄、萨拉·布埃德加（Salah Bouhedja）、克莱尔·吉弗里（Claire Givry），《受限合同》（«Un contrat sous contrainte»），《社会科学研究学报》（*Actes de la recheche en sciences sociales*），1990年第81期，第34—51页；后收入《经济的社会结构》，同前书。
[2] 亚伦·西库里尔，《认知社会学》，同前书。

个空间内部，不合法征收产生了种种影响。我现在就来讲一讲。我将依次做三点论述。

第一，相互依赖的线路的拉长：起初是国王和他的臣民——这只是个示意图，其实这种情况从来都不存在，因为权力多少还是会有些分化，（但）我们假设有一个主导行动者和一些普通的行动者……我们要看看最初的这个核心如何分化，一些依赖链条如何产生，权力场如何一点一点形成：在原先被一个人占据的位置上，将会有一群既是其同谋又是其竞争对手的行动者——使用权力时，他们是同谋；在争夺权力的垄断权时，争夺正当地使用权力的垄断权或者争夺对一种特殊形式权力的垄断且这种形式自称为唯一正当的时候，他们是竞争对手，如高等法院与国王的冲突等。（应该研究）网络如何借助这种分化来延伸，权贵之间的关系如何呈现，比方说宫廷内斗等。

第二，我试着分析，与这一分化过程同时，构建公共的集体工作——我谈到中国法家的时候已经给出了框架，他们试图调和儒家思想和官僚逻辑——是如何完成的；以及与此同时，与私人逻辑对立的公共逻辑是如何被发明的。它毫无疑问是人类最困难的发明之一，因为要发明的这种东西，既违背个体的、以自我为中心（取此词朴素的意思）的利益，又违背与从属于初级集体即家庭这一事实相关联的利益。

第三，在描述了各个网络如何延伸、公共如何被发明之后，我将试着指出，被安插在这些权力结构网络的不同位置上的行动者，他们之间的冲突遵循什么逻辑。

下面我将仅仅点一下今天的主题。我们很快就能将国家的建立过程部分地描述为一种"去家庭化"（défamilisation）过程——我新造了一个词，但只是为图个方便。人们需要从家庭逻辑、家内逻辑走向另外一种人们还不太清楚是什么的逻辑。咱们还可以换个说法。你们都知道安德烈·马尔罗（André Malraux）论艺术的名篇《绝对的货币》[1]：他说艺术已经成为宗教的替代品——这是个再平庸不过的观点，在他之前都被人说了上百遍了。马尔罗的大部分美学观点皆是如此，他用某种巧妙的方式把一种学术常识又编配了一番。因此我们可以玩个文字游戏——文字游戏是有用的，它们一直被智者用来传递知识，因为这就像特浓糖果，可以咂很久，人们可以从中找到许多东西——国家，是绝对主义的零钱；国王，是大面值纸币，他周围有一大堆小人物……我认为这是一个重要的图式，因为它已经很好地总结了我要讲的东西究竟有何用意。

我要讲的东西若放在关于国家的文献里看俗不可耐，但我不确定你们当中听我讲课的人是不是也都抱有同样看法。大家总在说"去封建化"过程——我去年提过这个问题，（但我强调）国家的生成伴随着与亲属"自然联系"的决裂。当然了，亲属关系也是社会关系——说以血缘为基础的再生产方式被以制度（主要是教育制度）作为中介的再生产方式取代。所以，国家和家庭有三点根本对立。首先，它用明确的忠诚取代了家庭式的原初忠诚，并谴责任人唯亲。第二，它用以学校为基础的再生产取代了家庭直接继承。第三，它用中央的任命取代了首长或副首长的自我选派或由地方机构选派，它把任命权集中了。

我想立刻指出的是，这三个过程是真实可见的。我要说明这些过程究竟是什么，以及为什么无法结束：在社会世界本身的运作逻辑中，人们从未彻底摆脱家庭以及家庭思维模式。学校是最直接的例子，因它最广为人知。19世纪的人们抱有一种幻想，认为学校事关长处（mérite）和天赋（don）——（天赋这个词）已经有点可疑，不

---

[1] 安德烈·马尔罗,《艺术心理学》（*Psychologie de l'art*, Genève, Skira, 1950），第3卷《绝对的货币》（*La Monnaie de l'absolu*）。

过人们说的最多的还是"长处"——因此,学校剪断了和家庭再生产之间的脐带。然而我们从社会学家的研究中得知,代际的社会遗传和遗产的传递借由学校得以完成,虽然发生了一些损耗,但这些损耗在统计学上可以忽略不计,即便它们在个人经历范围内算得上严重,但从统计角度看并非如此。

我(这一点)讲得很快,因为这是我要说的内容里最没有新意的部分,这样我下次就能进展得更快一些。我以去年我已经提到过的科里根和塞耶的书为参考[1]:他们指出,为什么在英格兰,家庭基础上的简单再生产和以国家为中介的再生产之间的切割很早就发生了;他们还指出,地方职务——警长、皇家警察等——怎样从13、14世纪开始就由国家来任命。"public office",公共职位,很早就与封地区分开来,而占据了这个职位的人很早即成为由王室养活的官吏,而非与他自己的封地相等同的继承人。换言之,国王反对一切倾向于分化权力、确立本地出身的地方执政者的过程。这个核心问题可以让你们看到一般性模型的重要性。目前围绕地方分权展开的讨论就碰到这个问题:我们在靠近权力基层有所得,岂不是在权力的普遍性上又有所失?不好说。各种过程从来都不简单,且往往有双面性:在很多情况下,这难道不是在朝一些不那么具有普遍性的权力管理形式后退吗?

科里根和塞耶还提到另外一个过程:从中央层面向地方层面的过渡。我想,警长(shérif)是分析中的一个标志性人物,他是领工资的人而非自我指定或者通过继承的方式被指定。在中央层面,科里根和塞耶把1530年前后视为由家庭户(household)向民主政府形式全面过渡的时期;他们强调贵族阶级的去军事化。法国也是一样,有历史学家指出,约12、13世纪起,中央单位即过去的curia regis(国王

---

[1] 科里根、塞耶,《大拱门:作为文化革命的英国国家之形成》,同前书。

法庭、国王参事会）如何自我分化，渐渐产生了一个由大参事会（le Grand Conseil）、政府参事会、司法参事会等组成的管理系统。他们还强调与这种分化平行，另一个过程也展开了，即普通法、法律空间、宪法的诞生，它使得所有权力关系都要以普遍为参照，而再也不能以简单直接的方式施行。

我想讲的差不多就是这些，下次我会试着更确切地描述权力分割的过程。

1991年11月14日课程

共和国的建构与民族的建构——以一本论英国宪法的专著为参照考察公共之形成——王室印章的使用：担保链条

共和国的建构与民族的建构

我回顾一下上次课里所做的思考，以防你们忘记主线。我尽可能详细地为你们做分析，以此慢慢导向公共权力的起源问题：一种去私有化、去封建化、去个人化的权力是如何形成的？我这么做是想引出两种既在历史上互相交织又相对独立的过程：一方面，是"共和国"一词所含的公共现实（réalité publique）的形成过程；另一方面是民族现实（réalité nationale）的形成过程。可以说我多年以来所讲的一切都是对"法兰西共和国"这一表述的长篇注解……这两种现实是如何形成的？一方面，这些现实由"RF"这个缩略语——我后面还会再讲"缩略语"这个词的重要性——由一面旗帜、由玛丽安娜（Marianne）[1]等来象征，还由一些人来象征——法兰西共和国总统。全部这些现实皆为极其复杂的历史工作的产物。

首先我会重点讨论共和国的建立。然后——我会讲得快一些，因为我觉得这从理解和讲授来说都更容易——我将试着指出民族的

---

[1] 玛丽安娜是一个头戴弗吉尼亚软帽的女性形象，她代表法兰西共和国及其倡导的"自由、平等、博爱"的价值。——译注

概念如何构建，民族如何自我生产与再生产，以及民族主义又是如何通过它而生成的。把这两个过程放一起带来的一个政治或者哲学问题便是，它们之间是否必然关联：我们能不能只要共和国不要民族？能不能以某种方式双面获益？能不能只要国家通过推行普遍化带来的好处，而不要特殊化、国有化以及民族主义带来的损失和代价？而它们在历史上总是和一种公共事物以及一个国家的建构不可分割。

若要给个明确定义的话，我们可以将封建制向绝对主义的过渡描述为达到更高程度的普遍化。因此，这是发生在普遍性领域的一种进步。但这种进步伴随着客观社会结构中和头脑中的民族的建构。我说过很多次，公共的建构在所有历史上已获证实的情况里几乎不可避免地伴随着公共对私人的占有。一些所有者——今天被我称为国家精英（贵族）的那些人——实施一种占有行为，将公共遗产化。我认为两种过程正是在此互相连接——这是我的一种假设，末了我还会再讲。我们可以想想，难道不正是通过对公共的私人占有，国家中可能存在的属于普遍性和普遍主义的事物才转向民族主义了吗？持民族主义立场者难道不常常是那些能从占有公共事物中获取私利的人吗？我后面会结合《想象的共同体》[1]这本重要著作再来谈这个问题。

已有证据显示，民族主义运动的社会来源往往是一些地位低微的文化资本持有者，如词典编纂者、语法编纂者。这一点很重要，因为地位低微的文化资本持有者也是围绕民族和民族主义写作的人。他们总是避免进行历史描述，人们最终也忘了抱有普遍性意图的建构形式

---

[1] 本尼迪克特·安德森（Benedict Anderson），《想象的共同体：民族主义的起源与散布》(*Imagined Communities. Reflections on the Origin and Spread of Nationalism*, Londres, Verso, 1983) [法文版 (*L'Imaginaire national. Réflexions sur l'origine et l'essor du nationalisme*, Paris, La Découverte, 1996) 晚于课程出版，皮埃尔-埃马纽埃尔·多扎（Pierre-Emmanuel Dauzat）译]。

也能为个体带来利益,而这并非偶然。我想提的就是这个问题,希望你们能明白我究竟要说什么,但不代表我想说的内容是由这个来决定的,否则你们就会错误对待我的分析。眼下,我将考察我们所谓的政治现实其极为艰难的诞生过程,可能得花上若干小时做详细分析。这些政治现实有一部分已经变得理所当然,不言而喻——假如出"法兰西共和国"这么一个作文题,我真不知道大家会写些什么,但肯定不是我正在讲述的东西。其实我想向你们指出两个过程,我暂时先探讨第一个过程,然后再探讨第二个过程。

以一本论英国宪法的专著为参照考察公共之形成

现在,我将尽力做详细描述。上周,我讲了中国历史,这周我要讲英国宪法。(你们瞧,社会学家狂妄得没边……)我这么说,是想让你们知道我如履薄冰到何等地步。我很清楚,就我要跟你们说的东西而言,很多专家在上面已经花上几辈子的时间了……我可能会说一些很草率的话,但我认为我从参考的文本中得出的分析是站得住脚的——细节上可能会有偏差,主要是因为我参考的文献可能已经不能反映最新的研究状况。[题外话:至少在我深入研究且自认为相对权威的领域中,早先作者提供的成果被近期研究遮蔽、遗忘的事情时有发生。(这些早先的作者)提出的一些问题,如今人们认为都已解决。我觉得咱们眼下正是这种情况,但我不能完全确定。]我将尝试指出,一个官僚场、一个行政场如何渐渐形成,曾经集于国王一手的权力如何渐渐分化,最初的这个互相依赖的网络如何建立,而从它出发,逐渐发展出一套复杂的官僚制度,其行动者在控制与授权两个方向上被复杂的相互关系结合在一起。下次课我将描述这一过程的主线,也就是说各种自主场域的形成。例如,教会脱离国家或者国家脱离教会的过程,法学家通过这一过程(获得了独立)。

今天，我会慢慢地带你们读一本非常枯燥的英国宪法专论，边读边做注解。我从中挑了两个我认为重要的段落。我先说一下出处：作者是我已经提到过的梅特兰[1]。这是一本经典论著的再版，是梅特兰开设的英格兰宪政史课程的讲义。我首先将描述两类领导人的分化过程，即从属于王室内廷的王朝类型领导人和官僚类型领导人。梅特兰对此做了详细分析，我会讲得很慢，因为我觉得应该避免停留在粗浅的对立关系之中。你们还记得我提出两种截然对立的再生产方式：有的人通过血缘进行再生产，有的人通过官僚制的中介作用进行再生产。梅特兰意在描述他所谓"国务重臣"（grands officiers de l'État）的诞生。这样的官方人士在历史上一直存在。他说，把这些国务重臣一个一个单拎出来考察会很有趣，但我没时间。在古代，主要官员一度就是王室内廷官员：有总管（steward）、仆役长（butler）、内廷总长、王室内侍、御马官（marshall）等。这些人的活动逐渐扩展到王室之外，传播到整个王国。而王国最位高权重的人为自己所领职务感到自豪，这些职务可以说一开始是家仆性质的——"家仆"常常被理解为"奴颜婢膝"。（梅特兰）还给出了一系列日耳曼帝国的例子：莱茵王权伯爵（le comte palatin du Rhin）[2]曾是管家，萨克森公爵曾是御马官，波希米亚国王曾是司酒官（cup-bearer），勃兰登堡总督曾是王室内侍……换言之，最位高权重的人可能履行过仆从的职务。（梅特兰）强调，所有这些职务都是可继承的。高级总管（Haut-steward）的职位在莱塞斯特家族中传承，治安官（constable）这一行又被另一个家族把持，等等，有些职务是指定授予某一个家族的。

事情正是在这里变得有趣起来："但渐渐地，在英格兰，一个职

---

[1] 梅特兰，《英格兰宪政史》，同前书。
[2] 又译行宫伯爵。——译注

位若变为可继承，在政治上便无足轻重。[1]"（梅特兰如是写道）换言之，家族再生产方式逐渐让位于另一种再生产方式，（这些职权）变得无足轻重，它们成为一种"Show"[2]，一种展示性和仪式性的职务。换言之，这些职能被归到了象征层面。这点极为重要，因为（占据这些职位的人）不领工资，他们属于象征层面，属于仪式艺术层面。（梅特兰）举了一些例子。如今，贵族往往担当外交官或者电视主持人，他们属于Show的层面，而这并非偶然。他们属于仪式、礼节的层面，通过展示王权的象征资本来从事维系工作。说他们属于象征层面，不等于说他们不重要——这是作者的一个错误，一种幼稚的功利主义偏见，这让人误以为象征性什么也不是。假如有象征性的1法郎，人们会说"这是象征性的"，人们以为它没有成本，因此也就毫无价值。事实上，象征性有成本也有支付力。他们以象征形式，以可谓是空头支票的形式被支付，并不意味着他们不重要，实际恰恰相反……我十分强调英国君主制的特殊性，还将它和日本等社会做比较，在这些社会中，对象征性的管理构成了集体遗产管理和国家管理的一个重要方面。于是渐渐地，他们成为仪式中的展示型人物，其中有的人接受专门为此而设立的职务，特别是在加冕礼或者盛大场面及各类展示当中。梅特兰举了个例子：一名被与他同等地位的人选中的贵族（peer），必须是在这类持有继承所得象征资本的人当中爵位高的那个。

有趣的是，这些要职是纯粹荣誉性的。同样地，"荣誉性的""纯粹荣誉性的"不等于说让他"靠边站"；（这意味着）他们不再负责其职务的技术方面，所以就要为这个职务找个替身，所有这些人都有一些真正做事的人来当替身。愚蠢的功利主义观点可能要说"真是闻

---

[1]《英格兰宪政史》，第391页。
[2] Show，英文单词，意为展览、展示、表演。——译注

所未闻,让一些人收钱去做本该另外一些人做的事情,这不是浪费钱嘛"。但我们看到,在更复杂的层面上发生了一些纯粹功能性的事情。(梅特兰)举了一些例子:除了不做事也不拿钱的掌礼大臣(grand chambellan)外,还有一名高级掌礼官(Lord High Chamberlain),他在王室内廷有偿履行职责,领取工资。他还举了其他例子。

于是,一方面是无偿的、象征性的、纯粹的、无私的、高尚的——能指代"贵族"的词太多了——另一面是贬义上的仆从,他领工资,是被雇用的——我拼命想找这个词——他们实际履行技术职能。做了这个描述之后,梅特兰接着说:在这些身居高位的人旁边,逐渐出现了另外一群履职者,但这些职位是不能继承的。在他们当中有 capitalis justitiarius Angliae——我不知道该怎么翻译[1]。这是第一位领工资而且不能把职位传给后代的官员。同样,由来已久的两位高官——司法大臣和皇家财政大臣——名字和头衔前头总是带"阁下"(Lord)二字,而其他人都没有。他们是最早的两位高级公务员。他举了别的例子,在都铎王朝时代,渐渐出现一群人,他们充当荣誉人物的替身,或者游走于他们当中,于是出现了一些亲信、亲信文员、心腹,他们游走于国王与大法官之间。例如,有掌玺大臣(Lord Keeper of the Privy Seal),即国王私印保管人。有国王,有大法官,在两者之间,便是为国王保管私印的人。接着,随着时间推移,在国王与其私印保管人之间出现了另外一个人物,叫国王秘书(secrétaire du roi)。1601 年——是的,过程漫长,我是从 12 世纪开始讲起的——后者成为主要的国务秘书(secrétaire d'État)。同样——我们可以延伸开来——在司法部那边,依同样过程也出现了国务秘书。所以我们面对的是这样一个过程,其中有 A、B 两点;然后,在两点正中

---

[1]《英格兰宪政史》,第 392 页。"Capitalis justitiariu"是英格兰王室首席法官,他主持王座法院(Cour du Banc du roi),国王不在时,他是王国的守护者。

间加上第三点，成为二等分点；然后再加一个四等分点，再加一个八等分点，以此类推……于是，一系列不连续的点，由于一些居间人物的介入，变得越来越连续，后者接受明确任命、委托来履职，履行本该由该职位的最初正式占据者履行的职能……

这段就这么过去了，其实很值得细读。重要的是，这些被任命的服务者，受到法律的保障和认可：他们服从普通法，而其他人并不是这样；他们服从普通法，并有了法定的权力。换言之，官僚化方向上的进步伴随着合法化方向上的进步，每一项任命行为（commissioning）都伴随着对被任命的人获得任命所依据的规则的解释。同时，职能或者职位在法律上确立，人们对职位进行描述——"他将做这个，并且只做这个，但他必须做这个，并且要完完整整地去做……"所以说要进行制定和解释。

显然，只要身处王朝逻辑中，模糊便是主流规则。贵族不接受官僚体系的严谨，（他偏爱）模糊性、不确定性、象征性（在我们的社会中，象征性在知识分子身上延续；我这儿说的一切都适用于知识分子场）。定义、界限、法律都与贵族的特有逻辑不兼容。施加在被任命者身上的法律也施加在任命者身上。国王也渐渐经由各种关系的合法化而被包裹在法律之中，这些关系将他和那些通过授权而负责行使王权的人连为一体。假设王后想给某人发钱，她得从皇家金库中取钱出来，就得跟财政大臣打交道。怎么做呢？首先，钱得明明白白支出，并且要获得担保，所以需要有一个担保人。那么，光靠国王就不够了，还得有个人担保钱的支出合乎规则。这个人给予的担保本身也不够，这项担保本身也得有个印章来担保，可以是官方印章或者私人印章。国王的口谕也不够，要想给一个穷人100法郎，得有一个人担保，而提供担保的这个人本身得由一块印章来担保。这个印章本身得由印章秘书副署。所以，既要有公章，又要有私章来为公章提供担保……渐渐地，为了进行这项操作——从皇家金库取钱——"一大堆法律就为了这一件事而诞生、发展。某些情况下，公章必不可少；某些情况下，私章就够了。还有一些情况下，需要秘书的封印。有时候国王口谕足矣——例如，他可以一句话就解散议会——但在大多数情况下，文件或者命令必须满足一些极为复杂的条件才能生效，特别是要依靠印章这种管理工具"[1]。

（此处大家可以参考）我就这个问题最早开的课之一，围绕康托洛维奇的理论展开，他认为现代官僚团体的诞生以教士团体为模板[2]。康托洛维奇强调，该团体的诞生在历史上与他所谓"sigillum authenticum"，即具有认证能力的正式印章相关；一份文件盖了章后就成了国家文件。归根到底，印章，"sigillum"，也是缩略语。印章或者"RF"的缩写正是这种神奇的印记，它浓缩了整个国家现实，它将一项私人命令转化，而这命令弄不好只是国王的突发奇想——这很重要，历史学家对这一点很感兴趣。国王要么是疯了，要么很弱，要么就是被女人操控（中国人尤其被这个问题困扰：碰到一个不负责的君王该怎么办？）。拨款的法律文件只有盖章后才成为合法的、正式的、国家的。这个印章为什么有此神奇威力？文凭也是如此，一张文凭如果没签名就不能生效，并且当事人可以申诉。这个印章的权威性究竟从何而来呢？

这个问题和莫斯就巫术提出的问题类似——如果你们没读过《论巫术》[3]的话，一定要去读。在这篇论文里，莫斯问，是什么让巫师有了魔力，是什么让他被人承认为巫师？从根本上，正是凭借他被承认为巫师这一事实，他的话灵验了。那么是他使用的工具吗？是那枚

---

[1]《英格兰宪政史》，第394页。
[2] 康托洛维奇，《国王的两个身体》，同前书，第145—172页。
[3] 马塞尔·莫斯，《巫术的一般理论》（«Esquisse d'une théorie générale de la magie»），《社会学年鉴》(*L'Année sociologique*)，1902—1903年，后收入《社会学与人类学》(*Sociologie et anthropologie*, Paris, PUF, 1950)，第1—141页。

印章吗？是卜测地下水源的人手中那根棍子吗？是其他巫师吗？他提出了一系列问题，最后得出结论，巫师神奇的效果是一整个空间，这其中有这个巫师，有其他巫师，有巫术工具，还有信徒，后者给予巫师权力，并由此让他得以存在……国家文件也是如此：是什么让印章，让"sigillum authenticum"有了这种神奇的权力，通过任命行为，就能把随便什么人变成老师？体现在印章之中的正是这一极其复杂的网络，而印章是这个网络的表现。

（我介绍了）这个机制的一个方面，但它其实比我讲的更复杂。起初，有两个对立的范畴。我一再强调王室内廷与公务员的对立，指出这是两种互相对立、互相竞争、互相冲突的统治原则，而国王可以操控一些人去反对另一些人等。我认为这是所有诞生中的国家体系的一个不变量。我今天试着指出两种权力将如何逐步分化，一些人被归到象征性一边，另一些人被归到技术性一边。但梅特兰没有指出分割不等于彻底分开。若将这个过程描述成王朝权力的衰落从而让官僚权力从中获利的话，未免天真；至少在英国，这两种权力一直在一种互补的对立中运行。我认为在我们社会中，共和国总统就是那个使两条线相交的人，他既是技术性的也是象征性的。

王室印章的使用：担保链条

我现在来讲梅特兰描述的这个过程的第二个方面。我告诉你们页码，想读的人可以看看。读一读有好处，因为我只粗略过了一遍。我刚刚讲的内容在第390至395页。现在我要跟你们讲的内容涉及"王室印章学说"，在同一本书的第202至203页。这一章讲国王与咨议会的关系，这个问题同样也存在于国王和议会之间……国王能施加在咨议会之上的权力有哪些？咨议会能施加在国王身上的权力又有哪些？（梅特兰）提出了一个总的问题：起初，咨议会能行使的仅有的权力就是国王的权力，它纯粹只是个受托人，而最终——我后面会讲到——英王和议会、法王和高等法院之间的斗争针对的恰恰是这一点。这些机构只是国王的左膀右臂，他个人意志的传声筒，还是说它们相对于国王也有一定的自主性？它们能利用国王本人授予他们的权威反戈一击吗？最初，议会只有国王授予的权力，每个咨议会能行使的权力纯粹且仅仅是国王的权力。梅特兰说道，事实上，这种理论上的原则在涉及王室印章的实际行为中有其局限性；他接着就描述王室印章的使用如何逐渐限制了国王的权力——这也是我想描述的一种分化。

首先是这一责任人链条的形成，我在前一篇文章里已经提过。从诺曼王朝至今，王室意志体现为文件、证书、诏书、密诏等形式，加盖王室印鉴的文件数不胜数。玉玺交给身为秘书长的大法官。他是所有部门的国务秘书。从中世纪末直到都铎王朝时代，大法官一直是国王的首相。掌握国王印章象征了他突出的作用。渐渐地，在玉玺之外，又出现了其他印章。大法官要处理的事情千头万绪，尤其是在司法领域（他要担当法官等），他每天忙于千篇一律的官僚事务，于是在直接和国王相关的问题上，出现了我此前说的私印：国王用私印给大法官下达一些和使用玉玺相关的指令。这已成为他们之间一个中介点。与此同时，这枚私印交由一位官员保管，即私印保管员。接着，随着时间推移（这位保管员自己也需要一个秘书），人们称之为"国务秘书"。我们于是到达最后阶段，一套常规建立——我们可以画出示意图，画出各种文件的序列，画出大链条。

我做个简短的补充，有关洛夫乔伊（Arthur Oncken Lovejoy）著名的思想史论著《存在巨链》[1]。这本书十分精彩，它指出在千差万别

---

[1] 阿瑟·奥肯·洛夫乔伊，《存在巨链：对一个观念的历史的研究》(*The Great Chain of Being. A Study of the History of an Idea*, Harvard University Press, 1936)。

的作品中——从柏拉图、普洛丁（Plotin）一直到莎士比亚，也就是说各式各样的作者——都存在我们可称之为"流溢说"式的观念。根据这种观念，处在最高处的是上帝，是天，一切生物都只不过是此种至高至善形式的低级版本。显然我们可以拿国王来类比。这很有趣，因为我正在描述的模型也许是一种心智结构。这一著名的存在巨链，确确实实存在于各种文本之中，往往可能兼具形而上学基础和政治基础。换言之，存在巨链也许是一种政治本体论。我在此描述的，是以国王为顶点的存在巨链；然后一降再降，一直到不起眼的执行者。我想这个比喻存在于官僚社会所有人的无意识当中。我们在无意识中都是这么看待模型及其具体应用之间的关系的。例如——你们大概会觉得我离谱，但我只不过利用了我的职务之便罢了——整个语言学、结构主义等理论完全建立在模型和具体应用之间的对立之上，建立在语言（langue）和言语（parole）的对立之上——言语只不过是语言的一种具体实现——我觉得它们之所以如此容易地被接受，也许源于我们的官僚式无意识，它让我们接受了存在巨链这一观念。这种理论/实践模型存在于众多领域之中。而就像我无数次说的那样：对官僚结构的探索就是对我们无意识的探索……我的补充到此为止。

于是，在最终状态下，有了这样一种东西：一种常规确立了，文件都有了签名。一开始，国王发话。但若要严肃起见，就写下一条命令，国王手签，国王秘书副署，后者是国王印章的保管人。他就是国务秘书。这是第一级，有国王的签名和他人副署。接着，文本由私印保管人签字，而相关文件就成为下发给大法官的指示，轮到他来盖国玺；这个时候，这份文件就真正获得批准。我再回到梅特兰的书中来。在这些授权行为中发生了十分重要的事情：权力分化了——我上次做过一个蹩脚的文字游戏：这是绝对主义的小额货币。权力被分割了，这点自不必说，但还不止于此。我们回到一直困扰教规学者的一个问题上来：国王丧失理智怎么办？副署的人监督，国王本人受为他副署的人监督；如果国王做了蠢事，副署的人要承担责任，要为没有告知国王他所犯的错误而接受惩处。就这样，会签的做法使内阁要为王室文件承担一定责任。这一点可了不得，因为在某种意义上，负责人假设国王可能不负责任。这里涉及的不仅仅是王权的分割：它涉及的是一种被授予的权威之建构，这种被授予的权威又调转矛头指向授予权威的人。每份文书必须有副署才能生效，而在每一层级，副署的人都以自己的签名保证，他也参与到国王的意志当中。（……）受委托的人投身其中，受雇用的人投身其中；说得俗一点就是，"他被卷进去了"。当我们说官僚制度撑开一把把伞时，我们开始明白：副署的官员监督并投身其中，暴露自己。梅特兰说，大臣们自己在这种常规的延续中有利可图；他们很高兴能够为别人副署，也很高兴有人能为他们副署，因为他们害怕因国王的行为而受到指责。在上游，他们担心没有证据，因为这是国王文件，在下游，他们担心自己成为最后的责任人。换言之，他们希望上下都有担保。

我不敢（再继续了），否则你们肯定觉得我在原地踏步，而我却觉得自己讲太快了……实际上我想对官僚文书做一种历史现象学研究：如果我做的是情感分析，原地踏步也好，讲得慢也好，你们都会觉得正常。但涉及政治或者法律问题时，你们就没这习惯了。这些问题特别复杂，但就和人们遭遇的种种经历一样，它们被平庸化了，被表面的理所当然遮蔽了。我认为这种练习十分重要，它能帮我们重建在面对医生签署健康状况证明时所该有的那种惊讶。这一分析重建的是这样一个事实，即这一切之所以行之有效，是因为人人都可以从中获益。（……）人们失去了一些权力，但赢回了安全感和对权力的担保。

我下面讲快一点。所以有大法官和所有大臣、代表——ministerium意思是受托人。这是康托洛维奇的另一个主题：mysterium（谜），ministerium。他指出，在教规学者那里，这两个词可以混用。他做了个文字游戏:"部委之谜。"[1] 这实际上也是我正在描述的东西:部委,即一个人行使本不属于他的权力,这就是官员的谜——官员的谜,正是这种授权。官员失去一些权力,但赢回行使权力时的安全感,在面对后续对权力的质疑时有了担保,所以有利可图。大法官要是拿不出一份盖了私印的文件作为担保,他在盖国玺的时候就会担心、犹豫。"担保"这个词也十分重要,即授权证(warrant);他需要一份担保,证明他要副署的文件的有效性已获保证。他担保某种已获担保并且是已获国家担保的东西。假如我要担保的东西已获担保,那我就会更加乐意去为它提供担保。当你们想获取一张新文凭时,人们会要求你出示上一张文凭。我认为我们已经看到了对官僚制度所做抨击中的根本所在——日常的批判总能触及一些重要的东西,可批判的方式却又把它们遮蔽了。人们说"官官相护","官员张开保护伞"等。这些对官僚运作的基本批判毫无价值,因为它们忘了之所以会这样,绝非偶然:这套机制履行了种种惊人职能,我们只需置身于此过程的完整逻辑中就会明白,只能这么做。

大法官如果没有一份盖了小印章、盖了私印的文件作为担保,就不敢盖大大的国玺。私印保管人关心能不能拿到由国王秘书担保的国王的签名。对国王来说,这也是一项有趣的安排:总的来说,人人都有利可图。大家都忘了这一点。(这不是说要采取功能主义观点,可别往我身上安我没说的东西。但因为有人可能要这么想,我不得不把话挑明。)对国王来说,这也是划算的买卖,因为这是种有用的安排:他的官员们有义务牢记国王的利益,拥护国王的利益,(也可以

---

[1] 布尔迪厄后来发表了一篇以此为题的一篇文章:《部委之谜:从个体意志到"公共意志"》(« Le mystère du ministère. Des volontés particulières à la "volonté générale" »),《社会科学研究学报》(Actes de la recherche en science sociales),2001年第140期,第7—11页。这个问题在《言说意味着什么:语言交换的经济》中已经涉及,后收入《语言与象征权力》,同前书。

说）拥护公共服务利益、拥护国家的利益，对他们来说是有好处的；知道国王的诸项事务进行到哪儿，对他们也有好处。随着国王的事务越来越多，越来越复杂，分工就成为必要，因为要想一直掌握国王事务的信息，需要好几个人互相担保：于是就形成了一个链条。（若拿科学做个类比，大家都知道每位学者越来越专攻巨大空间中的微小的点。一位科学理论巨匠强调，科学界建立在巨大的授权链条之上[1]："我不知道怎么评判某样东西，但我可以评判评判这样东西的人，我信任他。"链条上有一系列担保人。）归根到底，官僚制度是同类型的一个场域：在这个场域中，显然，任何人都不能担保一切，也不能在方方面面都获得担保。

我再次回到"张开保护伞"这个话题，谈谈内在于一种逻辑之中的互相庇护的事实，我已经描述过了这一逻辑的起源。它内在于过程之中：自从不再有唯一一个具有超凡魅力、能凭借其魅力——也就是说他应对特别状况时的天赋异禀等——决定一切的领导人之后，我们就被拉进另一种过程。显然，在网络的每一处，都有受托人去利用系统制造的种种担保。但大家忘了，这些担保也是系统运行的条件。我接着讲。既然国王的事务变得必要，分工也就成为必要：我描述的是一个领域的诞生，是一种统治分工的诞生。因此，在每个部门需要有一个为首的领职者，确保国王不会被骗或者信息接收不全。而国王利益被忽略的危险随着国王事务管理过程的分化、分割而逐步降低。那么就出现了变动：我这里描述的是一种结构，但这一结构会根据占据各个位置的人的相对分量而变化。如果国王处于弱势，整个结构就会朝着剥夺的方向走；或者也可能是一些不均等的力量，一些占据了链

---

[1] 布尔迪厄在此参考的应该是约瑟夫·本-戴维（Joseph Ben-David），《科学家在社会中的角色》（*The Scientist's Role in Society: a Comparative Study*, Chicago, University of Chicago Press, 1971）。

条上不同位置的行动者。但与只见链条两端却不见链条及其整体逻辑的历史学家的看法相反，在这个整体中真正重要的，是这一人人既控制他人又受制于人的总体网络。国王处在一个表面看来特殊的位置，但随着链条的分化，随着国王控制的人越来越多且他自己也被越来越多的人控制，这个位置的特殊性变得越来越弱，甚至于和其他位置没什么两样。

以上大体就是我想描述的过程。我们能从中得出什么一般性教训呢？我认为，从我今年年初给自己提出的问题来看，描述这个过程有助于弄清权力的去个人化是如何进行的。用布莱克斯顿的话来说，国王永远是"荣誉、职位和特权之源泉"——流溢说的比喻很重要——他永远是一切发生之事的源泉。尽管如此，这种权力的行使在某种意义上只能以绝对权力的衰弱为代价。这种衰弱，正是国家、公共的诞生。的确，表面上看，第一个链环控制了其他所有链环，但事实上，简单的、线性的（A控制B，B控制C，等等）、传递式的观点过于简单化，因为在每一阶段，授权都意味着交出控制。我们甚至可以思考，第一个链环，即执政者，究竟是支配者还是被支配者——我们和政客交谈时，他们经常这么说。显然，在复杂社会里，第一个链环往往处在《约翰·克利斯朵夫》[1]的位置，这本小说如今已无人再读，小说主人公之一向云朵发号施令：他让它们去它们要去的方向——"往西去！"[统治者常常处在这一位置，这一点不让人惊讶。令人不安的是，执政者以为他们在向云朵发号施令，以为他们能依靠网络中一些人的合谋让被统治者也相信这点。如今，记者就是合谋者，他们关心只言片语，让人以为只言片语能起作用，但却对我描述的这类机制也就是执政者被卷入其中的网络和动机的模式一无所知，几乎从未

---

[1] 罗曼·罗兰（Romain Rolland），《约翰·克利斯朵夫》（*Jean-Christophe*），1904—1912年连载于《半月刊》（*Cahiers de la quinzaine*），共17卷。

弄清真正的因果关系:(记者们)转移(注意力并优先采取)并不符合实际的一种个人化的权力观和一些质疑权力的形式。]

抱歉,讲得有点慢,又在原地踏步,(我寻思):"这些东西能不能在一次课里讲完?"我颇为犹豫,本想讲些更易传达、更笼统的东西,但我想这实际上才是我要说的重点。我不想仅仅传达一种十分简单的观点:从一人垄断的权力过渡到一种由一个网络行使的权力,过渡到一种制人者也受制于人的复杂分工。我还想让你们体会一下对公共和国家进行人类学研究究竟是什么意思。下一次,我将试着从更大处着眼,这对我来说反而更容易:这个过程就是英国国王印章的历史,我已经描述了其中的一小段。我们应该意识到,自己是国家结的果,而国家是成千上万此类小发明的产物——这么说其实还是把历史大大简化了。这成千上万的小发明次次都让人们在利益竞争中互相对立,这些发明首先被构造为实践,继而被理论化。有了法学家、宪政主义者后,它们有时候先被理论化,进而被意欲从中获益的人转化为实践。有时候,国王也会借知名法学家之口以法定的方式表达他自己的独断专行。在理论和实践之间尤其存在一种交换,我后面会更详细地讲(莎拉·汉利的)名著《御临高等法院》。该书指出,在权力的技术性实施和权力的仪式之间存在交换——对此,有人大概会说:"这是纯象征性的,无关紧要。"(最后,我会谈一谈)权力在法律上即象征层面的正当化问题。

我将试着说明,法学家这个直到法国大革命一直发挥巨大作用的群体,如何以铰链的形式存在。他们既是管理授权行为的人,也是提出能支撑这些行为的宪法理论的人,其做法是实施一种实践层面发明的事物向话语层面的嬗变,并夹带法学家的特殊利益。他们既不是大法官也不是掌玺大臣。他们是第三方,法学家就是占据了第三方位置的人;他们是裁判,这不意味着他们做裁判就得不到好处,在某个时刻,裁判也想加入游戏。也许法国大革命多多少少就是这种情况……

1991年11月21日课程

就公共/私人的对立问题所做的回答——私人向公共的嬗变：一个非线性过程——权力元场域的诞生：王朝与官僚权力机关的区分与分离——关于法国大革命的研究大纲——王朝原则与法律原则的对立：以御临高等法院为例——有关方法论的题外话：政治理论的厨房——法律斗争是为权力而进行的象征性斗争——法学家的三个矛盾

就公共/私人的对立问题所做的回答

［课程开头没有录音。皮埃尔·布尔迪厄回答了一个关于公共/私人之对立是否成立的问题。］

这是一个复杂的问题，你们可以参考我几年前针对法国雇主做的一项研究[1]，我在其中尤其运用了统计学分析工具，揭示了雇主中的一项主要对立：相对于公共的近/远之别。构成雇主空间组织依据的一个主要维度，恰恰就是公共与私人的对立。我简要回答一下提给我的问题，可以说，我们所谓的私人，特别是私人企业，大多被公共盘踞。我们甚至还可以说，极端情况下，不存在私人。我已经详细阐述了所谓职业理论[2]，该理论发展于美国，有一系列了无生气的概念，这类概念充斥于盎格鲁-撒克逊社会学中。我已经指出，这种职业的

---

〔1〕布尔迪厄、莫妮克·德·圣马丁，《雇方》(«Le patronat»)，上文已引。
〔2〕参见边码第123页注释1。

概念带来一个根本的谬误，即将职业与国家对立，而职业的存在本身要依靠国家，特别是因为职业受到各种限额的保护，尤其是文凭这种由国家担保的入场券。各职业团体抗议国家并非偶然，(……)即便是最幼稚的观察家也看得出来，这一由彼此差异巨大的人所组成的一致群体有怪异之处。所以我认为职业这个概念和雇主的概念一样，指涉一些参照和公共距离远近进行划分的团体，并且我认为没有哪个领域的企业是不强烈依赖国家的。

我们所有的自由主义话语都十分幼稚，而研究国家的重要性正在于指出分化的社会处处被国家逻辑渗透到何等地步。这种互相渗透显然会造成一些后果，客观结构的暧昧性同样存在于精神之中，存在于意识形态策略之中。统治者的策略之一，像常识说的那样，归根结底是拥有一切而不付出一丁点。当前许多自诩为自由主义的政治策略的悖论在于，它们想确保统治者既得到自由主义的好处，又得到自由的好处，还要得到依赖国家的好处……（我说得有点直白也有点简单，改天我会试着论证得更详细些。）

（……）显然，我们无法在谈论国家的同时，不做出与最当下的政治生活直接相关的回答。我经常让你们自己做这种转移，但可能我错了，因为你们可能不这么做，或者用和我不一样的方式去做。同时，我认为我之所以做这样的研究，部分由于一些乱扯民主、政治、国家等等概念的理论家占据了"公共空间"——这是个从德国舶来的令人讨厌的概念[1]。我努力置身于另外一个层面，尝试质疑一切被假定为已知的东西，被那些乱扯国家、公共、私人的人，那些讨论国家干预多一点还是少一点的人假定为已经解决的问题。有意识地对政治避而不谈并不是在逃避政治，这是一种更严肃的、起码是很不一样的谈论政治的方式。我最后也许还会再回到这个问题上

---

[1] 暗指尤尔根·哈贝马斯，《公共空间》，同前书。

来，(……)这是职业道德方面的一个问题：我们能不能把讲台当法庭来用？我不确定，我不知道。我给自己设了限，可能不对，但我意识到了这些限制。我也请你们想一想，我会做的分析可能有哪些政治内涵。

私人向公共的嬗变：一个非线性过程

言归正传。我在课程一开始就说过，我尝试分析从私人向公共的缓慢过渡。我研究的是从12世纪持续到18世纪的一个漫长的历史时期，在此期间发生了一种不为人察觉的炼金术，我已经举过几个例子了。我请你们去读卡西尔的精彩著作《个人与宇宙》[1]（知道这本书的人一下子就懂了，不知道这本书的人，希望他们能去读一读），可做类比。这是一本文艺复兴思想史巨著，作者在书里描述了这段旧思想衰落、现代思想发端的时期。当时人们分不清天文学和占星术，分不清化学和炼金术，弄不清这时期的代表人物如马尔西利奥·费奇诺（Marsile Ficin）[2]或者皮科·德拉·米兰多拉（Pic de la Mirandole）[3]究竟是最早一批现代重要学者还是最后一批修辞大家。从国家角度来看，我们面对的是同样的情形，这其中有进有退，有一些含糊不清的政治结构，可按两种方式解读为含糊不清的格式塔，我们可以把它们理解为封建残余或者理解为现代形式的开端。这个暧昧的时期极为有

---

[1] 恩斯特·卡西尔，《文艺复兴哲学里的个人与宇宙》[*Individu et cosmos dans la philosophie de la Renaissance*, Paris, Minuit, 1983（1927）], 皮埃尔·基耶（Pierre Quillet）译。

[2] 马尔西利奥·费奇诺（意大利语原名 Marsilio Ficino，1433—1499），意大利文艺复兴时期学者，他最为知名的成就是对柏拉图著作的翻译和注释。——译注

[3] 乔瓦尼·皮科·德拉·米兰多拉（意大利语原名 Giovanni Pico della Mirandola，1463—1494），意大利文艺复兴时期著名思想家，著有《论人的尊严》（*Oratio de hominis dignitate*）。——译注

趣，因为正是在这种历史的净化中——总之我是这么推测的，否则我不会对这个感兴趣——我们得以更好地理解那些被平庸化继而变得隐晦而难以理解的逻辑。

所以说，存在一个过程，而且这个过程是非线性的——这点非常重要。今天我要跟你们聊聊两本书，一本讲御临高等法院，另一本讲前革命意识形态。这两本书给出了证据，证明这不是一个连续的提纯、去封建化、发明的过程，不是一个连续的从私人走向公共的过程。这其中有进有退，比如，我将向你们讲述御临高等法院的历史，你们会看到，16世纪朝宪政理论迈进了一步，逐渐形成一些公共事物，res publica，共和国，而后随着所谓绝对主义的兴盛而有所倒退。

第一，这不是个线性过程。第二，与很多思想史家传达的观念相反，我之前已经说过——但我想有必要重提——如果说前卫艺术或前卫哲学逻辑要求人们永远要走得更远，永远要在前卫基础上更进一步的话，在历史逻辑中，情况则相反：永远要不停地追根溯源。举个例子：第一本小说是谁写的？是（卢梭的）《新爱洛依丝》（*La Nouvelle Héloïse*）、（拉伯雷的）《巨人传》（*Pantagruel*），还是［被认为是佩特罗尼乌斯（Pétrone）所写的］《萨蒂利孔》（*Satyricon*）？人们就这样不停追溯：先驱之前总是还有先驱。我认为这样寻找先例是历史研究走的一条弯路，引发了许多谬误，我感觉人们倾向于把一种现象的首次出现追溯得过早，因为发现某样更古老的东西的话，在同事面前会很有面子。此乃场域效应，是科学效应。所以我才强调，这些发端问题说到底毫无意义。人们总说索绪尔把语言学从语言起源的问题中解放了出来。我认为，至少在我熟知的领域里，发端问题几乎从来都没有任何意义，这只是给历史主义挣得荣誉，其实并没什么价值。而像我刚才那样，说有进有退的这些漫长的重大变迁才是有价值的，发端问题也就不复存在了。我们发现，知道谁借鉴了谁并没有多大意义。

从我刚才所说的话可知，人们把现代思想的发端追溯得过早。当我们读历史研究时，我们发现公共的概念很难厘清，很难思考。比如，就像我上周引用的梅特兰的书中所写，公共权力和国王私人权力的区分用了很久才建立起来。就像王朝的国有收入和国王的私人收入的区分一样，这些区分既建立也未建立，可能某些思想领域中有这些区分而另外一些领域中却没有，可能大法官的头脑中有这些区分而国王头脑中却没有。所以，总是会发生倒退。

梅特兰在书的第226至227页，也对背叛这个核心概念做了精彩分析：当一个人做出背叛行为时，他背叛的是谁？他背叛的是国王还是民族？这里也存在一种含混：长久以来，背叛主要指背叛国王。按照王朝逻辑，这是一种对国王个人的冒犯，国王可以消除这种冒犯，也就是说他可以声明自己没觉得受到冒犯。渐渐地，背叛就变为背叛某种抽象的事物。例如，在德雷福斯事件中，背叛的对象是国家。反对阿尔及利亚战争的《121人宣言》[1]发表时，侵犯国家观念的人就是叛徒。这个过程十分漫长。内廷（maison）与"curia"[中世纪人们所说的教廷（curie）]的分离，或者盎格鲁-撒克逊传统中内廷与内阁的分离———个是可继承的家，一个是不可继承的家——进行得相当缓慢，有时还会倒退。

这里触及了我认为关键的一点，今天我要借这两本书跟你们讲述的整个历史，也许都受到我数次提及的与继承权有关的矛盾所支配。领职者处在特殊的矛盾之中，他们的意识形态、世界观、利益使他们倾向于法律和法律控制下的传承。但他们作为一个有贵族诉求并企图

---

[1] 1960年9月5日，121名法国知识分子与艺术家在"让松联络网"（Réseau Jeanson）案开庭之际签署的请愿书，这些"手提箱搬运工"（porteurs de valise）因支持阿尔及利亚民族解放阵线（FLN）战士而被控叛国；他们赞成法国青年拒绝入伍，呼吁士兵停止战斗，由此引发了一波对签名的大学教员进行审查和停职的浪潮。

通过买卖来出让官职的团体的利益，又使他们倾向于继承。既然他们本身正在变为穿袍贵族并获取一种迂回的特权继承权，他们又怎么能批判国王那种王朝继承模式呢？人们可以在最高行政法院捐个职位，然后代代相传。这就有了一种原始的文化遗产传承形式。领职者处于文化遗产、学校的一边，和处于自然的、血缘一边的贵族头衔持有者对立，和佩剑贵族对立。当他们开始希望成为继承者，希望终身职位可通过血统和自然的法则进行传承时，就陷入矛盾之中。他们针对国王所采取的策略的暧昧不清和这样一种矛盾相关："说到底，王朝原则也有好的方面……"他们不这么说，也从不这么写，但我们清楚地看到，他们的双重性与模型带给他们的隐秘利益不无关联。

权力元场域的诞生：王朝与官僚权力机关的区分与分离

我再延伸一下我上一次所讲内容。我不确定是否已经剥离出了我的中心观点，我想我已经说了，但主要体现在我介绍的事实里了，本身并没有明确表述，所以我再强调一下。我描述了两个过程。首先是分化的过程：通过分析印章的授权和签名的划分，我描述了一个向着不同方向构成的空间；我描述了各个权力链条的延伸过程，并试图借此描述公共群体如何诞生。它是这样一种权力形式，其中的每个权力持有者既制人也受制于人。我尝试描述一种结构的诞生，它针对独断专行提供了一种相对的保护，权力被经由互相控制关系而连接、结合在一起的人们分割行使。行使权力者显然要受给他授权的人控制，同时他也受到保护，这是保护伞的逻辑；但行使权力者也控制授予他权力的人，他保护他并为他提供担保。我强调过，大臣应该保护国王免犯错误，在为国王提供担保时，他同时也控制国王、监督国王。这样，他可以提醒国王不要损害公共利益。我接下来要分析国王和高等法院的关系，从中我们将看到，高等法院在玩弄我刚才描述的受托人在结构中的双重性。受托人永远都可以利用委托人给他们的委托倒戈一击，受托人可以用自己从国王那里获得的权威来反对国王。这是第一个过程。从中引出一条法则，我已经通过一个具体的例子加以说明。我指出，一名现代领导者甚至可以不领导什么，因为——我可以把这条法则说出来了——网络越扩大，权力越增加，人们对权力接力网络的依赖性就越大。换言之，这种权力分化的后果之一是领导者越来越被他领导的人领导，这不合常理——这就带来种种悖论，权力变得虚弱，哪怕它看上去越来越没有限制。

第一步分化过程联系着第二个过程，我自己费了好大的劲儿才看出二者之间的关联，我认为这种关联绝对处于核心位置，王朝权威——即王室内廷、兄弟、继承人——和以国王的大臣为代表的官僚权威的分离。我认为就法国而言，正如我们从御临高等法院的历史中看到的那样，这种分离过程在某一个时刻部分地停止了。这一过程在16世纪有突出进展，但实际上从路易十三特别是路易十四时代起停了下来。亲王和建立在出身基础上的王朝原则卷土重来，与发端阶段的法律原则对立。而我觉得在英国——有待核实——梅特兰所述象征权力与官僚权力的分离过程的连续性要强很多。况且它也确实延续了下来，时至今日，限于象征层面的王权与限于技术层面的政府权力依旧并存。按照爱德华·P.汤普森论英国人独特性的那篇著名文章[1]的逻辑，我觉得这个区别有力解释了（法国政治体制和英国政治体制的差异）——身份总是意味着差异……

今天我想谈谈这两种过程互相渗透所造成的结果。原先只有两个人，国王和大法官，慢慢出现了7个人、8个人、9个人甚至10个人，于是发生了莱布尼茨式的分裂，一种分化过程。要想理解这个过

---

[1] 爱德华·P.汤普森，《英国人的独特性》（«The peculiarities of the English»），上文已引。

程所有隐含的意义，就必须看到，每个点——我称之为链环——每个链环其实都是一个场域的制高点。我围绕印章所描述的分化过程实际上关乎本身即被纳入场域的人。我现在将借助历史资料尽可能明确地说明关于现代国家生成的一般性论点，可以这样表述，我们见证了一个分化的空间、一个场域集合的逐步形成——法律场、行政场、知识分子场、严格意义上的政治场（但它在大革命之后才出现）——每一个场域都是（特定）斗争的场所。我认为正是在这一点上，历史学家犯了一个错误。比如当他们谈到法律文化（culture juridique）时，这个"法律文化"究竟是什么意思？法学家围绕法律展开斗争，各有各的法律策略，形成一个空间，于是也就有了一个分化的法律文本空间。同样，也有一个知识分子场，一个由公共意志的不同论点构成的场域。于是，就有了一个场域集合，这些场域本身也互相区别，处于竞争关系之中。再举个例子，官僚场。在我要跟你们讲的第二本书里，基思·迈克尔·贝克（Keith Michael Baker）[1] 详细分析了一位作者，这位作者表达了法律场对正在形成中的次官僚场的强烈不满。高等法院方面对官僚体制、技术官僚作风持一种批判态度。

所以说，这些场域互相竞争，而某种意义上，正是在这一竞争中产生了国家，产生了一种权力的"元场域"。有国王的时候，国王一直是它的化身，但今后，国家将成为它的化身。场域中的每一个都想对这个元场域产生影响，以便既战胜其他场域同时也在自身场域内部获胜。这么说比较抽象，但只要给你们讲一下编年史，这个模型的有效性便一目了然。一个分化的权力空间，即我所谓的权

---

[1] 基思·迈克尔·贝克，《发明法国大革命：论18世纪法国政治文化》（*Inventing the French Revolution. Essays on French Political Culture in the Eighteenth Century*, Cambridge-New York, Cambridge University Press, 1990）[法文版（*Au tribunal de l'opinion. Essai sur l'imaginaire politique au XVIIIe siècle*, Paris Payot, 1993）晚于本课程出版，路易·埃弗阿尔（Louis Évrard）译]。

力场，就这样形成了。我一开始其实不知道自己做的是这个，我是做着做着发现的，我本想描述国家的生成，但我想我实际上描述的是权力场的诞生，也就是一个分化的空间，在这个空间里不同的权力持有者互相斗争好让自己的权力成为正当权力。权力场内部斗争的一个关键，就是支配国家这种能对不同场域产生影响的元权力（méta-pouvoir）[1]的权力。

这些我去年已经讲过了。我可以举些例子。其中一个很简单的例子是退休年龄。退休年龄的改变涉及所有场域。比如，全面下调退休年龄，就是解决各个场域内部斗争的一种方式，"给年轻人腾位子！""与老人政权开战！"。再比如，为某个民族或性别的人争取配额等。这些普遍法则很快会在各个场域产生特定的效果。因此，那些看起来具有普遍性的斗争，也就是说跨场域的斗争，得从它们在各自场域逻辑内部所代表的关键问题出发来理解。

关于法国大革命的研究大纲

以上就是主线。如果我长命百岁，我很想做这样一件事：对法国大革命前夕的国家和权力场做社会学研究，并且——我要口出狂言了——我认为这才是关于法国大革命的真正有意义的论题。这完全是可行的，只不过要花很多时间。我们需要研究由个人组成的世界，每个人都处在一个次场域中，每个人都有自己的属性——我们得知道他是不是冉森教派人士，是否拥护法国教会独立，是在耶稣会学校受的教育还是在别处，读没读过卢梭，是否在高等法院或者别的地方任

---

[1] 关于这一点，参见《国家精英》第4章，同前书，以及布尔迪厄生前未发表的文章《权力场与统治的分工》（«Champ du pouvoir et division du travail de domination»），上文已引。

职。和所有普通调查一样，我们得掌握他们的相关属性，然后将这些相关属性和他们的主张联系起来，而历史学家把这些主张当作从天而降，仿佛它们构成了一种文化。某些历史学家把它们当作一种文化来研究，这严格来说毫无意义。更糟糕的是，有的人炫耀自己的哲学素养——哲学是法国的缺陷——把这些主张当作一种政治哲学。历史学家搞哲学，堪称世界末日。我想到《法国大革命词典》[1]：弗朗索瓦·菲雷（François Furet）和另外几个人正在发明一种空壳子历史，政治策略的历史被简化成了思想史。我的研究大纲很严肃，可惜我力有未逮，否则将横扫长期占据《新观察家》的一些空谈阔论。

卷入法国大革命并留下名号的行动者构成一个空间，马拉（Marat）在知识分子场中占据很低的位置。他跟孔多塞（Condorcet）算了账，砍了他的头[2]（现在也一样，许多囿于论战的知识分子，如果有机会，将很乐意送他们的一些对手上断头台）。大革命提供了利用有形暴力进行清算的机会，而这些账通常是用象征暴力来清算的。所以说有知识分子场、宗教场、行政或官僚场、法律-高等法院场，每个场域都有自身逻辑，我们应把行动者放置在这些空间当中，并将他们（就高等法院、宪法、公共意志）表达的观点和他们在这些空间中的位置以及能决定这些位置的个体属性联系在一起。我认为此举也能让我们更好地理解各种"共和"思想的历史生成，这些思想是不同场域中占据不同位置的行动者之间斗争的产物，他们斗争的目的是按照自身的利益定义高等法院、国王、法律、自然、文化、继承权等实

---

[1] 弗兰索瓦·菲雷、莫娜·奥祖夫（Mona Ozouf）编，《法国大革命词典》（*Dictionnaire critique de la Révolution française*, Paris, Flammarion, 1988）。

[2] 孔多塞被国民公会指控叛国，死于狱中，具体情况不明。马拉曾因自己的研究被科学院拒绝而对孔多塞心怀不满，并将这种怨恨带到政治交锋中来。但在孔多塞获罪之时，马拉因病实际上在国民公会已不再起任何作用。他在孔多塞死前一年即遭暗杀身亡。

体。这个问题非常难,我只是列出一个大纲,不过对这项研究有足够了解的人能看出来,这是一份十分严肃的大纲,如果你们中的某一位或者你们中的一群人打算做这件事,我将随时倾我所有提供协助——我想这将是一项很有用的工作。

现在我来谈谈沿这个方向进行的一些研究。我能跟你们说我说过的那些,能有勇气跟你们说那些,是因为已经有人在这个方向上有所研究,是一些美国历史学家,幸也不幸。(我说"不幸"不是出于民族主义,我说过好几回了。我年岁渐长,当我研究马奈、福楼拜、法国大革命等主题时,读得著作越来越限于英文……法国研究现状可见一斑。)我要跟你们讲的是莎拉·汉利[1]和基思·迈克尔·贝克[2]的书。这两本书,尤其是前一本,在我看来是历史研究杰作。我只有一点小小保留意见,我认为他们没有对主要行动者的属性做出完整勾勒。虽然(莎拉·汉利)摆脱政治研究,转而研究政治主体及其行动,但她没有推进到底,没有给出全部恰当信息来分析使这些人发明的话语或者实践成为可能的社会条件——这些人发明了一些新的做法,新的对待国王或者对待继承问题的方式。而我们想更清楚地了解,这些发明以什么为出发点,以何种类型的利益为出发点。她给出了比通常情况多得多的材料,但还不够。

王朝原则与法律原则的对立:以御临高等法院为例

这两本书为何重要?因为它们,尤其是前者,为国王与高等法院之间不寻常的关系建立了一种编年史。我说得很明确:"不寻常的关系。"……我可以告诉你们马塞尔·马里翁(Marcel Marion)在《法

---

[1] 莎拉·汉利,《法国国王御临高等法院:传说、仪式和话语中的宪政思想》,同前书。
[2] 基思·迈克尔·贝克,《发明法国大革命:论18世纪法国政治文化》,同前书。

国制度史词典》[1]中给出的定义:"司法团体(compagnies de justice)的权力是君主的一种授权,在国王自己履行主持正义之义务时即告终止。"国君将一些司法权授予司法团体即高等法院,这些权力在国王本人驾临时即告终止,他亲自来到授权所实施的场所时,也就取消了授权。御临高等法院对国王来说相当于解除他下发的授权。因此,我们不可能为御临高等法院这样的机构下定义,这一点很重要。如果你们读这本书,就会发现该书的意义正在于告诉我们,人们围绕何为御临高等法院进行了六个世纪的斗争,以便强制推行一种符合自身利益的定义。这个定义本身已经偏向于国王了,(而这个定义实际上)归功于一位赞同国王立场的现代历史学家,他以为自己在做一项实证工作。高等法院派说:"根本不是这样!恰恰相反,国王来的时候,正是我们和他一起行使立法权的时刻,我们会向他进谏,履行授权所规定的监督之责。"我还是接着读马里翁的书吧:"司法团体的权力是君主的一种授权,在国王自己履行主持正义之义务时即告终止。由此国王有了御驾亲临高等法院的习惯,以便命别人记下他的敕令。"大家说:"这就是国王。"——这太令人惊讶了,这完全是国王的视角……国王明白自己一去,授权就终止,他去实施一项强制行为,也就是说迫使高等法院屈服。"由此国王有了御驾亲临高等法院的习惯,以便命别人记下他的敕令、声明等,而后者对此加以抵制,这就是所谓的御临高等法院。[2]"

这个定义还算有用,不过莎拉·汉利的书和它背道而驰。她描述了围绕御临高等法院发生的所有冲突——从16世纪开始大概发生了50余次。首次冲突发生于1527年弗朗索瓦一世在位期间,此后

---

[1] 马塞尔·马里翁,《17—18世纪法国制度史》(*Dictionnaire des institutions de la France aux XVIIe et XVIII e siècles*, Paris, Picard, 1972[1923])。
[2]《17—18世纪法国制度史》,第336—337页。

发生了一系列冲突。每一次上演的都是看委托者和受托者谁将获胜的戏码。人人都从中获益。比如，高等法院派的问题是，获取国王驾临、自己身披红袍与国王同坐所代表的特殊象征利益，而无须在国王左手收回右手给出的东西时，付出我刚才所读定义里蕴含的暴力之巨大代价。那么，如何从与国王同坐中获益，同时不丢失高等法院地位所赋予的立法权呢？当然我不会跟你们详细叙述历次御临高等法院的细节。你们翻翻这本书就会了解各种情形。我可能有些太简化了，这仍然还是从社会学家的角度出发。但我觉得，当我们有了一个国王与高等法院之间关系的模型后，实际上就可以推断出后续历次御临高等法院的形式。国王和高等法院碰面时上演的是正在形成中的权力场内部两种权力的斗争，在这项斗争中，力量关系依据不同的变量发生改变。例如，我们一下子就注意到，某些御临高等法院召开时，国王（路易十四）只有四岁……国王由谁来抱？这个问题显然至关重要；有人跟他嘟囔几句，然后再翻译他说的话，在这种情况下，哪怕有摄政，王权也极为弱小。

另一个有趣的案例乃革命进程之起点：1715年，国王（路易十五）年幼，无力执政，奥尔良公爵希望自己成为名正言顺的摄政王。由于他本身并不具备充足的正当性依据，他向高等法院做了巨大让步："如果你们承认我……"——当然肯定不是这么说的；书里写得很精彩，有各种斡旋、交易等，一切都在集体的、公开的、仪式性展示之前解决。（奥尔良公爵）为了解决问题，说："（如果你们承认我），我就还给你们在绝对王权时期被废除的进谏权。"——路易十四在位时，进谏制度被废除，御临高等法院成了凡尔赛宫的一项盛大典礼，场面豪华壮观，为首的不再是大法官，而是掌礼大臣。就这样，高等法院获得了进谏权作为承认摄政王正当性的补偿。更为重要的是，在进谏权之外，他们也实现了能在立谁为国王的问题上发表意见的企图。

这种象征性斗争是所有政权都要面对的问题，一旦我们把握其关键，历史就变得相当单调。马克斯·韦伯提出了总体上的理论，他指出建立在超凡魅力基础上的权力是在继位时期最外露的权力，具有超凡魅力的首领只能通过摧毁自我超凡魅力的形象才能长久掌权——马克斯·韦伯称之为"超凡魅力的陈规化"[1]。具有超凡魅力的首领不同寻常，他的正当性诞生于危机之中，他本人即是他自身正当性的基础。具有超凡魅力的首领是在非常时期有非凡之举的人。那么，如何将这种超凡魅力，这种不同寻常的属性，转化为寻常事物呢？如何将它传递给某个寻常之人呢？这人可能是他的儿子，可能是王太子等。马克斯·韦伯从解决继承问题出发构建了一种理论——我们不可能在构建一种政体理论的同时，不构建政体为保自身延续而采取的不同方法的理论。即便是像世袭王权这样的传统政体，也必须解决这个问题。到了16世纪，得益于危机——弗朗索瓦一世和神圣罗马帝国之间出了问题，他在军事上失利，还遭到背叛——受国王委托对公法、宪法等一切与国家相关事务实施控制的高等法院占据了强势位置，它可以理直气壮地说，法律决定一切，（权力的）传递由法律提供担保。

斗争的关键如下。比如说，教会为国王加冕相当于批准一项法律行为，而当国王强势、高等法院弱势时，王朝原则胜过法律原则。国王之所以是国王，在于他是前国王的儿子，他成为国王不是由古希腊人说的由规范决定的，不是"由法律"决定的，而是由血统决定的，他通过继承得到了王位。莎拉·汉利明确指出词汇的变迁：词汇上不被觉察的小小变化改变了一切。显然，在这些机构当中，人们表面为一些无关痛痒的词语斗来斗去，但实际上却是为了用一个词来替换另一个词。16世纪时，人们会说："王国永远不会无主。"到了17世纪，人们则说："国王永远不死。"人们于是从王国过渡到国王，从公共事物过渡

---

[1] 马克斯·韦伯,《经济与社会》, 同前书, 第3章, 第5节。

到王朝私人事物。同时，所有表达传承的词汇从带有法律内涵的逻辑过渡到了带有血统内涵的逻辑，并配备一整套象征体系，例如凤凰涅槃的隐喻或者日不落的隐喻。"国王已死，国王万岁！"这一整套象征体系都是由建立在血统基础上的王朝原则来组织的。

我刚才跟你们说了原则，现在我应该（加以论述）。我不知道这样做是否恰当，因为要花费好几个小时，但我会试着快点讲。我们面对历史，面对起起伏伏，面对两种权力之间力量关系的种种变迁：一边是我一开始讲的建立在王朝原则基础上的王权，我讲到谱系原则、血统继承原则、家庭原则、国王兄弟等；另一边是法律原则，根据这种原则，所有行为都应该获得法律担保，特别是教会为国王加冕这种开启统治的行为，还有加冕礼或者任命行为。这个阶段可能极短。例如，亨利四世1610年身亡，他的肖像还摆在那儿，国王阵营就为其继任者（路易十三）加冕了，为此大受指责。王位空置期是一个危险的中断期，两股势力的斗争尤为激烈，掌握法律的人尤其想在这些时刻有所作为，而国王阵营则按照马里翁的定义重拳出击，力图避免法律的权限侵占王朝的权限。

在莎拉·汉利所谓的法律阶段，存在一个将法律王权（royauté juridique）引向王朝专制王权（royauté dynastique autoritaire）的过程。我觉得这是个小小的谬误。我已经指出，王权从一开始就被放置在王朝逻辑中进行思考，正是与法学家的交易促使王朝逻辑向法律原则做出让步。特别是在16世纪，出现了向王朝原则的回归，但它不再像卡佩王朝时期那样作为一种存在方式得到确认，而是成为一种"意识形态"，王朝原则成为一种为王权的合理性提供证明的意识形态。我们可以（建立一个序列）：王朝原则1，法律原则，王朝原则2。这时，也就是说在用王朝意识形态证明一种传承方式的合理性时，我同意，可以为王朝原则2保留绝对主义这个名称。其实这些区别都无关紧要，但多多少少还是让我有些不自在，因为我难以苟同。

有关方法论的题外话:政治理论的厨房

在我看来,莎拉·汉利最了不起的贡献在于,她不满足于像许多历史学家那样——如以昆廷·斯金纳(Quentin Skinner)[1]等人为代表的剑桥学派——只研究大量政治理论特别是16世纪政治理论,(……)她还研究重大政治仪式,尤其是国王的御临高等法院或者"皇家会议"(séances royales),也就是说国王御临高等法院的情况,并指出它们有两种功能。第一种功能是像所有典礼一样,展示一种社会结构、等级划分。[我研究雇主群体时,描述了温德尔(Wendel)家族的隆重葬礼,《巴黎竞赛画报》(Paris-Match)对此有详尽报道:送葬的队伍是一种社会结构在空间中的投射[2]。在所谓"古老"社会,比如卡比尔人社会里,婚礼队伍就是象征资本的展示:人们让亲属出场,鸣枪,展示自己的象征资本——很多理论家干的也是同样的事情,"理论队列"往往是展示象征资本的机会……]像御临高等法院这样的盛大仪式,其功能便是展示资本并对其进行差异化分配。它们以礼仪的形式,让有的人穿红,有的人穿黑,构成对社会空间的投射。这一切都由无休止的斗争所决定。座次高低,有无坐垫,排左还是排右,都经过了推敲,以便系统地表达社会等级。莎拉·汉利指出,这些仪式十分重要,因为它们为出席各方,即国王一派和最高法院派,提供了面对面争夺优先权的机会。在这些对峙中,他们以话语为武器,他们制造话语。用来为礼仪性利益即象征性利益辩护的修辞

---

[1] 昆廷·斯金纳,《近代政治思想的基础》(Foundations of Modern Political Thought, Cambridge, Cambridge University Press, 1978),两卷本。[法文版(Les Fondements de la pensée politique moderne, Paris, Albin Michel, 2001)晚于本课程出版,杰罗姆·格罗斯曼(Jerome Grossman)和让-伊夫·普优(Jean-Yves Pouilloux)译。]

[2] 布尔迪厄、莫妮克·德·圣马丁,《雇方》《社会科学研究学报》(Actes de la recherche en sciences sociales),1994年第105期,第3—12页,前文已引,第28页。

策略，正是发明宪法、发明宪政理论和制造政治话语的策略。

尽管作者没有明确这么做，该书点明了大家在巴黎政治科学院或者别处学习的所有这些政治论著诞生于何种土壤，这才是该书重点所在。博丹和他的小圈子受大法官言论的滋养，而他们自己也经常发表同样的主张，他们可能受命为某项典礼做开场白。这点很重要，不然你们会以为我把不相干的事情硬扯到一块儿了。弗里茨·K.林格（Fritz K. Ringer）写的有关德国知识界名流的书[1]和莎拉·汉利的书有同样的长处：他想研究19世纪90年代至20世纪30年代德国知识界名流的思想体系。他不仅考察了正式文本——海德格尔的著作等——还考察了这些人物的一些通俗的文本，如颁奖词、揭幕词、学院发言等，也就是说这些人的日常思想。他指出，这些我们大家自幼即被熏陶的哲学问题（"解释与理解""质与量"等）是学术圈庸俗的老生常谈，是教师之间互相谈论的老一套，是学校仪式的组成部分。当然，人们会对此投以"赞美"的眼光：对哲学家来说，海德格尔不是在以大学校长的身份发言。然而很可惜，他是。而且我压根儿不是为了寻开心而去贬低他，也不是为了寻开心而去他的厨房——尽管海德格尔一直喜欢引用赫拉克利特的话：一天，赫拉克利特在自家厨房，几个邻居登门，感到很尴尬，对他说："大师，我们成您厨房的不速之客了……"赫拉克利特答道："没关系，这儿也有神。"海德格尔酷爱引用这则逸闻，但实际上，他和所有哲学家一样，一点儿都不喜欢别人去他的厨房。我猜人们就是这么看待社会学的，说它贬低人、好猜疑之类，总之说什么的都有。

四五年前，有一本很精彩的书出了法文版，是德国一些大哲学家

---

[1] 弗里茨·K.林格，《德国保守知识界的衰落：1890—1933年间德国学术团体》[The Decline of the German Mandarins. The German Academic Community (1890-1933), Cambridge, Harvard University Press, 1969].

论大学的文章的合集[1]。我没有恶意，但我认为大学教员普及了他们自己对大学的看法。往往，当他们说"不好了，野蛮人到门口了"的时候，实际意思是说来了许多大学生……所以说，在整个话语生产当中复原正式言论十分重要，至少是被承认为正式的言论、被学校光荣榜颂扬的言论等。要知道，每一种言论都从其被发出的情境中获得了某些属性，我们不可能把颁奖词和《哲学概论》(*Tractatus philosophicus*)之类相提并论，这点大家都清楚……但莎拉·汉利做的事情极为重要，因为她让我们看到博丹纯粹谈论共和国的话等，实则是一些卷入世纪变迁当中的人的言论，他们要拿共和国做点什么，他们在其中有利可图——不是功利意义上的利，而是一些关键性赌注……

法律斗争是为权力而进行的象征性斗争

言归正传。在这些大会中碰面时，高等法院派、大法官、掌玺大臣、高等法院首席院长，所有这些人针锋相对，高谈阔论。这些言论显然具有正当化功能，成为权力场和王权内部法律次场域直接的政治策略。当我们读这类文本时，除非刻意视而不见，否则不可能看不出（某个大法官用来维护公共秩序的拉丁文本）和它的作者身处公共阵营这一事实有关，不可能看不出这是在批评国王限制高等法院权限的意图，批评国王试图限制高等法院派已开始实行的职务之传递。换言之，我们不可能看不到，这种对普遍性的诉求关系到在高等法院派构成的空间中占据某种位置的人的特殊利益。这就是莎拉·汉利这本书主要的贡献。

---

[1]《大学哲学：德国理想主义与大学问题》(*Philosophies de l'Université. L'idéalisme allemand et la question de l'Université*, Paris, Payot, 1979)，吕克·费里（Luc Ferry）、让-皮埃尔·佩洪（Jean-Pierre Pesron）、阿兰·雷诺（Alain Renaut）编。

现在，我试着几句话快速讲一下御临高等法院即两种对立权力之间力量关系的主要历史脉络。(……)

法学家会用同样的武器为了对立的目的而斗争，例如，他们会耍弄一小部分套路，要么来自教会法，要么来自罗马法，要么来自12至16世纪逐步发展起来的教会法与罗马法的混合物。和许多古老社会中的斗争一样，获胜者是成功将一种标准套路为己所用的人。事实上，象征性斗争的逻辑便是要掌握最终话语权，特别是能在一伙人当中一锤定音，也就是说出一句让所有人都必须毕恭毕敬的话。在古希腊思想中，有一些词贯穿了自荷马到亚里士多德的整个思想史，后续所有思想家都研究这些词，因为掌握了构成思想的这个词，就等于赢得了胜利。十分有趣的是，这些人互相较量，却加剧了我之前提到的混乱：这是一种含混的过渡——就像炼金术转变为化学一样——因为这些极微小的改变往往只有这个领域内的人才懂，而这是场域的又一个属性。在一个场域内部，人们为了一些相邻场域的人毫无觉察的事情争得你死我活。比如说佩剑贵族——他们也在场，尽管作者没有明说，并且在最后让他们通过绝对主义的回归以胜利者的面目再度出现——我猜所有这些拉丁文辩论丝毫没有扰乱他们，他们的文化水平没那么高，不知道该不该说："国王已死，国王万岁！"

所以，从一种共同资本、共同文化出发，产生了这些小规模争斗。我认为这个词很恰当。要想跟一个人争斗，就得跟他有许多共通之处，这是场域的另一个属性。要想互相争斗，就得都懂拉丁文，都承认拉丁文和一大堆事物的价值。换言之，场域中若要发生争斗，就得对分歧的范围、斗争中可以正当使用的正当武器以及获胜的标准达成一致，这几乎算是一种文化了。但所有这些建立共识的工具却为分歧奠定基础。在时间的长河中产生的无限小的差异实为种种征服：(……)公共将诞生于这些微小的语义滑移之中，诞生于这些无限小的发明之中，这些发明在某种意义上甚至不为其发明者所觉察。发明者太沉迷于胜利所带来的象征性利益,不知道他们正锯开自己坐的那根树枝。统治者经常会自掘坟墓。他们深陷游戏逻辑之中,或者说深陷场域斗争逻辑之中,可能忘了自己走得太远,忘了他们说的话可能会被场域之外的某个既无贵族资本也无知识资本的平民挪为己用。这种盲视或者说幻觉,便是我所谓的幻象(illusio)[1],这种盲视与在场域中的投入有关,是精英衰落的根源之一。这涉及另外一个重要的历史问题,我想帕累托是唯一一个明确提出这个问题的人。他所谓的"精英"为何会衰落?他说这是由于(其成员)道德败坏[2]。我认为恰恰相反,精英自杀的机制之一往往属于这样一种场域机制——这似乎有点不可思议,因为人们一般(从道德败坏的角度思考这个问题)。像托洛茨基派内部那样狂热的斗争令人只见树木不见森林。而与最亲近的敌人的最后一个区别,也就是说与朋友的最后一个区别,让人们忘了这条基本的逻辑原则。(我借用一条)卡比利亚谚语:"我兄弟是我的敌人,但我兄弟的敌人也是我的敌人……"

我再多讲几句。王朝的命题在整个16世纪被法律批判动摇,被高等法院法学家与国王并驾齐驱、分担立法工作而不仅仅是司法工作的意图动摇。绝对王权再度确认了职务与其持有者的同一性,而法学家的工作则是要把二者分离。韦伯将这种分离视为现代官僚体制的特征,公务员和他的职务因此是两码事:公务员独立于其职务,公务员可以互调。从17世纪初开始,王朝观点的削弱以悖论的方式激活了

---

[1] 尤其参见布尔迪厄,《实践感》,同前书,第11页及其后。
[2] 维尔弗雷多·帕累托,《普通社会学纲要》(《帕累托全集》,第12卷)[*Traité de sociologie générale (Œuvres complètes*, vol. 12), Paris-Genève, Droz, 1968 (1916)]。其他著作中也涉及这个问题,尤其是《社会主义体系》(《帕累托全集》,第5卷)[*Les Systèmes socialistes (Œuvres complètes*, vol. 5), Paris-Genève, Droz, 1965 (1902)]。另参见文集:维尔弗雷多·帕累托,《精英的兴衰》,(*The Rise and Fall of Elites. An Application of Theoretical Sociology*, New Brunswick, Transaction Publishers, 1991)。

其他原则。16世纪有一条准则：尊严不死（dignitas non moritur）。尊严（dignitas）：身份不会消亡；国王会死，但尊严不会。说"dignitas non moritur"，意味着有国王，甚至有国王的两个身体，这就是那条著名的理论："尊贵的国王永生，而肉体的国王必亡。"王朝原则卷土重来，作为意识形态发挥作用，把这种区分一扫而光。再一次，人们将职能与具有职能的人混为一谈，"王国永远不会无主"，"王权永远不死"。16世纪的说法是"国王永远不死"或者"死者身故后财产自动归继承人所有"，这是法学家的措辞。于是，君主制秩序从法律秩序那里获得了正当性。原本，高等法院作为一个相对自主的机构，可以利用国王授予他们的权力来控制国王，乃至以某种意义上超越国王甚至和国王对立并由高等法院派掌管的公共秩序为名来与国王抗衡。然而这种观念消失了，法学家的地位缩减为赋予王权正当性并认可王权的机构。

法学家的三个矛盾

好了，我就讲到这儿——但我还是想让自己的观点具有某种连贯性——法学家处在很不舒服的形势之中，处在持续的双重限制中，原因有好几个。首先，作为法学家，从定义便知，他们显然拥护法律，而与自然对立。起码他们拥护能为身份提供正当性的法律。一个法学家最起码可以说："这样很好，但如果我说应该如此，就更好了。"这是一个法学家可以做的最起码的事情，否则他的法学家身份就一笔勾销。假如刀剑说了算，法学家就没有存在的必要了。所以，法学家要通过陈述"应为"来强化"实为"（ce qui est），而他掌握这种陈述的垄断权：这是正当化最起码的功能。他不可能纯粹只赞同王朝那种父子之间血统传承的方式，但他们作为特权和职位的拥有者，又持续不断地努力获取以继承方式传递自身职位的权利。他们持有的文化资本令他们与贵族对立，他们拥护功绩与后天所得，反对先天所得、天赋等；然而，他们开始将自己后天所得视为一种应该传递的固有之物，这就已经将他们置于矛盾之中。他们如果赋予王权正当性，就必然在事实上限制它，因为说王权需要被正当化已然意味着一种限制。可一旦他们开始说理，开始为服从国王找理由，就更加用他们给出的服从国王的理由来束缚国王。这是第一点。

第二点，他们拥护国王，但他们也具有贵族性质——职位的继承性。第三点，这是我刚刚提到的法学家的矛盾，他们掌握一种技术权能（compétence technique）：一项权能意味着一个"管辖范围"，进而意味着一些限制和围绕限制发生的冲突。权力场内部的一切重大斗争都是围绕权能展开的斗争。"权能"一词十分重要，这既是一个法律概念也是一个技术概念：权能，是在一定管辖范围内发挥技术能力的权利。法学家和国王进行的权能之争也是技术之争，但具有象征维度，因为若不表明自己与国王的差别，就不可能赋予国王正当性或者限制他的权能，而这种差别需要得到国王的承认。这种情况从中世纪就开始了：一些关于博洛尼亚法学家的研究表明，后者一直处在这种十分矛盾的位置。他们不得不从国王那里夺取一种他们请求国王予以承认的权力，也就是说他们要从权力那里夺取一种控制权，这一权力只有在获得承认后才具有正当性。因此他们处于两难境地，这在他们与国王给予的象征性奖赏的关系中体现得很明显。实际上，御临最高法院会议就是摆在他们面前的一个现实的矛盾。譬如其中一个问题便是弄清究竟是国王来找他们还是他们去找国王。是国王到高等法院来呢，还是他们到王宫里去？进宫是特别有面子的事，而他们需要协商，需要提供正当性，需要给出理由。他们所处的所有这些矛盾都是理论的发生器——我认为它们是最奇妙的法律发明之起源。

最后一点，他们总是倾向于放弃控制方面的权能，换取象征性的承认。我觉得，要理解高等法院派的变迁，必须记住这三个矛盾。国王可以操纵这些矛盾,这些矛盾视国王力量的差异而有强有弱,可以参考我之前提到的童年过渡期和摄政的问题。国王可以操纵这些矛盾,削弱高等法院。这是个极为复杂的游戏。我下次还会再讲,然后接着讲第二本书,它探讨了法国大革命的前奏,莫普危机的时刻。人们不断提及这一危机,它触及了职务的传递,也就触及了法学家的王朝问题[1]。该问题如下:王朝原则是否适用于终身职务?莫普成了一个可怕的人物,试图为批判王权的法学家树立一条非王朝原则,此举引发了穿袍贵族的反抗,以及一系列接近法国大革命起源的工作……

---

[1] 巴黎高等法院与高级法庭发生多次冲突后,路易十五和大法官兼掌玺大臣雷内·尼古拉·莫普(René Nicolas de Maupeou)于1771年对司法制度进行改革,尤其是废除职务捐纳原则,而高等法院派正是靠它获得相对于王权的独立。

1991年11月28日课程

历史作为斗争的关键——对法律场的历史分析——职务与公务员——作为法律拟制的国家——作为语言资本和实践技巧的法律资本——直面教会的法学家：一个行业的自主——宗教改革、冉森主义与法条主义——公共：一种前所未有且仍未确立的现实

历史作为斗争的关键

（上一次课中）围绕御临高等法院会议这项制度，我分析了国王和高等法院之间的怪异关系。我尝试说明这一制度是两个对立的社会人之间持续斗争的关键，这种对立关乎该制度的意义本身。我认为这是社会事物的一条十分普遍的原则：社会实体、制度一直是参与这些制度的行动者之间就其意义、用途等展开的斗争的关键。在国王御临高等法院这个案例中，这种制度是涉及实践、协商和仪式的细节乃至制度的历史本身的一种权力斗争的关键。此种历史回顾能引导历史学家发现历史的客体是历史斗争的关键，这一点极少有历史学家完全知晓。他们往往认为，讲述历史就是讲述一段史实，但实际上，历史事实就像所有社会事实一样，这其中的问题在于学者研究的是何种真实。这些实体本身即是建构之产物，且是矛盾的建构之产物。我参考的两位历史学家，即我上次讲过的莎拉·汉利和今天要讲的基思·迈克尔·贝克强调——因为他们不可能不知道——投身围绕制度展开的斗争中的人不断把历史用作武器来思考制度，使他人接受他们对制度

的建构，并进而接受他们掌控制度的权力。

例如，我今天要讲的路易·阿德里安·勒百吉（Louis Adrien Le Paige），他曾是一名书记官，他的职业和历史相关，他让高等法院制度本身亦真亦幻的历史再现。因此，历史在历史本身当中即为斗争的工具和关键，我认为这是我们处理一份历史材料时首先就该牢记的要点。在这一斗争中，双方——国王阵营和高等法院阵营——利用历史，具体来说是法律史，法律先例史，试图让他人接受自己对此机构的看法。国王阵营将高等法院视为纯粹的司法机构，其职能只限于记录国王的决定，而高等法院阵营则认为国王御临高等法院会议这项制度为高等法院派提供机会来行使进谏权，从而确认自身共同立法者的地位，也就是说他们在司法权之外还享有立法权。法学家分化了——我上次已经指出这点，今天再着重强调一下——他们从16世纪起开始建立一个场域，即一个空间，在这个空间内部，人们为此空间内的人掌握的集体垄断地位而斗争。换言之，在法律空间中，人们一直争论谁具有从属此空间的正当性以及怎样才能加入此空间。早在16世纪这种分散就出现了，而我对这些研究有一点不满——但我觉得这都是些杰作，否则我也不会讲——这些作者们似乎要么忘记这一空间的存在，要么把它描述得很不完整，过于简单。法学家之所以在这一斗争中处境艰难——我认为这是很重要的一点，而且还是种十分普遍的社会现象——他们之所以互相之间且每一个人都四分五裂，原因是他们在结构中位置模糊。

为便于你们理解这种自我本身和自我之间的分裂，我可以拿教师举个例子。几年前，我对1968年五月风暴之际大学教育的转变做了调查[1]。我惊讶地发现，教师们会视问题而依据不同的原则作答——

---

[1] 关于这一点，参见布尔迪厄在《学术人》中的进一步阐述，同前书，第209—250页。

这点虽众人皆知，但得清楚地觉察到才能明白它的重要性。他们可以学生家长的身份作答，这时就会对教育很严苛；他们也可以教师的身份作答，这时就变得很宽容；他们还可以公民的身份作答，乃至持与前两者都不一样的立场。换言之，我们经常观察到的这种自我分裂会导致立场的矛盾，特别是政治立场的矛盾。它对应着这样一个事实：相关行动者往往在一个场域中占据互相矛盾的位置，或者他们从属的场域本身就渗透着矛盾。(在我们现在讨论的情况下)，一名教师既作为学生家长是教育制度的使用者，又作为教师是教育制度的行动者。如我上次课指出的那样，法学家处在一模一样的位置。法学家的矛盾之一在于，作为一项职务的占有者，他们希望自己的职务能够传递给自己的继承人，因而拥护王朝原则；而作为法学家以及建立在制度和任意性基础上的文化权力的持有者，他们又拥护法律。因此他们自身会发生分裂。而在每个人逐一发生的分裂之上，还多了与法律空间中的不同位置相关联的分裂，而这个空间本身也是分裂的。

我还没讲莎拉·汉利那本书的结尾。她强调，18世纪末，我前面提到的莫普改革恰好触及了一个敏感点——这项国家改革直指法学家痛处，即他们自己的再生产问题——这是项非常笨拙的改革，除非是想得罪法学家，否则就不该推行这项改革……(我们可以在教师那里找到对等的情形。我们很容易就会得罪所有教师，所以一些教育制度改革从来都没有实现……)因此，莫普的改革触及了法学家的敏感点，并将他们推向法律一极的暧昧性上来，与王朝一极对立，这就大大强化并增进了他们与国王之间的传统对立。

对法律场的历史分析

我忘了跟你们说，在路易十三和路易十四统治的绝对主义王权阶段，作家阵营壮大了国王阵营。这对于理解文学场来说极为重要。想必你们知道阿兰·维亚拉（Alain Viala）的书《作家的诞生》[1]，他展示了17世纪作家如何作为一种受到承认的职业而出现。但与维亚拉某些时候暗示的相反，文学场不是在17世纪形成的。艺术家为了让别人承认自己的职业，承认自己是作家，放弃了自主性，而自主性正是场域运作的条件。换言之，作家为了使自己真正被承认为作家并获取应得的利益，如年金、职务、荣誉，就必须在自主性方面做出重大让步。作家——尤其是拉辛，文学史已把他遗忘——拥护国王阵营，他们常常作为历史书写者为国王歌功颂德，历史在此成为两个阵营的斗争工具。

　　我现在来讲讲上次提到的基思·迈克尔·贝克的书《发明法国大革命》。贝克为莎拉·汉利的书提供了有趣的补充。例如，他把路易·阿德里安·勒百吉这个人物放在了十分重要的位置。汉利在书里提到过这个人物，她的出发点是质疑从18世纪初特别是在勒百吉笔下发展起来的神话。按照这种神话，御临高等法院会议是一项可以上溯到中世纪的古老制度。这一神话在某种意义上构成高等法院派的职业思想体系，为了建立自身权威，他们为自己打造了古老的系谱，称自己一直作为独立于国王的立法团体存在着——高等法院将自己视为三级会议与英国式议会的综合。在汉利的书中遭到质疑的勒百吉的神话成形于法国大革命前夕，贝克的书描述了这种政治文化，它形成于1750—1780年间，主导者包括勒百吉，他是高等法院的代言人、理论家。在我看来，贝克一书值得称道之处是将法律空间作为场域进行了概括的分析，也就是说，在笼统地讨论了法律文化的同时，他区分了（法学家的几个范畴），只是方式在我看来有点随意，也比较肤浅。他所做的只能算是分类，他在国家图书馆读了一些著作，得做一下梳

---

[1] 阿兰·维亚拉，《作家的诞生：古典时代的文学社会学》（*Naissance de l'écrivain. Sociologie de la littérature à l'Âge classique*，Paris，Minuit，1985）。

理。他把这些作者分成了三类,这比把他们混为一谈要好得多。他尝试指出,试图建立宪政哲学的各种理论家,所有这些哲学家、历史学家或者法学家,主要分处三种位置,对应着权力场域空间的三种位置。他在自己书的第25—27页区分了三种话语。

贝克的书传达了这样一个核心思想:在前大革命时代(1750—1760),君权传统上不可分割的属性发生解体。君权建立在三个原则之上:理性、公正、意志。这三个原则随着三个利益群体的出现分崩离析。一方面,是高等法院,持法律话语,强调公正;另一方面,我们可指认为"人民",但实际上是下层法律人士,持政治话语,强调公共意志(他们拥护卢梭的思想);最后还有行政话语,强调理性。(贝克)分析了他认为最能代表这三种形式话语的著作,对这三种话语加以说明。和前一本书的作者一样,他也发现了围绕"过去"所展开的斗争。这一点,他尤其借路易·阿德里安·勒百吉进行了阐述。这位冉森主义者首次尝试重建高等法院的总体历史。身为档案保管员,他利用自己的身份将想象中的高等法院的历史提高到政治层面,并打造一种关于高等法院职能的理想描述,将其构筑在历史之中。我将尽量快速给你们念一下他论述的主题。勒百吉被贝克描述为高等法院派诉求的代表性理论家,并成为高等法院派的思想家[1]。贝克认为他在当时比孟德斯鸠重要得多,尽管孟德斯鸠提出了高等法院派熟知的思想体系,比如我提到过的达格索就一直在参考孟德斯鸠。勒百吉则用法兰克人的审议和判决大会来强调现代巴黎高等法院的身份。于是,他把高等法院上溯到君主政体的源头,并强调国王法庭的

---

[1] 路易·阿德里安·勒百吉,《关于高等法院根本职能、贵族权利及王国根本法的历史信件》[*Lettres historiques sur les fonctions essentielles du Parlement, sur le droit des pairs et sur les lois fondamentales du royaume*, Amsterdam (?), 1753—1754],两卷本。参见莎拉·汉利,《法国国王御临高等法院:传说、仪式和话语中的宪政思想》,同前书,第11—23页。

双重功能,强调高等法院的双重功能。他认为高等法院既因御临高等法院会议之故是国王法庭,又是和三级会议一样的全国性大会,所以这一大会的存在便是要限制王权:不仅要记录,还要谏诤、批评。在这种背景下,以谏诤为模式的英国议会就变得十分重要,我们就此明白为何18世纪在这个领域中对它有诸多参照。所以说,勒百吉代表了高等法院的立场。接着,还是在这本书中,贝克简短分析了另外三位作者——他分析了很多,但我只记住这三位,因为他们最能代表作者所描述的立场。第一位是马尔泽尔布(Malesherbes),第二位是杜尔哥(Turgot),第三位是纪尧姆-约瑟夫·塞吉(Guillaume-Joseph Saige)。我简单说一下他们各自的主张(这不代表你们就可以不读这本书了,但我允许你们有所省略)。

税务法院院长马尔泽尔布写了一本谏诤书[1]。他和勒百吉持同一种法律话语,但遵循共时性逻辑:勒百吉试图在历史中建立高等法院的特殊性,马尔泽尔布则强调现状,并详细阐述高等法院具有的监督、限制的能力和职责。贝克认为,马尔泽尔布在他一开始描述的三分结构中是司法一极的代表,而官僚一极的代表则是杜尔哥。后者在《各地政府陈情书》[2]中,为官僚绝对主义辩护。贝克有些为其分类所累,这点他自己也承认了,因为杜尔哥的言论比他所属的限定性类别中所包含的要更为复杂:他的复杂主张主要是行政性的,但也包含高等法院派言论中的一个方面……但贝克最终还是把杜尔哥视为行政话语的代表。

---

[1] 马尔泽尔布,《巴黎税务法院谏诤书》(*Très humbles et très respectueuses remontrances, que présentent au roi, notre très honoré souverain et seigneur, les gens tenants sa Cour des Aides à Paris*, Paris, 1778)。在旧制度下,税务法院(les cours des aides)处理税务方面的诉讼。
[2] 即杜尔哥,《论省级行政部门:呈交国王的陈情书》(*Des administrations provinciales: mémoire présenté au Roi*, 1788)。

第三个范畴，意志的话语。贝克在纪尧姆-约瑟夫·塞吉那里发现了这种话语，后者写了一本书叫《公民要义问答》[1]，是贝克所谓政治话语的代表，强调意志——公民意志、人民意志，或卢梭所说的公共意志（la volonté générale）。塞吉是唯一具有社会学特征的人：他出身于波尔多一个高等法院法官大家族，但他是这个大家族中失败的一支。所以我刚才提到一种法律界流氓无产阶级，提到底层法律职员。他的堂兄弟及竞争对手是波尔多市长，身处要职，拥有玻璃制造厂等产业。而他呢，属于家族中没落的一支，所以，马克斯·韦伯说的"无产知识分子"（intelligentsia prolétaroïde）与底层民众超历史的结盟致使他自愿成为集体意志、人民意志的代言人。（塞吉）批判官僚制度乃至高等法院制度，这种批判以抨击小册子的形式迅猛发展，尤其盛行于莫普改革之后。（贝克）汇总了对官僚制度的一系列批判，特别是路易-塞巴斯蒂安·梅西尔（Louis-Sébastien Mercier）[2]对特有的官僚专制的批判。贝克以曲解历史为代价，在这些抨击文章中找马克斯·韦伯的主张。但我认为，从他给出的引文来看，这种对官僚制度的批判与韦伯对官僚制度的分析毫不相干。这本书我就介绍到这里，它的重要性在于从场域也就是一个分化的空间的角度分析司法官员的世界。

唐纳德·R.凯利（Donald R. Kelley）的《意识形态的开端》[3]也涉及同样的问题，书中不仅讲述了中世纪直到16世纪法律行业的一

---

[1] 纪尧姆-约瑟夫·塞吉，《公民要义或法国公共权利基本概念问答》（*Catéchisme du citoyen, ou Éléments du droit public français, par demandes & réponses*，1788[1775？]），出版地不详。

[2] 路易-塞巴斯蒂安·梅西尔，《巴黎风情》（12卷本）（*Tableau de Paris*, Amsterdam, 1783[1781？]-1788）。在这部著名的时代风俗录中，梅西尔将矛头之一指向"机器人"（automate）或者叫"办事员-司书"（commis-scribe）。

[3] 唐纳德·R.凯利，《意识形态的开端：法国宗教改革中的意识和社会》（*The Beginning of Ideology. Consciousness and Society in the French Reformation*, Cambridge, Cambridge University Press, 1981）。

段有趣的历史，还包含从场域角度分析法律世界所用到的基本概念。他甚至给出了一套编码，我们清楚地看到应该如何为法学家编码以便进行细致的统计学分析。这位作者似乎特别注重某一部分法学家，他把他们看作绝对主义的帮凶，国王的走狗，也就是说，他看到的是法学家在专制国家建立中发挥的作用。这是事实不假，但只代表法律场的一部分。

我已经给了你们这些参考，我也说了，大部分作者都把法律世界看作铁板一块，最多也就是一个行业，我想强调一下，从16世纪开始，法律行业就是一个场域：法律世界是一个可以发挥行业效应的场域[1]——我在去年的一次课上详细论述了这一点。要想理解法学家在历史上发挥的政治效果，就得看出这些效果和他们早早就作为场域运作这一事实密切相关。特别是，要想理解法国大革命或者宗教改革的历史，就必须把它们与法学家联系起来。关于这一点，我再给你们另外一个参考：威廉姆·法尔·丘吉（William Farr Church）的《十六世纪法国宪政思想史》[2]。这本书提供了自16世纪开始运作的法律场的大量信息。在这本书中，丘吉分析了一系列作者的思想：克劳德·德·塞瑟尔（Claude de Seyssel）、夏尔·杜穆兰（Charles Dumoulin）、让·博丹、居依·高基尔（Guy Coquille）——这个人很有意思，他是一个对现状不满的外省人，来自图卢兹——纪尧姆·布德（Guillaume Budé），还有其他人。他不仅按照思想史的传统做法，介绍了这些作者思想的内容，还介绍了这些作者在社会空间中的位

---

〔1〕参见布尔迪厄，《场域效应和职业团体效应》（«Effet de champ et effet de corps»），《社会科学研究学报》（*Actes de la recheche en sciences sociales*），1985年9月第59期，第73页；以及《法律的力量：法律场社会学基本概念》，前文已提及。

〔2〕威廉姆·法尔·丘吉，《十六世纪法国宪政思想：思想变迁研究》（*Constitutional Thought in Sixteenth-Century France. A Study in the Evolution of Ideas*，Cambridge，Harvard University Press，1941）。

置——他们的出身等等——和在法律空间中的位置。例如，他为开设法律课程的大学划分了等级。我们于是可以把各人在宪政问题上采取的立场与他们在法律空间和社会空间中的位置关联，就能看出各人在法律次空间和社会空间中所占据的位置与他们在宪政问题上采取的立场有明显的联系。例如，他强调——有件事显而易见但仍需要指出，那就是有许多显而易见的事一旦说出来，就会彻底改变我们思考自己所思对象的方式——持绝对主义言论的法学家几乎都和王权、和中央政权有瓜葛。我刚才提到的凯利认为法学家拥护绝对主义，而丘吉指出，采取绝对主义观点的人具有某种倾向性。

大体上，我们可以设一个刻度，一个相对于王权的邻近性指数，它和一个相对于绝对主义的邻近性指数相对应。当然这有点太简单了，各个社会空间从来不是单维度的，它们总是有好几个维度，但上述很可能是首要维度，是首要解释性因素，然后我们会发现一些有待研究的次要因素。例如，（丘吉）强调，靠近权力中心的持绝对主义话语的人总是倾向在国王和臣民之间、领导者与被领导者之间建立截然区分，倾向于取消一切宪政主义逻辑中对中间权力的参照——例如三级会议、高等法院等。高等法院成员本身身份也很模糊，高等法院是一个场域内部的次场域，而在高等法院派中，根据他们在高等法院占据位置的不同，有些人更倾向国王一边，有些人更倾向（其他权力一边）。我不知道你们是否想象过这些空间和次空间，应该把它们放在一个多维度空间当中思考[1]。事物相对彼此运动，人们在这些运动的事物中占据位置，而他们相对于他们所在之处运动的事物和其他围绕他们运动的事物所采取的立场取决于他们在各个空间中占据的位置。（我只要拿大学场做个比方，你们立刻就会明白。）以上是我今天要跟你们说的第一点。

---

[1] 关于社会空间的多重维度，参见《区分》第2章，同前书，尤其是第128—144页。

职务与公务员

在我所描述的这一漫长变迁中，在绝对主义向某种法条主义（juridisme）过渡的过程中，各行动者位置模糊，自身发生分化。我本来想引用我上周提到的一个文本，但我找不到了，所以现在手头没有。这是丹尼·里歇（Denis Richet）的一部精彩著作，他是我正在研究的这个时期的历史大家。我请你们参考他的《现代法国：制度的精神》一书。眼下大家讨论起法国大革命和它的起源时都是乱说一通，更应该重读这部根本性著作。（里歇）强调在官僚空间自主化过程中，行动者以粘连的方式被束缚，人和职务之间存在一种粘连……我讲得太快了。马克斯·韦伯强调，在极限情况下（如他所说的"理想类型"），在公务员与职务完全脱离时，在个人不再从属于职务也不再从职务中获取任何东西时，官僚逻辑将以最理想的方式获得承认。例如，个人不再靠职务获得超凡魅力，不再利用与职务相关的威望发挥个人影响，这是一种纯粹状态、极限状态。在我研究的这段时期中——我多次拿卡西尔做比较，强调这一点——行动者们处在一团糨糊的状态，完全跟他们的职务混在一起。他们被投入到职务当中，职务将他们包围。

我给你们读一下丹尼·里歇书中的一个段落："我们所谓的'公职人员'与他们的头衔如此融为一体，以至于在回溯某个委员会或某个岗位的历史时，不得不书写领导这个委员会或者占据这个岗位的个人的历史。此前次要的职位，随着一位大人物的到来而具有了特殊地位，或者相反，因他之前官衔之故，把原先一个关键的职务降至次要位置。人按一种今天无法想象的比例创造职务。[1]"他还在一本不知

---

[1] 丹尼·里歇，《现代法国：制度的精神》（*La France moderne. L'esprit des institutions*, Paris, Flammarion, 1973），第 79—80 页。

名杂志上发表过一篇文章，分析了这一高级官吏的王朝，这些官吏被一群支持者包围，以自己职位的拥有者身份行事[1]。这对于理解我现在想理清的一件事来说十分重要，那就是当时正在形成中、今日依然存在的国家贵族的特定逻辑。我一直强调过渡的概念，是因为过渡并未结束，我们仍然处在我已尝试描述的这一过渡过程当中，这个过程一旦结束，就会出现纯粹的公务员，他与其职务彻底分离，也不再从中获取个人利益。

作为法律拟制的国家

我现在讲一下今天的主要内容，总结一下穿袍贵族这一奇怪团体对现代国家生成所做的贡献。我以这种方式来概括我迄今所讲内容：我将大跨步地讲述文员团体兴起、法官团体兴起的这种长时段的历史，即文化资本这种特殊形式的象征资本相对于贵族资本兴起的历史。实际上，除了数量极少且本身往往和穿袍贵族有关联的资产阶级外，独立于王权的主要团体，即唯一已基本建立的权力或者说抗衡势力，就和法官有关。因此，描述法官的兴起，就是描述一种新权力和权力的一个新基础——这一权力以法律、学校、功绩、能力为基础，并能够和以门第、出身为基础的势力相对抗——的逐渐形成。我将大踏步向前，上溯到12世纪，再回顾一下过去我已经讲过的一些东西。

中世纪史学家已经指出，文员自打一开始，就是权力理性化的重要工具：是他们带来了严谨、书写、注册、登记，所有这些被视为官

---

[1] 丹尼·里歇，《精英与贵族：国家高级官吏的职能（十六世纪末至十七世纪初）》[«Élite et noblesse: la fonction des grands serviteurs de l'État (fin XVIe-début XVIIe siècle)»]，《波兰历史学报》(*Acta Poloniae Historica*)，1977年，第36期，第47—63页。

僚制度的操作——官僚制度（bureaucratie），源于写字台（bureau）。写字台，意味着书写、账目、文件。从12世纪开始，文员就垄断了对正在形成中的权力场内部斗争来说极为有效的一类资源，即法律。我们得迅速从权力场内部斗争角度、从这种为了实施统治而展开的竞争角度分析一下法律。法律非常有力，因为它提供了一种思维技术和行动技术的储备。法律资本持有者掌握的是一种主要由词语与概念组成的社会资源——但词语与概念是建构现实尤其是社会现实的工具。例如——康托洛维奇已经明确指出这一点——法学家尤其是教规学者，从教会法、宗教法或罗马法中借用了团体（corporatio）的概念。它是我们所谓团体概念的源头，也是一整套社会团体理论的源头，社会团体与代言人之间关系的源头，它十分现代。我认为最有力的话语之一就是教规学者的话语。我过去分析过首字母缩合词、正式印章。当我们阅读像康托洛维奇这样的历史学家时，我们不知道该把他们当成古代制度史学家，还是当成以第一人称提供思考今日社会世界的工具的思想家、社会学家或者政治科学专家。教规学者是发明者，而法学家则持有词语和概念构成的资本。往往，要发明一种社会事物，找到相应词语就意味着大功告成[1]。

我概括一下我今天要跟你们讲述内容的主线。我们常说国家是一种法律拟制（fictio juris）。此话不假，但这是法学家们的虚构，他们给"fictio"这个词最强的意义，即"fingere"（"建造""制造"）。这是一种制造、一种建构、一个概念、一项发明。所以今天我想描述一下法学家集体为国家的建构工作所做的贡献，他们尤其得益于由词语资本构成的这种资源。关于社会世界，有一项著名的语言理论，在盎格鲁-撒克逊学界叫萨丕尔-沃尔夫假说，在德国学界叫洪堡-卡

---

[1] 康托洛维奇，《国王的两个身体》，同前书，第145—227页。

西勒假说[1]：词语不仅描述现实，更构建现实。这种假说在涉及（物理）世界时颇具争议，但在涉及社会世界时却十分正确。所以词语的斗争，围绕词语展开的斗争才如此重要。一锤定音意味着有权决定何为现实的正当表象，在某些情况下，在创造现实时，强加现实的表象就相当于强加现实。假如你命名了某个迄今为止不可命名的事物，你就把它变成公开、可发表的，能用"les homosexuels"而不是"les pédés"来指称同性恋者，就已经意味着能够谈论他们——在性的领域，这是显而易见的。将不可命名之物变得可命名，就令自己有可能让它存在，让它能被认识、被承认，让它变得正当。在许多情况下，词语权力和对词语施加的权力是公共权力，极限情况下，公共权力很大程度上是借由词语行使的权力，因为词语是建构现实的工具。由于政治是围绕社会世界的观察和划分原则而展开的一种斗争，强加一种关于社会世界划分的新语言，在很大程度上就等于改变现实。我又把我重复了上百遍的这些老掉牙的话题提了一遍，不过它们正暗含了我所说的内容。

作为语言资本和实践技巧的法律资本

因此，法学家拥有词语资本、概念资本，他们可以借此参与到现实的建构当中[2]。我对一些运用常人方法学类型的研究做了引申，但我本人很不赞同这些个体主义的、主观主义的概念。我再次重申，建

---

[1] 根据"萨丕尔-沃尔夫假说"，心理意象是从语言范畴中派生出来的，因此在不同文化中是相对的。此假说以人类学家爱德华·萨丕尔（Edward Sapir）和本杰明·李·沃尔夫（Benjamin Lee Whorf）名字命名。语言学家威廉·洪堡（Wilhelm von Humboldt）以及后来的哲学家恩斯特·卡西勒提出类似观点，认为每一种语言都包含着一种世界观。有关布尔迪厄对这些假说的运用，参见《论象征权力》(《Sur le pouvoir symbolique》)，上文已引。

[2] 布尔迪厄,《法律的力量：法律场社会学基本概念》，上文已引。

构社会现实是一项集体工作,但每个人参与的程度并不相同。有些人在争夺构建社会现实的权力的象征性斗争中比其他人更有分量。我在这里研究的是这样一种情况,即法学家(作为分化的团体)由于掌握特定的资本,因而在建构社会现实的斗争场域中相对于其他普通行动者而言发挥巨大的影响。这一词语资本、概念资本也是面对复杂经验形势时的解决办法和先例资本。这一点在古代社会里清晰可见。在这些社会中,诗人是自发的、未经建构的法学家,没有一套学说也没有规章制度——这是个巨大的区别——他是在谁都不知道该说什么的时候一锤定音的人。人们在苦恼的时候,群体在不知道该怎么想的时候,特别是为了摆脱困境必须要违反某项规则的时候,就会去咨询诗人。用卡比尔人的话说,诗人是说"总有一扇门"的那个人。一切规则皆有一扇门。诗人能够用规则的语言说出违反规则的话:这也是法学家的巨大作用之一。要做到这一点,就得特别了解规则,并且被委托成为规则的执掌者,也就是唯一能名正言顺违反规则的人。

　　这一在复杂形势下解决问题的资本是一种经验资本,符合"经验"(expérience)一词的所有含义:这些经验已获验证(expériences validées),已获认可(expérience homologués),这里取 homologein 一词强的含义,即希腊语中"同样的事物"。这些经验已获社会认可,也就是说社会已就它们达成共识:"大家都同意……""大家都认为……"甚至是"Satis constat"("这是既定事实""毫无疑问的是……")。也许,最重要的资本是一种组织技术资本——好比今天人们在交流或者组织等方面征求顾问的建议。从12世纪起,这一职能在很大程度上交给了法学家,他们可以在无边无际的词汇中——罗马法等——汲取技术,汲取标准化的、得到社会认可的程序系统,来解决问题。这点稀松平常,但通常人们并不这样思考法律,法学家提供了一些社会方案(formules sociales)。你们当中可能有人参加过平民葬礼。群体很慌乱,不知所措,有个人灵光一现,说"咱们添束花吧",然后所有人都照做,很高兴有人找到了解决办法。制度性解决办法无关紧要但又举足轻重,"有神甫负责这事",他会说一些话,会发挥不少功能,但尤其要发挥组织功能。他提供一些事先准备好的、经过检验的、成体系的、被普遍接受的解决办法。谁也不会说:"这神甫疯了!"我认为法学家发挥的正是同样的作用:他让人们不用临阵磨枪,免遭危急关头发生冲突的风险。

我还是拿卡比利亚相距甚远的两家之间的婚姻举例子。这样的婚姻备受赞誉;两家离得越远越好,但同时因为互相不了解,也会很危险……在这些情况下,订立规范、协议是必不可少的,因为此举可以避免一切冲突,尤其是在当群体之间的对峙会威胁到未来将获得最大荣誉、最多部下、最多枪支、最多女人青睐的领袖时——因此会出现竞相许诺的可能。文员是在这一竞争中拥有一整副王牌的人,我们称这一资本为法律基础上的组织资本。(这部分内容我可能讲得太多了,但我总是很矛盾,既想把事情讲得理所当然,也就是说像我所看到的那样,又想讲得让你们也觉得它们理所当然。这让我不得不做一些计划外的阐述,于是就总是讲得比我想的要慢。)

直面教会的法学家:一个行业的自主

言归正传。从中世纪起,法学家就处在 juris peritus 的位置,即法律专家,并因此既能解决已有先例的旧问题,也能解决闻所未闻、前所未有的新问题。若快速对法学家的历史做一下延伸,(我们应该看到)法学家很早就有了自己专门的机构——高等法院。从14世纪开始,他们就从国王那里获得一种持续授权来维护法律。他们大多没有贵族头衔,但他们往往很快就有了挑选自己继任者的权利——就像虫子钻到果实里那样,自然钻进了法律的、反血统的世界里。他们拥有一种理性的习性——在这一点上,我只不过继承了杜比的观点。他们和宗教改革、冉森主义有关。杜比花大量篇幅强调，谨慎是法学家团体的美德，我们今天在对法官做社会学研究时依然能看到这一点："他们应该控制温情的冲动，应该在智慧的指引下头脑清楚地行事，他们应该有节制感。他们是专家[1]。"杜比花大篇幅强调礼貌（courtoisie）是文员的一种发明。礼貌、典雅爱情（amour courtois）[2]等，都与冲动相对立，与年轻人和没教养的流浪骑士的野蛮相对立[3]。这里我们可以顺带对比一下杜比和埃利亚斯，以便互相佐证对方的观点。前者说礼貌是国家之因，而后者认为礼貌是国家之果。我们立刻发现这是个伪问题，二者互为因果。人们会把这个叫"辩证关系"，其实跟没说一样：在现实当中，这是场域中的一种斗争过程……

文员部分与教会相关联，例如教规学者（我要说点直截了当的话，会有些叫人难以置信，但我想我能够论证它们）。在我研究的范围内，我不得不说一些十分笼统的东西，但我想说出来还是有用的，因为有时候我不知道历史学家为什么对它们只字不提。法学家实际上利用教会和教会提供的资源来制造国家，反对教会。我们可以借此概括各种各样的研究，比如康托洛维奇的著作。这里我们应该建立一种相对于宗教场而言的文员解放史、文员掌权史、法律场分化史——然后是知识分子场史。世俗化问题，国家与私人的关系问题一直到19世纪都处于核心位置，因为这只是文员借国家之力与教会展开的近千年抗争的延续。按理我们应该分析细节，不过康托洛维奇已指出——尽管还有许多其他著作——最古老的国家是按照教皇国（État pontifical）的方式建立的，可以说国家以教会为模板，但又反对它：

---

[1] 乔治·杜比，《法国史》，第1卷《中世纪》，同前书，第288页。
[2] 典雅爱情指中世纪骑士与已婚尊贵女士之间的浪漫感情。——译注
[3] 年轻人（Juvenes）不能分享封地。

这好比教会的一部分倒戈一击。我刚才谈到教师与法学家的自我分裂，每一个文员身上发生各种分裂，而自康德起，哲学家们都希望保持单身并非偶然。这种自动强加的单身状况颇值得思考。今天，在每个教士身上仍然有一个分裂出的反教会的教会人士。(我在这儿说了一些言之凿凿又粗鲁的话，但这仅仅是为了在你们身上激起一些能启发你们思考的情感。这绝对不是心血来潮，更不是要宣扬什么信念。)

可以说，教会不仅通过罗马法和教会法，还通过其组织结构提供了原初模型。关于国民议会的诞生有各种各样的工作，我们以为这是明摆的事，但国民议会实际是种极其艰难的发明。今天的历史学家先是在教会，然后在改革后的教会里寻找这些诡异事物的最初形式：一群人聚在一间屋子里，他们互相讨论，然后投票，这事太让人惊讶了，根本不是理所当然；他们是全票赞成，还是多数票赞成？所有这一切，部分是由一些人借助宗教经验发明的，与此同时又与教会决裂。

我回到康托洛维奇那里。文员与教会决裂，他们从教会中主要吸收的是团体（corps）和神秘团体（corps mystique）的观念，是团体作为一个不能被约减为其成员总和也不能由单个人来表达的整体的观念。相反，经院哲学家霍布斯则借用经院哲学模式来思考。关于经院哲学，我话说得很绝对，但我可以给出参考[1]……我们应该继续描述教会与国家之间互相渗透中所发生的冲突对峙过程，我认为这一过程一直延续到今天，并且仍然存在于每个国家人（hommes d'État）身上，存在于每种国家思维之中，我们每个人都是国家人，因为正如托马斯·伯恩哈德所说，我们头脑中都装着国家[2]。

---

[1] 例如，可以参考布尔迪厄《授权与政治拜物教》(«La délégation et le fétichisme politique»)，上文已引。
[2] 关于这位奥地利剧作家对国家的无所不在所做的批判，参见托马斯·伯恩哈德《历代大师》，前文已引，第34页。

为了更完整描述这一逐渐分离的过程，我们得迅速回顾一下几次大的宗教决裂在国家建构过程中所起的作用。我之前备了课，不过我还是建议你们读一读剑桥学派经典之作：昆廷·斯金纳的《近代政治思想的基础》[1]。在这一浩瀚历史中，在上自12世纪意大利众多小自治共和国下至法国大革命的庞大的现代政治思想谱系中，斯金纳花了两章篇幅，首先给予文艺复兴时期发明的"市民人文主义"（humanisme civique）[2]以重要地位。在这一世俗政治理论的发明中，宪法代替了国王的独断专行。关于这一点，我请你们参考古希腊研究学者路易·热尔内（Louis Gernet）一部十分重要的著作：《没有奇迹的希腊人》[3]，这本旧著1983年再版了。他在书中特别强调希腊人发明的宪法观念，这种观念借助罗马法卷土重来。他指出，只有与神谕的观念决裂，才能把宪法的观念放在与君权神授说相对的位置去思考。这恰是政治在宗教之外确立的时刻，宗教从一开始主要是内心之事；这两种功能的自主性在增强，并且越来越趋向自由……换言之，他强调超越性与内在性的决裂，这种内在性联系着个人自由和个人对自由的行使。希腊人的发现在文艺复兴时期借助市民人文主义再度出现……这是本巨著，我没法概括，但我很高兴引用了它并促使你们去阅读它。

于是乎，政治自主性即一种特定的政治秩序的观念在这一背景下产生了。这里，依然是法学家通过自身在法律场内部的斗争，成为后来形成的政治场的一种实际隐喻。所谓政治场，即一个相对独立的领域，人们在其中仅使用与社会世界有关的政治武器进行斗争。马基雅维利显然是历史上政治自主性理论家的代表，他第一次陈述了这样一种观念，即政治有一些既不属于道德也不属于宗教的原则。政治就是

---

[1] 昆廷·斯金纳，《近代政治思想的基础》，同前书。
[2] 又译"公民人文主义"。——译注
[3] 路易·热尔内，《没有奇迹的希腊人》（*Les Grecs sans miracle*，Paris，Maspero，1983）（这本书事实上是作者1903年至1960年间在不同杂志上发表的文章的汇编。）

政治。所谓"马基雅维利主义"——这个叫法蠢透了,因为马基雅维利的理论与马基雅维利主义一点关系也没有——指向这样一个中心思想:存在一种不关心伦理目标的政治逻辑,以及一种管理的逻辑和一些受管理的现实。马基雅维利不是自个儿蹦出来的:他出现在一个空间中,出现在一个人文思想的场域中。斯金纳书里有一章讨论"信义宗"(luthérianisme)[1],讨论宗教改革与宪政思想发展之间的关系。在此过程中,出现了一些理论,彻底质疑一切政府超越性原则,质疑一切以超越性权力为参照的政府原则。最后,书中还有十分重要的一章,讨论加尔文主义以及我们可称之为反抗权的发明。这是摆在受宗教迫害和镇压的加尔文派教徒面前的一个问题:如何证明我们有权反抗世俗的权力?又是以什么样的名义呢?

宗教改革、冉森主义与法条主义

这一切当中我们要记住什么?首先,应该读一读这本书。我还会从自己的论证出发——假如能称其为论证的话——给你们推荐一些其他东西。记住,这一政治发明有法学家的大量参与,这里我参考了另外一些研究。我没说宗教改革或者像冉森主义这样的批判性宗教运动与法学家完全重叠,但无论如何,他们有颇多交集。文员的崛起和与之平行的政治思想的崛起是两种互相关联的现象。我再给你们另外一个参考(我从来没向今天这样给那么多参考),是卡特琳娜·梅尔(Catherine Maire)编的一本书,叫《冉森主义与革命》[2],是关于法国大革命的一系列研讨会中其中一场的汇编。

---

[1] 又译"路德宗""信义会""路德会""路德教派"。——译注
[2] 卡特琳娜·梅尔编,《冉森主义与革命》(*Jansénisme et révolution*, Paris, Chroniques de Port-Royal, Bibliothèque Mazarine, 1990)。

在这本合集中，有一篇达尔·范·克雷（Dale Van Kley）的文章，题目叫"从冉森派到爱国派"[1]。你们已经注意到，我之前提到的高等法院理论家勒百吉是冉森派教徒。这本书以历史研究为基础，明确指出在18世纪50年代由法官、律师和底层教士组成的冉森派——我之前提到的基思·迈克尔·贝克对此也有研究——和法国大革命前夕在反对莫普改革的运动中出现的爱国主义之间存在连续性。达尔·范·克雷用了"党"（parti）这种表达，这里我仍然认为社会学概念十分重要（历史意义上的"党"，而绝非现代意义上的"党"[2]）。他强调小册子的盛行，贝克对此也有暗示。他分析了500本爱国主义小册子，这些小册子都援引舆论的概念，此乃该时期的发明之一。他尝试将冉森派描述为一个"党"，这么说吧，这有点像我们尝试描绘极左运动的特征。而我认为，冉森主义就是一种极左思想，即一种只有相对意义的立场。我们只能相对于一个空间来理解冉森主义——这些概念文章里没提——于是我们在其中什么都发现一点，但又不是随便什么东西……什么都有一点但又不是随便什么东西，这完全就是极左之类运动的定义：一种意识形态组合……首先，围绕这项运动聚集起来的人们和运动的思想内容里什么都有一些。我记得在1968年，有人说（这项运动受）马尔库塞（Herbert Marcuse）的影响；显然，90%的人没读过马尔库塞，他们凭直觉重新发明了他。极左运动是一整套姿态，一整套十分空泛的词语——"镇压""用于镇压的""反对镇压的"等——一整套概念-口号，这些概念更多在神秘的参与的逻辑下起作用而不是在逻辑思维的逻辑下起作用。我已经在《学术

---

[1] 达尔·范·克雷，《从冉森派到爱国派：莫普大法官时代（1770—1775）宗教传统的彻底世俗化》[«Du parti janséniste au parti patriote. L'ultime sécularisation d'une tradition religieuse à l'époque du chancelier Maupeou（1770-1775）»]，同前书，第115—130页。
[2] 一个党是一个小集团，一个派别，往往以家庭为基础，捍卫相同的利益。

人》中试着描绘 1968 年极左倾向的特征：为什么各国社会学家都倾向于极左运动？这就得考虑到社会学在学科空间中所处的位置了……

兜冉森派这个圈子并非毫无用处：这是为了跳出实体论和伪问题，因为在这一点上，历史学家能吵上好几代，说："不对，冉森派不是这样的……"他们对运动的意识形态内容及其社会组成永远不会达成一致。要描绘冉森主义的特征，人们大可实话实说："嗯，是的，这里头有法国天主教会自主论的成分。"也就是说（冉森派）拥护法国教会的自主甚于拥护教皇。"这里头有宪政主义的成分"，即他们拥护高等法院甚于拥护国王，此外还有确切宗教意义上的冉森主义，成色不尽相同……现代多重对应分析技术十分有助于研究这些模糊、柔软却又并非不确定的意识形态空间以及与之对应的群体。达尔·范·克雷在同一篇文章中还提到了高等法院代言人勒百吉，他就好比冉森主义运动的马尔库塞，正是在他那里，这一系列分散的元素达到了最高的密度，我们在别处多少也都看到这些元素，但没那么显著。在法律界、高等法院派和冉森主义之间存在类同，就像另一个时代的宗教改革中那样。我马上讲一下我的结论，然后结束今天的课程。

公共：一种前所未有且仍未确立的现实

文员漫长而缓慢的崛起过程尚未结束。据此逻辑，我们可以说法国大革命根本不是一种割裂，它是文员崛起中的一个重要阶段，但这是一种一直持续的运动——这不意味着法国大革命不存在，这么想就太愚蠢了。我批判菲雷，不是因为他说法国大革命不存在——他没这么说，但他是这个意思。我批判的是他的方法，我们不能用那种方法理解（这样一个事件）。我们得建构各种现象发生的空间……我今天讲这么快就是为了说这一点。问题不在于说法国大革命发生还是没发生，问题在于理解种种过程。关于这一点，我请你们读《国家精英》的最后一章，作为我今天所讲内容的延伸。我在书中尝试为权力场内部一个社会行动者类别的形成过程建立一个快进式叙述，这些行动者在权力场内部斗争中掌握的特定权力以他们拥有的文化资本为基础，尤其是法律资本这种特殊的文化资本形式，而它不仅仅是一种理论资本——我本想借斯金纳来解释，不过我在此前的课程中已经顺带提到了好几次。那本有关御临高等法院会议的著作的一大价值是指出，在涉及协议、国王和高等法院关系的各种实践革新和旨在为实践层面的这些微小胜利提供正当性的理论革新之间存在一种持续的往复：红袍、红坐垫等。因此有大量公共实践的建构工作要做，它紧密联系着公共服务话语的建构。按照沃尔夫理论，这一话语既描述也建构这一前所未有——但源源不断地生成——的现实，即公共的话语。

最后一点。(……)昆廷·斯金纳的研究对分析文员与宗教之间的关系来说十分重要，但前提是像我说的这样去阅读。他讲述了一系列理论，这些理论不仅仅是人们可以像哲学家那样去讨论的政治理论。这些政治理论参与建构了政治世界，我们在其中谈论这些理论，并从这些理论创造的立场出发去采取自身的立场。时至今日，仍然有人觉得马基雅维利重要——我就不点名了——那是因为存在一些公共立场，也就存在与这些立场相关联的人。但这些立场也给了他们自由，因此，他们仍然能够就自己制造的问题采取立场。他们不仅制造了问题，还制造了提出这些问题所赖以参照的立场。这就让分析变得非常困难。别忘了，我用了一年时间说明（听众大概很失望）。我们不能就这样进入国家，因为国家植根在我们的思维当中，我们必须传播一种对国家的彻底的质疑……我希望你们对个中缘由开始有所了解：整个这一历史，就是我们思考这一历史的历史。

1991年12月5日课程

政治思想及国家的社会史大纲——从无私中获利——法学家与普遍性——法国大革命的（伪）问题——国家与民族——作为"公民宗教"的国家——国籍与公民身份：法国模式与德国模式的对比——政治讨论中的利益之争与无意识之争

政治思想及国家的社会史大纲

今天，我想简要概述一下我上次所讲内容的要点，并对革命之后民族的建构过程做一个概览。我回溯了文员逐渐崛起的过程，也就是说一种文化资本崛起的过程，它是获取权力的前提和权力再生产的工具。实际上，逐渐形成的是一个如我们今天所知的那种社会空间，其结构以两大原则为基础，即经济原则和文化原则。换言之，借助文员的崛起，作为分化和再生产工具的文化资本也崛起了。上次我讲到文员的内部斗争，我提出，法律生产以及更广泛来说的文化生产的一大部分可以也应该与这些表象的生产者的空间联系在一起加以理解。我已指出法律场如何伴随着一个位置空间的分化而形成，而一个位置空间又对应着一个立场空间。我还想证明官僚空间如何从法律空间自身出发开始形成。我快速讲了一下宗教场、官僚场以及法律场的交叉。最后，我顺带指出，要想理解以国家为要素之一的这些表象的建构过程，就得把初生的文学场考虑在内，它在绝对主义时期乃至其后，通过哲学家等途径参与到这一建构当中。

我提出,为了理解国家理论的发明参与其中并最终导向国家的这一发明过程,必须或者说应该——这更多是一项研究纲领而非一种认定的结果——十分细致地描述并分析生产者的不同属性,并将它们与产品的属性联系在一起。我还指出,这些国家理论如何与社会现实之间存在双重关联。人们通常按照思想史的逻辑教授这些理论,如今某些历史学家只就理论谈理论,并以理论本身为目的对它们进行研究,而将它们与产生时的社会状况割裂开来,仿佛它们漫步在一种智识的天空中,与生产它的行动者以及这些行动者生产它们时所处的状况特别是他们所处的互相竞争的关系毫不相干。以这种方式研究思想没有任何意义。这些国家理论一方面与社会问题相关联,另一方面又在建构我们所知的社会现实的过程中发挥决定性作用。今天,我们又看到一些更"原始"的思想史形式的回潮,也就是说一种唯心主义思想史,譬如唯宗教的宗教史。在这种方法论的回归中,人们抓住了思想与制度之间的关系,却忘了这些思想本身正源于制度内部的斗争。只有看到它们既是社会状况的产物,也在生产社会现实,建构社会现实,我们才能全面地理解它们。

换言之,社会学家建立的哲学史与通常的政治哲学史不同。拿法国出版的一本荒谬的论著为例,是由弗朗索瓦·沙特莱(François Châtelet)、奥利维耶·迪阿梅尔(Olivier Duhamel)以及埃夫林·潘西耶(Évelyne Pisier)合编的,埃夫林·潘西耶目前位居要职[1]。这本论著简直让人难以想象,它写得就好像政治思想是一种理论单性繁殖的产物,好像理论思想从理论思想中产生,然后再生出若干更小的理论思想……事实上,对某种特定的政治哲学的社会史,或者更笼统

---

[1] 弗朗索瓦·沙特莱、奥利维耶·迪阿梅尔和埃夫林·潘西耶,《政治著作词典》(*Dictionnaire des œuvres politiques*, Paris, PUF, 1986)。埃夫林·潘西耶1989年被任命为法国文化部图书司司长。

地说，对哲学的社会史研究不是这样进行的。我推崇另一种哲学史，但它目前仍在起步阶段[1]。对法律来说也是一样；哲学和法律这两门学科，保留了对自身历史的垄断，于是造就了一种内部历史，一种无行动者的历史。我推崇的政治哲学的社会历史学将政治思想产生的空间也考虑在内，包括我提到的一切。一方面是国王与高等法院之间的斗争、高等法院派之间的斗争、法律－官僚场不同部门之间的斗争，另一方面是被纳入整个历史中的政治哲学史。今天人们所进行的历史研究的一大悲剧在于，它接受学科划分，并任科学史、技术史、法律史对其进行删改。著名的年鉴学派声称对这些方面进行了再度整合，但它其实根本没有做到这一点：它在事实上接受了这种划分，认为科学史是一个独立的专业——况且，科学史也为认识论所累，多为对科学实践的自命不凡的思考，而非真正的诸科学史。

我这里说的是一些提纲挈领的东西，但这项研究纲要比较重要，因为涉及将思想当作社会建构进行研究，来建立哲学史、法律史、科学史。这些思想可能会相对独立于生产它们的社会条件——我不否认这一点——但它们仍然与历史条件存在关联，且这种关联根本不像某些思想史学家说的那样以影响的形式存在，它们介入的方式比这个要强有力得多。所以我对思想史的让步是一种假的让步——我对思想史家的认同微乎其微——因为思想作为建构现实的工具本身介入。它们具有实实在在的功能，我在讲课过程中所说的一切都基于这样一个理念，即思想制造事物，思想制造实在（réel），而世界观、视角、规范等所有这些我说了上百遍的东西都在建构现实（réalité），以至于宗教场、法律场等相对独立的场域内部进行的最纯粹的、最抽象的斗争，

---

[1] 参见布尔迪厄，《社会科学与哲学》，（«Les sciences sociales et la philosophie»）《社会科学研究学报》（*Actes de la recherche en sciences sociales*），1983年第47—48页，第45—52页。

其源头和效果最终都与现实相关,这种效果是极强的。我认为,如果我们按照某种简陋的政治经济学批判传统把我们今日所见的国家直接归结到国家运行的经济条件,就无法建立国家的历史。

总之,我勾勒的这一切,我给出大纲的这一切,都有待去做,它意味着另一种形式的历史学。(……)我已说过上百遍了,历史学家是反思性最弱的学者,他们极少将自己可能获取的历史知识诉诸自身。我呼唤的历史学,其另外一个意义(是书写)一部反思的历史,一部我们自身思想的历史。我所说的习性是一种"历史性超越"(transcendantal historique,康德所谓人的"知性范畴"(catégories de perception)是在历史中被建构的。显然,建立国家结构的诞生史就是建立我们自身的思想史,也就是建立一种名副其实的关乎我们自身思维工具、自身思维的哲学。换言之,我认为,这才算是真正实现了哲学传统中无可争辩的一项研究……很遗憾,我无法向你们呈现这项研究。它也许会实现,但显然工作量巨大:论述一些先验的范畴比尝试分析这些范畴的历史生成要容易得多。这些范畴的起源已被遗忘,所以它们怎么看都像是先验的,而这种失忆正是一切学习行为达成的效果。成功的学习行为是要让人们忘记自己学习过。以上可以说是我对国家生成所做研究的主导思想,也是从分析中得出的第一个结论。

从无私中获利[1]

第二个结论,这些参与建构国家因此也参与建构我们所知的国家之现实的国家理论,是位于社会空间中的社会行动者的产物。我

---

[1] 这一整节内容可以参考布尔迪厄《无私的行为是否可能?》(«Un acte désintéressé est-il possible?»),上文已引。还可以参考《艺术的法则》(同前书)跋:《为了一种普遍性的法团主义》(«Pour un corporatisme de l'universel»),第459—472页。

在之前的课程中数次提道，法官和法学家是与国家相关的人，他们为了让自己的利益获胜，必须让国家获胜，他们可以从公共和普遍性中获利。认为某些社会类别能从普遍性中获利的观点是一种无损普遍性的唯物主义观点。我觉得，不顾一切想证明纯粹的事物是纯粹行为的产物，反而显出一种理想化的幼稚。成为社会学家后，我们知道，最纯粹的事物也可能源于极不纯粹的冲动。典型的例子是科学。人们总是用非此即彼的方式看待科学家，要么歌颂他们，要么就说他们没用。科学家和别人一样，他们加入一项并不那么容易加入且越来越难加入的游戏中，即便是身在游戏之中，他们也不得不遵守无私、客观、中立等规则[1]。换言之，为了表达他们的冲动——康德所谓"病理性自我"（moi pathologique）——他们就得升华这些冲动。科学场、法律场或者宗教场是升华的场所，并伴随着审查："不懂几何者不得入内。"[2]（……）我谈到海德格尔时已指出了这一点[3]，他要说一些纳粹言论，但他只能用特定方式表达，让人看不出来。况且，他也不觉得自己发表的是纳粹言论，他向康德发起攻击……

纯粹领域的逻辑、纯粹游戏的逻辑是一种用不纯粹来制造纯粹、用私利来制造无私的炼金术，因为有一些人能从无私中获利，学者就是能从无私中获利的人。从一个总是追根溯源的学者角度出发，我们甚至可以认为，最无私、最人道的行动，所有被我们赞美的事物，都要回答这样两个问题：他这么做能得到什么好处？他为什么这么做？

---

[1] 布尔迪厄，《科学场》（«Le champ scientifique»），《社会科学研究学报》（*Actes de la recherche en sciences sociales*），1976 年第 2—3 期，第 88—104 页。布尔迪厄在 2000—2001 法兰西公学院最后一年度的课程中会再讲这一点，后来以《科学之科学与反思性》（*Science de la science et réflexivité*）为名出版。

[2] 据说这是写在柏拉图学园门口上的一句话。

[3] 布尔迪厄，《马丁·海德格尔的政治本体论》，同前书。

几年前我曾经提到 salos（疯子）的问题，我的朋友吉尔贝尔·达格隆（Gilbert Dagron）研究过这个奇怪的人物[1]，他在 10 世纪的拜占庭违背所有道德规范行事，挑战伦理上的伪善。由于害怕夺取由体面、声誉、美德带来的利益——也就是说许多知识分子每天都在获取的由伪善带来的典型利益——他把自己置于荒唐的境地，做一些可怕的事情，行为举止下流。这种不纯粹中的纯粹之悖论，以十分具体的方式提出这个问题：他是在行善吗？他从行善中能获得什么好处？炫耀自己严守教规，难道不是一种恶劣的表明自身正直、纯粹、高贵和尊严的方式吗？

以上是一些历史学与社会学问题。这不必然导向犬儒主义，这让我们感到，最慷慨的行为并不必然源于纯洁。社会科学教给我们一种现实主义……人们做好事是因为不得不做，我觉得这样更叫人放心。况且康德也说，也许从来没有一项合乎道德的行为被完成过。他清楚地看到，假如我们做出合乎道德的行为可依赖的唯一力量只能在自己身上寻找的话，那我们将不会走得太远。这也是我所做分析的言下之意，这是一种现实主义的理想观，它也许唯一以现实主义方式捍卫理想的办法。这压根儿不是犬儒主义：要实现理想，就要具备各种条件，就要让许多人从理想中获利。这将导致一些政治策略上的结果，比方说，若人们希望党派内腐败现象消失，就该采取对应策略……我就不展开了，只是想让你们了解一下这些分析中暗藏的思想[2]。

---

[1] 吉尔贝尔·达格隆，《不体面的人或可耻的圣人》（«L'homme sans honneur, ou le saint scandaleux»），《年鉴》（*Annales HSS*），1990 年第 4 期，第 929—939 页。在东正教中，salos 指 "圣愚"，即自愿像疯子一样行事说话已达到完美修行的苦行者。
[2] 参见布尔迪厄，《自相矛盾的道德准则》（«Un fondement paradoxal de la morale»），《实践理性；关于行为理论》，同前书，第 237—243 页。

法学家与普遍性

这些法学家推动了普遍,他们发明了一些社会形式和明确被建立为普遍的表象。我想指出,他们可从普遍中获取各自的利益,于是,他们建立了一个领域,一个法律领域,为了在其内部获胜,就必须援引普遍。他们必须有能力证明自己提出的论点、主张比别人提出的更易普及——这和康德的标准对应——也就是说它们较少依赖私人利益:"我之所以这么说,是因为这对所有人都好,而不只是对我自己好。"显然,说这话的人立刻就会受到马克思主义的批评:"你的言论难道不是意识形态的吗?""你不满足于将你自己的个人利益普遍化吗?"推行普遍的专业人士掌握普及其个人利益的精湛技艺,他们既制造普遍,也制造普遍化策略,也就是说一种模拟普遍和将自己个人利益打扮成普遍利益的艺术……问题来了:我们不再处于截然对立的位置。在社会世界里,很难用善恶二元对立的方式去思考,所以优秀的社会学家才少之又少:社会学需要一种日常生活中不常见的、非自发的思维……

这些法学家可以从公共中获利。比方说,大家都注意到,早在1789年法国大革命之前,他们就已开始斗争,好让自己的居先权也就是文化资本得到承认。他们把这种居先的特权和公共服务的观念联系在一起,和公民美德的观念联系在一起。最终,他们通过斗争推翻等级秩序,让穿袍贵族优先于佩剑贵族,从而推进了与法律权限相联系的观念,推进了普遍的观念。这些人可从公共利益中获取私人利益。这一问题可以从非常笼统的层面提出……当然,我只是提出问题,但我想有时候提出问题是有用的,哪怕我们没法做出完整的回答。我是针对一种特殊情况提出这个问题的,但我想理应在总体上提出从公共中获利的问题。对公共的关注在一个分化的社会中如何分布?富人比穷人更追求公共,还是相反?对总体利益的关注和在社会空间中所处的位置之间存在明显的统计学关系吗？对这个问题，有一些神秘的解决办法：把无产阶级视为一种普遍的阶级是答案之一，最贫穷的人、最匮乏的人既然一无所有，便追求普遍。按马克思的理论，差不多就是这样……我说"差不多"是因为这个观点已被一些经济学家否定或者至少被削弱了。后者大量研究公共利益，研究何谓公共利益，研究公共财产的特殊性以及公共财产消耗的特定逻辑。

这其中，经济学家詹姆斯·M. 布坎南（James M.Buchanan）有一篇精彩文章，论及俱乐部和以俱乐部形式运转的好处[1]。他写道："无论资产数量有多少，俱乐部的最佳规模随着个体实际收入的增加有越来越小的趋势。"换言之，你的收入越高，你就越希望限制俱乐部的规模："［在收入较低时体现出公共性（publicness）的］资产随着收入水平的提高趋向于变为私有。[2]"（布坎南）以合作社为例说明，在其他所有条件相同的情况下，合作社在低收入群体中比在高收入群体中更常见。换言之，公共的东西有变为私有的趋势：人们只有在别无选择的时候才选择公共……还有一篇更早的，是萨缪尔森（Paul Samuelson）1954年发表在《经济学与统计学》杂志上的一篇关于公共财产理论的文章[3]。这篇文章对我笼统提出的问题给出了初步回答。可以说，在收入增加时，如今人们大谈特谈的个人主义会加强。反之，收入减少、贫穷加剧时，互助会加强。这只是一个假设，穷人的协会是较之他人更倾向于联合的人之间被迫组成的协会，因为他们

---

［1］詹姆斯·M. 布坎南，《俱乐部经济理论》（«An economic theory of clubs»），《经济》（*Economica*），1965年第32期，第1—14页。这位美国经济学家在1968年凭借其对"公共选择理论"的研究获得诺贝尔经济学奖。他发展了一套公共介入批判理论，将它和国家公职人员联系到一起。
［2］《俱乐部经济理论》一文注释9。
［3］保罗·萨缪尔森，《公共支出的纯理论》（«The pure theory of public expenditure»），《经济学与统计学》（*The Review of Economics and Statistics*），第36（4）期，第387—389页。

在受教育阶段及之后都必须互相联合才能生存下去。我们据此可以认为，当人们能够摆脱这一切时，也就是说当人们有足够的资产而无须联合时，也就不再求助于联合。这并不意味着一个线性前进的过程，穷人有穷人的协会，富人也有富人的协会。（……）富人的协会是像俱乐部那样通过选举产生的、独立的协会。这些协会的成员通过和拥有资本的人联合而使自己的资本加倍——因此，它们不是由必要性决定的。我在写《区分》时所做的研究中观察到，俱乐部的建设等创造由集体控制的社会资本和象征资本的举动，在何种程度上由一种几乎理性的方式管理：进俱乐部需要有介绍人，有一系列选举、挑选成员的工作要做[1]——这是（与普通联合会）不一样的逻辑……我补充讲这些，只是为了让你们意识到这个问题。下面我回到法国大革命上来。

法国大革命的（伪）问题

法国大革命，怎么说呢……我很犹豫要不要讲这些。我无意用一刻钟（这差不多是我要留给它的时间）就把法国大革命的问题解决，但我想说的是，按照我迄今所做研究的逻辑，我们可以针对法国大革命提出一些问题，而我想我可以在一刻钟内做出回答……其中一个问题正是弄清我谈到的这个长时段过程如何表现在法国大革命之中，而后者又是如何铭刻进这一过程当中的。我已经说过，我认为法国大革命处在这个长时段过程之中。它也许是一道槛，但绝不是一种决裂；它是这一确认过程的一个阶段，是文员、法官崛起的一个阶段，它实际上标志着法官的胜利。换言之，它更像是始于12世纪的一个长时段过程的终结而非绝对的开端……起码既是开端也是终结。穿袍贵族在大革命之前很久就已经制定了一种新的国家观念，创造了一整套

---

[1] 布尔迪厄，《区分》，同前书，第182页。

概念空间——例如共和国的概念——通过制造领土国家和统一民族,他们将转变为居支配地位的等级,即国家精英(贵族)。换言之,他们的胜利是现代国家、民族的国家、民族-国家的胜利。国家精英(贵族)将制造这一新的制度,并几乎垄断与此制度相关的特定利益。

上周,我提到丹尼·里歇,在论及18世纪时,他谈到税收资本主义,他指出国家随着自身的发展如何孕育出了一种新的资本,孕育出一种特有的国家资本,它既是物质性的也是象征性的,它像元-资本、像一种超越其他各类权力之上的权力那样发挥作用。这种资本提供施加在其他各类资本包括经济资本之上的权力。于是乎,这种公共资本,这种普遍利益资本或者说公共权力,既是社会斗争的工具也是最重要的社会斗争之关键。"后革命时代的"国家——同样,如果可能的话,我想给我这里说的每个词都加上引号——是一个斗争的场所,是为了占有其提供的特定利益特别是为了对它集中的元-资本进行再分配而展开的持续斗争的工具和关键。这一点在涉及经济资本和以工资为形式的经济利益再分配时多有提及,但我们还应该分析以信用、信任、权威等等为形式的象征资本的再分配。

把法国大革命视为资产阶级革命进而展开的讨论都是错误的。我认为一些人关于国家、法国大革命、1848年革命所提出的分析有些片面,这一观点被强加在各国所有思考国家问题的人身上。日本人自问他们那儿是不是真的发生过法国大革命;英国人说:"我们这儿肯定没发生过法国大革命,不可能发生过。"在各个国家,人们心里都想:"我们这儿之所以没发生过法国大革命,是因为我们不够现代……"这种提问方式被人们当作一种绝对来接受,我们按照法国大革命的标准来衡量其他一切革命,带着一种难以置信的种族中心主义。我认为我们可以撇开这些问题不谈,起码我坚信这一点,所以我才这么跟你们说,这不意味着在我尝试提出的问题之外不存在其他问题。但我想这种老生常谈的提问掩盖了我想提出的问题,即现代国家的缔造者难道不是将自己置于可以获得垄断的位置，难道不是垄断了他们正在建立的垄断吗？

马克斯·韦伯说国家是对正当暴力的垄断。我修改了一下，说：它是对正当有形暴力和象征暴力的垄断。围绕国家展开的斗争是为了垄断这种垄断地位的斗争，我认为现代国家的缔造者在为这一垄断展开的斗争中占据了有利位置——我所谓的国家精英（贵族）的连续性已经证明了这一点。1989年我出版了《国家精英》，就是为了告诉大家，法国大革命在根本上未改变任何东西……法律资本和国家资本的垄断使一个居支配地位的群体得以延续，这个群体的权力很大一部分建立在文化资本之上，而文化资本是获取国家资本的条件——正因此，所有指出文化资本再分配与在社会空间中所处位置之间关系的分析才那么重要。所有对学校的分析其实都是对国家和国家再生产的分析。这一点我就不展开论述了，我去年已经讲过了，不过这多少也算是为之前的分析做个了结吧。

国家与民族

尽管如此，这些与国家建构有直接利害关系的法官们仍然推动国家朝普遍性迈进。想一想我做过的区分，法律原则以最粗暴、最具决定性的方式替代了王朝原则，国王被送上了断头台……人们对国王之死做了大量论述，国王肉体的死亡也许是不可或缺的象征性切割，用以证明法律原则取代王朝原则是不可逆转的。（法学家）通过他们功利性的斗争，制造了——我们已经说了上百遍——民族国家、统一国家，既与地区、省份对立，也与阶级划分对立，他们完成了跨地区、"跨-阶级"乃至"跨-社会"的统一工作。我快速描述一下此举的三个决定性贡献：首先，国家概念、现代意义上民族概念出现了——我接下来会做出解释；其次，一种"公共空间"诞生了——我说了"公共空间",语言可真是不由自主啊,我特别讨厌这种说法,但却脱口而出———个专门的、正当的政治场出现了;最后,与属民相对的公民概念诞生了。(这对我来说无疑是最难讲的内容,因为我们不停地掠过人们已经说了上百遍的东西,并且我们有一种似曾相识的感觉,好像每个词都说过,但我们现在却试着说完全不同的东西,而且对此并不确定……我告诉你们我的心情,希望你们理解我的犹豫。)

(法学家)制造了民族国家,简而言之,他们制造出一个国家并委之以制造民族的重任。我认为这一点非常独特,我待会儿将拿德国的情况做个比较。德国模式很有趣,因为它是一种浪漫主义模式(而法国模式非常具有 18 世纪特色):先有了语言、民族、赫尔德[1],然后有了国家,国家为民族代言。法国革命者则截然不同,他们制造了普遍国家(État universel),这个国家将通过学校、军队等制造民族。达利安(Jean-Lambert Tallien)有一句话可作为注脚:"在法国,只有坏公民才是外国人。[2]"这是个很妙的说法,一种典型法国式的政治-法律用语。只要符合好公民定义的人就是公民,也就是说只要符合普遍性的人就是公民;然而每个人都有人权,所以人人都是公民。这种法律-政治的和普遍主义的视角显然既符合法学家的权能也符合法学家的利益,这是一种法学家思维……不过还得阐明它们之间的相似性。我多次提到本尼德克特·安德森的重

---

[1] 诗人与哲学家约翰·戈特弗里德·冯·赫尔德(Johann Gottfried von Herder)被认为是浪漫主义"狂飙"运动的启发者,还以土地与共同语言为基础为民族下了定义。
[2] 记者兼议员让-朗贝尔·达利安这句话是这么说的:"我不会说(……)在法国只有坏公民才是外国人。"[«Je ne dirai pas (…) qu'il n'y a d'étranger en France que les mauvais citoyens.»] [国民公会 1795 年 3 月 27 日会议,会上的讨论内容刊登在 1795 年 3 月 30 日《总汇通报》(Le Moniteur universel)第 190 期上。]

要著作《想象的共同体》[1]，该书将共同体、民族描述为由一定数量行动者集体创造的想象的实体，这些行动者包括作家、语言学家和语法学家。换言之，民族很大一部分是知识分子的建构，他们——这是我加的——可以从民族中获利。知识分子与所有涉及文化资本的东西相关；然而，文化资本越是和民族语言相关联，就越具有民族性，越是独立于民族语言，就越具有国际性——法学家和法语教师比数学家和物理学家更具有民族性。

因此，知识分子根据各自专业的不同与民族文化资本有不同程度的关联，同时，他们与民族、民族主义之间的利益相关性比我们以为的要大得多。（……）例如，我们现在谈论很多的乌克兰民族主义就是语法学家的作为，他们往往是些小知识分子，像马克斯·韦伯所说的"无产知识分子"，不为帝国或民族中央机构所知。为了让自己掌握的特殊的、旨在变为全民族性的小股资本（语法学家、词典编纂者、民族学者等人的资本）发挥价值，他们构成了一个应在的社会实体，这个社会实体完全符合他们自身的利益并证明他们存在的合理性……民族之争或多或少一直是语法学家之争，知道这点很有益处……自从读了这本书，我惊讶地发现处处皆是如此，甚于我之前的想象。

想象的共同体是建构的产物，只要把这个论点与我年初数次阐述的另一个论点联系到一起，我们就能得出几近正确的民族理论。我非常强调规范的概念，强调（社会世界）的观察和划分原则，强调国家以一些与建构社会现实的方式相关的前提为基础。国家有能力在一块领土范围内普及这些认知范畴。按照这种逻辑，民族是具有相同的国家认知范畴的人的集合，他们在接受了国家也就是说学校强加和反复

---

[1] 本尼德克特·安德森，《想象的共同体》(*Imagined Communities. Reflections on the Origin and Spread of Nationalism*)，同前书。

灌输的东西后，对一些十分相近的根本问题有了（共同的）观察和划分原则。于是乎，19世纪盛行的"民族性格"的概念，实际上只是认可了对民族的刻板印象和偏见，它应该被彻底扫除出理论空间——这是一种多少被美化了的种族主义。尽管如此，它还是指出了某种无可争议的事实，在大脑中反复灌输共同的认知和评价范畴的工作已经开花结果，它通过不计其数的影响得以完成。这其中，学校、教科书特别是历史教科书的作用最大。我刚才讲到了民族的重要建构者，（在法国）国家缔造民族，它通过学校缔造民族，比方说，第三共和国就是拉维斯（Ernest Lavisse）缔造的共和国[1]，是历史教材缔造的共和国。

作为"公民宗教"的国家

因此，国家是所谓"公民宗教"（religion civile）[2]的核心。美国社会学家罗伯特·N.贝拉（Robert N. Bellah）[3]在论及充斥美国生活的各种仪式时谈到了这一点，包括各种宗教仪式、伦理-政治-公民仪式等（……）要通过公民宗教、仪式、生日、庆典还有起决定性作用的历史来制造一种公民秉性。

这里我想快速概括介绍研究纳粹的著名学者乔治·L.莫斯（George L. Mosse）的一本十分重要的著作。莫斯是余生都在思考纳粹主义为什么会发生的那些德国移民中的一员，他为我们理解纳粹

---

[1] 历史学家恩斯特·拉维斯（1842—1922）编写的教材，包括针对基础课程的"小拉维斯"（«Petit Lavisse»）系列，培养了一代代小学生，向他们灌输由共和派颂扬的爱国精神和公民精神。
[2] 《论公民宗教》（«De la religion civile»）是让-雅克·卢梭《社会契约论》（*Du contrat social*）第4册第8章的题目。
[3] 布尔迪厄在此指涉的应是罗伯特·N.贝拉的《破碎的契约：处于考验时期的美国公民宗教》（*The Broken Covenant. American Civil Religion in Time of Trial*, New York, Seabury Press, 1975）。

群众性运动做出了重要贡献。在(《德国意识形态的危机》)这一书中，他反思了德国意识形态的危机和第三帝国的思想起源，分析了他所谓"群众民族化"(nationalisation des masses)的过程——也就是说如何将群众变为民族[1]。他提出了一个乍看上去有点自相矛盾的论点，但我觉得他有理有据。从公民宗教角度看，纳粹主义只不过是民主的极端情况，因为它把反复灌输相同集体表象的工作推到了极致，而民主社会里也在进行同样的工作。因此，他强调，从拿破仑时代开始，资产阶级民族理想就已经催生出一种公共想象；一战后，出现了一种新的社会秩序，它建立在以"公民宗教礼拜仪式"(liturgie d'une religion civile)[2]为宣传媒介的民族自我展示之上。换一种更简单的说法，民族以表演(spectacle)的形式自我呈现，并通过呈现给自己的自我表演使自己变得具体，从而获得存在；它让自己在公民礼拜仪式中并借由公民的礼拜仪式、借由公民宗教的礼拜仪式存在。纳粹主义的特性融入此种权力的礼拜仪式当中，(莫斯)证明了这种权力的礼拜仪式如何与一种大众政治的非理性类同，这种大众政治意在对卢梭所说的公共意志做出实际的确认。实际上，他认为纳粹主义继承了卢梭的衣钵。(这个观点颇为自相矛盾，他不是这么措辞的。抱歉，我也许永远不该这么说，但这很难表述，而且需要花很多时间……)

莫斯想说的是，这种只存在于纸面上、让所有卢梭的评论者都为

---

[1] 乔治·L. 莫斯，《德国意识形态的危机：第三帝国的思想起源》(*The Crisis of German Ideology. Intellectual Origins of the Third Reich*, New York, Grosset & Dunlap, 1964)[法译本(Paris, Calmann-Lévy, 2006)晚于本课程出版，克莱尔·达尔蒙(Claire Darmon)译]。另参见乔治·L. 莫斯，《群众的纳粹化：拿破仑战争至第三帝国期间的政治象征主义与群众运动》(*The Nationalization of the Masses: Political Symbolism and Mass Movements in Germany from the Napoleonic Wars through the Third Reich*, Ithaca-Londres, Cornell University Press, 1975)。

[2] 关于这一点，参见乔治·L. 莫斯，《德国意识形态的危机》(法译本)(*Les Racines intellectuelles du Troisième Reich*)，同上书，特别是1964年的序言(第7—13页)以及第2章"日耳曼信仰"(«La foi germanique»)(第50—72页)。

之困惑的神秘的公共意志，在某种意义上可以借由对一致的集体性盛大展示而变得具体可见。（公共意志就这样）展示在了集体情绪之中。情绪，确切地说，既是展示的原因也是展示的效果，正是展示的产物要求进行一项集体建构工作。情感统一体往往限于小宗派、小群体，但这种情感统一体的社会建构可以在一个民族范围内实现，而不仅仅局限于小群体。纳粹主义将这项工作推向了最极端。我们可以说，它是将某类民主仪式中也存在的趋势推到了极端。民族是人民想象性的化身，一种全民的自我呈现，而这种自我呈现建立在对人民共有之物的展示之上，如语言、历史、风景等。最后，莫斯说，法西斯国家是一个展演式国家（État-spectacle），它用一种公民宗教把政治美学化，把美学政治化，这种公民宗教试图超越时间，使用一些前工业时代的符号，一些永恒的象征。莫斯的书有些过激，他描述了一个始于法国大革命的过程的完结。但他让我们看到，对民族的某种集体建构如何包含了会被我们置于另一空间中的极端可能性……

所以，第一点，通过制造国家，（法学家）不是制造了民族，而是制造了产生民族的社会条件。这里，我们应该重新考察（但我已经讲过了）一整套建构和巩固民族的工作。在这当中，19世纪共和派历史学家奥古斯丹·梯也尔（Augustin Thierry）、儒勒·米什莱、恩斯特·拉维斯发挥了重要作用。我们还应该记住学校和军队的作用……第二点我先跳过——我会在讲议会和正当政治的建构时回到这一点上来——直接说第三点，公民的问题，好让我今天讲的内容具有统一性；下次课我再回过头讲。

国籍与公民身份：法国模式与德国模式的对比

眼下有大量关于公民身份和移民的讨论：大家思考的正是谁有权获得公民地位……很快——我这儿讲得又有些肤浅，有些粗枝大叶了，但我希望你们头脑里至少能留有这个问题，下次我就能讲得更进一步了——大家谈论现代国家的建构时，提到"规则的领土化"（territorialisation de la règle）。也就是说，从带有乌托邦色彩的法律国家（État juridique）——非我们今天所说的法治国家（État de droit），而是法律国家——的建构出发，从纯粹法律意义上的国家的法律表现形式出发，人们准备在一块领土范围内建立法律空间，它是某种意义上法律的化身。伴随这一建构，公民的概念也被发明出来——公民作为一种和国家保持权利和义务关系的法律实体存在。实际上，公民是和国家有法律关系的人，他对国家负有义务，国家也要对他负责。比方说，福利国家的历史往往被描述为一种（相对于公民权的）新的中断，而在我看来，二者具有十足的连续性……在这一点上，仍然是马克思用人权/公民权的对立在我们的思想中引入了中断的观念。然而，公民概念已经包含了福利国家的思想，福利国家是一个给予公民他有权获得的东西的国家，也就是说除公民权以外的东西，即人权、劳动权、健康权、安全权等。公民于是被权利所定义，这里我们看到了法国大革命在法律方面的启发：法国意义上的国籍（nationalité）不等于公民身份（citoyenneté），国籍可以从种族文化角度定义，靠拥有一种语言、文化传统、历史等来定义。德国浪漫主义传统中的国籍概念与公民身份并不完全重合。公民以纯法律的方式被定义，作为种族文化意义上的民族，可以被依法定义，它不同于法国宪法中所说的公民身份。我引过的那句达利安的话典型地属于这种定义：说得极端一点，公民就是被宪法承认为公民的人；除此之外无须多言，这个人不需要有一些特别的属性，比如与血统相关联的属性（血统主义）。

这种抽象的公民身份要由政治工作进行具体化。比如说，语言的统一不是国家统一的条件而是其结果……我颇感为难，因为我不停地根据法国/德国的对比来思考，但我还没有（明确）将其表述出来。在法国，国家制造了民族，也就是说某一个民族的所有公民都得说某一种语言，因此就得让他们有条件学习这种语言。在德国的模式下，民族表现在国家中，于是，所有说德语的人就都是德国公民。所有那些具有相同的种族、语言和文化属性的人都是德国公民——这对理解两德重新统一的问题有诸多启发[1]。（在法国模式下）政治统一坚实稳定，它是法律-领土统一体，是由法律陈述如是造就的一块领土，是某种组织形式在其中生效的管辖范围。而公民是从属于这一管辖范围的人。他可以说方言，可以有不同的文化传统和习俗，但国家有义务通过反复灌输创造这种统一性，就像推行语言统一那样。归根到底，革命者推行的政治哲学是一种普遍主义政治哲学，因此是同化的政治哲学。它是普遍主义的，是因为它自认为具有普遍性，所以它能为一个人提供的最好的东西就是将其同化。它把他当人对待，因此把它给每一个人的东西也给他，也就是说让他拥有公民的尊严。言下之意拥有法国公民的尊严。此外，为了让行使公民权利的条件得到满足，还要给予这些公民一些现实的手段，可以是文化手段（语言统一）或者经济手段。

德国道路与此大相径庭——我快速描述一下，讲点比较粗糙的历史哲学。如果说英国模式来自16世纪法学家，法国模式来自18世纪世界主义哲学家的话，我们可以说德国模式来自经普鲁士改革者修正的19世纪浪漫主义思想家——这么说过于简化，但便于记忆。法国模式是启蒙模式，世界主义、理性主义、普遍主义，抽象而形式化的普遍主义，在这一点上，马克思是对的，这是被构思为普遍化的同化哲学，也就是将每一个人等同于普世公民，即法国公民，这种同一是先验的，也可以是后天的。德国道路与19世纪浪漫主义相关联，所有问题我们都该想一想，比如民族、明暗、深浅、文化（Kultur）与文明（Zivilisation）对立等主题。民族在这种视角下是根植于历史地、有机地发展起来的个性，并被一种"Volkgeist"，即人民共有的

---

[1] 暗指1990年10月3日两德宣布重新统一。

精神统一起来。这种将它与其他民族区分开的精神，表现在语言、习俗、文化和国家之中。国家当然可以在法律上认可这一切，但它更是一种表达，是产物而不是生产者。当然这种对比有局限性，不过我还是先结束这一点的讨论，回到移民问题上来再多说两句。

我们可以从这种对比出发重新思考民族与公民身份的关系。在实践中，法国人和德国人对待移民的方式差不多，也就是说都不怎么样。但在法律上，他们对待移民的方式却很不一样，为了理解这种差异，不妨回顾一下两种传统中的国家观。法国18世纪普遍主义、世界主义的政治-法律观导向了"jus soli"（属地主义）：国家是一块领土，也就是某项法律的管辖范围。因此它是基于领土的共同体，只要出生在这块土地上的人，就是它的公民，这属于自动入籍，顺应的是同化的逻辑，国家应该通过融合等手段来制造民族。德国的情况则不然，国家参照的是19世纪浪漫主义哲学、民族精神等，我们可以称为种族-文化的或种族-语言-文化的观念，它导向"jus sanguinis"（血统主义）。（公民身份在此）与继承权、血缘相关联，既是一种"自然"传承，也是一种历史传承，于是就有了基于语言和文化的共同体，说德语的人注定要成为德国人，而出生在德国的外国人不是德国人，不存在自动的融合或同化。具体说来，从这两种国家观出发，产生了两种很不一样的移民政策，即便现实中的处理方式很相似——德国人对待土耳其人跟法国人对待阿尔及利亚人的方式差不多——在法律上也相去甚远。

政治讨论中的利益之争与无意识之争

这些讨论变得复杂，是因为在两种情况下，谈论这一切的知识分子都有一些既得利益（vested interest），乔装打扮隐藏在这种种事物当中：诗人、音乐家、法学家或者哲学家都有各自的利益。把我一上课时说的东西和我刚才说的东西联系起来，才能理解把不同立场与不同位置联系起来的社会学在类似问题上多么有启发性。但凡听到某人跟你们说起这些问题，你们都要想一想：他跟我说这些对他有什么好处？就像1968年后，大家说：他从什么立场发言？说得再明确点，这些话是数学教授说的还是法学教授说的？是第一代知识分子说的还是第三代知识分子说的？当我说"利益"的时候，我一再解释，它不是功利主义意义上的利益，不是直接的物质利益；它涉及更为复杂的利益，是我上次提到的那类利益。当时我说：有利，就是有关系。比方说，身为公务员或者公务员的儿子的人先天就倾向于站在公共的一边，甚至他自己都浑然不觉——就像是一种无意识。

现在把我开头讲的内容和结尾讲的内容联系起来。人们在这些极为含混杂乱的讨论中投入了最大限度的价值，要理清这些讨论（假如我阐述过这些讨论，它们可能更易于理解，但我规定自己下周要结课，所以只能迅速过一遍我本来可以从容阐述的内容），我们得记住，要通盘考虑我们采取立场时所参照问题的社会历史，要知道存在英国国家史、法国国家史、美国国家史、德国国家史，而这些历史中存在一些共通的逻辑，否则就不可能有（与法学家作用相关的）国家生成的理论。尽管如此，仍然存在不同的哲学，尤其是涉及以法国大革命为起点的时期。第一点，各种哲学意见不一。第二点，针对如此形成的问题，即历史上形成的问题，人们在这些问题产生、被讨论的空间中，根据自己相对于这些问题所占据的位置采取立场。对这些问题的讨论之所以极度混乱与暴力，在于它们是无意识的斗争，人们在谈论这些问题的时候不知道自己在说什么。我尝试做了些十分艰难的事情，因为我每时每刻都有些不知当说不当说的联想，我想把它们说出来，好消除误解，打破那些简化的做法，因为在这些问题上我们再怎么谨慎也不为过。可惜，政治讨论的逻辑和科学讨论的逻辑一点都不沾边。而我们现在还远远无法让政治家追求美德……

1991年12月12日课程

政治空间的建构：议会游戏——题外话：新政治游戏中的电视——从纸上的国家到现实中的国家——驯化被统治者：规训与慈善的辩证关系——国家建构的理论维度——以问题作结

政治空间的建构：议会游戏

我要讲最后一次课了，这一课可不简单，因为我想试着把我做过的历史分析延伸到当前时期，并从我迄今所讲分析中得出全部结论，或者至少得出一部分结论。

上一次我强调有两样事物同时诞生了：一方面是法律国家，是通过一位学者所说的"规则的领土化"过程而在法律层面被规定的领土；另一方面是公民，是与属民概念相对的全新的人物。若要全面分析，还应该引入另一个也在法国同时发生的极为重要的过程，在社会和法律层面出现了一个政治空间，即盎格鲁－撒克逊意义上的议会（Parlement）、众议院（Chambre des députés）等。本着历史比较的宏观视野，我发现，在其他国家如英国以更有机也就是说更连续、更缓慢同时又在时间上更为分散的方式出现的现代国家的某些维度，随着法国大革命的发生，也在法国同时出现了。我认为法国大革命——不管怎么说它是存在的——之所以具有独特性，制造且仍在继续制造非凡的象征效果，正是因为这些不同过程同时完成了。特别是同时出现了在我看来制造公民的两个条件，一是国家作为法律规定的领土之形成，二是议会作为行使权利的规范场所之形成，而这些权利是通过从属于国家得来的。我快速阐述一下这第二点，除了法律空间的出现，还应考虑到议会的出现。前者是被相对于国家的权利和义务以及彼此之间的权利和义务连接在一起的公民的整体，而后者是一个有组织的共识场所，或者说一个规范的分歧场所。

一些学者强调，议会尤其是英国议会乃是项历史发明，细究起来，它并非必然。它是群体斗争、群体的利益斗争乃至阶级斗争的场所，这些斗争将按照游戏规则进行，这使得一切外在于这些斗争的冲突都带上了犯罪色彩。马克思拿政治生活的"议会化"和戏剧作比，他在议会和议会制中看到一种集体的圈套，而公民甘愿上当，这种皮影戏事实上掩盖了别处发生的真正的斗争[1]。但假如人们原本不认为议会是别的什么东西的话，也就不会说议会是皮影戏了。（……）议会可以是进行规范辩论的场所，某种意义上它既被神秘化也制造神秘效果。这种神秘化正是制度运转的条件，特别是所谓的民主制度得以延续的条件。议会是规范的共识场所或者某些限定条件下的分歧场所，它驱逐分歧的对象，而且很可能，特别要驱逐一些表达分歧的方式。不会用恰当方式表达分歧的人被排除在正当的政治生活之外。

---

[1] 卡尔·马克思，《路易·波拿巴的雾月十八日》（*Le 18 Brumaire de Louis Bonaparte*, Paris, Éditions sociales, 1976 [1852]）。

题外话：新政治游戏中的电视

我们可以把上述分析移植到电视上来，电视已不幸沦为议会的替代品。我这话说得有点太草率，但若有人愿意相信问题比想象得更复杂，我邀请他们读帕特里克·尚帕涅（Patrick Champagne）的《制造舆论》[1]。他在书里指出，当代政治空间涵盖了一些我们在描述政治领域时习惯上不予考虑的东西，即民意测验机构、电视、电视政治节目等，它们已成为日后现实政治空间的重大要素。如果我们像《社会科学研究学报》杂志多次做过的那样[2]，快速分析一下电视辩论的逻辑，我们会立刻发现它们完全符合我刚才给议会下的定义：这是一些规范的辩论，以至于为了能够加入辩论，必须具有某些属性，必须具有正当性，必须是代言人——这已经是不小的限制了。人们时不时会邀请"公民社会"人士也就是说被民众广为称赞的人物加入，但这个特例只是确认并强化了规则。事实上，你得是巴黎的大主教、党派主席或者某项运动的总书记才能加入辩论，而这已经构成了一种限制。此外，传统的条件还包括掌握某种语言、某种说话的方式……只要想想那些播出事故就明白了，愤怒的公民一旦闯入电视报道现场，信号立刻就会被掐断。

（将议会和电视做类比是为了）说明我给出的这些看上去很形式化的定义并非无足轻重，发生学分析的一大作用是让寻常的事物变得

---

[1] 帕特里克·尚帕涅，《制造舆论：新政治游戏》（*Faire l'opinion. Le nouveau jeu politique*, Paris, Minuit, 1990）。
[2] 尤其参见布尔迪厄与吕克·博尔坦斯基（Luc Boltanski），《"旗鼓相当"：客观性演示与强加问题》（« "À armes égales": la parade de l'objectivité et l'imposition de problématique »），《社会科学研究学报》（*Actes de la recherche en sciences sociales*），1976 年第 2—3 期，第 70—73 页；帕特里克·尚帕涅，《真理时刻》（«L'Heure de vérité»），《社会科学研究学报》（*Actes de la recherche en sciences sociales*），1988 年第 71—72 期，第 98—101 页。

不寻常，我待会儿还会阐述得更完整一些。我们觉得这些定义寻常，恰恰因为我们已经把它们预设的前提内化到像是理所当然。我只是想让你们体会到议会给自己下的定义是多么随意，并且在某种意义上，游戏在被如此定义时，胜负其实部分已见分晓——这压根儿不是反对议会制，这只是理所当然的事情。要想让你们有所体会，就必须对一些东西进行完整阐述。而我只给你们一些提示，希望你们能够自己去阐述。

从纸上的国家到现实中的国家

所以说，议会便是这种依法组成并受法律控制的机构、空间，冲突在其内部被解决。我们可以说正式的政治就是可以在议会中进行讨论之物。显然，这一心照不宣的定义有被遗忘的趋势，一切定义都是一种限定，最后人们忘了被此定义排除的东西，忘记了所有因为这个定义内在的限制而被排除的东西，说得夸张一点，就是忘记了所有在某种意义上因为不符合规范而被视为罪行的冲突。整个20世纪，工人都被这个问题困扰：到底应该加入议会的游戏还是置身其外？这些讨论值得我们去做历史分析，像我尝试做的那样，要让寻常的问题变得不寻常：我们到底加不加入游戏？我们到底走罢工游行的途径还是求助于议员居间调解[1]？这些辩论已被遗忘，但其结果则留在了我们的无意识和制度之中。

这两个机构在法国同时被发明，即作为法律空间的国家和议会，它们在某种意义上是公民身份的基础。要想有现代意义上的公民，就要有这两样东西，而它们压根儿不是理所当然之物。就像之前定义的

---

[1] 参见布尔迪厄，《罢工与政治行动》(«La grève et l'action politique»)，《社会学问题》(*Questions de sociologie*)，同前书，第251—263页。

那样，公民有权参与政治游戏，且在某种意义上有义务参与政治游戏——例如，投票的义务不过是公民定义的合乎逻辑的结果。法兰西共和国这一全新的机构以普遍性自居——我已经强调了这其中的二重性——实际上将自己定义为民族性的，尽管就法国和法国大革命的情况而言，这一民族性的形成也伴随着普遍性的情感。我已经说过，如果我们不知道法国出于其历史的特殊性，出于其大革命的特殊性，总是自认为是普遍性的承载者，就无法理解法国殖民主义的特定逻辑以及形式极为惨烈的去殖民化过程的特定逻辑。它的帝国主义甚至也以"普遍性帝国主义"自居。我认为直到今天，法国知识分子面对大多数外部民族依然抱有令人无法忍受的傲慢。好也罢，坏也罢，他们都自认为是普遍性的承载者。萨特式的总体知识分子也是其体现之一，这涉及的不只是政治人物，不只是戴高乐主义的幻想，这涉及的是一种民族无意识的要素，而自认为有权教导其他所有人的知识分子也参与其中[1]。关于这一点，我们应该思考一下欧洲的情况，但我不再多讲……

这样的法兰西共和国是以宪法为基础的一套法律组织。实现法律于是成了一大问题——这最终也成为法国大革命后历代共同的工作。如何让法兰西共和国成为它所声称的那样？如何落实这一"应为"？落实这些公民的义务？假如把我要讲的东西概括一下，我们可以简单地表述为：怎么做才能让大众阶级意义上的"人民"成为"法国人民"的一部分？众所周知，"人民"（peuple）一词有两大含义。

我倾向于强调连续性，一来我认为事实确实如此，二来我认为知识分子很容易就制造决裂。宣告某物终结总是显得很了不起——马克思主义终结了，社会问题终结了，总是说什么东西回归了，或

---

[1] 参见布尔迪厄，《为了一种普遍性的法团主义》（«Pour un corporatisme de l'universel»），同上文所引。

者什么东西结束了。这种初级的预言式策略让人们做了许多蠢事。社会学家，特别是法国社会学家，总是热衷宣布新阶级、新决裂、突变等。我的职业则是看看这些决裂和突变有多难，有多罕见……我和所有这些发现前所未闻之事的人打过的交道，大概也强化了这种职业偏见[1]。

所以，让这个法律的共和国变为现实就成了一个问题。要达到这个目的，就需要建构民族。仅在纸面上建构国家是不够的——法学家的国家、法国大革命的国家是纸上的国家。必须制造一个现实的国家。我讲得快一点——我从法国大革命一下子跳到1935年，但我后面还会回头讲夹在二者之间的时期——福利国家完全处于连续性中，它只是在一个关键点上臻于完善，即获得公民权需要的经济条件，这一点已经暗含在《人权宣言》之中。马克思区分了人权和公民权，或者说形式平等和现实平等，他说，法国大革命给了公民权，但没有给人权。问题之一便是要让人权追随公民权而来，为此，需要以某种方式把"人民"拉入游戏。这个表述很恰当，把他们拉入游戏，某种意义上相当于说让他在游戏里上当，同时在游戏里给他份额。整个辩证关系不应该从马基雅维利主义或者天真的"阴谋论"角度描述，它不是说："我们给人民的筹码刚好够他们能加入游戏。"没人这么想……问题在于要让人民进入游戏，上游戏的当，陷入政治幻觉——但要想让他们上政治游戏的当，就得至少给他们一点点赢的机会。

这是场域理论的一条根本规律，如果你连一点赢的机会都没有，你就不会玩。必须得有那么一点点赢的机会，才会有玩的欲望。如果你和你儿子玩弹子球，你得让他时不时地赢一把，不然他就会

---

[1] 布尔迪厄、让-克劳德·帕斯隆，《神话社会学家与社会学家的神话》(«Sociologues des mythologies et mythologies de sociologues»)，上文已引。

说:"我不跟你玩了,老是你一个人赢……"可以说,某种意义上,整个19世纪都在围绕这条界限做文章:如何给他们足够多,好让他们老实待着?足够多到让他们能参与但又不能太多,好让他们别烦我们?这仍然是一条普遍规律,"低微"的社会类别总是制造问题——此外"低微(modeste)"一词也很有趣。19世纪还有另外一个例子:如何让小学教员受足够多的教育使他们有能力教课,但又别受太多教育以免他们声称自己是正儿八经的教师?这在过去是小学教员管理方面的一个大问题,而且今天依然存在。如何给人们足够多,让他们往游戏里投资,让他们全身心投入?(我们可以把这个一般性模式移植到)著名的企业员工"分红"上来。如何给予职员足够多,让他们参与、献身、投入、有信心,做该做的事,为企业效忠?

驯化被统治者:规训与慈善的辩证关系

福利国家正是这一困境的产物。但没有人从这个角度提出问题。巴黎政治科学院几年前还教这些,但现在已经转到别的主题上去了,没人再谈论这些了。所以有一个问题便是要知道如何管理社会事物。一切(似乎)自相矛盾,我们可以每次把一件事正着说再反着说,还不自相矛盾:我们要与人民一道制造国家,但是又站在人民的对立面制造国家。比如我们会研究"被统治者的驯化"——这话不是我说的,是马克斯·韦伯说的。(马克斯·韦伯专家从来都不好好读马克斯·韦伯,他的理论曾是反对马克思的重要武器,而韦伯又自称马克思主义者,这既让马克思研究者困惑,也让韦伯研究者困惑。)马克斯·韦伯谈到"被统治者的驯化",国家的一部分工作正是面向这些应该被驯化、应该被拉入游戏的危险阶级。同时,国家还要对被统治者施以援手,让他们摆脱难以忍受的贫困状态。慈善家在现代国家特别是福利国家的发明中扮演了至关重要的角色。慈善家之于福利国家，就好比中世纪法学家之于我所描述的革命国家，慈善家满怀善意，把两者都搞乱了……埃利亚斯-福柯的理论让我有点恼火，因为他们只抓住国家规训的一面不放。然而，国家如果只行驯化，根本没法运转，它也提供援助，施行善举。

建构民族，建构国家，从国家出发建构民族，即是促进被统治者的"整合"。整合这个在不同政治语境下被大量使用的词语今天再度出现，但它意味着两件事：它是朝向中心的一种运动，是参与到幻象中（进入游戏），同时，整合与分裂对立，与脱离国家对立。有一件事我们已经忘了，但它在以民族形式反对国家的运动中会重现：斗争中要做的一个取舍，是整合/同化与分裂的取舍，而分裂可能表现为一种决裂。此刻，我们正目睹一个国家的解体[1]，我的全部研究都旨在指出国家如何建立，而我们也可以从国家的解体出发来进行这项研究，效果也不会差。正如某些进化论者所言，诞生与退化具有同样去平庸化的功效。一个国家的解体能让我们看到所有暗含在国家功能中理所当然之物，例如边境和所有统一的东西。一个国家的解体让我们看到，民族统一体的建构是与分裂倾向相对抗而进行的，这种倾向可能是地区性的，但也可能来自某些社会阶级。有的分裂表现为内战，但也有一些事实的分裂，比如芝加哥平民区就处于分裂状态：警察不再踏足，它成为国中之国，国中之"非国"[2]；还有一些轻度犯罪，也属于分裂的形式……

---

[1] 本课程期间，巴尔干战争正在进行，其最重要后果便是南斯拉夫解体。斯洛文尼亚的战争发生在1991年6、7月份，克罗地亚的战争始于同年8月，波黑的战争始于1992年4月。
[2] 关于这个问题，参见《社会科学研究学报》(*Actes de la recherche en sciences sociales*) 1998年第124期：《从社会国家到刑法国家》(«De l'État social à l'État pénal»)，以及华康德《作为反面乌托邦的美国》(«L'Amérique comme utopie à l'envers»)，收于布尔迪厄编，《世界的苦难》，同前书，第169—179页。

我回到核心问题上来，制造民族，就是以某种方式处理两组相对独立的现象。首先，处理统治者与被统治者之间互相依赖所带来的后果——我将快速引用荷兰人类学家、社会学家与历史学家亚伯拉姆·德·斯瓦安（Abram de Swaan）的著作，他研究了大规模传染病在国家的生成中所扮演的角色[1]。我概括一下，这本书很复杂，起码要一个小时才能介绍完，我只讲一下大纲：传染病，和核事故一样——这个类比很有趣——不分阶级。核事故跨越边境，也许正是在核事故中我们才能期待一个普遍国家，因为所有人都普遍希望——至少所有国家的所有领导人都清楚地意识到这一点，也很有意愿——限制危险的传播，而我们也可以从中期待一些部分得益于随传染病而来的东西。例如，正是传染病促成了下水道网络的建设。（抱歉，我说得太概括了，看上去像简化的口号。）下水道网络是典型的国家介入行为，是有组织的集体回应，因为危险阶级已确确实实变得危险：他们是细菌和疾病的携带者。

与19世纪慈善家们内在利益相符的政策总是带有这些因素，危险阶级（被统治阶级在客观上是危险的，因为他们携带不幸）和传染病等。我认为在集体无意识中，这些东西依然存在：在我们谈起"精神艾滋"[2]时已经在召唤它；当极右势力操控疾病的隐喻时，它唤醒了所有这些东西的残余，而我认为它们仍然深埋在集体无意识中。被统治阶级客观上是危险的，而内在利益则导向所谓"风险的集体化"，要采取集体措施来应对会波及全体的危险。我们可以说，

---

[1] 亚伯拉姆·德·斯瓦安，《在国家的照顾下：现代欧洲和美国的卫生保健与福利》（*In Care of the State: Health Care, Education and Welfare in Europe and the USA in the Modern Era*, Cambridge, Polity Press, 1988）[法译本（*Sous l'aide protectrice de l'État*, Paris, PUF, 1995）晚于本课程出版，洛朗·布里（Laurent Bury）译]。

[2] 当时中学生和大学生反对德瓦凯（Devaquet）法案，举行游行示威，该法案措施之一就是增加大学的注册费用。《费加罗杂志》（*Figaro Magazine*）的创办者路易·保维尔（Louis Pauwels）在年轻的示威者身上诊断出"精神艾滋"。

慈善的动力之一,同时也是福利国家的动力之一——这一直都是慈善家作用的一个方面,他们关心卫生政策或者维持经济和象征秩序的政策——(就在于)驯化被统治者,教他们精打细算,教他们储蓄。19世纪学校的重要作用之一就是将被统治者的危险性——如今人们就这么说——降到最低。而将这种危险性最小化的方法之一正是把统治者与被统治者利益互相依赖的所有情况都考虑在内,比如说霍乱。

其次,被统治者之所以危险,还因为他们会被动员,会抗议,会因饥荒而暴动,不仅威胁公共卫生,还威胁集体安全和公共秩序。因此,秩序是能带来好处的,人们越是在社会等级上攀升,这种好处就越大,而它从来都不是无足轻重。阿尔伯特·赫希曼(Albert Hirschman)指出,人们总是可以在 exit(退场)和 voice(抗议)之间选择[1]——虽说这种二选一显而易见,总归还是有用的。被统治者可以在离开、自我排除、持不同政见、分裂或者抗议之间选择,这也是待在系统内的一种方式。然而,这种二选一忘记了被统治者搞分裂需要以丧失秩序的利益为代价。我再重复一遍,秩序的利益从来不是无足轻重。被统治者以某种方式迫使统治者做出让步,这些与分裂的威胁相关的让步,很大一部分针对所谓社会工作和社会效益。

(19世纪的慈善家可以说要么是右偏左,要么是左偏右,他们的立场极为暧昧,也因此十分值得关注。例如,新教企业主或犹太资产者都在不同背景下扮演了这一角色。他们往往是被统治的统治者,具有统治者的特征,但其附带属性又让他们站在被统治者一边——知识

---

[1] 阿尔伯特·赫希曼,《退出、呼吁与忠诚:对企业、组织和国家衰退的回应》(*Exit, Voice and Loyalty: Responses to Decline in Firms, Organizations, and States*, Cambridge, Harvard University Press, 1970)[法译本(*Défection et prise de parole*, Paris, Fayard, 1995)晚于本课程出版,克劳德·贝塞里亚(Claude Besseyrias)译]。

分子往往也是被统治的统治者。这些慈善家——我会讲得很快，真的只是粗枝大叶地回顾一下历史——制造了一种融合了两种属性的话语，即统治者与被统治者互相依赖，按照明确的利益逻辑，它迫使统治者向被统治者做出让步。想一想今天的移民问题，你们会发现我讲的东西以非常直接的方式得到了应用："不管怎么说，他们就在那儿，得跟他们一起生活，所以就应该给他们最起码的东西，好让他们安安静静地待着。"我们再次看到统治者和被统治者之间的互相依赖，以及对潜在暴力和危险的预测。所以，慈善家总是持一种描述性和规范性的话语。慈善家往往是科学家，社会学家本能地就成为慈善家……我要说的就是这个，我的插入语到此结束。）

慈善家就像是统治者的先锋派，本身是统治者中的被统治者，他们让自己成为统一的预言者，他们一直是各个市场尤其是文化市场统一的预言者。（照此规划）需要让最大多数人获取文化，因为掌握民族编码、掌握民族语言被视为行使公民权的条件，于是，基础教育也就被视为行使公民权的条件。慈善家将自己变为两种再分配的预言者，他们希望对掌握民族编码尤其是掌握民族语言、书写的能力进行再分配，他们还希望对行使公民权所需的最低限度经济和社会条件进行再分配，而掌握民族编码让行使公民权成为可能。因此，他们要求参与政治，参与最低工资保障的分享等。可以说这是一项极为复杂的、由多种原因决定的中心秩序整合工作，一种使被统治者道德化的工作——慈善家是十足的道德家。这是一项政治化工作——可以说是民族化工作，其目的在于创造民族习性，它意味着通过公民宗教拥护民族价值甚至是民族主义价值——这里需要阐述所有属于道德教化层面的东西，今天当我们说起负债累累的家庭时，它们仍不时出现。但在19世纪，这是慈善家的执念，并且借由他们，成为教育体系的执念：如何给予被统治者管理家庭经济的基本手段？也就是说，如何通过储蓄，通过批判那种想拥有得更多、更全、更快的欲望，让被统治者掌握理性的经济计算、理性的时间管理，学会克制、储蓄、控制生育……凡此种种之间不无关联，它们有一个共同的基础，即对待时间的态度和对时间的展望[1]。所有这些都有待阐述，我只是点到为止。相反，我想再强调一下作为福利国家的现代国家之建构思想、概念和理论维度，尽管我刚才讲的内容里已经暗含了其核心内容。

国家建构的理论维度

我想快速谈一下这个重要的理论维度，原因有几个。首先，我认为它十分有助于理解何为现代国家，十分有助于理解今日发生之事，理解这种已有百年历史的建构的瓦解[2]。我应该按照我对法学家所做的研究那样，对这一点也做一下研究。在此方向上已经有了一些研究，比如美国法学家做的那些［课程这一段听不清］，这是一项对赔偿法变迁的研究，十分精彩，它实际上研究的是政治哲学，涉及一种纠错和济贫的社会学的生成。贫困是不是一种过错？这是典型的19世纪问题，但现在又卷土重来。它究竟应该归咎于个体的自由——人们说个体、个人主义、自由回归了——还是说要接受集体治疗，因为它和一些集体性的原因相关联？一大群理论家、慈善家、哲学家等都提出了这些问题。我接下来仅仅浅谈一下背景。

---

[1] 布尔迪厄，《传统社会：对待时间的态度和经济行为》(«La société traditionnelle. Attitude à l'égard du temps et conduite économique»)，《劳动社会学》(*Sociologie du travail*)，1963年1—3月第1期，后收入《阿尔及利亚素描》(*Esquisses algériennes*, Paris, Seuil, 2008)，第75—98页。另参见布尔迪厄，《阿尔及利亚60：经济结构与时间结构》(*Algérie 60. Structures économiques et structures temporelles*, Paris, Minuit, 1977)。

[2] 1995年社会运动期间，这个主题在布尔迪厄参与的一次论战中再度出现：《反对摧毁一种文明》(«Contre la destruction d'une civilisation»)，《遏止野火》(*Contre-feux*, Paris, Raisons d'agir, 1998)，第30—33页。

从 19 世纪国家建构角度看，过错的责任是一大核心问题：到底是谁的错？19 世纪末法国哲学家与社会学家大谈责任问题并非偶然：责任是私事还是公事？应该负责任的是个人还是公共机构？因为归根到底，是公共权力部门要对真正的原因负责，而这些原因隐藏在表面看该由行动者担负的责任背后。第二种提问的方式是：应该谴责罪人还是理解罪人？今天再度盛行的某种自由主义理论的集体功能不就是去谴责受害者，说"他们穷，但这是他们的错"吗[1]？而整套福利国家的哲学正是站在这种理论的对立面上发展起来的。例如，关于艾滋病，我们清楚地看到潜伏在共同意识中经久不衰的诱惑⋯⋯我们应该对发生在 19 世纪的伦理革命进行社会历史学分析，要借助一些提示，尤其是法律制度，它显然处于核心位置。涂尔干早就说了，当你想研究道德时，看看法律便知[2]。应该拿法律过来看看人们如何从社会谴责（blâme social）逻辑过渡到社会成本（coût social）逻辑——如今社会成本的概念已变得稀松平常，而这实际上是一项非凡的发明。雷米·勒诺阿在《社会科学研究学报》上发表过一篇论劳动事故的研究[3]：简而言之，劳动事故究竟应归咎于劳动者，归咎于表面的行为主体，还是应归咎于他被纳入的结构？在资本主义诞生阶段，按照我们所谓谴责的逻辑、过错的逻辑，工业化的受害者独自承担了工业化效果的成本：受害者要对自己犯的错负责，对自己经历的事情负责。顺着法律，我们会看到这种过错与疏忽的逻辑如何被公共利益或者集体风险的逻辑取代：疏忽是个人的事，风险则是一项客观

---

[1] 参见威廉·瑞恩（William Ryan），《谴责受害者》（*Blaming the Victim*, New York, Pantheon Books, 1971）。

[2] 埃米尔·涂尔干，《习俗的伦理与科学》（«Morale et science des mœurs»），收于《文集》，同前书，第 2 卷，第 255 页及其后。

[3] 雷米·勒诺阿，《劳动事故的概念：斗争的一个关键》（«La notion d'accident du travail: un enjeu de luttes»），《社会科学研究学报》（*Actes de la recherche en sciences sociales*），1980 年第 32—33 期，第 77—78 页。

数据，可以用概率来衡量，它在保险中尤其扮演重要角色。所以，事故究竟归于个人还是归于集体偿付能力，也就是说社会成本呢？

你们当中一定有人比我更了解这段历史，但我想应该在第二度而非第一度上重读法律史，将每一次法律事件作为另一件事的指南和所有这些讨论的客观产物，在这些讨论中，国家建构的理论维度极为重要。我想说的是，慈善家之于福利国家就相当于法学家之于大革命前的国家，也就是说，他们的国家观不只是理论，恰恰是理论造就了现实。我对法学家的阐述也适用于慈善家。社会科学显然也卷入了（这一过程）。在"论国家"这门课最关键的阶段，我曾经做了个很长的开场白，我尝试指出我们身上所有的粘连、我们关于国家的所有混乱，尤其是我们的整个无意识，而其原因正在于社会学本身也参与到了国家的生成之中。我大概用了四次课对国家与社会科学之间的关系做了社会历史学阐释。社会学一度发挥了至关重要的作用，可以说它和风险的社会化、社会问题、公共是互相关联的，所以它才在我们这样的时代里遭人憎恶……我要引用一句斯宾塞的话，他是社会学奠基人之一，不过是位自由主义社会学家，他说："个人是一种能动的创造物。[1]"个人是一种能动的创造物，通常主宰自己的命运，因此要为自己在生活中的境遇负责。这就是个人的定义，是遮遮掩掩的纯自由主义定义。如今评论家们说到"个人的回归"，评论家永远都是嘴上功夫，这和慈善家们完全相反。当代评论家将慈善家曾经做好的事情都弄乱了。当他们说"个人的回归"时，这既是一种观察结论也是一种预言；相当于说"快快向负责任的个人回归吧！"。个人是能动

---

[1] 布尔迪厄这句很可能是直接从英文翻译的。关于赫伯特·斯宾塞对待国家的立场，可参考：J. 热谢尔（J. Gerschel）译，《人与国家》[*L'Individu contre l'État*, Paris, Alcan, 1885（1884）]以及曼纽埃尔·德瓦尔代斯（Manuel Devaldès）译，《无视国家的权力》，[*Le Droit d'ignorer l'État*, Paris, Les Belles Lettres, 1993（1892）]。

的创造物，主宰自己的命运，因此要对自己在生活中的境遇负责，也就是说，当这个创造物成为受害者时，我们可以谴责他，可以把社会保险的亏空怪罪到他头上，诸如此类。

一方面，社会科学是与这种个人主义哲学相对立而构建的，各门社会科学一直到生物科学，曾经组成了共同战线。有一篇精彩的文章把集体风险思想的发展与微生物的发现，与巴斯德（Louis Pasteur）联系在了一起[1]：微生物的发现推动了风险的集体化，如果存在微生物，个人就不需要为他们自己的疾病负责了。当年，微生物的发现为风险的社会化和个体责任从社会问题中的解除提供了论据——我们可以把它与今天的遗传学做类比。我不久前刚为美国社会学家特洛伊·达斯特（Troy Duster）的一本书写了序[2]：这本书展示了遗传学的一种社会功用，而遗传学家不对这种社会功用负责任。遗传思想如今在（美国）统治阶层传播得越来越广，我们看到遗传因素被越来越频繁地用于解释贫困、学业失败、犯罪等现象。

社会科学促使个人解体，而个人的解体让位于个人所处关系系统的利益。假如让一个社会学家哪怕是很糟糕的社会学家去研究巴黎到阿维尼翁公路上的一次重大客车交通事故，他一下子就会想到这不是司机的过错——这是一种简单的、单因果的思考方式——而是因为公路很滑，因为这是度假返程高峰，因为车流量很大，因为司机薪酬

---

[1] 布尔迪厄在此参考的应为杰拉德·L. 吉森（Gerald L. Geison）的文章《经验的细枝末节》（«Les à-côtés de l'expérience»），《科学与生命杂志》（*Les Cahiers de Science & Vie*），主题为"巴斯德：现代生物学在纷乱中的诞生"（«Pasteur: La tumultueuse naissance de la biologie moderne»），1991 年 8 月第 4 期，第 69—79 页。几年后，这位作者还出版了《路易·巴斯德的私人科学》（*The Private Science of Louis Pasteur*, Princeton, Princeton University Press, 1995），布尔迪厄随后在《科学之科学与反思性》（*Science de la science et réflexivité*）（同前书）一书中提及。

[2] 特洛伊·达斯特，《通向优生学的后门》（*Backdoor to Eugenics*, New York, Routledge, 1990）[法译本（*Retour à l'eugénisme*, Paris, Kimé, 1992）晚于本课程出版，柯莱特·埃斯丹（Colette Estin）译］。

低,他们不得不长途驾驶,所以很疲劳,等等。他的解释不从可归因于自由个人的直接责任出发,而代之以一种复杂因素系统,需要衡量各项因素的重要性……社会科学在建构造就福利国家的精神状态和哲学方面发挥了十分重要的作用。我讲这些是为了说明,福利国家不是在(1929年)大危机之后突然出现的:所有这些理论家、法学家、哲学家等人的著作从很早就开始为它铺垫。同样,我们也应该在企业中寻找这种伦理-哲学转变的根源。

伯纳姆(James Burnham)有一本经典名作,描述了一件后来众人皆知并被一再重复的事:从owners(所有者)向managers(经理人)的过渡,从以所有者为首、只由其一人掌管的企业过渡到由一群人共同管理的企业[1]。在企业法层面以及企业运行的逻辑层面,有一整套工作伴随我刚才提到的过程,也就是说从一些表面上归因于一人的系统过渡到一些复杂的系统,这其中公与私互相渗透,各类决定、决定者和被决定者互相渗透。所有这些转变也在国家层面发生,这一点应该加以阐述,但我这里就不讲了……实际上,我勾勒这个研究大纲是想说,福利国家有一整套现实的制度转变做铺垫,这些现实的转变与理论和思维模式的转变处在一种述行式话语关系之中,与我讲法学家与国家的关系时所描述的类似。

说到底,如果我们不理解这种非凡的文化革命——我认为这个词不夸张——就无法理解国家,这种革命将颠覆所有思维习惯。我故意提到司机的过错,是为了提醒大家,我们总是本能地这么想。惯常的思维都是单因果的、简单化的,哪怕是社会学家,他们生起气来也是如此,(这种思维)暗藏着所有科学方法论所反对的谬误。普通行动者会本能地犯这种错误,尤其是在危机形势下,比如碰到事故、灾难

---

[1] 詹姆斯·伯纳姆,《组织者的世纪》[*L'Ère des organisateurs*, Paris, Calmann-Lévy, 1947(1941)],伊莲娜·克莱罗(Hélène Claireau)译。

等，人们要寻找罪人。而历史学作为一门学科，其实践的困难之一，正是历史学家要不断克服寻找罪人的诱惑。他们不去寻找第三共和国时期或者贝当时期的关系结构，而是经常受无意识左右，并被公众要求回答问题：谁才是真正的罪人？正确的研究方法应该摒弃这个问题——但不可否认，确实有些人要负的责任比另一些人更大。

我提到过这种发生在革命之前的从私人责任向公共责任过渡的过程——按理我应该论述一下，但我仅仅一带而过。这一过程通过一种循环的而非辩证的因果关系——这么说更清楚也更严谨——与保险的发展过程相关联[1]。有许多出色的研究讨论了保险的诞生和从概率、风险、可计算的风险、可能被集体分担并承受的风险出发形成的思想。这里我们大可分析一下所谓"保险"思想的发展。保险可以是社会性的——国家上的保险——也可以是个人的——国家可以强制个人上保险。这种集体哲学并非无足轻重，我在关于海德格尔的那本书里已经尝试证明了这一点[2]。海德格尔责备社会保险——Soziale Fürsorge——它是海德格尔时间理论中的根本概念，译作"预见"（prévoyance）、"提前考虑"（souci anticipé）、"预测"（anticipation）等。这个概念和集体保险（assurance collective）这样的概念有关，海德格尔的哲学正是建立在此概念的对立面：海德格尔所有关于本真性（authenticité）、自由等的主张皆是在颂扬斯宾塞意义上的个人，他是自己行动的主宰者，他不委托任何人尤其是国家去操心自己的未来。海德格尔的个人是当代技术专家治国体制下理想的个人，他坚定地迎

---

[1] 例如，埃利安娜·阿罗（Éliane Allo），《概率论的出现》（«L'émergence des probabilités»），《社会科学研究学报》（*Actes de la recherche en sciences sociales*），1984年第54期，第77—81页，以及《一种新的统治艺术：莱布尼茨和以保险为途径的社会智能管理》（«Un nouvel art de gouverner: Leibniz et la gestion savante de la société par les assurances»），《社会科学研究学报》（*Actes de la recherche en sciences sociales*），1984年第55期，第33—40页。
[2] 布尔迪厄，《马丁·海德格尔的政治本体论》，同前书。

战风险，对抗社会保险保障的一切所可能遭遇的风险，包括死亡。这种集体订立的哲学成为无意识的一部分，包括今天与这一哲学对抗的人：看看福利国家的哲学如何回到方法论个人主义者和其他常人方法论者的话语之中会很有意思——这正是个人主义卷土重来时所呈现的另外一张面孔。

以问题作结

我还有五分钟时间来讲几个结论。首先，为什么要做这么长的历史倒推？为什么需要不停地追问成因，尽管这种追问十分表面？我深以为，我们需要不断地从社会问题的明证性中解放自己；而在制造明证性、明证感的生产工具中，国家无疑是最强有力的一个。我曾引用过托马斯·伯恩哈德的杰作《历代大师》，他说，我们人人脑中都装着国家。从国家生成入手绕一个大圈，就是给自己一点摆脱国家思维的机会，这是进行彻底怀疑的一种经验性方式。在我看来，这正是历史学的重要功能：提供一些去平庸化和去自然化的工具。（……）成功的社会化就是要让人忘记社会化，给人幻觉，以为后天的习得是先天的——我称之为生成失忆症。能对抗生成失忆症的只有发生学思维。我们可以换一种方式，从国家的解体着手——我们可以从今天的苏联着手，但我们也可以从法国和阿尔及利亚分离时发生的一切着手，这片领土过去也被当国家领土的组成部分。一切自然的东西，一切被排除在讨论之外的东西突然之间成了问题，譬如边境问题，谁是公民谁不是公民，获得公民身份的条件，等等。分裂战争是另外一个可放在这种逻辑下思考的问题。分裂战争是社会学战争，是一些社会学实验，它们让日常秩序假定为既得的或已获承认的不假思索之物浮现在意识和话语中。分裂战争之所以是最暴力的形式——可以想想南斯拉夫——大概是因为它动摇了心智结构。

革命中总是存在一个象征维度。象征革命可以是重大宗教革命。1968年五月风暴（也许）是场虚假的革命，但它曾被视为一场真正的革命，这种认知不断地在制造一些后果，因为五月风暴触及了全世界整个学院系统的精神结构。象征革命激起可怕的暴力，因为它侵犯了大脑的完整性，侵犯了人们最核心的东西：这是一个生死攸关的问题。表面看来无关紧要的象征革命，例如马奈（Édouard Manet）在绘画上进行的那种（我对这场革命做了研究，未来某天可能会出版），（会促使人们）思考这些革命为什么能产生如此大的暴力，这不过只是绘画上的一场革命罢了。事实上，我给自己定的任务是，理解为什么表面看来只是象征性的一场革命——在"这是象征性的1法郎"的意义上，也就是说"这不算数"——为什么表面看如此无关紧要的一场革命能够激起不亚于马克思全部主张的言语暴力：马奈和马克思一样，也激起厌恶、唾骂、憎恨、谴责。我认为所有这些情况都是触及精神结构的革命，也就是说触及了根本的认识范畴，触及了观念与区分的原则，触及了规范：这些革命令你颠覆原先的远近、高低、雌雄之分。这些革命触及了精神的完整性，所以才引发巨大的暴力。与分裂相关的革命，也就是说侵犯民族统一性的革命——南斯拉夫正是这种情况[1]——其重要之处在于它们像实验一样进行，基因检测能显示出什么，它们也能让同样的东西大白于天下。

在论证了发生学方法的合理性之后，我想回顾一下在何为国家的问题上得出的一些结论。我不打算把与当今国家结构有关的所有结论都再说一遍，我想我在讲课过程中已经陆续都说过了，比如说对象征暴力的垄断。我仅仅想强调，通过这种对生成过程的历史还原，我们能够对国家目前的运作有何理解。

---

[1] 参见边码第566页注释。

首先，关于官僚场，也就是说行动者与机构组成的空间，它拥有这种元权力，这种加诸所有权力之上的权力。官僚场是一个高悬于所有场域之上的场域，其内部实行着各种干预，可以是经济的，比如说补贴；可以是法律的，比如设立有关退休的规章制度；等等。官僚场发布与其他场域相关的规范，它本身是一个斗争的场域，在其中可以发现之前所有斗争留下的痕迹。我认为这是极为重要的一点。例如，人们一直区分收钱的部委和花钱的部委，甚至在巴黎政治科学院也是如此。这种区分就是一种历史痕迹：花钱的部委，大体上是一些与福利国家相关的部委。它们诞生于我今天粗略描述的过程之中，是以某种方式保存了社会战果之痕迹的场所——换种方式说，这是些社会性部委。投身于这些空间的行动者在国家内部展开斗争，从中可见社会的各种划分。围绕国家展开的斗争、以获取国家掌握的元权力为目标的斗争，也在国家中完成——这里，我试着用粗暴的方式描述一些十分复杂的东西。政治斗争的本质就是把外在于官僚场的行动者卷入，但后者与身处官僚场内部、身处官僚场内在斗争中的行动者处于一种同源关系中。

我再快速解释一下。国家是一个空间。咱们举一个雷米·勒诺阿现在正在研究的例子[1]——你们读过侦探小说，头脑里都有印象，所以我才举这个例子。侦探小说里总有警长和法官这两类国家代理人。假如对社会空间做一个描述，他们的距离相对较近。然而他们却被一整套系统性差异分开：警长的社会出身更低，多为外省移民（他们往往来自西南部地区）第一代；法官多为资产者，巴黎人，天主教徒。可能有点右派-左派之分，但不算大右派-大左派之分。他们互相斗争，在国家内部会爆发小小的"内战"——也可以举教育系统为例，情况是一样的——其中主角们会掌握一些国家的武器、工具。一方依

---

[1] 雷米·勒诺阿，《活生生的指责》(«Un reproche vivant»)，上文已引。

靠规章，另一方就依靠时间的规定用法；一方拖拖拉拉，另一方则会快马加鞭。官僚场的微观世界中发生的所有这些斗争彼此类同，也就是说它们具有相同的结构。这么说吧，会有一个左手的国家，一个右手的国家[1]。再举国家行政学院毕业生等级为例。如果你以甲等成绩毕业，就会成为财政监察专员，就在右派国家阵营；如果你以糟糕的成绩毕业，你就会进入社会性部委、教育部门等。毕业成绩等级反映了社会等级，因此在国家内部，存在着左手的国家和右手的国家持续进行的斗争。这不只是一条战线，而是一系列次场域。

我几次向你们提及我对政府住房政策所做的研究。在这项研究中，我建构了一个由负责制定新规的委员会成员组成的空间，根据新规，人们想建房时可获得国家的贷款。这一点至关重要，因为它意味着在集体居住形式和个人居住形式之间做出选择。此一空间包含的恰恰是我刚刚向你们描述的那些：有财政部监察专员，他们在调查初期站在国家的一边，但往往在调查结束时，进入一家私有银行——这带来一些编码问题；有矿业工程师、桥梁工程师，他们在这种情况下代表左派的国家，因为他们和集体、廉租房等利害攸关——法律的更改会削弱他们在国家中占据的位置；还有一些被选中的代表；等等。所有这些人组成一个场域，一个游戏的空间，人们在其中互相咒骂，互相侮辱，互相拆台，求助上级部门，游说，给共和国总统写信，等等。这些游戏空间本身，其结构与社会空间类同，而与廉租房密切相关的最弱势群体的利益正是由这些与被统治者利益相关的人来维护，因为他们所处机构正是依靠被统治者的斗争或为被统治者代言的慈善家的行动而存在。

---

[1] 关于这一点，参见布尔迪厄《国家弃职》（«La démission de l'État»），《世界的苦难》，同前书，第219—228页。进一步阐述参见布尔迪厄，《国家的左手与右手》（«La main droite et la main gauche de l'État»），《遏止野火》，同前书，第9—17页。

左手的国家总是受到威胁，且此刻在左派政府治下尤甚。我想对此可以再进一步阐述，我可以把我对法律、社会科学、企业和国家领域中福利国家哲学的诞生所做研究的每一个点都单独拿出来，我可以证明在这每一点上，过去的20年如何摧毁了18世纪以来被建构的一切。这是一项系统工作，我们在报纸上经常读到的理论家大量参与其中，还有为摧毁集体道德、公共道德、集体责任哲学等进行的一整套工作。矛盾地是，一些社会学家也参与其中，因为社会学从定义上来说，就是站在集体这一边的。但有些人完成了这项力气活，制造了一种与学科根本原则相矛盾的社会学，这种社会学与摧毁者为伍，后者摧毁了与公共、公共服务、借由公众进行的这种普遍化相关联的一切。

我的课程即将结束——这回是真的收尾了，但我讲不完，我还有很多要说的，还能讲很长时间。我最近读了赫尔穆特·布鲁纳（Hellmut Brunner）论古埃及国家危机的一篇文章，题目叫"宗教对埃及腐败的回答"[1]。我只给你们讲一下文章主旨：从阿玛纳的异端[2]开始，公共服务精神、与国家观念相关联的神意观念解体了。认为国家即正义、国家表达神意的这种信仰的解体，伴随着两种看上去毫不相干的现象，一方面是腐败的发展，一方面是个人虔诚（piété personnelle）的发展。今天，我们大量谈论"宗教的回归"，我自己在危机肆虐的地区，例如隆维（Longwy），也观察到人们不再对任何政治援助和工会援助抱希望[3]。我们看到了一些向宗教回归的形式，

---

[1] 赫尔穆特·布鲁纳，《宗教对埃及腐败的回答》（«Die religiöse Antwort auf die Korruption im Ägypten»），收于沃尔夫冈·舒勒（Wolfgang Schuller）编，《古代的腐败》，康斯坦茨研讨会（*Korruption im Altertum*, Munich, Vienne, Oldenbourg, 1982），第71—77页。
[2] 阿玛纳的异端指的是由阿蒙霍特普四世（Aménophis IV）/阿赫那顿（Akhenaton）发起的宗教改革，他与神职人员为敌，不顾埃及万神殿中的其他众神，独尊日神。
[3] 课程进行时，布尔迪厄应该已经开始调查这个遭受重创的以冶金业为主导的地区。参见布尔迪厄编，《世界的苦难》，同前书。

按照讨论埃及的这篇文章的观点，表现在这些形式中的正是对国家而非政治产生的绝望。报亭里的《新观察家》《观点》宣布"宗教的回归""个人的回归"，诸如此类。所有（关于这些现象的）信念式话语并不总是错的，而其有效性难道不正是部分源于它们对那些多少有些真实性的东西的笨拙命名吗？人们以预言的方式描述的所有这些现象与逐步建构而成之物的部分解体之间，难道不存在关联吗？这难道不是一种对国家的绝望吗？这种绝望既表现在腐败中，触及那些理应最大程度显示公共服务精神的国家参与者，也表现在那些非国家参与者的态度中，他们无法再获取世俗的援助，于是转向一种朝向宗教的幻想。事实上，"宗教的回归"不正是国家撤出的结果吗？

附录

读《论国家：法兰西公学院课程（1989—1992）》

田 耕

北京大学社会学系

社会学家布尔迪厄在法兰西公学院讲授国家的课程和中文读者见面了。本书收录了布尔迪厄在法兰西公学院三个年度（1989—1992）的讲座，它们都可被视为关于现代国家发生的问题。在第一年度的讲座当中，布尔迪厄首先"对国家制度进行发生社会学（或社会历史学）研究"，这个检讨限定在英法两个国家，而批评的对象则是英语世界当中 21 世纪 70、80 年代的历史社会学著作。布尔迪厄选择这部分英语文献是为了凸显国家社会学的两个焦点。一是官僚场域的逻辑，以及在这个场域里面的各种国家机器之间的关系（例如 P26—30，布尔迪厄围绕售房者和买房者对话所举的例子，讲述了规章如何从政治计划出发而生成）。二是某种无利害心（我们更习惯将之视为某种中立性，但这个说法过于宽泛）的建立。组织之间的斗争和一种可以代表全体人的中立性眼光，这两个方面隐然成为总领布尔迪厄三年"国家"讲座的根本问题。这二者之间的关系，也是布尔迪厄重新思考国家场域的基本入手点。

读者从布尔迪厄引入的话题和各讲丰富的引文中不难发现，"论国家"课程也是对布尔迪厄此前研究的总结，因此也可以被用作布尔迪厄著述的一个导引。当然，它和布尔迪厄的一些特定研究，尤其是《国家精英》，更是有直接的呼应，也预告了布尔迪厄接下来进行的新的民族志，例如收入在《世界的苦难》当中的研究。在三年的讲座当中，布尔迪厄进行了四个工作，首先，将国家的形成转变为概念上的职官场域，将国家形成变成一种"被授权者"如何行动的问题。其次，是对王朝国家论的检讨，或者说国家的家产制基础。再次，是律师和官僚代表的场域转型对家产制基础的改变，布尔迪厄称为"从王室内廷到国家理由"的转变。最后一步则是从官僚国家向福利国家的转型问题。

本文不拟分述布尔迪厄三年讲座的主题，而是按照他的核心问题来讨论三年的讲座。布尔迪厄理解国家的思路沉浸在经典的社会学学说当中，韦伯和涂尔干的影响跃然纸上，但三年课程的中枢是"象征暴力"及其垄断的问题，从这个概念入手，布尔迪厄尝试将他对国家社会学的理解与政治史研究的一些著名传统，例如"国家神话"和宪政史联系起来，重新检讨"国家的生成史"问题。另一方面，从"象征暴力"的垄断出发，布尔迪厄又试图以西方国家传统中的"王朝国家"转型为例，来阐释现代国家是怎么继承和改变王朝国家开启的两重再生产机制——家的再生产和国家的再生产的。

一　国家的神话和国家的发生

布尔迪厄区分了国家的两种定义[1]。第一定义即韦伯式的国家，强调在特定领土内对人民的无差别强制能力（有形暴力也是韦伯之国家定义当中使用的说法）。而国家的第二定义则是，国家是对上述人民"利益"的合乎法理的表达。这个表达即是建立某种"中立性"［无利害心、无私（désintéressement），p3］的过程。第一定义的核心是"有形暴力"（physical violence）的集约过程，第二定义的关键则是象征暴力，或符号的集约过程。任何暴力，哪怕是最简单的身体暴

---

[1] 我们笼统地谈及国家时，尤其会想到这个领域，它的特征在于拥有正当的有形（physique）及象征（symbolique）暴力的垄断权（p4—5，本文引用页码均为中译本正文页码，此后不再一一说明。）

力,都有象征的意义,那就是在暴力领受者那里产生的"诱惑",这是布尔迪厄论国家的关键。[1]

两种暴力的交叉点是"行政场"(champ administratif)或"公职人场"[(champ de la fonction publique), p4, 此处译文有改动]。在布尔迪厄的转化当中,公职,或者说一种官僚场域,不只是行政手段的总和,而且是实现这种"无利害心"的机制总和。能凸显带着"无利害心"的眼光,是领公职者的基本含义。官僚场的基本特征是权力"受托人"进行的管理,但这还不是布尔迪厄眼中社会学应该从事的"不可能的研究"(p30—31)。国家的核心是"有资格"如此行动的组织资源,这种组织资源包括了韦伯重视的有形暴力资源,也包括了布尔迪厄力图扩展的象征资源,从这里出发才导致了作为"某一边界内"全体人民的国家,而不是相反(p50)。[2] 在第二年度的讲座中,布尔迪厄将二者的关系称为能动的自然(natura naturans)和被动的自然(natura naturata)的关系(p165—166)。[3] 不难看出,布尔迪厄对在主权意义上界定的国家或国族有强烈的质疑,但他强调的"组织资源"(p45—46),底色仍是韦伯当年重视的理性化手段一说。韦伯在法律社会学的部分重视的理性的国家法,在布尔迪厄这里就被作为创生国家的工具:

我想用两三个传统中的国家生成史来检验的论点,则恰恰相反:一定数量的社会行动者——其中包括法学家——扮演了突出的角色,尤其是掌握了罗马法这一组织资源的资本的人。这些人逐步制造了我

---

[1] 布尔迪厄在第三年讲座的收尾部分强调了这一点,即国家是对两种暴力的垄断(p462)。
[2] 不过,对人民,民族国家等概念的讨论是本书收录的三年课程中相当粗略的部分。
[3] 而这两点之间的关联,在韦伯著名的"弗莱堡演讲"中被特别强调指出,这是一个相当19世纪色彩的国家二重论。

们称为国家的东西，也就是说一整套特殊资源。这一整套特殊资源允许其持有者断言究竟什么对社会世界整体有利，允许其持有者陈述官方意见并发表言论，这些言论实际上相当于命令，因为他们背后有官方力量支撑。(p45)

布尔迪厄将"授权"得以可能的机制称为"职司之谜"(mysteries of the ministries)，这是双重意义上的转借。一方面，正如布尔迪厄自己所说，"职司"和"神秘"，在令这个中世纪说法名声大噪的史学家康托洛维奇(Ernst Kantorowicz)那里本就是相互指涉的(p46)。另一方面，"国家之谜"代表了政治史中的一个观念类别，这个类别从中世纪晚期国家和教会的互相借用开始，经过了近代早期统治秘术(arcana imperii)的阶段，最终如康托洛维奇所说，成为绝对主义国家的代称。[1]在三年的讲座当中，布尔迪厄不断地从这个"教会之靴"的隐喻出发去关联别的社会学的学说，希望从"国家的神话"走向国家的发生。[2]

在20世纪中叶的政治神学和宪政史家里，"国家之谜"最终会有一个社会学化的过程。布尔迪厄当然很希望自己的社会学继续这样的研究传统。有组织的信任就是他的入手点，因为正是在这里，组织的行动力其实是集体虚构的一种表达。布尔迪厄通过瓦莱里(Paul Valery)和韦伯改造了本质上来自于马克思的概念，即这种"中立化"眼光背后，是一种"虚幻的共同体"(p17)，一种因为集体共识而生效的共识(p13—14)。国家应该被视为符号暴力的垄断者，正是这种垄断行为，使得国家赋予有形和象征暴力以秩序，这颇似"隐藏的上帝"(deus absconditus)的视角，是涂尔干那里的逻辑整合的作

---

[1] 康托洛维奇，《国家之谜，一个绝对主义概念及其中世纪起源(中世纪后期)》，p47—50。
[2] 例如，在第三年讲座中(p398—399)，布尔迪厄就将莫斯的"巫术"理论和梅特兰论王室"印章"的部分与康托洛维奇的说法结合起来。

用。国家创造了象征秩序的公共秩序，因此它对象征暴力的垄断，就是制造社会分类并将其神圣化（p13—15）。这是布尔迪厄早期阿尔及利亚田野工作中一个深具法国人类学传统的观点，也是他此前高度重视"信念"（doxa，见本书 p46）的延续。研究国家就是研究关于国家的信念，这是国家构造每个人的基础，这种构造越成功，就会越让人忘掉其作为国家行动的基础。制度包含了任意性，也就是一种遗忘（ex instituto）。问题是，布尔迪厄提倡了一种什么样的社会学，能再现这种开端的任意性呢（p155—157）？

对正当性的承认应该超出一种对统治意识形态的研究，也就是说，这种承认不止是一种统治利益的反映，而应该从"下意识"的认知出发，这种认识行为（acte de connaissance）固然来自韦伯，但在国家概念里面很少得到充分的阐发。20世纪上半叶遍及政治史和艺术史的政治神话研究给了布尔迪厄很深的影响，因此，布尔迪厄将这种意识类比于神话：

> 应该思考谁是 mythopoïètes（神话的制造者），他们如何形成，利益何在，处在何种竞争空间之中，彼此如何斗争，先知用什么武器除名，牧师如何将好的先知封圣，将其他先知除名。要理解象征系统，就必须理解围绕象征系统展开斗争的行动者的系统。（p234）

理解"国家的神话"，就是理解围绕象征系统的斗争。不过，布尔迪厄在这一点上要比启发他的前辈学者——卡西尔、康托洛维奇和潘诺夫斯基等——收束得多。他毫不犹疑地把自己提出的"斗争"化约为正统意识，从而把对"神话制造者"的分析变成了官僚场的分析。被委托者通过法律建构而让国家成为可能，在官僚场中，这是布尔迪厄对人和职务分离这一说法的新的理解。他借用瓦莱里所要表达的，即人格最深的自觉就是对独立于人的信托关系的意识（p51）。无私,或无利害心,不是私德,是司职者(l'homme-officiel)对职别的致敬(p89)。在这个意义里面,真伪的区分变得不那么重要,而有没有资格是最关键的。布尔迪厄在第一年的讲座中不厌其烦地强调这一点。国家的源起并不是一个结构上的断代学,而是关于某种"职权"(ex officio)的秩序场。在说明这个秩序场的时候,得自人文学者康托洛维奇,以及他一直欣赏的艺术史家潘诺夫斯基的灵感是明线。因为法律拟制(fictio juris, p76)是制造国家的原型行动。但与之相配合的"暗线",是布尔迪厄在米德和戈夫曼那里发现的"互动秩序"(interactional order),也就是如何呈现合乎身份的行动秩序(p67—71)。在这个线索当中,布尔迪厄提供了一系列富有启发的关联,将看似和国家无关的研究,例如说,加芬克尔(Harold Garfinkel)写"降职"的文章带了进来(p257—258)。某种程度上,布尔迪厄希望这两个方向提供的社会学灵感能给出国家源起的新答案。这两个线索的交织,体现在他对英语文献中典型的国家形成(state making)研究的重新阐释。

二 象征权力的垄断和普遍

布尔迪厄选择检讨英语写作的历史社会学来进一步阐述自己的观点。不过,无论是格申克龙这样的流亡学者,还是标准的英语历史社会学,在布尔迪厄看来都和布洛赫比较英法国家的思路如出一辙。而这个比较方式最大的问题在布尔迪厄看来是将国家视为功能。[1]这其中,布尔迪厄对佩里·安德森关于"绝对主义"国家谱系的研究尤为重视,他将后者所呈现的绝对主义国家视为某种封建统治"创造性的

---

[1] 这种批评更为仔细的版本,可参见 Bertrand Badie and Pierre Birnbaum, *The Sociology of the State*, p49-59。

自我破坏"（creative self-destruction），绝对主义国家是封建主义的辩证运动的一部分，它通过限制部分封建力量的发达和存续来使整体存在下去（p109—110）。这种辩证运动的想象力，很容易让我们联想起托克维尔对旧制度的观点：旧制度的"集权"使得旧制度成为革命对象，也为大革命开展提供了进一步动力。

国家的发生是一种社会学化的国家生成史，布尔迪厄从这一点出发来讲授国家的课程，多少是因为他最关心的"象征强力"（symbolic power）的机制在这些相互关联的国家发生中没有得到充分的讨论。布尔迪厄总结了三种立足于欧洲或者说早期现代的国家发生模式：暴力的政治工具和武装社会的日趋集约以及最终归于政治权威的管理（韦伯和埃利亚斯）；西欧的城市为什么构成了国家形成的另一个动力（查尔斯·蒂利）；以及何谓国家发生的"文化革命"（菲利普·科里根与德雷克·赛耶）。在这三种国家发生的模式当中，国家概念的差别是一目了然的，第一种核心是强力的性质及其社会原因，第二种模式是资本的使用及其后果，第三种是文化改造为什么创造了系统化的社会管理形式。三种模式当然是有交叉的，例如说，"文化革命"当中所谓新的社会管理形式，和蒂利笔下资本化强制催生的民族-国家认同问题。蒂利笔下欧洲的地方贵族掌握的武装的缩减和埃利亚斯笔下的"文明化"。而文明化的含义之一，武装社会退却导致的自我强制的提升，又是"文化革命"的题中之义。

布尔迪厄更加重视的国家定义是象征秩序内的争夺。[1] 以官僚场为对象，布尔迪厄对"普遍性"的反复言说凸显了国家观念中特有的普遍性问题，即只能以垄断的方式追求普遍性，所谓国家的行动，就是"占有普遍性"的行动（p134—135）。而如果没有这样的结构建立，普遍性与"剥夺和垄断"本来是对立的（p137—138），在第一年度讲

---

[1]"因为垄断象征暴力是垄断有形暴力的前提。"（p5）

座的结尾，布尔迪厄终于道出了研究国家生成对他而言的社会学意义。将国家形成视为资本集中的过程意味着不仅要命名占有资本者，也要以同样的力度命名没有资本的人，以及"僭越"占有资本的行动。[1]布尔迪厄的这个灵感来自波兰尼著名的文集，但被他很明显地带到了另外的方向，即对垄断权的垄断。这种"垄断的垄断"包含两个方面的问题，一是什么样的人特别能从垄断中获利，同时，那些被排除在垄断之外的人，不是被剥夺而出局，而是因为对普遍性的反动使然。

国家的形成，是垄断和统一——或者说普遍性——的结合，国家的形成所包含的那种"垄断即普遍"的机制，是在国家促成的社会空间发育中形成的。也就是说，国家的形成一定是统一社会空间形成的过程，这是布尔迪厄从涂尔干那里继承的基本观点（p299—300）。不过，涂尔干在《原始分类》和《宗教生活的基本形式》当中深刻地区分了"逻辑服从"（conformisme logique）和"道德服从"（conformisme morale），并且以前者为后者的基础，这是布尔迪厄几乎全部的人类学作品都仰之弥高的一点，在他看来，逻辑服从是国家形成的基础，这是以文化为导向的历史社会学没有充分体会的地方（p191—194）。布尔迪厄在三年的讲座当中，都像是写作"国家神话"的卡西尔那样，强调着分类本能的充沛生机。[2]

而布尔迪厄对此的发展则是，通过对不同的市场的社会学分析来证明垄断和普遍化也是市场的内在机理（这是布尔迪厄在前两年课程当中以相当跳跃的方式讲授的主要内容）。换言之，资本运动就是在

---

[1] "这还是我已经说过的那种二重性：集中＝普遍化＋垄断化。建立一种执法力量，就是收回不属于国家一边的人使用力量的权力。同样，在学校基础上建立文化资本，就是把无知和野蛮归到没有资本的人身上；建立宗教类型的资本，就是将非神职人员归入世俗行列。"（p267—268）布尔迪厄自己也明确指出，这里发挥的正是韦伯对"宗教达人"的观点。[按韦伯的话说，一个人如果不将其他人建构为不信教者和宗教上毫无价值的人，就无法成为一名"杰出的修士"。（p309）]
[2] 参见卡西尔，《国家的神话》，范进等译，华夏出版社，p15—17。

垄断和普遍化的结合中完成的，这个过程中排除了地方性特权，也包括对地方武装的剥夺。布尔迪厄认为自己主要借助在教育场域中完成的工作，也涵盖蒂利代表的强制和资本的关系。

随着集中的加剧，垄断籍以发生的网络才是它突破私人占有的关键。埃利亚斯高度空间式的比拟因此在布尔迪厄看来深化了所有以垄断来定义国家的概念框架。在埃利亚斯的权力分析当中，"被集中的和被垄断的资源渐渐倾向于从几个人的手中转向越来越多的人的手中，并最终成为作为整体的互相依赖的人际网络的功能"，这一点被布尔迪厄视为分析的高潮（p176）。埃利亚斯分析文明化的关键概念，"相互依赖"在布尔迪厄看来巧妙地描述了暴力垄断不公不私的特别位置。象征暴力的垄断，就是相互依赖链条的延伸。布尔迪厄对这一点的强调，某种程度上源自他将"互动秩序"的观点放入到国家垄断象征暴力的结构当中的作法。

我再补充一下：一个持有不同权力原则——宗教的、官僚的、法律的、经济的——的权贵之间互相依赖的网络。以至于这一空间的复杂结构成了国家决策的生成原则。我们从一种相对私人的垄断——埃利亚斯一直很谨慎：垄断从来都不是完全私人的，因为它被家庭、世系所分享——过渡到一种公共垄断——我要说"相对公共"，因为垄断也从来都不是完全公共的。这正是分析的精髓所在。我还是引用埃利亚斯的话："行使权力时的去个性化和制度化导向一些更长的链条，导向社会成员之间一些更密集的互相依赖的网络。"这里，他提出了依赖链条延伸的概念，即我所谓正当性链条的延伸：A 赋予 B 正当性，B 赋予 C 正当性，等等，某某又赋予 A 正当性。当我们在历史的长河中寻找宏大规律时，这种延伸是一个至关重要的过程；我看到的唯一普遍的趋势性规律，便是这种分化过程，它与依赖和互相依赖的链条的延伸过程密不可分。（p176—177）

国家的发生之所以重要，是因为它本身是分类原则相互作用的场域，这种相互作用产生了为各种分类负责的官僚机构，直至这些官僚机构就各种分类的强制力是什么形成妥协。为什么国家的发生能形成不同分类方式之间的碰撞？各种分类方式的汇聚，类比于各种资本的汇聚（身体的、经济的、文化的和象征的），在这个前提下"元资本"，也就是对其他类型的资本具有支配权力的资本才会出现，从而否定资本本身的分层。垄断被认为是现代国家行为的核心，但垄断的前提是普遍化，也就是无差别的强制，所谓无差别，当然不是说绝对平等，而是国家的分类和强制建立在僭越非国家的分类和强制的基础上，国家的强制首先不是针对国家的子民，而是针对后者已经身处其间的强制原则（p500—501）。而这种意义上的否定，在布尔迪厄看来只能用"象征强力"或"象征资本"来表达。

以汤普森的方式写作国家行为的《大拱门》，就补足了蒂利和埃利亚斯的不足。布尔迪厄在这本书当中发现了和他的象征资本最接近的国家生成，即国家推行了一套新的"道德"和思维范畴，在成为文化革命的先锋的意义上把自己和非国家的行动区分开来。真正能揭示这本书贡献的是一个相当经典的问题，那就是古老的，传统的国家形式为什么和资本的转化并行不悖？英国没有发生"大革命"，但也不意味着它是"旧制度"延续。这两个说法承接韦伯和托克维尔的问题，在文化革命的视角下面则变成，传统的社会关系的继续是具有建设性的资产阶级革命的核心（p197—199）。[1]

---

[1] 马克·施泰因贝格（Marc Steinberg）在2016年出版的著作 *England's Great Transformation: Law, Labor, and the Industrial Revolution* 中完全针对了布尔迪厄此处的评论，不过他的批评对象换成了卡尔·波兰尼，施泰因贝格指出，传统的雇佣关系的继续和正当化，是英格兰在工业革命中解决劳动力供给和维持劳资关系平衡的关键，它指出，英格兰的工业革命特殊性，不是脱嵌和再嵌入的问题，恰恰是传统的嵌入性太强。

布尔迪厄之所以给予这本书特别的重视,原因之一是文化革命的说法揭示了国家是象征暴力垄断者这个特别重要的事实,这个象征暴力的核心,是一种不像强制的强制,即"以客观结构和心智结构之间达成的并非有意识的一致性为基础的强制形式"(p202—203)。如果象征强力意味着国家对其支配对象已身处其间的分类规则进行的再强制,这种过程是怎么建立起来的?布尔迪厄称之为"象征资本的原始积累",这个说法要比任何文化民族论在他看来要强大。[1] 布尔迪厄尝试化约历史社会学中长期关注的现代国家形成中的英法路径差别。《大拱门》一书,则因为在英格兰国家的转变中,特别讨论了家庭的再生产和国家的再生产怎样在16世纪开始出现。和两个再生产过程在英格兰的历史关系相比,布尔迪厄坚持认为,二者的分离在路易十三和路易十四年代停滞了下来(p412—413),两种再生产的互相渗透在法国要比在英国的力度强得多。

三 王朝国家

布尔迪厄形式上是用自己的和其他法语作品给英语世界的历史和社会学研究重新做了阐释。他赞同美国学者斯特雷耶对1100年之后的欧洲国家特殊性的判断,即它同时集中了动员效能和认同度的发展,而这两者的同时发展在此前的古典国家和非西方国家传统当中并不多见(p253—254)。这是欧洲的王朝国家的特别贡献。和蒂利以及斯特雷耶不同,布尔迪厄强调王朝国家,并不是为了强调"现

---

[1] 因此,《大拱门》将国家的文化革命归结为国族性,例如说,英国的文化革命最终变成了"英国性"(Englishness),那它反而丧失了将国家视为文化革命的理论意义。事实上,埃利亚斯和蒂利的研究也无一不针对政治史和文化史上的经典案例(德法的文化 v.s. 文明概念争论,欧洲商业共和国的兴衰,雇佣军的起落,主权银行的兴起等),但也在观念构造上引起了更大的影响和争议。

代国家的王朝性",而是为了强调王朝国家和现代国家的断裂,如果只是将王朝国家视为民族国家的前驱,我们就不能直视这种断裂(p262—264)。

在布尔迪厄的化简之下,国家的神秘实体化身为一系列有等级的受托人,或者说国家人(l'homme d'État)。这个委托-代理的无限机制也逼出了国家的极限,这是布尔迪厄在王朝国家那里发现的关键临界点:代理的制度仪式越神圣,国家就越需要不能被代表。[1] 国王所代表的国家和官僚场代表的国家代表在王朝国家发展的轨道上,才有分道扬镳的必要。布尔迪厄对税收、法律等经典的国家研究领域以近乎断片式的讨论指向了王朝国家的这个断裂(p278—285)。更关键的是,王朝国家当中,国王是最善于在封建场的游戏中实现区隔的人。成功的自称为王背后是相关的原始资本的积累(p337—338)。布尔迪厄借用了霍布斯的名言,将"神授"君权变成了普遍性得以推行的机制,即别人将君主的自我建构作为普遍来接受(Homo homini lupus, homo homini deus, p339—340)。

集中和中心是相互强化的,因此,在竞争权力者的相互比照当中,中心必须存在,甚至独立于竞争胜出者存在(p341—342)。王朝国家与其说是一种制度上通向现代国家的过度,不如说造成了和"代表制"国家之间的深刻裂隙,这个观点或许是布尔迪厄从探索政治神话的史学家那里得到的关键启示。受托人的概念某种程度上打破了"从王朝到科层制国家"的递进转折,因为受托不能杜绝背叛,

---

[1] 这是布尔迪厄围绕莎拉·汉利(Sarah Hanley)的著作 *The Lit de Justice of the Kings of France: Constitutional Ideology in Legend, Ritual and Discourse* 所反复讨论的关键一点。

因此受托意味着权力链条的不断复杂,其实是国王权力和国家权力之间相互嵌套的体现。关于君主和"代表制"国家的一个颇有意思的譬喻,是布尔迪厄从梅特兰宪政史中抓住的"王室印章学说",即从诺曼王朝到都铎王朝,体现王室意志的印章的数量和使用办法如何变化,例如说,在国王和大法官之间,私印如何被引入,又如何固定在在国务秘书身上,最终,大量的"副署"的出现支撑起了国王命令背后的授予链条(p400—402)。在梅特兰勾勒的这条线索当中,布尔迪厄看到的是君主的家产制权力(代表君主)和国家权力之间的混合,"大法官如果没有一份盖了小印章、盖了私印的文件作为担保,就不敢盖大大的国玺"(p403—404)。[1]

在第三年的讲座当中,布尔迪厄通过对家这种再生产机制的阐释,来解释现代国家是怎么充满这个王朝国家必定留下的裂隙的。这个多少被"家产制"逼出来的君王之国,对布尔迪厄而言更多是一个滤器而不是扳道器,因为它将家这种再生产机制进行了选择性保留,为它进入到官僚制国家准备了条件,布尔迪厄认为自己的《国家精英》是对韦伯观点的发挥(p248—249),这是一个关键的部分。继承压倒一切,但继承逻辑的背后是再生产,打通这两者的关系对布尔迪厄理论意义重大。再生产一方面包含了"继承"体制里面,围绕谱系和族属打造的关系,另一方面,包含了家主和臣僚的关系,准确地说是以人身依附为基础的家产制行政关系。在这个关系里面,以能力为基础的"代表"将教育(准确的说是资格授予)变成了中介,而它的原型,是那些有能力辅佐君侯但无家可归的行政者,例如说被视为献

---

[1] 布尔迪厄称这种变化为"莱布尼茨"式的分裂,其实是场域的复杂化,因为随着受托和副署而增加的每一个人(布尔迪厄所谓的"链环")是一个新拓展的场域空间的高点,而代表高点的权力持有者互相斗争,以便自己的权力成为正当权力(p413—414)。

祭给教会的"oblat"。[1]

即使是在三年的讲座当中，布尔迪厄对这种三角关系也没有持续的强调，不过，之所以是三角，关键是君主对王室兄弟和臣属的相对独立，在君主-臣僚关系（官僚场）对家的再生产的抑制，才能反过来增加君主在王室之间（封建场）继承人战争中的力量。这样看起来，在王朝国家的框架下面，家庭再生产和国家再生产是相互依赖的关系，这是布尔迪厄从梅特兰的《英国宪政史》中得到的重要启示之一。[2]家宅使政治体（corps）获得了第一次重要的实现，献身于家宅成为超越行动者的基础。而法学家参与构建的国家话语，首先是把这种值得个人效忠的家宅变成更加正统和系统化的政治体（p345—346），正是在这个过程中，君主的"现身"，不仅成为神圣仪式的构成，也成为公法的一部分。[3]

家的再生产和教育的再生产的关系，对布尔迪厄来说才是王朝

---

[1] "我认为这种三方结构具有强大的阐释力。例如，它可以解释为什么在许多古老的帝国中，有一些身为贱民的官吏：官吏常常是遭排斥的人，也就是说被排除在再生产之外的人。这是些注定单身的阉人、教士——依然是"被禁止的再生产"。一些与本国人没有亲缘关系的外国人——宫廷禁军、帝国财政部门中的犹太人往往就属于这种情况——（这是）一些归国家所有的奴隶，他们的财物和职位随时都可能被国家收回。"（p351—352）。布尔迪厄十分重视这个被韦伯集中阐释过的家产制行政现象，这一点他几乎是不折不扣地继承了韦伯对家产制官僚两面性的说法。一方面，家产制的行政力量开启了"国家贵族驱逐旧贵族"的时代，另一方面，被布尔迪厄用"穿袍贵族"称呼的，服务王室的新贵族本身也充满了内部的分化，而且会和"佩剑贵族"（旧贵族）相互渗透。（p357—359）。

[2] 布尔迪厄接受了梅特兰关于王廷官和国家官僚区别，以及他对枢密院官员和内阁官员的描述，但他认为一旦某个公职可以世系（变成家产制职务），其象征权力的价值并没有消失，因此并没有失去政治上的力量，这也是他不同意梅特兰的地方（p394—397），布尔迪厄参考的是梅特兰《英格兰宪政史》最后一部分的内容，见李洪海译本，p251—254。

[3] 布尔迪厄非常欣赏的莎拉·汉利（Sarah Hanley）的作品，以及同在这个研究传统中的拉夫·盖斯（Ralph Geisey）的文集《法国统治权》（*French Rulership*）都代表了这样的研究方向。

国家的真正遗产，它一方面贯穿了从12世纪到法国大革命的时代，另一方面持续不断地出现在"国家理由"出现之后的时代，并汇聚在国家精英的再造当中。某种程度上，布尔迪厄于1989年出版的《国家精英》中整合了他对国家的看法。表面上，这是自高等法院与王权对抗的历史以来的法学家和法官的历史（布尔迪厄也相当频繁地引用了法国法律史的一些代表性作品，例如丹尼·里歇，汉利、唐纳德·R.凯利等），也可以是作为法律空间的国家的形成历史（这一点布尔迪厄自始至终没有明确阐述），但从法国大革命之后的场域变化看，促成国家理由充实的力量其实来自文化资本，而促使文化资本形成和上升的场域变动，才是至少以法国为中心的国家生成应该作出的最大贡献。

《法兰西公学院年鉴》上刊登的本课程内容概要

1989—1990

在"论国家"的课程中，我首先对这一制度的种种表象做了预先的批判。作为"有组织的、善于无意识行动、独立于个人的信托"（瓦莱里），它具有一种奇特的属性，即尤其通过表象而存在。我于是着力分析正式／官方（officiel）这个概念，它是职能（officium）的视点，也就是说，具有正当象征暴力垄断权的机构的视点，或者是公务员即领职者的视点。他依职发言行事，他作为受委托的法人以"虚幻的共同体"（马克思）的名义行动。借助我对20世纪70年代制定新住房补助政策的诸委员会之运作所做的经验分析，我尝试抓住正式化工作的逻辑，后者想把一个特殊的观点建构为正当的也就是说普遍的观点。由此，我分析了"官方人士"必备的正式修辞的各种最为典型的手法，在某种程度上，这种修辞是所有必须直面作为"普遍他者"（generalized other）（乔治·赫伯特·米德）化身的"公众"或者"舆论"的人所必备。"普遍他者"以审查的方式运作，提醒人们遵守普遍价值即由群体正式言明的价值。拟人法是一种典型的"唤起记忆的巫术"，通过它，一位官方代理人把想象性的所指物（民族、国家等）搬到前台，以它的名义发言，并在言说时从形式上制造它。为了在象征层面达到效果，拟人法还伴随着对一致同意下成立并表赞成的群体的戏剧化，对声称代表全体利益的人对全体利益之兴趣的戏剧化，也就是说对他的无私的戏剧化。对跨越公私边界的情况的分析，对最广泛意义上的公开化的分析（丑闻作为对"官方人士"正式形象的损害，其逻辑清清楚楚地揭示了这些情况）指向了政治特有的拜物教根源。这种特殊的拜物教以倒因为果为基础，它把针对定居于某一领土之上的全体人民行使主权权威的所有行动者或所有机构意义上的国家视为这一人类集群的正当表现形式。

做出预先批判之后，我们便可迈向由它开启的调查计划，也就是说对国家制度进行发生社会学（或社会历史学）研究，而这些研究后续应该走向对这一制度特有结构的分析。但面对这个已经被密集挖掘的领域，我们不能在没有事先考察论及各国家社会起源和形成过程的比较历史学或者历史社会学巨著的情况下，就直接处理历史著作。我不敢说已阅尽前人在这方面做过的研究，但我针对那些为该问题给出最有价值回答的作者（即什穆埃尔·诺阿·艾森斯塔特、佩里·安德森、巴林顿·摩尔、赖因哈德·本迪克斯、西达·斯考切波）进行了批判性阐述。目的有两个：理清能为分析历史著作指明方向的一般假设，并对理解和运用比较方法的不同方式进行批评。这一批判式考察促使我们将分析限定在对英法两国国家生成的分析，这两个特例被当作各种可能情况中的个案来处理。这么做想完成两件事：一方面提出一种国家逻辑的生成逻辑，换句话说就是我称为官僚场的这个社会空间是如何出现的；另一方面，确定我们称为国家的这个"集中和有组织的社会力量"（马克思）是如何构成的。换言之，不同种类的特有的官僚资源是如何集中到一起的，这些资源既是斗争的工具也是斗争的关键，而官僚场正是这些斗争发生的场所，也是斗争的关键（特别是在政治场内）。

1990—1991

在介绍我希望提出的国家生成模式之前，我觉得必须分析之前的三种尝试，它们非常典型，甚至连它们的局限性也很典型：埃利亚斯沿着韦伯的方向，很好地描述了暴力工具和征税工具集中于单一领导人和行政机构之手的过程，以及如何通过在和其他首领的竞争中获胜来实现领土扩张，但他忽视了这一集中过程的象征维度；查尔斯·蒂利在本质上非常接近韦伯和埃利亚斯，但他要求一种多变量分析，以便同时说明国家建立过程中的共同特征和可见变化，这一过程是与国家官僚体制相关联的武装力量这种有形资本的集中，以及与城市相关联的经济资本的集中；菲利普·科里根与德雷克·塞耶的功绩在于摆脱前两种模式的经济主义，提出了真正的"文化革命"，他们认为这才是现代国家的根源，也就是说，这一整套正当的、系统化的管理社会生活的"形式"（民族语言、议会、法庭等）之建构。

为了在整合的基础上超越这些片面的模型，就需要重新组织传统上被视为互斥的各项理论遗产。国家行动的重大影响之一就是强加共同的观念和划分原则［规范（nomos）］，它树立了逻辑上和道德上的因循守旧（按涂尔干的说法），以及对世界意义与价值的共识。国家是建构社会现实的工具的主要制造者，是它组织了重大认定仪式，参与制造了主要社会划分，并反复灌输一些原则，使人们认识到这些划分。这一共同法典是一整套正式的、有一定结构的认识工具和交流工具（如语言与民族文化），与国家的结构类似，因此也就与统治国家的人协调一致。

在这些预先思考的基础上，我们得以建构国家生成的模型，而国家的生成是不同种类（身体的、经济的、文化的和象征的）资本的集中过程，这个过程导致了"元-资本"的出现，它能对其他各种资本施加权力，还导致了国家的出现，它是斗争进行的场域，这些斗争的关键在于获得对其他场域的权力，特别表现为法律和所有（在某一领土范围内）普遍有效的条例规章中的权力。法律资本的集中是象征资本集中的一个方面，象征资本倾向于用中央权力颁发的荣誉替代贵族等级的身份荣誉。通过象征资本的集中，国家逐渐成为象征资本的中央银行，被赋予任命的权力，用布莱克斯顿的话说，成为"荣誉、官职、特权之源泉"（转引自梅特兰）。

现代国家形成的过程以及国家本身的二重性就此显露：集中（与统一）永远都兼普遍化与垄断化过程于一身，整合是一种特殊统治形式的条件，这种统治在［经国家精英（贵族）之手］对国家垄断权实行的垄断中实现。

1991—1992

在描述了（不同形式的）资本集中过程后，我尝试建立一种国家生成模型。我首先着力弄清象征资本原始积累的逻辑，特别是因身居王位而掌握的优势，即在同等之人中占据高位（Primus inter pares）。王朝国家围绕王室及其遗产进行组织，就像家一样，在此场所中，存在一种特殊矛盾，关系着个人化权力与一种初生的官僚体制之共存，即两种互相矛盾的统治原则（分别以国王的兄弟和国王的大臣们为代表）之共存，和两种分别以家庭和学校为途径的再生产方式之共存。正是建立在这种矛盾之上的冲突推动王室内廷转变为国家理由，逐渐令"国家原则"击败了王朝原则。许多制度都意在对抗贵族的自然再生产过程（最极端的情况是将官僚权力交给一些外国技术人员或者一些奴隶），使个人无法将国家制度及其带来的利益占为己有，让国家成为一种反自然（antiphysis）（这一点在我们分析为对抗官僚逻辑所暗含的腐败倾向而逐步实施的各种手段时一目了然。）

新的国家逻辑的发明是集体建构这一整套全新的社会现实的集体建构工作之产物，即组成"公共"概念的制度之产物。像法学家那样的行动者团体与在根源上较之王朝逻辑更"普遍的"（或更普遍主义的）国家逻辑相关联，他们对建构公共事物（chose publique）与官僚制度（办公室、秘书、签字、印章、任命书、证书、凭证、登记）诞生的空间（官僚场）起到了决定性作用。我们分析了一个过程，最终得出了一条负责管理王室印章的行动者长链，理清了统治工作分工生成的逻辑，它令王朝权威向建立在行动者之间的有限授权基础上的官僚权威转变，这些行动者互相担保，互相牵制。

最初集中在少数人手中的权力在行动者之间分化、分配，这些行动者被统治劳动分工中的有机团结联系到一起。一个相对独立的官僚场在这一过程中形成了，它是一个竞争性斗争的场所，这些斗争要争夺的是施加在其他各场域之上的特有的官僚权力。正如围绕"国王御临高等法院会议"展开的争论所显示的那样，这些斗争可以针对官僚实践的细节（例如仪式）或者机构的历史，它们为"公共"机构的集体建构工作提供了契机。持官僚原则者，即以文化资本作为自身权威基础而损害王朝原则的文员，他们的逐步上升在法国随着大革命的到来发生了决定性的加速。在大革命中，新官僚共和国的普遍性原则和文化资本持有者占有普遍性的特权同时获得确立，不可分割。国家精英（贵族）在它制造领土国家和统一民族的运动中确立身份，并窃取了操控公共资本和控制这一资本、将其利益进行再分配的权力。

我们仍然需要在一个长的时间段内才能理解国家制造民族的这项集体建构工作，即建构并强制推行共同观念和划分原则的工作，军队尤其是学校在其中起到了决定性作用。（补充一下，我这里说的现实的社会建构不能被化约为众多个体建构的机械集合，但它是在受到现行权力关系结构性限制的一些场域中实现的。）作为法定领土的民族之建构和通过一整套权利和义务与国家（以及其他公民）相关联的公民之建构相伴而生。但官僚场永远是头一个斗争的场所和关键，为确保公民参与公共生活——特别是作为规范的异议方参与正式的政治——而开展的必要工作应该延伸到定义福利国家的一种社会政治中，后者目的是通过经济层面、社会层面的协助及规训，确保向公民提供行使公民权所必需的一切最起码的经济和文化条件。福利国家的建立意味着一项名副其实的象征革命，其核心是让公共责任扩大，直至取代私人责任。

一旦知道官僚场自身携带着过往所有冲突的痕迹，我们便更能理解在其内部展开的斗争，以及在位置对等性的基础上，这些内部斗争与那些以官僚场为对象并以它控制的权力为争夺关键的斗争之间的关系。

人名对照表

（注：该索引据口述文本和编辑笔记整理而成，不包括参考书目中列出但未在正文中提及的作者）

A

Aguesseau, Henri-François d'，亨利-弗朗索瓦·达格索
Akhenaton，阿赫那顿
Alain (Émile Chartier, dit)，阿兰（埃米尔·夏提耶）
Alam, Muzaffar，穆扎法·阿拉姆
Allo, Éliane，埃利安娜·阿罗
Alpers, Svetlana，斯维特兰娜·阿尔珀斯
Althusser, Louis，路易·阿尔都塞
Anderson, Benedict，本尼迪克特·安德森
Anderson, Perry，佩里·安德森
Arensberg, Conrad M.，康拉德.M.阿伦斯伯格
Aristote，亚里士多德
Aron, Raymond，雷蒙·阿隆
Austin, John Langshaw，约翰·朗肖·奥斯丁
Autrand, Françoise，弗朗索瓦丝·奥特朗

B

Bachelard, Gaston，加斯东·巴什拉
Baker, Keith Michael，基思·迈克尔·贝克
Balazs, Gabrielle，加布里埃拉·巴拉兹
Bancaud, Alain，阿兰·邦科
Barre, Raymond，雷蒙·巴尔
Bateson, Gregory，格雷戈里·贝特森
Baudelaire, Charles，夏尔·波德莱尔
Bellah, Robert N.，罗伯特·N.贝拉
Ben-David, Joseph，约瑟夫·本-戴维
Bendix, Reinhard，赖因哈德·本迪克斯
Bentham, Jeremy，杰里米·边沁
Benveniste, Émile，埃米尔·本维尼斯特

Bercé, Yves-Marie，伊夫-玛丽·贝尔塞

Berger, Peter L.，彼得·L. 伯格

Bergson, Henri，亨利·柏格森

Berle, Adolf A.，阿道夫·A. 伯利

Bernhard, Thomas，托马斯·伯恩哈德

Billeter, Jean-François，让-弗朗索瓦·毕叶特

Bishop, Tom，汤姆·毕晓普

Blackstone, William，威廉·布莱克斯顿

Bloch, Marc，马克·布洛赫

Bodin, Jean，让·博丹

Bollack, Jean，让·波拉克

Boltanski, Luc，吕克·博尔坦斯基

Bonney, Richard J.，理查德·J. 博尼

Bouhedja, Salah，萨拉·布埃德加

Brubaker, Rogers，罗杰斯·布鲁巴克

Brunner, Hellmut，赫尔穆特·布鲁纳

Brunschvicg, Léon，莱昂·布伦什维格

Buchanan, James M.，詹姆斯·布坎南 M.

Budé, Guillaume，纪尧姆·布德

Burguière, André，安德烈·布尔吉埃尔

Burnham, James，詹姆斯·伯纳姆

C

Caillet, Laurence，劳伦斯·卡耶

Cassirer, Ernst，恩斯特·卡西尔

Chamberlain, Arthur Neville，阿瑟·尼维尔·张伯伦

Chamfort, Nicolas de，尼古拉·德·尚福尔

Champagne, Patrick，帕特里克·尚帕涅

Charles le Téméraire (Charles de Valois-Bourgogne, dit)，大胆查理（瓦洛瓦-勃艮第的查理）

Charles Quint，查理五世

Châtelet, François，弗朗索瓦·沙特莱

Chizuka, Tadami，千塚直见

Christin, Olivier，奥利维耶·克里斯坦

Christin, Rosine，罗西纳·克里斯坦

Church, William Farr，威廉姆·法尔·丘吉

Cicourel, Aaron，亚伦·西库里尔

Cinq-Mars, Henri Coiffier de Ruzé d'Effiat, marquis de，埃菲亚的亨利·夸菲耶·吕泽，桑马尔侯爵

Closets, François de，弗朗索瓦·德科洛塞

Cohn-Bendit, Daniel，达尼埃尔·科恩-本迪

Colbert, Jean-Baptiste，让-巴普蒂斯特·柯尔贝尔

Condorcet, Jean Antoine Nicolas de

Caritat, marquis de, 让·安托万·尼古拉·德·卡里塔, 孔多塞侯爵
Confucius, 孔子
Coquille, Guy, 居依·高基尔
Corneille, Pierre, 皮埃尔·高乃依
Corrigan, Philip, 菲利普·科里根
Coulborn, Rushton, 拉什顿·库尔本
Crouzet, Denis, 丹尼·科鲁泽
Crozier, Michel, 米歇尔·克罗齐耶

D

Dagron, Gilbert, 吉尔贝尔·达格隆
Daladier, Édouard, 爱德华·达拉第
Darbel, Alain, 阿兰·达尔贝尔
Darwin, Charles, 查尔斯·达尔文
Davidson, Donald, 唐纳德·戴维森
Debray, Régis, 雷吉·德布雷
Decaux, Alain, 阿兰·德高
Deleuze, Gilles, 吉尔·德勒兹
Delsaut, Yvette, 伊薇特·德尔索
Derrida, Jacques, 雅克·德里达
Descartes, René, 雷内·笛卡尔
Descimon, Robert, 罗伯特·戴西蒙
Dreyfus, Alfred, 阿尔弗雷德·德雷福斯
Dubergé, Jean, 让·杜贝尔杰
Duby, Georges, 乔治·杜比
Duhamel, Olivier, 奥利维耶·迪阿梅尔
Dumézil, Georges, 乔治·杜梅齐尔
Dumoulin, Charles, 夏尔·杜穆兰
Durand, Jean-Marie, 让-玛丽·杜朗
Durkheim, Émile, 埃米尔·涂尔干
Duster, Troy, 特洛伊·达斯特

E

Edgerton, Williams F., 威廉姆斯·F.埃杰顿
Eisenstadt, Shmuel Noah, 什穆埃尔·诺阿·艾森斯塔特
Elias, Norbert, 诺贝特·埃利亚斯
Empédocle, 恩培多克勒
Engels, Friedrich, 弗里德里希·恩格斯
Eschyle, 埃斯库罗斯
Esmein, Adhémar, 阿德马尔·埃斯曼
Evans, Peter, 彼得·伊万斯

F

Fabius, Laurent, 洛朗·法比尤斯
Fauré, Christine, 克里斯汀·佛雷
Febvre, Lucien, 吕西安·费弗尔
Ferdinand Ier de Habsbourg, 哈布斯堡的费迪南德一世
Ficin, Marsile, 马尔西利奥·费奇诺
Flaubert, Gustave, 古斯塔夫·福楼拜
Fogel, Michèle, 米歇尔·弗吉尔

Foucault, Michel，米歇尔·福柯
Fouquet, Nicolas，尼古拉·富凯
François Ier，弗朗索瓦一世
Freud, Sigmund，西格蒙德·弗洛伊德
Furet, François，弗朗索瓦·菲雷

G

Garelli, Paul，保罗·加内利
Garfinkel, Harold，哈罗德·加芬克尔
Gaulle, Charles de，夏尔·德·戴高乐
Geison, Gerald L.，杰拉德·L. 吉森
Gellner, Ernest，恩斯特·盖尔纳
Genet, Jean-Philippe，让-菲利普·热内
Gernet, Jacques，谢和耐
Gernet, Louis，路易·热尔内
Gerschenkron, Alexander，亚历山大·格申克龙
Ginzburg, Carlo，卡洛·金兹伯格
Giscard d'Estaing, Valéry，瓦雷里·吉斯卡尔·德斯坦
Givry, Claire，克莱尔·吉弗里
Goffman, Erving，欧文·戈夫曼
Gonnet, Hatice，阿提斯·高奈
Goody, Jack，杰克·古迪
Gordon, Robert W.，罗伯特·W. 高登
Gramsci, Antonio，安东尼奥·葛兰西
Guise, Charles I er, duc de，查理一世吉斯公爵
Guise, Henri Ier, duc de，亨利一世吉斯公爵
Guizot, François，弗朗索瓦·基佐
Gurvitch, Georges，乔治·古尔维奇
Gusfield, Joseph，约瑟夫·古斯菲尔德

H

Habermas, Jürgen，尤尔根·哈贝马斯
Halbwachs, Maurice，莫里斯·哈布瓦赫
Hall, Edward T.，爱德华·T. 霍尔
Hanley, Sarah，莎拉·汉利
Harris, Gerald L.，杰拉尔德·L. 哈尔斯
Hay, Douglas，道格拉斯·海
Hegel, Georg Wilhelm Friedrich，格奥尔格·威廉·弗里德里希·黑格尔
Heidegger, Martin，马丁·海德格尔
Hélie, Faustin，佛斯丹·艾利
Henri II，亨利二世
Henri IV，亨利四世
Héraclite，赫拉克利特
Herder, Johann Gottfried von，约翰·戈特弗里德·赫尔德
Hilton, Rodney H.，罗德尼·H. 希尔顿

Hiroshi, Kojima，小岛广弘
Hirsch, Joachim，约阿希姆·希尔施
Hirschman, Albert O.，阿尔伯特·O.赫希曼
Hobbes, Thomas，托马斯·霍布斯
Hobsbawm, Eric，艾瑞克·霍布斯鲍姆
Hoffmann, Ernst Theodor Amadeus，恩斯特·西奥多·阿玛迪斯·霍夫曼
Holton, Gerald，杰拉尔德·霍尔顿
Homère，荷马
Hopkins, Keith，基斯·霍普金斯
Hoston, Germaine A.，日耳曼尼·A.霍斯顿
Huizinga, Johan，约翰·赫伊津哈
Humboldt, Wilhelm von，威廉·洪堡
Hume, David，大卫·休谟
Husserl, Edmund，埃德蒙德·胡塞尔
Husti, Aniko，安妮科·于斯蒂

J

Janet, Pierre，皮埃尔·让内
Jeanne la Folle (Jeanne Ier de Castille, dite)，疯女胡安娜（卡斯蒂利亚女王胡安娜一世）
Josquin des Prés，若斯坎·德普雷
Jouanna, Arlette，阿莱特·茹阿娜

K

Kafka, Franz，弗兰兹·卡夫卡
Kant, Immanuel，伊曼努尔·康德
Kantorowicz, Ernst Hartwig，恩斯特·哈特维希·康托洛维奇
Kelley, Donald R.，唐纳德·R.凯利
Kiernan, Victor J.，维克多·J.基尔南
Knoke, David，大卫·诺克
Köhler, Wolfgang，沃尔夫冈·科勒
Kohli, Atul，阿图尔·科利
Kuhn, Thomas，托马斯·库恩

L

Lacan, Jacques，雅克·拉康
Laffont, Jean-Jacques，让-雅克·拉丰
Lalande, André，安德烈·拉朗德
Lash, Scott，司各特·拉什
Laumann, Edward O.，爱德华·O.劳曼
Lavisse, Ernest，恩斯特·拉维斯
Le Brun, Charles，夏尔·勒布伦
Le Goff, Jacques，雅克·勒高夫
Le Mené, Michel，米歇尔·勒梅内
Le Nôtre, André，安德烈·勒诺特
Le Paige, Louis Adrien，路易·阿德里安·勒百吉
Leibniz, Gottfried Wilhelm，戈特弗里德·威廉·莱布尼茨

Lénine (Vladimir Ilitch Oulianov, dit)，列宁（弗拉基米尔·伊里奇·乌里扬诺夫）

Lenoir, Remi，雷米·勒努尔

Levenson, Joseph Richmond，约瑟夫·里士满·列文森

Lévi, Sylvain，西尔万·莱维

Lévi-Strauss, Claude，克劳德·列维-斯特劳斯

Lévy, Bernard-Henri，贝尔纳-亨利·莱维

Lewis, Andrew W.，安德鲁·W. 刘易斯

Li Zhi，李贽

Linebaugh, Peter，彼得·莱伯恩

Lion, Robert，罗贝尔·里翁

Locke, John，约翰·洛克

Louis XIII，路易十三

Louis XIV，路易十四

Louis XV，路易十五

Lovejoy, Arthur Oncken，阿瑟·奥肯·洛夫乔伊

Loyseau, Charles，夏尔·卢瓦索

Luckmann, Thomas，托马斯·吕克曼

Luhmann, Niklas，尼可拉斯·卢曼

M

Machiavel, Nicolas，尼古拉·马基雅维利

Mackinnon, William Alexander，威廉·亚历山大·麦金农

Maire, Catherine，卡特琳娜·梅尔

Maitland, Frederic William，弗里德里克·威廉·梅特兰

Malesherbes, Chrétien-Guillaume de Lamoignon de，马尔泽尔布

Mallarmé, Stéphane，斯特凡那·马拉美

Malraux, André，安德烈·马尔罗

Mammeri, Mouloud，穆鲁·马梅里

Manet, Édouard，爱德华·马奈

Mann, Michael，迈克尔·曼

Mantran, Robert，罗伯特·曼特兰

Mao Zedong，毛泽东

Marat, Jean-Paul，让-保罗·马拉

Marcuse, Herbert，赫伯特·马尔库斯

Marie de Bourgogne，勃艮第的玛丽

Marion, Marcel，马塞尔·马里翁

Marx, Karl，卡尔·马克思

Matheron, Alexandre，亚历山大·玛特龙

Mauss, Marcel，马塞尔·莫斯

Maximilien Ier de Habsbourg，哈布斯堡的马克西米利安一世

Mead, George Herbert，乔治·赫伯特·米德

Means, Gardiner C.，格迪纳·C. 米恩斯

Memmi, Dominique，多米尼克·梅米

Mercier, Louis-Sébastien，路易-塞巴斯蒂安·梅西尔
Merleau-Ponty, Maurice，莫里斯·梅洛-庞蒂
Michelet, Jules，儒勒·米什莱
Michels, Roberto，罗伯特·米歇尔斯
Mickiewicz, Adam，亚当·密茨凯维奇
Mitterrand, François，弗朗索瓦·密特朗
Mitterrand, Frédéric，弗里德里克·密特朗
Momigliano, Arnaldo，阿纳尔多·莫米利亚诺
Montesquieu, Charles-Louis de Secondat, baron de la Brède et de，孟德斯鸠
Moore, Barrington，巴林顿·摩尔
Mosse, George，乔治·莫斯
Mousnier, Roland，罗兰·穆尼埃

N

Napoléon Ier，拿破仑一世
Napoléon III，拿破仑三世
Naudé, Gabriel，加布里埃尔·诺代
Needham, Joseph，李约瑟
Nevers, Louis IV, duc de，路易四世内维尔公爵
Nietzsche, Friedrich，弗里德里希·尼采

O

Offe, Claus，克劳斯·奥菲
Ooms, Herman，赫尔曼·欧姆斯
Ozouf, Mona，莫娜·奥祖夫

P

Panofsky, Erwin，埃尔文·帕诺夫斯基
Pappi, Franz Urban，弗兰茨·优班·帕皮
Pareto, Vilfredo，维尔弗雷多·帕累托
Parsons, Talcott，塔尔科特·帕森斯
Pascal, Blaise，布莱兹·帕斯卡尔
Passeron, Jean-Claude，让-克劳德·帕斯隆
Pasteur, Louis，路易·巴斯德
Pauwels, Louis，路易·保维尔
Pearson, Harry W.，哈里·W.皮尔森
Peel, John David Yeadon，约翰·大卫·伊登·皮尔
Perroux, François，弗朗索瓦·佩鲁
Pétain, Philippe，菲利普·贝当
Philippe le Beau (Philippe Ier de Castille, dit)，美男子腓力（卡斯蒂利亚的腓力一世）
Philippe le Bel (Philippe IV, dit)，美男子腓力四世
Philippe II d'Espagne，西班牙腓力

二世

Piaget, Jean, 让·皮亚杰

Pic de la Mirandole, Jean, 乔瓦尼·皮科·德拉·米兰多拉

Pinochet, Augusto, 奥古斯托·皮诺切特

Pisier, Évelyne, 埃夫林·潘西耶

Pivot, Bernard, 贝尔纳·皮沃

Platon, 柏拉图

Plotin, 普洛丁

Polanyi, Karl, 卡尔·波兰尼

Pons, Philippe, 菲利普·庞斯

Poulantzas, Nicos, 尼克斯·普兰查斯

Proust, Marcel, 马塞尔·普鲁斯特

Q

Quine, Willard Van Orman, 威拉德·冯·奥曼·蒯因

Quinet, Edgar, 埃德加·基内

R

Rabelais, François, 弗朗索瓦·拉伯雷

Racine, Jean, 让·拉辛

Reischauer, Edwin O., 埃德文·O. 赖肖尔

Revel, Jacques, 雅克·雷维尔

Ribbentrop, Joachim von, 约阿希姆·冯·里宾特洛普

Richelieu, Armand Jean du Plessis, cardinal-duc de, 黎塞留

Richet, Denis, 丹尼·里歇

Ringer, Fritz K., 弗里茨·K. 林格

Rivière, Marie-Christine, 玛丽-克里斯蒂娜·里维埃

Robespierre, Maximilien de, 马克西米连·德·罗伯斯庇尔

Rousseau, Jean-Jacques, 让-雅克·卢梭

Rueschemeyer, Dietrich, 迪特里希·鲁施迈耶

Ruyer, Raymond, 雷蒙·吕耶

Ryan, William, 威廉·瑞恩

S

Saige, Guillaume-Joseph, 纪尧姆-约瑟夫·塞吉

Saint Martin, Monique de, 莫妮克·德·圣马丁

Samuelson, Paul, 保罗·萨缪尔森

Sapir, Edward, 爱德华·萨丕尔

Sartre, Jean-Paul, 让-保罗·萨特

Saussure, Ferdinand de, 费迪南·德·索绪尔

Sayer, Derek, 德雷克·塞耶

Schmolders, Günter, 昆特·施莫德斯

Schnapper, Dominique, 多米尼克·施纳伯

Schramm, Percy Ernst, 佩尔西·恩

斯特·施拉姆

Schütz, Alfred, 阿尔弗雷德·舒茨

Seignobos, Charles, 夏尔·塞尼奥波斯

Serres, Michel, 米歇尔·塞尔

Seyssel, Claude de, 克劳德·德·塞瑟尔

Shakespeare, William, 威廉·莎士比亚

Shibata, Michio, 柴田道男

Simon, Jules, 朱尔·西蒙

Skinner, Quentin, 昆廷·斯金纳

Skocpol, Theda, 西达·斯考切波

Socrate, 苏格拉底

Sophocle, 索福克勒斯

Spencer, Herbert, 赫伯特·斯宾塞

Spinoza, Baruch, 巴鲁赫·斯宾诺莎

Spitzer, Leo, 利奥·斯皮策

Stieber, Joachim W., 约阿希姆·W.斯蒂伯

Storer, Norman W., 诺曼·W.斯托雷

Strayer, Joseph R., 约瑟夫·R.斯特雷耶

Swaan, Abram de, 亚伯拉姆·德·斯瓦安

T

Tacite, 塔西佗

Tallien, Jean-Lambert, 让-朗贝尔·达利安

Therborn, Göran, 戈兰·瑟伯恩

Thierry, Augustin, 奥古斯丹·梯也尔

Thompson, Edward Palmer, 爱德华·帕尔默·汤普森

Thou, François-Auguste de, 弗朗索瓦-奥古斯特·德·杜

Thuau, Étienne, 埃蒂安·杜奥

Tillion, Germaine, 热尔梅娜·蒂利翁

Tilly, Charles, 查尔斯·蒂利

Tirole, Jean, 让·梯若尔

Tocqueville, Alexis de, 阿历克西·德·托克维尔

Turgot, Anne Robert Jacques, 阿纳·罗伯特·雅克·杜尔哥

V

Valéry, Paul, 保罗·瓦莱里

Van Gennep, Arnold, 阿诺·范·格纳普

Van Kley, Dale, 达尔·范·克雷

Viala, Alain, 阿兰·维亚拉

Vidal-Naquet, Pierre, 皮埃尔·维达尔-纳盖

Voltaire (François Marie Arouet, dit), 伏尔泰

W

Wacquant, Loïc, 华康德

Wallerstein, Immanuel, 伊曼努

尔·沃勒斯坦
Weber, Max，马克斯·韦伯
Weisz, George，乔治·威兹
Whimster, Sam，萨姆·威姆斯特
Whorf, Benjamin Lee，本杰明·李·沃尔夫
Will, Pierre-Étienne，魏丕信
Wilson, Neil L.，尼尔·L.威尔松
Winkin, Yves，伊夫·温金
Wittfogel, Karl August，卡尔·奥古斯特·魏特夫
Wittgenstein, Ludwig，路德维希·维特根斯坦
Woolf, Virginia，弗吉尼亚·伍尔夫

Z

Zeigarnik, Bluma，布吕玛·蔡格尼克
Zola, Émile，埃米尔·左拉

概念索引

（此处标注页码为法文原版页码，即本中译本边码）

Absolutisme，绝对主义，115，126，132，133，136，235，346，391，427，458，462，483，497，502，515-516

  petite monnaie de l'–绝对主义的小额货币，473

  théorie de l'–，绝对主义理论，422

Accumulation，积累 19，117-119，128，133，212，216，244，295，304，308，311，313，317，340，377，428，432，456

  – de capital physique/militaire，身体/武装资本的积累，313，317，336

  – du capital culturel/informationnel，文化/信息资本的积累，248，295，321，336

  – du capital politique/symbolique，政治/象征资本的积累，118，212，227，264-265，295，299，303，311，317，322，336，398，431，591

  – initiale/primitive，原始积累，118-119，127-128，264-265，398，400，431，591

Actes d'État（d'institution，statements），国家（机构）行为（声明），26-28，43，47，62，85，99，111，225，246，291，472-474

Adhésion（à l'ordre établi，à la domination），adhérences，拥护（既有秩序、统治），粘连，16，26，43，172，188，194，196，252，273，276，292，317，405，570

Allemagne，德国，76，124，128，131，136-138，176，179，253，553，555

Allodoxia，误识，350

Ambiguïté（de l'État；v. aussi Effet Janus）(国家的）二重性（另见 Effet Janus），140，147，161，165，207，227，254，314，329，359，365-366，432，452，459，483，562，590

— des juristes，法学家的二重性，510-511，518

— du mandataire，受托人的二重性，443，486，487

Amnésie de la genèse，起源遗忘症，186-187，190，194，292，358，538，578

Amusnaw（v. aussi Kabyle，Kabylie），掌握知识者（另见 Kabyle，Kabylie），80-81，83，94，101

Anachronisme，年代错误，159，186，235，311，373，387

— des historiens，历史学家的年代错误，160，186，309

Analyse（sociologique），（社会学）分析，20，22，49，49，62，67，78，87，90，93，97，102，116，141，164，174，192，209，236，252，256，257，272，301-305，315，331，344，383，447，461，463，482，516，540，546，595

— de discours，话语分析，33

— de la croyance scolaire，对学校教育的信仰的分析，102

— de la noblesse，对贵族的分析，140

— de l'école，对学校的分析，364

— de l'emploi du temps，对时间表的分析，272

— d'interaction，互动分析，180，183

— des correspondances，多重对应分析，531

— du capitalisme，对资本主义的分析，119，132

— du favoritisme，对偏袒的分析，434

— du langage, des langues，对言语、语言的分析，79

— du miroir，镜像分析，84

- empirique，经验式分析，110，183，448，455，587
- génétique（v. aussi Genèse），发生学分析（另见 Genèse），110，135，144，161，170-171，183，195-196，198-200，204，216，223，276，279，301，538，561，580，588，592，638
- historique（v. aussi Histoire）历史分析（另见，历史），13，50，110，142，171，365，406，519，530，533，558，562
- matérialiste，唯物主义分析，265
- multivariée，多元变量分析，212，589
- phénoménologique，现象学分析，455
- philosophique，哲学分析，82，119
socio-，社会分析，336
- statistique，统计学分析，37，178，480，516
- structurale，机构分析，156，180，183，223，588

Anarchie, anarchisme，无政府，无政府主义，15，17，21，64，111-112，114，264，429，430

Angleterre, anglais（v. aussi Englishness），英国，英国的（另见 Englishness），29，47，48，68，77，78，85，92，97，109，119-120，123，130-131，133-134，136，143，200，212，216，228-243，248-249，257，261，296，299，310，320，340，353，403，424，428，436，444-445，459，463-467，470-471，479，488，492，514，522，545，554，556，558-559，588

Anthropologie，人类学，22，97，110，118-119，140，145-146，479

Apanages，封地，375，381，385-386，390

Appareil, apparat，机器、工具，109，112，230

Appareil idéologique d'État，意识形态国家机器，17-18
- bureaucratique/de gouvernement，官僚、政府机器，41,

58，132，138，210-211，403，414，596

– féodal，封建机器，135

– fiscal，税收机器，214-215

– judiciaire，法律机器，331

intérêts d'–，机器的利益，87

Arbitraire，任意的、武断的，29，43，116，121，123，185，192，194，262-263，268，272，274，283-284，319，415，428，479，486，511-512，561

– des commencements，开端的任意性，185

– royal，国王的独断专行，528

Armée（forces – s，force/pouvoir militaire，police；v. aussi Capital de force physique），军队（武装力量，军事力量/权力，警察，另见 Capital de force physique），22，130，138，204-205，207，213-216，239，250，255-256，258，297，299，300，303，311，313-317，321，327，331，336，350，385，402，412，429，523，547，552，567，589，592

Autonomie，autonomisation（v. aussi Champ），自主性、独立、自主化（另见 Champ），113，297，349，350，355，401，512，528

– de l'État，国家的自主性、自主化，175-177

– des idées，思维的自主性、自主化，537

– du champ intellectuel，知识分子场的自主性、自主化，349

– du politique，政治的自主性、自主化，125，529

– relative，相对自主性，298，334，471

droit à l'–，自主权，56

Autorité，权威，26-27，33，34，50，58-59，63，80，106，108，114，178，188，210，231，247，303，308，328，335，350-351，411-412，418，420，422-423，425，428，433，437，443-444，460，469，471，512，529，545，582，592

discours d'–（v. Discours），权威话语（参见 Discours）

– dynastique et bureaucratique，王朝权威与官僚权威，486-487，

494，592

— impériale，皇帝的权威，401

— publique，公共权威，27，572

— royale，国王的权威，474，504，513

— souveraine，最高权威，59，198-199，588

— symbolique，象征性权威，28，323

Autrui généralisé/universel，泛化、普遍他者，91，93，587

Banque（banquier），银行（银行家），32-37，61，177-178，181，308，582

— centrale de capital symbolique，象征资本中央银行，196，342，590

Bien，资产、财产、利益，24，35，38，63，306，311，321，414，639

— commun，公共利益，16-17

— économique，经济资产，30

— public，公共财产，16，18，140，147，162，432，542-543，597

— symbolique，象征资产，164，357，360

Bureaucrate，bureaucratie，bureaucratique，官僚、官僚体系、官僚的，21，32-33，41，43，49，51，67，68，76，105，444，475，520

alchimie —，官僚炼金术，64

avant-garde —，官僚先锋，42

— civile，文职机构，22

formalisme —，官僚形式主义，28，29

— patrimoniale，世袭官僚制，210

révolution —，官僚革命，41

Calendrier，日历，19-25，268

Canonistes，教规学者，81，95，97，398，473，475，521，526

Capital（formes/espèces de —；v. aussi Accumulation，Concentration，Monopolisation du —），资本（资本的形式/种类；另见 Accumulation，Concentration，Monopolisation du —），40，60，67，76，118，163，189，211，212-214，278，294，301-305，311-313，315，320，343，361-362，371，394，410，414，419，420-421，428，433，435，440，455，498，

502,521-523,541,543-544,548,590-591

banque centrale de - symbolique(v. Banque)象征资本中央银行（参见Banque）

- bureaucratique，官僚资本，33，42，245，443

- culturel，文化资本，42，67，76，193，248，252，265，302-303，312，314，320，335，340，418，463，486，505，520，532，534，546，548，592

- culturel comme forme du - informationnel，作为信息资本形式的文化资本，302，320，335-336

- de force physique (v. aussi Armée)，有形强力资本（另见军队），213-214，295，313，315-318，336，397，589

- économique，经济资本，42，72，118，212-214，226，265，295，303，305，318，320，322，327，397，432-433，442，545，589

- et capitale，资本与首都，162，213，361，362，402，544

- et coercition，资本与强制，214-215

- étatique，国家资本，265，301，305，307，421，544-546

- juridique，法律资本，136，342，422，443，521，525，532，545，590

- linguistique，语言资本，113，162，163，521-523

méta - (- de pouvoir sur les autres capitaux)，元资本（有权凌驾其他资本之上的资本），311，312，313，353，545，545，590，595

- national，民族资本，340

- nobiliaire，贵族资本，245，421，503，520

- organisationnel à base juridique (v. aussi - juridique)，法律基础上的组织资本（另见 - juridiaue），60，524-525

- politique，政治资本，118

- religieux，宗教资本，118，314

- scolaire，(v. aussi - culturel, Système scolaire, Titres scolaires) 学校资本（另见 - culturel, Système scolaire, Titres scolaires），314

　　　　－ social，社会资本，302，303，377，378，543

　　　　－ symbolique，象征资本，85，110，118，212，233，259，264，280，285，299-300，302-303，305，317-318，320，322，327，337，340，342，344-346，362，377，379，383，389，397-398，431-433，442，455，466，498，520，543，545，590-591

　　　　－ technique，技术资本，42，524

Capitaliste, capitalisme，资本主义的，资本主义，89，132-133，136，138，144，155，214-216，235，242，318，320，332，387

　　　　précapitaliste，前资本主义的，56，127，355，387，431，544，573

Carte，地图、证卡

　　　－ d'identité，身份证，24-25，173

　　　－ et fichage politique，卡片与政治建档，344

　　　－ géographique，地图，213，230

　　　－ géographique et point de vue supérieur，地图与上层的观点，337

　　　－ intellectuelle，知识分子地图，120

Cas particulier des possibles（v. aussi Histoire sociale），可能性的个案（另见 Histoire sociale），143，145

Catégories（étatiques, de pensée, de perception；v. aussi Classifications, Formes symboliques），（国家的、思想的、知觉的）范畴（另见 Classifications, Formes symboliques），15，20，23-25，27，77，96，148，173，226，228，261，268，276，280，392，409，435，470，513，515，522，538，548，549，579

Cela-va-de-soi，理所当然，81，86，268，274，287，292-293

Célibat, célibataire，单身状态，单身者，164，165，359，413，527

　　　－ des prêtres，教士的单身状态，129，414

Censor，监察官，24，226，231

Censure，审查，91-93，99-100，103，121-122，151，201，231-232，240，281，485，539，587

Centre, central, centralisé (v. aussi Local), 中心、中心的、中心化的（另见 Local）, 22, 26, 37, 115, 198, 208, 209, 213, 233, 247, 315

    État -, 中央集权国家, 213, 233, 353, 518

    lieu -, 中心场所, 112-115, 208, 320, 337, 342, 351, 354, 402, 437, 458-460, 548, 570

    pouvoir -, 中央权力, 26, 59, 123, 198, 207-208, 236, 297, 311, 318, 343, 347, 356, 517, 590

Centralisation (v. aussi Monopolisation, Unification), 中心化（另见 Monopolisation, Unification）, 125-126, 193, 197, 340, 353, 403, 431, 459

Chaîne (s) 链条

    - de délégation/d'autorité, 授权/权威链条, 27, 347, 476, 486

    - de dépendance, 依赖链条, 27, 209-210, 212, 393, 432, 456, 471, 477

    - de garantie, 担保链条, 471, 476

    grande - de l'être, 存在巨链, 472-473

Champ (propriétés des - s ; v. aussi Censure, Espace, Jeu, Luttes, Mise en forme), 场域（场域的属性；另见 Censure, Espace, Jeu, Luttes, Mise en forme）, 38-39, 99, 148, 151, 153-156, 160-161, 163, 178, 180, 207, 283, 318-319, 334, 352-353, 355, 400, 490, 502-503, 510, 516, 536, 564, 580, 589, 591

    - administratif/bureaucratique/de la fonction publique/étatique, 行政场、官僚场、公职人员场、国家场, 14, 16, 39, 44, 150, 154, 160, 180, 181, 209, 237, 304, 307, 439, 464, 476, 491, 535, 564, 581, 588, 592-593

    autonomie des -s, 场域的自主, 286, 343, 352, 407, 464, 537, 592

    concurrence/rapports entre les - s, 场域之间的竞争和关系, 122, 489

    - culturel (v. Culture) 文化场（另见文化）

    - du pouvoir, 权力场, 14, 19, 40, 237, 312-313, 371, 420, 456,

489，490，494，501，505，513，521，532，580

- économique，经济场，318

État comme -，作为场域的国家，40，197，590

- et corps，场域与职业团体，334

- et espace，场域与空间，439

- et jeu，场域与游戏，154-157，160，304，407，582

- féodal，封建场，397

- historique（v. aussi Histoire），历史场（另见 Histoire），121-122，151，154

- intellectuel，知识分子场，342-343，349-350，399-400，468，491

- juridique，法律场，95，331-334，422-423，509，512，515-516，526，529，534-536，539

- littéraire，文学场，154，511，535

méta -（pouvoir sur les autres champs），元场域（加诸其他场域的权力），312，313，318，489，592

- politique，政治场，15，39，125，140，303，488，529，547，589

- religieux，宗教场，276，277，344，363，526，539

- scientifique，科学场，74，100，283-284，286，342，539

Charisme，超凡魅力，421，476，495，496，519

    routinisation du -，超凡魅力的陈规化，99

Chine，中国，129，131，136，160，246，249，296，300，329，336，356，433，442-456，463

Civilisé, civilisation（processus de -），文明的、文明（文明的进程），73，83，107，227，235，242，247，295，343，526

Circulaire（v. aussi Formulaire, Invention bureaucratique），通函（另见 Formulaire, Invention bureaucratique），49，57

Citoyen（s），公民，51，60，73，197，215，226，284，298，301，304，358，409，450，510，515，547，552-555，558-564，570，578-579，593

Classe dominante，统治阶级，40，221，247

Classification (formes de -, actes de - ; v. aussi Catégories, Formes symboliques), 分类（分类形式、分类行为；另见 Catégories）, 24, 124, 146, 225, 232, 262-263, 269, 512, 522

Clientèle, clientélisme, 支持者、裙带风, 409-410, 519

Codé, codifié, codification, 编码, 25, 152, 225, 235, 250, 270, 335, 340, 345, 363, 408, 524, 589

Cohérence (effet de -), 一致性效果, 269-272

Coercition, 强制, 205, 213-215, 224, 232-233, 239, 264-265, 275

Commission, 委员会, 36, 38, 40-42, 47, 48-53, 56-64, 78-79, 105-107, 192, 468, 582, 587

Comparaison, comparatisme (v. aussi Histoire comparée) 比较, 比较研究法（另见 Histoire comparée）, 22, 29, 72, 75, 131, 297, 316, 466, 547, 558

   - champ et jeu, 场域和游戏的比较, 154-157

Compétence, 能力, 权能, 94, 163, 248, 267, 303, 334-335, 339, 350, 411-413, 419-420, 505, 520

   - d'une juridiction, 审判权, 331, 332-335

   - juridique(contre - dynastique), 法律权能（相对于王朝权能）, 28, 34, 422, 497, 501, 505, 541, 547

Conatus, 努力, 419

Concentration (processus de - des ressources ou des capitaux ; v. aussi Accumulation, Centralisation, Monopolisation, Unification), 集中（资源或资本的集中过程；另见 Accumulation, Centralisation, Monopolisation, Unification), 110-112, 118, 125, 126, 162-163, 198, 205, 207, 209, 213-216, 255, 294-295, 301, 304-306, 308, 311, 314-317, 326-327, 331-332, 335-336, 340-343, 351, 362, 366, 394-396, 402, 431, 433-434, 442, 589, 591, 595

   - du capital symbolique, 象征资本的集中, 111, 327, 341, 342, 431, 590

   - du droit, 法律的集中, 156, 332, 342, 590

– = universalisation + monopolisation，集中＝普遍化＋垄断，314

Concurrence，竞争，31-33，70，178，277，371，397，456，479，489，535，592

Confiance（v. aussi Fiduciaire），信任（另见信托），67，287，467，545

Confidence（en public），（公开吐露）知心话，85-88

Conflit，冲突，15-16，18，53，56，80，127-128，135，175，211，227，242-243，253，306，345，354，371，385，390，392，428，443，456-457，494，505-506，524，559-562，591，593，601

Conformisme logique/moral（v. aussi Intégration），逻辑/道德顺从（另见Intégration），20，227，231，265，326，590

Connaissance（v. aussi Reconnaissance），认识（另见Reconnaissance），44，63，70-71，84，86，91，94，100，149，172-173，178，197，200-204，252，260，271，275-276，280，287，292，302，304，317，320-321，330，338，343，345，431-432，502，506，512，590

Consensus，共识，15-16，18-19，21，25，28，55，62，103-104，139-140，161，163，225，232-233，266，276，325-326，352，502，559-560，590

Consentement（v. aussi Adhésion，Contrainte），赞同（另见Adhésion，Contrainte），16，19，22，28，104

Constance du nominal，名称恒定，160-161

Constitution（acte de – de l'État, d'un champ, d'un capital, d'une commission），建立（建立国家、场域、资本、委员会的行为），22，36-39，47，68，71，81，87，102，105，117，119，124，129，134，137，139，142，146-147，154，159，162-164，189，195，202-205，225，229-230，236，239，250-254，257，267-268，271，276，290-291，294-295，300-303，313-314，318，327，331，334-335，353-356，362-363，390，407-408，416，454，461，467，464，486，489，520，559-562，566，589

– d'un champ bureaucratique autonome，一个自主的官僚场的建

立，592-595

Constitutionnel (le)，constitutionnaliste，宪法的、宪政的

　　　　droit -，宪法，154，267，291，427，460，463-464，
　　　　491，496，499，534，541

　　　　histoire/logique -，宪政史 / 宪政逻辑，346，464，518，
　　　　531

　　　　théorie -，宪政理论，479，483，499，513，517，520，
　　　　529，531

　　　　(idée de) Constitution，宪政思想，528，553，563

Constructiviste (v. aussi Structuralisme génétique)，建构主义的（另见
Structuralisme génétique)，51，271

Construction (de la réalité)，（对现实的）建构，15，51-52，70，73，227-
228，248，252，262，266，268，271，318，355，387，425，435，521-
523，525-526，590-592

　　　　- d'objet (v. aussi Définition préalable)，对象的建立（另见
　　　　Définition préalable)，160，186，207，233

　　　　- de l'économie，经济的建构，318-321

　　　　- de l'État 国家的建构（另见 Constitution)，23，61，70-71，
　　　　131，197-199，227，233，307，317-318，322，327，331，
　　　　338，353，365-366，395，422，427-432，456，474，516，
　　　　522-523，528，538，546，548，552，571-573，589

　　　　- de la légitimité，正当性的建构，223，317，552

　　　　- de modèles explicatifs，解释模型的建构，131-132，137，296，
　　　　301，316，421，453，522，535，583，590

　　　　- nationale，民族建构，340，357，381，462，534，551，564，
　　　　567，592，593

Contrainte (v. aussi Double bind)，限制、约束（另见 Double blind)，17，31，
35，120，135，141，145，151，153，156，181，212，218，213，234，
239，279，302，322，350，380，455，504，593

　　　　　　　　invention sous‑structurale，受结构约束的发明，159，217，218

Contrat，契约、合同，31，35，89，188，266，275

　　　　　　　－linguistique 语言契约，113

　　　　　　　－social，社会契约，119

　　　　　　　－sous contrainte，受限合同，35，455

　　　　　　　－tacite，心照不宣的契约，87，275

　　　　　　　théorie des‑s，契约理论，435

Conventions，约定，113，188，262，325

Corps d'État, d'inspecteurs, de fonctionnaires，国家公职人员团体、监察官团体、公务员团体，26，40，61，160，181，189，277，315，323，334，335，407，419-420，430，432，469，485，512，520

　　　　　　　－constitué，法定团体，81，300

　　　　　　　－judiciaire/juridique，司法/法律团体，227，334，516，523，525，527，591

　　　　　　　－politique，政治团体，301，310

　　　　　　　－sacerdotal/ecclésiastique，教士团体，334，362，469

　　　　　　　－technique，技术团体，40，44

Corps du roi，国王的身体，389，407，504，521，527

Corruption，腐败，293，308，329，407，432-437，443-445，540，583，584，591

　　　　　　　－institutionnalisée/structurale，制度/结构性腐败，448-450

　　　　　　　－mandarinale，官场腐败，450

Coulisses，后台，48，85

Coup d'État，政变，57，70，116，174-175，187，349，350

Coupure épistémologique（rupture, vigilance ; v. aussi Prénotions, Représentations, Sens commun），认识论切割（断裂、警惕；另见 Prénotions, Représentations, Sens commun），46，179-182，200，238，286，289，339，544

Courtoisie, politesse, maintien，礼貌、仪态，64，88，105，165，229，

525，526

Coutume，习俗，49，254，297，316，333，375，391

Crise，危机，55-56，111，180，184，346，358，430，495-496，506，550，575-576，583

Critique，批判，17-18，23，26，47，64-65，174，183，231，254，258，265，309，365，376，383，420，440，453，475，485，489，501，503，507，514-516，524，530，541，559，573，587，588，595

  analyse sociologique et - sociale，社会学分析与社会批判，231-232，293

  Croyance（v. aussi Illusion），信仰（另见 illusion），16，25，67，102，108，109，117，119，129-130，229-230，259，264，269，270，276-277，292，299，320，398

  proto -，原始信仰，188

Culture（v. aussi Capital, Champ），文化（另见 Capital，Champ），88，90，123，162-164，190，196，230-231，235，240，243，246，248-252，298，341，352-355，359，363，364-365，490-491，502，534，553-555

  - anglaise/française/japonaise（v. Angleterre, France, Japon）英国/法国/日本文化（见 Angleterre，France，Japon）

  - des problèmes publics，公共问题的文化，51

  - et ascèse，文化与禁欲，90

  - et universalité，文化与普遍性，365，570

  - historique，历史文化，372，389，414

  - juridique（v. aussi Droit, Juristes），法律文化（另见法律、法学家），488，512

  - légitime（v. Légitime）正当文化（见正当）

  - nationale，民族文化，243，252-254，340-343，590

Décalage entre titres et postes（v. aussi Domination, Transformations），文凭与职位之间的不一致（另见 Domination，Transformations），247，364

Définition（de l'État），（国家下的）定义，16-19，58-59，71，142，170，

185, 204, 217, 225, 232, 250, 290, 299, 311-313, 418

- d'un problème public, 对公共问题的定义, 50-51, 105
- de l'individu libéral, 对自由的个人的定义, 574
- du lit de justice, 对御临高等法院的定义, 493
- du Parlement, 对议会的定义, 560-561
- légitime, 正当定义, 51, 59
- officielle (v. Officiel), 正式定义（另见 Officiel), 36, 52, 55, 69, 107, 141
- provisoire/préalable, 暂时的/预先的定义, 14-15, 238
- wébérienne de l'État, 韦伯对国家的定义, 14, 22, 199

Délégation, 授权, 33, 62, 63, 87, 246, 308, 323, 347, 426, 432-437, 452, 464, 468, 475, 479, 493, 494, 525, 592

- de signature, 签名授权, 347, 392, 486
- en chaîne, 授权链条, 27, 347, 478
- et corruption, 授权与腐败, 329

Démission (de l'État), （国家）撤离, 581, 598

Démocratie, démocratique (v. aussi Opinion), 民主, 民主的（另见 Opinion), 60, 105-107, 132, 459, 550, 560

Dépendance/indépendance (relations de - ; v. aussi Chaînes de -), 依赖性/独立性（依赖/独立关系；另见 Chaînes de -), 128, 158, 175, 181, 186, 208-212, 215, 233, 297, 306-307, 311, 319-320, 335, 353, 375, 396, 407, 411, 419, 430-432, 456, 481, 487, 512, 520, 567-569

théorie de la - , 依赖性/独立性理论, 176-178, 180

Dépossession (v. aussi Soumission), 剥夺（另见 Soumission), 70, 162-166, 314, 340, 359, 361-366, 477, 542

Désintérêt, désintéressement (v. Intérêt) 无私（另见 Intérêt)

Dialectique, 辩证关系, 43, 128, 212, 260, 301, 441, 526, 564-567, 577

Discipline (v. aussi Contrainte), 规训（另见 Contrainte), 17, 132, 138, 232, 250, 260, 288, 315, 566, 576

Discours（analyse de‑ ; v. aussi Légitimation），话语（话语分析；另见
　Légitimation），33，43，101，499，500，556
　　　‑ d'autorité，权威话语，50，61，63，79，108，178，596
　　　‑ d'avant‑garde，先锋话语，103
　　　double‑，双重话语，101，103，453
　　　‑ et autorité monarchique，君权话语，513‑518
　　　‑ officiel，正式话语，88，104，111，327，499‑500
　　　‑ performatif，述行式话语，50，52，200，202，425，499，584
　　　‑ public，公共话语，96
　　　‑ scientifique/sociologique，科学/社会学话语，70，120，152，188，
　　　239，281‑282，578
Disposition（v. aussi Habitus），秉性、倾向（另参见 Habitus），17，52，68，
　83，153，229，329，375，381，388，549
Différenciation（v. aussi Autonomisation，Champ），区分（另见
　Autonomisation，Champ），24，125，126，210，331，371，432，457，
　460，464，471，487，488，526，535
　　　‑ et chaînes de dépendance，区分与依赖链条，210
Dissolution（d'un État），（国家的）解体，184，566‑567，578，583
Distinction（v. aussi Capital，Stratégie），区分（另见资本、策略），42，193，
　284，288‑289，543
Division du travail entre les sexes，劳动的性别分工，88‑89，378
Domestication des dominés，被统治者的驯化，227，565‑568
Domestique（relation/vie‑ ; v. aussi Famille，Reproduction），家内（家内关系/
　生活；另见 Famille，Reproduction），128，140，407，411‑415，465，466
　　　économie/unité‑，家内经济/家内单位，89，163，306，316，
　　　318，320，385‑388，394，409，570
　　　‑ et paysannerie，家内与农民，128，375
　　　pensée/raison‑，家内思维/理性，404‑407，444，457
　　　stratégies‑s，家内策略，403

Domination（symbolique, analyse de la‑），统治（象征统治，对象征统治的分析），138，151，165，212，233，249，268，275，326，351，359，378，385，392，432，503，521，590，591

  division du travail de‑，统治工作分工，371，378，391，392，412，423，477，489，592

  modes de‑，统治方式，230，306，359

Don（contre‑don, dona, donation），馈赠（回赠、赠礼、赠送），89，214，303，319‑320，377，412，421‑422，431，433，458

Double bind（v. aussi Contrainte），双重制约（另见 Contrainte），129，182，192，504，506

Doute radical（épochè, v. aussi Doxa, Rupture épistémologique），彻底怀疑（判断的悬置，另见 *Doxa*，Rupture épistémologique），46，533，578

Doxa，信念，62，173，185，188，241，266，276，287，288，292，405

 ‑ et orthodoxie，信念与正统观念，276，295，405

  proto‑，原始信念，188

Droit（v. aussi Champ juridique, Constitutionnel, Juristes, Officiel, Passe‑droit），权利、法律（另见 Champ juridique, Constitutionnel, Juristes, Officiel, Passe‑droit），43，48，56，64，73‑76，78，88，93，95，104，109，114，141，156，159，189，196，245‑247，255，277，316，324，328‑334，342，374，391，404，410，422，423，441，446，454，468，485，496，497，504，511，520，524，526，552，559，563，573，590

 ‑ au logement，居住权利，50‑51

 ‑ canonique，教会法，501，521，527

 concentration/unification du‑，法律的集中/统一，156，255

 ‑ constitutionnel（v. Constitutionnel）宪法（另见宪法）

 ‑ s d'accès/d'entrée（*access fees*），入场券（访问费），150，189，447，481

 ‑ d'aînesse，长子继承，375，384‑385，391

 ‑ de remontrance，进谏权，495，509

概念索引　545

　　－ de résistance，反抗权，529

　　－ du lieu/du sang（v. aussi *jus soli/ jus sanguinis*），属地法 / 血亲法（另见 *jus soli/jus sanguinis*），354，391-392

　　－ écrit，成文法，49

　　－ et doxa，法律与信念，405

　　－ et morale，法律与道德，572

　　－ féodal，封建法律，156，193

　　－ international，国际法，317

　　jus soli/jus sanguinis，属地法则 / 血亲法则，555

　　－ rationnel，理性的法律，235，241-242

　　－ romain，罗马法，60，71，95，136，235，270，277-278，301，390-391，398，404，501，521，527-528

　　－ royal，王家法律，156

　　Rule of Law，法治，230

　　－ s sociaux/du citoyen，社会权利 / 公民权利，51，226，358，552-554，559，564，570，571，593

Dynastie, État dynastique（v. Logique dynastique）王朝，王朝国家（见 Logique dynastique）

Échange，交换，16，32，34，89，164，179，318，320，377，454，479

　　　　marché des － s symboliques，象征交换市场，165

　　　　－ matrimonial，婚姻交换，372，384，385

Échantillon，样本，106，339，340

Économisme，经济主义，117-118，212，224，589

Écrit/oral，书面 / 口头，49，82，101，182，198，279，281

Effet（s）效果、效应

　　　　－ «bureau»，"办公室"效应，208

　　　　－ de champ，场域效应，319，334，484，516，563

　　　　－ «de culture»，文化效应，240，251，298

　　　　－ de distinction，区隔效应，298

– de domination/d'autorité/d'imposition symbolique/du «c'est ainsi»/ de croyance/de cohérence，统治 / 权威 / 象征强制 / "正是如此" / 信仰 / 一致性效果，165，183，185，187-188，212，233，255，264，269，270，272，287，302，431

– de l'emploi du temps scolaire/ Zeigarnik，教学时间表效果 / 蔡格尼克效应，272-273

– de l'officiel，正式效应，50，65，87，113，219

– d'État，国家效应，25-30，53-54，97，120，128，195，264，277，588-589

– de révélation/de prophétie，启示 / 预言效果，103-104，450-451

– de science/de théorie，科学 / 理论效应，54，57，149，160，224，231，283，432，484

– «Janus»（double face de l'État），雅努斯效应（国家的两面），162，351

Élites，精英，503，519

Empire，帝国，26，69，77，120，122-129，143，187，207，213，228，296-299，310，329，355，389，401-402，413-415，433-434，465，496，548

Embedment, embedded/disembedded，嵌入 / 嵌入的 / 脱域的，127，357，387

Englishness（v. aussi Angleterre），英国性（另见 Angleterre），228-230，233，236，249，250，488

Enseignement（v. aussi Systèmes d'enseignement），教学（另见 Systèmes d'enseignement），27，163，183，274，510，511，581，595

– et nationalisme，教育与民族主义，251，357，358

Espace（social, objectif, structuré），空间（社会空间、客观空间、结构化空间），37-43，53-54，127，154，177-181，193，197，199，201，207，209，237，277-278，304，307，334，352-355，357，374，382，416，438，448，456，480，486，488-489，491，498-499，501，516-518，531-

536，542，546，556-557，580-582

- bureaucratique，官僚空间，456，519，591
- cartésien，笛卡尔式空间，338
- de textes，文本空间，422-423
- des possibles，可能性空间，135，187-190，218，219
- économique（v. aussi Embedded），经济空间（另见 Embedded），319，357
- et champ，空间与场域，439-440
- juridique，法律空间，460，509-512，517，552，559-562
- politique（naissance d'un），政治空间（一个政治空间）的诞生，558，560
- «public»，"公共"空间，13，14，24，482，546
- théorique，理论空间，120，121，529，549

Ethnologue, ethnologie，民族学家，民族学，54，337，339，372-373，379，435，455

Ethnométhodologie，常人方法学，271，280，455，523，578

Ex instituto，任意的，185

Ex officio，依职权，79，81，95，97，106，587

Famille（v. aussi Fécondité, Héritage, Reproduction, Stratégies），家庭（另见 Fécondité, Héritage, Reproduction, Stratégies），55，68，120，127，129，165，209，310，316，352，354，377，379-380，384-385，387，389，395，419，443，465，515，524，591

air de -，像一家人，380

album de -，家庭相册，379

chef de -（capmaysouè），家长（capmaysouè），372，373，378，386

- comme modèle，以家庭为模型，306，387

intérêts de la - contre intérêts de l'État，与国家利益相对的家庭利益，443，444，458

- royale，242，306，372，375，380-391，403，411，413，415，

417, 418, 591

Féodal, féodalisme (v. aussi Absolutisme, Japon), 封建, 封建制度（另见 Absolutisme, Japon), 77, 120, 129, 132-138, 144, 156, 187, 203, 214-215, 237, 244, 247-248, 267, 300, 310, 315, 319-320, 333-334, 345, 353, 397-398, 404, 458, 461-462, 483

- et révolution industrielle, 封建制度与工业革命, 234, 235

Fêtes (civiques, religieuses), (世俗、宗教) 节日, 20, 21, 378

Fétiche, fétichisme (de l'État), 拜物的, （国家) 拜物教, 60-61, 195-196, 198, 452, 588

Fiction collective (v. aussi Illusion), 集体虚构（另见 illusion), 19, 65, 67, 95

- juridique (fictio juris), 法律虚构（法律拟制), 49, 57, 68, 98-99
- sociale, 社会虚构, 53

Fécondité, 生育, 55, 374-376, 379, 383-384

Finalisme (v. aussi Intention), 目的论（另见 Intention), 157, 220, 381, 394

Fonction (de l'État), (国家的) 功能、职能, 17-20, 23-25, 36-37, 40, 43, 47, 49-50, 55, 67-68, 71-72, 74, 81, 85, 92-95, 100, 106, 110, 120, 123, 136, 139, 141, 157, 158, 184-185, 221, 224, 227, 235, 239, 243, 249, 252, 254, 268-269, 277, 323, 351, 358, 375, 379, 388, 410, 457, 465-466, 475, 498, 503-504, 509, 513-514, 519-520, 524, 528, 537, 566, 572, 595

- de légitimation, 正当化功能, 231, 501, 505
- guerrière, 战斗职能, 315

Fonctionnalisme, 功能主义, 46, 49, 50, 476

- du meilleur/du pire, 向善/向恶的功能主义, 18

néo-, 新功能主义, 66, 124

structuro-, 结构功能主义, 18, 74, 123, 124, 126, 134, 136, 223

Fonction publique, 公共职能, 13, 14, 16, 41, 150, 519

Fonctionnaire（royal, d'État, v. aussi Bureaucrate），公务员（王家公务人员，国家公务员，另见 Bureaucrate），16，37，39，56，328-333，335-338，392，411-416，420，421，430，444，445，452，453，467，470，475，503，519，520，556，587

Fondation（v. Philanthropie）基金会（见 Philanthropie）

Forme（s）（symbolique［s］; v. aussi Catégories），象征形式（另见 Catégories），146，256，262，263，269，270，277

  État comme – culturelle, 作为文化形式的国家，225

  respect des –/mise en –, 尊重形式/形式设计，28，64，82，99-103，105，107，108，142，161，225

  Formalisme bureaucratique（vs magique），官僚形式主义（对应"巫术"），28，29

Formulaire（v. aussi Circulaire, Invention bureaucratique），表格（另见 Circulaire, Invention bureaucratique），33，173，174，175，263，272，455，456

Gauchisme, gauchiste, 极左运动，极左的，189，531

Généalogie, 谱系，69，355，356，389

Général（idées et actes de –），总体（概念，追求总体的行为），336-337

Genèse, analyse génétique, sociogenèse（v. aussi Amnésie de la –, Histoire, Structuralisme génétique），起源，发生学分析，社会发生学（另见 Amnésie de la –, Histoire, Structuralisme génétique），29，42，50，60，67，69，71-72，77，95-97，107，110，112，118-119，142-156，159-166，169，180，185，193，197，200，205，212，217，225-227，150，153，274，276，294，296，301，305，313，319，323，329，353，354，403，426-429，456，461，469，471，477，486，488-489，520，526，538，556，588-592

Guerre（v. aussi Impôt），战争（另见 Impôt），64，71，119，192，195，200，202，207，300，490，500

  – civile, 内战，15，75，192，316，321，327，390，567，581

  – d'Algérie, 阿尔及利亚战争，406，485

　　　　－ s de palais,宫廷内斗,129,457

　　　　－ de sécession,分裂战争,579

　　　　－ de succession,继承战争,306,309,383,390,403

　　　　－ du Golfe,海湾战争,191,285,286

　　　　－ et impôt,战争与税收,202,205,319,322

　　　　－ s religieuses/scolaires/linguistiques（v. aussi Orthographe),宗教/教育/语言战争（另见 Orthographe),192,195,293

Gouvernement,政府、管理,16,36,58-60,132,194,197-202,207,213,258,265,311,355,424,459-460,469,488,529,582

Habitus,习性,37,38,76,121-122,134,153-154,329,341,374,380-382,440,525,537,543

　　　　－ national,民族习性,570

Hégémonie,霸权,17-18,23,40

Héritage, héritiers,遗产、继承人,375-376,413,419,428,485

Histoire, historiens, analyse historique（v. aussi Genèse, Génétique, Invention, Modèle, Régression),历史（学）、历史学家、历史分析（另见 Genèse, Génétique, Invention, Modèle, Régression),13,20,24,38-39,42,44,47,49-50,60,69,71-77,96,110-112,117-124,130-138,142-155,159-161,169-171,181,185-187,197,200-208,218-220,223,225,236-237,245,250,270,274,276,285,292,295,297,300,305-311,319-324,365,373,381,382,391-396,409-410,417,420-422,429-430,460-464,469,477,483-485,492-495,501,513,520-521,526-527,530-531,537-538,551,556,558,572-573,578,580

　　　　－ comme enjeu de lutte,历史作为斗争的关键,508,509,512

　　　　－ comparée,比较历史学,29,69,75,76,131,558

　　　　－ des idées/théories politiques,思想史/政治理论史,57,424-425,472,490-491,498,517,535-537

　　　　invention －,历史发明,47,185,236,559

　　　　métier d'－,历史学家的技艺,38,137,152,

Historicisation(analyse historique),历史化(历史分析),13,50,145

Homosexualité,同性恋,88,102,522

Honneur,荣誉,83,376

  fontaine des‐s,荣誉之源泉,346,431,477

  homme d'‐,体面的男人,83,89,92

  point d'‐,荣誉攸关之事,83

  valeur d'‐,荣誉的价值,83

Hybris,狂妄,傲慢,200,463,490

Identité,身份,32

  ‐ d'État,国家身份,25

  ‐ sociale,社会身份,25,27

Idéologie(professionnelle, justificatrice ; v. aussi Légitimation),意识形态,思想体系,观念(职业思想体系,用于证明合理性的意识形态;另见 Légitimation),16-17,151,228,233,269-270,278,296,301,356,379,385,388,391-392,410-412,421-422,425,438,441,451,453,483,497-499,504,512,514,431,550

  ‐ charismatique,超凡魅力观念,422

  Illusion,幻觉,53,196,252,288,458,563,564,578

  ‐ bien fondée,根基牢固的幻觉,19,25,29

  ‐ du nominal,名称幻觉,159-160

  ‐ et illusio,幻觉与幻象,503,566

  ‐ rétrospective,回溯性幻觉,160,219,383

Impérialisme de l'universel,普遍性帝国主义,254,563

Impôt(v. aussi Guerre),税收(另见 Guerre),24,117,133,137,147,202,204-206,214,226,264,276,298,301,305,316,319-323,327-330,338,429,432,435,589,600

  ‐ et racket,税收与勒索,206-207,323,327

  ‐ et rente foncière, tribut,税收与地租、贡赋,214,297

  genèse de l'‐,税收的起源,276,301,305,321,327

Incorporation（des structures；v. aussi Disposition，Habitus），结构的内化（另见 Disposition，Habitus），154，263，292

Indicateur，指标、迹象，41，66，242，517，572，573

Individu（sociologiquement construit），（社会学意义上建构的）个人，37，41，154，158-159，328，357，490-491，571-572，574，577，584

  individualisme，individualiste，个人主义，个人主义的，523，543，574，578

Insulte（v. aussi Jugement），侮辱（另见 Jugement），26-28，50，102，111，116，361，582

Intégration logique et morale（v.Conformisme logique/moral）逻辑整合与道德整合（参见 Conformisme logique/moral）

Intellectuels（v. aussi Champ intellectuel），知识分子（另见 Champ intellectuel），25，105，132，228-229，342-344，348-351，399，452，468，491，540，548，455，569

  - et idéal national，知识分子与民族理想，228-229，563

  - marginaux/prolétaroïdes，边缘知识分子/无产知识分子，247，548

  - médiatiques，媒体知识分子，349，356

Intention（v. aussi Finalisme，Habitus），目的、意图（另见 Finalisme，Habitus），43，143，157，223，380-381，385

Interaction，互动，47-48，51，178-179，435

  - et structures，互动与结构，180，183，455

Intérêt，利益、好处，37，40，53，55，59，70，134，180，191，219，226，336，341，372，373，408，429-430，476，479，500，555-557，567，582

  - à l'État et nationalisme，国家与民族主义带来的好处，366，548

  - à l'universel，普遍带来的好处，109，159，199，255，278，233，418，429，463，538，541

  - au désintérêt，désintéressement，无私，超功利性带来的好处，13-14，78，87-88，90，427，539

- de classe, 阶级利益, 133, 136, 208, 221, 559

- général/public, 全体 / 公共利益, 109, 487, 541-542, 545, 573, 588

- s particuliers/de corps/collectifs, 个体 / 团体 / 集体利益, 40, 58, 61, 70, 87, 127, 132, 181, 227, 233, 246, 269, 278, 293, 334, 420-422, 427, 453, 457, 461, 485, 501, 513, 541, 547, 559, 568

Intermédiaire (position, pouvoir), 居间（位置、权力）, 215, 353, 434-436, 443, 446-449, 467, 518

Invariant, 不变量, 39, 124, 144, 180, 454-455, 470

Invention (v. aussi Contrainte, - historique) 发明（另见 Contrainte, -historique）

- culturelle, 文化发明, 250, 310

- d'État, bureaucratique, institutionnelle, 国家发明, 官僚发明, 制度发明, 23, 49, 50, 61, 161, 173, 185, 198, 218, 227, 327, 346, 358, 390, 407, 445, 457, 479, 483, 502, 506, 521, 525, 527-530, 535, 552, 559, 566, 572, 591

- de l'enquête, 调查的发明, 321-322

Japon, japonais (cas, État), 日本, 日本的（个案, 国家）, 29, 69, 76, 120, 124, 131, 136, 137-138, 143, 230, 233-237, 239-253, 384, 395, 466, 545

comparaison Angleterre/-, 英国 / 日本的比较, 143, 230, 233, 243, 340

- et Révolution française, 日本与法国大革命, 134, 234, 545

Jeu (v. aussi Champ), 游戏（另见 Champ）, 35, 49, 94, 100, 109, 129, 161, 332, 345, 384, 398, 427

- x d'État, 国家游戏, 181

double -, 双重游戏, 107, 279, 398, 436, 452- 453, 503, 539, 562, 566, 582

- politique légitime, 正当的政治游戏, 161-162, 297, 560-565

règle（s）du -，游戏规则，16，64，105-106，154-157，160，275，304，321，381，384，396，407，434，559

théorie des - x，游戏理论，149，224

Journal 报纸

— officiel，官方公报，65

— satyrique（*Canard enchaîné*），讽刺报纸（《鸭鸣报》），231

Journalistes，记者，232，247，280，284，478

Jugement（v. aussi Autorité，Officiel），评判（另见 Autorité，Officiel），26-28，91，95，98，116，148，218，223，225，279，333，342，401

— de valeur，价值评判，116，218，239，364

Juristes（*lawyers*），法学家（律师），52，57，60，82，94，95，107，390-391，404，422，427，479

— comme idéologues du roi，作为国王理论家的法学家，410，422，427，487，501，504，517，519，521，541

Kabyle, Kabylie（v. aussi Paysans, Poètes, Maison），卡比尔人，卡比利亚（另见 Paysans, Poètes, Maison），63，83，89，92，94，100-101，105，127，148，163，222，281，297，320，354，377，378，387，498，503，523，524

Langue（langage），语言（言语），19，61，79，146，184-185，192-193，196-197，226，254-255，262，270，282，286，352，366，440，473，484，522，547，548，551，553-554，570，589，590

— de bois et fonction，官腔与职能，85

— légitime，正当语言，162，361

— officielle，正式语言，113，114

— savante/sociologique，学者语言／社会学语言，108，263

Légitime，légitimité，fonction/instruments de légitimation（v. aussi Autorité，Définition，Doxa，Insulte，Juristes，Représentation，Théorie，Violence，Vision），正当的，正当性，正当化功能／工具（另见 Autorité，Définition，Doxa，Insulte，Juristes，Représentation，Théorie，Violence，Vision），14，

24，34，48，51，55，59，70-71，76，81，84，88，98-99，105-106，111-112，114，123，139，141，185-186，199，204，206，210，225，231-233，236-237，254，275，288，290-291，303，308，314，317，320，322，328，334，342，382，385-386，391，402，404，413，420-422，431，456，489，495，505，522，545

　　chaînes de -，正当性链条，210，456

　　culture/langue -（v. aussi Culture，Officiel），正当文化/语言（另见 Culture，Officiel），162-164，196-197，243，249-253，298，363-366

　　- et impôt，正当性与税收，117，137，323，327，330

　　- et monopole，正当性与垄断，255

　　- et redistribution，正当性与再分配，432

　　- et théâtralisation，正当性与戏剧化，108，126

　　identité -，正当身份，25

　　politique -（v. aussi Jeu，Lutte），正当政治（另见 Jeu，Lutte），26，125，141，161-162，227，547，552，560，587，589

Lieu（v. aussi Concentration，Légitimité，Luttes，Pouvoir symbolique）场所、地点（另见 Concentration，Légitimité，Luttes，Pouvoir symbolique），40，53，74

　　- de gestion de l'universel，管理普遍性的场所，166

　　- de la dernière différence，最后的区分所在，193

　　droit du -（voir droit）属地法，（见 Droit）

　　- et ville（v. aussi Capital et capitale），地点与城市（另见 Capital et capital），213，361

　　- fondateur/central/dominant（État comme），国家作为建立/中心/统治场所，25，27，39，112-115，147，196，208，227，267，401-402

　　- neutre/officiel/du bien public（État comme），（国家作为）中立/正式/公共财产的场所，13，15，16，18，95，139，149

Lit de justice，御临高等法院，382，418，425，441，483，494-495

Liturgie，礼拜仪式，298，363，550

Local（v. aussi Central, Nation），地方、局部（另见 Central, Nation），37，39，44，159，163，177，228，254，255，297，305，328，351，353-360，401，458，459

    collectivités‐s，地方团体，37，177

    marché‐，地方市场，163-164，360

Logique（v. aussi Conformisme‐，Intégration‐et morale，Famille，Maison，Reproduction），逻辑（另见 Conformisme‐，Intégration‐et morale，Famille，Maison，Reproduction），139，143，153，158，181，222-224，228，255，256，263，265，276，302，304，403，407-408，412，445，454

    ‐ de l'objet，对象的逻辑，148-149

    ‐ de la faute/du blâme，过错的/谴责的逻辑，572-573

    ‐ de la genèse（v. Genèse）起源的逻辑（见 Genèse）

    ‐ de la succession et mécanisme politique，继承逻辑与政治机制，383

    ‐ dynastique（et féodale），王朝（与封建）逻辑，214，305-306，311，372，386，388-392，398，408，410，412-413，417，419，468，485，497，591

    ‐ historique（v. aussi Accumulation），历史逻辑（另见 Accumulation），148，153，158，169，220，308，317，477，484，535

    ‐ juridique/bureaucratique，法律/官僚逻辑，68，391，410，412，457，519

    ‐ logique et‐pratique，逻辑学逻辑与实践逻辑，147-149，152，155，157，270，275，331，373，391，531，537

Luttes（v. aussi Capital，Champ，Concurrence，Jeu et règle(s) du jeu，Impôt，Lieu，Monopole，Redistribution）斗争（另见 Capital，Champ，Concurrence，Jeu et règle(s) du jeu，Impôt，Lieu，Monopole，Redistribution）

    capitaux ou champs comme enjeu de‐，资本或场域作为斗争的关键，

37，39-40，66，110，181，189，197，358，364，420，489，491，494，496，503，508-509，521，526，545，580，589-590，592-593

— de compétence，权能之争，178，411，418，508

— des classes，阶级斗争，40，559

— et accumulation de ressources/ capitaux/pouvoir，斗争与资源／资本／权力的积累，128，307，312，397，430，488

État comme enjeu de —（v. aussi Champ du pouvoir），国家作为斗争的关键（另见 Champ du pouvoir），40，74，125-126，312，417，545，559-560，589-593

— intellectuelles，知识分子斗争，350，399-402

— politiques，政治斗争，66，125，247，503，529，532，536，555，581

— symboliques，象征性斗争，53，59，111-112，277-278，423，495，499，501-502，512，522，523，535，537，541，559

— trans-champs，跨场域斗争，490

Magie，巫术，28-29，267，363，470，597

Main droite/main gauche（de l'État），国家的左手／右手，582

Maison，家、住宅，24，31，35-36

  chef de —，家长，389

  — comme transcendance，作为超越性的家，377，380，389，396

  — du roi，王室内廷，210，291，306，371，388，394，421，464，470，485，487

  — individuelle，个人住宅，30-35

  — kabyle，卡比尔人的家，222-223

  logique du fonctionnement de la —，家的运转，404

  modèle de la —，家宅模型，394

  «pensée —»，"家宅思维"，395，403-405，408

  systèmes à —，家宅系统，372-373

Mandat，mandaté，委托，受托人，26，34，43，50，58，60，68-69，78，

80，83，97，103，127-128，139，487

Marché，市场，30，36，39，119-120，253，319，448

  unification du -，市场的统一，119-120，128，163-165，193，205，241，330，332-333，336，352，357，359-361，570

Mariage（v. aussi Stratégies matrimoniales），婚姻（另见 Stratégies matrimoniales），54-55，63，65，220，231，343，375，377，379，382，385，387，389

Marxisme（tradition marxiste），马克思主义（马克思主义传统），16，18-19，23，25，40，46，71，74，83，110，117，131，133，136，175，221，224，234-235，255，265，268-269，277，325，334，425，438，440-441，537，545，559，563

Mémoire（v. aussi Temps），记忆（另见 Temps），20-21，280-281，290，405

Mérite，功绩，411，413，421-422，458，505，520

Microcosme，微观世界，161，581

Ministères，部委，36，39-41，197，346，580

  - sociaux，社会事务部门，65，581

Modèle, modélisation，模型，建立模型，43，51，121，131-132，138，143，146，151，165，170，178，197，203，205，211-212，250，260，281，294-297，299-301，306-307，314，316，320，328，372-375，379，383-384，386-387，390，399，400，416，421，426，449，456，459，472-473，489，589，437

  - économique，经济模型，308，434-436，443，445-447

  - historique，历史模型，236-237，250，342，372，384，426，484，486，494-495，514，526-527，547，565

Monopole, monopolisation（du bien public, de l'universel ; v. aussi Accumulation, Concentration, Unification），（公共财产、普遍性的）垄断，垄断化（另见 Accumulation, Concentration, Unification），140，159，162-166，204-211，255，293，327，331，340-341，344，352，365，456，479，505，509，521，544-546，580，590

– de l'officiel/de l'opération de nomination，对正式 / 任命行为的垄断，111，139

– de la construction des représentations légitimes，对建构正当表象的垄断，70，73，117，189，193

– de la violence physique/symbolique légitime，正当有形暴力 / 象征暴力的垄断，14，22，67，73，111，139，199，204，314-315，545，587

– et universalisation，垄断与普遍化，305，314，357，362-363

loi du –，垄断法则，205，206，396

– du – étatique，对国家垄断权的垄断，365-366，545，590

Morale, moralité，道德，87

– laïque，世俗道德，90

– privée，私德，86

visibilité –，道德的可见性，87

Mystère，谜，29，62

– du ministère，部委之谜，62，475

Nation（tradition nationale），民族（民族传统），28，53，59-60，68，196-197，216，228-229，242-243，251-253，255，268，309-310，319，356，359，462，485，544，546，548-551，553，564，566，570，587，592-593

Nationalisme，民族主义，198，229，251-254，298，330，359，366，462-463，492

Naturalisation，变得自然，185，240，555

Noblesse，贵族，75，132，246，303，310，315，343-345，356，390，437，468，544，591-592

– de robe，穿袍贵族，278，345，366，420-421，520

– d'État，国家精英（贵族），41，102，140，164，342，412，419-420，462，486，519，544，590

Nomination（pouvoir de），任命（权），47，62，102，111-113，139，236，

308,342,346,416,431-432,445,458-459,470,495,497,590,592

Nomos,规范,24,242-243,263,275,291,318,496,537,548,579,590

Oblats(v. aussi Héritiers),献祭给教会的人(另见 Héritiers),413-415

Objectivation(objectivité, objectivisme),客观化(客观性,客观主义),21,24,36,70,135,145,154,159,184-185,194,214,218,223,239,263,276,290-291,298,338,345,355,364,380-381,400-401,408,462,539,550,568,573

Obsequium,顺从,63-65,84,100

Officiel(le),正式、官方,21,28,56,58,63,65,70,79,83-85,87,92,95,107,109

  cérémonie -,正式典礼,48,108

  conformité à l'-,与正式相一致,82

  définition -,正式定义,36,54

  - et désintéressement,正式与超功利性,88

  être en règle avec l'-,符合正式,100

  force de l'-,正式的力量,60

  mise en scène de l'-(v. aussi Théâtralisation),搬演正式(另见 Théâtralisation),50

  rapport -,正式报告,50,58

  rhétorique de l'-,正式修辞,78,110,587

  vérité -,正式真理,55,65,71

  vision -,正式视点,70

Officium,职能,79,95

  Opinion,观点,52,93

  - personnelle,个人观点,358,425

  - politique,政治观点,87,285

  - privée,私人观点,85

  - publique,公共舆论,80,92,98,104,105,106,107,258,259,276,285,299,530,587,596,530

Ordre public，公共秩序，15，17，22，24，278，293，407，429，444，
　　501，504，568
　　　　　　－ établi/social，既有秩序 / 社会秩序，42-43，55，64
　　　　　　－ juridique，法律秩序，84
Orthodoxie（v. aussi Doxa，Droit），正统（另见 Doxa，Droit），15-16，19，
　　276，292，405
Orthographe（réforme de l'－），正字法（改革），174-175，184，187，191-
　　196，229
Parias，贱民，129，414，416
Parlement，巴黎高等法院，议会，117，125-126，154，161，186，189，
　　225，230，231-232，332，345，382，418，423-424，426-427，436-437，
　　441，456，469，471，487，489，490-491，493-496，498-499，501，503-
　　504，506，508-509，512-515，518，525，530-533，536，547，552，558-
　　562，589
Passe-droit（v. aussi Droit），特权（另见 Droit），43，433，446，454
Patrimonialisme，世袭主义，85，215
Paysan，农民，22，29，63，136-138，164-166，247，306，324，359，360-
　　361，372，375，380，382，384-385，390，395，600
Pensée，思想，思维，57，120，124，137，146，171-172，189，196，210-
　　211，253，259，260，271，275，326，361，387，404，409，416，483，
　　502，529，531，533，538，547，574-575
　　　　　　catégories de －，思维范畴，15，392
　　　　　　－ d'État，国家思维，13，98，147，171，173-174，183，196，226，
　　239，256，263，278，291，527，533，578
　　　　　　－ maison，家宅思维，395-396，403-405，408-409，458，517，528，
　　530
　　　　　　objet de －，思考对象，57
　　　　　　－ ordinaire，惯常思维，325，576
　　　　　　－ politique，政治思想，200，201，409，424，425

Performatif, 述行式（话语）, 30, 50, 79, 574, 576

Phénoménologie, 现象学, 271, 392, 455-456, 474

Philanthropie（v. aussi Désintéressement）, 慈善（另见 Désintéressement）, 50, 89, 298, 341, 566, 568-569, 570, 572-575, 582

Philosophie, philosophique, 哲学, 哲学的, 59-60, 79, 83-84, 92, 97, 99-100, 111, 119, 122, 135, 138, 140, 142, 150, 153, 155, 157-159, 179, 186, 197

Pieuse hypocrisie, 虔诚的虚伪, 83, 94, 98, 410

Poète, poésie, 诗人、诗歌, 56, 95, 100-103, 107, 667

Politique（logique spécifique du -）, 政治（政治的特定逻辑）, 15, 26, 39, 40, 43, 58, 66, 102, 109, 125-126, 129-130, 161-162, 200-201, 303-304, 317, 394, 403, 412, 414

théories - s, 政治理论, 118, 499, 535

Position centrale, 中心位置, 208, 598

Postulat, 前提, 123, 220, 222, 419, 583

Porte-parole, 代言人, 56, 79-80, 104, 176, 512, 521, 531

Préalable, 预先的, 29, 40, 119, 161, 170, 212, 238, 274, 295, 297, 317, 326-327, 438

Prénotions（v. aussi Coupure épistémologique, Sens commun）, 既有观念（另见 Coupure épistémologique, Sens commun）, 13, 287

Présupposés, 预先假定, 前提, 99, 151, 172, 183, 185, 188, 234, 283, 325, 419, 438-439, 548, 561

Précédent（recherche du -）,（寻找）先例, 76, 118, 427, 471, 484, 523

Prestige, 威望, 178, 304, 519

Prêtre, 牧师, 56, 97, 109, 125, 268, 277, 363, 414

Principe dynastique vs principe juridique, 王朝原则 vs 法律原则, 187, 204, 295, 305-307, 309-311, 319, 326, 352-353, 383-384, 386-387, 390-392, 398, 408-409, 411-413, 417-420, 422-423, 464, 468, 485-487, 493, 495-498, 503-504, 506, 511, 546, 591

Profession，职业，25，109，123，175，188-189，226，453，481，509，511-512，516

  catégories socioprofessionnelles，社会职业类别，24，160，188

  idéologie professionnelle，职业思想体系，421，512

Programme de recherche，研究大纲，44，117-118，122，289，326，393，491，535，537-538，588，545

Progrès，进步，158

Prophète, prophétie，先知，预言，43，55-56，69，73，80-81，83，94，97-99，102-103，277，334，570

Public，公共，28，65，85-86，140，209，281，407，484

  biens - s，公共财产，140，142，147，162，432，543

  espace -（v. Espace）公共空间（见 Espace）

  intérêt au -，公共的好处，542-543

  opposition -/privé，公私之别，24，84-85，87-89，96，141，192，231，480，483，588

  ordre -，公共秩序，15，17，22，24，293，407，444，501，504，568

  problème -，公共问题，47-48，51

  service -，公共服务，60，66，174，198-199，278，429，452，476，533，541，583

  temps -，公共时间，20，22-23，268

Pureté（les «purs»），清廉（"清官"），450-451，540

Racisme，种族主义，53，236，362，549

Racket（v. Impôt）勒索（参见 Impôt）

Ragots，闲话，93，426

Raison 理性理由

  - d'État，国家理由，125，222-223，306，308，371，404，406-407，505，513，595

  - domestique，家内理性，404，406-407

Rapport de force, 力量关系, 31, 34, 50, 178, 497

Rationalisation, 理性化, 55, 73, 119, 139, 241-242, 270, 293, 308, 352, 363, 391, 520

— juridique, 法律层面的理性化, 390

Recensement (v. aussi Censor), 普查（另见 Censor）, 23-24, 160, 226, 336, 344, 355

Reconnaissance (v. aussi Connaissance), 承认（另见 Connaissance）, 71, 84, 91, 94, 100, 197, 204, 252, 260, 275-276, 292, 302-304, 317, 320, 330, 343, 345, 431-432, 495, 502, 506, 512

Redistribution (v. aussi Concentration, Impôt, Légitimité, Monopole), 再分配（另见 Concentration, Impôt, Légitimité, Monopole）, 118, 128, 133, 428, 431-433, 442, 456, 545, 570

Refoulé, 抑制, 102, 107, 358

Région, régionalisme (v. aussi Local, Nation), 地区、地区主义（另见 Local, Nation）, 68, 254, 353, 365, 373, 445, 546, 554, 567, 583

Règle, régularité (v. aussi Règle du jeu, Statistiques), 规则、常规（另见 Règle du jeu, Statistiques）, 35, 55, 68, 155-156, 158, 181, 338, 382

irrégularités régulières, 常规的非常规, 445

Règlement (v. aussi Champ bureaucratique, Jeu, Mandat, Officiel), 规章（另见 Champ bureaucratique, Jeu, Mandat, Officiel）, 27, 36-40, 43-44, 139, 177-178, 180, 185, 272, 580-582

Régression (v. aussi Histoire, Modèle), 倒推（另见 Histoire, Modèle）, 25, 31, 44, 79, 93, 114, 314-315, 319, 328, 406, 435, 459, 485, 535, 578

Religion (v. aussi Champ religieux, Illusion, Magie), 宗教（另见 Champ religieux, Illusion, Magie）, 18-19, 29, 56, 68, 127, 130, 192, 242, 254, 277, 293, 304, 362-363, 416, 457, 529, 533, 535, 583, 584

— civile, 公民宗教, 550-551, 570

Remontrances, 进谏, 391, 426, 493, 495, 509, 514,

Représentation，表象、观念、展示、代表，14，52，65，84，129，140，171，199，227，267，269，302，400，441，535
- légitime，正当表象，14，70，522，541，550
- officielle，正式表象、官方代表，58，98
- politique，政治代表（制），339，513，551
- préconstruite，预先建构的表象，30

Reproduction（mode de），再生产（模式），72，145，163，165，184，232，258，266，306-307，313，352，374-377，382-383，390，392，395，406，411-415，417-420，427-428，437，450，458-459，464-465，511，534，546，591

Responsabilité sociale，社会责任，251，322，474，572-573，575，577，583，593

Réseau，网络，209，213，329，433，437，445-446，457，464，470，477-479，487，567

analyse des - x，网络研究，178

Révolte，反抗，17，25，28，133，138，147，149，237，245，329，343，489，507

Révolution，革命，21，41，111，130，134，136，145，156，226，230，235-236，240，244，253，258，274，576，579-580
- bureaucratique，官僚革命，41
- conservatrice，保守革命，245
- française，法国大革命，132，165，210，219，233-237，245，409，418，436，479，488，490-492，506，512，516，519，528，530，532，541，543-546，551-556，559，562-566，572，593，597
- industrielle，工业革命，134，230，234-235，237，240，242-243
- symbolique，象征革命，145，226，235，253，274，579，589，593

Rhétorique, 修辞, 104, 108, 483, 499
    – de l'officiel, 正式修辞, 52, 78, 80-81, 110, 230, 233, 587
Robin（v. Noblesse de robe）法官（见 Noblesse de robe）
Roi（v. aussi Maison du roi），国王（另见 Maison du roi），156, 199, 207, 306, 320, 323, 332, 334, 336-337, 346, 352, 393, 396-402, 407, 411-415, 418, 422, 427, 428, 431-437, 442, 456, 476-477, 486-488, 493-498, 503-505
    – comme dernière instance, 国王作为终审机构, 209, 324, 329-330, 401, 458, 477
    place du –, 国王的位置, 396, 401
    position centrale du –, 国王的中心位置, 403
Routine, routinisé, 陈规、陈规化, 56, 82, 95, 99, 102, 184, 225, 273, 322, 472-474, 495
Rupture épistémologique（v. Coupure épistémologique）认识论决裂（另见 Coupure épistémologique）
Sage, 智者, 53, 56, 62-63, 80, 94, 97
Scandale, 丑闻, 85, 87, 103, 109, 141, 303, 588
Sceau, 印章, 392, 469, 470-471
Sciences sociales（spécificité des –），社会科学（的特性），158, 438
Scolaire（système –；v. aussi Capital–），学校的、教育的（系统）（另见 Capital–），20, 25-26, 77, 182, 184, 192, 229, 247-251, 266-267, 280-281, 290-292, 298, 307, 342, 351, 360, 363-364, 411, 417-418, 420-422, 458, 500, 549, 579, 757
    titres – s, 学校文凭, 25, 196, 345, 290, 500
Sécession/intégration, 分裂/整合, 15, 163, 213, 242, 249, 252, 268, 299, 326, 351-352, 358-364, 555, 566, 570, 590
Sens commun（v. aussi Consensus, Coupure épistémologique, Prénotions, Représentation），常识（另见 Consensus, Coupure épistémologique, Prénotions, Représentation），16, 85, 98, 103, 171, 175, 182, 188,

265-266，289，293，457，481

Sens pratique（v. aussi Habitus，Logiques pratiques），实践感（另见 Habitus，Logiques pratiques），149，381

Sigle，sigilum，缩写，332，461，469，521

Signature，签名，347，393，433，469，474，476，486，591

Socialisation des risques，风险的社会化，573-574，577

Société 社会

　　　　－ civile，公民社会/民间社会，50，58-59，66，325，561

　　　　－ précapitaliste，前资本主义社会，56，127，320，355，387，431

　　　　－ s sans État，无国家的社会，56

Sociodicée，社会正义论，254，379，385

Sociogenèse（v. Histoire，Genèse）社会发生学（见 Histoire，Genèse）

Sociologue，sociologie，sociologique，社会学家、社会学、社会学的，48-49，57，64，67，70-71，73，96，107，152，170-171，206，221，242，439，494，531，563，570

　　　　－ de l'État，国家社会学，490

　　　　－ et histoire，社会学与历史学，119，121-122，135，143-145，150，153-154，157，171，206，219，225-226，536，540，588

　　　　－ et philosophie，社会学与哲学，118，122，265，269，424

　　　　explication －，社会学解释，25，429，448，451，463，500，538，556，575，583

　　　　－ macro-empirique，经验式宏观社会学，74

　　　　micro et macro-，微观社会学与宏观社会学，74

　　　　position du －，社会学的立场，94，96，100，169，419

　　　　spécificité de la －，社会学的特性，280，283-284，287-288，293

　　　　－ spontanée，自发社会学，13，16，32，37，41，47-48，429，448，451，463，500，538，556，575，583

Sondage d'opinion，民意测验，52，106，425，550，596

Soumission（obéissance，actes de －），服从（顺从，服从行为），260-261

Statistique（s），统计（学），24，29，31，37，42，51，54，73，96，162，178，226，321，337，338-339，360，384，459，480，516，542

Stratégie，策略，37，46，48，371，374，381-382，426

   – d'entretien des relations，维护关系的策略，377-378

   – de condescendance，屈就策略，179

   – de reproduction，再生产策略，306，374-375，377，379，384，386，389-390，406，414，417，595

   – s dynastiques，王朝策略，390，394

   – matrimoniales/de fécondité/successorales，婚姻／生育／继承策略，164，375-739，389-390

   – prophétiques，预言式策略，563

   – prophylactiques，预防策略，377

   système des – s，策略系统，374

Structuralisme génétique，发生结构主义，119，143，144，146-147，153-156，175，218，223，269-272，432，437，446-447，452，455，473，487，510，593

Structures mentales（v. Catégories）Structuro-fonctionnalisme（v. Fonctionnalisme）心智结构（见 Catégories）结构－功能主义（见 Fonctionnalisme）

Succession（guerre de –），（v. Guerre）继承（继承战争）（见 Guerre）

   lois de –，继承法则，390

Symbolique（économie du –），象征（象征经济），399

   lutte –，象征性斗争，423，490，495，501

   ordre –，象征秩序，64

Style，风格，164，380

Tabou，禁忌，42，103，171，378

Télévision，电视，86，91，102，231，286，351，439，465，560-561

Temps, temporalité（v. aussi Calendrier），时间、时间性（另见"日历"），97，127，268，276，291，416，454-455，570-571，577，581

   – public，公共时间，20，23

－scolaire，学校时间，272-273，288，317，338，378

　　　－vécu，经历的时间，21

Territoire，领土，59，113，196-199，204-205，210，299，321，330，333，354，356，548，552-553，558-559，578，588-590，593

Théâtralisation（de l'officiel, vision dramaturgique de l'institution），（对正式的）戏剧化（对机构采取的戏剧观点），48，50，53，58，101，108-109，161，588

Théologie，神学，26，28，158，174，412

Théorie 理论

　　　－ de l'État（v. aussi Histoire des théories politiques），国家理论（另见 Histoire des théories politiques），46，57，65，72，97，125，170-171，200，203-204，212，224，296，338，424，535，538

　　　－ des jeux，游戏理论，149，224

　　　effet de －，理论效应，57

　　　－ et empirie，理论与经验，46，65，178

　　　－ s légitimatrices（v. aussi Légitime），正当化理论（另见 Légitime），334，422-423

　　　－ vs pratique，理论与实践，473

Tradition，传统，16，19，22-23，25，30，79，110，115，117，123-124，131-132，140，171，173，176，196，221，242，405

　　　－ bureaucratique，官僚理论，61

　　　－ historique，历史理论，74，119，130，134

　　　－ marxiste（v. Marxisme）马克思主义理论（另见 Marxisme）

Trahison，背叛，485，491

Trajectoire，路径，215-216，297

Transformations historiques（évolution de l'État, v. aussi Concentration, Histoire, Monopole），历史演变（国家的演变，另见 Concentration, Histoire, Monopole），204，220，235，276，371，392，406，437，571，575-576

Transgression, 违反, 82, 85, 88, 94, 103, 105
- de la morale publique, 违反公共道德, 406-407

Transhistorique (v. aussi Universel), 超越历史的（另见 Universel）, 159, 515

Tripartition/triadique, 三方/三方的, 413, 514

Unification (v. aussi Accumulation, Concentration, Monopole), 统一（另见 Accumulation, Concentration, Monopole）, 163, 165, 193, 205, 226, 336-337, 351-353, 353, 361

Universel (v. aussi Intérêt à l'universel), 普遍（另见 Intérêt à l'universel）, 28, 61-62, 69, 71, 74-75, 90, 93, 104, 462, 541

  appropriation privée de l'-, 将普遍占位己有, 453

  impérialisme de l'-, 普遍性帝国主义, 563

  spectacle de l'-, 表演普遍, 54

Utopie, 乌托邦, 114

Valeurs étatiques, 国家价值, 33-34, 66, 116, 218, 239, 360-361, 364, 367, 590

Variations (v. aussi Invariant, Modèle), 变化（另见 Invariant, Modèle）, 51, 111, 124, 129, 144, 229, 477, 589

Vénalité, 职位买卖, 68, 437, 485

Vérité (officielle), （正式）真理, 52, 54-56, 65, 70-71, 83, 107, 156, 214, 291, 401, 436

Vigilance épistémologique (v. Coupure épistémologique) 认识论警惕（见 Coupure épistémologique）

Violence physique et symbolique (monopole de la -), 有形暴力与象征暴力（的垄断）, 20, 22-23, 67, 111, 139, 142, 199, 203-204, 206-207, 222, 259, 314-317, 322-323, 365, 390, 491, 579

Virtù, 英勇, 201, 367

Vision (principe de - et de division ; v. aussi Légitime), 观察（～和划分原则）（另见 Légitime）, 16-17, 20, 24, 37, 47-50, 58-60, 70-71, 74, 77, 89, 119, 210, 277, 261, 263, 267, 275, 290, 385, 472, 478, 485,

509,522,537,544,547-548,579,590,592

Vizir,维齐尔,386,413,415

Voie scandinave,斯堪的纳维亚道路,134

Welfare State(État providence),福利国家,227,552,564-565,568,572-573,575

Yougoslavie,南斯拉夫,566

参考文献

1. Travaux relatifs à l'État, au champ du pouvoir ou à l'histoire des idées politiques

Actes de la recherche en sciences sociales, numéro spécial « L'économie de la maison », 81-82, 1990 (avec les contributions de Rosine CHRISTIN, Salah BOUHEDJA, Claire GIVRY, et Monique DE SAINT MARTIN).
Culture et idéologie dans la genèse de l'État moderne (Actes de la table ronde organisée par le CNRS et l'École française de Rome, 15-17 octobre 1984), Rome, École française de Rome, 1985 (avec les contributions de Daniel ARASSE, Attilio BARTOLI LANGELI, Jean-Louis BIGET, Jean-Claude HERVÉ et Yvon THÉBERT, Marie-Thérèse BOUQUET-BOYER, Alain BOUREAU, Roger CHARTIER, Michael CLANCHY, Janet COLEMAN, Claudio FINZI, Michèle FOGEL, Wilhem FRIJHOFF, Carla FROVA, Claude GAUVARD, Antonia GRANSDEN, Martine GRINBERG, Christian JOUHAUD, Christiane KLAPISCH-ZUBER, Jacques KRYNEN, Jean-Claude MAIRE-VIGUEUR, Christiane MARCHELLO-NIZIA, Cesare MOZZARELLI, Claude NICOLET, Ezio ORNATO, Michel PASTOUREAU, Armando PETRUCCI, Diego QUAGLIONI, Gérard SABATIER, Claude TARDITS).
Daedalus, numéro spécial « The State », 108 (4), automne 1979 (avec les contributions de Clark C. ABT, Hedley BULL, Harry ECKSTEIN, James FISHKIN, Richard HAAS, Michael HOWARD, George Armstrong KELLY, Annie KRIEGEL, John LOGUE, Douglas RAE).
Journal officiel de la République française (Le). Cent ans au service des citoyens, 1981.
Nuovi Argumenti, supplément italien-français de l'Institut culturel italien de Paris, « La piazza et la città – La place et la ville », décembre 1985.
Revue internationale des sciences sociales, numéro spécial « De l'État », 32 (4), 1980 (avec les contributions de Nicos POULANTZAS, Maurice GODELIER, Shmuel N. EISENSTADT, Romila THAPAR, Pierre BIRNBAUM, Aristide

---

1. Cette bibliographie des documents utilisés par P. Bourdieu lors du cours sur l'État a été constituée à partir de ses archives personnelles. Les textes disponibles et référencés ont été ajoutés aux textes cités pendant les sessions du cours.

R. ZOLBERG, Guillermo O'DONNELL, Issa G. SHIRJI, Immanuel WALLERSTEIN, Silviu Brucan, Zevin ZALMANOVICH).

Revue nouvelle (La), numéro spécial « Néo-libéralismes », 79 (3), mars 1984.

ABRAMS, Philip, « Notes on the difficulty of studying the State », *Journal of Historical Sociology*, 1 (1), mars 1988, p. 59-89.

AGUESSEAU, Henri François D', *Œuvres*, Paris, Les Libraires associés, 1759.

ALAIN, *Le Citoyen contre les pouvoirs*, Paris, Sagittaire, 1926.

ALAM, Muzaffar, *The Crisis of Empire in Mughal North India. Awadh and the Punjab, 1707-1748*, Oxford-New Delhi, Oxford University Press, 1986.

ALPHANDÉRY, Claude (*et al.*), *Pour nationaliser l'État. Réflexions d'un groupe d'études*, Paris, Seuil, 1968.

ALTHUSSER, Louis, « Idéologie et appareils idéologiques d'État (Notes pour une recherche) », *La Pensée*, 151, juin 1970, repris in *Positions (1964-1975)*, Paris, Éditions sociales, 1976, p. 67-125.

ALTWATER, Elmar, « Some problems of State interventionism. The particularization of the State in bourgeois society », in John HOLLOWAY et Sol PICCIOTTO (dir.), *State and Capital. A Marxist Debate*, Londres, Edward Arnold, 1978, p. 40-43.

ALVESSON, Mats, « On focus in cultural studies of organizations », *Scandinavian Journal of Management Studies*, 2 (2), novembre 1985, p. 105-120.

AMINZADE, Ronald, « History, politics, and the State », recension de : Charles BRIGHT et Susan HARDING, *Statemaking and Social Movements. Essays in History and Theory* (Ann Arbor, University of Michigan Press, 1984), *Contemporary Sociology*, 15 (5), 1986, p. 695-697.

ANDERSON, Benedict, *Imagined Communities. Reflections on the Origin and Spread of Nationalism*, Londres, Verso, 1983 (trad. fr. postérieure au cours : *L'Imaginaire national. Réflexions sur l'origine et l'essor du nationalisme*, trad. Pierre-Emmanuel Dauzat, Paris, La Découverte, 1996).

ANDERSON, Perry, *Les Passages de l'Antiquité au féodalisme*, trad. Yves Bouveret, Paris, Maspero, 1977 [1974].

–, *L'État absolutiste. Ses origines et ses voies*, t. I : *L'Europe de l'Ouest* ; t. II : *L'Europe de l'Est*, trad. Dominique Niemetz, Paris, Maspero, 1978 [1975].

–, *Arguments within English Marxism*, New York, Schoecken Books, 1980.

Anonyme, « The reason of the Welfare State. An inquiry into ethical foundations and constitutional remedies », ronéo, sd.

ANTOINE, Michel, « La monarchie française de François Ier à Louis XVI », in Emmanuel LE ROY LADURIE (dir.), *Les Monarchies*, Actes du colloque de Paris, 8-10 décembre 1981, Paris, PUF, 1986, p. 185-208.

APTER, David E., « Notes on the underground. Left violence and the national State », *Daedalus*, 108 (4), « The State », automne 1979, p. 155-172.

ARCHAMBAULT, Paul, « The analogy of the "body" in Renaissance political literature », Bibliothèque d'Humanisme et Renaissance. Travaux et documents, t. XXIX, Genève, Droz, 1967, p. 21-53.

ARDANT, Gabriel, « La codification permanente des lois. Règlements et circulaires », *Revue de droit public*, 1951, p. 35-70.

—, *Technique de l'État. De la productivité au secteur public*, Paris, PUF, 1953.
—, *Théorie sociologique de l'impôt*, 2 vol., Paris, SEVPEN, 1965.
ARGYRIADES, Demetrios, « Neutralité ou engagement politique. L'expérience de la fonction publique en Grande-Bretagne », *Bulletin de l'ITAP*, 38, avril-juin 1978, p. 277-308 (cité in Dominique CHAGNOLLAUD, *L'Invention des hauts fonctionnaires*, Lille, ANRT, 1989, p. 494n).
ARON, Raymond, *Paix et guerre entre les nations*, Paris, Calmann-Lévy, 1962.
ARRIAZA, Armand, « Mousnier and Barber. The theoretical underpinning of the "society of orders" in early modern Europe », *Past and Present*, 89, 1980, p. 39-57.
AUBY, Jean-Marie, et DRAGO, Roland, *Traité de contentieux administratif*, 2 vol., Paris, LGDJ, 1984.
AUTRAND, Françoise, *Naissance d'un grand corps de l'État. Les gens du Parlement de Paris, 1345-1454*, Paris, Publications de la Sorbonne, Paris, 1981.
—, *Genèse de l'État moderne. Prosopographie et histoire de l'État* (Actes de la table ronde organisée par le CNRS et l'École normale supérieure de jeunes filles, Paris, 22-23 octobre 1984), Paris, École normale supérieure de jeunes filles, 1986.
AYLMER, Gerald E., « The peculiarities of the English State », *Journal of Historical Sociology*, 3 (2), juin 1990, p. 91-107.
BADIE, Bertrand, *Le Développement politique*, Paris, Economica, 2e éd., 1980.
—, « Contrôle culturel et genèse de l'État », *Revue française de science politique*, 31 (2), avril 1981, p. 325-342.
BADIE, Bertrand, et BIRNBAUM, Pierre, « L'autonomie des institutions politico-administratives. Le rôle des cabinets des présidents de la République et des Premiers ministres sous la cinquième République », *Revue française de science politique*, 26 (2), 1976, p. 286-322.
—, *Sociologie de l'État*, Paris, Grasset, 1979.
BAKER, Keith M., *Inventing the French Revolution. Essays on French Political Culture in the Eighteenth Century*, Cambridge-New York, Cambridge University Press, 1990 (trad. fr postérieure au cours : *Au tribunal de l'opinion. Essai sur l'imaginaire politique au XVIIIe siècle*, trad. Louis Évrard, Paris, Payot, 1993).
BALAZS, Étienne, « Les aspects significatifs de la société chinoise », *Asiatische Studien*, 6, 1952, p. 79-87.
—, *La Bureaucratie céleste. Recherches sur l'économie et la société de la Chine traditionnelle*, Paris, Gallimard, 1968.
BALIBAR, Étienne, « *Es gibt kein en Staat in Europa*. Racisme et politique dans l'Europe d'aujourd'hui », Intervention au Kongress Migration und Rassismus in Europa, Hambourg, 27-30 septembre 1990, ronéo.
BANCAUD, Alain, « Considérations sur une "pieuse hypocrisie". Les magistrats de la Cour de cassation et l'exégèse », ronéo, sd.
—, « Une "constance mobile" : la haute magistrature », *Actes de la recherche en sciences sociales*, 76-77, mars 1989, p. 30-48.

BARBER, Bernard, « Some problems in the sociology of the professions », *Daedalus*, 92, 1963, p. 669-686.
BARRET-KRIEGEL, Blandine, *L'État et les esclaves*, Paris, Calmann-Lévy, 1979.
–, *Les Chemins de l'État*, Paris, Calmann-Lévy, 1986.
BERCÉ, Yves-Marie, « Pour une étude institutionnelle et psychologique de l'impôt moderne », in Jean-Philippe GENET et Michel LE MENÉ (dir.), *Genèse de l'État moderne* (Actes du colloque de Fontevraud, 16-17 novembre 1984), Paris, Éd. du CNRS, 1987.
BERGERON, Gérard, *Fonctionnement de l'État*, Paris, Armand Colin, 2e éd., 1965.
BERNARD, Yves, et COSSÉ, Pierre-Yves, *L'État et la prévision macroéconomique*, Paris, Berger-Levrault, 1974.
BIEN, David D., « Les offices, les corps et le crédit d'État. L'utilisation des privilèges sous l'Ancien Régime », *Annales ESC*, 43 (2), mars-avril 1988, p. 379-404.
BILLETER, Jean-François, « Contribution à une sociologie historique du mandarinat », *Actes de la recherche en sciences sociales*, 15, juin 1977, p. 3-29.
BIRNBAUM, Pierre, *La Fin du politique*, Paris, Seuil, 1975.
–, « La conception durkheimienne de l'État. L'apolitisme des fonctionnaires », *Revue française de sociologie*, 17 (2), 1976, p. 247-258.
BIRNBAUM, Pierre, et CHAZEL, François, *Sociologie politique*, Paris, Armand Colin, 1971.
BLOCH, Marc, *Seigneurie française et manoir anglais*, Paris, Armand Colin, 1960 [1934].
–, *La Société féodale*, Paris, Albin Michel, 1968 [1939].
–, *Les Rois thaumaturges. Étude sur le caractère surnaturel attribué à la puissance royale, particulièrement en France et en Angleterre*, Paris, Gallimard, 1983 [1924].
BLOCH-LAINÉ, François, et VOGÜÉ, Pierre DE, *Le Trésor public et le mouvement général des fonds*, Paris, PUF, 1961.
BLOCK, Fred, CLOWARD, Richard A., et EHRENREICH, Berbara (*et al.*), *The Mean Season. The Attack on the Welfare State*, New York, Pantheon Books, 1987.
BLUCHE, François, *Les Magistrats du Parlement de Paris au XVIIIe siècle, 1715-1771*, Paris, Les Belles Lettres, 1960.
BONNEY, Richard J., « Guerre, fiscalité et activité d'État en France, 1500-1600. Quelques remarques préliminaires sur les possibilités de recherche », in Jean-Philippe GENET et Michel LE MENÉ (dir.), *Genèse de l'État moderne* (Actes du colloque de Fontevraud, 16-17 novembre 1984), Paris, Éd. du CNRS, 1987, p. 193-201.
–, *The European Dynastic States (1494-1660)*, New York, Oxford University Press, 1991.
BORGETTO, Michel, « Métaphore de la famille et idéologies », in *Le Droit non civil de la famille*, Paris, PUF, 1983, p. 1-21.

BRAIBANT, Guy, *Le Droit administratif français*, Paris, Presses de la Fondation nationale des sciences politiques, 1988 (notamment le fascicule 1, 1982-1983).

BRELOT, Claude J., *La Noblesse réinventée. Nobles de Franche-Comté de 1814 à 1870*, Paris, Les Belles Lettres, 1992.

BRUBAKER, William Rogers, « Immigration, citizenship, and nationhood in France and Germany. A Comparative Historical Analysis », Intervention au colloque « Rethinking the theory of citizenship » de l'American Sociological Association, 1990, ronéo.

—, « Rethinking nationhood. Nation as institutionalised form, practical category, contingent event », Intervention au Sociological Research Association Annual Banquet, Miami, 14 août 1993, ronéo.

BURAWOY, Michael, « Two methods in search of science : Skocpol versus Trotsky », ronéo, sd.

BURDEAU, Georges, *L'État*, Paris, Seuil, 1970.

BURDILLAT, Martine, « La difficile démocratisation industrielle. L'expérience des conseils d'administration des filiales du secteur public », Rapport du Groupement d'intérêt public « Mutations industrielles », 10, 15 octobre 1987.

BURGUIÈRE, André, et REVEL, Jacques (dir.), *Histoire de la France*, t. II, Paris, Seuil, 1989.

CARNEIRO, Robert L., « A theory of the origins of the State », *Science*, 169, 1970.

—, « The Chiefdom : precursor of the State », in Grant D. JONES et Robert KAUTZ (dir.), *The Transition to Statehood in the New World*, Cambridge, Cambridge University Press, 1981.

CARNOY, Martin, *The State and Political Theory*, Princeton, Princeton University Press, 1984.

CARRÉ DE MALBERG, Raymond, *Contribution à la théorie générale de l'État*, Paris, Sirey, Éd. du CNRS, 1962 [1920-1922].

CASSIRER, Ernst, *Le Mythe de l'État*, trad. Bernard Vergely, Paris, Gallimard, 1993 [1946].

CATACH, Nina, « La bataille de l'orthographe aux alentours de 1900 », in Gérald ANTOINE et Robert MARTIN, *Histoire de la langue française, 1800-1914*, t. XIV, Paris, Éd. du CNRS, 1985.

CAZELLES, Raymond, *Société politique, noblesse et couronne sous Jean le Bon et Charles V*, Genève-Paris, Droz, 1982.

CHAGNOLLAUD, Dominique, *L'Invention des hauts fonctionnaires*, Lille, ANRT, 1989.

CHANDLER, Alfred Dupont, *Strategy and Structure*, Cambridge, MIT Press, 1962 (trad. fr. : *Stratégie et structure de l'entreprise*, trad. Philippe Schaufelberger, Paris, Éditions d'organisation, 1972).

CHAPUS, René, *Droit administratif général*, Paris, Montchrestien, 1987.

CHARLE, Christophe, « Les grands corps. Rouge, noir et or », ronéo, sd.

–, Recension de : Marie-Christine KESSLER, *Les Grands Corps de l'État* (Paris, Presses de la Fondation nationale des sciences politiques, 1986), *Annales ESC*, 42 (5), 1987, p. 1177-1179.

–, « Où en est l'histoire sociale des élites et de la bourgeoisie ? Essai de bilan critique de l'historiographie contemporaine », *Francia. Forschungen zur Westeuropäischen Geschichte*, 18 (3), 1991, p. 123-134.

CHARTIER, Jean-Luc, *De Colbert à l'Encyclopédie*, t. I : *Henri Daguesseau, conseiller d'État, 1635-1716*, Montpellier, Presses du Languedoc-Max Chaleil éditeur, 1988.

CHARTIER, Roger, et REVEL, Jacques, « Université et société dans l'Europe moderne : position des problèmes », *Revue d'histoire moderne et contemporaine*, 25, juillet-septembre 1978, p. 353-374.

CHAUNU, Pierre, et GASCON, Richard, *L'État et la ville*, in Fernand BRAUDEL et Ernest LABROUSSE (dir.), *Histoire économique et sociale de la France*, t. I : *De 1450 à 1660*, vol. 1, Paris, PUF, 1977.

CHERUEL, Adolphe, *Histoire de l'administration monarchique en France depuis l'avènement de Philippe Auguste jusqu'à la mort de Louis XIV*, Genève, Slatkine, 1974 [1855].

CHEVALLIER, Jean-Jacques, *Histoire de la pensée politique*, Paris, Payot, 3 t., 1979-1984.

CHIROT, Daniel, « Ideology and legitimacy in Eastern Europe », *States and Social Structures Newsletter*, 4, printemps 1987, p. 1-4.

CHURCH, William Farr, *Constitutional Thought in Sixteenth-Century France. A Study in the Evolution of Ideas*, Cambridge, Harvard University Press, 1941.

CITRON, Suzanne, « Enseignement secondaire et idéologie élitiste entre 1880 et 1914 », *Le Mouvement social*, 96, juillet-septembre 1976, p. 81-101.

CONSTANT, Jean-Marie, « Clans, partis nobiliaires et politiques au temps des guerres », in Jean-Philippe GENET et Michel LE MENÉ (dir.), *Genèse de l'État moderne* (Actes du colloque de Fontevraud, 16-17 novembre 1984), Paris, Éd. du CNRS, 1987, p. 221-226.

CORONIL, Fernando, et SKURSKI, Julie, « Reproducing dependency : auto policy and petrodollar circulation in Venezuela », *International Organization*, 36, 1982, p 61-94.

CORRIGAN, Philip, et SAYER, Derek, *The Great Arch. English States Formation as Cultural Revolution*, Oxford-New York, Blackwell, 1985.

COULBORN, Rushton (dir.), *Feudalism in History*, Princeton, Princeton University Press, 1956 (avec des contributions de Joseph R. Strayer, Williams F. Edgerton, Edwin O. Reischauer).

CROUZET, Denis, « Recherches sur la crise de l'aristocratie en France au XVIe siècle : les dettes de la Maison de Nevers », *Histoire, économie et société*, 1, 1982, p. 7-50.

CROZIER, Michel, *État modeste, État moderne. Stratégie pour un autre changement*, Paris, Seuil, 1991 [1987].

CROZIER, Michel, et FRIEDBERG, Erhard, GRÉMION, Catherine, GRÉMION, Pierre, THOENIG, Jean-Claude, et WORMS, Jean-Pierre, *Où va l'administration française ?*, Paris, Éditions d'organisation, 1974.

CUNÉO, Bernard, « Le conseil d'administration et les rapports État/entreprise à Air France », Rapport du Groupement d'intérêt public « Mutations industrielles », 9, 15 septembre 1987.

DALE, Harold E., *The Higher Civil Service of Great Britain*, Oxford, Oxford University Press, 1941.

DARBEL, Alain, et SCHNAPPER, Dominique, *Les Agents du système administratif*, La Haye, Mouton, 1969.

DAY, C. Rod, « The making of mechanical engineers in France : the École des Arts et Métiers, 1903-1914 », *French Historical Studies*, 10 (3), printemps 1978, p. 439-460.

DE JASAY, Anthony, *The State*, Oxford, Basil Blackwell, 1985 (trad. fr. postérieure au cours : *L'État. La logique du pouvoir politique*, trad. Sylvie Lacroix et François Guillaumat, Paris, Les Belles Lettres, 1993).

DESSERT, Daniel, et JOURNET, Jean-Louis, « Le lobby Colbert. Un royaume ou une affaire de famille ? », *Annales ESC*, 30, 1975, p. 1303-1336.

DEWALD, Jonathan, *The Formation of a Provincial Nobility. The Magistrates of the Parlement of Rouen, 1499-1610*, Princeton, Princeton University Press, 1980.

DOUGLAS, Mary, *How Institutions Think*, Syracuse, Syracuse University Press, 1986 (trad. fr. postérieure au cours : *Comment pensent les institutions*, trad. Anne Abeillé, Paris, La Découverte/MAUSS, 1999).

DUBERGÉ, Jean, *La Psychologie sociale de l'impôt dans la France d'aujourd'hui*, Paris, PUF, 1961.

DUBY, Georges, *Le Chevalier, la femme et le prêtre. Le mariage dans la France féodale*, Paris, Hachette, 1981 (rééd. in *Féodalité*, Paris, Gallimard, « Quarto », 1996, p. 1161-1381).

DUCCINI, Hélène, « Un aspect de la propagande royale sous les Bourbons. Image et polémique », in *Culture et idéologie dans la genèse de l'État moderne* (Actes de la table ronde organisée par le CNRS et l'École française de Rome, 15-17 octobre 1984), Rome, École française de Rome, 1985, p. 211-229.

–, *Histoire de France*, t. I : *Le Moyen Âge, de Hugues Capet à Jeanne d'Arc (987-1460)*, Paris, Hachette, 1987 (rééd. « Pluriel », 2009).

DUFOUR, Alfred, « De l'École du droit naturel à l'école du droit historique. Étude critique pour le bicentenaire de la naissance de Savigny », *Archives de philosophie du droit*, 26, 1981.

–, « La théorie des sources du droit dans l'École du droit historique », *Archives de philosophie du droit*, 27, 1981.

DUGUIT, Léon, *Traité de droit constitutionnel*, t. I, Paris, De Boccard, 3ᵉ éd., 1927.

DUMÉZIL, GEORGES, *Mitra-Varuna. Essai sur deux représentations indo-européennes de la souveraineté*, Paris, PUF, 1940.

–, *Mythe et épopée*, t. I : *L'idéologie des trois fonctions dans les épopées des peuples indo-européens*, Paris, Gallimard, 1968 (rééd. « Quarto », 1995).

DUPONT-FERRIER, Gustave, *La Formation de l'État français et l'unité française*, Paris, Armand Colin, 3ᵉ éd, 1946 [1934].

DUPUY, François, et THOENIG, Jean-Claude, *Sociologie de l'administration française*, Paris, Armand Colin, 1983.

DURKHEIM, Émile, « L'État », in *Textes*, Paris, Minuit, 1975, t. III, p. 172-178.

ECKSTEIN, Harry, *Division and Cohesion in Democracy. A Study of Norway*, Princeton, Princeton University Press, 1966.

–, « On the "Science" of the State », *Daedalus*, numéro spécial « The State », 108 (4), automne 1979.

ECKSTEIN, Harry, et APTER, David E., *Comparative Politics. A Reader*, New York, Free Press of Glencoe, 1963.

ECKSTEIN, Harry, et GURR, Ted Robert, *Patterns of Authority. A Structural Basis for Political Inquiry*, New York, Wiley-Interscience, 1975.

EGRET, Jean, « L'Aristocratie parlementaire française à la fin de l'Ancien Régime », *Revue historique*, 208, 1952, p. 1-14.

EISENSTADT, Shmuel Noah, *The Political System of Empires*, New York, Free Press of Glencoe, 1963.

ELIAS, Norbert, *Über den Prozess der Zivilisation*, Bâle, Haus zum Falken, 1939 (trad. fr. : *La Civilisation des mœurs*, trad. Pierre Kamnitzer, Paris, Calmann-Lévy, 1973, rééd. « Pocket », 1989, et *La Dynamique de l'Occident*, trad. Pierre Kamnitzer, Paris, Calmann-Lévy, 1976, rééd. « Pocket », 1990).

–, *La Société de cour*, trad. Pierre Kamnitzer, Paris, Calmann-Lévy, 1974 [1969] (rééd., Flammarion, « Champs », 1984).

ELLIOT, John H., « Concerto Barroco », Recension de : José Antonio MAPAVALL, *Culture of the Baroque. Analysis of a Historical Structure* (Minneapolis, University of Minnesota Press, 1986), *New York Review of Books*, 34 (6), 9 avril 1987.

ELSTER, Jon, « Négation active et négation passive. Essai de sociologie ivanienne » (à propos d'Alexandre ZINOVIEV, *Les Hauteurs béantes*, Lausanne, L'Âge d'homme, 1977, et *L'Avenir radieux*, Lausanne, L'Âge d'homme, 1978), *Archives européennes de sociologie*, 21 (2), 1980, p. 329-349.

ENGELS, Friedrich, « Lettre à Conrad Schmidt », in *Lettres sur Le Capital*, Paris, Éditions sociales, 1964, p. 366-372.

ESMEIN, Adhémar, *Histoire de la procédure criminelle en France et spécialement de la procédure inquisitoire, depuis le XIIᶠ siècle jusqu'à nos jours*, Paris, Larose, 1882 (rééd. Panthéon-Assas, 2010).

EVANS, Peter B., *Embedded Autonomy. States and Industrial Transformation*, Princeton, Princeton University Press, 1995.

EVANS, Peter B., RUESCHEMEYER, Dietrich, et SKOCPOL, Theda (dir.), *Bringing the State back in*, Cambridge, Cambridge University Press, 1985.

FERRARESI, Franco, « Los elites periferiche dello stato : il quadro comparativo. La burocrazia centrale », ronéo, sd.

FINER, Samuel E., « State and nation-building in Europe. The role of the military », in Charles TILLY (dir.), *The Formation of National States in Western Europe*, Princeton, Princeton University Press, 1975, p. 84-163.

–, *Five Constitutions*, Brighton, Harvester Press, 1979.

FOGEL, Michèle, « Modèle d'État et modèle social de dépenses. Les lois somptuaires en France de 1545 à 1560 », in Jean-Philippe GENET et Michel LE MENÉ (dir.), *Genèse de l'État moderne* (Actes du colloque de Fontevraud, 16-17 novembre 1984), Paris, Éd. du CNRS, 1987, p. 227-235.

FOUCAULT, Michel, « La gouvernementalité », *Actes. Les Cahiers d'action juridique*, 54, numéro spécial « La gouvernementalité. Foucault hors les murs », été 1986.

FOUGEYROLLAS, Pierre, *La Nation*. Essor et déclin des sociétés modernes, Paris, Fayard, 1987.

FRANKEL, Boris, « Marxian theories of the State. A critique of orthodoxy », *Arena Monograph* (Melbourne), 3, 1978, p. 1-64.

FRÊCHE, Georges, et SUDREAU, Jean, *Un chancelier gallican : Daguesseau, et un cardinal diplomate : François Joachim de Pierre de Bernis*, Paris, PUF, 1969.

FRIEDBERG, Erhard, « Generalized political exchange and interorganizational analysis », Workshop sur « Political exchange : between governance and ideology » organisé par Bernd MARIN et Alessandro PIZZORNO, abbaye Fiesolana, Florence, 15-18 décembre 1986, ronéo.

FRIJHOFF, Wilhem, et JULIA, Dominique, « L'Éducation des riches : deux pensionnats, Belley et Grenoble », *Cahiers d'histoire*, 21 (1-2), 1976, p. 105-131.

–, « Les grands pensionnats de l'Ancien Régime à la Restauration », *Annales historiques de la Révolution française*, 243, janvier-mars 1981, p. 153-198.

FURET, François, et OZOUF, Mona (dir.), *Dictionnaire critique de la Révolution française*, Paris, Flammarion, 1988.

FUSSMAN, Gérard, « Le concept d'empire dans l'Inde ancienne », in Maurice DUVERGER (dir.), *Le Concept d'Empire*, Paris, PUF, 1980, p. 378-396.

–, « Pouvoir central et régions dans l'Inde ancienne. Le problème de l'empire maurya », *Annales ESC*, 4, juillet-août 1982, p. 621-647.

GARELLI, Paul, DURAND, Jean-Marie, GONNET, Hatice *et al.*, *Le Proche-Orient asiatique*, t. I : *De ses origines aux invasions des peuples de la mer*, Paris, PUF, 1969.

GAUDEMET, Paul-Marie, *Le Civil Service britannique*, Paris, Presses de la Fondation nationale des sciences politiques, 1952.

GELLNER, Ernest, *Nations et nationalisme*, trad. Bénédicte Pineau, Paris, Payot, 1989 [1983].

GENET, Jean-Philippe, et VINCENT, Bernard (dir.), *État et Église dans la genèse de l'État moderne* (Actes du colloque organisé par le CNRS et la Casa de

Velázquez, Madrid, 30 novembre-1ᵉʳ décembre 1984), Madrid, Casa de Velázquez, 1986.
GENET, Jean-Philippe et LE MENÉ, Michel (dir.), *Genèse de l'État moderne. Prélèvement et redistribution* (Actes du colloque de Fontevraud, 16-17 novembre 1984), Paris, Éd. du CNRS, 1987.
GENET, Jean-Philippe (dir.), *L'État moderne, genèse. Bilans et perspectives* (colloque du CNRS, 19-20 septembre 1988), Paris, Éd. du CNRS, 1990.
GERNET, Jacques, « Histoire sociale et intellectuelle de la Chine », ronéo, sd.
–, « Fondements et limites de l'État en Chine », ronéo, sd.
–, « L'Homme ou la paperasse. Aperçu sur les conceptions politiques de T'Ang Chen, 1630-1704 », in Dieter EIKEMEIER et Herbert FRANKE (dir.), *State and Law in East Asia*, Wiesbaden, Harrassowitz, 1981, p. 112-125.
–, « Clubs, cénacles et sociétés dans la Chine des XVIᵉ et XVIIᵉ siècles », lecture donnée au cours de la séance publique annuelle du 21 novembre 1986, Paris, Institut de France, 1986.
GORDON, Robert W., « "The ideal and the actual in the law" : fantasies and practices of New York City lawyers, 1870-1910 », in Gerard W. GAWALT (dir.), *The New High Priests. Lawyers in Post-Civil War America*, Westport, Greenwood Press, 1984, p. 51-74.
GOUBERT, Pierre, *L'Ancien Régime*, Paris, Armand Colin, 1963.
GRAMSCI, Antonio, *Cahiers de prison. 3, Cahiers 10, 11, 12 et 13*, trad. Paolo Fulchignoni *et al.*, Paris, Gallimard, 1978 [1975].
GRAWITZ, Madeleine, et LECA, Jean (dir.), *Traité de science politique*, Paris, PUF, 1985.
GRÉMION, Pierre, *Le Pouvoir périphérique. Bureaucrates et notables dans le système politique français*, Paris, Seuil, 1976.
GRIFFIN, Larry J., DEVINE, Joel A., et WALLACE, Michael, « Accumulation, legitimation and politics. Neo-marxist explanation of the growth of welfare expenditures in the United States since the Second World War », manuscrit, sd.
GUENÉE, Bernard, « L'histoire de l'État en France à la fin du Moyen Âge vue par les historiens français depuis cent ans », *Revue historique*, 232, 1964, p. 331-360.
–, *L'Occident aux XIVᵉ et XVᵉ siècles. Les États*, Paris, PUF, 2ᵉ éd., 1981 [1971].
GUSFIELD, Joseph R., *The Culture of Public Problems. Drinking-Driving and the Symbolic Order*, Chicago-Londres, University of Chicago Press, 1981 (trad. fr. postérieure au cours : *La Culture des Problèmes publics. L'alcool au volant : la production d'un ordre symbolique*, trad. Daniel Cefaï, Paris, Economica, 2009).
HABERMAS, Jurgen, *Legitimation Crisis*, trad. Thomas McCarthy, Boston, Beacon Press, 1975 [1973].
HALL, John A., *Powers and Liberties. The Causes and Consequences of the Rise of the West*, Oxford, Basil Blackwell, 1985.
HALL, John A. (dir.), *States in History*, Oxford, Basil Blackwell, 1986.

HAMELIN, Jacques, et DAMIEN, André, *Les Règles de la profession d'avocat*, Paris, Dalloz, 1987.
HANLEY, Sarah, « Engendering the State : family formation and State-building in early modern France », *French Historical Studies*, 16 (1), printemps 1989, p. 4-27.
–, *Le Lit de justice des rois de France. L'idéologie constitutionnelle dans la légende, le rituel et le discours*, trad. André Charpentier, Paris, Aubier, 1991 [1983].
HARRIS, Gerald L., *King, Parliament and Public Finance in Medieval England to 1369*, Oxford, Clarendon Press, 1975.
HARSANYI, John C., « Measurement of social power in n-person reciprocal power situations », *Behavioral Science*, 7 (1), janvier 1962, p. 81-91.
HASKELL, Francis, « L'art et le langage de la politique », *Le Débat*, 44, 1987, p. 106-117.
–, *Past and Present in Art and Taste*, New Haven, Yale University Press, 1987.
HAY, Douglas, LINEBAUGH, Peter, THOMPSON, Edward P. (dir.), *Albion's Fatal Tree : Crime and Society in Eighteenth-Century England*, Londres, Allen Lane, 1975.
HEGEL, Georg Wilhelm, *La Phénoménologie de l'esprit*, t. I, trad. Jean Hyppolite, Paris, Aubier-Montaigne, 1939 [1807].
HELD, David (dir.), *States and Societies*, New York, New York University Press, 1983.
HÉLIE, Faustin, *Traité de l'instruction criminelle*, t. I, Paris, 1866.
HENRY, Louis, « Perspectives d'évolution du personnel d'un corps », *Population*, 2, mars-avril 1975, p. 241-269.
HILTON, Rodney H., « Resistance to taxation and to other State imposition in medieval England », in Jean-Philippe GENET et Michel LE MÉNÉ (dir.), *Genèse de l'État moderne* (Actes du colloque de Fontevraud, 16-17 novembre 1984), Paris, Éd. du CNRS, 1987, p. 169-177.
HIRSCH, Joachim, *Staatsapparat und Reproduktion des Kapitals*, Francfort-sur-le-Main, Suhrkamp, 1974.
–, « The State apparatus and social reproduction. Elements of a theory of the bourgeois State », in John HOLLOWAY et Sol PICCIOTTO (dir.), *State and Capital. A Marxist Debate*, Londres, Edward Arnold, 1978, p. 57-108.
HIRSCHMAN, Albert O., « How Keynes was spread from America », *States and Social Structures Newsletter*, 10, printemps 1989, p. 1-8.
HOPKINS, Keith, *Conquerors and Slaves*, Cambridge, Cambridge University Press, 1978.
HOSTON, Germaine A., « Conceptualizing bourgeois Revolution : the prewar Japanese left and the Meiji Restoration », *Comparative Studies in Society and History*, 33 (3), 1991, p. 539-581.
HUNT, Lynn, *Politics, Culture and Class in the French Revolution*, Berkeley-Los Angeles, University of California Press, 1984.
HUNTER, Floyd, *Community Power Structure. A Study of Decision Makers*, Chapel Hill, University of North Carolina Press, 1953.

HURST, James W., *The Growth of American Law. The Law Makers*, Boston, Little Brown, 1950.
JESSOP, Bob, « Putting States in their place : State systems and State theory », texte présenté au Historical Sociology Workshop, University of Chicago, novembre 1988, ronéo.
JOBERT, Bruno, et MULLER, Pierre, *L'État en action. Politiques publiques et corporatismes*, Paris, PUF, 1987.
JOBERT, Bruno, et THÉRET, Bruno, « La conversion républicaine du néolibéralisme », in Bruno JOBERT (dir.), *Le Tournant néo-libéral en Europe*, Paris, L'Harmattan, 1994, p. 21-85.
JOHNSON, Terence J., *Professions and Power*, Londres, Macmillan, 1972.
JOUANNA, Arlette, *Le Devoir de révolte. La noblesse française et la gestation de l'État moderne (1559-1661)*, Paris, Fayard, 1989.
KANTOROWICZ, Ernst H., *Les Deux Corps du roi*, trad. Jean-Philippe et Nicole Genet, Paris, Gallimard, 1989 [1957].
–, « Pro Patria Mori in mediaeval political thought », *Selected Studies*, Locust Valley, J. J. Augustin, 1965.
–, « Kingship under the impact of scientific jurisprudence », in *Selected Studies*, Locust Valley, J. J. Augustin, 1965, p. 151-166 (trad. fr. : « La royauté médiévale sous l'impact d'une conception scientifique du droit », *Philosophie*, 20, automne 1988, p. 48-72).
–, « Mysteries of State. An absolutist concept and its late mediaeval origins », in *Selected Studies*, Locust Valley, J. J. Augustin, 1965 (trad. fr. : « Mystères de l'État. Un concept absolutiste et ses origines médiévales, bas Moyen Âge », in *Mourir pour la patrie et autres textes*, trad. Laurent Mayali et Anton Schütz, Paris, PUF, 1984 [1961]).
–, « La souveraineté de l'artiste. Notes sur quelques maximes juridiques et les théories de l'art à la Renaissance », in *Mourir pour la patrie et autres textes*, trad. Laurent Mayali et Anton Schütz, Paris, PUF, 1984, p. 31-57.
KARPIK, Lucien, « Avocat : une nouvelle profession ? », *Revue française de sociologie*, 26, 1985, p. 571-600.
KATZNELSON, Ira et PIETRYKOWSKI, Bruce, « Rebuilding the American State. Evidence from the 1940s », *Studies in American Political Development*, 5, automne 1991, p. 301-339.
KEANE, John, *Public Life and Late Capitalism*, Cambridge, Cambridge University Press, 1984.
KELLEY, Donald R., *The Beginning of Ideology. Consciousness and Society in the French Reformation*, Cambridge, Cambridge University Press, 1981.
KELSALL, Roger K., *Higher Civil Servants in Britain. From 1870 to the Present Day*, Londres, Routledge & Kegan Paul, 1955.
–, « Recruitment to the Higher Civil Service : how has the pattern changed ? », in Philip STANWORTH et Anthony GIDDENS (dir.), *Elites and Power in British Society*, Londres, Cambridge University Press, 1974.
KEOHANE, Nannerl O., *Philosophy and the State in France. The Renaissance to the Enlightenment*, Princeton, Princeton University Press, 1980.

KIERNAN, Victor J. , « State and nation in Western Europe », *Past and Present*, 31, juillet 1963, p. 20-38.
KINGSLEY, Donald J., *Representative Bureaucracy*, Yellow Springs, Antioch Press, 1944.
KINGSLEY, Donald J., STAHL, Glenn O., et MOSHER, William E., *Public Personnel Administration*, New York, Harper, 3ᵉ éd, 1950 ; 5ᵉ éd., 1962.
KLEIMAN, Ephraïm, « Fear of confiscation and redistribution. Notes towards a theory of revolution and repression », communication au séminaire de l'Institute for International Economic Studies, Stockholm, 1983.
KLEIN, Jacques-Sylvain, « La procédure des fonds de concours ou l'art de tourner les règles budgétaires », *La Revue administrative*, septembre-octobre 1981, p. 466-471.
KOHLI, Atul, « The State and development », in *States and Social Structures Newsletter*, Social Science Research Council, 6, 1988, p. 1-5.
LAFFONT, Jean-Jacques, « Hidden gaming in hierarchies : facts and models », *The Economic Record*, 64 (187), 1988, p. 295-306.
-, « Analysis of hidden gaming in a three-level hierarchy », *The Journal of Law, Economics, and Organization*, 6 (2), 1990, p. 301-324.
LAITIN, David B., et LUSTICK, Ian S., « Hegemony, institutionalization and the State », ronéo, sd.
-, « Hegemony and the State », *States and Social Structures Newsletter*, 9, hiver 1989, p. 1-8.
LATTIMORE Owen, « Feudalism in History », Recension de : Rushton COULBORN, *Feudalism in History* (Princeton, Princeton University Press, 1956), in *Past and Present*, 12, novembre 1957, p. 50-57.
-, *Studies in Frontier History, Collected Papers 1928-1958*, Paris-La Haye, Mouton, 1962.
LAUMANN, Edward O., *Bonds of Pluralism : The Form and Substance of Urban Social Networks*, New York, Wiley, 1973.
LAUMANN, Edward O., et PAPPI, Franz U., *Networks of Collective Action. A Perspective on Community Influence Systems*, New York, Academic Press, 1976.
LAUMANN, Edward O., et KNOKE, David, *The Organizational State*, Madison, University of Wisconsin Press, 1988.
LECA, Jean, BOUVIER, Jean, MULLER, Pierre, NIZARD, Lucien, BAREL, Yves, NICOLAI, André, HERMANN-ORIGET, Claude, LEYRAL, René, et GOTTELMANN, Gabriele, « Recherches sur l'État. Élaboration d'un bilan interdisciplinaire des travaux concernant l'État français d'aujourd'hui », Rapport de l'Institut d'études politiques CERAT, Commissariat général du Plan, CORDES, t. I, 1980.
LEFF, Gordon, *History and Social Theory*, Londres, Merlin Press, 1969.
LEGENDRE, Pierre, « Histoire de la pensée administrative », in (coll.), *Traité de science administrative*, Paris, Mouton, 1966.

–, « La facture historique des systèmes. Notations pour une histoire comparative du droit administratif français », *Revue internationale de droit comparé*, 23 (1), janvier-mars 1971, p. 5-47.

LE GOFF, Jacques, « L'État et les pouvoirs », in André BURGUIÈRE et Jacques REVEL (dir.), *Histoire de la France*, t. II, Paris, Seuil, 1989.

LÉNINE, « De l'État », conférence du 11 juillet 1919 à l'Université de Sverdlov (texte intégral disponible sur le site <marxists.org>).

LENOIR, Remi, « Un reproche vivant. Entretien avec un magistrat », in Pierre BOURDIEU (dir.), *La Misère du monde*, Paris, Seuil, 1993, p. 465-492.

LE PAIGE, Louis Adrien, *Lettres historiques sur les fonctions essentielles du Parlement, sur le droit des pairs et sur les lois fondamentales du royaume*, 2 vol., Amsterdam, Aux Dépens de la Compagnie, 1753-1754.

LE PORS, Anicet, *L'État efficace*, Paris, Robert Laffont, 1985.

LEVENSON, Joseph Richmond, *Confucian China and its Modern Fate. A Trilogy*, Berkeley, University of California Press, 3 t., 1958-1965.

LEWIS, Andrew W., *Le Sang royal. La famille capétienne et l'État, France, X^e-XIVe siècles*, trad. Jeannie Carlier, Paris, Gallimard, 1986 [1981].

LIEBERMAN, Jethro K., *The Tyranny of Experts. How Professionals are Closing the Open Society*, New York, Walker, 1970.

LINDENBERG, Siegwart, COLEMAN, James S., et NOWAK, Stefan (dir.), *Approaches to Social Theory*, New York, Russell Sage Foundation, 1986.

LINDBLOM, Charles E., *Politics and Markets*, New York, Basic Books, 1977.

LIPIETZ, Alain, « Crise de l'État-providence : idéologies, réalités et enjeux pour la France des années 1980 », Intervention au Congrès de la Société québécoise de science politique « Crise économique, transformations politiques et changements idéologiques », Trois-Rivières, mai 1983, Document CEPREMAP, 8306, 1983.

LOWI, Theodore J., « The reason of the Welfare State. An inquiry into ethical foundations and constitutional remedies », ronéo, sd.

LOWIE, Robert H., *The Origin of the State*, New York, Harcourt, Brace & Co, 1927.

LOYSEAU, Charles, *Traité des ordres et simples dignités*, Châteaudun, 1610.

MACPHERSON, Crawford B., « Do we need a theory of the State ? », *Archives européennes de sociologie*, 18 (2), 1977, p. 223-244.

MCCLELLAND, Charles E., « Structural change and social reproduction in German universities, 1870-1920 », *History of Education*, 15 (3), 1986, p. 177-193.

MAIRE, Catherine (dir.), *Jansénisme et révolution*, Actes du colloque de Versailles tenu au Palais des congrès les 13 et 14 octobre 1989, Paris, Chroniques de Port-Royal, Bibliothèque Mazarine, 1990.

MAITLAND, Frederic W., *English Law and the Renaissance*, Cambridge, Cambridge University Press, 1901.

–, *The Constitutional History of England. A Course of Lectures Delivered*, Cambridge, Cambridge University Press, 1948 [1908].

–, *Equity. The Forms of Action at Common Law*, Cambridge, Cambridge University Press, 1913.

MANLEY, John, « Neopluralism : a class analysis of pluralism I and pluralism II », *American Political Science Review*, 77, 1983, p. 368-384.

MANN, Michael, « States, ancient and modern », *Archives européennes de sociologie*, numéro spécial sur l'État, 28 (2), 1977, p. 262-298.

–, « The autonomous power of the State. Its origins, mechanisms and results », *Archives européennes de sociologie*, 25 (1), 1984, p. 185-213.

–, *The Sources of Social Power*, vol. 1 : *A History of Power from the Beginning to AD 1760*, Cambridge, Cambridge University Press, 1986.

MANTRAN, Robert, *L'Empire ottoman, du XVIe au XVIIIe siècle. Administration, économie, société*, Londres, Variorum, 1984.

MANTRAN, Robert (dir.), *Histoire de l'Empire ottoman*, Paris, Fayard, 1989.

MARION, Marcel (dir.), *Dictionnaire des institutions de la France aux XVIIe et XVIIIe siècles*, Paris, Picard, 1972 [1923].

MARSCH, Robert M., « The venality of provincial office in China and in comparative perspective », *Comparative Studies in Society and History*, 4, 1962, p. 464-466.

MEISEL, James H., *The Myth of the Ruling Class*, Ann Arbor, University of Michigan Press, 1962.

MEMMI, Dominique, « Savants et maîtres à penser. La fabrication d'une morale de la procréation artificielle », *Actes de la recherche en sciences sociales*, 76-77, mars 1989, p. 82-103.

MESNARD, Pierre, *L'Essor de la philosophie politique au XVIe siècle*, Paris, Vrin, 1969.

MICHELS, Roberto, *Les Partis politiques. Essai sur les tendances oligarchiques des démocraties*, trad. Samuel Jankélévitch, Paris, Flammarion, 1914 [1911].

MILIBAND, Ralph, *The State in Capitalist Society. An Analysis of the Western System of Power*, New York, Basic Books, 1978 [1969].

MILLER, Benjamin, « The colonial polo club : an examination of class processes in the suburban-rural fringe », in Leith MULLINGS (dir.), *Cities of the United States*, New York, Columbia University Press, 1987, p. 198-218.

MILLER, Delbert C., « Power, complementary, and the cutting edge of research », *Sociological Focus*, 1 (4), été 1968, p. 1-17.

MILLS, Charles Wright, *The Power Elite*, New York, Oxford University Press, 1956 (trad. fr. : *L'Élite du pouvoir*, trad. André Chassigneux, Paris, Maspero, 1959).

MOORE, Barrington, *Les Origines sociales de la dictature et de la démocratie*, trad. Pierre Clinquart, Paris, Maspero, 1983 [1966].

MOSSE, George L., *The Crisis of German Ideology. Intellectual Origins of the Third Reich*, New York, Grosset & Dunlap, 1964 (trad. fr. postérieure au cours : *Les Racines intellectuelles du Troisième Reich*, trad. Claire Darmon, Paris, Calmann-Lévy, 2006).

MOUSNIER, Roland, *La Vénalité des offices sous Henri IV et Louis XIII*, Rouen, Maugard, 1945.

–, « Le trafic des offices à Venise », *Revue historique de droit français et étranger*, 30 (4), 1952, p. 552-565.
–, *La Plume, la faucille et le marteau. Institutions et société en France du Moyen Âge à la Révolution*, Paris, PUF, 1970.
–, « La fonction publique en France du début du XVIᵉ siècle à la fin du XVIIIᵉ siècle », *Revue historique*, 530, avril-juin 1979.
–, *Les Institutions de la France sous la monarchie absolue, 1598-1789*, t. I : *Société et État*, Paris, PUF, 1974 ; t. II : *Les Organes de l'État et la société*, Paris, PUF, 1980.
MÜLLER, Wolfgang, et NEUSÜSS, Christel, « The illusion of State socialism and the contradiction between wage labor and capital », *Telos*, 25, automne 1975, p. 13-91.
MURRAY, Robin, « The internationalization of capital and the national State », *New Left Review*, 67, 1971, p. 84-109.
NAUDÉ, Gabriel, *Considérations politiques sur les coups d'État*, 1667 (rééd. Gallimard, 2004).
NICOLAÏ, André, « Les efficacités de la planification », in Lucien NIZARD et Pierre A. Bélanger, *Planification et société*, Grenoble, PUG, 1975, p. 583-598.
NORDLINGER, Eric A., *On the Autonomy of the Democratic State*, Cambridge, Harvard University Press, 1981.
NOZICK, Robert, *Anarchy, State and Utopia*, Oxford, Basil Blackwell, 1974 (trad. fr. : *Anarchie, État et utopie*, trad. Évelyne d'Auzac de Lamartine et Pierre-Emmanuel Dauzat, Paris, PUF, 1988).
O'CONNOR, James, *The Corporations and the State*, New York, Harper & Row, 1974.
OFFE, Claus, « Laws of motion of reformist State policies. An Excerpt from *Berufabildungs Reform eine Fall Studie über Reform Politik* », manuscrit, sd.
–, « Structural problems of the capitalist State. Class rule and the political system. On the selectiveness of political institutions », in Claus VON BEYME (dir.), *German Political Studies*, vol. 1, Londres, Sage, 1974, p. 31-55.
–, *Disorganized Capitalism. Contemporary Transformations of Work and Politics*, Cambridge, Polity Press, 1985.
OFFE, Claus, et KEANE, John (dir.), *Contradictions of the Welfare State*, Londres, Hutchinson & Co, 1984.
OLESEN, Virginia, et WHITTAKER, Elvi W., « Critical notes on sociological studies of professional socialization », in John A. JACKSON (dir.), *Professions and Professionalization*, Cambridge, Cambrige University Press, 1970.
OOMS, Herman, *Tokugawa Ideology, Early Constructs, 1570-1680*, Princeton, Princeton University Press, 1985.
ORLOFF, Ann Shola, et SKOCPOL, Theda, « Why not equal protection ? Explaining the politics of public social spending in Britain, 1900-1911, and the United States, 1880-1920 », *American Sociological Review*, 49 (6), décembre 1984, p. 726-750.

ORY, Pascal (dir.), *Nouvelle histoire des idées politiques*, Paris, Hachette, 1987.
PARETO, Vilfredo, *The Rise and Fall of Elites. An Application of Theorical Sociology*, New Brunswick, Transaction Publishers, 1991 [1901].
–, *Les Systèmes socialistes* (*Œuvres complètes*, vol. 5), Paris-Genève, Droz, 1965 [1902].
–, *Traité de sociologie générale* (*Œuvres complètes*, vol. 12), Paris-Genève, Droz, 1968 [1916].
PARSONS, Talcott, *Éléments pour une sociologie de l'action*, trad. François Bourricaud, Paris, Plon, 1955 [1937].
–, *Sociétés. Essai sur leur évolution comparée*, trad. Gérard Prunier, Paris, Dunod, 1973 [1966].
PASCAL, Blaise, *Pensées*, Paris, Le Livre de Poche, 1972 (éd. Léon Brunschvicg, 1897) [1670].
PÉAN, Pierre, *Secret d'État. La France du secret, les secrets de la France*, Paris, Fayard, 1986.
PEREZ-DIAZ, Victor, *Estado, burocracia y sociedad civil. Discusión crítica, desarrollos y alternativas a la teoría política de Karl Marx*, Madrid, Alfaguara, 1978 ; et trad. angl. : *State, Bureaucracy and Civil Society. A Critical Discussion of the Political Theory of Karl Marx*, Londres-New York, Macmillan-Humanities Press, 1978.
–, « El proyecto moral de Marx cien años después », in Angel ROJO LUIS et Victor PEREZ-DIAZ (dir.), *Marx, economía y moral*, Madrid, Alianza Editorial, 1984.
PERLIN, Frank, « State formation reconsidered », *Modern Asian Studies*, 19 (3), 1985, p. 415-480.
PERROUX, François, *Pouvoir et économie*, Paris, Dunod, 1973.
PETOT, Jean, *Histoire de l'Administration des Ponts et Chaussées (1599-1815)*, Paris, Marcel Rivière, 1958.
PEUCHOT, Éric, « L'obligation de désintéressement des agents publics », Thèse pour le doctorat d'État, Université de Paris-2, 1987.
PIROTTE, Olivier, *Vivien de Goubert*, Paris, LGDJ, 1972.
PISIER-KOUCHNER, Évelyne, « Le Service public dans la théorie de l'État de Léon Duguit », *Revue internationale de droit comparé*, 25 (4), 1973, p. 970-971.
POCOCK, John Greville Agard, *The Machiavellian Moment : Florentine Political Thought and the Atlantic Republican Tradition*, Princeton, Princeton University Press, 1975 (trad. fr. postérieure au cours : *Le Moment machiavélien. La pensée politique florentine et la tradition républicaine atlantique*, trad. Luc Borot, Paris, PUF, 1997).
POLLOCK, Sheldon, « From discourse of ritual to discourse of power in sanskrit culture », *Journal of Ritual Studies*, 4-2, été 1990, p. 315-345.
POST, Gaines, *Studies in Medieval Legal Thought*, Princeton, Princeton University Press, 1964.
POULANTZAS, Nicos, *Pouvoir et classes sociales*, Paris, Maspero, 1968 ; et trad. angl. : *Political Power and Social Classes*, Londres, New Left Books, 1973.

PRZEWORSKI, Adam, *Capitalism and Social Democracy*, Cambridge, Cambridge University Press, 1985.
—, « Marxism and rational choice », *Politics and Society*, 14 (4), décembre 1985, p. 379-409.
PRZEWORSKI, Adam, et WALLERSTEIN, Michael, « Structural dependence of the State on capital », manuscrit, sd.
—, « Corporatism, pluralism and market competition », manuscrit, sd.
PUTNAM, Robert D., *The Comparative Study of Political Elites*, Engliwood, Prentice Hall, 1976.
QUADAGNO, Jill, « Theories of the Welfare State », *Annual Review of Sociology*, 13, 1987, p. 109-128.
RAMPELBERG, Renée-Marie, *Aux origines du ministère de l'Intérieur, le ministère de la maison du Roi, 1783-1788*, Paris, Economica, 1974.
RÉV, Istvan, « The advantages of being atomized », communication présentée à l'Institute for Advanced Study, Princeton, février 1986, ronéo.
RICHET, Denis, *La France moderne. L'esprit des institutions*, Paris, Flammarion, 1973.
—, « Élite et noblesse : la fonction des grands serviteurs de l'État (fin XVIe-début XVIIe siècle) », *Acta Poloniae Historica*, 36, 1977, p. 47-63.
RIKER, William H., « Some ambiguities in the notion of power », *The American Political Science Review*, 63 (2), juin 1964, p. 341-349.
RINGER, Fritz K., *The Decline of the German Mandarins. The German Academic Community (1890-1933)*, Cambridge, Harvard University Press, 1969.
ROLLAND, Patrice, « L'enjeu du droit », in Michel CHARZAT (dir.), *Georges Sorel*, Paris, Éd. de l'Herne, « Cahier de l'Herne », 1986, p. 28-44.
ROSANVALLON, Pierre, *La Crise de l'État-providence*, Paris, Seuil, 1981.
ROSS, George, « Redefining political sociology », Recension de : Peter B. EVANS, Dietrich RUESCHEMEYER et Theda SKOCPOL (dir.), *Bringing the State Back in* (Cambridge, Cambridge University Press, 1985), *Contemporary Sociology*, 15 (6), 1986, p. 813-815.
ROUQUIÉ, Alain, « Changement politique et transformation des régimes », in Madeleine GRAWITZ et Jean LECA (dir.), *Traité de science politique*, Paris, PUF, 1985, p. 601.
ROUSSELET, Marcel, *Histoire de la magistrature française. Des origines à nos jours*, 2 vol., Paris, Plon, 1957.
RUBINSTEIN, William D., « Wealth, elites and the class structure of modern Britain », *Past and Present*, 76, 1977, p. 99-126.
RUNCIMAN, W. Garry, « Comparative history or narrative history », *Archives européennes de sociologie*, 21, 1980, p. 162-178.
RUPP, Jan C. C., et DE LANGE, Rob, « Social order, cultural capital and citizenship. An essay concerning educational status and educational power versus comprehensiveness of elementary schools », *The Sociological Review*, 37 (4), novembre 1989, p. 668-705.
RYAN, William, *Blaming the Victim*, New York, Pantheon Books, 1971.

SAIGE, Guillaume-Joseph, *Catéchisme du citoyen, ou Éléments du droit public français, par demandes & réponses*, sl, 1775.
SAINT MARTIN, Monique DE, *L'Espace de la noblesse*, Paris, Métailié, 1993.
SALMON, J. H. M., « Venality of office and popular sedition in seventeenth-century France. A review of a controversy », *Past and Present*, 37, juillet 1967, p. 21-43.
SAMOYAULT, Jean-Pierre, *Les Bureaux du secrétariat d'État des Affaires étrangères sous Louis XV*, Paris, Pedone, 1971.
SARFATTI, Larson Magali, *The Rise of Professionnalism. A Sociological Analysis*, Berkeley-Los Angeles, University of California Press, 1977.
SCHAPIRO, Meyer, Recension de : Joseph C. SLOANE, *Between the Past and Present. Artists, Critics, and Traditions from 1848 to 1870* (Princeton, Princeton University Press, 1951), *The Art Bulletin*, 36, 1954, p. 163-165.
SCHMITTER, Philippe, « Neo-corporatism and the State », *Working Paper* 106, Florence, EUI.
SCHMOLDERS, Günter, *Psychologie des finances et de l'impôt*, trad. Gisela Khairallah, Paris, PUF, 1973.
SCHRAMM, Percy Ernst, *Kaiser, Rom und Renovatio. Studien und Texte zur Geschichte des römischen Erneuerungsgedankens vom Ende des karolingischen Reiches bis zum Investiturstreit*, 2 vol., Berlin, Teubner, 1929.
—, *Der König von Frankreich. Das Wesen der Monarchie von 9 zum 16. Jahrhundert. Ein Kapital aus Geschichter des abendlischen Staates*, 2 vol., Weimar, H. Böhlaud Nachf, 1939.
SEYSSEL, Claude DE, *La Monarchie de France*, éd. Jacques Poujol, Librairies d'Argences, 1960 [1519].
SHIBATA, Michio, et CHIZUKA, Tadami, « Marxist studies of the French Revolution in Japan », *Science & Society*, 54 (3), 1990, p. 366-374.
SHINN, Terry, « Science, Tocqueville, and the State. The organization of knowledge in modern France », *Social Research*, 59 (3), automne 1992, p. 533-566.
SKINNER, Quentin, *The Foundations of Modern Political Thought*, t. 1 : *The Renaissance* ; t. 2 : *The Age of Reformation*, Cambridge, Cambridge University Press, 1978 (trad. fr. postérieure au cours : *Les Fondements de la pensée politique moderne*, trad. Jerome Grossman et Jean-Yves Pouilloux, Paris, Albin Michel, 2001).
SKOCPOL, Theda, *States and Social Revolution. A Comparative Analysis of France, Russia, and China*, Cambridge, Cambridge University Press, 1979 (trad. fr. : *États et révolutions sociales. La Révolution en France, en Russie, en Chine*, trad. Noëlle Burgi, Paris, Fayard, 1985).
—, « Rentier State and Shi'A Islam in the Iranian Revolution », *Theory and Society*, 11, 1982, p. 265-283.
—, « Bringing the State back in : strategies of analysis in current research », version de mars 1984 à paraître in Peter B. EVANS, Dietrich RUESCHEMEYER et Theda SKOCPOL (dir.), *Bringing the State Back in*, Cambridge, Cambridge University Press, 1985.

–, « Cultural idioms and political ideologies in the revolutionary reconstruction of State power. A rejoinder to sewell », *The Journal of Modern History*, 57 (1), mars 1985, p. 86-96.

–, « Social history and historical sociology : contrasts and complementarities », version revisée de « Historical sociology and social history : a dialogue », Annual Meeting of the Social Science History Association, Chicago, 23 novembre 1985 ; aussi sous la forme : « Social history and historical sociology : contrasts and complementarities », *Social Science History*, 11 (1), printemps 1987, p. 17-30.

–, « A society without a "State" ? Political organization, social conflict, and welfare provision in the United States », *Journal of Public Policy*, 7 (4), octobre-décembre 1987, p. 349-371.

SKOCPOL, Theda (dir.), *Vision and Method in Historical Sociology*, Cambridge, Cambridge University Press, 1984.

SKOCPOL, Theda, et WEIR, Margaret, « State structures and the possibilities for "Keynesian" responses to the Great Depression in Sweden, Britain, and the United States », version d'août 1984 à paraître in Peter B. EVANS, Dietrich RUESCHEMEYER et Theda SKOCPOL (dir.), *Bringing the State Back in*, Cambridge, Cambridge University Press, 1985.

SKOCPOL, Theda, et AMENTA, Edwin, « States and social policies », *Annual Review of Sociology*, 12, 1986, p. 131-157.

SOCIAL SCIENCE RESEARCH COUNCIL (New York), *States and Social Structures Newsletter* (2 numéros : « Hegemony and the State », hiver 1989 ; « The State and development », hiver 1988).

SORMAN, Guy, *L'État minimum*, Paris, Albin Michel, 1985.

SPINOZA, Baruch, *Traité politique* [1677], in *Œuvres complètes*, Paris, Gallimard, 1954.

STANWORTH, Philip, et GIDDENS, Anthony (dir.), *Elites and Power in British Society*, Londres, Cambridge University Press, 1974.

STEIN, Burton, « State formation and economy reconsidered », *Modern Asian Studies*, 19 (3), 1985, p. 387-413.

STEINMETZ, George, « The myth and the reality of an autonomous State : industrialists, *Junkers*, and social policy in Imperial Germany », version à paraître in Craig CALHOUN (dir.), *Comparative Social Research*, 12, 1990.

STIEBER, Joachim W., « Pope Eugenius IV, the Council of Basel, and the secular and ecclesiastical authorities in the Empire. The Conflict over supreme authority and power in the Church », in Heiko A. OBERMAN (dir.), *Studies in the History of Christian Thought*, vol. 13, Leyde, Brill, 1978.

STONE, Deborah A., *The Disabled State*, Philadelphie, Temple University Press, 1984.

STONE, Lawrence, « Theories of Revolution », *World Politics*, 18 (2), janvier 1966, p. 159-176.

STRAYER, Joseph R., « The idea of feudalism », in Rushton COULBORN (dir.), *Feudalism in History*, Princeton, Princeton University Press, 1956, p. 3-11.

–, *Les Origines médiévales de l'État moderne*, trad. Michèle Clément, Paris, Payot, 1979 [1970].

SULEIMAN, Ezra N., *Les Élites en France. Grands corps et grandes écoles*, Paris, Seuil, 1979 [1978].

–, « Hauts fonctionnaires. Le mythe de la neutralité », *Le Monde*, 27 février 1986.

SUPIOT, Alain, « La crise de l'esprit de service public », *Droit social*, 12, décembre 1989, p. 777-783.

SWAAN, Abram DE, « In care of the State. State formation and the collectivisation of wealth care. Education and welfare in Europe and America during the Modern Era », projet proposé (14 pages dont une table des matières), suivi d'une traduction préliminaire : « Introduction à une sociogenèse de l'État providence » (12 pages).

SWEEZY, Paul M., « Marxian socialism. Power elite or ruling class », *Monthly Review Pamphlet Series*, 13, 1960 [1956], p. 5-17.

TESSIER, Georges, *Diplomatique royale française*, Paris, Picard, 1962.

THÉRET, Bruno, « L'État. Le souverain, la finance et le social », avant-projet de séminaire franco-européen de recherche interdisciplinaire et de prospective, 25 mars 1990, ronéo.

–, « Néolibéralisme, inégalités sociales et politiques fiscales de droite et de gauche dans la France des années 1980. Identité et différences, pratiques et doctrines », *Revue française de science politique*, 41 (3), juin 1991, p. 342-381.

–, « Quel avenir pour l'État-providence dans un contexte d'intégration des marchés nationaux ? », communication au colloque international « Amérique du Nord, Communauté européenne : intégration économique, intégration sociale ? », Université du Québec à Montréal, 22-24 octobre 1992.

THOENIG, Jean-Claude, *L'Ère des technocrates. Le cas des Ponts et Chaussées*, Paris, Éditions d'organisation, 1973.

THOMPSON, Edward P., « The peculiarities of the English », in Ralph MILIBAND et John SAVILLE (dir.), *The Socialist Register*, Londres, Merlin, 1965, p. 311-362 ; rééd. in Edward P. THOMPSON, *The Poverty of Theory and Others Essays*, New York, Monthly Review Press, 1978.

–, « Patrician society, plebeian culture », *Journal of Social History*, 7 (4), 1976, p. 382-405.

–, « Modes de domination et révolution en Angleterre », *Actes de la recherche en sciences sociales*, 2-3, juin 1976, p. 133-151.

THUAU, Étienne, *Raison d'État et pensée politique à l'époque de Richelieu*, Paris, Armand Colin, 1966 (rééd. Albin Michel, 2000).

THUILLIER, Guy, *Bureaucratie et bureaucrates en France au XIXe siècle*, Genève, Droz, 1980.

TILLY, Charles, « Major forms of collective action in Western Europe 1500-1975 », *Theory and Society*, 3, 1976, p. 365-375.
–, *From Mobilization to Revolution*, Cambridge, Harvard University Press, 1986.
–, « Cities and States in Europe, 1000-1800 », *States and Social Structures Newsletter*, 7, printemps 1988, p. 5-9.
–, *Coercion, Capital and European States, AD 990-1990*, Cambridge, Blackwell, 1990 (trad. fr. postérieure au cours : *Contrainte et capital dans la formation de l'Europe, 990-1990*, trad. Denis-Armand Canal, Paris, Aubier, 1992).
TILLY, Charles (dir.), *The Formation of National States in Western Europe*, Princeton, Princeton University Press, 1975 (avec les contributions de Gabriel ARDANT, David H. BAYLEY, Rudolf BRAUN, Samuel E. FINER, Wolfram FISCHER, Peter LUNDGREEN, Stein ROKKAN, Charles TILLY).
TIROLE, Jean, et LAFFONT, Jean-Jacques, « The politics of government decision making. Regulatory institutions », *The Journal of Law, Economics, and Organization*, 6 (1), 1990, p. 1-32.
–, « The politics of government decision making. A theory of regulatory capture », *The Quarterly Journal of Economics*, 106, 1991, p. 1089-1127.
–, « Auction design and favoritism », *International Journal of Industrial Organization*, 9, 1991, p. 9-42.
TURGOT, *Des administrations provinciales : mémoire présenté au Roi*, 1788.
USEEM, Michael, et KARABEL, Jerome, « Pathways to top corporate management », *American Sociological Review*, 51 (2), 1986, p. 184-200.
VAILLANT, Roger, *Éloge du Cardinal de Bernis*, Paris, Fasquelle, 1956.
VAN KLEY, Dale, « Du Parti janséniste au parti patriote. L'ultime sécularisation d'une tradition religieuse à l'époque du chancelier Maupeou (1770-1775) », in Catherine MAIRE (dir.), *Jansénisme et révolution*, Actes du colloque de Versailles tenu au Palais des congrès les 13 et 14 octobre 1989, Paris, Chroniques de Port-Royal, Bibliothèque Mazarine, 1990, p. 115-130.
VIDAL-NAQUET, Pierre, *La Raison d'État*, textes publiés par le comité Maurice-Audin, Paris, Minuit, 1962 (rééd. La Découverte, 2002).
WACQUANT, Loïc J. D., « De l'État charitable à l'État pénal. Notes sur le traitement politique de la misère en Amérique », ronéo [1989].
WALLERSTEIN, Immanuel, *The Modern World-System*, vol. 1 : *Capitalist Agriculture and the Origins of the European World-Economy in the Sixteenth Century*, New York-Londres, Academic Press, 1974 (trad. fr. : *Le Système du monde, du XVe siècle à nos jours*, t. I : *Capitalisme et Économie-Monde 1450-1640*, Paris, Flammarion, 1980).
WALZER, Michael, *Interpretation and Social Criticism*, Cambridge, Harvard University Press, 1987 (trad. fr. : *Critique et sens commun. Essai sur la critique sociale et son interprétation*, trad. Joël Roman, Paris, La Découverte, 1990).
WEBER, Max, *Gesammelte Aufsätze zur Religionssoziologie*, 3 vol., Tübingen, Mohr, 1978-1986 [1920-1921] (trad. fr. : *Hindouisme et bouddhisme* [1916],

trad. postérieure au cours, Isabelle Kalinowski et Roland Lardinois, Paris, Flammarion, 2003 ; *Confucianisme et taoïsme* [1916], trad. postérieure au cours, Catherine Colliot-Thélène et Jean-Pierre Grossein, Paris, Gallimard, 2000 ; *Le Judaïsme antique*, trad. Freddy Raphaël, Plon, 1970 [1917-1918] ; *L'Éthique protestante et l'Esprit du capitalisme*, trad. Jacques Chavy, Plon, 1964 [1920] ; *Sociologie de la religion* [1910-1920], trad. postérieure au cours, Isabelle Kalinowski, Paris, Flammarion, 2006).

–, *Le Savant et le Politique*, trad. Julien Freund, Paris, UGE, « 10/18 », 1963 [1959 ; 1919].

–, *Histoire économique. Esquisse d'une histoire universelle de l'économie et de la société*, trad. Christian Bouchindhomme, Paris, Gallimard, 1991 [1919-1920].

–, *Économie et société*, trad. Julien Freund et al., Paris, Plon, 1971 [1921].

–, *Essais sur la théorie de la science*, trad. Julien Freund, Paris, Plon, 1965 [1922].

WICKHAM, Chris, « Historical Materialism, Historical Sociology », *New Left Review*, 171, septembre-octobre 1988, p. 63-78.

WILL, Pierre-Étienne, *Bureaucratie et famine en Chine au XVIIIe siècle*, Paris-La Haye, EHESS-Mouton, 1980.

–, « Bureaucratie officielle et bureaucratie réelle. Sur quelques dilemmes de l'administration impériale à l'époque des Qing », *Études chinoises*, VIII, printemps 1989, p. 69-141.

–, Recension de : Beatrice S. BARTLETT, *Monarchs and Ministers. The Grand Council in Mid-Ch'ing China, 1723-1820* (Berkeley-Los Angeles, University of California Press, 1991), *Harvard Journal of Asiatic Studies*, 54 (1), juillet 1994, p. 313-337.

WILLIAMS, Mike, « Industrial policy and the neutrality of the State », *Journal of Public Economics*, 19, 1982, p. 73-96.

WITTFOGEL, Karl August, *Le Despotisme oriental. Étude comparative du pouvoir total*, trad. Micheline Pouteau, Paris, Minuit, 1977 [1957].

WITTGENSTEIN, Ludwig, *Tractatus logico-philosophicus*, suivi de *Investigations philosophiques*, trad. Pierre Klossowski, Paris, Gallimard, 1961 [1953].

WITTROCK, Björn, WAGNER, Peter, et WOLLMANN, Hellmut, « Social science and the modern State : knowledge, institutions, and societal transformations », version à paraître in Peter WAGNER, Carol H. WEISS, Björn WITTROCK et Hellmut WOLLMANN (dir.), *Social Sciences and Modern States. National Experiences and Theoretical Crossroads*, Cambridge, Cambridge University Press, 1991.

WOOLLEY, John T., « The politics of monetary policy in Western Europe », communication à l'assemblée annuelle de l'American Political Science Association, Chicago, 1983.

WRIGHT, Erik O., *Class, Crisis and the State*, Londres, Verso, 1979.

ZEITLIN, Maurice, NEUMAN, W. Lawrence, et RATCLIFF, Richard E., « Class segments, agrarian property and political leadership in the capitalist class of chile », *American Sociological Review*, 41, 1976, p. 1006-1029.

ZELDIN, Theodore, *The Political System of Napoleon III*, Londres, Macmillan, 1958.
ZELLER, Gaston, *Les Institutions de la France au XVIe siècle*, Paris, PUF, 1987 [1948].
ZOLBERG, Aristide R., « Interactions stratégiques et formation des États modernes en France et en Angleterre, *Revue internationale des sciences sociales*, 32 (4), 1980, p. 737-767.
—, « L'influence des facteurs "externes" sur l'ordre politique interne », in Madeleine GRAWITZ et Jean LECA (dir.), *Traité de science politique*, Paris, PUF, 1985, p. 567-598.

2. Travaux non directement liés à l'État

ALPERS, Svetlana, « L'œil de l'histoire. L'effet cartographique dans la peinture hollandaise au XVIIe siècle », *Actes de la recherche en sciences sociales*, 49, 1983, p. 71-101.
ANDERSON, Perry, « Socialism and pseudo-empiricism », *New Left Review*, 35, janvier-février 1966, p. 2-42.
ARON, Raymond, *Les Étapes de la pensée sociologique*, Paris, Gallimard, 1976.
AUSTIN, John L., *Quand dire, c'est faire*, trad. Gilles Lane, Paris, Seuil, 1970 [1955].
BACHELARD, Gaston, *La Formation de l'esprit scientifique. Contribution à une psychanalyse de la connaissance objective*, Paris, Vrin, 1938.
BALAZS, Étienne, « Les aspects significatifs de la société chinoise », *Asiatische Studien*, VI, 1952, p. 79-87.
BATESON, Gregory *et al.*, « Towards a theory of schizophrenia », *Behavioral Science*, 1 (4), 1956 (trad. fr. in Gregory BATESON, *Vers une écologie de l'esprit*, 2 t., trad. Férial Drosso, Laurencine Lot et Eugène Simion, Paris, Seuil, 1977-1980).
BEN-DAVID, Joseph, *The Scientist's Role in Society : a Comparative Study*, Chicago, University of Chicago Press, 1971.
BENDIX, Reinhard, *Max Weber. An Intellectual Portrait*, Berkeley, University of California Press, 1977 [1960].
BENET, Francisco, « Les marchés explosifs dans les montagnes berbères », in Karl POLANYI, Conrad M. ARENSBERG et Harry W. PEARSON (dir.), *Les Systèmes économiques dans l'histoire et dans la théorie*, trad. Claude et Anne Rivière, Paris, Larousse, 1975 [1957], p. 195-216.
BENVENISTE, Émile, *Le Vocabulaire des institutions indo-européennes*, t. I, *Économie, parenté, société* ; t. II, *Pouvoir, droit, religion*, Paris, Minuit, 1969.
BERGER, Peter L., et LUCKMANN, Thomas, *La Construction sociale de la réalité*, trad. Pierre Taminiaux, Paris, Klincksieck, 1986 [1966].
BERGSON, Henri, *La Pensée et le Mouvant*, Paris, Alcan, 1934.

BERLE, Adolf A., et MEANS, Gardiner C., *The Modern Corporation and Private Property*, New York, Macmillan, 1933 [1932].

BERNHARD, Thomas, *Maîtres anciens*, trad. Gilberte Lambrichs, Paris, Gallimard, 1988 [1985].

BLOCH, Marc, *Apologie pour l'histoire, ou Métier d'historien*, Paris, Armand Colin, 2ᵉ éd. 1952 [1949].

BOLLACK, Jean, *Empédocle*, 3 vol., Paris, Minuit, 1965-1969.

BRUBAKER, Rogers, *The Limits of Rationality. An Essay on the Social and Moral Thought of Max Weber*, Londres, Allen & Unwin, 1984.

BURNHAM, James, *L'Ère des organisareurs*, trad. Hélène Claireau, Paris, Calman-Lévy, 1947 [1941].

CAILLET, Laurence, *La Maison Yamazaki. La vie exemplaire d'une paysanne japonaise devenue chef d'une entreprise de haute coiffure*, Paris, Plon, 1991.

CASSIRER, Ernst, *Individu et cosmos dans la philosophie de la Renaissance*, trad. Pierre Quillet, Paris, Minuit, 1983 [1927].

–, *Philosophie des formes symboliques*, 3 t., trad. Ole Hanse-Løve, Jean Lacoste et Claude Fronty, Paris, Minuit, 1972 [1953-1957].

–, « Structuralism in modern linguistics », *Word*, 1 (2), 1945.

CHAMFORT, Nicolas DE, *Maximes et pensées*, Paris, 1795.

CHAMPAGNE, Patrick, *Faire l'opinion. Le nouveau jeu politique*, Paris, Minuit, 1990.

CICOUREL, Aaron, *La Sociologie cognitive*, trad. Jeffrey et Martine Olson, Paris, PUF, 1979 [1974].

COLL., *Philosophies de l'Université. L'idéalisme allemand et la question de l'Université*, textes de SCHELLING, FICHTE, SCHLEIERMACHER, HUMBOLDT, HEGEL présentés par Luc FERRY, Jean-Pierre PESRON et Alain RENAUT, Paris, Payot, 1979.

DAVIDSON, Donald, *Inquiries into Truth and Interpretation*, Oxford, Clarendon Press, 1984 (trad. fr. postérieure au cours, *Enquêtes sur la vérité et l'interprétation*, trad. Pascal Engel, Nîmes, Jacqueline Chambon, 1993).

DELEUZE, Gilles, « Supplément à propos des nouveaux philosophes et d'un problème plus général », *Minuit*, supplément au n° 24, mai 1977.

DERRIDA, Jacques, *L'Autre Cap*, Paris, Galilée, 1991.

DESCIMON, Robert, *Qui étaient les Seize ? Mythes et réalités de la Ligue parisienne, 1585-1594*, Paris, Klincksieck, 1983.

DUMÉZIL, Georges, « Science et politique. Réponse à Carlo Ginzburg », *Annales ESC*, 5, 1985, p. 985-989.

DURKHEIM, Émile, *De la division du travail social*, Paris, PUF, 1960 [1893].

–, « Débat sur l'explication en histoire et en sociologie », *Bulletin de la société française de philosophie*, 8, 1908, réed. in *Textes*, Paris, Minuit, 1975, t. 1, p. 199-217.

–, *Les Formes élémentaires de la vie religieuse*, Paris, PUF, 1960 [1912].

–, *Leçons de sociologie*, Paris, PUF, 1990 [1922].

–, *L'Évolution pédagogique en France*, Paris, PUF, 1969 [1938].

DURKHEIM, Émile, et MAUSS, Marcel, « De quelques formes primitives de classification. Contribution à l'étude des représentations collectives », *Année sociologique*, 6, 1901-1902, p. 1-72.

ELIAS, Norbert, « Sport et violence », *Actes de la recherche en sciences sociales*, 6 (2), décembre 1976, p. 2-21.

FEBVRE, Lucien, *Le Problème de l'incroyance au XVIe siècle. La religion de Rabelais*, Paris, Albin Michel, 1968 [1947].

FEYERABEND, Paul, *Realism, Rationalism and Scientific Method. Philosophical papers*, vol. 1, Cambridge, Cambridge University Press, 1985 (trad. fr. postérieure au cours : *Réalisme, rationalisme et méthode scientifique*, trad. E. M. Dissaké, Chennevières-sur-Marne, Dianoïa, 2005).

FOUCAULT, Michel, « Qu'est-ce que la critique ? Critique et *Aufklärung* », Conférence du 27 mai 1978 devant la Société française de philosophie, *Bulletin de la société française de philosophie*, 84 (2), avril-juin 1990, p. 35-63.

GARFINKEL, Harold, « Conditions of successful degradation ceremonies », *American Journal of Sociology*, 61 (5), 1956, p. 240-244.

GERNET, Louis, *Les Grecs sans miracle*, Paris, Maspero, 1983.

GERSCHENKRON, Alexander, *Economic Backwardness in Historical Perspective. A book of Essays*, Cambridge, Belknap Press of Harvard University Press, 1962.

GINZBURG, Carlo, « Mythologie germanique et nazisme. Sur un livre ancien de Georges Dumézil », *Annales ESC*, 4, 1985, p. 695-715.

GOFFMAN, Erving, *La Mise en scène de la vie quotidienne*, t. I : *La Présentation de soi*, trad. Alain Accardo ; t. II : *Les Relations en public*, trad. Alain Kihm, Paris, Minuit, 1973 [1959].

–, *Les Rites d'interaction*, trad. Alain Kihm, Paris, Minuit, 1974 [1967].

–, « The interaction order », *American Sociological Review*, 48, 1983, p. 1-17.

GOODY, Jack, *La Raison graphique. La domestication de la pensée sauvage*, trad. Jean Bazin et Alban Bensa, Paris, Minuit, 1978 [1977].

GURVITCH, Georges, *La Vocation actuelle de la sociologie*, Paris, PUF, 1950.

HABERMAS, Jürgen, *L'Espace public. Archéologie de la publicité comme dimension constitutive de la société bourgeoise*, trad. Marc B. de Launay, Paris, Payot, 1978 [1962].

HALBWACHS, Maurice, *La Classe ouvrière et les niveaux de vie. Recherche sur la hiérarchie des besoins dans les sociétés industrielles contemporaines*, Paris, Gordon & Breach, 1970 [1912].

–, *Les Cadres sociaux de la mémoire*, Paris, Mouton, 1976 [1925].

HIROSHI, Kojima, « A demographic evaluation of P. Bourdieu's "fertility strategy" », *The Journal of Population Problems*, 45 (4), 1990, p. 52-58.

HOLTON, Gerald, *L'Invention scientifique*, trad. Paul Scheurer, Paris, PUF, 1982.

HUIZINGA, Johan, *Homo Ludens. Essai sur la fonction sociale du jeu*, trad. Cécile Seresia, Paris, Gallimard, 1951 [1938].

HUME, David, *Essais et traités sur plusieurs sujets. Essais moraux, politiques et littéraires*, trad. Michel Malherbe, Paris, Vrin, 1999 [1758].

HUSTI, Aniko, *Le Temps mobile*, Paris, INRP, 1985.
JANET, Pierre, *L'Évolution de la mémoire et de la notion du temps*, Paris, Chahine, 1928.
KÖHLER, Wolfgang, *L'Intelligence des singes supérieurs*, trad. P. Guillaume, Paris, Alcan, 1927 [1917].
KUHN, Thomas, *La Structure des révolutions scientifiques*, trad. Laure Meyer, Paris, Flammarion, 1982 [1962].
LALANDE, André, *Vocabulaire technique et critique de la philosophie*, Paris, Alcan, 1926 (réed. PUF, 2006).
LEIBNIZ, Gottfried Wilhelm, *Essais de théodicée. Sur la bonté de Dieu, la liberté de l'Homme et l'origine du Mal*, Paris, Garnier-Flammarion, 1969 [1710].
LÉVI-STRAUSS, Claude, *Tristes Tropiques*, Paris, Plon, 1955.
–, « L'ethnologie et l'histoire », *Annales ESC*, 38 (6), 1983, p. 1217-1231.
LOVEJOY, Arthur Oncken, *The Great Chain of Being. A Study of the History of an Idea*, Cambridge, Harvard University Press, 1936.
MALRAUX, André, *Psychologie de l'art*, t. III : *La Monnaie de l'absolu*, Genève, Skira, 1950.
MATHERON, Alexandre, *Individu et communauté chez Spinoza*, Paris, Minuit, 1969.
MAUSS, Marcel, « Esquisse d'une théorie générale de la magie », *L'Année sociologique*, 1902-1903, repris in *Sociologie et anthropologie*, Paris, PUF, 1950, p. 1-141.
–, « L'expression obligatoire des sentiments », *Journal de psychologie*, 18, 1921, repris in *Œuvres*, Paris, Minuit, 1969.
–, « Salutations par le rire et les larmes », *Journal de psychologie*, 21, 1922.
–, *Essais de sociologie*, Paris, Minuit, 1969 (réed. Seuil, « Points », 1971).
MEAD, George H. H., *L'Esprit, le soi et la société*, trad. Jean Cazeneuve *et al.*, Paris, PUF, 1963 [1934].
MERCIER, Louis-Sébastien, *Tableau de Paris*, Amsterdam, 12 vol., 1781-1788.
MERLEAU-PONTY, Maurice, *Phénoménologie de la perception*, Paris, Gallimard, 1945.
–, *Éloge de la philosophie*, Paris, Gallimard, 1960 [1953].
–, *Signes*, Paris, Gallimard, 1960.
MINTON, Arthur, « A form of class epigraphy », *Social Forces*, 28, 1950, p. 250-262.
MOMIGLIANO, Arnaldo, « Premesse per una discussione su Georges Dumézil », *Opus II*, 2, 1983, p. 329-341.
NEEDHAM, Joseph, *La Science chinoise et l'Occident. Le grand titrage*, trad. Eugène Jacob, Paris, Seuil, 1973 [1969].
NIETZSCHE, Friedrich, *Par-delà le bien et le mal. Prélude d'une philosophie de l'avenir*, trad. Henri Albert, Paris, Mercure de France, 1948 [1886].
PARSONS, Talcott, « The professions and social structure », *Social Forces*, 17 (4), 1939, p. 457-467.
–, « Professions », in David L. SILLS, *International Encyclopedy of the Social Sciences*, 12, New York, Macmillan, The Free Press, 1968, p. 536-547.

PEEL, John David Yeadon, *Herbert Spencer. The Evolution of a Sociologist*, Londres, Heinemann, 1971.
POLANYI, Karl, *La Grande Transformation. Aux origines politiques et économiques de notre temps*, trad. Catherine Malamoud et Maurice Angeno, Paris, Gallimard, 1983 [1944].
POLANYI, Karl, ARENSBERG, Conrad M., et PEARSON, Harry W. (dir.), *Les Systèmes économiques dans l'histoire et dans la théorie*, trad. Claude et Anne Rivière, Paris, Larousse, 1975 [1957].
PONS, Philippe, *D'Edo à Tokyo. Mémoire et modernité*, Paris, Gallimard, 1988.
QUINE, Willard Van Orman, *Le Mot et la Chose*, trad. Joseph Dopp et Paul Gochet, Paris, Flammarion, 1977 [1960].
ROLLAND, Romain, *Jean-Christophe*, Paris, Cahiers de la Quinzaine, 17 vol., 1904-1912.
RUYER, Raymond, *L'Utopie et les Utopies*, Paris, PUF, 1950.
SAINT-SIMON, Louis de Rouvroy DE, *Mémoires*, vol. 13 : 1717-1718, Paris, Ramsay, 1978 [1788].
SARTRE, Jean-Paul, « Questions de méthode », introduction de *Critique de la raison dialectique*, Paris, Gallimard, 1960.
SCHÜTZ, Alfred, *Der sinnhafte Aufbau der sozialen Welt. Eine Einleitung in der verstehende Soziologie*, Vienne, Springler-Verlag, 1932
–, *Le Chercheur et le quotidien. Phénoménologie des sciences sociales*, trad. Anne Noschis-Gilliéron, Paris, Klincksieck, 1987.
SIEFFERT, René, « Le théâtre japonais », in Jean JACQUOT (dir.), *Les Théâtres d'Asie*, Paris, Éd. du CNRS, 1968, p. 133-161.
SPITZER, Leo, *Linguistics and Literary History. Essays in Stylistics*, New York, Russel & Russel, 1962.
THOMPSON, Edward P., *The Poverty of Theory and Others Essays*, New York, Monthly Review Press, 1978.
VALÉRY, Paul, *Cahiers*, t. II, Paris, Gallimard, « Bibliothèque de la Pléiade », 1980 [1894-1914].
VAN GENNEP, Arnold, *Les Rites de passage*, Paris, Picard, 1981 [1909].
VIALA, Alain, *Naissance de l'écrivain. Sociologie de la littérature à l'Âge classique*, Paris, Minuit, 1985.
WACQUANT, Loïc, Recension de : Randall COLLINS, *Three Sociological Traditions* (New York-Oxford, New York University Press, 1985), *Revue française de sociologie*, 28 (2), avril-juin 1987, p. 334-338.
WEBER, Max, « The meaning of discipline », in Hans H. GERTH et Charles Wright MILLS, *From Max Weber : Essays in Sociology*, New York, Oxford University Press, 1946, p. 253-264.
WHIMSTER, Sam, et LASH, Scott (dir.), *Max Weber, Rationality and Modernity*, Londres, Allen & Unwin, 1987.

作者简介

皮埃尔·布尔迪厄（1930—2002），法国当代著名社会学家、思想家和文化理论批评家。1954年毕业于巴黎高等师范学院，1982年成为法兰西学院唯一的社会学教授，社会科学高等研究院（EHESS）学术总监。主要著作有《区隔》《实践理论大纲》《帕斯卡式的沉思》《男性统治》等。

译者简介

贾云，北京大学法语系硕士，法国里昂二大影视学硕士，长期从事翻译工作，现为自由译者。译有《白痴》（人民文学出版社，2022）等作品。

法兰西思想文化丛书

《内在经验》
[法]乔治·巴塔耶 著　程小牧 译

《文艺杂谈》
[法]保罗·瓦莱里 著　段映虹 译

《梦想的诗学》
[法]加斯东·巴什拉 著　刘自强 译

《成人之年》
[法]米歇尔·莱里斯 著　东门杨 译

《异域的考验：德国浪漫主义时期的文化与翻译》
[法]安托瓦纳·贝尔曼 著　章文 译

《罗兰·巴特论戏剧》
[法]罗兰·巴特 著　罗湉 译

《浪漫的谎言与小说的真实》
[法]勒内·基拉尔 著　罗芃 译

《1863，现代绘画的诞生》
[法]加埃坦·皮康 著　周皓 译

《入眠之力》
[法]皮埃尔·巴谢 著　苑宁 译

《祭牲与成神：初民社会的秩序》
[法]勒内·基拉尔 著　周莽 译

《黑皮肤，白面具》
[法]弗朗茨·法农 著　张香筠 译

《从福楼拜到普鲁斯特：文学的第三共和国》
〔法〕安托万·孔帕尼翁 著　龚觅 译

《保罗·利科论翻译》
〔法〕保罗·利科 著　章文　孙凯 译

《论国家：法兰西公学院课程（1989—1992）》
〔法〕皮埃尔·布尔迪厄 著　贾云 译

《细节：一部离作品更近的绘画史》（即出）
〔法〕达尼埃尔·阿拉斯 著　马跃溪 译

《人与神圣》（即出）
〔法〕罗杰·卡卢瓦 著　赵天舒 译

《犹太精神的回归》（即出）
〔法〕伊丽莎白·卢迪奈斯库 著　张祖建 译

《伟大世纪的道德》
〔法〕保罗·贝尼舒 著　丁若汀 译

《十八世纪欧洲思想》
〔法〕保罗·阿扎尔 著　马洁宁 译

《人民的本质》
〔法〕黛博拉·高恩 著　张香筠 译

《现代国家的公与私：法兰西公学院课程（1987—1989）》
〔法〕皮埃尔·布尔迪厄 著　张祖建 译

（书目将持续更新）